U0642025

萬古千秋事有慈窮源一念沒來
由此心歸到真如海不向江河
作細流

维摩诘的花雨满天（上）——南怀瑾 讲述

人民东方出版传媒
东方出版社

图书在版编目（CIP）数据

维摩诘的花雨满天/南怀瑾讲述.—北京:东方出版社,2022.1

ISBN 978-7-5207-1257-6

Ⅰ.①维… Ⅱ.①南… Ⅲ.①大乘-佛经②《维摩诘经》-研究 Ⅳ.①B942.1

中国版本图书馆 CIP 数据核字(2019)第 249354 号

维摩诘的花雨满天
南怀瑾 讲述

责任编辑：王夕月 杨 灿
出 版：东方出版社
发 行：人民东方出版传媒有限公司
地 址：北京市东城区朝阳门内大街 166 号
邮 编：100010
印 刷：北京明恒达印务有限公司
版 次：2022 年 1 月第 1 版
印 次：2023 年 10 月第 3 次印刷
开 本：650 毫米×960 毫米 1/16
印 张：51.25
字 数：574 千字
书 号：ISBN 978-7-5207-1257-6
定 价：108.00 元(全二册)
发行电话：(010)85924663 85924644 85924641

版权所有，违者必究
如有印装质量问题，我社负责调换，请拨打电话：(010)85924602 85924603

编者的话

南怀瑾先生是享誉国内外，特别是华人读者中的文化大师、国学大家。先生出身于世代书香门第，自幼饱读诗书，遍览经史子集，为其终身学业打下了扎实的基础；而其一生从军、执教、经商、游历、考察、讲学的人生经历又是不可复制的特殊经验，使得先生对国学钻研精深，体认深刻，于中华传统文化之儒、道、佛皆有造诣，更兼通诸子百家、诗词歌赋、天文历法、医学养生等等，对西方文化亦有深刻体认，在中西文化界均为人敬重，堪称"一代宗师"。书剑飘零大半生后，先生终于寻根问源回到大陆，建立学堂，亲自讲解传授，为弘扬、传承和复兴民族文化精华和人文精神不遗余力，其情可感，其心可佩。

《维摩诘经》，全称《维摩诘所说经》，又称《不可思议解脱经》，因主人公为维摩诘居士而得名，是大乘佛教的主要经典之一，着重阐扬大乘般若性空的思想，强调佛法在世间，不离世间本位即可解脱成佛。该经阐发了"心净则佛土净"、"在入世中出世"、"无在无不在"等思想，倡导了众多"不二法门"，是佛家影响魏晋南北朝学术文化最大的一部要典，并为佛教各宗各派尤其是禅宗的发展提供了重要的思想资源和方法论依据。因此，长期以来，《维摩诘经》被视为与整个佛法、佛教、东方文化，尤其是中国文化关系最大、影响最深、历史最久的一本经，也是广大学佛修证者最希望读懂也最应该读懂的一本书。但是，古老的原典经文对于今天的读者来说确有难度。所喜南怀瑾先生于二十世纪八十年代初在台北十方书院讲解《维摩诘经》，明白晓畅，平实易懂。二十多年后，二〇〇五年由台北老古文化公司出版《花雨满天维摩说法》一书。二〇一〇年，经南先生亲自独家授权，东方出版社首次出版了该书的简体字本（上、下），彼时并遵照先生的嘱咐，简体字本特改名为《维摩诘的花雨满天》。

南怀瑾先生说，他讲授该经的用心是爱护年轻的读者，希望能续中国文化慧命。因此，在讲授中，他反复强调学佛应先从做人学起，第一要学谦虚，多结人缘、多做好事、多结善缘，指出想成佛要先自度，自度的道理在于慈、悲、喜、舍。他将所有佛法的基本道理归结为四句话："诸恶莫作，众善奉行。自净其意，是诸佛教"，要求学佛者在修持时勇于帮助别人。他着重讲授了修持的方法，具体说来即是要熟读佛经原典、"以经注经"。更注意将《维摩诘经》与《药师经》《法华经》《楞严经》《金刚经》《普贤行愿品》等经典相对照，并经史相参地将佛教与中国传统文化进行了比较，指出中国宋明以后的理学家是佛教的律宗，老庄道家是佛教的禅宗，认为中国文化是站在妇产科门口，看日出东方生生不已。需要特别指出的是，南先生推崇佛法里包含的科学因素，一向主张以科学路线弘扬佛法。

"一花一世界，一叶一菩提"，一部《维摩诘经》包含的不仅仅是此岸或彼岸，读懂了它，你就能真切感受到《花雨满天维摩说法》给我们带来的"漫天花雨"，它不仅仅飘落在我们生活的这个红尘，也不仅仅飘向我们向往的那个天堂，而是一切一切无限的时间和空间。

我社与南怀瑾先生结缘于太湖大学堂。出于对中华优秀传统文化的共同认识和传扬中华文明的强烈社会责任感、紧迫感，承蒙南怀瑾先生及其后人的信任和厚爱，独家授权，我社遵南师遗愿，陆续推出南怀瑾先生作品的简体字版，其中既包括世有公论的著述，更有令人期待的新说。对已在大陆出版过的简体字版作品，我们亦进行重新审阅和校订，以求还原作品原貌。作为一代国学宗师，南怀瑾先生"通古今之变，成一家之言"，毕生致力于民族振兴和改善社会人心。我社深感于南先生的大爱之心，谨遵学术文化"百花齐放，百家争鸣"之原则，牢记出版人的立场和使命，尽力将大师思想和著述如实呈现读者。其妙法得失，还望读者自己领会。

东方出版社

二〇二一年十二月

目　录

上　册

卷　上

卷 中

出版说明

这本书的出版，有一个颇为偶然的因缘，在此特向读者说一说背后的有趣过程。

缘南师怀瑾先生所讲解的《维摩诘经》，是于一九八一年七月十日，在台北十方书院开始的。由于书院的学生以出家众及学佛者为主，所以南师的讲解偏重在修持方面，举例引证也以修持为重点，与一般讲解佛经不尽相同。

二十年来，曾几次有人贡献心力，希望将记录整理，以便印行出版；但是阴错阳差，始终未能完成，而关心的读者们，却时时殷切询问。

因缘常常十分奇妙，大约两年多前，香港佛教图书馆的亲证尼法师，把南师所讲《维摩诘经》的录音带，交了两卷给一位李华女士，拜托她的夫婿石宏先生，抽空把录音记录成文字。

这位石宏先生，出身台湾大学法律系，又在美国密西根大学取得比较法学及企管两个硕士学位，他看到只有两卷录音带时，就欣然答应了这件事。

岂知，两卷完工后才知道，后面还有一百三十七卷之多，怎么办呢？他心里想，既然承诺在先，就继续做下去吧。此后，石宏先生每天花费七八个小时，努力工作了一年，终告完成。

除了记录文字外，石先生还做了初步的整理工作，以及资料的校对等，现在趁此出版之际，对石宏先生的热心与辛劳，特别致上深切的感谢之忱。

有人说，读懂了一些《维摩诘经》，心量不自觉地扩大了，不再局限在我们生活的这个娑婆世界，也不会局限于向往的净土世界，而扩展到了无限的空间。

也有人说，这本经典包含了一切，当你学佛不知道该怎么做时，本经有答案给你；当你事理不明白时，本经也有答案给你。

举例来说，学佛的人常常疑惑，为什么女儿身不能成佛，而要先转成男身才有可能？在这部经典中，对这个问题就有极超越的讨论与答案。所以，这是一本包括一切见地修行的经典，太伟大了。

但是，对现代的人来说，原典经文似觉太过古老，现在这本南师的讲解记录，用的是简单明了的话语，相信读者们了解时，一定容易很多。

这本书虽未经南师亲自校阅，但是在出版的过程中，曾经过不少参加听讲者的校对，如宏忍尼法师、古国治、谢锦扬、欧阳哲等。有关经典校正的工作，宏忍尼法师投入时间精神最深久，在资料查核方面，杭纪东教授尽力最多，而书名则是周梦蝶居士的灵感，在此一并向他们致谢。

本书所采用经典，是佛教出版社版本，由古国治居士重新标点，书中小标题为编者所加。

刘雨虹　记
二〇〇四年十二月

开场白

什么是真正的佛法

东方世界的两个佛国

我们今天讲的《维摩诘经》，是与整个佛法、佛教、东方文化，尤其是中国的文化关系最大、影响最深、历史最久的一本经。

如果把本经只当作是在家居士所说的一本经，这个观念就不对了！《维摩诘经》所代表的精神，是佛法在世间，不离世间本位而解脱成佛的法门，也指出了十方三世诸佛如何证道，如何得到解脱，如何证得菩提之路。

一般人都以为中国的禅宗是达摩祖师来了之后才传开的，殊不知在达摩祖师以前，由鸠摩罗什法师所翻译的《维摩诘经》和《法华经》影响最大，而成为中国文化禅宗的根本经典。

东方世界的两个佛国

这本经的分量有如此之重，但因为文字易懂，流畅优美，人们很轻易地读过去了，认为已经懂了，实际上非常难懂。我们这一次把《维摩诘经》和《药师经》连起来讲，因为它们是一个系统的。为什么说是一个系统的呢？我们一般都晓得，佛介绍给我们西方极乐世界的阿弥陀佛，这是为了方便，让我们末世智慧及福德不够的众生，能够修往生法门。而佛法真正的即生成就，这个成佛的大业与大道，却在《药师经》和《维摩诘经》所表征的东方世界两个佛国。一个是阿閦佛国，就是维摩居士化身成为在家佛所依附的东方妙喜不动世界。

这个东方的阿閦佛国和另一个东方佛国药师琉璃光佛土相衔接。东方世界和西方阿弥陀佛的极乐世界相辉映，像是一个太阳系统的昼和夜。当太阳西斜下山的时候，到了西方极乐世界；太阳出来生生不已的时候，又到了东方阿閦佛国土和东方琉璃光佛土。这是佛法中的一大秘密，是真正的密宗。

所以真正了解佛法以后就知道，一切显教的经典中明显告诉你的，你不懂，就成为大密宗。倒是一切密宗修持的方法，反而很是显教，因为它的密义，你若能深入参究，就明白了、就通了。显教告诉你真正的佛法奥秘，你再参究也不通，除非你福德成就、大智慧成就，才会通了。

所以这次讲经的因缘，是把真正即生成就，佛法的大秘密告诉你，让你好好修持参学，不要以为打坐就是学佛。

现在先翻到《维摩诘经》第十二品，"见阿閦佛品"，阿閦佛是东方妙喜如来不动国土的佛，也就是我们讲《药师经》时，所引到《法华经》当中的大通智胜佛的十六个佛子之一，连阿弥陀佛也是大通智胜佛的儿子。《维摩诘经》经文再下一品是"法供养品"，就提到药王如来，我们要了生死成佛超出三界，必须深切亲证到药王如来所开示的不死之法，不生也不灭。千古以来，都无人把佛法中的《药师经》《维摩诘经》《法华经》当作秘密法门，只把它们作为显教的经文来诵读参学，自然不会明白修法的意义与关键所在，因此毫无成就。

整本《维摩诘经》里面最重点的重点，是告诉我们：佛法就在这个世间，我们就在自己的身心上自了。如果求他方世界依赖别人，想了生死，想成佛道，是不可能的。因为外力仅是方便法门，非究竟法门。所以究竟法门必须要自度自了。

再讲个插曲，例如四川的文殊院有副非常好的对子：

> 见了便做　做了便放下　了了有何不了
> 慧生于觉　觉生于自在　生生还是无生

像这些佛教文学，禅的精神，灵性智慧的渊源，都与《维摩诘经》有密切的关系。

现在的《维摩诘经》中文版本，是在中国历史上动荡的南北朝时期，由西域请来的胡僧鸠摩罗什所翻译的。最初是前秦的苻坚发兵去请鸠摩罗什，但鸠摩罗什还没走到中国，苻坚的前秦就亡国了。后来就由姚兴在今天陕西地区所建的后秦国，出兵请到鸠摩罗什来中原。为了请来这一位学者，发兵几十万，灭了扣住鸠摩罗什的三个西域小国家，大概也只有中国南北朝这些野蛮的皇帝们才做得出来。

这本经的文字之好，令人不由得要敬佩鸠摩罗什的才华。当然，他在中国所收的几位杰出大弟子，像僧肇、僧睿等，都是一流文学天才，自然也是本经文字优美的原因。因为有《维摩诘经》，中国此后两千年的文学、文化都为之丰富了。例如，唐代文人的唐诗，几乎无不受《维摩诘经》的影响，从唐代就把《维摩诘经》编成戏剧上演，今日昆曲的《天女散花》就出自《维摩诘经》。这本宗教的经典已经深入民间的戏剧、歌曲、舞蹈，对中国文化、文学的影响之大，可以说无与伦比。但是近代一般的中国文化史、文学史和哲学史的学者，因为佛学涉猎不深，就看不通这一点。而近代佛教界人士却不精历史，或文学根基不深，也同样摸不到这样的观点。

什么是真正的佛法

本经的经题是"维摩诘所说经",后来也有题为"佛说维摩诘所说经",那是后世因为尊崇释迦牟尼佛而加上的,实际上原经的翻译不用"佛说"二字,只是维摩诘居士所说的经,因为这本经的中心佛法是由维摩诘居士所说的。也有把经题翻译成"不可思议解脱经",这是因为我们学佛的目的是为了要解脱三界,跳出六道轮回,还我们本来面目而成佛。众生原本是佛,自己迷失了原路,不知父母未生之前自己为何,找不到这个根源,因此就在三界六道中生死轮回。又因为受到物质世界环境影响,而有身心烦恼痛苦、生老病死等。修持就是要想解脱物质世界的束缚,解脱身心的烦恼,追溯回身心根源,自性清净。

学佛目的在求解脱。如何解脱呢?维摩诘居士所说经告诉我们,真正的佛法就在我们这个世间求解脱。

顺便提到,佛法所说"不可思议",是说在修证上不可以用普通意识思想去猜测解释,不可以用凡夫的智慧知识来讨论研究。你只能用一个信的方法来修持。或者是信净土念佛法门,或者是信四念住、八正道、三十七菩提道品的法门。坚定专一地去求证,在求证的过程中,不可以用人世间的知识或习惯性的意识随便解释,所以说是"不可思议",并不是说"不能思议"。如果是"不能思议",那么这一部经就是因思议所生,岂不自我矛盾?究竟"不可思议"与"思议"的分别何在,这是佛法中的秘密,《维摩诘经》本身也给了你答案。现在进入《维摩诘经》的本文。

卷

上

佛国品第一

　　如是我闻。一时，佛在毗耶离庵罗树园，与大比丘众八千人俱，菩萨三万二千，众所知识。大智本行，皆悉成就。诸佛威神之所建立。为护法城，受持正法。能师子吼，名闻十方。众人不请，友而安之。绍隆三宝，能使不绝。降伏魔怨，制诸外道。悉已清净，永离盖缠；心常安住，无碍解脱。念、定、总持，辩才不断。布施、持戒、忍辱、精进、禅定、智慧及方便力，无不具足。逮无所得，不起法忍。已能随顺，转不退轮。善解法相，知众生根。盖诸大众，得无所畏。功德智慧，以修其心。相好严身，色像第一，舍诸世间所有饰好。名称高远，逾于须弥。深信坚固，犹若金刚。法宝普照，而雨甘露。于众言音，微妙第一。深入缘起，断诸邪见。有无二边，无复余习。演法无畏，犹师子吼。其所讲说，乃如雷震。无有量，已过量。集众法宝，如海导师，了达诸法深妙之义，善知众生往来所趣，及心所行。近无等等佛自在慧、十力、无畏、十八不共。关闭一切诸恶趣门，而生五道以现其身。为大医王，善疗众病，应病与药，令得服行。无量功德皆成就，无量佛土皆严净。其见闻者，无不蒙益。诸有所作，亦不唐捐。如是一切功德，皆悉具足，其名曰：等观菩萨，不等观菩萨，等不等观菩萨，定自在王菩萨，法自在王菩萨，法相菩萨，光相菩萨，光严菩萨，大严菩萨，宝积菩萨，辩积菩萨，宝手菩萨，宝印手菩萨，常举手菩萨，常下手菩萨，常惨菩萨，喜根菩萨，喜王菩萨，辩音菩萨，虚空藏菩萨，执宝炬菩萨，宝勇菩萨，宝见菩萨，帝网菩萨，明网菩萨，无缘观菩萨，慧积菩萨，宝胜菩萨，天王菩萨，坏魔菩萨，电德菩萨，自在王菩萨，功德相严菩萨，师子吼菩萨，雷音菩萨，山相击音菩萨，香象菩萨，白香象菩萨，常精进菩萨，不休息菩萨，妙生菩萨，华严菩萨，观世音菩萨，得大势菩萨，梵网菩萨，宝杖菩萨，无胜菩萨，严土菩萨，金髻菩萨，珠髻菩萨，弥勒菩萨，文殊师利法王子菩萨。如是等三万二千人。

复有万梵天王尸弃等，从余四天下，来诣佛所，而为听法。复有万二千天帝，亦从余四天下，来在会坐。并余大威力诸天、龙神、夜叉、乾闼婆、阿修罗、迦楼罗、紧那罗、摩睺罗伽等，悉来会坐。诸比丘比丘尼，优婆塞优婆夷，俱来会坐。彼时佛与无量百千之众，恭敬围绕，而为说法。譬如须弥山王，显于大海。安处众宝师子之座，蔽于一切诸来大众。

尔时毗耶离城，有长者子，名曰宝积，与五百长者子，俱持七宝盖，来诣佛所，头面礼足，各以其盖，共供养佛。佛之威神，令诸宝盖合成一盖，遍覆三千大千世界。而此世界广长之相，悉于中现。又此三千大千世界，诸须弥山，雪山，目真邻陀山，摩诃目真邻陀山，香山，宝山，金山，黑山，铁围山，大铁围山，大海江河，川流泉源，及日月星辰，天宫龙宫，诸尊神宫，悉现于宝盖中。又十方诸佛，诸佛说法，亦现于宝盖中。尔时一切大众，睹佛神力，叹未曾有，合掌礼佛，瞻仰尊颜，目不暂舍。长者子宝积，即于佛前，以偈颂曰：

目净修广如青莲　心净已度诸禅定
久积净业称无量　导众以寂故稽首
既见大圣以神变　普现十方无量土
其中诸佛演说法　于是一切悉见闻
法王法力超群生　常以法财施一切
能善分别诸法相　于第一义而不动
已于诸法得自在　是故稽首此法王
说法不有亦不无　以因缘故诸法生
无我无造无受者　善恶之业亦不亡
始在佛树力降魔　得甘露灭觉道成
已无心意无受行　而悉摧伏诸外道
三转法轮于大千　其轮本来常清净
天人得道此为证　三宝于是现世间
以斯妙法济群生　一受不退常寂然
度老病死大医王　当礼法海德无边
毁誉不动如须弥　于善不善等以慈
心行平等如虚空　孰闻人宝不敬承
今奉世尊此微盖　于中现我三千界
诸天龙神所居宫　乾闼婆等及夜叉
悉见世间诸所有　十力哀现是化变
众睹希有皆叹佛　今我稽首三界尊
大圣法王众所归　净心观佛靡不欣
各见世尊在其前　斯则神力不共法
佛以一音演说法　众生随类各得解
皆谓世尊同其语　斯则神力不共法
佛以一音演说法　众生各各随所解
普得受行获其利　斯则神力不共法

佛以一音演说法　或有恐畏或欢喜
或生厌离或断疑　斯则神力不共法
稽首十力大精进　稽首已得无所畏
稽首住于不共法　稽首一切大导师
稽首能断众结缚　稽首已到于彼岸
稽首能度诸世间　稽首永离生死道
悉知众生来去相　善于诸法得解脱
不着世间如莲华　常善入于空寂行
达诸法相无挂碍　稽首如空无所依

　　尔时长者子宝积，说此偈已，白佛言：世尊！是五百长者子，皆已发阿耨多罗三藐三菩提心，愿闻得佛国土清净，唯愿世尊，说诸菩萨净土之行。佛言：善哉！宝积！乃能为诸菩萨，问于如来净土之行。谛听！谛听！善思念之，当为汝说。于是宝积，及五百长者子，受教而听。佛言：宝积！众生之类，是菩萨佛土。所以者何？菩萨随所化众生而取佛土，随所调伏众生而取佛土，随诸众生，应以何国入佛智慧而取佛土，随诸众生，应以何国起菩萨根而取佛土。所以者何？菩萨取于净国，皆为饶益诸众生故。譬如有人，欲于空地造立宫室，随意无碍，若于虚空，终不能成。菩萨如是，为成就众生故，愿取佛国，愿取佛国者，非于空也。宝积！当知！直心是菩萨净土，菩萨成佛时，不谄众生来生其国。深心是菩萨净土，菩萨成佛时，具足功德众生来生其国。大乘心是菩萨净土，菩萨成佛时，大乘众生来生其国。布施是菩萨净土，菩萨成佛时，一切能舍众生来生其国。持戒是菩萨净土，菩萨成佛时，行十善道满愿众生来生其国。忍辱是菩萨净土，菩萨成佛时，三十二相庄严众生来生其国。精进是菩萨净土，菩萨成佛时，勤修一切功德众生来生其国。禅定是菩萨净土，菩萨成佛时，摄心不乱众生来生其国。智慧是菩萨净土，菩萨成佛时，正定众生来生其国。四无量心是菩萨净土，菩萨成佛时，成就慈悲喜舍众生来生其国。四摄法是菩萨净土，菩萨成佛时，解脱所摄众生来生其国。方便是菩萨净土，菩萨成佛时，于一切法方便无碍众生来生其国。三十七道品是菩萨净土，菩萨成佛时，念处、正勤、神足、根、力、觉、道众生来生其国。回向心是菩萨净土，菩萨成佛时，得一切具足功德国土。说除八难是菩萨净土，菩萨成佛时，国土无有三恶八难。自守戒行，不讥彼阙，是菩萨净土，菩萨成佛时，国土无有犯禁之名。十善是菩萨净土，菩萨成佛时，命不中天，大富梵行，所言诚谛，常以软语，眷属不离，善和诤讼，言必饶益，不嫉不恚，正见众生来生其国。如是！宝积！菩萨随其直心，则能发行；随其发行，则得深心；随其深心，则意调伏；随意调伏，则如说行；随如说行，则能回向；随其回向，则有方便；随其方便，则成就众生；随成就众生，则佛土净；随佛土净，则说法净；随说法净，则智慧净；随智慧净，则其心净；随其心净，则一切功德净。是故，宝积！若菩萨欲得净土，当净其心，随其心净，则佛土净。

尔时舍利弗，承佛威神，作是念：若菩萨心净，则佛土净者，我世尊本为菩萨时，意岂不净？而是佛土不净若此？佛知其念，即告之言：于意云何？日月岂不净耶？而盲者不见。对曰：不也，世尊！是盲者过，非日月咎。舍利弗！众生罪故，不见如来国土严净，非如来咎。舍利弗！我此土净，而汝不见。尔时，螺髻梵王语舍利弗：勿作是念，谓此佛土以为不净。所以者何？我见释迦牟尼佛土清净，譬如自在天宫。舍利弗言：我见此土，丘陵坑坎，荆棘沙砾，土石诸山，秽恶充满。螺髻梵王言：仁者心有高下，不依佛慧，故见此土为不净耳。舍利弗！菩萨于一切众生悉皆平等，深心清净，依佛智慧，则能见此佛土清净。于是佛以足指按地，即时三千大千世界若干百千珍宝严饰，譬如宝庄严佛，无量功德宝庄严土，一切大众，叹未曾有，而皆自见坐宝莲华。佛告舍利弗：汝且观是佛土严净？舍利弗言：唯然！世尊！本所不见，本所不闻，今佛国土严净悉现。佛告舍利弗：我佛国土，常净若此，为欲度斯下劣人故，示是众恶不净土耳。譬如诸天，共宝器食，随其福德，饭色有异。如是！舍利弗！若人心净，便见此土功德庄严。当佛现此国土严净之时，宝积所将五百长者子，皆得无生法忍，八万四千人，皆发阿耨多罗三藐三菩提心。佛摄神足，于是世界还复如故。求声闻乘者，三万二千诸天及人，知有为法皆悉无常，远尘离垢，得法眼净。八千比丘，不受诸法，漏尽意解。

佛经翻译时，为了要与中国固有文化稍有差别，就不用"篇""章"而用"品"来表示段落。只有汉朝时所翻译的《四十二章经》是例外。

"佛国品"标题的意思就是先让我们认识什么是佛的国土，这国不是现代的国家，而是佛的境界，如何才可称作佛。

"如是我闻"的详细意义就不多说了，是记载经文者负责任的表示。

"一时"是那个时候的意思，印度古人对历史时间比较不重视，和中国极大不同。但是所有的佛经开头都是"一时"，却也有深刻的意义，因为时间是人为假定的，宇宙是没有分方向，没有分现在、过去、未来的。一万年有如一弹指，不要被人为的时间观念所限制。现代科学也证明，地球时间与月球时间以及其他星球的时间都不同，时间是相对的概念。佛经说"一时"，就是没有时间，那时就是这时。

"佛在毗耶离庵罗树园"，是地点，"毗耶离"是维摩居士所在地，中文是"广严城"，是广大庄严之地，也就是佛说《药师经》的地方，要注意这个关联细节！

"与大比丘众八千人俱，菩萨三万二千"，是记载当时听法的人数。《药师经》与《维摩诘经》所记载佛的出家众弟子的数字都是八千人，跟《金刚经》《阿弥陀经》所记载一千二百五十人不同。而听此经的菩萨有三万二千，在《药师经》中却是三万六千菩萨。这些数字不是随意说的，跟《易经》的象数学问是一样的，与我们的修持有关，必须要去参究这个奥秘。

说到菩萨，我们都是菩萨，不过我们只是因位上的菩萨，也就是具有菩萨候选人的资格，能否最终成为果位上的菩萨，就看自己的修行了。

佛菩萨的德行成就

下面的经文都是在说明菩萨的各种德行成就，要想学佛的人就要学这些大乘菩萨道。

"众所知识"，菩萨的学问道德成就为众人所知、所景仰，因为"大智本行，皆悉成就"，具大智慧成就般若的解脱，不是迷信，更不是死板工夫，是如珠走盘，活活泼泼的。

"诸佛威神之所建立"，受十方三世一切佛的威德、精神所加庇。

"为护法城，受持正法"，有如城墙般的护法，能住持正法，承先启后。我们学佛，不但要通达佛经，连世间的一切知识技能也要通，在家是好子女、好父母，在社会是真正有贡献的人，这样才可以算学佛。

"能师子吼"，能说法像狮子吼，因为菩萨有了这样的成就，百兽妖邪听而脑裂。

"名闻十方"，就是名声远播。世人都求名和利，所以说："名利本为浮世重，世间能有几人抛？"但名利往往难两全，得此失彼，这是世间法本来如此。五千年来多少人求名，今天诸位能记得几位宰相？求利的就更不用说了，诸位能数得出几个历史上的富人？但是菩萨为何要名呢？这就要参了。这个名不是菩萨去追求得来的，而是多生累积福报得来的，都是因果。大菩萨所以能"名闻十方"，是因为他们济世之心勇猛到了近似于疯狂的程度，绝无畏苦推卸的心态，我们做得到吗？

"众人不请，友而安之"，你不去找他帮忙，他却自己献身于众生，更难的是能"友而安之"，我们连自己家人不彼此讨厌都很难了，不要说做到与朋友众生能够安然相处，不生厌恶之情。为什么我们会让人讨厌呢？因为自己心性修养的德行不够，所以要深切反省。如果心里的烦恼成天挂在脸上，怎能与人"友而安之"？所以读佛经一定要仔细，要用心，要反思，这才是真念经。

"绍隆三宝，能使不绝"，有如此修养的菩萨，才能挑起佛、法、僧三宝的重担，不使佛法断绝。

"降伏魔怨，制诸外道"，这一句文字易懂，但意义深刻。魔有四种：烦恼魔（欲魔）、身魔（五阴魔）、死魔、天魔，把这四种魔都降伏了，才是修道。你们以为打坐是修道，实际上不是在烦恼魔中，就是在身魔的各种感受中。禅宗祖师说：起心动念是天魔，不起心动念是五阴魔，或起不起是烦恼魔，根本无明也是烦恼魔。这些魔，诸位能降伏吗？《金刚经》中说"如是降伏其心"，就是降伏心念的魔业，贪、瞋、痴、慢、疑都是。佛在世时有九十六种外道，像婆罗门、瑜伽、拜火教做各种工夫的，现在都还有。心外求法，在自己内心之外求法就是外道。学佛的人对外道也应该懂，才能分辨错误之处。释迦牟尼佛当初就学遍了各种外道，他都懂。各位发愿"法门无量誓愿学"，学了几种呢？

"悉已清净，永离盖缠；心常安住，无碍解脱"，修行的菩萨已经永远离开了五盖十缠（贪欲、瞋恚、疑、掉悔、昏眠，此为五盖；无惭、无愧、嫉、悭、悔、眠、掉举、昏沉、忿、覆，此为十缠），心才能安，还要能常住，这更超越了定的境界。把自性的灵光遮盖了谓之"盖"，要七地以上的菩萨才能真正的"永离盖缠"，偶尔的清净是算不了数的。禅宗二祖当初修行工夫那样深，还要对达摩祖师说此心不安，可见心安实在难啊！"心常安住"才可以烦恼无碍，欲无碍，身无碍，生死无碍，才能从各种"盖缠"中解脱自在。这些高深的修持途径，往往被本经优美而平易的文字所带过，大家一定要留心。

"念、定、总持，辩才不断"，这一段要这样断句才通。大家对于这个"念"，究竟有没有正确的了解？有许多人基于对禅宗不正确的认识，引述六祖所说"无念为宗"，就以为禅宗目的在求无念；又以为打坐时什么都不知道就是入定了，其实那是大昏沉现象。这样子的误解不但严重，而且危险！六祖在《坛经》中明白说过，"无者无妄想"，等于是教理说的无分别心；"念者念真如"。六祖所讲的无念绝不是昏沉！前面说过，到了无碍境界之时，好像都感觉不到身体了，大家可千万不要以为是像睡着一样的，后者是昏沉。打坐时觉得昏昏沉沉似睡非睡，不要以为这是清净，小心这样坐久了以后脑子就退化了，记性、悟力越来越差，还可能有堕入畜生道的悲惨果报。这都是搞不清楚定、无念的真义，如此程度连外道魔道都当不上。

佛法处处讲念，例如三十七菩提道品第一就讲四念住，再如净土讲念佛，所以对念一定要有正确认识。念是意识上的念，不是用嘴念。菩萨境界的念住不是念头断灭，而是不起思维分别，念念常住清净自在，永远在定中。定不等于是打坐，打坐不过是初步练习学定的方法。念清净以后，才可以谈得定。

平常人修行打坐为何不能得定？因为第一，对念没有正确认识；第二，念不能定，净念认不到，因此杂念纷飞。各位自己反省，当你坐不住的时候，究竟是身体坐不住还是心坐不住呢？你认为是身体的感觉熬不下去了，其实讲到底还是心坐不住，就是念的问题。不信，如果用支枪指着你，坐不住就杀了你，保证你就坐得住。

所以一定要净念得定以后，才能得总持法门，也就是密宗所讲的陀罗尼；总是"所有"的意思，持是"保有"。总持第一个是闻总持，听闻、见闻过了就不忘，如阿难得总持法门，三藏十二部经典都是他记住，后来才补写出来。大家上课听经往往听过了就忘了，这就是不懂念、定、总持，修万劫仍是罔然。有天才能过目不忘，博闻强记，这是因为过去生修念、定稍有成就。念经时如果只是有嘴无心，那是自欺欺人，毫无功德可言。嘴念时心还要注意在经文上，多念一次，记诵就熟练一次，才是真修行。第二个总持是知总持，所知道的没有忘失。第三个是遇有任何疑难，自己会参透解决。这样定力坚固、慧力坚固，才可以得总持法门；世间出世间、大乘小乘、显教密教无不成就，才算总持。

如此得无碍的辩才，不是强辩，因为对一切世间出世间的学问智慧无不了彻，智慧如珠走盘，灵光照耀，才能使佛法正法不断。菩萨必须具备念、定、总持，修到了远行地，才能辩才无碍。

"布施、持戒、忍辱、精进、禅定、智慧及方便力，无不具足"，这六度波罗蜜大家好像都懂，但是真做到了多少？如果连举手之劳都不肯帮人，就不用学佛了。佛法讲愿、行，很多人初发心学佛时都还好，久了连做人的影子也不见了，真是可悲。六度中不论由哪一门专修有所成就时，其他门也都会贯通了，真有成就就变成力量，譬如布施之力、持戒之力、忍辱之力等等。我们学佛打坐念佛拜佛没有成就，就是因为无法形成力量，换言之是修行的善念的念力没有形成，还随时被自己此生或过去生的各种善恶的业力习气所牵引。修行有成就的菩萨，因为有了方便力，随时随地都在行六度，可是外表却不显示出来，这就是方便力。所以菩萨到达六度成就及方便之力，"无不具足"，没有哪一样不圆满具备。

"逮无所得，不起法忍。已能随顺，转不退轮"，七地以上的菩萨无功用行，无时无地不在修行，不用特别去做打坐念佛等修行工夫，这就是逮无所得，无生法忍，生而不生，不生而生。一切烦恼妄念顿断不生，有如截断忍住般，所以叫它不起法忍，一切妄念不起不生，截流而断。到了无生法忍境界，并不是死板地定在那儿，而是随顺世间法起用，入众生世间转法轮，虽然入世间，但不退转，这就是到了八地的菩萨境界了。不到八地的菩萨境界，还是有退转的可能，过了八地菩萨不动地，才有希望说不退转，在任何境界、任何情况下都是在无生法忍中。

"善解法相，知众生根"，这些菩萨们善于解释一切世间出世间法相，能为人解答一切问题。注意，这里法相不单是指唯识的学问而已，又要能够知道众生的根器不同，人的天生根器非大修行人积功累德是不可能转变的，这是业和果报的问题。

"盖诸大众，得无所畏"，覆盖住众生，得四无畏，心不生怯。第一，法无不通达，不足畏。第二，说了就能做到，也是无畏。凡夫遇事推诿，因为怕这样，顾忌那样，就是有所畏（菩萨的四无畏：总持不忘，说法无畏；尽知法药及众生根性，而说法无畏；善于问答，说法无畏；能断物疑，说法无畏）。

如何修功德智慧

"功德智慧，以修其心"，这八个字看起来容易，想想看可真难了。这里要注意了！《维摩诘经》讲学佛修菩萨道的重心，由这八个字点出来了。修行就是修功德、修智慧，也就是修心。功德是一点一点累积而来的，所以说积功累德，要身口意随时都在行一切善。功德包括一切，要有功才有德。再说，即使做了工，若因而心生一丝骄慢，这个功也没有了。这积功累德太难了，更不见有人能一贯到底做下去。

我们学佛讲功德和福德成就，没有功德那有福报？智慧更难修了，智慧不够，头脑就不清。要怎样修呢？靠定慧止观，不是靠打坐，愈打坐愈糊涂的人很多。止是止一切妄念杂想，止于至善，一念在净念上，然后要起观，参究一切的佛，这才是打坐静修的道理，不是在那里玩弄气感！要多研究《瑜伽师地论》的止观，智慧是要学来的、修来的。我们学佛就两条大路，一条修福德，行一切善，去一切恶；另一边修智慧。福德圆满，智慧圆满，才能成功。

"相好严身，色像第一，舍诸世间所有饰好"，因为功德智慧成就所得的果报，心能转物所致，色身气脉自然转变。这里经文又隐藏着密教噢！不信你试试看，若做了件大善事，不用打坐气脉就会变，就是这个道理，立竿见影。有多少修行工夫，色相就会有多少变化，丝毫不爽。修善根结善缘的人，即使是容貌不美，仍然会让人觉得可爱而想亲近；长得虽好看而人缘不佳，就是不修善业的结果，大家要多自反省。未成佛要先结人缘，你一个人大彻大悟，不能度众生，因为功德不成就，充其量也只是个辟支佛。

"名称高远，逾于须弥"，这时不是世间小声名而已，是因智慧功德成就而能名声普闻三界。譬如历代圣贤，他们的成就、他们的功德、他们的作为永远流传，高超三界，不受时代时间的影响，他们的崇高与伟大，超越了须弥山。

"深信坚固，犹若金刚"，我们自以为深信佛法，其实靠不住，而迷信的居多，算不上是正信。譬如说空，要真证到了空，有了实证，才是正信。这样还不够，还要深信，例如禅宗祖师说要大悟三十六回，小悟无数次的境地。但即使深信到了十信、十住、十行、十回向，仍不坚固，修行人仍会退转，因为见地偏差，功德不圆满，都会造成退转。要到了八地菩萨以上，才不退转，才称得上深信坚固，犹若金刚。

我们现在仍然在讲《维摩诘经》的序品，这序品在叙说赞叹成佛的境界，也就是代表了学佛要求证、要到达的境界，这境界也就是佛土。从修持的因上来讲，叫作境界；从修持的果上来讲，称为佛土。

"法宝普照，而雨甘露"，这些菩萨的境界已到第十地法云地，形容解脱成就之法宝普照世间，慈云法雨，说法如云如雨，普惠众生。

"于众言音，微妙第一"，所发的声音使人能得到利益，这是种最微妙的境界。佛以一音说法，众生随类各得解。很多经典都赞叹音声法门，众生心地清净，能正思维起修，才可感应菩萨言音的微妙。这是信、解、行、证的道理。此处的解不同于世间做学问的理解，是要有止观的因，得定慧的果，中文勉强称之为解，是要用证的，能证到了，自然可以听到菩萨的言音，微妙第一。这其中的道理要向观音法门去体证，必须做到"反闻闻自性，性成无上道"。能听到菩萨的言音微妙第一的人，即使听世间一切噪音，都成清净的音声；否则，即使是松风或是潺潺溪流，都会成为烦恼的音声。

邪见 断见 性空 缘起

"深入缘起，断诸邪见。"我们都知道佛法讲缘起，一切都是缘起。小乘法门注重十二因缘的缘起，以十二因缘概括了三世因果，三世皆从无明而起。以境界上讲，无明就是起心动念，就是不知道生来死去，睡眠也是无明。在理上讲，宇宙如何开始，第一个人如何生出等问题，不知答案，也是无明。总而言之，不论是境界上或是道理上，这两种无明都是因为没有修持、没有悟道而有。境界上的无明必须用定力来破除，真得如来大定的人昼夜长明，随时随地都在自性光明定中。但是纵然到了这样的境地，仍然没有解脱。解脱是靠智慧，但是，真正的慧还是要从定而生，没有定的慧是狂慧，或称作干慧。

小乘讲因缘法都从十二因缘的无明一念而起，但无明又是怎么起的？在《楞严经》中富楼那就拿这个问题替我们问佛，因为佛既然说一切皆空，他问如果一切自性本来是空，为何忽然生出山河大地？也就是问：这世界怎么来的？第一念怎么来的？无明怎么来的？这个问题就是大小乘佛法最基本的问题。所有宗教对这个问题的处理就是挂块"谢绝参观"的牌子，因为到这里问不下去了，教你只要信就好了。但是富楼那一定要问第一念无明怎么来的，佛回答他无明是从明来的，"觉明为咎"。这个回答好像没有回答，难怪许多后人认为《楞严经》是外道或是伪经。其实佛说得没有错，无明是因"觉明为咎"而生，一念灵知，觉性常明，久之复生无明。佛没有再交代，富楼那也不再问了。

要知道佛是以修证工夫的境界来答的。当然现在能修定慧工夫的人少了，若真修定慧，进入光明定中停留，就走偏了，不得解脱，千万注意！若说不要修光明定，那又绝对是个凡夫。既然得了自性光明定，为什么不得解脱呢？这就是见地的偏差，是"见取见"，修行到了某一个境界执着了，不知道再进一层解脱，所以是"见取见"。

小乘容易落入这些毛病，那大乘怎么讲缘起呢？问题很严重了！近代绝大多数都落入了断见！都说"缘起性空，性空缘起"，都知道这是佛法的中观正见，实际上一点修证修持工夫都没有，所以始终不能摆脱生老病死的痛苦，甚至可以说是因为学了佛，生老病死变得更严重。何以如此？因为自己的著作、言论、说法犯了更错的因果，断了人家的慧命；认为一切法缘起性空，空就是没有。假如空就是没有的话，我们也不用学佛，去研究西方唯物学派哲学好了。

佛学的中心是修证，但是现代全世界都把它当成一种思想学问，几乎与唯物论不分，严重曲解了缘起性空，认为空就是什么都没有。没有可不是空噢！没有是断见！佛说一切法皆从因缘所生，这当然没有错，但要注意，因缘所生讲体相起用，现象界的东西、应用的东西都是缘起，是因缘所生。但是自性功能并非缘起的，这一点千万要注意！不过，我们说自性功能是用现代的语言来讲，可不要又执着一个自性、执着一个功能，因为凡有所执着就不对了。

所以缘起性空这个道理非常深，《楞严经》中有段话非常重要："如来藏中，性色真空，性空真色，清净本然，周遍法界。随众生心，应所知量，循业发现。世间无知，惑为因缘，及自然性，皆是识心，分别计度。但有言说，都无实义。"在这段话之前，佛一路讲唯物的地、水、火、风，一切物质是缘起性空的。由四大的地水火风，说到五大的地水火风空、六大的地水火风空觉乃至到识大，最后说到"非因缘，非自然性"。这是讲物质的最高理论物理，现代的理论物理已经快走到这个边缘了。一切法非因缘，非自然性。关于这一点，有一次打禅七时，曾经有几位老参们还议论纷纷，认为是我说错了。我可没说是我说的，这是佛经上写的，要问去问佛吧！

佛说非因缘，非自然性，是指本体而言，是法身境界。性空的空，可不是因缘空得了，也不是自然空，自然空就成了自然外道了。所以讲本体而言，是非因缘，非自然性；讲起用而言，世间一切法都是因缘所生，并非自然生，也无主宰，因为它是性空缘起。所以讲缘起之理，这还没讲修证，要能"深入缘起"，才能"断诸邪见"。换言之，如果你没有证悟到缘起性空的境界，你即使学佛，许多的知见仍然还是邪见，因为没有证道。

现在流行参禅，从古以来许多禅宗的祖师都是从缘起上悟道的，不是理上悟入。有丢一块石子开悟的，有看到花开悟了，就是由缘起而悟入。如香严禅师，因为击竹开悟。这类的例子很多，不是全体。沩山祖师说"从缘悟达，永无退失"，从因缘上悟道才不会退掉，光是从定力上参出来还不对。这是一种说法，可是我反对这个说法，从缘入者，反而容易退失，偶尔瞎猫碰着死老鼠身心一下空了，进入空性，虽然定在空性，若这个色身、业力、习气一切都还没有转，还是要退转的。所以赵州和尚八十仍行脚天下参善知识，因为此心不稳。大乘的缘起性空，性空缘起，如果没有真修实证，尽管理论上讲得缘起性空，性空缘起，中观正见，那只是口头佛法，甚至是邪见。所以经文说一切菩萨要"深入缘起，断诸邪见"。

"有无二边，无复余习。"什么是邪见呢？"有无二边"就是。有，就是有法可见；无，就是空。世界上一切宗教、哲学，乃至学佛人的见解，不是落入空，就是落入有。一般人学佛、打坐、修法门，都是以有所得之心求无所得之法，背道而驰，都落入"有"见。相反的则是落入"空"见的人，什么都没有，"空"了，结果什么都没学好，成了懒汉、白痴。各位打坐时要自省，是落在哪一边？要知道不单是我们凡夫落在空、有二边的见解，没有到达八地以上的菩萨，照样落在二边，所以他们只是菩萨，不是佛。

"余习"又叫积习，《维摩诘经》后面讲到维摩居士说法，天女散花，花落在大阿罗汉身上就粘住了，大菩萨身上一瓣花都不粘。什么道理？这些大阿罗汉虽然成就很大，但积习未断，所以天花着身，他们虽然空了，不动念了，阿赖耶识里爱花爱漂亮的影子还在，积习未断。

"演法无畏，犹师子吼。其所讲说，乃如雷震。"此处是"师"而不是"狮"，是大师，是佛的意思。大菩萨们，说法无畏，犹如佛在说法，其声如雷，众魔为之脑裂。照佛经上讲，十方三世诸佛，一切大菩萨，昼夜六时都在说法，但是为什么我们听不见呢？可以用《老子》一句话形容——"大音希声"。讲到这里，有些同学们很用功，在打坐或睡眠时会听到音声，听到人说法，有时这些音声还会答复你遇到的问题。大家千万注意！不要着相，很多人一着相就进入了魔境。还有人执着咒语的音声，也是不对。

执着这些音声咒语会走入魔道，不执着呢？又落入邪见，是断灭空。你说念这些咒子容易得定，其实是你自己的关系，与咒子无关，你念个咒子不懂它的意思，但是信了。教你念个懂得的咒子——南无阿弥陀佛，你反而不用。佛说一切音声皆是陀罗尼，就是咒语。但一切音声皆是无常，你执着这个咒语或念佛号的音声，认为能修有为法而成道，终究一事无成。因为一切音声皆是无常的，所以你在定中或睡眠中听到的音声，不要理它。但是不理也只对了一边，不理就落空。执着理或不理就落二边邪见。《楞严经》告诉我们修持方面特别注意："不作圣心，名善境界"，不要认为这些祥瑞、感应是好事，就会进步，所以你听了等于不听。"若作圣解，即受群邪"。千万要注意！

为何现代人用起功来容易听到声音呢？因为人的视觉和听觉神经在后脑是连着的，现代年轻人眼睛不行，近视的多，用起功来稍稍有些进步时，头脑神经起了变化，声音来了。这个问题就讲到这里，否则离题太远了。

上面讲到"大音希声"，现代科学研究，太空中许多声音大到仪器测得出，我们却听不到，因为太大声了所以我们听不到。有的昆虫所发声音如蚂蚁，频率高到人耳听不见，但入定的人却听得像雷鸣。有定力修持的人听到一切的音声，能了解一切音声皆是陀罗尼，能知道不同的咒语有什么特别的用处。

"无有量，已过量"，这是接着说菩萨说法音声大到什么程度。这里文字的用法很特别，你可能觉得为何不直接翻译成"无量无边"呢？这就是庄子所形容的"大而无外，小而无内"。虚空算大吗？一讲虚空，观念上已经有个边际了，既然有边际的东西就不算大；大到无外，没得边际了才算大，那个大到什么？大到极点就是最小。什么叫小？小到分析到分子、原子、电子、核子、质子，到了最后是空，所以"小而无内"。小到极点就是大，大到极点就是小。这个是逻辑的道理，也就是佛法真修实证的道理。有亲证定慧工夫的人就能了解到"无有量，已过量"的道理。

为人师应具备的能力

"集众法宝，如海导师，了达诸法深妙之义，善知众生往来所趣，及心所行"，菩萨对一切的法门都完全了解透彻，能领导众生渡过凶险的大海，好像领航员在导航一样。好为人师的人要注意了，你要能够"集众法宝"，学了无量法门，了解一切众生前世的因果和根器的不同，明白众生的心理，对众生的起心动念都知道；有了这样的菩萨境界，才能够"如海导师"。《维摩诘经》这里每一句话，都像是条鞭子抽在我们身上！

"近无等等佛自在慧。"这些菩萨近乎于佛，等同于佛的无等，但到底还不是佛，没有过十地、没有超过等妙二觉而证佛果，所以是近无等等佛的大自在慧。

"十力、无畏，十八不共。"佛的自在慧具备了十力、四无畏、十八不共法，这里不一一解释这些名词了，详细解释下来，佛法就全包括在其中了。（佛十力：知是处非处智力、知三世业报智力、知诸禅解脱三昧智力、知诸根胜劣智力、知种种解智力、知种种界智力、知一切至处道智力、知天眼无碍智力、知宿命无漏智力、知永断习气智力。佛四无畏：一切智无所畏、漏尽无所畏、说障道无所畏、说尽苦道无所畏。佛十八不共法：身无失、口无失、念无失、无异想、无不定心、无不知已舍、欲无减、精进无减、念无减、慧无减、解脱无减、解脱知见无减、一切身业随智慧行、一切口业随智慧行、一切意业随智慧行、智慧知过去世无碍、智慧知未来世无碍、智慧知现在世无碍。）

"关闭一切诸恶趣门"，菩萨因为近于佛的自在慧、十力、四无畏、十八不共法，所以已经生生世世不会堕入畜生、饿鬼、地狱三恶趣道。但是还不算是究竟。

　　"而生五道以现其身"，所以近于佛的大菩萨才能任意出入天、人及三恶趣的五道中，为度一切众生。

　　"为大医王，善疗众病，应病与药，令得服行。"我再三强调，《维摩诘经》同《法华经》《药师经》《地藏经》有密切的关系。但是《维摩诘经》高如阳春白雪，《地藏经》有人不愿意看，认为是迷信老太婆看的。可是《地藏经》最难懂，所以《楞严大义今释》没翻译经中关于地狱的一段，因为怕众生难以相信。如果彻底了解地狱，真可以修行了。在座诸位学佛的，自问真地相信三世因果吗？不要自欺，有时不大信吧！你真地相信地狱吗？佛法不管大小乘的基础都是建立在三世因果、六道轮回上，一般人勉强信了，但求证很难，除非到了三禅以上，在定中才看得清楚，那才差不多会真相信。

　　《维摩诘经》这里说，唯有真正大菩萨才是大医王，善于治疗众生一切的病，生什么病给什么药，物质的、精神的药都有，让众生照方子吃药，得到解脱。

　　"无量功德皆成就，无量佛土皆严净"，这里都是打雷的声音，有如雷震，但众生听不见。学佛想证道千万要抓住这两句话！没有修福德资粮就不要妄想成就，怎么样开始修福德？诸恶莫作，众善奉行。也就是莫以善小而不为，莫以恶小而为之。没有功德成就的话处处是障碍，身心都会是魔障，内外环境都是障碍。无量功德成就是修福报，无量佛土皆严净是修智慧的成就。怎么会无量佛土皆严净呢？心净国土净，要念念清净。一呼一吸是一念，众生一念之间有八万四千个烦恼，所以念念清净才能够证到无量佛土皆严净。

　　"其见闻者，无不蒙益。诸有所作，亦不唐捐"，见到听到这样菩萨的众生，没有不得到益处的。一切所作所为没有徒然而作，不是空作的。

"如是一切功德，皆悉具足"，修到这个地步，有了福德成就和智慧成就的功德，圆满具备充足。经文到此都是赞叹菩萨们的功德。下面是在场每一位菩萨的名号，如果要一一详细介绍每位菩萨的功德和事迹，是一两个月也说不完的，那我们本经的主角维摩诘居士，就老登不了场，所以我们只能念一次菩萨们的名号。

去探病的菩萨们

"其名曰：等观菩萨，不等观菩萨，等不等观菩萨，定自在王菩萨，法自在王菩萨，法相菩萨，光相菩萨，光严菩萨，大严菩萨，宝积菩萨，辩积菩萨，宝手菩萨，宝印手菩萨，常举手菩萨，常下手菩萨，常惨菩萨，喜根菩萨，喜王菩萨，辩音菩萨，虚空藏菩萨，执宝炬菩萨，宝勇菩萨，宝见菩萨，帝网菩萨，明网菩萨，无缘观菩萨，慧积菩萨，宝胜菩萨，天王菩萨，坏魔菩萨，电德菩萨，自在王菩萨，功德相严菩萨，师子吼菩萨，雷音菩萨，山相击音菩萨，香象菩萨，白香象菩萨，常精进菩萨，不休息菩萨，妙生菩萨，华严菩萨，观世音菩萨，得大势菩萨，梵网菩萨，宝杖菩萨，无胜菩萨，严土菩萨，金髻菩萨，珠髻菩萨，弥勒菩萨，文殊师利法王子菩萨，如是等三万二千人。"文殊师利是领班的，这个数字是大秘密，不要等闲看过去。

"复有万梵天王尸弃等，从余四天下，来诣佛所，而为听法。"这里要提一下佛学中的佛土宇宙观念，是佛学的基本常识。一佛国土有三千个大千世界，一万亿个四天下。一个太阳系统是一个天下，一千个太阳系统是一个小千世界，一千个小千世界是一个中千世界，一千个中千世界是一个大千世界。这个数字之大和现代天文学的研究不谋而合，科学研究认为整个宇宙之中有不可知、不可数的太阳系统，佛在二三千年前就已经提出来如此的宇宙观了。

佛教经典中所说的三界，合共有二十八层天，由底层的欲界到色界到无色界。欲界是太阳系统的内外上下，一切欲界的众生因为有了两性淫欲的念而有生命。人在欲界的中间，人做善事或修行升天仍然是在欲界天，在那里还是会有色、声、香、味、触这五欲，一样有饮食男女的欲望，不过寿命比人世长，福报大，生存的环境也比我们好。我们在庙子见到的四大天王，就是欲界天的护法天神。欲界天中有个三十三天，其中的天主叫帝释天释提桓因，就是中国人所讲的玉皇大帝。

欲界天之上是色界天，这已不是科学上看到的天体了。最高天是有顶天，从那儿抛一块石头要六万五千五百三十五年才到地球。有顶天的天主是大自在天，穿白衣，三眼，是大菩萨化生，是三千大千世界之主。释迦牟尼佛所教化的大梵天天主名尸弃，也有翻成不同名字的。色界天有许多梵天王，所以说"万梵天王"。

若这一生压制欲望持戒修行，如果没有开悟，果报最多不过往生欲界天，何况到了欲界天那里物质环境的欲望更大，生了天人再破戒就严重了。天人境界要研究好，不要好高骛远，动辄讲《金刚经》，性空缘起，其实佛法建立在三世因果，修了半天以为往生了，其实还落到欲界天，也可能人身再来。佛在世时有九十六种外道，现在世界上有一二百种宗教，都是讲修道的，充其量修到色界天的不还果位，不会回到这个欲界来，这已经很难了。否则，修到其他天人境界照样还在生死轮回中。

"复有万二千天帝，亦从余四天下，来在会坐。"刚才前面一段是讲大梵天，这一段是讲这个世界之外的他方世界，有万二千天帝，率众来听法。

"并余大威力诸天、龙神、夜叉、乾闼婆、阿修罗、迦楼罗、紧那罗、摩睺罗伽等，悉来会坐。"还有称为天龙八部的护法天人也来参加法会。大威力诸天是其中一部，是欲界天的天人，比帝释天的层次低一级，比梵天更低一层，这些有如中外各民族都有的星座神话。龙神也是八部之一，守护天宫、注雨。夜叉是译音，也翻成药叉，一般皆以为夜叉是指魔鬼，这可不一定，夜叉又分天夜叉、地夜叉、虚空夜叉，都是非人。也译为轻捷、勇健、秘密，具大威力，很多是大菩萨化身。乾闼婆，乾读如乾坤的乾，是虚空中的音乐神，为欲界天色界天的天人奏乐。如果住在高山顶上，有时入定就听到虚空中的天乐声，这种天乐不属于银河系，不知是否庄子所讲的"天籁"。阿修罗也不一定是魔鬼，阿修罗已经超出了鬼道。三界天人中都有阿修罗，是神中的恶人，吃素，不饮酒，脾气大，个性坏，但有修持，没有相当的福报还成不了阿修罗。阿修罗与天人是平等的，力量不相上下，等于西方文化中的上帝与魔鬼的对立。男性的阿修罗非常丑陋，女性的却非常漂亮，中国文学常把美女写成可怕的阿修罗化身。

迦楼罗是大鹏金翅鸟，以龙为食物，被佛度了就戒它不许再食龙，以至在庙子里，到了中午会将供佛的食物挑些出来，盛入盘子念个咒子，拿到外面去供迦楼罗。这些你当作是神话故事也可以，但有一点是确实的，我们的地球世界乃至天人，一切生命为了生存，都会伤害别的生命。从这个观点来看，这个世界是丑陋的，都是将自己的幸福建立在别人的痛苦上。

紧那罗是非人，有时让你看见有时不让你看见。中国云贵川山区传说的山魈，就是这一类，留在地上的脚印足跟朝前，足趾向后，看起来好像是倒退着走路的。他们偶尔会与人类接触，男的很丑，女的很漂亮，都能歌舞。摩睺罗伽则是大蟒神。

"诸比丘比丘尼，优婆塞优婆夷，俱来会坐。"这是参加法会佛在人世的弟子们。比丘的原意是乞士，上乞法于佛，下乞食于人。和尚是大师，人天之师之意，是种尊称，一个庙子只有住持大方丈才可称是和尚，有如西藏人称活佛。比丘尼是女性出家人，尼是女的意思，后来尊称出家的女尼为阿姑，因此连起来就称尼姑。原来是尊称，到现在称人和尚或尼姑反而有贬义。优婆塞是男居士，优婆夷是女居士，是在家学佛的人。

"彼时佛与无量百千之众，恭敬围绕，而为说法。譬如须弥山王，显于大海"，接着上文，介绍了来参加这次法会的诸佛、菩萨、天人、众人，这时，有无量、数不清的大众非常恭敬地围绕着佛，听他说法。经文描述的手法极高明，形容佛站在无量大众之中，像是最高的须弥大山耸立于大海之中，这是一个何其庄严壮观的场面呀！想象一下一个道德学问受万人景仰的人，走到哪里都受众人拥戴，并不是神话的场面。如今所谓的明星可能也做得到，权位高的人也做得到；但是包围明星的群众是受狂热欲望所驱使，包围权位高的群众是被权力所慑，甚至是被强迫的。

"安处众宝师子之座，蔽于一切诸来大众。"佛被大众恭奉到为他而设的宝座，安详地坐下。这座位是用一切宝物来做成的，只有足以为人天师表的大师才够资格坐，所以叫师子座。这里文字用"蔽"形容佛上了座，他的威德庄严光芒像棵大树般，遮蔽了一切到会的大众。以上是讲佛到会时的情形，下面另起一段。

"尔时毗耶离城，有长者子，名曰宝积，与五百长者子，俱持七宝盖，来诣佛所，头面礼足，各以其盖，共供养佛。"毗耶离城是当时中印度的名都。长者是年高德劭、学问道德有所成就之人，长者子就是当地的有高度文化教养家族的子弟，为首的长者子名叫宝积。宝积这名字在佛经印度文化中好几次出现，尤其是在《大宝积经》中是以他为主体，他提出了很多的重要问题来请佛开示。当时印度同我们春秋战国时一样，是个分封诸侯的地方，有两三百个国家。毗耶离城是当时一个民主自由的国家，是用道德自治，维摩居士的地位在城中好比是一位最高的主席。这次他并没有到会，由宝积带领了五百世家大族的世子来到法会，每人拿着一个镶满七种珠宝的宝盖，是像雨伞一样的东西，晴天可遮阳，雨天可挡雨。中国秦汉之后的帝王出巡时，后面有执宝盖的，就是外头传来的。他们前来参见佛，依印度礼俗向佛叩拜。"头面礼足"，就像我们今日拜佛，双手向上摊开接住佛的双足，头向下叩佛的脚面，这是最高的礼貌。礼拜之后，每人都将自己的宝盖献给佛，右绕而转。

佛的神力

"佛之威神，令诸宝盖合成一盖，遍覆三千大千世界。而此世界广长之相，悉于中现。"要注意这一次法会讲学的开始，不是以出家人为主，而是以在家人为主，就是这五百个长者子。佛运用神通把五百个宝盖合拢为一个盖子，这盖子就升空了，盖住了整个虚空，遍覆三千大千世界。这三千大千世界的概念前面已经解释过了，是一佛国土，是佛的威力所及。这个世界空间有多广大，时间有多长，都没有妨碍，都盖住了。看来像是神话，如果我们站在地平面上仰头看，整个天体就是个宝盖。站在世界上不同的地方，看到自己头上的天顶都不一样，和个人立场不同的天顶变成一个宇宙的观念，本来如此，不是神话，就是说明宇宙就是一个圆盖形的。

"又此三千大千世界，诸须弥山，雪山，目真邻陀山，摩诃目真邻陀山，香山，宝山，金山，黑山，铁围山，大铁围山，大海江河，川流泉源，及日月星辰，天宫龙宫，诸尊神宫，悉现于宝盖中。又十方诸佛，诸佛说法，亦现于宝盖中。"根据佛经，我们这个世界的中心是须弥山，世界的边缘有七金山，藏有无尽的宝藏，镇住世界的边缘，使之不裂开。这段是描写在此宝盖之下，我们这个世界的山、海、河川、日月星辰等都在其中。同时又呈现了这个世界以外的一切诸佛，都同时在讲经。佛教并没有一尊的观念，宇宙没有个绝对的主宰。甚至，佛教主张所有众生本来就是佛，一切众生是平等的，众生只不过迷失了本性，这与其他宗教是不同的。

"尔时一切大众，睹佛神力，叹未曾有，合掌礼佛，瞻仰尊颜，目不暂舍。"当时在场的大众看见了佛的神通威力，感叹从未见过如此场面。"叹未曾有"这四个字用得太好了，我们今日用得很平常，但是当初创作是非常不容易的。大众赞叹不已，就合掌敬礼。合掌是表示恭敬，将自己的散心收拢起来，同中国人的拱手一样。大众将眼睛瞪起来看着佛，眼光没有一刻离开，好像所有照相机的镜头都对着佛。

"长者子宝积，即于佛前，以偈颂曰"，这是印度礼貌，见到长辈用唱诵表示尊敬，歌词就是偈颂。宝积唱的这一篇偈颂不是普通的歌，是描写成为人天师表的学问道德境界，同诗一样，但是没有办法把有押韵的原文翻成中国的诗歌体而不失其神韵，这在文学翻译上是非常困难的。不要说外文诗歌很难翻成中文，就连中文的古诗一翻成白话就走样了。偈颂成为中国一种特殊的佛经文学体，同诗词一样的长短句，可是没有办法配合音韵。

"目净修广如青莲"，形容佛的面相，双眼大而长，黑白分明。好像古书所说，工夫到了一定境界就会"碧眼方瞳"，不是西洋人的蓝眼，而是讲眼睛有神，眼白清澈无瑕。

"心净已度诸禅定"，佛的境界是内心达到了绝对的干净，超过了禅定的境界，无所谓定与不定，不再需要借助禅定的工夫达到净的境界。注意，打坐禅定和后世禅宗不同，不要混为一谈。

净业是什么

"久积净业称无量"，多生累积的修持，到达无量成就境界而成为佛。净业不是善业，善与恶像是一阴一阳，是相对的。没有恶业仅有善业还不能算是净业，净业是善恶二边都不着，无着无依，非有非空，连空也空。佛境界是净业，十方三世诸佛国土皆是净土，因为心净所以国土净。

"导众以寂故稽首"，作为导师领导一切众生进入寂灭涅槃，因此向佛叩头礼拜。寂或涅槃不是死亡，超过了清净安详，是在无比混浊、无比动乱中的清净自然。好比你去到高峰顶上，在没有风没有任何声音的时候，就接近了寂的境界。不过你到了那里，或在打坐中进入这个境界，反而可能会觉得可怕。

"既见大圣以神变，普现十方无量土"，看到一切佛展现的神通，普遍地呈现在十方无量无边的国土，无所不在。一提到神通，大家就想到稀奇古怪的东西。中文翻译得很好，是我们自己误解了。神通是人神而通之，是人修到了精神超越物质、超越肉体时，他的精神与天地宇宙法界的观念相通了，自然就起各种变化。所以，不应该以凡夫境界的意识妄想随便妄求神通。如果佛的神通无所不在，为何我们看不到呢？譬如太阳永远在天顶，我们在夜里看不见，并不是太阳不照地球，而是我们所处的地方转到背对太阳的缘故。所以我们看不到佛的神通，见不到我们的自性，是由于自我的妄想、烦恼、业力阻碍住了。

大家继续听我讲，但要看着经文，我发现有些人只听经不看经，自以为记得住，所以文字般若始终不开。文字智慧一定是从读经来的，光靠玩弄聪明，以为耳朵听了就理解了，文字智慧是开不了的。

"其中诸佛演说法，于是一切悉见闻"，在十方无量国土中，一切佛任何时间都在说法，众生法眼清净、自心清净了才能见到、听到，这就回到前面头两句：能到达"目净修广如青莲，心净已度诸禅定"，自然能见闻十方佛在说法。"于是"二字是行文的虚字。

中国的大乘佛法中心的禅宗，是以《维摩诘经》为最重要的根据，下面要讲到非常重要的中心。

"法王法力超群生，常以法财施一切"，法王是佛的别称，成了佛是一切世间法出世法之王，这个法不要认为是结手印、念咒子、敲木鱼或者心里面做些古怪的观想；真正的法缘起性空，就在目前而不能见，是大秘密法。佛的法力超越一切众生，不是众生所能想象的。佛法永恒不变，不论肉身佛是否在世，一切善知识诸佛菩萨都常以法财做布施，注意这个"常"字。

不动的第一义

下面来的就是佛布施我们真正的大法："能善分别诸法相，于第一义而不动"，这就是我们要证的菩提道果。大家持戒修定都是想做到没有妄念，没有烦恼，但是自己为什么做不到？这个问题大家要仔细参究。下一个问题，成了佛还动不动念呢？

大家注意这里"能善分别"，是有分别，不是无分别，佛能善于分别一切法相。凡夫的分别作意，不落善念就落恶念，或落于不善不恶的无记念。唯有证道成佛，才能善分别一切法相，虽作意而不着。所以说空、无相、无作（或无愿）为三解脱门。

能善分别，当下就性空一切的法相。第一义就是第一义，佛学的解释是真谛或形而上之道体，现代的哲学解释是本体，"于第一义而不动"，在这上面没有动过。

比方大家从上课以来虽然每一句话都听见了，每一句话都已经不存在了，但是你那能听的有动过吗？要在这个地方参究一下"能善分别诸法相，于第一义而不动"，我们从凡夫心意识的境界，好好在这里去用功参究，慢慢可以达到"心净已度诸禅定"。例如，我们对于昨天、今天、明天，去年、今年、明年，上一秒、现在、下一秒，这些差别的境界都不可得不存在，但是那个知道过去、现在、未来的，"于第一义而不动"。

"已于诸法得自在"，因为"能善分别诸法相，于第一义而不动"之后，才能达到佛境界，自在而不执着，所以"是故稽首此法王"。

说因缘

"说法不有亦不无，以因缘故诸法生"，佛说一切法，不论是大乘、小乘，显教、密教，三藏十二分教，一切不着于有，也不着于空。"不有"就是空，"不无"就是有，既然如此，为什么要用"不有"和"不无"呢？"不有"，不是有，没有告诉你绝对是空；"不无"，不是没有，没有告诉你绝对是有。

佛说一切法，世界一切万有现象，乃至我们凡夫起心动念，皆是因缘生法。因缘生法就是中国大乘所讲的缘生性空，也叫缘起性空。这里用的"因缘"二字，不是十二因缘的因缘，非常难了解。因缘在中国文字上来讲，"因"是动因，"缘"是攀缘。"缘"是与动因一动所连带的连续关系。譬如我们讲话，前一句是因，后一句接续前一句的意义是缘。因缘像是一个圆圈，无始无终，永远连续不断。譬如手中这个烟灰缸，由化学品、玻璃作原料，加上热能、人工，放入模子中压制出来，是因缘所生，无物质自性，因缘聚了，就构成这个东西；打破了，因缘散了，也就不成这个东西了。如果当初不叫它做烟灰缸，现在就叫了别的名字了，名词也无自性。我们大家相聚在这里，也是一样。所以因缘的两个道理就是缘起和性空：一切皆是因缘所生；一切皆无自性，没有单独自动存在的可能和性质。换言之，一切事物的开动，那强有力的是因；由之发展出来连续的作用是缘。

后世把因缘的法相加以分析，就成了唯识法相学，有四缘。因缘本身是一个因素，例如这次讲经，我要讲就是因，诸位来听是缘，但这个因缘本身，叫亲因缘。又如生命是中阴的业力到了该去投胎，加上父亲的精和母亲的卵，三缘和合，成为一个人，就是亲因缘。第二因素是增上缘，如泥土之于植物种子。又如父母的身心遗传特质，家庭、社会的环境，都是种子的增上缘。如果这个种子是善的，所有的外缘不管是善恶都会培养它向善路上走；如果这个种子是恶缘所感，所有的遭遇，都是恶缘。

再用刚才讲经的比方，我一念一动：给他们讲《维摩诘经》吧！这是亲因缘。有这样一个强有力的动念，发出通知，大家有缘的凑在一起，就在这里了。这个地方要有灯光、电力、设备等，促成这次讲经，就是增上缘。在座听经的道友们，有人因为听了经，自己明心见性，悟了道，这个环境，就是他的增上缘。他悟了道不是佛给他，也不是老师给他，是他自己的自性种性爆发，碰到善知识，碰到佛菩萨，这么一个增上因缘促成他明心见性。譬如我们由亲因缘出生，其后有父母遗传、家庭、社会、国家、时代等增上缘影响，这个人由此因缘出发，或者去弘法，或者去造恶业，像一个个连续不断的圈子滚下去。前缘变成后因，后因又变成了前缘，所缘之缘连锁不断，就是所缘缘。由这个关系，在六道轮回里，有三世因果，像转圆圈一样永远不断地滚下去，前生如有善根智慧，这一生碰到增上缘变得更好，因此连续下去所缘之缘，他又去弘扬佛法布施功德。这个所缘之缘又经三缘和合，带到他生来世的善根增长，是等无间缘，等是平等的轮转，无间是因缘无间隙。

凡夫众生的善恶因缘累积了很多，成佛之后这因缘还不会断，甚至过去结的冤家仇人都成了这一世的眷属善缘。有句话说："未曾成佛，先结人缘。"你得了道要度众生，如果功德、法缘不够，还是无法度人。我们要学佛的人也一样，如果法缘不够，功德不到，就碰不到善知识。就算碰到了，自然也会离开或是有阻碍。所以因缘要自己去培养。

我们解释了因缘的道理，了解一切法皆从因缘而生，无主宰，没有一个上帝或命运来主宰，八字命运事实上就是因缘法。宗教家都讲生命有个主宰，有个管你的。有许多迷信的人常说，因为不拜某个菩萨就被降罪了，不拜某个鬼就被附身了，这些不是佛法，因为让神鬼做了你的主宰。菩萨无论有缘无缘都要度，对坏人更要教化，怎么会因为不拜他就罚你？这哪算是菩萨？不要说是超人的主宰了，即使是一个年纪大的人，或有道德修养的人，都会包容别人，难道菩萨连这样的胸襟都比不上吗？一切法无主宰，那么是自然来的吗？如果说是自然来的，就成了唯物思想。所以一切法无主宰，也非自然，是因缘所生。因缘道理是全部佛法的基础。

"无我无造无受者"，一切法缘生性空，所以一切法中无我。宇宙万有皆是因缘所生，无造者，也无受者。无我、无造、无受是佛法讲性空的最重要的三个要点。让我们用自己的生命来参究，现在大家坐在这儿，如果讲无我，大概只是说说的，明明觉得有我坐在这儿，怎么说无我？大家所学各种五花八门的工夫，你打坐时能做得到无我吗？工夫做得愈好，恐怕这个我反而愈牢固了，都认为"我"最了不起。为什么做不到无我呢？因为犯了三个错误：有我者、有造者、有受者。一打起坐或一念起佛，你下意识就有"我"在做工夫的念头。做工夫的时候，不论你观想、持咒、练气、念佛，都是自己在那里造作。最大的错误是有受者，把自己的感受状态放大，自以为是在做工夫。所以大家上座也好，不上座也好，要随时参究无我者，我者究竟是什么？是这肉体吗？肉体不过是个壳子，是暂时借用的，"我"不在这里面，要真正参究我在哪里。

一切法皆是因缘所生，身上觉得气脉动了也不是我，可能是今天吃对了或吃错了东西，再不然可能有轻微的感冒，头有点微胀就自以为是气冲动，这都是自我在造作。众生本来无我，妄认有我，这才是真正的大妄念，并不是打坐时思想不停叫妄念，那是小玩意儿而已。你平时不知道打多大的妄想，总以为有我的存在。明明没有一个造作的、没有一个主宰你的，你自己却有意或无意地，总觉得有一个力量值得信任、值得依赖，是佛菩萨也好，上帝也好，或是自己的命运；再不然就依赖自我，相信自我不会错，这是愚痴到了极点。

自己想想，是不是如此？你说坐了一上午，精神很好，这当然，你坐在那儿什么活儿都不干就像是休息，精神当然好。你说这是工夫，这不是自欺欺人吗？无造者，自己却在乱造境界！无受者，可是偏偏自己玩弄感觉。你昨天打坐觉得境界很好，今天再坐，那个境界怎么失掉了？你能修得成，它就能坏得掉。天地万物万事凡是靠修造来的，不修就一定坏。房子造好的那一天就是房子毁坏开始的那一天，也就是庄子所说的"方生方死"。你在这儿做点工夫都是因缘，有这样的场地，你是个有闲人，有人帮忙弄饭，你有个垫子坐着，有空调开着……记着，此中无我无造者无受者啊!

一切因缘生,缘起性空。既然性空,我何必学佛呢?有一样东西也不空也不有:"善恶之业亦不亡。"既然无我无造无受者,那你说:我不妨作恶吧?不是教条禁止你,是业力不失!你说:空了还有什么业力?有空的业!空就是因缘,就是因果;空为因,所得的果报是清净。同样,善恶的业果不会丧失。我们懂了这些道理,就懂了"能善分别诸法相,于第一义而不动"。

"始在佛树力降魔,得甘露灭觉道成",这是赞叹释迦牟尼的成佛经历。"始在佛树力降魔",佛于三十二岁在菩提树下,以智慧之力降伏了一切魔。什么是魔?烦恼魔、死魔、五阴魔、天魔,这些在前面说过了。"得甘露灭觉道成",打坐的人,头顶发生清凉,脑下垂体分泌液体流到嘴中,觉得香甜不绝,叫甘露灌顶。这还不算得定,要慢慢一步步修去,也许才可以得定。如果连这甘露都没有,嘴里干干的,甚至发苦或一身燥,那就不用说了。《维摩诘经》这里所讲的甘露,不是这种有形的甘露,是形容智慧的甘露。得寂灭之道,也就是得涅槃之道,才叫作证得甘露。"得甘露灭",是灭掉一切烦恼一切生死,就是"觉道成"。

"已无心意无受行",佛学中的心、意、识是三样不同的东西。想是心,譬如你出门时脑子里想了不知多少事,那是心。念念不忘叫意,念就是意,就是不用再提起思想的。你出门时放一百元在口袋里,你没有去想它,可是你知道身上有一百元,这叫意。识用现代的话说,是心理状态。在本经中,意也包括了识。真开悟的人无心也无意识,但不是变成白痴,也不是死亡,他的智慧真正开发了,比凡夫高明太多了,而且心、意、识到达了缘起性空。

感觉状态不是心、意、识,医学上可实验的。比如人到了绝对昏迷或刚刚死亡的一刹那，你碰他一下，他还是会有反应，这是感觉，是受阴境界。又如斩断蚯蚓，两截都会动，它的意识状态分散了，动的余力是受阴境界的感觉本能。行阴是生命的动力、生命的本能，永远在动。行阴静止了才叫得定。比如我们静坐时偶然可以得到心、意、识短暂的清净，也可以短暂忘却了生理上的感觉，但是你的血液还在循环流动，你的呼吸仍然不停，就是行阴还在，不是真正的定。所以证得菩提道果的人，没有心、意、识，也没有受，也没有行。

"而悉摧伏诸外道"，因此，能够摧伏一切的外道。心外求法叫外道，道在你自己心里，不在上帝、不在佛、不在境界上气脉上，气功咒语都不是。

"三转法轮于大千，其轮本来常清净，天人得道此为证，三宝于是现世间"，这是继续赞叹佛。佛说法那么多年，严格算来只有三转法轮，就是小乘道讲苦、集、灭、道四谛法门，中乘缘觉道讲十二因缘所生法，大乘道讲六度万行。也有认为三转法轮都是在讲四谛法门，不过每次讲的境界不同。轮是形容词，表示周圆旋转的力量，像个轮。大千是这个大千世界。法轮一向是清净的。一切世间天、人都因佛法而得道，可以做证明。佛、法、僧三宝，因而呈现在世间。

"以斯妙法济群生，一受不退常寂然，度老病死大医王，当礼法海德无边。"佛用妙法度众生，真正开悟了，只受这一生果报，从此不再退堕，恒常在涅槃清净中，是度脱了老、病、死的大医王。因此赞叹佛法广大渊博，浩如大海无量无边。

佛在世时有九十六种外道，你可不要轻视外道，外道都很讲究做工夫，都真实吃素，都戒饮酒，他们的行持可能比你自称佛弟子的还要彻底。外道修持最高可以往生无色界天，超过了色界天，很了不起哟！但是外道是靠修持造作，一旦不修持造作，就会退转，照样在六道中轮回。真正佛法一悟千悟，永不退失。大乘菩萨到了第八地以上的果位，才可以说一受不退。

"毁誉不动如须弥，于善不善等以慈，心行平等如虚空，孰闻人宝不敬承"，对世间的诋毁或是称誉全不动心，像须弥山一样不动摇。对于善人和恶人、佛徒和外道，均能够平等地以慈悲心对待。心理和行为、起心和动念，都是平等如虚空一样，无不包容，是人中之宝，谁不尊敬！

"今奉世尊此微盖，于中现我三千界，诸天龙神所居宫，乾闼婆等及夜叉。"这个宝盖能遍覆三千大千世界，但究竟是什么东西？如果照佛经直讲，就是神通所变化的。你如果正信佛法，它就不是神话故事，而是个事实。我们要好好从实证的立场来研究一下。这个世界是一个宝盖，我们的身体也是个盖，却是个坏盖，但也可以转成宝盖。我们现在是在佛的宝盖之内，但也是在自己业力的盖覆之内，被遮住了。你人坐在这里，心可以去到外太空，但是身子动不了，被盖住了。要转化这业力之盖，就要有真正的修证工夫。

宝积这里赞叹说，我们每人今天将这小小的盖奉献给佛，在这小小的盖子中，现出了我们的三千大千世界。这个问题要参，不能看过文字就过去了。我们这一心遍覆三千大千世界，大而无外，小而无内。但我们虽然在宝盖中，却找不到它。现在借用神通的情节说明，我们此心与宝积所奉献的宝盖是同一功能。在这盖中，一切天人龙神、天龙八部等所住的宫殿，都在其中显现。

假使有人说你要落入畜生道，你一定会不高兴。事实上，我们每一个人的人性中就有兽性，人有时的言论思想就是禽兽的行为；但有时又是圣人的思想行为，有时一念就在地狱中。六道轮回天龙八部都在这一盖、这一念之间，也反映在我们的生理、心理、动作、相貌、言语上。所以一心能盖万法，我们的心性自体，就是同这个宝盖的作用一样。

"悉见世间诸所有，十力哀现是化变。"在宝盖中看见世间万有，佛哀怜慈悲众生，用十力呈现这个变化。"佛十力"就是：

（一）知是处非处智力：佛于一切因缘果报审实能知，知做善业定得乐报，称知是处；做恶业，得受乐报无有是处，称为知非处，如是种种，皆悉遍知。

（二）知三世业报智力：知一切众生三世因果业报之智力。

（三）知诸禅解脱三昧智力：只有佛知道一切禅定是求解脱，不是在玩弄色身或意识境界，而且知道用哪一种禅定来教导哪一种人。这里的禅是禅定，不是禅宗。

（四）知诸根胜劣智力：人的根器不同，但只有佛有此智力，知道如何使人真正开悟，怎么样则不能开悟，怎么是证悟，怎么不是证悟。

（五）知种种解智力：知一切众生种种知解之智力。

（六）知种种界智力：大的三千世界、三界，小的十八界，这些界在哪里？你理论上知道，实证上证不到。例如眼是根，色是尘，这根与尘之间就是界，是色界。如用现代高倍显微镜，可以看见微末物之间的空隙，但没有显微镜就看不见。所以十八界各个界限之间的间隙，只有佛的智慧神通才看得见。

（七）知一切至处道智力：知五戒十善之行至人间天上，行八正道至涅槃，也知道一切外道魔道。

（八）知天眼无碍智力：以天眼见众生生死及善恶业缘无障碍之智。

（九）知宿命无漏智力：知众生宿命又知无漏涅槃智力。

（十）知永断习气智力：罗汉甚至菩萨可以修到断除习气，但是习气的根还在，余习未断，只有佛能彻底断掉习气。

"众睹稀有皆叹佛，今我稽首三界尊。"大家看到了难得一见的现象，都赞叹佛是欲界、色界、无色界的三界天人之尊，并且向佛顶礼。

"大圣法王众所归，净心观佛靡不欣，各见世尊在其前，斯则神力不共法。"在中国文化中，成道之人就可以称为大圣。法王也是佛，为法中之王，于法自在。也可以称佛是空王，等于中国称孔子为素王。法王是大众所皈依。心要绝对干净了，佛境界就现前。你说自己的心很清净了，祈求能见到佛，只此一念，你的心已经不干净了。净土法门也就是这个净。我们修持真做到持心于净，做到一念不生时，不是压制，不是勉强，既不思恶也不思善，此心本净，既不看有也不看无，也不观空。到了这样的净心来观佛，无处不让你欢欣，世尊就在你眼前，眼前都太远了，应该说佛就在你心中，净心就是佛。懂了这个，才晓得佛永远具神通的能力，不是一切外道所共有的。

心外求法叫外道，即使你是学佛的，你在净心上面动了一念，另求一个效果，求一个法，不是增就是减。你想空掉的一念，就是减法；你想见佛看光，那就是增法。不增不减、不垢不净、不生不灭才是净心。假使做不到净心，就与佛境界不相应。不论是增是减，是垢是净，是生是灭，都是心外求法，就不对了。所以真正佛法只有一个，就是净心，也就是净土。再进一步，连这一个名称都没有了，有一个心，有一个清净，有一个净土，有一个清净境界现前，都不是了。要在这个地方懂了，才懂了大乘佛法。

佛一音说法

"佛以一音演说法，众生随类各得解"，这里大问题来了，依照普通的理解，这句偈文的意思是，佛只用一个声音说法，所有众生，不论印度人、中国人，连牛、马、猫、狗，等等，统统听懂了，而且都认为佛说的是自己的语言，这是佛的神通不共法。那我要反问，照这样理解，佛当时讲经我们中国应该也听见了，为什么还要翻译佛经？不要讲中国了，佛在世时，印度当地就有许许多多的方言，是不是听佛讲经都不要翻译了？小乘经典记载，许多人见了佛当场决定出家，"须发自落"，是头发自动落下吗？那岂不是患了脱毛症？连佛的塑像都是有头发的，一粒粒右旋的发窝。"自落"是讲那些人自己剃去了须发，不要照字面死板理解佛经。比如这个保温热水壶的盖子松了，夜深人静的时候发出嘶嘶的声音，有人听了知道是水壶发出的，有人听了可能以为是鬼，"众生随类各得解"，就是这个道理，就这么简单。

同一个老师上课，下面一千个学生就有一千种不同的理解。同样一句话讲出来，就会有人误解。比如佛说过："若人生百岁，不解生灭法，不如生一日，而得解了之。"后来竟然被有的弟子转诵成"若人生百岁，不见水老鹤，不如生一日，而得睹见之"。这就是"佛以一音演说法，众生随类各得解"的道理。还有，释迦牟尼佛虽然已经过世了，可是根据佛法是十方三世都有佛在说法的，那么现在应该也有佛在说法，在哪里呢？唐代有个和尚问禅师："佛在说法，一切山河大地，一切无情，在不在说法？"有情是众生，无情是石头、树木、山、水等，因为它们没有知性感受。当然，现在也有研究生物的人认为植物是有感受的，事实上反应同感受是两回事。这位禅师回答："无情当然说法。"谁听到了呢？"有情听到。"历史上有些禅宗祖师因为风吹草动或瓦片碰到竹子而悟道，就是无情说法。众生何以听不见呢？是被自己的业力挡住了。

"皆谓世尊同其语，斯则神力不共法"，是说众生根据自己理解的不同，认为老师说的就是我这个意思，这是佛的"神力不共法"。

"佛以一音演说法，众生各各随所解，普得受行获其利，斯则神力不共法。"佛法只有一个音声在说法，三藏十二部讲了那么多，都是空话，只有一句话，你懂了就悟道了，特别注意听！（师不语数秒）听到了吗？你太注意就听不见了，只有这一法，这一法你悟进去了就万法皆通了。在你没有注意之前的那一刹那，佛已经说了。所以佛只以一音演说法，众生随自己的程度深浅而解释佛法；不管他们解释的对或错，都会有点好处，都会得到佛法的利益，这是佛的神力不共法。

"佛以一音演说法，或有恐畏或欢喜，或生厌离或断疑，斯则神力不共法。"佛法只有一个音声在说法，有些人听到了害怕，有些人听到了无比的欢喜。有人听了就起厌离心，讨厌世间一切。初学佛的人如果没有生起厌离心，是无法学佛的，不能跳离三界。也有人听了佛法就断绝了怀疑心，生出真正的信心。这就是佛的智慧神力不共法。

这一篇赞叹之辞，重复三次提到佛以一音演说法，众生得到那么大的好处。我们由此领会到《楞严经》中文殊菩萨赞叹观音法门所说的"此方真教体，清净在音闻"，这个世界上真正教化的体系，是在听音声的清净功能，也就是耳根圆通法门。用耳朵听声音的方法，最容易成道。为什么？例如眼睛只能看前方，若有东西挡住视线就看不见了，所以用眼根修，不圆满。用鼻修数息止观，也不圆满。五根当中只有耳朵不受限制，能同时感受到十方来的声音，容易修得圆满。

观音菩萨传我们这个耳根圆通法门，要"反闻闻自性，性成无上道"，修这法门时，耳朵不向外头听了，回转来听自己的心声而成道，听什么呢？听自己的思想，这思想就是没有说出来的语言，说话是发出声来的思想。当然，有人打坐听到别人在对他讲话，那是魔境界。音声是现象，你要听自己没说话、念头没有来之前的净心。比如你心中念佛，念南无阿弥陀佛也可以，一个字一个字慢慢地念，耳朵不要听外面，回转来听自己念佛声音，一字字把它距离远一点，自己听自己念。前一字过去，后一字还没有来，就空了嘛。有杂念来了你就念一句，没有杂念了，你也不念。这样"反闻闻自性"，是观世音菩萨所说的，"初于闻中，入流亡所"，慢慢回转来听自己的心声念佛，慢慢、慢慢进入自己法性之流，自性清净。"亡所"，就把念佛的声音、杂念都空掉了，净性现前，亡其所念。这是第一步。"所入既寂"是第二步，你那个念的声音慢慢更空了，寂是寂灭。下面你们自己去研究了。

你们以为佛法有什么秘密法门，一定要找个老师磕头灌顶吗？真灌顶是智慧灌顶，自己得到智慧，心里了解了是真灌顶，十方诸佛一切众生都可以灌顶。你赶紧去研究《楞严经》这一段。《维摩诘经》说佛以一音演说法，你怎么听得到呢？就是依观音菩萨净心反闻自观，你就达到那个境界，"初于闻中，入流亡所"，那个时候你就真清净了。这就是佛法，难道需要磕头才传给你吗？

宝积问佛净土

"稽首十力大精进"，这些都是宝积赞叹佛的话，世上哪一个人最精进？只有佛。学佛的人不论在什么环境、什么地方，快乐中，烦恼中，昼夜时中，只有一条路向前修，这是大精进。成了佛还修不修？我可以告诉你，永远是在修，虚空有尽我愿无穷啊！学佛的人要对自己不姑息、不马虎，才是学佛根器、大精进之人。

"稽首已得无所畏",只有成了佛才无所畏,生死无累,世上还有什么可怕的?生死是最大的魔障,你检查自己为什么怕鬼,就是怕被鬼弄死嘛!如果不怕生死还会怕鬼吗?其实世上最可怕的是人,魔鬼都怕人的。人可怕在人心,自己的心最可怕,因为根本把握不住自己的心。

"稽首住于不共法",佛法是不共法,世间一切的方法,外道与佛法共有的,叫共法。比如打坐禅定,是共法,连天主教都有,只是不盘腿而已。以前我在成都认识一位法国神父,他在一间像电话亭那么大的地方静坐,二十分钟就下座。他打坐的时候会悬空,但是他说只要一动念,知道自己在悬空,咚,就掉下来了。佛法的不共法是智慧,是般若。

"稽首一切大导师",佛是世上一切众生人天大导师。

"稽首能断众结缚",我们能把心中千万个结使、束缚都解脱了,就是佛。生死、习气都是结使。叫它结使是因为这个结,才使你苦恼、轮回。

"稽首已到于彼岸,稽首能度诸世间,稽首永离生死道",只有成了佛才是真正到彼岸,才跳出这个世界,才真正永远了生死。你们可能以为了了生死就不来这个世界了,错了。因为佛了了生死,个个都到这个世界来度众生,已经不畏生死了,不受生死所拘束,来去自如。你觉得怕了这个世界,想了生死就不来了,这是外道之见,何况自己还不能了生死。如果这样发心的话,就永远不能了生死,因为见地不正,连小乘道都谈不上。我们学佛就要先学会《普贤行愿品》的十大愿,生生世世度一切众生,而且要去苦难最多的地方,乃至地狱都敢去,这才是佛的精神。如果为逃避这个世界,哪是学佛?

"悉知众生来去相,善于诸法得解脱,不着世间如莲华,常善入于空寂行，达诸法相无罣碍，稽首如空无所依。"佛了了生死，把众生来去六道之相看得很清楚。佛于一切世间出世间法都得了解脱，乃至外道魔法无所不知。佛法在哪里？佛法在世间，真正的净土就在你心中，不要外求。佛法的标记是莲花，是生长在最脏的污泥中才开花的，如果是干净的土中，反而生不出莲花，这就是学佛的精神。要在愈苦难的地方修持才会愈有成就，你要逃避世界，一个人去到清净地方修持，是不会成功的。这是正统的佛法。

所以佛能善于入到空的境界，入到寂灭涅槃；并且深深悟到一切法一切相无罣碍，所以空无所依。你说空了所以不来了，这是空而不灵活。空能包容一切法，善法恶法都是。如果心中认为空是对的、不空是错的，那你还有罣碍，不是真的空。最重要的是，空还要无所依。打坐禅定要不依身，不依心，不依也不依，你坐坐看。坐着觉得热，想打开冷气，已经有所依了。你说什么都没有，空了，还是依了个空，空的境界是心里出来的。

"尔时长者子宝积，说此偈已，白佛言：世尊！是五百长者子，皆已发阿耨多罗三藐三菩提心，愿闻得佛国土清净，唯愿世尊，说诸菩萨净土之行。"长者子宝积说了上面这一段赞叹之辞，就对佛说，他们这五百位长者子都发了无上正等正觉的心。"阿耨多罗"是无上的意思，"三"是正的意思，"藐"是等的意思，"菩提"是觉的意思。"阿耨多罗三藐三菩提"不容易翻译，所以就用了原文的音，勉强地讲等于是中国人说的"大彻大悟"。但大彻大悟还不能完全包括，因为"阿耨多罗三藐三菩提"还有大慈悲、大智慧、大愿力的意义。学佛第一要发心就是发这个心，如果只是为自己逃避现实，图个清净，那叫阿耨多罗自私自利心。这些长者子们发了心只是动机，还没得到成果，所以现在希望能听闻到世尊说明佛的果位，也就是佛国土的清净境界，以及诸大菩萨们怎么修行净土。宝积在这里问了两个问题。

"佛言：善哉！宝积！乃能为诸菩萨，问于如来净土之行。谛听！谛听！善思念之，当为汝说。于是宝积，及五百长者子，受教而听。"佛称赞了宝积能为自己和诸位菩萨们提问怎么是成佛之路，要他们仔细地听，好好地思维，佛将为他们说。在这里，佛将宝积提的问题二合为一，因为菩萨是未到地的佛，佛是已到果位的菩萨，所以就为他讲成佛之路，也就是我们要学习修持的。

如何能生佛国

下面就开始讲净土之行。大家看到净土就很容易联想到流行的净土宗，念佛法门。道理是相同，可是原则不同。一切佛法都是在修净土，但是不要把净土看成是一个土地或是世界或是国家，大乘佛法中净土的观念要搞清楚。什么是净土、什么是佛国，不要被文字的"土"和"国"两个字带引走到了形相的观念，那就是埋没了佛法的精神。

"佛言：宝积！众生之类，是菩萨佛土。所以者何？菩萨随所化众生而取佛土"，十方三世一切的佛都有佛土，我们很容易把它想象成一个帝王统治国土的观念。佛土、净土换一个名词来讲，就是成了佛的境界。佛说，一切众生就是菩萨的佛土。众生与菩萨是相对的，众生是没有悟道，还没有找到自己生命的根源，还没有明心见性，是因地上的菩萨。菩萨是已经明心见性，正在修持而还没有完全到家的众生。比如，我们今天精神很好，身体没有病痛，感情思想也很清净，自己觉得平安幸福。但这平安幸福是相对于身心不健康、不平安、不幸福的日子来讲的。所以转众生境界就是佛菩萨境界，佛菩萨境界的根在于一切众生。如果没有了众生，就没有成佛的事，也不需要成佛。没有烦恼也就不需要求解脱。众生有贪瞋痴慢疑，有聪明的，有笨的，各式各样根器不同，而一切菩萨根据众生的根性不同而成立他的佛土。比如，众生与阿弥陀佛所持的愿力、形相、作用的根性相近，因缘相契而随缘往生西方极乐世界。但是也有众生与阿弥陀佛所持的愿力不相近，因缘不相契，可能会选择东方琉璃光佛土。一切众生根性不同，诸佛菩萨教化的方式也不同，佛土的境界也就不同。

"随所调伏众生而取佛土"，一切菩萨自己成就的境界是无执着、无主观、无成见、绝对无我的。随着众生根器的不同，降伏他的妄心的方式不同，而成立的佛土境界也不同。调伏是调教降伏，是佛法的教育手段，用到各种各样的方式，喜、笑、怒、骂等都是。

"随诸众生，应以何国入佛智慧而取佛土"，看众生该入哪一种佛国的境界，而引导他、教化他进入佛的智慧成就。入佛智慧是实证工夫。《法华经》讲开、示、悟、入四法门，是"开佛知见，示佛知见，悟佛知见，入佛知见"四个不同的修持手段，但是有没有哪个先哪个后呢？我认为都不是问题，但是，历来都有佛学的学者们就先后次序起争论，把佛法修持搞成思维的学问了。这句经文等于是《楞严经》说的"随众生心，应所知量"，我们的自性清净本然，周遍法界，本无方所。一切众生业力不同、知见不同，形成了众生种种的思想、情感、个性、根器不同，本体是一样的，所有的差别都是众生自我的差别。等于一桶水，有人拿一勺去做酒，有人拿一勺去做醋，有人拿一勺去做冰激凌，但水性都是一样的。因为众生有这些差别，所以佛法的教化要"随诸众生应以何国入佛智慧"，佛随他的方便"而取佛土"。所以西方极乐世界是阿弥陀佛、观世音菩萨等的方便波罗蜜成就的佛土，不是为了他们自己，是为了有缘的众生该往生那里而成立的佛土。东方药师如来世界，是药师如来为了根器相应的众生，"随众生心，应所知量"而成立的佛土。

"随诸众生，应以何国起菩萨根而取佛土"，同样的道理，诸佛菩萨在这个世界上教化众生也是"随众生心"，根据你所知的量。有些人量小根小，等于一株小草，碰上大雨，不但草不能活，连根都漂掉，受不了大法。大树的根器大，狂风大雨之下巍然不动，反而受滋润后枝叶更茂盛。所以一切众生根器不同，"应以何国"，以什么佛土的境界，教化培养他的善根，生起菩萨的根，而取佛土。教化众生是非常苦的，有些众生是显教的根器，就只限于显教，不能受密教；有的是密教的根器，跟他说显教他听都不愿听；小乘根器的，不能受大乘；外道根器的，无法信入佛法，必须用外道来诱惑。教育就是诱导，使他培养善根，让他在外道里转回来。这就是菩萨教化的方便，难怪诸佛见面都彼此问候："少病少恼否？众生易度否？"

我们学佛修持，要从哪里下手？从哪里立根？从哪里找净土呢？要想成佛，离不开一切众生，所以要先学会做人。与人都处不好，还想度众生？自己想成佛，看到人都是冤家，嫉妒人家，这是种善根吗？简直是魔道了。你说自己瞋心大是阿修罗，你有阿修罗的本事和功德吗？你能一怒而安天下吗？

佛在《维摩诘经》里说的这一段经文，看起来经意很明显，其实是密教，秘密在其中，我们再读一次："佛言：宝积，众生之类，是菩萨佛土。"所以学佛是离不开众生的，一个众生也不能舍离。"所以者何？菩萨随所化众生而取佛土。"你不要说众生没有随你之所化，是你连化缘——教化的因缘，都结不上，因为你自己与众生隔离了。造隔离之业，甚至于造仇恨之业，就是在造地狱饿鬼畜生三恶道的业。恶言刺众生，恶语伤众生，尤其是四种口业：恶口、两舌、妄语、绮语。还有心中的贪、瞋、痴意业，你说，怎么结化缘？当然得不到成果。

所以，一切菩萨"随所调伏众生而取佛土"，自己心中的众生更要调伏，众生就是心中的念。"随诸众生应以何国入佛智慧而取佛土，随诸众生应以何国入佛起菩萨根而取佛土。"这一层道理是大乘佛法，注意！不是谈空，是说有，是"而取佛土"。所以发了愿就要执着你的愿，要你不执着，是开佛知见，开示你先能够了"妄念空"的一面，然后再起而修"胜义有"的一面，毕竟是有的，不是空。但是这个有是妙有，不是凡夫的执着假有。没有真愿力，就不能成就真佛土。比如一个人做学问、做事业，就得真发心，昼夜孜孜为此，才能有成就。就连写毛笔字，如果没有几十年苦功夫练字，绝成不了书法家。所以要成佛就要发愿，而且是发利他的愿，否则不能成就了，千万记住。

"所以者何？菩萨取于净国，皆为饶益众生故。譬如有人，欲于空地造立宫室，随意无碍，若于虚空，终不能成。菩萨如是，为成就众生故，愿取佛国，愿取佛国者，非于空也。"这是大乘佛法的要义。诸佛菩萨皆为一件大事因缘出世，就是为利益一切众生而出世，示现了脱自己的生死，这是佛法的真精神。我们学佛都是为别人而学，不是为自己。没有这个认识，就不算佛子。标准的凡夫，标准的轮回众生，统统在为自己打算，在为自己要求，一点菩萨的气息都没有。

比方有一个人要在空地上建造一座宫殿，这是容易做得到的。如果没有土地，想悬空盖宫殿，是不可能的。这里第一个秘密是，自己功德善根心地没有修好，免谈佛法。本钱都没有，根基都没有，想成佛不是大妄想吗？白居易的诗：

空花岂得兼求果　阳焰如何更觅鱼
摄动是禅禅是动　不禅不动即如如

就是这个道理。所以我们要检讨自己，根基何在啊?!

一切诸佛菩萨发愿成就佛土净境，不是光讲空。空是前行的方便而已！但你如果不能先证到自性空，是不能谈修行的。所以必须要先修证到性空，然后才能修缘起妙有。比方说，这有一块地，上面盖了栋千万亿年的老房子，房子里面有毒蛇猛兽，还有粪便，各种尘垢都有。你必须要先清理干净，甚至把房子全部铲平，重新盖个房子，也就是要先空了，才能成就生命的有。但是只讲空，就是边见、顽空。讲实际的道理，我们凡夫众生初步是空其念，空第六意识的妄念、业力的习气。慢慢影响，才空掉第七意识我执，人空我空。最后是无始以来、第八阿赖耶识的习气也空也清净了，空与清净是一体的两面。

诸佛菩萨虽已证到空，也修成有的国土，自心还是了不可得的，不取不着，依然入空。所以佛经也称空为如如，真妙不可言，你说它空，它又不空，你说有，它又不有。随众生心，应所知量，诸佛菩萨而建立他佛土境界，如此而已。佛在这里就把佛法修持最高的要点告诉了我们。

"宝积！当知！直心是菩萨净土，菩萨成佛时，不谄众生来生其国。"一切菩萨起心动念是直心的，什么是直心呢？是心直口快吗？不是的，直心是无谄曲之心。你们学佛要研究众生心理学，《百法明门论》非研究不可。一切众生起心动念都是谄曲心，谄是谄媚拍马屁的意思。例如，我们日常穿衣服就有谄曲心，怕难看，拍众生马屁，化妆也是为了让别人觉得好看。你说你不化妆，不洗脸了，还正是在谄曲你自己，将就自己。所以我们处处都有谄曲心，除非悟了道，明心见性了，才是直心。

直心就如《易经》讲坤卦的三个字：直、方、大。《华严经》的全名是《大方广佛华严经》，"大方广"三个字就是直心，是大心，胸襟广大，包容一切众生，成就一切众生，不为自己。佛说直心是菩萨净土，心地真正清净了，修戒、修定、修慧就是为了达到直心，达到菩萨净土。因为菩萨在因地修直心成就了心意识的净土，所以每一位菩萨成佛时，不会妄语，不会谄曲众生来生其国。佛是不会做广告的，看你自己发心有缘，如果无此缘他也不要你来，其实不是不要你来，是你自己不要来。净土宗讲阿弥陀佛如父母忆念子女般地希望众生来归，可是啊！子女偏要远走他方，不念父母。父母想念儿女是无限的，佛经教我们用父母忆念子女般的心来念佛，那样没有不往生的。

"深心是菩萨净土，菩萨成佛时，具足功德众生来生其国。"深心与浅心相对。一个穷人如果在路上捡了三十万元，当天晚上一定乐得睡不着。有钱的人，一笔生意赚了一亿，可能只笑笑说还可以，这是心量深浅的问题。大家打坐有一点点境界就很高兴了，想自己快成佛了，明天打坐怕境界飞掉了，这就是心浅。你们做早晚功课要念《楞严经》中阿难作的偈子：

将此深心奉尘刹　是则名为报佛恩

什么是深心呢？深心是菩萨净土，一切功德，万善庄严，没有哪一点不修的，"诸恶莫作，众善奉行"。今天叫你做件小事，马上就想为什么找我，为什么不找别人，这样子怎么成就功德？什么是"具足功德"？就是万善庄严。大家喜欢讲禅，什么青蛙跳水扑通一声，荷花开了，真是发疯了。什么是禅？禅宗祖师们说过："实际理地不受一尘，万行门中不舍一法。"你修得到吗？"实际理地不受一尘"，就是把生生世世的业力习气烦恼一概丢尽，实际理地是实相般若，不受一尘。一起心动念就是行，修行万行门中不舍一法，就是万善庄严。所以我常常看到同学们的行为动辄为己，自私心重，不发心，成了杨朱的徒弟，拔一毛利天下而不为也。如果这样能够成就，那我的佛法就白学了，我不是上当了吗？佛法绝不是这样的！

我再读一次："深心是菩萨净土，菩萨成佛时，具足功德众生来生其国。"心要深，要厚道、包容，善心那么深，菩萨成立佛土的时候，要具足一切功德的众生才能往生佛国啊！你们修药师和净土法门的要特别注意了，不要以为光叫几声佛名就可以往生的，你念佛要像父母忆子女那样地念。这只是修的功而已，你还要有"具足功德"的德。净土经典上告诉你，往生西方极乐世界的众生都是阿鞞跋致，就是八地以上不退转的菩萨，那已经深心具足一切功德，岂有不往生之理，这就是它的秘密。所以凡夫众生以贪求妄想之念要想往生佛国，是何其狂妄而愚痴啊！

"大乘心是菩萨净土，菩萨成佛时，大乘众生来生其国。"菩提心的行为是大慈大悲、大喜大舍，真正的大彻大悟。明心见性是菩提心，真正禅宗明心见性的人没有不发慈悲喜舍心的。如果慈悲喜舍发不出来，般若智慧发不出来，愿力发不出来，敢说自己已经明心见性，是绝无是处的。这个话我可以负责，讲错了下地狱，永不翻身。你以为坐起来得一点点清净，了解了某一点道理就是禅，规矩戒律都守不住，狂妄无知，那不是开悟，那是地狱种子。

菩提心是彻悟之心，发了菩提心的人必然是慈悲的。开悟的人还是那个人，但是他的起心动念、做人做事同以前是完全不同了，平常心量狭小的人变宽大了，窝囊的人变顶天立地了，习气结使全改了。有些年轻人找上我，姓名也不先说，要跟我谈禅，还要我给他印证，狂妄之极。唉！我只好说我不懂禅。要学禅，先读好《维摩诘经》《般若经》《法华经》《楞伽经》《楞严经》再来吧！先从行下手啊！菩提心是菩萨净土，所以菩萨成佛时，大乘众生来生其国。大乘众生没有不发慈悲行愿的，真大乘必有菩提心，所以大乘众生才来生佛国净土。

"布施是菩萨净土，菩萨成佛时，一切能舍众生来生其国。"真能布施是菩萨的净土，一切能舍的众生才有资格往生佛土。我们虽然口口声声讲布施，都希望人家布施给自己，法布施、财布施、无畏布施，哪一点给人家了？"一切能舍"不是光把钱布施了就是布施，这是外布施；还有内布施，要把一切烦恼妄想乃至身心皆空。一切能舍的众生是绝对无我，是人无我、法无我的菩萨才能做到一切能舍，才有资格来生佛国。

"持戒是菩萨净土，菩萨成佛时，行十善道满愿众生来生其国。"真正戒心清净了，就是菩萨的净土。讲到戒心多可怕，三皈五戒、居士戒、沙弥戒、比丘戒、比丘尼戒、菩萨戒，有多少？《维摩诘经》没有讲得这么可怕，你只把十善业道做到，一切戒行早圆满了。身三业：杀、盗、淫；意三业：贪、瞋、痴；口四业：妄语、两舌、恶语、绮语，这十个修行圆满了，戒行自然清净。我们晓得佛法细分不只三乘，有五乘：人乘、天乘、声闻乘、缘觉乘、菩萨乘。学佛第一步把人乘做好，人都没做好，基础是没有的。人没做好，升天的资格都没有，还想做到阿罗汉、得菩萨果？人乘的基础，甚至全部五乘的基础，都建立在十善业道。能做到十善道，然后以善果回向一切众生，才是持戒成就的标准，然后可以往生佛国。

"忍辱是菩萨净土，菩萨成佛时，三十二相庄严众生来生其国。"大家看到忍辱就以为是受人打骂，那只是表面文字，是不相干的。真正的忍辱是八个字："难行能行，难忍能忍。"我们这个世界翻译叫作娑婆世界，娑婆的意思是能忍、堪忍。这个世界上的人，忍受一切物质环境痛苦的能力特别强，因为世界并不圆满。夏天那么热，像我现在就在修忍辱，张口讲课，冷气吃进去喉咙干燥，背上在流汗，并不舒服。只有一个愿力，就是把自己所知所见的告诉别人，听不听是你们的事，这是忍辱行之一。昼夜那么多事情，不为自己在做，也是忍辱。

菩萨在世界上都是在修忍辱苦行。《金刚经》上说过，佛昔为歌利王割截身体，遭到一刀一刀慢慢地割，还是能忍受下去，所以成就了。不是要你像佛一样被人割肉，我们在这个世界上都是慢慢被割肉，发心的菩萨都是牺牲自己。忍辱是担负一切，担负不起来的还是要担负；做不到的，还是在做。我们到佛堂念佛还要找个好地方坐下，还要争取这样那样的，这样的心性就成问题了。忍辱是一切菩萨的净土，成了佛有三十二相，八十种好，相好庄严是怎么来的？是忍辱功德成就来的，不是像有人讲的，供花给佛，来生就长得漂亮，那样就变成做生意了。

"精进是菩萨净土，菩萨成佛时，勤修一切功德众生来生其国。"什么是真精进？一句话概括，就是"勤修一切功德"。所以一切经典皆是戒律。我们看《维摩诘经》，戒律都在里面了，每一条都是戒条，我们做到哪一条？我们学佛一天二十四小时中，有几分钟、几小时在"勤修一切功德"？除了自己贪舒服，养自己这几十斤大肉之外，并没有"勤修一切功德"。这样怎么是佛法的行？这些经文都很明白很容易懂的，为什么我要说得这样严重呢？要大家不要以为容易懂，其实统统没有懂进去。那不是在念经，是在造业，造无记业，得什么果报？白痴！得愚痴的果报。你没有闻思修，果报是很严重的。所以我处处提醒你们注意，每一句一字都要好学而深思之。

《维摩诘经》所讲的净土，包括了十方三世一切诸佛所有的净土，不像《阿弥陀经》专指西方极乐世界的净土，所不同的只是这一点，但原理原则都是相同的。

"禅定是菩萨净土，菩萨成佛时，摄心不乱众生来生其国。"这里很明白地告诉我们，禅定的原则就是"摄心不乱"四个字，也就是制心一处，把杂念、妄想制于一处。比如修净土念南无阿弥陀佛一心不乱，就是摄心一处，摄心在"南无阿弥陀佛"这一句上。比方修白骨观，这一念就止在白骨上面。"摄心不乱"是修定的一个原则，我们打坐贪图一个清净舒服安详，看起来是定，其实没有一念专一，不算是真修定。真修定初步是有心定，不是无心定。一般人好高骛远，上来就想空，什么都不管，坐着很舒服，以为这就是修定。这是细昏沉，不是定啊！愈修脑子愈空白，愈修身体愈不好。

你可能会问，有些禅师不是教人一切不用心吗？这里不用心是要你不用妄心，没有要你舍去正念。他讲了前半句，后半句你要参啊！如果什么心都不用，那去学死好了，何必学禅呢？再不然学睡觉吧！所以，真正禅定要"摄心不乱"，摄是收摄，一切妄心杂念要收回。

有些人说，那我只管心念收回就好了，身体不用管了，那又完全错了。四大的身体和思想的念头，身心合起来是一心，一心不乱，要身也不乱，不用谈气脉而气脉自然调和。我经常要你们注意，隋唐以前的佛像是对的，得定的人坐像就是如此了，还是细腰身，没有肚子，尤其胃没有凸出来，更不是弯腰驼背的。

真地制心一处，或者念佛的一念专一，这个时候，身自然也专一，这个叫作摄心不乱，初步得定。这种禅定的因，是菩萨净土，这是讲初步。那你可以问，成了佛果就可以不要摄心吗？当然不要摄心了，成了佛果是无功用道以后的事，不要用心去摄心不乱而自然不乱了，还是一心不乱。所以禅定是一切大小乘学佛的基础，这里说禅定是菩萨净土就是这个道理，这些有定力的众生才能够来生佛国。

"智慧是菩萨净土，菩萨成佛时，正定众生来生其国。"智慧就是般若，般若的智慧不是聪明，世间的人有学问，头脑聪明，有思想，不一定是智慧，而是散乱。真智慧必定是得一切三昧的正定，由摄心不乱开始，到不需要摄心，无往而不定，无时而不定，定中有菩提心，有觉心，这是正定。所以说智慧是菩萨的净土，因为一切菩萨成佛的时候，都靠定慧等持才能够往生佛国。修智慧修定就是修净土法门，修这个法门的菩萨，自己成佛的时候，因为智慧的力量来化生他的佛国。来生佛国不单是指众生往生佛国，也指菩萨自己化生佛国，这里特别交代清楚。

"四无量心是菩萨净土，菩萨成佛时，成就慈悲喜舍众生来生其国。"学佛的人第一步发心要发四无量心，尤其年轻同学特别要注意培养这一种胸襟，这种心地，就是慈悲喜舍。初步学佛的人做不到全部，就一个个来，先培养慈心或者悲心。这两个心有什么分别？慈心用中西文化混合来讲，是爱心，爱一切人、众生、万物。慈心是带阳性的，像父亲爱子女的心。悲心是阴性母性的，等于母亲爱儿女心情的扩大。

我们学佛的人口口声声讲慈悲，真正慈悲的行为很少见，都以自己为中心。比如我一直有个理想要办个养老院，收容各色人等，有各种教堂，可以让老年人做些零活，能绝对自由生活到终了。跟几个都是学佛的老朋友在谈到这个理想的时候，就讲到工作人员怎么来，最后大家都同意，恐怕只有天主教的修女最合适。人家硬是在行的工夫上做得比我们佛教徒实在，有服务的精神，组织的能力也比我们强，学佛的却只是求自己清净，利他的精神不够，组织散乱，讲到这里心情实在很沉重，这是个大问题。

再讲到四无量心中的喜心，我们的年轻师父们将来要去弘法的，但是一点基本的演讲技巧都没有，脸又绷得死紧，毫无喜悦感觉。不像天主教基督教的神父牧师的演讲技巧好，又面带笑容，让人想亲近。我们这样子怎么与众生结缘呢？能舍得掉自己的时间、意见、身心吗？学佛不是光搞打坐，你们千万注意啊！要先学建立这四种心理，而且要注意是无量的心理，慈悲喜舍都是没有限量的。你能够这样修，成就了才可以往生佛国。

"四摄法是菩萨净土，菩萨成佛时，解脱所摄众生来生其国。"四摄法是菩萨道，上面讲的慈悲喜舍是学佛人心理上要建立的第一步，四摄法是行为上要建立的第一步，包括了布施、爱语、利行、同事。布施是以布施道来摄化众生，有内布施、外布施、无畏布施三种，布施就是奉献。爱语，不是不理人家，是用慈悲性的爱语招呼人。利行是做任何事都对人家有利，交朋友一定要朋友能受到你的好处，乃至骂人打人是为了帮助他人而做。做到同事菩萨很难，比如你爱打牌，我就陪你打，打厌了，我们一起学佛去。所以菩萨道没有哪一样不会的，吃喝嫖赌都来，为的是度人。菩萨行四摄法，但是不执着，懂得解脱，四摄法做到了，使一切人解除苦恼痛苦，自己在行功德而不自觉，是解脱法门，所以解脱所摄众生来生其国。

"方便是菩萨净土，菩萨成佛时，于一切法方便无碍众生来生其国。"方是方法，便是利便，你有很多方法便利大家成就叫作方便。佛家以慈悲为本，方便为门。方便不是随便，不是马虎，但也有随便、马虎的意思，怎么说呢？什么是真正的方便？是于一切法方便无碍，任何魔法邪法外道法，到了真正菩萨手中，都可以用来让人走入正道的佛法，这就叫方便净土。

"三十七道品是菩萨净土，菩萨成佛时，念处、正勤、神足、根、力、觉、道众生来生其国。"三十七道品是四念处、四正勤、四神足、五根、五力、七觉支、八正道。要学佛，这三十七个学佛的因素一样一样必须去实习过、修持过，这是学佛的正道。三十七道品的内容就不在这里细说了。

"回向心是菩萨净土，菩萨成佛时，得一切具足功德国土。"大家做了善事或者念了经就说回向给什么人，但什么叫回向？大家有没有仔细想过它的意义？回向是梵文翻译成中文的名词，回是回转，向是方向。天地间的事物都是回向的，宇宙是回转的，轮回是旋转的，回向也是这个道理。一切心念自然会回向的，你念经要回向给谁，只要这个念头一动就已经回向了，不需要拼命去想或者特地去说出来。你心念专一了，心波放射的力就愈大，就能起影响。心念不能定，不能专一，就不能影响。一切因果，种善因得善果，种恶因得恶果，也是回向。

"说除八难是菩萨净土，菩萨成佛时，国土无有三恶八难。"贪、瞋、痴是人心理上的劣根性，佛学上叫"三毒"。贪心起因，所遭遇的恶果是水灾、饥荒、饿鬼道。瞋心的果报是火灾、刀兵、地狱道。痴心的果报是风灾、瘟疫、畜生道。人在世遭逢到不好的果报，是多生累积的贪瞋痴三毒引来的。

"八难"是八种苦难：地狱、饿鬼、畜生、长寿天（长寿天是灾难噢！因为生在那儿的人不会想学佛）、北俱卢洲（是四大洲之一，那儿的福报好，没有灾痛，生在那儿的人也不会想学佛）、聋盲喑哑、世智辩聪（世间的智慧很高，嘴巴又能辩，但一学佛就不懂了，而且也不会相信）、佛前佛后（比如我们这个时代）。你觉得我们现在没有在八难里，其实四面八方都是八难。我们自己有地狱种性，因为瞋心大。我们自己有畜生种性，因为痴心大。我们自己有饿鬼种性，因为贪心大。能在今天这个时代享受？把你放到极贫苦的山区，你一定受不了。你在享受就等于是在北俱卢洲了。我们可能耳朵能听，眼睛能看，但是却做了知识上的聋子和瞎子。世智辩聪就更不用提了，大家都自以为聪明，有的人你刚要说他，他就跟你辩起来了，看到这种人我的瞋心就来了。我们都生在佛后，这是第八种难，是我们大家共有的。所以我们学佛修持要除去心地上这八难的根根，佛的国土是没有三恶八难的。

"自守戒行，不讥彼阙，是菩萨净土，菩萨成佛时，国土无有犯禁之名。"学佛要守戒，《维摩诘经》讲得很清楚，要内心自动自发地守戒，不是靠外在环境逼你，或者别人勉强你而守戒的。看到别人的行为不正，不讥笑他，不批评他，不宣传他的缺点，就是"不讥彼阙"，是菩萨净土，是菩萨道。佛国没有所谓犯不犯戒，因为那里人的行为自然都在道德中。

"十善是菩萨净土，菩萨成佛时，命不中夭，大富梵行，所言诚谛，常以软语，眷属不离，善和诤讼，言必饶益，不嫉不恚，正见众生来生其国。"学佛的基础讲戒，先要修十善业道，就是杀、盗、淫，贪、瞋、痴，妄语、恶口、两舌、绮语。能够把身口意容易犯的十种过错改过来，就是十善业道。前面已经讲过了。

能修十善业道是菩萨净土，为什么学佛先要学做人？人道没有修好就想证果是没有可能的。人道怎么修呢？就是修十善业道，修好了就是人道的成就。菩萨成佛时，"命不中夭"，不会中年幼年就死去；"大富梵行"，就是虽富有，同时也肯修行，这就不是我们常说的"贫穷布施难，富贵发心难"了；"所言诚谛"是所讲的话言而有信；"常以软语"就是不会粗暴地与人讲话，不像我常大声吼你们；"眷属不离"，父母兄弟姊妹等六亲眷属不会分离；"善和诤讼"，能调和别人的诤讼；"言必饶益"，总是讲有益于人的话，不讲无益之言；"不嫉不恚"，不嫉妒不怨恨别人。读了这一段，我们再用每一条来对照自己今生的遭遇和言行，就知道自己前生有没有修十善业道了。

"如是！宝积！菩萨随其直心，则能发行；随其发行，则得深心；随其深心，则意调伏；随其调伏，则如说行；随如说行，则能回向；随其回向，则有方便；随其方便，则成就众生；随成就众生，则佛土净；随佛土净，则说法净；随说法净，则智慧净；随智慧净，则其心净；随其心净，则一切功德净。"这一路连下来，就是净土法门，学佛做工夫的程序就在这里了。佛说第一步是直心，不走谄曲心。因为真正修直心才能发行，发什么行？发心行愿，真能修行。然后慢慢就得到了深心，修持智慧功德心愈来愈深。得到了深心，你的妄念意识自然得到调伏清净，你打坐时妄念降伏不了，因为没有得深心。

佛在《金刚经》中说"应如是降伏其心"，照《维摩诘经》的道理来说，要直心、发行、深心自然能调伏妄心。调伏了妄心，你才做到言行一致，说得到就做得到，做得到的当然说得出来。因为做到"如说行"，才有资格回向一切众生。能回向，你的智慧才能方便度人，成就众生。能成就众生，你的佛土就是净土了。你的佛土清净了，自然开口所说一切都是净法。因为说的是净法，自然智慧清净。因为智慧清净，你心就清净，就是净土了，唯心净土，也用不着往生哪一个净土了。到了心就是净土时，则一切功德庄严清净。佛在这里说得清清楚楚，修行的方法就在这里了。

"是故，宝积！若菩萨欲得净土，当净其心，随其心净，则佛土净。"随便你修哪一种净土，西方极乐净土也好，东方药师琉璃光净土也好，上方香积净土也好，北方不空如来净土也好，南方宝生如来净土等等，要注意重点的这四句话："若菩萨欲得净土，当净其心，随其心净，则佛土净。"你心不清净，念佛念法念僧只能算暂时种一点点善根罢了！什么是心？这问题大了，不是大家现在用的知觉感觉第六意识的妄想心，而是包括身心内外、心物一元的全体真心。至于怎么净，要先从妄念开始清净，渐渐地使意识净，然后是身净，然后进入到身心内外、心物一元完全的清净。这样才是真正的心净，真正的净土，真正的佛法，大家要把握到。这里是《维摩诘经》的第一个要点。

为什么看不见佛的国土

"尔时舍利弗，承佛威神，作是念：若菩萨心净，则佛土净者，我世尊本为菩萨时，意岂不净？而是佛土不净若此。"这是很有戏剧性的一幕。舍利弗就是《心经》上的舍利子，翻译的名字不同，他是佛出家弟子中智慧第一，很多经典都是因他起来向佛请示而由佛开示的，也是经常跟随在佛身边的弟子。这时"舍利弗承佛威神，作是念"，是声明舍利弗并不是不知道这个问题，他虽现出家的小乘罗汉相，但他本是大乘菩萨，不会不懂，而是装不懂，好像是跟佛二人在唱双簧。佛用心念的威力感通他，叫他提问，是佛与弟子间心念彼此感应道交。于是舍利弗就心中产生一个思想，假如菩萨心净了，那么成佛时他的佛土就是净土。如此说来，难道我们的老师释迦牟尼佛多生累世做菩萨时心不太干净吗？否则为什么要在这个不干净的世界成佛呢？

"佛知其念，即告之曰：于意云何？日月岂不净耶？而盲者不见。"佛感应到了舍利弗的心念，就对他说，你的意思怎么看？日月难道不干净吗？为什么瞎眼的人看不见光明？佛这个道理是说，清净光明无所不在，为什么不能清净呢？是因为人自己心念的罪障的缘故。

"对曰：不也，世尊！是盲者过，非日月咎。"舍利弗回答，看不见日月的清净光明，与日月本身没有关系。日月永远是发光的，是瞎眼的人自己看不见日月的光明。这里用了"过"字，是代表多生累积的业报因缘，所以眼睛不能见光明。

"舍利弗！众生罪故，不见如来国土严净，非如来咎。"佛就告诉舍利弗，你讲得对，一切世界国土没有不净的，众生因为自己罪孽的缘故，所以看不见国土的庄严清净。这不是佛不来感应你，是你自己没有办法受感应。比如太阳永远是照着大地，可是你躲在房子里，以房子为自己的天地，自然看不见太阳。一切佛菩萨善知识，都想把自己的智慧光明灌输给众生，而众生却自己挡住不接受，自以为是。

"舍利弗！我此土净，而汝不见。"佛再告诉舍利弗，这世界就是佛国净土，只是你们看不见，只见到脏的一面。讲到这里，我举个例证，你们参一下。各位坐在这房中，环境很干净吧！这墙壁是水泥和砖头做的，可是水泥和砖头的本质是泥土，如果把泥土放在房中，你就嫌脏了。墙上糊的有壁纸，你们去纸厂看过就知道纸浆是又臭又脏。没有一样东西本来是干净的，可是经过人工制造，现在都好像变得干净了。你去餐厅的厨房看看，都很脏，可是做出来的菜色香味俱全。所以《心经》上告诉你不垢不净是高一层的道理，是法身上的道理，本体的道理。这里也是讲本体的道理，但又讲现象的道理。一切物质世界的现象，净与不净是你智慧功德的能力，唯心所造。这个世界娑婆国土，只是佛的三千大千世界国土的一部分，佛告诉舍利弗，我这个娑婆国土其实非常干净，可惜你看不见。好像我们这一辈人比舍利弗运气好一点，看见点影子。你看那航天员在外太空拍的相片，这个地球多美丽啊！很严净啊！这个道理很深，要参究。

"尔时，螺髻梵王语舍利弗：勿作是念，谓此佛土以为不净。所以者何？我见释迦牟尼佛土清净，譬如自在天宫。"这时听众当中有一位大梵天天王螺髻梵王，他头发是右卷的，他告诉舍利弗，你的想法错了，你认为这个世界不干净，但从我们色界天天人的眼光看来，这个世界清净庄严极了，同我们的自在天宫一样美丽。

"舍利弗言：我见此土，丘陵坑坎，荆棘沙砾，土石诸山，秽恶充满。"舍利弗说，可是以我们人的眼光来看，这个世界有山有坑，有刺人的荆棘，有土有石块，充满了又脏又臭的东西。舍利弗跟螺髻梵王都是老实地把自己看到的说出来，这是个大问题。

"螺髻梵王曰：仁者心有高下，不依佛慧，故见此土为不净耳。"螺髻梵王称舍利弗"仁者"，这是佛教对平辈的出家人或在家人的尊敬称呼，是由《维摩诘经》翻译过来才开始使用的。中国习惯则是称贤兄或贤弟，仁与贤都是代表道德高尚的意思。螺髻梵王对舍利弗说，因为你的心有高下，就是有分别心，万事计较的意思。换句话说，也就是心不平。

如果心平了，看一切众生如诸佛菩萨，也就是等，合起来叫平等心。平等心这个观念，在人类文化中首次出现是来自佛法。心不平等，所以看这个世界就有缺陷。而心所以不平等，是因为不依佛的智慧眼光的缘故。要得佛慧得先修佛眼，佛眼永远是以慈眼看一切众生。人看人则是用斜眼、怒眼、谄媚眼看人的。记得我小时候跟着妈妈上庙子，看到菩萨的像就问妈妈，为什么菩萨的眼睛好像没睡醒似的。她随口答我说，菩萨要是全睁开眼，世界上看不到一个好人，只好半闭着眼了。当时就这样听了，等到以后年纪大了，也学佛了，才觉得妈妈讲得真有道理，不知道她是怎么冒出这句话来的。

佛慧是什么呢？一切毕竟空，了无一切可得，所以依佛慧看世界，自然是心无高下，一切空嘛！不垢不净，自然看到的是净土了。

"舍利弗！菩萨于一切众生悉皆平等，深心清净，依佛智慧，则能见此佛土清净。"我们号称学大乘菩萨道的人，读起经典来真令人脸红，这里讲的，我们哪一点做得到啊？螺髻梵王继续向舍利弗说，因为菩萨看一切众生平等，如此慢慢修持，就能够深心清净，不只是表面的。依唯识的道理来讲，我们的思想意念清净了，还不算是深心，只是第六意识的清净，第七、第八识还没清净。要把第八阿赖耶识清净了，才算是深心清净，到了这个境界才是真正依佛智慧，那时看这个世界就是佛土清净。所以唯识说把第八阿赖耶识转成大圆镜智，不只是意识心念转了，而是种子心念转清净了，习气种子都转了，然后再看这个世界，哪里不清净呢？

"于是佛以足指按地，即时三千大千世界若干百千珍宝严饰，譬如宝庄严佛，无量功德宝庄严土，一切大众，叹未曾有，而皆自见坐宝莲华。"佛见螺髻梵王和舍利弗讨论个没完，就显神通，用脚趾按在地面，当时所有三千大千世界百千万种的珠宝都呈现出来。讲到这里，想起世人颠倒，都爱珠宝钻石，其实都是泥巴变的，有什么好？钻石同煤炭的分子一样，只是排列方式不同。一个夏朝的陶碗，价值连城，还不过是泥巴烧出来的，我在街上买个新的碗，又美又实用。所以好与不好，都是唯心所变。这里佛以唯心神通智慧的力量，把这世界另一个面目呈现了，譬如宝庄严佛，有着不可计算功德的宝庄严佛土。在座的所有人看见了，都赞叹从没见过如此场面，不只如此，所有人还看见自己坐在珠宝做成的莲花上。

"佛告舍利弗：汝且观是佛土严净？"佛就问舍利弗，这样的佛土是不是庄严清净呢？

"舍利弗言：唯然！世尊！本所不见，本所不闻，今佛国土严净悉现。"舍利弗答说，唉！是的，从来没有见过，从来没有听过，这个世界有这么漂亮，现在亲眼看见庄严清净的佛国土呈现在面前。

"佛告舍利弗：我佛国土，常净若此，为欲度斯下劣人故，示是众恶不净土耳。"佛告诉舍利弗一个秘密，佛的国土经常是这么样的清净，但是为了适应这个世界上根器下劣众生的关系，所以呈现的物质世界是如此的不干净。

"譬如诸天，共宝器食，随其福德，饭色有异。"天人吃饭不是每一个人拿个碗和盘子来吃，是共同用一个大的容器来吃，可是同样的饭，每个天人吃到嘴里的感受不一样。福报大的天人，味道就好，福报小的，味道就差一些。其实不只是天人，我们也一样，有胃病的人吃起来什么都不对，没有胃病的人却觉得好吃。当年有几个同乡从老远的乡下来找我，我拿巧克力糖招待他们，哪晓得他们一点都不觉得好吃。又像有一次，朋友招待我吃最好的榴莲，那个味道真难闻，我的福报不够，真难以下咽。有的人能把高丽参当萝卜干吃，但我只要吃一小片就会流鼻血，补不得。所以福德不好的人，吃什么都不美味。

"如是！舍利弗！若人心净，便见此土功德庄严。"佛作了个结论，假如这个人自心清净，自然看到这个佛土的功德庄严。这是事实，不是理论。例如，你们真正修到禅定的人，在静坐中会觉得身体内外一片光明，这不是用眼睛看见的。不过有时眼睛发炎也会见到光明，那个不是的。得定时，身体内外一片光明，身体已经没有感觉了，没有身子了，也没有一点妄念，是绝对无分别，清净庄严。这个光明是自性光明，昼夜不分，动中静中都在一片光明中，也就是密宗所讲的虹光之身。这我平常不跟你们讲，怕你们听了着相，天天求光明，最后非神经不可。

现在告诉你们两个原则，一是心理上没有一丝杂念，二是生理上没有身体的感受了。你们坐在这里听课，身体有感觉吗？感觉到自己的手脚身子吗？是痛还是乐？在这个境界如果看到光明都不是好事噢！能够不理它，倒还马马虎虎；听过我讲内外一片光明，自以为是放光了，那是"疯"光。不要乱来！很多人在这个里面看到东西，就说是发了眼通，其实是发了神经。

到了内外一片光明的境界，不论在定出定，看这个物质世界都是清净庄严。这样修持的人本身的气象也会改变，脸色好看，放虹霓之光。有许多人自觉打坐放光，但是看他那满脸的病相、死相，比煤炭还要脏。这些都是事实，不是理论。我看同学们打坐的样子，念头没有一个是清净过的，我一看就知道了。你有过一刹那的念头清净，你那神气就不同了，走两步路也不同了。不要以为打坐就是入定，心不清净，搞了半天都白搞了。

"当佛现此国土严净之时，宝积所将五百长者子，皆得无生法忍，八万四千人，皆发阿耨多罗三藐三菩提心。"当年我们学佛，读到这里，大家就想，佛是右足还是左足按地？是用大足趾还是小足趾呢？佛是怎么坐的？为什么不用手按地？这些都是话头。你们倒好，不起分别心，读了就放过去了。你参参看，这些经文绝不是偶然说的。例如，《楞严经》讲到阿难出了问题，佛从头顶放光有化身佛在其中，传一个咒子，教给文殊菩萨去救阿难。为什么要从头顶放光？为什么另一个场合又是从心口放光？还有从眉间放光的，什么理由？如果佛经都是神话假话，那就不用研究也不用学佛了。如果真有事实，为什么放光的部位不同？这就是研究佛学的精神，也是实修，同打坐做工夫都有关系的。"国土"，心田是心土，在生理上，胃是五行中的土，这些资料给你们，你们去参，参出来可以学佛，否则是学馋，不是禅。这是我提出《维摩诘经》里的话头要你们去参。

这里讲到当佛现出国土严净的时候，宝积所带领来的五百世家公子，当场就得了无生法忍。在座的八万四千人，统统发了大乘心。发心是发明心地，就是禅宗讲的明心。

"佛摄神足，于是世界还复如故。求声闻乘者，三万二千诸天及人，知有为法皆悉无常，远尘离垢，得法眼净。八千比丘，不受诸法，漏尽意解。"佛学上讲神足通，一般研究教理的把这足字解释做满足的足，是充满的意思。讲修证工夫的，神足通的足是脚，真有神足通工夫的人是可以飞天的。

经文说，佛把脚收回来，腿盘起来，这时众人看见世界恢复原状。这里又要参，为什么佛要等到五百长者子得到无生法忍，八万四千人发了大乘心之后就把脚收回来？而这时，小里小气、计较心又大的、求声闻的三万二千诸天和人总算悟道了，晓得一切有为法是无常的，晓得一点空的道理了，怕了这个尘世的牵累，得了一点法眼清净而已。

你看，佛他老人家看出来，大乘根器的境界现完了，把脚拿上来。因为对小乘根器的人没办法，只好把脚收回来。好吧，该你们来吧，结果小乘根器的人也证道了。跟着有八千比丘"不受诸法，漏尽意解"，注意喔！不管你是天台、密宗、净土、禅，哪一个法门的，能做到这八个字才是真正比丘、比丘尼、沙弥、沙弥尼。我们众生的烦恼和病痛，都从心中结使来，都解不开，如果意结一解开，八十八结使自然清净，自然可以达到漏尽通的境界，才可算是比丘的阿罗汉，才可以做到不受诸法，空也不受，一切皆不受。

比如今天有朋友一定要介绍有位从美国回来开会的教授来看我，他长期睡不着觉，一身是病，人变得很悲观。我跟他谈了一下，没法子同他深讲。他根本的问题就是意结太多，唯心所造，影响到生理的健康。意解心开就是道，禅宗开悟的第一步就是这个。拿密宗来讲，开悟第一步是脉解心开，心脉打开了。我们的心脏好像是八瓣莲花，定力到了，真悟道了，心脉就打开了，就是意解心开。那是事实，没有办法冒充的，心脉打开有心脉开的象征。有年轻人来找我印证，就凭这一念就不行了。修持要实实在在，不要自欺欺人，自以为懂了一个道理就到家了。真到了有所心得的时候，一定是意解心开、脉解心开。《维摩诘经》第一品就讲到这里。

方便品第二

　　尔时，毗耶离大城中有长者，名维摩诘。已曾供养无量诸佛，深殖善本；得无生忍，辩才无碍；游戏神通，逮诸总持；获无所畏，降魔劳怨；入深法门，善于智度；通达方便，大愿成就；明了众生心之所趣，又能分别诸根利钝；久于佛道，心已纯淑，决定大乘；诸有所作，能善思量，住佛威仪，心大如海，诸佛咨嗟，弟子、释、梵、世主所敬。欲度人故，以善方便居毗耶离。资财无量，摄诸贫民；奉戒清净，摄诸毁禁；以忍调行，摄诸恚怒；以大精进，摄诸懈怠；一心禅寂，摄诸乱意；以决定慧，摄诸无智。虽为白衣，奉持沙门清净律行；虽处居家，不著三界；示有妻子，常修梵行；现有眷属，常乐远离；虽服宝饰，而以相好严身；虽复饮食，而以禅悦为味；若至博弈戏处，辄以度人；受诸异道，不毁正信。虽明世典，常乐佛法；一切见敬，为供养中最；执持正法，摄诸长幼；一切治生谐偶，虽获俗利，不以喜悦；游诸四衢，饶益众生；入治正法，救护一切；入讲论处，导以大乘；入诸学堂，诱开童蒙；入诸淫舍，示欲之过；入诸酒肆，能立其志。若在长者，长者中尊，为说胜法。若在居士，居士中尊，断其贪著。若在刹利，刹利中尊，教以忍辱。若在婆罗门，婆罗门中尊，除其我慢。若在大臣，大臣中尊，教以正法。若在王子，王子中尊，示以忠孝。若在内官，内官中尊，化正宫女。若在庶民，庶民中尊，令兴福力。若在梵天，梵天中尊，诲以胜慧。若在帝释，帝释中尊，示现无常。若在护世，护世中尊，护诸众生。长者维摩诘，以如是等无量方便，饶益众生。其以方便，现身有疾。以其疾故，国王大臣，长者居士，婆罗门等，及诸王子，并余官属，无数千人，皆往问疾。其往者，维摩诘因以身疾，广为说法。

诸仁者！是身无常，无强无力无坚，速朽之法，不可信也。为苦为恼，众病所集。诸仁者！如此身，明智者所不怙。是身如聚沫，不可撮摩。是身如泡，不得久立。是身如焰，从渴爱生。是身如芭蕉，中无有坚。是身如幻，从颠倒起。是身如梦，为虚妄见。是身如影，从业缘现。是身如响，属诸因缘。是身如浮云，须臾变灭。是身如电，念念不住。是身无主，为如地。是身无我，为如火。是身无寿，为如风。是身无人，为如水。是身不实，四大为家。是身为空，离我我所。是身无知，如草木瓦砾。是身无作，风力所转。是身不净，秽恶充满。是身为虚伪，虽假以澡浴衣食，必归磨灭。是身为灾，百一病恼。是身如丘井，为老所逼。是身无定，为要当死。是身如毒蛇，如怨贼，如空聚，阴界诸入所共合成。诸仁者！此可患厌，当乐佛身。所以者何？佛身者，即法身也。从无量功德智慧生。从戒、定、慧、解脱、解脱知见生。从慈、悲、喜、舍生。从布施、持戒、忍辱、柔和、勤行精进、禅定、解脱、三昧、多闻、智慧，诸波罗蜜生。从方便生。从六通生。从三明生。从三十七道品生。从止观生。从十力、四无所畏、十八不共法生。从断一切不善法，集一切善法生。从真实生。从不放逸生。从如是无量清净法，生如来身。诸仁者！欲得佛身，断一切众生病者，当发阿耨多罗三藐三菩提心。如是，长者维摩诘，为诸问疾者如应说法，令无数千人，皆发阿耨多罗三藐三菩提心。

"方便"这两个字不要随便看过去了，你们学佛的同学答一下：方便波罗蜜是十波罗蜜中的第几波罗蜜？是第七波罗蜜！这就是打你们一香板，连这个佛学基础知识都没有。所以方便是修菩萨道的一个法门，是但登彼岸的一个法门，不是要你让让路的方便。方便是一个大法门，十波罗蜜中的一条大路。现在《维摩诘经》告诉你方便波罗蜜，你看这一品中包含着什么，你就了解方便波罗蜜，这就是话头了。普通看经以为文字都懂了，其实一点都不懂。

前面是由释迦牟尼佛演出的序幕，这一场戏的真正主角是在家佛维摩居士。佛是教主，必须现出家身。在家的也可以成佛，这就是佛法的方便法门。这一品是《维摩诘经》全经的关键所在。现在"方便品"正式推出，维摩居士出场了。

有辩才 有神通 方便度人

"尔时，毗耶离大城中有长者，名维摩诘。已曾供养无量诸佛。"这里赞叹形容维摩居士的每一句话都要注意，都是我们学佛的方法，都是方便波罗蜜。维摩居士，"已曾供养无量诸佛"，在过去乃至当时，已曾经供养不晓得多少佛。

"深殖善本"，这里用的是繁殖的殖，而不是种植的植，是说维摩居士多生多世做善事，深深地繁殖，不是只做一件，否则就该用木字边的植了。

"得无生忍"，悟了无生法忍，是八地以上的菩萨。

"辩才无碍"，不是说人很会讲话会强辩，而是什么问题都解答得了。为什么他能"辩才无碍"呢？因为多生多世修得口业清净。其实他的口业修法正如禅宗祖师讲的"言满天下无口过"。即使骂人也是功德，不是过错，因为出发点是慈悲喜舍。同样的话，他说的人家会信；同样的话，他说的就有分量；同样的事，他说了就可以定案。如果这一生没有"辩才无碍"，要深自反省，是生生世世没有口业清净，老在批评人家，刺激别人，不讲好话，怎么会有好果报？更不要说"辩才无碍"了，以世间法来说，要找有演讲天才的学生都没有。现在的歌星或是播音员，他的声音悦耳都是前生的善因得的善果。有人相貌虽不是很好，但是声音好就盖过了一切外相的不足。

"游戏神通"，神通已经很难了，他能"游戏神通"。什么是"游戏神通"呢？六神通的前五通（天眼通、天耳通、神足通、他心通、宿命通）是共法，魔道外道都有的。第六通的漏尽通是佛法的不共法，是魔道外道所没有的。"游戏神通"是具足所有的大小乘魔道外道神通，可以游戏自在。"游戏神通"第二个意义是，这位大菩萨活在这个世界是来玩玩的，随时可以走。

"逮诸总持"，佛经讲咒语也叫总持，因为咒语包含了一切意义。总持的真正意义是一切的总纲，总是涵盖一切的意思，维摩居士已经成就了一切总持。

"获无所畏，降魔劳怨"，比丘有怖魔之意，破掉烦恼、生死等魔，证得无所畏的阿罗汉果。有些比丘说法不能圆融，而大阿罗汉、大菩萨等因为生死烦恼之魔已经破除了，说一切佛法得无所畏，大小乘佛法、所谓经律论三藏十二部、世法出世法、外道法、魔法，无所不通。所以在魔道外道中说法无所畏，能够降伏世间的尘劳烦恼魔。你觉得做人做得很累，因为没有到达菩萨境界，不能降伏尘劳。自觉对人万分慈悲，却换来以怨报德，而生恼怒。菩萨若不能降魔劳怨，就不能停留在这个世界上游戏。到这里有个问题你们参一下，维摩居士能够降魔劳怨，为什么不能降伏病魔？

"入深法门，善于智度"，大乘佛法的不共法注重的是智慧的成就，就是智度，不是普通人所追求的神通或者是禅定。世人以为佛法的究竟是共法的神通，那是绝对错误的。要得到智慧的成就，就要懂得"入深法门"，不是浅薄地懂了几个佛学名词，看懂了一些经典的文字，就可以了，而是要拿身心来求证，深入又深入。"入深法门"与"善于智度"是互为因果的。

"通达方便，大愿成就"，我们学佛都晓得先要发大愿，惯用的第一个大愿是慈悲，可是不但普通人很少有慈悲的，就是学佛的人也很少有真慈悲的，都只是有限度的，以自我为主的一点轻微的同情心而已，而且时间也是很短暂的。真正能有大慈大悲心的愿和行的人，他不成就也已到了成就的边缘。我们观察不只是佛教界，任何宗教或学术界，有了地位或学问的人，他的行为跟他的思想往往差得很远，乃至成为一个令人讨厌的人。这原因就在于不能"通达方便"，没有方法，不学无术。

话说回来，我们年纪大了，看的各种人多了，就了解这很不容易。宋朝有位大臣寇准，权倾一时，官拜宰相，有次问一位好朋友对自己的评价，朋友劝寇准回去读《汉书》的《霍光传》，他回去翻《汉书》，原来史书对霍光的评语是不学无术，寇准才知道被朋友骂了。不学无术的术，就是方便。我们年轻时常爱批评别人是不学无术，现在年纪大了，觉得不学无术的人固然可怕，但更可怕的是不学而有术的人，这是我几十年的经验。有人自己没有能力，做事没有条理，一朝当权或做一件事情，耽误别人更大，你说不可怕吗？佛家有句话说："慈悲生祸害，方便出下流。"一味地讲求慈悲和方便，如果没有智慧，就反而出问题。"通达方便，大愿成就"是非常难的，这两句话也是互为因果的。

"明了众生心之所趣"，除了已经成佛得他心通的人外，一般人不能明白众生心里的思想和方向。但是就算你能明白，也不能度了每一个，有些众生心中业力的关系，绝不是这一生能成就的。这一生能让他种一些善根已经很了不起了，要想即生成就，谈何容易。所以要度人，首先要能明了众生心之所趣。

"又能分别诸根利钝"，有利根器的人是多生累积修持功德来的，这种人反应敏捷，看到烟就晓得有火，就是禅宗祖师讲的"良马见鞭影而驰"。众生根器利钝的差别与心理的趣向一样，利根的人心理趣向非常坚决，反应灵敏。孔子再三赞叹他的学生颜回，《论语》记载，有一次孔子问另一个高足子贡，要他自己同颜回比较，子贡回答说无法比，颜回闻一而知十，自己闻一而知二，孔子听了就说，不只你不如他，连我也不如他啊！从这里可以看见，众生根器的利钝可以差得很远。历史上的张良所以会辅助刘邦而不去帮项羽，就是因为他看出来刘邦是利根，脚在桌子下一碰他，刘邦马上就会意了。今天讲教育，真的教育家必须看出来学生能领受的程度，甚至于他的性向所趣。现在西方教育很注重小孩子的性向，其实中国三千年前已经知道了。

"久于佛道，心已纯淑"，这里说维摩居士实际上早已悟道成佛，久远以来对于佛的菩提大道早已经纯熟了，因此"决定大乘"，决定走大乘道路线。我常跟与我平辈的和尚说笑，不要和居士争，他们听了都笑，心里明白，你看，每天拜的诸位菩萨都是居士身，观音、文殊、普贤、弥勒都是。弥勒的本像不是大肚子的，那是中国塑的布袋和尚像，是弥勒的化身。只有地藏王菩萨一位是出家菩萨。大乘道是不限于出家在家的。大乘的菩萨道简单地说有八个字，永远都做不到的："难忍能忍，难行能行"，忍人所不能忍，行人所不能行。能做到了就是决定大乘，绝不退转的。

现在演绎什么是大乘道的基本道理，就是"诸有所作，能善思量，住佛威仪，心大如海，诸佛咨嗟，弟子、释、梵、世主所敬。欲度人故，以善方便居毗耶离。"大乘道做所有事情要再三思量，这是大乘与小乘不一样的地方，小乘人动辄想无念，求空，不求思量，万事怕啰唆，山里头打坐最好，不敢用思想；大智度的成就是能善分别一切法，于第一义而不动，一切用心而菩提正道没有动过妄念，这是智慧成就的境界。所以走大乘道的人能善思量，不是情感的冲动，喜怒哀乐都自智慧发出。但是他的内心是"住佛威仪，心大如海"，就是佛境界，就是现生的佛，他的心量之大，包容万象。而且十方诸佛都向他求教，他的学生，欲界天的天主帝释天，色界初禅天的天主大梵天，人世间的帝王领袖，以及三界天人都尊敬他。因为要度人，以变化神通的方便，现普通人一样的身像，不是从石头里跳出来或者是莲花里生出来，为的是与众生亲近，否则众生不会修道了，以为成佛的人必须是天生的。所以维摩居士以善方便居住在毗耶离。

［此时南师忽对某同学说：某某人，你在干什么？不要装模作样，放松！休息！很轻松地学佛做人就好了。听到没有？对了，笑了就好了，一个人每天笑几次多好！不信试试看，躺下来休息，躺下来听，不要打坐了，知道吗？去后面躺下来。］

六度波罗蜜成就

"资财无量，摄诸贫民"，维摩居士"资财无量"，财富多得不得了，没有限度，像是有个中国的聚宝盆似的。明朝初年首富沈万三据说就有个聚宝盆，朱元璋建都南京，沈万三财富的力量很大，出钱修了三分之一的城。后来朱元璋要杀他，他被佛教人士称为马如来的马皇后所救，财产没收，流放边疆。朱元璋的脾气真坏，我现在发现很多学佛的人脾气坏，包括我在内。马皇后死后朱元璋变本加厉，不知杀了多少人！讲到维摩居士"资财无量，摄诸贫民"，一切的穷人都救济，这是他布施的功德。

"奉戒清净，摄诸毁禁"，维摩居士虽然是在家人，但是他奉守一切在家出家戒律，不会犯戒。

"以忍调行，摄诸恚怒"，以最高的忍辱修养，调伏自己的心理和行为。忍辱而没有瞋恨心，轻微的怒是恚，再重的就是发怒，真正重的就是瞋，也就是恨心了。有瞋恨心的人可能会堕入畜生道，因为他所有的神经肌肉都带一种恨意，很严重的。

"以大精进，摄诸懈怠"，我们学佛的榜样就是如此，昼夜都在大精进，随时都在努力，对自己不松懈，没有懒惰怠慢。

"一心禅寂，摄诸乱意"，他的心永远在禅定的境界中，寂灭清净，在任何的情况下都不乱。

"以决定慧，摄诸无智"，这是般若智慧的成就，他智慧力之高，对无量法门有决定性的判断力，无智的人到了他这里都变得有智慧了。

上面这一路经文讲的就是六波罗蜜门，原文说："资财无量，摄诸贫民"，就是布施的意思。因为经典讲究文学的境界，两句一对排下来，很美。所以看《维摩诘经》，文字好像都懂了，观念都没搞清楚，中文程度不好，佛经禅学都看不懂。如果加一句，成为"资财无量，摄诸贫民，是布施也"，就清楚明白了。

大乘道为什么讲六波罗蜜？是为了这六个大方向的成就。因为布施，可以摄诸穷苦的人，免除他们穷困的痛苦，这就是度人。因为维摩居士资财无量，可以救助世上的穷苦人；因为他持戒的成就，影响了旁人不犯罪；因为他能忍辱，不会发脾气生瞋恨心；因为他修精进，就不懈怠不马虎；因为修禅定，心没有散乱；因为修般若成就，对天上天下一切事无所不知。学佛学六度，为的就是这个，不是空口说白话。下面是我们在家居士要学的榜样。

在家身　出家心　行为美

"虽为白衣，奉持沙门清净律行"，白衣是代表平民的意思，是相对于做官或出家的人而言，中国的出家人穿缁衣，是染了不漂亮颜色的布。我有时写信给出家人，具名的地方就写白衣，就代表我是在家俗人，因为我也不好自称是他的弟子。维摩居士虽然是在家人，但能够奉守出家人的一切戒律的行为，心是出家的。

"虽处居家，不着三界"，虽然表现是在家人，心已经跳出欲界、色界、无色界三界，一切不执着。

"示有妻子，常修梵行"，虽然与在家人一样有太太和孩子，可是一直修的是清净行。

"现有眷属，常乐远离"，本身有许多眷属围绕，像是父母、妻子、朋友、学生，等等都算，可是他的修行境界是不会留恋这些的，已经超越了。好像我跟老朋友说，儿女大了，就不要再牵挂了，互不相欠，也不要指望儿女回报，否则你下辈子可能变成儿女的儿女来还债。也有朋友为儿女不肖而愁，我便劝他们看开些，社会上年轻人一定有好有坏，不可能个个都好，也不要要求自己的子女一定全都是好的，总要分担一些吧！自己家里样样都要好的，不是菩萨道。别人的苦难我们挑一些，这也是回向。

"虽服宝饰，而以相好严身"，常有些人向我说某某女士已经学佛了还打扮那么浓。我就说，这有什么奇怪？难道学了佛就不顾形象，使一切众生不愿亲近你吗？你看观世音菩萨打扮得多好看，头上挂的，手上拿的，都满了。菩萨要相好严身，不要使人讨厌，并不是为了漂亮。维摩居士也带珠宝，不是为了诱惑人，是要庄严这个色身。我们人的色身太脏了，把皮剥下来里面又脏又臭！所以要庄严色身，但是心里不要执着。

普通凡夫打扮都是为别人看的，汉武帝有一个爱妃生重病，武帝去看她，这妃子硬是把脸遮起来不给武帝看，侍女问这妃子为什么，她就说皇上宠爱自己，是因为爱自己的容貌美丽，如果把病容给皇上看了，不但自己要失宠，连自己的家人往后都会失去照顾，就是这个道理。

"虽复饮食，而以禅悦为味"，在家人当然要吃要喝，但是一切的饮食营养是为了自己得道用，如果吃了反而妨碍自己学道就不吃了。

"若至博弈戏处，辄以度人"，维摩居士也进出赌场，也下棋，也去娱乐场所，但是他去这些地方是为了方便教化度人，在那个场合仍然还在布施持戒。这不是你们所做的，尤其你们出家人，要懂这道理。

"受诸异道，不毁正信"，学了一切外道，同外道都有来往，但是以佛法的正信教化人。

"虽明世典，常乐佛法"，世典是世间一切学问，他没有不会的，但是他真正的中心是修佛法，是大乘道的居士行为。

"一切见敬，为供养中最"，因此维摩居士到任何场所都最受到尊敬，受人供养。另一个意思也可以说维摩居士自己对待一切众生，都是以最尊敬的心，没有看不起任何人，都是在以法供养。

"执持正法，摄诸长幼"，他坚持走正佛法，毫不马虎，就是我常说的：宁可将身下地狱，不把佛法当人情。一讲到佛法，毫不客气，没有人情讲的，不对就是不对。同学在这里常挨我的骂，但是一旦离开这里了，偶尔回来，我会客客气气地当他是客人。不论是什么人，真是学佛法的，我尊敬你供养你，若是冒充的，绝不理你。

"一切治生谐偶，虽获俗利，不以喜悦"，维摩居士也做生意噢，一切谋生的事业都来，所以养了那么多人，像宝积菩萨这些人，不做生意，钱哪里来？谐，是描写他谈笑轻松和谐的样子。偶，是什么都来。但是赚了钱也不会高兴，都是为众生赚的。

"游诸四衢，饶益众生"，他外出游玩，随时随地都在做利益别人的事，到了哪里，哪里就沾他的光了。俗话说"龙行一步，百草沾恩"，就是这意思。

"入治正法，救护一切"，他在所住的毗耶离城等于是当地的主席，尽量爱护犯错的人，重的罚减轻，轻的罚取消。如果居士从政或者执法的话，要有智慧，但是不能一味地慈悲，慈悲生祸害，方便出下流。

"入讲论处，导以大乘"，到了学术团体，他会用种种的方法，引导人走入佛法的大乘道。

"入诸学堂，诱开童蒙"，到了幼儿园小学，会用诱导的教育教导不懂事的孩子们。

"入诸淫舍，示欲之过"，他连妓女院都去，但是他在其中说法，使人解脱淫欲。

"入诸酒肆，能立其志"，他也去饮酒场所，有酒德，喝酒心不醉乱，因自己的清醒，能使酒徒不沉迷，能自救自拔。

这篇文章我就把它标题为"维摩居士行为的美"，你会怎么标题呢？你不要把这一段理解成了赞叹维摩居士的德行，其实这里每一条都是我们学大乘佛法要引为榜样、引以为鉴的。不然《维摩诘经》还是《维摩诘经》，你还是你。在家学佛戒律的榜样都在这里了，没有一点要你做个面有菜色婆婆妈妈的人。

像有些年轻人一来就要行跪拜礼，你有恭敬心一进门就看出来了，打个招呼就好了嘛！不需要来这个，害我还得跪着还礼。你规规矩矩学佛，好过跟我磕头。你成了佛我还来拜你。我一辈子不受人跪拜，因为我受八关斋戒，不坐高广大床，这都是沙弥戒、比丘戒的基本，不坐上位。我讲经白衣升座已是不应该了，所以我一定摆个佛像在前面。你们是拜佛不是拜我，这样一来有人来磕头我也不在乎了。

《维摩诘经》没有一点形式主义的味道，真正大乘道不用装起那个学道的样子，有的人一脸佛相，满口佛话，一身佛气，进了房间把空气都染污了，我最怕这种人。当然不只佛教徒如此，我看到这样的基督徒同样害怕。有一次有辆基督教的宣传车开到我家门口，讲了两个钟头还不停，我已经忍辱波罗蜜吃了好几个了，只好写张条子递出去，上面说：上帝曰不要骚扰别人的安宁。他看了只好把车开走了。人家问我递了什么条子，我说是道教张天师画的符，只有他懂我懂。所以，不要搞这么多形式，反而引人反感。

维摩居士成就的功德

上文都是在述说维摩居士的成就德行，道业是这样深。接着是说明维摩居士成就的功德。

"若在长者，长者中尊，为说胜法。"佛法所谓的长者，在过去印度是四种姓之首婆罗门阶级中，年高德劭之人称为长者。后来佛教传入中国，长者居士要具备十种德行，年高、有学、有德、有道，等等，才堪称长者，我们现在有时也依佛教的习惯，写信给前辈时尊称对方为长者。维摩居士即使在众多婆罗门阶级长者众中，也受长者们尊重，为长者们开导说教更高的出世法门。

"若在居士，居士中尊，断其贪着。"这里的居士不是指长者居士，而是普通居士，是在家学佛的。维摩居士在居士众中受尊重。在家居士多半对世法、世间的因缘还有贪着，不能完全解脱。维摩居士对居士说法，可以断了居士的贪着习气。以下的叙述句子都差不多，我们就不详细讲了。

"若在刹利，刹利中尊，教以忍辱。"刹利是刹帝利，是印度的四种阶级之一，是帝王将相等人世间的统治者，仅次于婆罗门，释迦牟尼就出生于刹帝利阶级。好武功的人多半是不会忍辱的，无勇之人能忍让固然是很好的德性，但是可能只是窝囊，有勇而能忍才是真忍辱。

"若在婆罗门，婆罗门中尊，除其我慢。"婆罗门是教士阶级，至今仍然存在。

"若在大臣，大臣中尊，教以正法。若在王子，王子中尊，示以忠孝。"王子是世子，研究历史深刻了就知道，愈是帝王家庭，富贵之家，就愈没有忠孝，愈是骨肉相残，古今中外皆然。

"若在内官，内官中尊，化正宫女。"内官是太监，中国历史上也称黄门或中官，佛教戒律中也有提到黄门，是非男非女之人。看中国历史就觉得内官力量之可怕，完全是变态心理。得势的内官连皇帝的性命、挑选继位的皇子都捏在手里，外廷的大臣大将，一点办法也没有。看了《维摩诘经》可以了解，印度历史也一样。"化正宫女"是使后宫能够清净。

"若在庶民，庶民中尊，令兴福力。"庶民是老百姓。

"若在梵天，梵天中尊，诲以胜慧。"梵天是色界天的天主，是得了定的,已经是有大修行的天人,他们有定而无最高的慧。维摩居士还是可以教诲他们般若胜慧,因为梵天仍然贪着色界天的境界,不能得般若胜慧解脱。天人也有欲望,例如爱干净是好色,艺术家爱美是好色,爱山水是好色,爱清净庄严也是好色,都落在色界中。如何是解脱?能做到爱山林清洁同猪圈厕所一样就解脱了。从前在四川我就碰过一位出家人,神通很大,只晓得大家管他叫疯师爷,他一辈子住在过去那种茅房厕所中,不垢不净,这就是解脱三界相;但是如果他是贪着厕所,那后果不得了,来世要变蛆虫。

"若在帝释,帝释中尊,示现无常。"帝释是欲界天的天主,就是中国所讲的玉皇大帝,不是大梵天,大梵天比玉皇大帝还要大。玉皇大帝生在欲界天中的三十三天,这不是第三十三层天的意思,而是那个天界的名称就叫作三十三天,是由三十三个区域组成的,勉强比方说等于是天上的联合国似的,玉皇大帝就是其中推举出来的天主。欲界和色界有何不同?欲界天的天人同我们一样,贪恋五欲之乐。大的五欲是色、声、香、味、触,小的五欲是笑、视、交、抱、触。欲界天人也有男女之欲,不过帝释天的孩子是由肩膀上生出来的,不像人世间的孩子是向下生出来的。到了色界天,就没有欲了。据说如此,你修到那儿去求证吧!

大家做工夫,欲界这一关就过不去,精满不思淫做不到,晚上会漏丹,天人都会漏的。宋朝朱熹写给朋友有首名诗,就是讲欲:

十年浮海一身轻　乍睹梨涡倍有情
世上无如人欲险　几人到此误平生

梨涡，就是酒窝，指美人而言。欲，最基本的一关是男女之欲，两性关系都是荷尔蒙在作怪，你要是能化掉这荷尔蒙，也不要谈修定通气脉，就成功了一半。过了这一关，到了色界的几关就比较容易。看各位修道，都是在二界关上徘徊，像跷跷板一样，醒了就上升，不醒就再下堕。做工夫修道，到了一定程度就像站在跷跷板上，难啊！道家讲炼精化气，炼气化神，炼神还虚，的确有这样的次第。炼精化气做到了就精满不思淫，气满了就不思食，神满就不思睡，都是确实的工夫。到了这样的程度，才能说基本上破了两性欲的这一关，只是身欲。还没破眼、耳、鼻、舌四个欲关呢！看了美丽的衣裳、秀丽的山水你还喜欢吗？喜欢就着欲了。舌是食欲，比身欲还难解脱。譬如这有一杯茶，茶叶要一万块钱一两，想喝一杯吗？这一念就可以把你的欲逗起来，饮食之欲难解脱啊！

你能解脱欲就超越欲界天去了色界天，可是在色界天还要求解脱。这里代大家提出个问题，你说欲、色这么难解脱，可是有的人不爱漂亮，是无欲无色了吗？还有的人，自己长得体面，可是偏偏爱上众人认为不漂亮又笨拙的人，原因何在？刚才说欲界是荷尔蒙在作怪，色界就不是荷尔蒙在作怪，是神经在作怪。无色界呢？是感情的情在作怪，情人眼里出西施就是情的原因。所以"乍睹梨涡倍有情"，碰到情，你一点办法没有。我积数十年之经验，很多男女同学告诉我，他们这一辈子绝不谈情。我说，这个话好像是我前几辈子发过的愿，你碰到了个冤家，他不想你，你要想他。这就印证了《红楼梦》中的话——"不是冤家不聚头，冤家聚头几时休"，这就是情。

欲界的天人还同我们一样有色身，到了色界的天人就没有肉身，只有光明的光身，若有若无。无色界的天人连光身都没有，但是这一念情还在。有再大的成就，父母、儿女、兄弟、男女的情不能断，是永远跳不出三界的。问题来了，既然断了情又何以称菩萨——菩提萨埵呢？萨埵就是有情，一切诸佛有情。中国有句老话，"不俗即仙骨，多情乃佛心"，佛菩萨度一切众生岂不是多情吗？他们是已经把情、欲化作慈悲。当然，从逻辑立场来讲，慈悲就是有情，但是佛菩萨的有情，是对一切众生大慈大悲的大有情。所以，诸佛菩萨都是我们的大情人，你念他们，他们就会念你，会加庇你。这个情就不是世俗的情，是真慈悲，爱一切众生。为什么要再三跟大家讲这个道理？要真求修证，根本就在这条路上，就在此处下刀子，这里病根拔除不了，解脱无望，这一点非常重要。

现在回到经文，所以维摩居士在帝释天教化天人，一切无常，不要贪恋欲。

"若在护世，护世中尊，护诸众生。"护世是天神，庙里的四大金刚就是护世天神，是欲界天中层的四天王天的天神，我们这个地球世界就受他们的保护。譬如韦驮菩萨就是四天王中南天门毗沙门天王的一名天将，他是在中国唐朝时始为人所知。当时有位禅师在终南山上坐禅，一时陷入昏沉跌下山崖，被护法天神托住而没摔死。禅师叩谢，请求天神现身。天神现身自称是韦驮，禅师把韦驮相貌描真绘下，才流传于世。在我们这一个贤劫中，一共会有一千尊佛出世，释迦牟尼佛是第四位出世的佛。韦驮菩萨是发了愿，将会是贤劫一千尊佛当中最后一位出世的佛。

上面说了维摩居士成就的功德，无论他处在哪里，在哪一行里，都是第一流的圣者，都能够领导他人。他是我们在家出家的人学习大乘菩萨道的榜样，也是儒家所讲的"化民成俗"，教化民众而变成社会的一股风气。维摩居士不但做到对世间人"化民成俗"，还能教化天人。我常用一句俗话来说笑，人家问我多大岁数？我说"逢人大一岁"，地位呢？是"逢官高一级"，至于做人，则是"见人矮一辈"，做到了这样，就是维摩居士了。下面开始是进入《维摩诘经》的正题了。

居士病了

"长者维摩诘，以如是等无量方便，饶益众生。"维摩居士修成功了前面所说的，以无量无数的方便法门，充分地利益一切众生。

"其以方便，现身有疾。"但是维摩居士生病了。佛为了解脱生老病死而出家，以维摩居士这样一位居士如来，虽是古佛化身，成就如此之大，结果还是有病，这佛法怎么去学？不但维摩居士，连释迦牟尼佛到八十一岁入涅槃，寒风发背，生病而死。怎么寒风发背？佛年轻的时候在雪山修苦行六年，现在要你们打坐时身上披盖好，佛当年可没有这样的设备，所以成了宿疾。佛有一次这老毛病发了，叫弟弟阿难去化缘，要酥油来熬药。阿难去到维摩居士家里化缘，被维摩居士骂了一顿，本经后面会讲到。我们众生有病，为什么诸佛菩萨也不能离开病？这是个大问题，是个话头，要去参。

我们看佛经，佛与佛见面时会彼此问询："少病少恼否？众生易度否？"可见，成了佛在现身时免不了病，也免不了度众生的烦恼。众生不容易度是当然的，有时度得佛都要生恼。有时同学写信问候我："少病少恼否？"我看了真啼笑皆非，我又不是佛，你也不是佛。

"以其疾故，国王大臣，长者居士，婆罗门等，及诸王子，并余官属，无数千人，皆往问疾。"因为维摩居士有病，消息传来，从国王到各界人士有好几千人，都去探视。那个时候整个印度都没有多少人口，这么多人去看他，那是轰动了全国。可以看到维摩居士道德学识的威风之大。

"其往者,维摩诘因以身疾,广为说法。"对前来探病的众人,维摩居士以生病作机会教育、教化大众。

如何看待自己的身体

"诸仁者!是身无常,无强无力无坚,速朽之法,不可信也。"维摩居士怎样说法呢?我们可以想象他躺在病床上,向来探病的人说,诸位,我们这个父母所生的肉身是不会永恒存在的,而且不坚固,脆弱,很快就会坏掉了,不要信赖这个身体。

由这句话我们反省一下,大家打坐修道搞气脉,求健康长寿,都是在信赖这个身体。以为是在修道,已经错了,非正见也。"速朽之法,不可信也",看看自己年轻时的照片,那个你、三年前的你、去年的你,早就死了。我们觉得活着,其实那个你一天一天都过去了。这个肉体的我,不是真我。

"为苦为恼,众病所集。"这个身体是痛苦的根本,这个身体是烦恼的根本。我们所有一切身心的病苦,都是因为这个肉身而来。佛经上说过,我们一生当中所可能患的病,以大类算,有四百零四种,因为地、水、火、风这四大,每一大所发生的病各有一百零一种。同样的意思,老子的表达是:"吾所以有大患者,为吾有身。及吾无身,吾有何患?"

"诸仁者!如此身,明智者所不怙。"他说,诸位,真有大智慧的人,不会怜惜爱护这个身体。失掉父亲叫无怙,失掉母亲叫无恃。这不是叫你自虐身体,而是不要姑息它。我们对身体愈不姑息,它愈健康,听起来很奇怪,但确实是如此。

接下来一段话是维摩居士讲这个身体的,文字很好,你把它当文学境界看过去就可惜了。这每句话都是方法,是修止观、修密宗的观法！观就是上面讲的"明智"，把自己观察清楚。

"是身如聚沫，不可撮摩。是身如泡，不得久立。"我们这个身体等于水面上浮聚了一堆的泡沫，我们的细胞、血液、血球堆拢一起，外面罩上一层皮，就成个人样。这层皮剥开来，泡沫一流走就完了。所以讲聚沫是真的，不是文学上的形容。"不可撮摩"，是捏不得，抓不住的。身体像泡沫，水泡不会持久，一下子就散掉了，就像文学上说的"百年一瞬"。中国文人的文章好，多因通了佛学的缘故。你能悟到佛学的境界，虽然写白话文，照样可以写得优美。

讲到"一瞬"，袁世凯的二儿子袁克文，字寒云，人家比他是曹操的儿子曹植，是个才子。当时他写了首诗：

<blockquote>
小院西风向晚晴　　嚚嚚恩怨未分明
南回孤雁掩寒月　　东去骄风动九城
驹隙去留争一瞬　　蛩声吹梦欲三更
山泉绕屋知深浅　　微念沧波感不平
</blockquote>

"驹隙去留争一瞬，蛩声吹梦欲三更"，是讽喻父亲想当皇帝，不要争了，光阴似白驹过隙，人生一瞬即逝，不要再做梦了，夜都已到三更了。真是好诗，外表不像是佛法，其实里子有佛法，等于是引用了《维摩诘经》中的"是身如泡，不得久立"。他作了另一首意境相同的好诗：

<blockquote>
乍着吴棉强自胜　　古台荒槛一凭陵
波飞太液心无住　　云起魔崖梦欲腾
偶向远林闻怨笛　　独临虚室转明灯
剧怜高处多风雨　　莫到琼楼最上层
</blockquote>

唉！不要讲诗了，贪恋诗词的文学境界就堕落到了色界、无色界里。我有时作作诗，一首接一首，正在陶醉，又意识到了，马上自我警惕，不要沉迷。文学也是情，堕不得。不过你不会文学，可不要抓住这一点来解嘲，要会而能解脱。你本来不会，根本没有绑住，解脱个什么？怕是文学家，恰恰堕在色界、无色界的情里。实际上情也是欲，文人当然有欲，渐渐就会好名好胜，然后就"天下文章在三江，三江文章在我乡，我乡文章属舍弟，舍弟跟我学文章"，这样我见就来了，欲望就生了。

学佛是起心动念都要检查，这是观的法门，一旦意识到自己对什么事情沉迷上瘾的时候，要即时甩掉，决不受它拖累。当年我下工夫练字，有老前辈看了夸我将来一定成为名家。我听了从此不练字，不要成了书法家反而被这竹管子、黑墨困住了。当年于右任一天到晚为人家写字，真是辛苦，就为了"书法家"这三个字，我才不上这个当呢！

但是这些你说不会也不行，要样样会，又样样解脱丢得掉，这才是佛法。样样不会，然后说自己是学空的，那是莫名其妙。

"是身如焰，从渴爱生。"看得懂吗？这都是修观法，讲身体像火焰。你看某人气色好，红光满面，就是身体放的烟火，所以精神好，身体状态好。身心不健康，就没有光泽。这是怎么来的？从爱欲来的。咦！刚才不是还在讲爱欲不可取吗？男女爱欲是荷尔蒙来的，这点荷尔蒙能转化以后，就是密宗讲修气修脉修成了，肉身变成虹霓之身，就"报身成就"了。佛经上说佛在说法的时候面门放光，是真的，就是虹霓之身在不同光线、不同角度下反映，由不同的众生不同的眼睛，看到的色彩均不同。

所以"是身如焰，从渴爱生"是观法。如果用普通的说法，是男女爱欲暴发，成为饥渴的状态，如果用定力和智慧把渴爱转化，将所有身上的荷尔蒙精气神转成真液下来，就如醍醐灌顶似的清凉，色身就转了。

佛在世时，很多人在佛的跟前只消半天甚至片刻工夫，就证果了。到我们后世的人，因为福报不够，虽然一心专修，恐怕也要十几年才能证果，同时还得一点魔障都没有。如果碰到"十年浮海一身轻，乍睹梨涡倍有情"，嘿！那就他生再说吧！

凡夫的身体是从渴爱而生，有父母二人贪欲交合的因缘，加上我们的中阴身，三缘和合入胎。只有精虫卵子没有加入神识，是不能成胎的，纵然成胎也是死胎。我们得这个人身可难了，虽然维摩居士在本经里那样地贬低身体，但是我们还是要珍惜自己这个难得的身体。

佛说，"人身难得，中土难生，明师难遇，佛法难闻"，共有四难。佛形容人身难得，如大海中的盲龟浮上海面，正巧头能钻进浮在水面上的一只车轮孔中。这个机会是如此之难！我们年轻时总觉得佛说得太夸张了，后来懂了成胎的医学道理，才大叹佛的高明。我们晓得男性一次排放精虫的数目之多，如几亿盲龟在海中，进入女体还要正巧碰上排卵。健康的卵子只有一颗，而众多精虫只有一个能与卵子结合，其他都牺牲掉了。卵子受精成胎之后还要能安度十月怀胎期，并且顺产，这人才出世。够难得了吧！我们幸而得了这个人身，又能听到像法时期的佛法，自己再不好好修，下一次的机会恐怕"百千万劫难遭遇"了！

《维摩诘经》每一句话好像都很浅近容易懂，仔细研究下去，每一句关于修持的内容有这样多。因此再一次告诉大家，看起来容易的反而艰难，看来困难的却没什么了不起，这道理在世法出世法都一样。

"是身如芭蕉，中无有坚。"芭蕉树的树干是中空的，不是实心的。

"是身如幻，从颠倒起。"我们都认为现在这个身体是存在的，你看看以前自己年轻时的照片，就会觉得如幻梦，照片中的人与你的样子已经不同了。这个身体只是暂时属于你，不能算是你永远所有，终归是要耗尽的。究竟此身是不是我？这是个大问题。其他的显教皆认为这个身体不是我，四大是假的，四大皆空。但这个空又从何而来？何以会起四大？又都是问题。

"是身如梦，为虚妄见。"认为身体存在能作一切活动，是在做白日梦，是虚妄的见解，把假的当作是真的。

"是身如影，从业缘现。"人人都有五官，但是人人就是长得不同，健康不同，肢体也许有残缺，这没什么遗憾，都不是这一生的事，是多生多世因缘业力凑合而来的，身体只是果报所显现出来的影像。此中道理很深，要在法相唯识里去解决，普通经典没有说，但《瑜伽师地论》就讲得很清楚。

"是身如响，属诸因缘。"音响音声是由因缘而来，身体也如是。

"是身如浮云，须臾变灭。"这看起来是文学境界，其实详细分析是科学的。

"是身如电，念念不住。"各位不要光用耳朵听这些句子，要拿心来听，你把这些句子听到心里面，看看清楚，是不是如此，这样听经才有用。你听经时拿耳朵听，再拿眼睛盯着文字研究，那只是搞普通文学，是白搞了，属于妄想境界。这里讲如电是一闪即逝，思想一个接一个，无法停留。大家喜欢讲空，什么是空？空是形容不住，不是你去空它，是它要空你。你打坐求空，觉得空了，清净了，都是在假造妄想，那可不是空。你不打坐呢？空就没了吗？空者是念念自性空，不是你去空它。这个道理不懂的话，你坐一万年也枉然。

"是身无主，为如地。"如同大地不是属于哪一个人的，身体也是无主的。你说买块地有所有权，那是人类社会假定的，反而人是属于大地的，人最终都归于大地。

"是身无我，为如火。是身无寿，为如风。"身体像火一样，烧完就灭了。身体无所谓寿命或时间，几十年就像一阵风吹过去了。

"是身无人，为如水。"我们看到大家每人都有个身体，人世间的观念把每个身体叫作"人"，但每具身体都是骷髅堆上血肉，外表长了五官，你称这是人，其实就像流水一样，你看到的就已经过去了，绝不回头，身体正如此。智者如孔子看流水就说："逝者如斯夫，不舍昼夜。"《三国演义》一开头也说："滚滚长江东逝水，浪花淘尽英雄。是非成败转头空，青山依旧在，几度夕阳红。"

"是身不实，四大为家。"地、水、火、风四大房东凑起这个身体给我们住，我们也要交租金，餐餐要喂它，天天要洗它。

"是身为空，离我我所。是身无知，如草木瓦砾。"这个身体是空的，离开我，无我，也没有我的。身体自己没有知觉的，一口气不来就同草木瓦砾一样。

"是身无作，风力所转。是身不净，秽恶充满。"我们的身体会动作是因为有口气在，是风大。风大不来就不会动了。皮肤底下尽是脏的、臭的，你进开刀房去看看，或者看看受灾而死的尸首，就不会觉得身体可爱了。

"是身为虚伪，虽假以澡浴衣食，必归磨灭。是身为灾，百一病恼。"人们为身体洗浴穿衣抹香水，还给它吃喝，但它毕竟是留不住的，会消失的。身是一切灾难的根本，地、水、火、风四大，每一大各会引发一百零一种病变，使人死亡。

"是身如丘井，为老所逼。是身无定，为要当死。"身体像是陷阱，人陷在其中，看着老死向自己逼近，终归有一天要死亡的。

"是身如毒蛇，如怨贼，如空聚，阴界诸入所共合成。"身体如此可怕，我们检讨自己的生活，都为了这个肉体的需要在忙，都是为了我们暂住的这个家伙在忙，不是为真正的自己。肉体需要吃，又拉出来，不是在整你吗？它要睡，你就得睡下去，它要起来，你也得跟着起来，不是冤家吗？空聚就是旋风旋气流，中间没有东西的。"阴界诸入所共合成"，简单地说，就是心理和生理合拢起来，假想地构成了今天这个假我。

上面是维摩居士对来探视他的人说法，把这个肉身说得一文不值。下面他作个结论。

如何成就佛身

"诸仁者！此可患厌，当乐佛身。所以者何？佛身者，即法身也。"诸位！我们的肉身极可厌，你们不要上当。我们要追求每一个人自己生命真正的身体，那就是佛身。佛身不是只有释迦牟尼佛、阿弥陀佛他们才有。一切众生本来是佛，个个都有佛身；你找到了这个身，你就成功了。禅宗所追求的、所要悟的，是悟这个身，就是法身。法身不生、不灭、不垢、不净、不增、不减，是我们真正的生命，而我们都找不到。法身并没有藏起来，它就摆在你肉身上，但是和肉身没有关联，可是它又随时在这里。你找到了这个身，就证到了法身佛。这是个要点，学佛追求的也就是这个。常有年轻同学问要怎么去学禅，用维摩居士在这边讲的一段话就可以回答了，这是正统的禅宗。

"从无量功德智慧生。"接着说法身是怎么证得的。不是你小忠小信小根器表现一下就证得的，而是来自无量的功德和智慧，这是学佛的两个资本，福德资粮和智慧资粮。这是讲证得法身的原则。

"从戒、定、慧、解脱、解脱知见生。"这是求证法身的下手工夫了。修戒定慧成就了，就得解脱；解脱之后的所知所见就开发了，透彻了，法身就可以成就。光工夫还不够，下面说还要从各种做人做事的行为上着手。

"从慈、悲、喜、舍生。从布施、持戒、忍辱、柔和、勤行精进、禅定、解脱、三昧、多闻、智慧，诸波罗蜜生。"由四无量心证得法身。由各种波罗蜜证得法身。

"从方便生。从六通生。"无量法门誓愿学，遍学一切方便法门证得法身。从神通具足证得法身，就是法身成就。

"从三明生。"三明是宿命明、天眼明、漏尽明，由此证得法身。真悟道的人没有不知前生事、将来事的。虽然道不在神通上，但三明六通都是知道的。你自己有没有开悟，从这里自己可以印证。

"从三十七道品生。"是证道的三十七种资粮，即四念处、四正勤、四如意足、五根、五力、七觉支、八正道。

"从止观生。"前边已讲了止观的道理。

"从十力、四无所畏、十八不共法生。"这些名词也不细说了。

"从断一切不善法，集一切善法生。"就是诸恶莫作，众善奉行。一切佛法不用发什么大愿，你能做到这两句话就成功了。

"从真实生。从不放逸生。从如是无量清净法，生如来身。"从上面这些无边无量的清净法门，才生如来身，得到成就。

"诸仁者！欲得佛身，断一切众生病者，当发阿耨多罗三藐三菩提心。"这是维摩居士的总结，真证得了法身就能了生老病死，否则这个肉身免不了生老病死。纵然肉身修成金刚不坏，还是有病噢！不是这一种病，是另一种病。如修禅时得的禅病，那还不是世间药治得了的。没有到大乘菩萨第八地不动地以前，小病小恼，乃至大病大恼都在所不免。所以菩萨要具备的五明中，有一明是医方明。而要得法身，了生老病死者，要发阿耨多罗三藐三菩提心，要发大心，发无上正等正觉、追求大彻大悟的心。这才是真正的发心，发菩提心。菩提心也是慈悲心，真发了心的人，对众生一定慈悲。

"如是，长者维摩诘，为诸问疾者如应说法。令无数千人，皆发阿耨多罗三藐三菩提心。"维摩居士借病说法，令无数来探病的人，都发了阿耨多罗三藐三菩提心。

弟子品第三

　　尔时长者维摩诘，自念寝疾于床，世尊大慈，宁不垂愍。佛知其意，即告舍利弗：汝行诣维摩诘问疾。舍利弗白佛言：世尊！我不堪任诣彼问疾。所以者何？忆念我昔，曾于林中，宴坐树下。时维摩诘来谓我言：唯！舍利弗！不必是坐，为宴坐也。夫宴坐者，不于三界现身意，是为宴坐。不起灭定而现诸威仪，是为宴坐。不舍道法而现凡夫事，是为宴坐。心不住内，亦不在外，是为宴坐。于诸见不动，而修行三十七品，是为宴坐。不断烦恼而入涅槃，是为宴坐。若能如是坐者，佛所印可。时我，世尊！闻说是语，默然而止，不能加报，故我不任诣彼问疾。

　　佛告大目犍连：汝行诣维摩诘问疾。目连白佛言：世尊！我不堪任诣彼问疾。所以者何？忆念我昔，入毗耶离大城，于里巷中，为诸居士说法。时维摩诘来谓我言：唯！大目连！为白衣居士说法，不当如仁者所说。夫说法者，当如法说。法无众生，离众生垢故。法无有我，离我垢故。法无寿命，离生死故。法无有人，前后际断故。法常寂然，灭诸相故。法离于相，无所缘故。法无名字，言语断故。法无有说，离觉观故。法无形相，如虚空故。法无戏论，毕竟空故。法无我所，离我所故。法无分别，离诸识故。法无有比，无相待故。法不属因，不在缘故。法同法性，入诸法故。法随于如，无所随故。法住实际，诸边不动故。法无动摇，不依六尘故。法无去来，常不住故。法顺空，随无相，应无作。法离好丑。法无增损。法无生灭。法无所归。法过眼耳鼻舌身心。法无高下。法常住不动。法离一切观行。唯！大目连！法相如是，岂可说乎？夫说法者，无说无示。其听法者，无闻无得。譬如幻士，为幻人说法，当建是意而为说法。当了众生根有利钝，善于知见，无所罣碍。以大悲心，赞于大乘，念报佛恩，不断三宝，然后说法。维摩诘说是法时，八百居士，发阿耨多罗三藐三菩提心。我无此辩，是故不任诣彼问疾。

佛告大迦叶：汝行诣维摩诘问疾。迦叶白佛言：世尊！我不堪任诣彼问疾。所以者何？忆念我昔，于贫里而行乞。时维摩诘来谓我言：唯！大迦叶！有慈悲心而不能普，舍豪富，从贫乞。迦叶！住平等法，应次行乞食。为不食故，应行乞食。为坏和合相故，应取抟食。为不受故，应受彼食。以空聚想入于聚落，所见色与盲等，所闻声与响等，所嗅香与风等，所食味不分别。受诸触如智证。知诸法如幻相，无自性，无他性，本自不然，今则无灭。迦叶！若能不舍八邪，入八解脱，以邪相入正法。以一食施一切，供养诸佛，及众贤圣，然后可食。如是食者，非有烦恼，非离烦恼；非入定意，非起定意；非住世间，非住涅槃。其有施者，无大福无小福，不为益不为损，是为正入佛道，不依声闻。迦叶！若如是食，为不空食人之施也。时我，世尊！闻说是语，得未曾有。即于一切菩萨，深起敬心。复作是念，斯有家名，辩才智慧乃能如是。其谁不发阿耨多罗三藐三菩提心。我从是来，不复劝人以声闻辟支佛行。是故不任诣彼问疾。

佛告须菩提：汝行诣维摩诘问疾。须菩提白佛言：世尊！我不堪任诣彼问疾。所以者何？忆念我昔，入其舍从乞食。时维摩诘取我钵盛满饭，谓我言：唯！须菩提！若能于食等者，诸法亦等。诸法等者，于食亦等。如是行乞，乃可取食。若须菩提不断淫怒痴，亦不与俱；不坏于身，而随一相；不灭痴爱，起于解脱；以五逆相，而得解脱，亦不解不缚。不见四谛，非不见谛；非得果，非不得果；非凡夫，非离凡夫法；非圣人，非不圣人。虽成就一切法，而离诸法相，乃可取食。若须菩提不见佛，不闻法，彼外道六师，富兰那迦叶，未伽梨拘赊梨子，删阇夜毗罗胝子，阿耆多翅舍钦婆罗，迦罗鸠驮迦旃延，尼犍陀若提子等，是汝之师，因其出家，彼师所堕，汝亦随堕，乃可取食。若须菩提入诸邪见，不到彼岸；住于八难，不得无难；同于烦恼，离清净法；汝得无诤三昧，一切众生亦得是定。其施汝者，不名福田，供养汝者，堕三恶道，为与众魔共一手，作诸劳侣，汝与众魔，及诸尘劳，等无有异。于一切众生而有怨心。谤诸佛，毁于法，不入众数，终不得灭度。汝若如是，乃可取食。时我，世尊！闻此茫然，不识是何言，不知以何答，便置钵欲出其舍。维摩诘言：唯！须菩提！取钵勿惧。于意云何？如来所作化人，若以是事诘，宁有惧不？我言：不也。维摩诘言：一切诸法，如幻化相，汝今不应有所惧也。所以者何？一切言说，不离是相。至于智者，不著文字，故无所惧。何以故？文字性离，无有文字，是则解脱。解脱相者，则诸法也。维摩诘说是法时，二百天子，得法眼净。故我不任诣彼问疾。

佛告富楼那弥多罗尼子：汝行诣维摩诘问疾。富楼那白佛言：世尊！我不堪任诣彼问疾。所以者何？忆念我昔，于大林中，在一树下，为诸新学比丘说法。时维摩诘来谓我言：唯！富楼那！先当入定观此人心，然后说法，无以秽食置于宝器。当知是比丘心之所念，无以琉璃同彼水精；汝不能知众生根源，无得发起以小乘法；彼自无疮，勿伤之也。欲行大道，莫示小径，无以大海内于牛迹，无以日光等彼萤火。富楼那！此比丘久发大乘心，中忘此意，如何以小乘法而教导之？我观小乘智慧微浅，犹如盲人，不能分别一切众生根之利钝。时维摩诘即入三昧，令此比丘自识宿命，曾于五百佛所殖众德本，回向阿耨多罗三藐三菩提，即时豁然，还得本心。于是诸比丘，稽首礼维摩诘足。时维摩诘因为说法，于阿耨多罗三藐三菩提不复退转。我念声闻不观人根，不应说法，是故不任诣彼问疾。

佛告摩诃迦旃延：汝行诣维摩诘问疾。迦旃延白佛言：世尊！我不堪任诣彼问疾。所以者何？忆念昔者，佛为诸比丘略说法要，我即于后敷演其义，谓无常义、苦义、空义、无我义、寂灭义。时维摩诘来谓我言：唯！迦旃延！无以生灭心行，说实相法。迦旃延！诸法毕竟不生不灭，是无常义。五受阴洞达空无所起，是苦义。诸法究竟无所有，是空义。于我无我而不二，是无我义。法本不然，今则无灭，是寂灭义。说是法时，彼诸比丘心得解脱，故我不任诣彼问疾。

佛告阿那律：汝行诣维摩诘问疾。阿那律白佛言：世尊！我不堪任诣彼问疾。所以者何？忆念我昔，于一处经行。时有梵王，名曰严净，与万梵俱，放净光明，来诣我所，稽首作礼问我言：几何阿那律天眼所见？我即答言：仁者！吾见此释迦牟尼佛土，三千大千世界，如观掌中庵摩勒果。时维摩诘来谓我言：唯！阿那律！天眼所见，为作相耶？无作相耶？假使作相，则与外道五通等。若无作相，即是无为，不应有见。世尊！我时默然。彼诸梵闻其言，得未曾有，即为作礼而问曰：世孰有真天眼者？维摩诘言：有佛世尊，得真天眼，常在三昧，悉见诸佛国，不以二相。于是严净梵王，及其眷属五百梵天，皆发阿耨多罗三藐三菩提心，礼维摩诘足已，忽然不现。故我不任诣彼问疾。

佛告优波离：汝行诣维摩诘问疾。优波离白佛言：世尊！我不堪任诣彼问疾。所以者何？忆念昔者，有二比丘犯律行，以为耻，不敢问佛。来问我言：唯！优波离！我等犯律，诚以为耻，不敢问佛，愿解疑悔，得免斯咎。我即为其如法解说。时维摩诘来谓我言：唯！优波离！无重增此二比丘罪，当直除灭，勿扰其心。所以者何？彼罪性不在内，不在外，不在中间。如佛所说，心垢故众生垢，心净故众生净。心亦不在内，不在外，不在中间。如其心然，罪垢亦然，诸法亦然，不出于如如。优波离以心相得解脱时，宁有垢不？我言：不也。维摩诘言：一切众生心相无垢，亦复如是。唯！优波离！妄想是垢，无妄想是净；颠倒是垢，无颠倒是净；取我是垢，不取我是净。优波离！一切法生灭不住，如幻如电；诸法不相待，乃至一念不住；诸法皆妄见，如梦如焰，如水中月，如镜中像，以妄想生。其知此者，是名奉律。其知此者，是名善解。于是二比丘言：上智哉！是优波离所不能及，持律之上，而不能说。我答言：自舍如来，未有声闻及菩萨能制其乐说之辩，其智慧明达为若此也。时二比丘，疑悔即除，发阿耨多罗三藐三菩提心，作是愿言：令一切众生，皆得是辩。故我不任诣彼问疾。

佛告罗睺罗：汝行诣维摩诘问疾。罗睺罗白佛言：世尊！我不堪任诣彼问疾。所以者何？忆念昔时，毗耶离诸长者子，来诣我所，稽首作礼，问我言：唯！罗睺罗！汝佛之子，舍转轮王位，出家为道，其出家者，有何等利？我即如法，为说出家功德之利。时维摩诘来谓我言：唯！罗睺罗！不应说出家功德之利，所以者何？无利无功德，是为出家。有为法者，可说有利有功德。夫出家者，为无为法，无为法中，无利无功德。罗睺罗！夫出家者，无彼无此，亦无中间。离六十二见。处于涅槃，智者所受，圣所行处，降伏众魔，度五道，净五眼，得五力，立五根。不恼于彼，离众杂恶，摧诸外道，超越假名。出淤泥，无系着，无我所，无所受，无扰乱，内怀喜。护彼意，随禅定，离众过。若能如是，是真出家。于是维摩诘语诸长者子：汝等于正法中，宜共出家，所以者何？佛世难值。诸长者子言：居士！我闻佛言，父母不听，不得出家。维摩诘言：然！汝等便发阿耨多罗三藐三菩提心，是即出家，是即具足。尔时三十二长者子，皆发阿耨多罗三藐三菩提心，故我不任诣彼问疾。

佛告阿难：汝行诣维摩诘问疾。阿难白佛言：世尊！我不堪任诣彼问疾。所以者何？忆念昔时，世尊身小有疾，当用牛乳，我即持钵，诣大婆罗门家门下立。时维摩诘来谓我言：唯！阿难！何为晨朝持钵住此？我言：居士！世尊身小有疾，当用牛乳，故来至此。维摩诘言：止！止！阿难！莫作是语。如来身者，金刚之体，诸恶已断，众善普会，当有何疾？当有何恼？默往！阿难！勿谤如来，莫使异人，闻此粗言，无令大威德诸天，及他方净土诸来菩萨，得闻斯语。阿难！转轮圣王以少福故，尚得无病，岂况如来无量福会，普胜者哉？行矣！阿难！勿使我等受斯耻也。外道梵志若闻此语，当作是念，何名为师？自疾不能救，而能救诸疾人？可密速去，勿使人闻。当知，阿难！诸如来身，即是法身，非思欲身。佛为世尊，过于三界；佛身无漏，诸漏已尽。佛身无为，不堕诸数。如此之身，当有何疾？时我，世尊！实怀惭愧，得无近佛而谬听耶？即闻空中声曰：阿难！如居士言，但为佛出五浊恶世，现行斯法，度脱众生。行矣！阿难！取乳勿惭。世尊！维摩诘智慧辩才为若此也，是故不任诣彼问疾。

如是五百大弟子，各各向佛说其本缘，称述维摩诘所言，皆曰不任诣彼问疾。

"尔时长者维摩诘，自念寝疾于床，世尊大慈，宁不垂愍。"维摩居士在病中，心生一念，为何慈悲的释迦牟尼佛没有念到我？

舍利弗不敢探病

"佛知其意，即告舍利弗：汝行诣维摩诘问疾。"佛感应到维摩居士的念头，也知道他的真正意图不在要佛去慰问。于是，佛就点名他的出家大弟子舍利弗做代表去探病。舍利弗就是舍利子，是佛弟子当中智慧第一，他讲的《阿毗达摩集异门足论》，就是讲修持的道理。

"舍利弗白佛言：世尊！我不堪任诣彼问疾。所以者何？忆念我昔，曾于林中，宴坐树下。"舍利弗回答说自己没资格，不敢去问他的病。为什么不去？因为舍利弗以前有一次在树林中打坐，被维摩居士教训过。

"宴坐"就是打坐，清净安详谓之宴。你们打坐能清净安详吗？念头进进出出的，眉头还皱着，又觉得腿子酸。从前须菩提尊者有一次在山中打坐入定时，空中有天花落下来，就问是哪一位天人在散花。空中有声音答自己是梵天，因为看见您长者在这里说法，所以散花供养。须菩提说自己并未说法，天人就说，尊者以不说之说，我以不闻之闻，所以供养，这是说到打坐的问题。

"时维摩诘来谓我言：唯！舍利弗！不必是坐，为宴坐也。"舍利弗说，我正在打坐时，维摩居士到来，不客气地说，喂！舍利弗！你以为这是打坐吗？

"夫宴坐者，不于三界现身意，是为宴坐。"维摩居士告诉舍利弗，不于三界现身意才是打坐。这还不是入定！要在三界里面没有身和意才行，你坐下来腿发麻，头胀，就都是现身，思想念头去不掉就是现意。

六世达赖喇嘛以活佛之尊，都老实承认过念头去不掉，他说：

> 入定修观法眼开　祈求三宝降灵台
> 观中诸圣何曾见　不请情人却自来

他又说：

> 动时修止静修观　历历情人挂眼前
> 肯把此心移学道　即身成佛有何难

> 曾虑多情损梵行　入山又恐负倾城
> 世间安得双全法　不负如来不负卿

六世达赖喇嘛晚上易装偷出宫门，去酒家寻欢，这种事都做过。他有六十六首情诗留下来，这些诗你们好好研究，有帮助。

回头说打坐时起这些念头，就落入欲界、色界甚至无色界，都在三界现身意了。不是意动，就是身动，这就不是宴坐。

"不起灭定而现诸威仪，是为宴坐。"没有离开灭尽定而现行、住、坐、卧四大威仪。自己随时随地在灭尽定中，不妨碍走路、讲话、吃饭、骂人，这样才是打坐。

"不舍道法而现凡夫事，是为宴坐。"凡夫该做的事都做。像第六代达赖就做凡夫的事，"肯把此心移学道，即身成佛有何难？"大家以为他没成就，清朝召他去北京问话，被逼上路，他走到青海不想去了，盘腿一坐就走了。你看他有这个本事，来去自如，不舍道法而现凡夫事。

"心不住内，亦不在外，是为宴坐。"心不在内，不在外，难道在中间？心究竟是在哪里？

"于诸不见动，而修行三十七品，是为宴坐。"于法身境界不动摇，虽然已经到达无功用不动地，但外表还是老老实实，从基本的三十七菩提道品，一步一步地修给人看。

"不断烦恼而入涅槃，是为宴坐。"本来就在涅槃中，不需要切断烦恼，你能悟到这样，才叫打坐。

"若能如是坐者，佛所印可。"维摩居士把舍利弗奚落了一大顿，告诉他，能这样打坐才是诸佛弟子。

"时我，世尊！闻说是语，默然而止，不能加报，故我不任诣彼问疾。"舍利弗说：我当时被维摩居士如此教训，只有默默领教，一句话也答不出来。所以舍利弗说，他不够资格代表佛去探病。

大目犍连的辩才问题

"佛告大目犍连：汝行诣维摩诘问疾。"此时佛就转向另一位大弟子，大目犍连，号称神通第一，《阿毗达摩法蕴足论》是他作的。

"目连白佛言：世尊！我不堪任诣彼问疾。所以者何？忆念我昔，入毗耶离大城，于里巷中，为诸居士说法。"大目犍连也不愿去。因为大目犍连有一次在城中巷内，为居士们说法时，也挨过维摩居士的训斥。

"时维摩诘来谓我言：唯！大目连！为白衣居士说法，不当如仁者所说。夫说法者，当如法说。"维摩居士对大目犍连说，你不应该这样为在家的居士们说法。说法就要依据真正的佛法来说。这骂得严重了！

"法无众生，离众生垢故。"真正的佛法没有一切众生。换言之，也不需要度众生，因为众生本来是佛，何必要你来度？你以为众生有罪过，自性本来不垢不净，没有众生可以染污它的。

"法无有我，离我垢故。法无寿命，离生死故。"自性本来无我，不需要再去求个无我，也用不着你来讲无我。自性无时间空间，没有寿命，本来不生不死。

"法无有人，前后际断故。"前后际断就是前面一念已经过去了，后面一念还没生起，过去了不可得，未来的还不生，当下即空，三际托空。这一段现成是空的，你不用去求的。这是真正的佛法，你要是抓不住，三大阿僧祇劫以后再说吧！

"法常寂然，灭诸相故。法离于相，无所缘故。"一切法本来寂灭的，本来在涅槃中，本来无相的。佛法是离一切相，即一切法，所以法离于相。

"法无名字，言语断故。法无有说，离觉观故。"讲什么佛啊，五阴十八界啊，都是多余的。有这些佛学的理论东西存在，法执不脱，不能成佛。真正佛法是说不出来的，佛在《金刚经》里面就说自己四十九年来没有法可说，真正的法身不是知觉观念可以体验表达的，所以说离觉离观。

"法无形相，如虚空故。法无戏论，毕竟空故。"真正佛法哪有形相？哪有境界？本来就虚空。一切讲空讲有的理论都是笑话。因为法毕竟是空的。

"法无我所，离我所故。法无分别，离诸识故。"佛法无所谓我，也无所谓我所的建立。我们一切起心动念是唯识的作用，你能不起分别，才能转识成般若智慧。起分别是识，不起分别是智。

"法无有比，无相待故。法不属因，不在缘故。"法不是比量，不是相对的；法是现量，当下即是，是绝对的。一切佛法不离因果，不入因果，不在因上，离一切所缘。

"法同法性，入诸法故。法随于如，无所随故。"佛法在哪里？就在这里，一切世间法就是出世间法。佛称如来，本来没有来，也没有去。

"法住实际，诸边不动故。法无动摇，不依六尘故。"真正佛法无所谓正法时代、像法时代，还是末法时代。它的真理是永恒不灭的，也是常住不动的。佛法不在色声香味触法六尘上，靠念佛找清净是依靠声尘，看到佛像庄严觉得清净是色尘。

"法无去来，常不住故。法顺空，随无相，应无作。"佛法不去不来，不生不灭，无所住而生其心。空、无相、无作是大乘的三解脱门，但只是方便法门，如果死抓住就错了。

"法离好丑。法无增损。法无生灭。法无所归。"佛法无美丑，不增不损，不生不灭，不能归纳说哪一种是佛法，哪一种不是佛法。

"法过眼耳鼻舌身心。法无高下。法常住不动。法离一切观行。"大家打坐在眼耳鼻舌身意上做工夫统统是错的。佛法是平等没有高下的，是常住不动的。观想动念都不对，都是六根在动，同清净法身不相干。

"唯！大目连！法相如是，岂可说乎？夫说法者，无说无示。其听法者，无闻无得。"喂！大目连！佛法的真相如此，你懂吗？还在这里说什么佛法！真正的佛法是说不出来的，也无法表示。真正懂得听法的人，听了等于没听。嘿！跟很多同学们一样，听了就忘了，因为他们无闻无得。

"譬如幻士，为幻人说法。当建是意而为说法。当了众生根有利钝。善于知见，无所罣碍。"说法像是放录音带一样，是空的。要有如此境界，然后才能随机说法。要能晓得听法的众生是利根，还是钝根，连他们前世的业报都要能知道。所以才晓得谁应该修止观，谁应该修净土，谁应该参禅。

"以大悲心，赞于大乘，念报佛恩，不断三宝，然后说法。"因此，弘扬佛法，要能以大慈大悲的心情赞叹大乘的佛法，能报答佛恩，不断于三宝，然后才有资格说法。

"维摩诘说是法时，八百居士，发阿耨多罗三藐三菩提心。我无此辩，是故不任诣彼问疾。"维摩居士对大目连说这一番话时，当场有八百个居士悟道了，发了大乘菩提心。大目连自称辩才不够，不能代表佛去探病。

到这里已经有两个大弟子不行了。在继续讲下去之前，我们要特别注意，《维摩诘经》讲的是形而上真如法界，也就是禅宗所标榜的直指人心、顿悟成佛的法门，是最上乘的佛法，所以和一般讲渐修的法门有许多不同的地方。每一位被维摩居士申斥的佛弟子，他们在此地所代表的是小乘佛法、渐修法门、三大阿僧祇劫才成佛的观点，与大乘佛法、顿悟法门、直指人心见性成佛的观点是相对的。这一点大家一定要先把握住，否则来听《维摩诘经》不见得有好处，反而有坏处。什么坏处？会学成狂禅，口头禅，犯了谤佛的罪！

大迦叶乞食不平等吗

"佛告大迦叶：汝行诣维摩诘问疾。迦叶白佛言：世尊！我不堪任诣彼问疾。"大迦叶就是禅宗的初祖。叶要读如"摄"。他也不敢代表佛去。

"所以者何？忆念我昔，于贫里而行乞。"因为大迦叶有一次在贫民窟里化缘。佛十大弟子个个有不同的作风，说明了每一个人成道的境界，在道体上虽然是一样的，但是做人做事起用的时候各有不同，因为这些大阿罗汉多生累积的习气不同。好像是同一父母所生的子女，尽管遗传一样，但是子女的个性都不同。佛弟子中须菩提专门教化富人。大迦叶出身首富家庭，虽然成婚，但是和妻子一心向佛，二人谨守戒律；出家后将财产全部布施，穿粪扫衣，以修头陀行著称，喜欢与穷人结缘，与须菩提正好相反。所以佛有次呵斥他两人心不平等。

"时维摩诘来谓我言：唯！大迦叶！有慈悲心而不能普，舍豪富，从贫乞。"维摩居士见到大迦叶在贫民窟化缘，就责备大迦叶只度贫苦的人，慈悲心应该是普遍的，不论富人还是穷人都要度。

"迦叶！住平等法，应次行乞食。"出家人不自己耕种煮饭，出来化缘应该心里行平等法，挨家挨户照次序乞食。

"为不食故，应行乞食。为坏和合相故，应取抟食。为不受故，应受彼食。"欲界中的众生最重要两件事就是饮食和男女，孔子说过"饮食男女，人之大欲存焉"，告子也说过"食色性也"，注意！这可不是孔子说的！众生都是被这两件大事驱使。所以修定做工夫要断五盖，财、色、名、食、睡，这是小五盖，大五盖是贪欲、瞋恚、睡眠、掉悔、疑法。因为这五盖把我们的清净心遮盖住了，所以不能得定。例如贪欲，不只是指财富或男女之欲而已，打坐学佛求健康都算是贪。又如小五盖中的食很难戒，不只是戒吃荤，想吃的念头就已经是了。但你可不要随便去断食，如果不知道正确的方法，小心被送进医院。

维摩居士这里讲的，是比丘去乞食化缘的目的，是要断除饮食男女之欲，也就是贪欲之盖。不论人家布施什么都一样地吃，就算是布施的食物中有荤的，当初的戒律也不禁止。当年大陆就经常看到出家人专门拣人家倒弃的食物去吃，要人不要浪费食物，你在旁边看，真不知道他们怎么吃下去的。有本书叫作《金山活佛录》，写的是真人真事。当年在杭州有位师父，他不修边幅，从不洗脸，有次要传法给我，他坐在床上脏兮兮的帐子里，叫我进去，我硬着头皮掀开帐子把头凑进去，哪晓得帐子里却是一股清香味，兰花都没这么香。这事说给你们年轻人听都不相信。我当年找师父，凡是大名鼎鼎的就不碰，专找一些苦行有道的师父。

回过头来讲本经，我们的身体是四大和合而来的，肉啊、骨头、血液、神经等凑合来的。在没有成道之前，还是需要维持身体这个机器，因此要抟食，就是用手抓着吃。又叫作段食，人类吃食有早餐、中餐、晚餐，是分段吃的。修道有成的人不吃食物也不死，他靠识食，是精神的食粮；乃至有天食，就是有天人送食。我们庙里晚餐不是正餐，叫药石，就是把吃饭当作是用药，用来维持这个和合的肉身，所以不得不吃。佛说我们有四种进食方式：段食、触食、思食、识食。这个吃饭的道理，我们留到本经后面讲吃饭的那一段，再详细讨论。

至于什么是化缘的精神？或者说，什么是化缘的出发点呢？学佛的人只有布施别人，不接受别人的布施，这是不受。但是即使比丘修到不用吃了，因为慈悲，还是出来化缘，是为众生种福田。

没有得道的人听了，可不要拿来作化缘的借口！有次一位比丘说，他本来不想化缘，为了给人一个布施的机会才来化缘。我在旁边听到了，瞪了他一眼，本来还要送他一笔钱，也不送了。送了怕增加他的罪过。因为他有傲慢心，还没有得道敢说这个话！过去许多高僧如虚云、太虚守银钱戒，出家人不沾手银钱，怕起贪念，人家供养的钱送来，他看都不看，管账的向他报告香火钱收入有多少，他答都不答，这也是不受。这一段讲的就是出家人的戒行，化缘的精神。

"以空聚想入于聚落，所见色与盲等，所闻声与响等，所嗅香与风等，所食味不分别。"聚落是古时的村庄，"以空聚想"，是说比丘进入村庄城市社会，心里仍然一切皆空，不受环境影响。有的同学说都市脏乱嘈扰住不得，都市与山林有何分别？都是你自心在分别。不论在家或出家人，出入社会对所见、所听闻、所嗅、所吃的都应该不起分别心。例如你是有道之士，见到万人向你膜拜，心里也不觉得如何。化缘时闻到菜香，跟风一样没分别。布施来的食物，不觉得好吃或难吃，都一样。这些不是理论，是实际的工夫噢！你做得到就得道了。当年我在峨眉山闭关，期满下山入城，离城市还有三四里路就闻到空中一股股人味，跟我一起下山的有一位武汉大学的同学就没有闻到，他不是不起分别，因为进了城，一家小吃店正在爆回锅肉，他就觉得香，嘴馋。你看，习气是多么难断。

"受诸触如智证。"这句话更难懂了。受，是感受。触，是接触，像是接过一碗饭，或是居士向比丘顶礼，头接触到比丘的脚。种种的接触都不会妨碍比丘内心清净，因为性空缘起，不起分别。

"知诸法如幻相，无自性，无他性，本自不然，今则无灭。"

出外看到的形形色色都如梦如幻，不着相，没有自性没有他性，因为一切本空。本来没有生灭，本来不动，无去无来。空也不着，有也不着，这是中观。

大迦叶以头陀著称，维摩居士就教训他什么是真头陀行，真出家才是头陀行，心出家才是真出家。各位在座的不论在家出家的，要心能出家，才是真比丘、比丘尼。

"迦叶！若能不舍八邪，入八解脱，以邪相入正法。以一食施一切，供养诸佛，及众贤圣，然后可食。"我的天哪！作佛弟子要吃一餐饭还真难。维摩居士对大迦叶说，要能够不抛弃八邪见（八邪为八正道之相反：邪见、邪思维、邪语、邪业、邪命、邪方便、邪念、邪定），就是邪魔外道的见解；外表与邪魔外道一样，而证入佛法的八解脱法门，以邪法修持而证入菩提正法。虽只用一味的食物，却能够一念之间，将之化作千百万亿的善妙饮食，来供养十方一切佛、一切贤人圣人。这些名词我看就不用抄给大家，省得你们去搞名相了。

能做到这样，才够资格吃人家供养的饭。这是真正的大乘佛法，即使是外道邪见也不拒不迎，正因为如此才能方便度外道邪魔。维摩居士的外表显示的也是邪相，却是真正证到阿耨多罗三藐三菩提，为在家佛的代表。

"如是食者，非有烦恼，非离烦恼；非入定意，非起定意"。能够有资格受供养的人，是没有烦恼的；却也不脱离烦恼，因为烦恼即菩提。真有个烦恼可离，就成了断见。托钵化缘的时候，没有离开定，但明明还在走路吃饭，所以是无定无不定，随时都在定中，是真正的大定。

"非住世间，非住涅槃。"这是大菩萨境界，因为大慈大悲，所以不入涅槃；同时，有大智慧成就，也不会为世间迷惑，是所谓悲智双运。

"其有施者，无大福无小福，不为益不为损，是为正入佛道，不依声闻。迦叶！若如是食，为不空食人之施也。"接受人家布施的时候，心中不分是哪一位施者得大福报、哪一位得小福报，谁供养得多、谁供养得少，没有功利的想法，这样才不是小乘的佛道。要这样才不辜负人家的布施。所以如今中国佛门就有首偈子："佛门一粒米，大如须弥山，今生不了道，披毛戴角还。"这碗饭不容易吃啊！

"时我，世尊！闻说是语，得未曾有。即于一切菩萨，深起敬心。复作是念，斯有家名，辩才智慧乃能如是，其谁不发阿耨多罗三藐三菩提心。我从是来，不复劝人以声闻辟支佛行。是故不任诣彼问疾。"大迦叶说，听了维摩居士一番教训，对大乘菩萨起了最深的恭敬心。想到维摩居士以一位在家人，有如此大的辩才智慧，谁听了不发大乘心呢？从此以后，就不再劝人发小乘学佛心。因此，大迦叶也不敢去探病，他是第三位推辞任务的弟子。

须菩提被骂糊涂了

"佛告须菩提，汝行诣维摩诘问疾。须菩提白佛言：世尊！我不堪任诣彼问疾。"下一位是须菩提，他也不能担任探视维摩居士的任务。

"所以者何？忆念我昔，入其舍从乞食。时维摩诘取我钵盛满饭，谓我言：唯！须菩提！若能于食等者，诸法亦等。诸法等者，于食亦等。如是行乞，乃可取食。"须菩提有一次去维摩居士家化缘。维摩居士拿了他的钵，盛满了饭，端在手里就骂了。假使你能对食物不分别好坏精粗，平等看待，你看一切法也就空了。能做到这个境界，你才有资格出来化缘，吃我供养的饭。你看，维摩居士可恶吧！

"若须菩提不断淫怒痴，亦不与俱；不坏于身，而随一相；不灭痴爱，起于解脱；以五逆相，而得解脱，亦不解不缚。不见四谛，非不见谛；非得果，非不得果；非凡夫，非离凡夫法；非圣人，非不圣人。虽成就一切法，而离诸法相，乃可取食。"要什么资格才能吃这碗饭？要没有断绝过淫怒痴，没有断男女饮食，却也没有沾过。没有离开肉身的欲望，但是在欲望中，此心是空的。同凡夫一样，有父母子女等的痴爱，在家仍然证得解脱。虽然有最坏的五逆行为，而显金刚怒目的菩萨相，但既不解脱也没有受到习气束缚。也没有见到小乘法的苦集灭道，而是见到了真谛。得了果位也不觉得自己有果位。虽不是个凡夫，仍做凡夫的事。不是圣人，也不能说不是圣人。佛法一切法都成就了，但不着相，这样才可吃我的供养。

"若须菩提不见佛，不闻法，彼外道六师，富兰那迦叶，末伽梨拘赊梨子，删阇夜毗罗胝子，阿耆多翅舍钦婆罗，迦罗鸠驮迦旃延，尼犍陀若提子等，是汝之师，因其出家，彼师所堕，汝亦随堕，乃可取食。"维摩居士继续骂下去，假如你须菩提抛弃对佛对佛法的执着，能把六位外道的大师看成是你的老师，与佛是平等的；换言之，也把佛看成是外道大师一样。你跟着外道去出家，这些大师们堕落的话，你也陪着堕落。有这样的本事，须菩提你才够资格吃这碗饭。

讲到这里，想到道家一副对联："人间莫若修行好，世上无如吃饭难。"须菩提尊者在《金刚经》里出尽风头，谈空第一，在这本经里被维摩居士一路骂下来，这钵饭看到吃不到了。

"若须菩提入诸邪见，不到彼岸；住于八难，不得无难；同于烦恼，离清净法；汝得无诤三昧，一切众生亦得是定。其施汝者，不名福田，供养汝者，堕三恶道，为与众魔共一手，作诸劳侣，汝与众魔，及诸尘劳，等无有异。于一切众生而有怨心，谤诸佛，毁于法，不入众数，终不得灭度。汝若如是，乃可取食。"须菩提，你能够进入邪魔外道的见解，不跳出苦海，在人世间的八种苦难中安然自在，而苦难妨碍不了你。因为你自己已经证悟了，就待在人世间的烦恼痛苦中，已不用待在清净法中！须菩提，你虽然已经得了无诤三昧，不辨是非了，可是你需要知道一切众生本自已经到了这个地步，不用觉得你自己了不起！而且，有时布施你的人，非但不能得到福德，反而堕了地狱，做了畜生，因为他们是用功利思想供养佛法僧。如果你自己以为了不起，值得人家来供养，那就与魔同类了，成为魔的伴侣；你就与魔和世间一切尘劳中人，没有两样。你有资粮对于一切众生生怨心，有资格出来谤佛、骂法、骂一切圣贤吗？你有这个资粮，也不会要求自我涅槃了。你真地能参透到这些正反不二的道理，才真得了无诤三昧，才有资格拿走这一钵饭去吃。

"时我，世尊！闻此语茫然，不识是何言，不知以何答，便置钵欲出其舍。维摩诘言：唯！须菩提！取钵勿惧。"须菩提给维摩居士骂得不知所以，不敢拿钵，正要转身就走时，被维摩居士叫住，你不要惧怕，把钵拿去吃饭吧！

"于意云何？如来所作化人，若以是事诘，宁有惧不？我言：不也。维摩诘言：一切诸法，如幻化相，汝今不应有所惧也。所以者何？一切言说，不离是相。至于智者，不着文字，故无所惧。何以故？文字性离，无有文字，是则解脱。解脱相者，则诸法也。维摩诘说是法时，二百天子，得法眼净。故我不任诣彼问疾。"维摩居士对须菩提说，假使我这样责难一个如来化身的来人，化身会怕吗？须菩提说，不会。维摩居士说，一切法都是如梦如幻，你也用不着怕！你不懂我讲的这一番话，相都是空的。大智慧成就的人，不对文字语言着相，自然不会怕文字语言。文字语言只不过表达佛法，你真懂了佛法，就不用文字语言了。真能解脱，就是佛法。维摩居士对须菩提说法的时候，有二百天人彻悟佛法，得法眼净。所以须菩提也不敢去探维摩居士的病。

这是第四位不敢去的弟子。你要注意，这几位弟子讲的都是过去碰到维摩居士亲身经历的事，佛故意找机会让他们去受维摩居士的教化。在佛和维摩居士这次说法的时候，他们已经大彻大悟。但他们还是在报告过去的经历，说明自己也不能代表佛去看望维摩居士的理由，同时也正代表我们一般学佛之人狭隘的见解，只能入佛，不能入魔而超然成佛。这正要请大家注意。

富楼那说法的障碍

"佛告富楼那弥多罗尼子：汝行诣维摩诘问疾。富楼那白佛言：世尊！我不堪任诣彼问疾。"富楼那是佛的高足，很多经典中都出现过，尤其是在《楞严经》中问了佛一个我们大家要问的问题，这个我们在开头已经讲过了。在这里，富楼那也推辞，不敢去探维摩居士的病。

"所以者何？忆念我昔，于大林中，在一树下，为诸新学比丘说法。"富楼那是佛弟子中原来修习小乘声闻法的，而且差不多已经是个领袖人物了。新学出家的比丘，很多都受他的教育，比方说是大学一年级必修科目的讲师。

"时维摩诘来谓我言：唯！富楼那！先当入定观此人心，然后说法，无以秽食置于宝器。"我们学佛的人，尤其出家的，都想自度度人，如果你自己还没有证得菩提，拿什么来度人？度人要讲师道，佛祖是人天之师。韩愈写的一篇《师说》，并不算是师道，讲中国文化的师道要看《礼记》中的《学记》篇。师道分两种，第一是人师，以道德品性为人表率；第二是经师，讲学理的，讲四书五经传达学问。做经师容易，能做经师又兼人师的，历代以来就非常少了。有同学送一对瓶子给我，刻上"经师人师"四个字，我都不敢当，恭维太过了。中国文化中的"经师人师"与佛教中的"人天之师"的境界差不多，要这样的人，才有资格做佛法的法师，才可以教化众人，才可以度人。度人不只是说让人信了佛教、肯跪下磕头或是肯吃素了。那是教育方法之一，没有错，但不彻底。要让人证得菩提，明心见性了，才算是彻底度人。退一步说，就算没有让人大彻大悟，至少要能够让人晓得修学菩提的正知正见，才能算是度了人。

在密宗能说法得了金刚阿阇梨戒的人能说法，起码要有他心通与宿命通的本事；用现在的观念说，是要了解听法众人的心理、程度、性向，才能知道用哪一种教育方法比较恰当，才能够因材施教。

佛在世时，经常跟从他的弟子有一千多人，以印度当时人口比例来看，可说是声势浩大。但由他亲自剃度的弟子不多，多数是由弟子代他剃度的。有两个比丘是目犍连的弟子，一个修的是数息观，另一个修白骨观，目犍连问舍利弗，为什么这两个比丘修法总是不能进步。舍利弗问清楚这两个比丘没出家之前的职业，一个是银匠，修白骨观，另一个是漂布的，修数息观。舍利弗就要他二人调转过来，因为漂布的习惯看着白布在水里，修白骨观就容易；而银匠习惯做细致的活儿，修数息观更适合。换过方法之后，这两个比丘修了三天就得阿罗汉果。舍利弗就是能够"先当入定观此人心，然后说法"，能够观察学生的根基而施教。

富楼那当时正在为新学比丘说法，注意这里是用说法而不是讲经。讲经是在佛过世之后，将佛说法的记录汇集成经典，后人根据这些记录而讲学才叫讲经。但禅宗丛林制度下只有说法堂，没有讲经堂，因为大和尚就代表了现身佛，而且大和尚说法时是不带书本的。

富楼那说法时被维摩居士呵斥，因为富楼那没有观察新学比丘们的心理就说法。像是把又脏又烂的食物放进宝贵的器皿中，简直是糟蹋人家。

"当知是比丘心之所念，无以琉璃同彼水精；汝不能知众生根源，无得发起以小乘法；彼自无疮，勿伤之也。"维摩居士骂富楼那不了解比丘心中所想的，不要把玻璃混作水晶。因为你不知道众生的三世因果，前世有什么样的修行成就，人家是大乘根器，你教些小乘佛法；人家身上本来没有疮的，你不要去挖他的肉。

禅宗有位祖师开悟之后说："我眼本明，因师故瞎。"骂他从前的老师指导无方，把他本来清明的法眼给弄瞎了。孟子说："人之患在好为人师。"无论世间法或佛法都一样，我们大家要警惕。

"欲行大道，莫示小径，无以大海内于牛迹，无以日光等彼萤火。"对于要走大路的人，不要指引他走小径，牛踏过的蹄印是容不下大海的，不要把太阳光和萤火虫相比。这段话是强调要先认识学生的根器，对小乘根器的人无法勉强教以大乘法，会害了他，反之亦然。所以你看，佛在说《法华经》的时候，有五千位追随佛很久的比丘认为佛说错了，竟然当场退席，走了。这就是告诉我们教育之难，众生根器不同，程度不同是很大的问题。

"富楼那！此比丘久发大乘心，中忘此意，如何以小乘法而教导之？我观小乘智慧微浅，犹如盲人，不能分别一切众生根之利钝。"维摩居士告诉富楼那，在场的这一位新学比丘过去生是修大乘道的。因为菩萨都有隔阴之迷，中间转生几次把大乘道给忘了，但是那大乘道的天性还在，怎么能用小乘道来教他？小乘根器的人像是盲人，不能看清楚众生的根性。

"时维摩诘即入三昧，令此比丘自识宿命，曾于五百佛所殖众德本，回向阿耨多罗三藐三菩提，即时豁然，还得本心。"维摩居士就以身教示范，他当时进入定境，引起了那位新学比丘的宿命通，明白自己过去多生累世走的是大乘路线，亲近供养过五百尊佛，所发的大乘愿也都回向众生。这比丘为此当场开悟，明心见性。

此地只提"曾于五百佛所"，而不说五百以上，就是点出这位比丘是小菩萨的果位，得宿命通只能知过去的五百生，五百生以前就不知了。若是大菩萨的神通境界，就连五百生之前的生生世世都能知道。

"于是诸比丘，稽首礼维摩诘足。时维摩诘因为说法，于阿耨多罗三藐三菩提不复退转。我念声闻不观人根，不应说法，是故不任诣彼问疾。"当时在场的新学比丘，就向维摩居士顶礼。注意！根据小乘比丘戒，比丘是不可以对居士顶礼的。但是大乘比丘戒就没有这样的禁例，对善知识顶礼并不分出家在家的。因为维摩居士的说法，使得这些比丘进入了大乘菩萨不退转地的果位。富楼那因此非常惭愧，简直无地自容，所以现在也不敢去探视维摩居士。

我们晓得佛的这些大弟子，每一位都是有佛法的专长的。为什么碰到维摩居士这位大乘菩萨就都没用了呢？因为他们虽然专，但是不圆融不圆通，所以没用，这也是小乘与大乘的区别。后世禅宗讲求顿悟，受《维摩诘经》影响之大，是无与伦比的。

迦旃延生灭心说实相法

"佛告摩诃迦旃延：汝行诣维摩诘问疾。迦旃延白佛言：世尊！我不堪任诣彼问疾。"下一个是迦旃延，他也推辞了。迦旃延也是佛弟子当中学小乘佛法的讲师级人物。

"所以者何？忆念昔者，佛为诸比丘略说法要，我即于后敷演其义，谓无常义、苦义、空义、无我义、寂灭义。时维摩诘来谓我言：唯！迦旃延！无以生灭心行，说实相法。"无常、苦、空、无我是根本的佛法，尤其是小乘佛法的基础所在。无常，简单地讲就是不会永恒的，会变去的。苦是说没有真正的快乐，人是把轻微的痛苦当作快乐，因为受苦惯了，偶尔给你减轻一些苦的压力，就高兴了。

迦旃延回忆有一次佛给比丘们讲了小乘法的基础，其后他就替比丘们演绎自己的心得。不料维摩居士到来，指斥迦旃延是在用凡夫的生灭心给比丘们说法。思想、推论、学问都是生灭心，一个念头接着一个，思想生了随即又灭了。《礼记》中的《学记》篇也提到："记问之学不足以为人师。"文章典故知识尽管渊博，没有真正自己悟道的见解，还不够格做人师。这里维摩居士说，迦旃延还没有悟到实相般若，也就是最高智慧。实相就是无相，所以般若无知，如果还有一个智慧境界存在，就不算。比方真正最高学问的人，常觉得自己没有学问，乃至到了文字一字不识之境，没有了文字相。如上文维摩居士对须菩提说："智者不着文字……文字性离，无有文字，是则解脱。"对目犍连说："法无名字，言语断故。"

"迦旃延！诸法毕竟不生不灭，是无常义。"小乘法说一切法皆是无常，真正大乘法刚好相反，没有无常，这是很严重的问题！释迦牟尼佛三十一岁悟道之后，先说的法是小乘的无常、苦、不净、无我、寂灭度人无数，证得阿罗汉果，这些都记录在中文翻译的《四阿含经》中，有凭有据。为什么佛到了八十一岁临终前所讲的《涅槃经》，却提出常、乐、我、净？

佛学讲无常，万物不会永恒存在，是对现象而言。中国《易经》讲变化，万物万事无时无地不在变化，讲的是原则；所以通其变者是圣人，凡夫为其所变。用我们上课作比方，所讲的每一句话，一生一灭都过去了，的确是无常。是真无常吗？我们能知之性却常在，不随时间过去苍老死亡。昨天的事是过去了，但是我今天知道昨天的事过去了的这个知，是不变的。所以维摩居士说"诸法毕竟不生不灭"，生灭只是现象，你不要拿着鸡毛当令箭。

"五受阴洞达空无所起，是苦义。"我们人生感受到的痛苦，都是由五阴来的。五阴是色、受、想、行、识，有生理的和心理的。我们讲受阴，是受感觉状态支配的。你看了一本书或懂了什么道理，这不是感觉状态。但感觉状态的舒服、高兴、快乐都是由心理引起的感受，是唯心所造，唯识所生，这个一刹那的作用其体性是空的，也是生灭作用。"洞达空无所起"，是透彻了解了五阴的作用是无所起，本来没有动过，像水上偶然起的波纹，过了也了不可得。讲苦讲乐，都是个人自己唯心所生的，本来无苦乐。

"诸法究竟无所有，是空义。"毕竟空。大家若被我骂是神经病，一定生气。其实这一句话讲过就过去了，你生气是白生气。你打坐要求空就是大傻瓜，你空得了吗？空是它来空你，你是空不了它的。你不求有也不求空才空，诸法究竟无所有嘛！

"于我无我而不二，是无我义。"好久以前我为这个题目做了次演讲，就感叹为什么这许多人要为"我""无我"争辩不已。什么是无我？是佛的方便佛法，做人做事必须处处要有我，例如写文章无我是写不好的。有我中间就是无我，是证入形而上时，放弃了我见，才达到无我。其实无我才是个大我，这是我与无我是不二的，就是一。这个不二就是佛教文学的妙用。《金刚经》讲无我多加一个相字，无我相，要你不着相，不要被现象所骗。你把无我相、无人相、无众生相、无寿者相这个意思参通了，不二法门就懂了。

"法本不然，今则无灭，是寂灭义。"什么是涅槃？不生也不死，不来也不去，不空也不有，本来清净，所以自性本来就是涅槃。"法本不然"，一切法本来都是无生，但不说绝对，一说绝对就落入相对了，这个绝对是没有的。这是佛法的逻辑，"法本不然"，你不能说它是肯定还是否定。本来没有生过，所以现在也没有灭去，这样叫作寂灭。

"说是法时，彼诸比丘心得解脱，故我不任诣彼问疾。"听了维摩居士的说法，所有当场的比丘都得到解脱了。所以迦旃延也说没资格代表佛去探病。

你看，佛所培养出来的弟子，一个个都吃了维摩居士的闷棍，实在对佛是一件不光彩的事。为什么会这样呢？这是个话头了。

阿那律眼通的问题

"佛告阿那律：汝行诣维摩诘问疾。阿那律白佛言：世尊！我不堪任诣彼问疾。所以者何？忆念我昔，于一处经行。"阿那律是佛弟子中号称天眼第一。因为他的肉眼坏了，佛要他修天眼，结果修成天眼通。阿那律的故事有启发性，他有一次要缝衣穿针线，但因为眼睛看不见，就问有哪一位师兄可以帮忙。当时其他人都在打坐，没有人来帮他，佛听到了，就下座帮了阿那律。阿那律知道是佛，就问为何由佛来帮他。佛回答说，即使成了佛，还是要积功德，应该做的就去做。对于其他在场的弟子，佛就训斥他们，为了要打坐入定，一点善事都不肯做，这样是白修行了。我们有的人学佛之后就一脸佛气，一嘴佛话，好像是俨然有道，实际上没有佛行，是没有用的。另外要说的是，即使阿那律得了天眼通，肉眼还是坏的，这是两回事。《金刚经》中佛讲如来有五眼：肉眼、天眼、慧眼、法眼、佛眼，每一种眼都不同。

这里阿那律说他不够资格去探维摩居士的病，由于有一次他在经行时被维摩居士呵斥。根据佛制，拜完佛之后要右转围绕佛三次，是印度的礼貌。一定要右转，是顺转；左转是逆转。经行同绕佛的意义不同，禅堂规矩在坐禅下座后要散步，称作经行，也是向右走；当然不一定绕圈子。有的一个人闭关，经行就走直的，走到要回头时，就向右转身往回走。真用功的人起身经行时，连眼都不愿睁开，保持打坐的定境，就在两旁挂绳子系上竹筒，经行时就摸着竹筒走，才不会走偏。经行有大步、小步、快步、慢步。在禅堂快步经行叫跑香，是快步、大步地走，不是运动的跑步。出家人行住坐卧都要讲究威仪，就是要有生活的姿态，要随时在定中。

"时有梵王，名曰严净，与万梵俱，放净光明，来诣我所，稽首作礼问我言：几何阿那律天眼所见？我即答言：仁者！吾见此释迦牟尼佛土，三千大千世界，如观掌中庵摩勒果。"梵王是色界天的天人，已经不具肉身像，而是一团光。关于梵天梵王我们在前面讲三界天人时，已经大致介绍过了，我再补充一点。修行的心行非常重要，即使你工夫做到四禅定境界，但是如果习气没有转过来，就不会得到四禅天的果位。阿那律说，当时有一位名叫严净的梵天王，与一万个梵天一同放净光明。实际梵天人本身就会发光，故不用作意去放光，所以叫做色界，在色界中有光而已经无欲了，人修到了无欲才到光明境界。这梵天王向阿那律顶礼，然后问阿那律所得的天眼通能看到什么程度。阿那律说，他看见佛的三千大千世界国土，就像看手掌中一粒庵摩勒果那样清楚。庵摩勒果也有翻成庵摩罗果，约橄榄那么大。

"时维摩诘来谓我言：唯！阿那律！天眼所见，为作相耶？无作相耶？假使作相，则与外道五通等。若无作相，即是无为，不应有见。"这里维摩居士所讲的正是大家要参的，大多数人学佛都被宗教的神秘色彩，把自己的正见思维染污埋没了。你自我检查，学佛有没有求神通的心理成分？恐怕十个有五双都如此吧！有这样的动机，想证得菩提，是几乎不可能成功的。《楞严经》说"因地不真，果招迂曲"，动机不准确，方向就不对，所以不会得果。第二点，你对神通信不信？如果这里有一个有神通的人，你不会不信他的。所以正信很难！

唐宣宗还是世子的时候，曾经出家做和尚，与黄檗禅师两人同参，有次犯错，禅师毫不顾及他世子的身份，打了他。宣宗即位之后，也毫不记恨这位禅师。黄檗禅师有次去浙江天台山参访，那时开创天台宗的智者大师已过世许久了。黄檗禅师在天台山结识了一位僧人，有一次两人同行在山中遇到大雨，溪水暴涨不能渡过，僧人脱下斗笠，踏着过溪，黄檗禅师见了就斥责僧人为自了汉，拂袖而去。僧人听了，就叹黄檗禅师真乃大乘法器。如果是各位同学见了这僧人的工夫，恐怕要大为佩服了。一般学佛的人，很难有黄檗禅师这个境界的。

常常听人说，某人有天眼通，可以替人看前世因缘，这些奇人不论是睁着眼看还是闭着眼看，通常脸会发红，就是血压上升之兆。记得抗战时，在重庆有位修东密的法师，以眼通闻名，是一位华侨，多年之后我在香港第一次遇见。他那时年事已高，在旁的有一位老居士朋友就要他帮我看一下，我当时就劝他不要再玩这个了，年纪大了，高血压，危险呀！

维摩居士问阿那律，你用天眼通所看见的，究竟还有没有相？是不是有作相的？是在空的境界看见呢？还是在有的境界看见呢？注意！阿那律虽然肉眼瞎了，但是能见的眼识没有坏，还是"看"得见的。即使是瞎子还是看得见，看见的是黑漆漆的相。光明是相，黑暗也是相。

维摩居士接着说，假如你阿那律是有作相的，有境界有光，在这个里面看见，你认为是天眼，其实是外道天眼，外道的天眼和五通都是作相。你们有人持咒的，有时在静坐时，虽然自己嘴里没有念，耳中却听到念咒声，这就是耳识在作相了。这声音怎么来的？它不是外来，不是内发，也不是中间；不自主，不他生，是因缘会聚所生。有些是过去生听惯了，或是过去生念某个咒子惯了，就埋藏在阿赖耶识里，在心念极清净的时候，阿赖耶识中的种子暴发就听见了。还有一些是由于耳朵听觉神经震动，加上自己心念的一个非量错觉，以为听到了咒语或其他声音。

维摩居士说，如果你阿那律的眼通是不作意、不作相的，那就是无为法了，就证得涅槃。既然涅槃，就是毕竟空，那就不应该看见了，等于《金刚经》所说"若见诸相非相，即见如来"，是指实相的道体一无所见，是不会见到光，不会有眼通，连空都不见。你们打坐闭上眼，都还在看，在看眼皮子，因为被挡住了才看不出去，看着黑洞洞的，愈看愈昏沉。眼耳鼻舌身识都没关掉，意识又在打妄想，坐在那儿玩弄境界。

"世尊！我时默然。彼诸梵闻其言，得未曾有，即为作礼而问曰：世孰有真天眼者？维摩诘言：有佛世尊，得真天眼，常在三昧，悉见诸佛国，不以二相。于是严净梵王，及其眷属五百梵天，皆发阿耨多罗三藐三菩提心，礼维摩诘足已，忽然不现。故我不任诣彼问疾。"阿那律被维摩居士责难得答不上话，这时，那些梵天天人大赞维摩居士高明，向维摩居士顶礼，又问世界上有得真天眼通的人吗？维摩居士答，佛是得了真天眼通的人，是常在如来大定境界中，是定慧等持的三昧，不需要起心动念去看什么东西，但是与所有的佛的国土是一体的，不二相，不求见而自知，这是真天眼。于是严净梵王等天人就发了大乘菩提心，向维摩居士顶礼，然后就不见了。所以，阿那律也不能去探病。

本经中维摩居士教训每一个弟子的毛病，原本应该是各个弟子的长处，但是在维摩居士面前都站不住脚，这些也都是我们修行上最重要的问题，学佛参禅一定要熟读《维摩诘经》。

优波离与犯戒比丘

"佛告优波离：汝行诣维摩诘问疾。优波离白佛言：世尊！我不堪任诣彼问疾。"优波离是佛弟子中戒律第一，当时佛弟子中背景复杂，有贵族世胄，有富豪，有平民。优波离出身贱民，在当时社会中见到贵族都要跪着躲在一旁的，佛却指派他执行僧团的戒律，这除了优波离本身修持得好之外，还可见佛的教导手法不凡之处。佛要优波离去探视维摩居士，优波离也不去。

"所以者何？忆念昔者，有二比丘犯律行，以为耻，不敢问佛。来问我言：唯！优波离！我等犯律，诚以为耻，不敢问佛，愿解疑悔，得免斯咎。我即为其如法解说。"优波离回想，曾经有两个比丘犯了戒律，觉得很羞耻，不敢去问佛，就来找优波离，希望优波离能够在戒律的性地上为他们开导解释。性戒是一切众生在天性上都认为是罪过的心行，是恶业。譬如杀生，这是先天的，不是后天的观念。有些戒律是遮戒，因时因地因人而不同。对于遮戒，有时是有方便的。根据别的经典所载，这两位比丘犯的是淫戒，是性戒，也是比丘戒的第一条戒。所以他二人深感羞耻。优波离就为他们依戒律规定说戒，让他们忏悔。

"时维摩诘来谓我言：唯！优波离！无重增此二比丘罪，当直除灭，勿扰其心。"当时维摩居士来到，对优波离说，你不要反而加重了他二人的罪业，犯了戒律要用直心来消罪业，现在你为他们解说戒律，反而扰乱他们的心，增加了心理上的痛苦。

"所以者何？彼罪性不在内，不在外，不在中间。如佛所说，心垢故众生垢，心净故众生净。心亦不在内，不在外，不在中间。如其心然，罪垢亦然，诸法亦然，不出于如如。"这里维摩居士说罪性像心一样，不在内、不在外、不在中间。换言之，也在内、也在外、也在中间，无所不在。究竟在哪里？"如其心然"，心就在这里，当下就是，本性自空，所以罪性也自空。就要这样忏悔的。有心去求忏悔，那要三大阿僧祇劫才能慢慢把你的罪过洗刷干净。如果能但超直入，当下即是。所以说"心垢故众生垢"，你心脏了去修善法佛法都是犯戒的。你心清净了，去修魔法外道却不妨。心、罪垢、诸法都当下即是，"不出于如如"。如者，《金刚经》讲得最清楚，无所从来亦无所去，是名如来。佛经常说"如如不动"，大家要参究。如果以为心中有个不动的，你已经动了，动了那个不动的。你感觉到那个不动的境界，是第六意识所造的。"如如不动"好像是平静的流水，你看着它不动，实际上是流动的；要不流动就成了死水，水停百日则生蛆，就成为最脏最有罪过的所在。此心要活活泼泼的，是无所住而生的。这个心念是清净念，不思善，不思恶，连不思也不思的念。有一个不思善、不思恶的念，已经此心有尘垢了。

宋朝的朱熹晚年有首诗讲悟道境界很好：

半亩方塘一鉴开　天光云影共徘徊
问渠那得清如许　为有源头活水来

从禅宗来看，理学家朱熹是破了初关，有没有破重关是另一问题。他的另一首诗：

> 昨夜江边春水生　艨艟巨舰一毛轻
> 向来枉费推移力　此日中流自在行

这也是悟道境界，你们打坐不是念头去不了就是昏沉，"向来枉费推移力"，像一艘巨舰搁在浅滩，推也推不动。一下悟道，不用你去推了，轻如毫毛，就是"此日中流自在行"。

宋明理学家是儒家中的律宗，讲究律行，大家可不要轻视，不要有门户之见；而老庄则有如禅宗，讲解脱。《金刚经》说"一切贤圣皆以无为法而有差别"，这是佛才有的胸襟，不问他是哪一教派，凡是有所得的都入圣贤之流。

回过头来讲戒律，不杀、不盗、不淫、不妄语、不饮酒是戒的相，是规定，是行为的标准。戒的相很多，比如杀，除了不自杀，不自己动手杀之外，还有不教他杀，不教唆他人杀，不暗示他人杀，连看到兵器想到怎么用这一动念，都犯杀戒。所以戒的相很难讲，判断起来比法律断罪还难。戒的用是让人"诸恶莫作，众善奉行"。戒的体呢？就是维摩居士告诉我们的"如如不动"，"不出于如如"。有的经本把句子断成"不出于如"，我不同意。

"优波离以心相得解脱时，宁有垢不？我言：不也。维摩诘言：一切众生心相无垢，亦复如是。"维摩居士问优波离，真悟道解脱时，心里还有尘垢染污吗？优波离答，没有。维摩居士就说，一切众生自性本体本来没有罪，没有染污，本空嘛！前念有，后念即空；前念空，后念即有。空有念念不住，所以不垢不净。第一念动是佛境界，下一念动是魔境界；佛境界不住，魔境界也不住。本自不住，不是用理去修的。你有修相，要求空，就是客尘烦恼。要这样去忏悔才是。

"唯！优波离！妄想是垢，无妄想是净；颠倒是垢，无颠倒是净；取我是垢，不取我是净。"妄想纷飞的思想是尘垢；无妄想，当下就是净土；颠倒念头是垢，无颠倒就是净土；取我相是尘垢，不取我相是净土。

"优波离，一切法生灭不住，如幻如电；诸法不相待，乃至一念不住；诸法皆妄见，如梦如焰，如水中月，如镜中像，以妄想生。其知此者，是名奉律。其知此者，是名善解。"一切法包括心理、生理、宇宙万有一切法，生生灭灭不停，如幻如电，过去就过去了。以自心本体来说是没有相对的，一念不住，念念都不住；所以一切法都是妄见，如梦如焰，如水中月，如镜中像，一切善法、恶法、无记法都因妄想而生，由分别妄想而有。你懂了这个，才有资格说守戒。你懂了这个，才算真了解戒。

"于是二比丘言：上智哉！是优波离所不能及，持律之上而不能说。我答言：自舍如来，未有声闻及菩萨能制其乐说之辩，其智慧明达为若此也。时二比丘，疑悔即除，发阿耨多罗三藐三菩提心，作是愿言：令一切众生，皆得是辩。故我不任诣彼问疾。"这时犯戒的两个比丘听了维摩居士这一番话，即时忏了罪，赞叹是无上智慧，是真正的佛法持戒持律，是优波离比不上的。优波离就说，除了佛之外，没有声闻或菩萨能比得上维摩居士的智慧辩才和乐于说法。"明达"是明了通达。两个比丘立即扫除了对正法的疑悔，当时就发大乘菩提心，同时发愿，希望众生都得到大智慧成就。所以优波离也说，他不能去探视维摩居士的病。

在这一章弟子品中，佛要派他的弟子们去给维摩诘问疾，就是代表佛去探病，可是这些弟子们都不敢去。我们晓得，这里讲的十位佛的最有名的出家大弟子，都各有所长，舍利弗是智慧第一，智慧第一的人是得道的，却被维摩居士批驳得智慧不第一了；目连尊者神通第一，经过维摩居士的训诫，神通第一没有了；大迦叶代表了出家的头陀行，苦行僧；须菩提谈空第一，见到空了，他们也都不行；接着摩诃迦旃延，论议第一，思想经义研究第一，阿那律天眼第一，优波离持戒第一，现在都变成第二了，甚至连第二都没有了，这是很严重的。

现在还剩下两个第一的，一个是佛的儿子罗睺罗，是密行第一，秘密修行第一，怎么秘密呢？谁都没有说过，佛也没有说过，不过，释迦牟尼佛涅槃前，吩咐四位大弟子留形住世，应该到现在还活着的，一个就是他儿子罗睺罗，一个是大迦叶尊者，就是禅宗第一代的祖师，一个是宾头卢尊者，一个是君屠钵叹大阿罗汉。

罗睺罗是留形住世的一位，他是佛的儿子，他的母亲在佛陀出家之后，怀孕了六年才生下他，这是很奇怪的事。中国的老子，传说中在母亲肚子里怀了八十一年，生下来时胡子眉毛都白了，在娘胎里就老了，所以叫老子，究竟姓什么也不知道，母亲在李树下生他，因此姓李。相传如此，事出有因，查无实据。这些都是世界上永远无法解释的秘密，所以说罗睺罗的秘密是什么，这里面问题是很多的。

罗睺罗说出家的功德

"佛告罗睺罗：汝行诣维摩诘问疾。罗睺罗白佛言：世尊！我不堪任诣彼问疾。"现在，佛叫罗睺罗去向维摩居士探病，罗睺罗也推辞了。

"所以者何？忆念昔时，毗耶离诸长者子，来诣我所，稽首作礼，问我言：唯！罗睺罗！汝佛之子，舍转轮王位，出家为

道，其出家者，有何等利？我即如法，为说出家功德之利。"他
说因为有一次在毗耶离城，这就是维摩居士所居住的地方，城中
的世家公子们来找他，向他磕头作礼，问他说，你是释迦牟尼佛
的儿子，皇帝也不要当，要出家，究竟出家有什么利益，罗睺罗
就依据佛法的道理，对他们讲出家的功德和利益。

"时维摩诘来谓我言：唯！罗睺罗！不应说出家功德之利，
所以者何？无利无功德，是为出家。有为法者，可说有利有功
德。夫出家者，为无为法，无为法中，无利无功德。"当时，维
摩居士来对我说，我不应该为他们讲出家人有什么功德和利益。
因为"无利无功德，是为出家"，那么各位岂不是白出家了？实
际上维摩居士的意思是，既然出家了，就应该放下一切功利思
想，不计较有没有价值，不要想我将来可以得什么利益、得什么
果位，不要有这个利害观念。同时，也没有功德的观念，如果心
里想着："我学佛了，佛应该保佑我吧"，这都是功利思想。

求道学佛应该没有利害的观念，不是为了利害出家，不是为
了求功德，"有求皆苦，无欲则刚"是副很好的对子，你说出家
人没有欲望，但是想求道不是很大的欲望吗？这比做生意的一本
万利欲望还大呢！打一天坐，明天就想色身起变化，学三天佛就
想升天，都是以功利思想来出家学佛。所以说，人家问你出家有
什么利益，你应该讲没有利益，爱出家就出家，讲这样或那样好
处的功利主义都是不对的。

这句话还有一层道理，一个人活在世间一无所求，有求皆
苦，没有利害，也无功德思想，人就是应该做好事。我不敢说跑
遍天下，但是在中国去过的地方不少，有一块岩壁上，看到不知
是哪一位题的斗大的字——"愿天常生好人，愿人常做好事"，
真是好！佛法什么法都讲完了。我觉得很多名胜古迹，好多文人
题的字、作的诗，都是浪费工夫，都不如这位不知名人士题的

字。有很多人学佛却还抱怨没有好的报应，你花这些精神去做世界上任何事都有利益的，只有学佛不同。学佛法是学空法，一切放下，连放下的观念也放下。大家如果用有所得之心去求无所得之法，那是完全背道而驰了。

维摩居士在这里说罗睺罗讲错了，因为问题本身已经问错了，问出家有什么功德和利益，你根据出家有什么功德和利益来回答，自然不对了。所以说，"有为法者，可说有利有功德"，对世间法、有为法来讲，可以说有利益有功德，世间法本来如此。但是"夫出家者，为无为法，无为法中，无利无功德"，无为法是没有丝毫的利害功德观念的。什么是真出家呢？

"罗睺罗！夫出家者，无彼无此，亦无中间。"真出家了，一切放下，没有我也没有他，也没有你我之间，都没有，这是人的方面。没有世间，也没有出世间，也没有半世间半出世间的中间路线。

"离六十二见。"这麻烦了，《大品般若经》上提到有六十二见，就是六十二种思想观念。外道认为这个世界有神或没有神、有常或无常，等等，讲过去的世界或未来的世界等有间、无间，等等，涅槃入道了以后还来不来这个世界，这个身体和灵魂是合一或不合一，这个生命有断有生死或没有生死，这些合共有六十二种观念，我们不详细讲了。这些观念我们大家不论出家在家都有的，自己不知道是错误的。好像有人学佛修道想下辈子不再来这个世界了，太苦了，这个属于神我的常见，是观念的偏差，落入外道了。虽然是外道，也是道噢！外道是歪道，不是正道。

"处于涅槃，智者所受，圣所行处，降伏众魔。"一个出家的人将这些观念思想通通放下，因此能够"处于涅槃，智者所受"，涅槃是得道的最高境界，"智者所受"是大智慧成就，不是迷信，佛法是讲每一个人大智慧成就，自性自度，盲目信仰不会成就的。所以真出家的，是大智慧的高人，才能"智者所受"，是圣人的境界，不是普通人受了痛苦觉得世间很麻烦因此出家，那就不算是"圣所行处"。出家穿了这件不漂亮的坏色衣，头发胡子刮光，就是为了破世间人爱美的心理魔障，"降伏众魔"就是降伏一切魔怨，什么魔？生死魔，烦恼魔。

历史上，在宋朝时要出家可难了，还要考试，考取了，政府给个文件，拿到了才能出家，所以叫度牒。这样出家三年以后，才能受沙弥戒。如果今天仍然推行这个制度，由我这个白衣来主考的话，就要问，根据《维摩诘经》罗睺罗问答的这一段，出家人什么受、什么处、降什么魔？依原文答出来，这三句话答得出来才算合格。

"度五道，净五眼，得五力，立五根。"度就是超越，五道是地狱道、饿鬼道、畜生道、人道、天道。"净五眼，得五力，立五根"，这些名词就不再详细讲了（五眼为：肉眼、天眼、慧眼、法眼、佛眼；五力为：信力、精进力、念力、定力、慧力；五根为信根等五力之根）。

"不恼于彼，离众杂恶，摧诸外道，超越假名。""不恼于彼"，出家人剃了头，什么都不要了，穿了一件并不漂亮的衣服，为什么被世间人看不起？你也不要看我，我正想离开这个世界，你也少烦恼，我也免得痛苦，彼此都不要烦恼。"离众杂恶"，离开世间，一切错乱的坏事都不来，不作恶了。"摧诸外道，超越假名"，摧伏了一切外道的观念。

世间人常常为名所困，出家人放弃名字，取一个代号。小说上写乾隆皇帝下江南，遇上金山寺的当家和尚，这和尚不晓得他是皇帝，皇帝看他忙进忙出，就问这法师怎么这样忙，和尚说："唉呀！当家忙啊！"乾隆就说："我看你还是再出一次家吧！"这个道理是说明，我们在家人为名所骗，已经算不上学佛了，如果出家更被这个假名所骗，那就违背了这个出家的原意。所以出家人就随便起两个字做代号，什么明光，光明也可以，你爱怎么叫都可以，只是代号，出家要有这个精神。

"出淤泥，无系着，无我所，无所受，无扰乱，内怀喜。"跳出社会这个烂泥，既出了家，就没有牵挂，无系着，也无我，也无他，也无所受，苦也当成乐，一无所受，功德不受，空境界也不受，无空无不空。此心是绝对的清静，没有扰乱之处，内在永远只有喜悦。

"护彼意，随禅定，离众过。"永远照顾自己的起心动念，不动坏念头，乃至不动念，意念如如不动。我去年讲《金刚经》的时候说过，《金刚经》的精华就在三个字："善护念。"什么是"善护念"？就是"护彼意"，保护你的起心动念。心念永远不散乱，随时都在禅定的境界里，叫作"随禅定"。"离众过"，是身口意离开一切的过错。

"若能如是，是真出家。"维摩居士总结上面从"无彼无此"到"离众过"一段话，告诉罗睺罗说，"若能如是，是真出家"，不是剃光头吃素的，那是另外一回事。

维摩居士骂了罗睺罗之后，"于是维摩诘语诸长者子：汝等于正法中，宜共出家，所以者何？佛世难值。"他说，好了，你们现在懂了，你们处在佛法的正法，立刻一齐出家，为什么呢？因为现在释迦牟尼佛在世，万劫千生难得碰到肉身佛出世啊！

"诸长者子言：居士！我闻佛言，父母不听，不得出家。"他们听闻佛的戒律是，如果不先得到父母的同意，是不准出家的。"维摩诘言：然！汝等便发阿耨多罗三藐三菩提心，是即出家，是即具足。"他说，你们说得没错，但是我要你们出家，不是要你们剃光头披上僧衣，你们的心真出家了，发了大乘心了，立了大愿，这一生一定要求得菩提，大彻大悟，发了这样的无上真心真愿，就是出家，就是得了具足戒。反过来说，你们即使形式上出家了，如果没有真发了阿耨多罗三藐三菩提心，不是真出家，也不是得具足戒。这就是大乘菩萨道、大比丘的道理。在别的经典上，佛也说过，出家者是心出家。心怎么出家？就是刚才《维摩诘经》中这段话："护彼意，随禅定，离众过。"

"尔时三十二长者子，皆发阿耨多罗三藐三菩提心，故我不任诣彼问疾。"罗睺罗告诉佛，当时有三十二个长者子听了维摩居士这话，都发了阿耨多罗三藐三菩提心，所以我没资格代表你去探病。

现在剩下最后的一位大弟子，是阿难。

阿难为佛乞食

"佛告阿难：汝行诣维摩诘问疾。阿难白佛言：世尊！我不堪任诣彼问疾，所以者何？忆念昔时，世尊身小有疾，当用牛乳，我即持钵，诣大婆罗门家门下立。时维摩诘来谓我言：唯！阿难！何为晨朝持钵住此？我言：居士！世尊身小有疾，当用牛乳，故来至此。"

最后，佛转向阿难，要他去给维摩居士探病，阿难也表示自己不够资格去，为什么呢？因为阿难想起从前有一次，释迦牟尼佛感染小病，要饮用牛奶，阿难就拿着钵，去到一个大婆罗门的家，想化缘一些牛奶。那时，维摩居士来了，问阿难为什么早上就跑出来化缘，因为佛门有些出家人日中一食，中午才出来化缘。阿难就告诉维摩居士，因为佛陀有些不舒服，要喝牛奶，所以现在出来化缘。

"维摩诘言：止！止！阿难！莫作是语。如来身者，金刚之体，诸恶已断，众善普会，当有何疾？当有何恼？默住！阿难，勿谤如来，莫使异人，闻此粗言，无令大威德诸天，及他方净土诸来菩萨，得闻斯语。"维摩居士对阿难说，你不要乱讲，"如来身者，金刚之体，诸恶已断，众善普会，当有何疾？当有何恼？"如来是金刚不坏之身，一切的恶果已经断了，汇集了一切的功德善行，怎么还会生病？也怎么会有烦恼？快不要乱讲了，你阿难是佛的大弟子，又是佛的堂兄弟，怎么还毁谤佛呢？你赶快走吧！不要让那些外道听到你这番粗陋下流的话，更不要让各方天人、各方净土的大菩萨们听到你这些话。

"阿难！转轮圣王以少福故，尚得无病，岂况如来无量福会，普胜者哉？"维摩居士接着说，阿难啊！世间治世帝王有福报的，都不会生病，何况成了佛的人，那福报不知比世间帝王大多少倍。讲到这里，想到我过去在大陆看过有位老人家一生没有病，我那时还年轻，他已经七八十岁了，什么宗教也不信，什么道也没有，那是大福报人。当年还有一个朋友，那时六十八岁，一辈子没有做过梦，他抓住我问："什么叫梦？"叫我怎么答啊？你们诸位会回答吗？这都是大福人，他也不信宗教，白天常哈哈大笑，没什么烦恼，家里终年备有奉茶，给路上来往的人喝，也不收钱。

"行矣！阿难！勿使我等受斯耻也。外道梵志若闻此语，当作是念，何名为师？自疾不能救，而能救诸疾人？可密速去，勿使人闻。"维摩居士又催阿难赶快走，不要在这里给他丢人了，阿难被骂得一塌糊涂。实际上，释迦牟尼佛哪里会等着阿难拿药回去吃呢？这是什么理由？

维摩居士接着说，如果婆罗门这些外道们听到阿难你化缘求牛奶的话，他们就会想，这怎么能叫作老师啊！自己的病都医不好，怎么去度众生生老病死啊？你还是快一点走吧！不要被别人听到了。

"当知！阿难！诸如来身，即是法身，非思欲身。佛为世尊，过于三界；佛身无漏，诸漏已尽；佛身无为，不堕诸数。如此之身，当有何疾？"阿难你应该知道，一切成了佛的身体，已经成了不生不灭、不生不死的法身，不是世间思想欲念所构成的身体。"佛为世尊，过于三界"，佛是世间最为尊贵的，不只是人间的老师，也是天上的老师，已经超过了欲界、色界、无色界。"佛身无漏，诸漏已尽"，佛是没有缺点的，是圆满清净不漏的。"佛身无为，不堕诸数"，佛的身体正处在涅槃的无为道，"不堕诸数"的"数"是限量的意思。如此这样的身体，怎么会有病？

"时我，世尊！实怀惭愧，得无近佛而谬听耶？即闻空中声曰：阿难！如居士言，但为佛出五浊恶世，现行斯法，度脱众生。行矣！阿难！取乳勿惭。"阿难被维摩居士骂得无地自容，怀疑自己有没有听错，是佛叫他出来化缘，难道是佛讲错了？这个时候，听见虚空中有声音说，维摩居士说得没有错，佛是不会生病的。"但为佛出五浊恶世，现行斯法，度脱众生。行矣！阿难！取乳勿惭。"但是佛的肉身出现在我们这个五浊恶世上，五浊是劫浊、见浊、烦恼浊、众生浊、命浊。劫浊是指各种劫难，如刀兵浊、水火浊；见浊是讲世人的思想见解都是脏的；烦恼也是浊，世人都为自己打算，西方极乐世界就没有这些脏东西。但是要走大乘菩萨道，就要五浊恶世我先入，不怕滔天的苦海。你去西方极乐世界度谁啊？只有别人度你！佛现身我们这个世界，现在故意表示人的肉体脱不了生老病死，用自己的病以身行教来说法。所以空中的声音对阿难说，你不要怕，快去化缘吧，世尊的确要用牛奶。唉！这阿难还真难了，进退两难。

佛还是有业报的，像这一次生病，还有在八十一岁涅槃时，寒风发背。又有一次，佛的脚扎进刺出血，他用神通查知是多生累世之前，他刺伤过别人，应该受这个果报，还这个账，因为成佛了，只要他身上出血，这个因果就可以了。佛经上说，"纵经千百劫，所作业不亡，因缘会遇时，果报还自受"，所以你要求少病少苦，这一生就多布施医药给人，他生自然会少病少苦。如果你只为自己打算，凡事只求自己好，恐怕这一生都没人理你，何况他生来世！

"世尊！维摩诘智慧辩才为若此也，是故不任诣彼问疾。"阿难回忆这一段遭遇，对佛说，维摩居士的智慧辩才这样高明，请不要找我去探病吧！

"如是五百大弟子，各各向佛说其本缘，称述维摩诘所言，皆曰不任诣彼问疾。"佛的十大弟子，每一位都有第一的本事，这下惨了，恐怕第二也轮不上，变成第三了！佛接着又问遍了其他的大弟子，这些五百罗汉，每一个都表示被维摩居士教训过，个个不敢代表佛去探病。

菩萨品第四

于是佛告弥勒菩萨：汝行诣维摩诘问疾。弥勒白佛言：世尊！我不堪任诣彼问疾，所以者何？忆念我昔，为兜率天王及其眷属，说不退转地之行。时维摩诘来谓我言：弥勒！世尊授仁者记，一生当得阿耨多罗三藐三菩提，为用何生得受记乎？过去耶？未来耶？现在耶？若过去生，过去生已灭；若未来生，未来生未至；若现在生，现在生无住。如佛所说，比丘！汝今即时亦生亦老亦灭。若以无生得受记者，无生即是正位，于正位中，亦无受记，亦无得阿耨多罗三藐三菩提。云何弥勒受一生记乎？为从如生得受记耶？为从如灭得受记耶？若以如生得受记者，如无有生。若以如灭得受记者，如无有灭。一切众生皆如也，一切法亦如也，众圣贤亦如也，至于弥勒亦如也。若弥勒得受记者，一切众生亦应受记。所以者何？夫如者，不二不异。若弥勒得阿耨多罗三藐三菩提者，一切众生皆亦应得。所以者何？一切众生，即菩提相。若弥勒得灭度者，一切众生亦当灭度。所以者何？诸佛知一切众生，毕竟寂灭，即涅槃相，不复更灭。是故，弥勒！无以此法诱诸天子，实无发阿耨多罗三藐三菩提心者，亦无退者。弥勒！当令此诸天子，舍于分别菩提之见。所以者何？菩提者，不可以身得，不可以心得。寂灭是菩提，灭诸相故。不观是菩提，离诸缘故。不行是菩提，无忆念故。断是菩提，舍诸见故。离是菩提，离诸妄想故。障是菩提，障诸愿故。不入是菩提，无贪着故。顺是菩提，顺于如故。住是菩提，住法性故。至是菩提，至实际故。不二是菩提，离意法故。等是菩提，等虚空故。无为是菩提，无生住灭故。知是菩提，了众生心行故。不会是菩提，诸入不会故。不合是菩提，离烦恼习故。无处是菩提，无形色故。假名是菩提，名字空故。如化是菩提，无取舍故。无乱是菩提，常自静故。善寂是菩提，性清净故。无取是菩提，离攀缘故。无异是菩提，诸法等故。无比是菩提，无可喻故。微妙是菩提，诸法难知故。世尊！维摩诘说是法时，二百天子，得无生法忍，故我不任诣彼问疾。

佛告光严童子：汝行诣维摩诘问疾。光严白佛言：世尊！我不堪任诣彼问疾，所以者何？忆念我昔，出毗耶离大城，时维摩诘方入城，我即为作礼而问言：居士从何所来？答我言，吾从道场来。我问：道场者何所是？答曰：直心是道场，无虚假故。发行是道场，能办事故。深心是道场，增益功德故。菩提心是道场，无错谬故。布施是道场，不望报故。持戒是道场，得愿具故。忍辱是道场，于诸众生心无碍故。精进是道场，不懈怠故。禅定是道场，心调柔故。智慧是道场，现见诸法故。慈是道场，等众生故。悲是道场，忍疲苦故。喜是道场，悦乐法故。舍是道场，憎爱断故。神通是道场，成就六通故。解脱是道场，能背舍故。方便是道场，教化众生故。四摄是道场，摄众生故。多闻是道场，如闻行故。伏心是道场，正观诸法故。三十七品是道场，舍有为法故。四谛是道场，不诳世间故。缘起是道场，无明乃至老死皆无尽故。诸烦恼是道场，知如实故。众生是道场，知无我故。一切法是道场，知诸法空故。降魔是道场，不倾动故。三界是道场，无所趣故。师子吼是道场，无所畏故。力无畏不共法是道场，无诸过故。三明是道场，无余碍故。一念知一切法是道场，成就一切智故。如是，善男子！菩萨若应诸波罗蜜，教化众生，诸有所作，举足下足，当知皆从道场来，住于佛法矣。说是法时，五百天人，皆发阿耨多罗三藐三菩提心。故我不任诣彼问疾。

佛告持世菩萨：汝行诣维摩诘问疾。持世白佛言：世尊！我不堪任诣彼问疾，所以者何？忆念我昔，住于静室，时魔波旬，从万二千天女，状如帝释，鼓乐弦歌，来诣我所，与其眷属，稽首我足，合掌恭敬，于一面立。我意谓是帝释，而语之言：善来！憍尸迦！虽福应有，不当自恣。当观五欲无常，以求善本。于身、命、财，而修坚法。即语我言：正士！受是万二千天女，可备扫洒。我言：憍尸迦！无以此非法之物，要我沙门释子，此非我宜。所言未讫，时维摩诘来谓我言：非帝释也，是为魔来，娆固汝耳。即语魔言：是诸女等，可以与我，如我应受。魔即惊惧，念维摩诘，将无恼我？欲隐形去，而不能隐。尽其神力，亦不得去。即闻空中声曰：波旬！以女与之，乃可得去。魔以畏故，俛仰而与。尔时，维摩诘语诸女言：魔以汝等与我，今汝皆当发阿耨多罗三藐三菩提心。即随所应而为说法，令发道意。复言：汝等已发道意，有法乐可以自娱，不应复乐五欲乐也。天女即问：何为法乐？答言：乐常信佛。乐欲听法。乐供养众。乐离五欲。乐观五阴如怨贼。乐观四大如毒蛇。乐观内入如空聚。乐随护道意。乐饶益众生。乐敬养师，乐广行施。乐坚持戒，乐忍辱柔和。乐勤集善根，乐禅定不乱，乐离垢明慧，乐广菩提心。乐降伏众魔，乐断诸烦恼。乐净佛国土。乐成就相好故，修诸功德。乐庄严道场。

147

乐闻深法不畏。乐三脱门，不乐非时。乐近同学。乐于非同学中，心无罣碍。乐将护恶知识。乐亲近善知识。乐心喜清净。乐修无量道品之法，是为菩萨法乐。于是波旬告诸女言：我欲与汝俱还天宫。诸女言：以我等与此居士，有法乐，我等甚乐，不复乐五欲乐也。魔言：居士！可舍此女，一切所有施于彼者，是为菩萨。维摩诘言：我已舍矣！汝便将去。令一切众生，得法愿具足。于是诸女问维摩诘：我等云何止于魔宫？维摩诘言：诸姊！有法门名无尽灯，汝等当学。无尽灯者，譬如一灯然百千灯，冥者皆明，明终不尽。如是诸姊，夫一菩萨开导百千众生，令发阿耨多罗三藐三菩提心，于其道意，亦不灭尽，随所说法，而自增益一切善法，是名无尽灯也。汝等虽住魔宫，以是无尽灯，令无数天子天女，发阿耨多罗三藐三菩提心者，为报佛恩，亦大饶益一切众生。尔时天女，头面礼维摩诘足，随魔还宫，忽然不现。世尊！维摩诘有如是自在神力，智慧辩才，故我不任诣彼问疾。

佛告长者子善德：汝行诣维摩诘问疾。善德白佛言：世尊！我不堪任诣彼问疾，所以者何？忆念我昔，自于父舍设大施会，供养一切沙门婆罗门，及诸外道贫穷下贱孤独乞人，期满七日。时维摩诘来入会中，谓我言：长者子！夫大施会，不当如汝所设，当为法施之会，何用是财施会为？我言：居士！何谓法施之会？法施会者，无前无后，一时供养一切众生，是名法施之会。曰：何谓也？谓以菩提，起于慈心。以救众生，起大悲心。以持正法，起于喜心。以摄智慧，行于舍心。以摄悭贪，起檀波罗蜜。以化犯戒，起尸罗波罗蜜。以无我法，起羼提波罗蜜。以离身心相，起毗梨耶波罗蜜。以菩提相，起禅波罗蜜。以一切智，起般若波罗蜜。教化众生，而起于空。不舍有为法，而起无相。示现受生，而起无作。护持正法，起方便力。以度众生，起四摄法。以敬事一切，起除慢法。于身命财，起三坚法。于六念中，起思念法。于六和敬，起质直心。正行善法，起于净命。心净欢喜，起近贤圣。不憎恶人，起调伏心。以出家法，起于深心。以如说行，起于多闻。以无诤法，起空闲处。趣向佛慧，起于宴坐。解众生缚，起修行地。以具相好及净佛土，起福德业。知一切众生心念，如应说法，起于智业。知一切法不取不舍，入一相门，起于慧业。断一切烦恼，一切障碍，一切不善法，起一切善业。以得一切智慧，一切善法，起于一切助佛道法。如是，善男子！是为法施之会。若菩萨住是法施会者，为人施主，亦为一切世间福田。世尊！维摩诘说是法时，婆罗门众中二百人，皆发阿耨多罗三藐三菩提心。我时心得清净，叹未曾有。稽首礼维摩诘足，即解璎珞，价值百千，以上之，不肯取。我言：居士！愿必纳受，随意所与。维摩诘乃受璎珞，分作二分。持一分，施此会中一最下乞人。持一分，奉彼难胜如来。一切众会，皆见光明国土难胜如来，又见珠璎在彼佛上，变成四柱宝台，四面严饰，不相障蔽。时维摩诘，现神变已，又作是言：若施主等心施一最下乞人，犹如如来福田之相，无所分别，等于大悲，不求果报，是则名曰具足法施。城中一最下乞人，见是神力，闻其所说，皆发阿耨多罗三藐三菩提心。故我不任诣彼问疾。如是，诸菩萨各各向佛说其本缘，称述维摩诘所言，皆曰不任诣彼问疾。

弥勒菩萨——什么是菩提

上一品是佛的出家弟子五百罗汉，这一品轮到了佛的大乘弟子大菩萨们。

"于是佛告弥勒菩萨：汝行诣维摩诘问疾。弥勒白佛言：世尊！我不堪任诣彼问疾，所以者何？忆念我昔，为兜率天王及其眷属，说不退转地之行。"

在家众的首座弥勒菩萨，是继承释迦牟尼佛的佛位，下一次到这个世界成佛，称弥勒佛。有一部经叫《弥勒下生经》，中国的外道如一贯道等，都假借这部经，号称弥勒佛已经快要来了。其实弥勒下生还早得很呢！弥勒佛不是大肚子啊！那是他的化身，是五代时期在浙江奉化的布袋和尚，他涅槃后大家才晓得他是弥勒化身，所以中国后来造弥勒佛的像，其实是布袋和尚的像。弥勒菩萨的本像，同观世音菩萨一样，非常庄严。他现在在哪里呢？在欲界天的兜率天当天主，在那里享福。那儿有个弥勒内院，就是禅堂，是清修的地方。释迦牟尼佛当时也是如此，每一个佛一生补处，在来到这个世界成佛的前一生，是在六欲天中做天主。六欲天的天人，男女饮食同我们一样，欲望享受是很严重的，但在这个中间能够自己超脱，这就是菩萨的境界。

弥勒佛在兜率天说法，无著菩萨夜里入定，去听法做记录，早晨出定把记录整理好，就成了《瑜伽师地论》。有许多出家法师和居士们发愿，不要往生西方极乐世界，而是根据《弥勒下生经》发愿往生弥勒内院，随弥勒佛下生人间，在他手下当场悟道，这叫作"蚂蟥叮到鹭鸶脚，你上天来我上天"。例如，近代太虚法师带领的弟子，都是发愿往生兜率天，大概这里近，飞机票便宜一点，极乐世界比较远了，不过这两边都要一心不乱，这也是先决条件。

现在佛要弥勒菩萨替他去探维摩居士的病，弥勒菩萨也不敢去，他说，因为弥勒菩萨前一生在欲界天中心的兜率天里，为天王和他的眷属，就是天兵天将们，"说不退转地之行"，为他们说第八地菩萨境界，就是不动地，不退转就是《阿弥陀经》上讲的阿鞞跋致。修道到了第八不动地以上，才不会退转，第七地之前的菩萨都还是会倒退的，就是会堕落的。到了第八地的菩萨，住胎出胎还有一点把握，要到十地以上菩萨，住胎出胎就不迷了。否则，即使是大阿罗汉，住胎出胎都有隔阴之迷。

"时维摩诘来谓我言：弥勒！世尊授仁者记，一生当得阿耨多罗三藐三菩提，为用何生得受记乎？过去耶？未来耶？现在耶？若过去生，过去生已灭；若未来生，未来生未至；若现在生，现在生无住。"弥勒菩萨正在兜率天说法时，维摩居士来了。对弥勒菩萨说，弥勒，据说释迦牟尼佛当时给你授记，尽此一生大彻大悟而证道，我问你，你用哪一生给释迦牟尼佛受记呢？

受记是佛的规矩，跪着由佛摸着头顶，宣说你来生会生在什么时代，什么地区，生在什么家庭环境。佛给弥勒授记，他三大阿僧祇劫的修行，现在这一生是补处菩萨，当下一生再来到这个世界时，继承释迦牟尼佛的衣钵，登上佛位，那时候天下太平，人的寿命为八万四千岁。所以弥勒佛来的时候，是世界最幸福的时候，而释迦牟尼佛来的时候，是世界最痛苦的时候。因此我也说他二位是同参道友，但是弥勒佛做功德善事比释迦牟尼佛偷懒一点，所以比他慢一步。佛是难行能行，吃不了的苦我来吃，比较精进，所以先他一生成佛，是有这样的一个故事。

维摩居士问弥勒菩萨，你到底是用过去生、未来生，还是现在生来得佛受记呢？如果你说是过去生，过去生已经过去了；是未来生的话，未来生还没有来；如果是现在生的话，现在生也无从把握住。因为正如佛对一些比丘说过，所谓人生的几个阶段：生、老、灭。这里病不算了，病就是衰老的一个过程，人感冒一次就衰老一次，胃痛一次也衰老一次，哈哈大笑一次、哭一次也衰老一次，这些都是病。生活四大威仪实际上都是病，这个病算在老里。喜怒哀乐起心动念皆是病，是心病。身体的苦痛是身病，都会使你衰老，最后死亡。生老病死在哪里？注意！就在这一刹那，《庄子》讲的"方生方死"也是这个道理。当人生下来就是开始死亡的那一刹那，出娘胎的那个我已经死掉了，不是长大的那个我，今天的我不是昨天的那个我，今年的我不是去年的那个我，早就变去了。现代医学说，一个人身上的细胞不断老死又生出新的，新陈代谢，每十二年为一周期，全身细胞都换了。我们自己觉得如生，其实也是如死。一切都是如此，如梦如幻。

僧肇法师《物不迁论》说："交臂非故，回也见新。"这是引用《庄子》里孔子告诉颜回的道理。两人对面擦臂而过，就这一刹那，两人都变去了，你已经不是刚才的你，我也不是刚才的我了，一切皆在生灭变化中。所以生老只有一时，佛经所以不记时的，只有一时，没有过去，没有未来。过去的已经过去了，未来的还没有来，都了不可得；现在的才说现在就过去了，也了不可得。

"如佛所说，比丘！汝今即时亦生亦老亦灭。若以无生得受记者，无生即是正位，于正位中，亦无受记，亦无得阿耨多罗三藐三菩提。"佛曾对比丘说，你的生、老、灭都在这一念这一刹那，没有过去、现在、未来。假如懂得这个，悟了这个叫悟道。所以禅宗不是道理懂了，是要证到那个境界，得无生法忍，当下生而不生，灭而不灭，现在就是，哪里去找得到？现在是什么？现在是一念转空，不要你去空它的，你造出来一个空，是第六意识境界。是它来空你的，你想停留也停留不住，过去不可留，未来还没来，一来变现在，现在也不可留。所以本空，不要你去空它，本来空你的。懂了这个，可以得无生法，懂了无生法，才真可以得到佛菩萨的授记。

　　无生法是真正学佛的正位，不得无生法，你一切的修持都没有入正位。所以菩萨在正位中，也无所谓受记，也无所谓得到了什么大彻大悟。我们上午讲藏密的方法，把佛像都压在下面去了，这是什么道理？是表法，破了人的法执，不但无我执，也没有法执；有一个佛，有一个法在，你还没有真解脱。真正得到了阿耨多罗三藐三菩提，得了大彻大悟无上正等正觉，是没有觉得自己是悟了的。觉得自己已经大彻大悟了，他就已经有了我相、人相、众生相、寿者相。因为无我相也就无所得。

　　"云何弥勒受一生记乎？"维摩居士讲了这个道理，然后问弥勒菩萨：你，据说是得了释迦牟尼佛的授记，你拿什么来受记的啊？这个问题真是鸡蛋里挑骨头！真莫名其妙，很简单嘛！佛明明告诉他是下一生，却偏要问受一生记乎？大家看文字好像很容易，你想想看容易懂吗？不容易！我们不要说前生后世的事情，太麻烦。在座各位现在在听经，你知道自己现在听经的这个心，是昨天的、明天的，还是现在的？还是过去的，是将来的？想想看。在座的各位都有相当的学历，还有到博士程度的，你这些知识程度，是当初妈妈生你下来所带的那一点呢？还是后来加上许多？从你有记忆到现在这么多的学问，又懂了吃素、拜佛、念咒子、结手印，现在有了这些本事的心灵，和你刚懂事时的心灵，是一个还是两个？说说看。

　　佛在《楞严经》上为波斯匿王讲八还辨见，佛问波斯匿王几岁了。王说："六十二了。"佛问："你是几岁才看到恒河的水？"王说："记得是三岁时，母亲带我去拜祭时看到的。"佛说："你现在六十二岁，由小孩变成壮年，又变成老年，虽然你的外形转变那么大，且不管眼睛老花，但你看恒河的水，那个能看的，同三岁时能看的是不是一个？"王说："当然是一个。"佛说："能见之性没有因年龄而有差别，见性是常在的。"所以，

153

你现在能思想能记忆的心，这一念，它没有时间、没有空间的啊！要把握这个道理。

同样的事情，不同的说法，维摩居士问弥勒菩萨，你是一生受记吗？换句话说，你受记是下一生吗？真的有过去有现在有未来吗？过去现在未来，昨天今天明天，是人因为物理世界昼夜的不同，自己划分出来的。你昨天知道肚子饿了吃饭，今天也知道，明天也知道，这个能知之性没有时间，没有前生后世，缘起性空。

"为从如生得受记耶，为从如灭得受记耶？"大家现在活着觉得自己是生，实际上是假的，假有之生！是假有、偶然、暂时的存在，纵然活到一百岁，这一百年从宇宙的观点来看，一弹指就过去了。我们活了几十岁的人，回想自己年轻的时候，好像就是昨天一样。我们走路去某个远方，向前看觉得还有很远，等走过去了再回头看，非常短，对不对？人生就是这个道理，走过了几十年，回头一看，非常快，所以年轻人看前面，觉得前途茫茫，而老年人回头看，却觉得很短嘛！所以我们活着，不管是前看后看，一切皆空，都是偶然、暂时的存在。维摩居士这里讲"如生""如灭"，要特别注意，我们活着是好像活着，那个真我在哪里？你始终没有掌握到，那么这一生就都是假的，不是你的。那么死了是真死了吗？也不是的，因为如灭。如生也如灭，如去也如来，所以叫如来，也就是自性。如来这个翻译很妙，也可以说来如，好像来了，无所从来也无所从去。释迦牟尼佛好像现在不在这个世界上，走了吗？没有，无所去，无所不在叫如来。另外一个高明的翻译是真如，真如并不是有个真，好像真的，也没有假的。

"若以如生得受记者，如无有生。"维摩居士接着说，当下即是，如没有生过。

"若以为如灭得受记者，如无有灭。"如没有死。就是大家现在坐着，我讲，你听，如生如灭，前一句话过了已经没有了，空了。你说空了吗？再说，还有，你还是会听见。但是此中能听之性不生不灭，缘起性空。要在这个地方体会，那你可以学佛了，可以参禅了。

"一切众生皆如也。"皆如也，众生还求什么了生死？本来就无生无灭可言。（师敲桌面一下）咚的一下就得定，这就是如如不动，你要注意！就是这一刻，谁叫你动啊？可惜你又错过了，还好像是，哼！也是如也！再叫你就不是了。

这就是如的道理，所以一切众生皆如也。众生觉到都活着，好像这宇宙中有这一段，有那么多人经过，有唐、宋、元、明、清朝，又到现代……好像好多人都来过这个世界，也都过去了。

"一切法亦如也。"不是你去不动不摇，不是你去求的造的如如不动，它本来是不动而如如，好像来了而没有来，你活了二三十年，觉得只像是昨天的事，一切诸法皆如昨梦，皆了不可得。

"众圣贤亦如也。"观世音菩萨、孔子、耶稣、释迦牟尼佛一切圣贤亦如也，好像来过了，在哪里呢？如去亦如来。

"至于弥勒亦如也。"就是弥勒你也如也，你觉得存在吗？只像水上浮萍飘一下，在历史宇宙中一弹指就过去了。

"若弥勒得受记者，一切众生亦应受记。"如果弥勒你受记了，未来成佛，我告诉你，一切众生也应该受记，也都成佛！如果我是弥勒，就会反驳维摩居士说，"这当然如此！十方三世佛早就给众生授记了，一切众生皆有佛性嘛！"

维摩居士继续说，"所以者何？"什么理由？

"夫如者，不二不异。"你看他专门在"如"上面做文章。什么叫如？不二法门，不二就是一，不异就是没有变，没有二样。如来的"如"字你懂了，几万年的宇宙就是一时，没有时间空间的差别。你今天证得菩提了，就同过去佛未来佛一样，等无差别，他悟的是这个，你悟的也是这个。

"若弥勒得阿耨多罗三藐三菩提者，一切众生皆亦应得。"如果弥勒你大彻大悟了，一切众生也应该都大彻大悟，个个是佛。

"所以者何？"什么理由？"一切众生，即菩提相。"菩提不是你串成念珠的菩提子，菩提者觉悟也。我们本身就是大彻大悟，就是道，但是道的相分，不是见分，所以有各人不同的相貌，都是道变出来的现象。能变一切相貌的是菩提自性，但谁也没有迷过，哪一个不悟啊?！哼！可惜你弥勒不悟。这好像当年有和尚问我为什么不出家，我说我从来也没入过家，从哪里出啊？一出一入只是众生自己的分别而已。

"若弥勒得灭度者，一切众生亦当灭度。"如果弥勒你将来得了涅槃，一切众生同你一样也可以得涅槃。

"所以者何？诸佛知一切众生，毕竟寂灭，即涅槃相，不复更灭。"注意噢！真正佛法在哪里？涅槃是这个道的果，你现在正在涅槃中而不知啊！一念不生全体现，万念皆生也全体现，现有的现量境就是这一点境。一切众生从出生到现在，本来是不生不死的在寂灭中，哪里还要求一个涅槃灭度呢？学佛求道最后的果位是证得涅槃。

涅槃很难翻译正确，所以不翻，普通解释成圆寂、灭度或寂灭都不全对，都只是片面的。譬如极乐世界，极乐、光明、清净也都是涅槃境界。涅槃是本来清净，本来至善至美不生不灭的，其中包括的意义太多了。如果翻成中文的圆寂、灭度或寂灭，结果我们心里就把人死掉了、没有了当作涅槃。死是生死，不算涅槃。人死了，自性没有死噢！《心经》上说"不生不灭、不垢不净、不增不减"，就是涅槃。

"是故，弥勒！无以此法诱诸天子，实无发阿耨多罗三藐三菩提心者，亦无退者。"维摩居士就骂弥勒，你在这里给天人说什么法啊！真正的佛法不可说不可说，个个都是佛，你不要在这里诱骗天人了，你劝他们发大乘阿耨多罗三藐三菩提心，但是实在无心可发，一切众生此心本是大乘心，心性之体本来不生不灭，哪有退掉道心的人？但是我补充一点，他这是讲心性的体，至于我们这些众生，并没有证得心性之体的，就不要吹了。发心是佛教的名词，悟道了才真叫发心，是发明心地，不是叫你出两个钱，那个是发的出钱心。真正发阿耨多罗三藐三菩提心是发明自己的心地，是明心见性，大彻大悟。

讲到这里，我特别要岔进来一个话题，同学们平常学习或是听修证方面的课程，像是禅观、唯识，这些修证成佛的工夫是如此之难，为什么《维摩诘经》说得那么容易，大家也觉得一看就懂了？首先要注意这个问题，不然都搞错了。《维摩诘经》所讲的都是第一义，用现代话讲是形而上道最高的一点，等于是禅宗所讲的顿悟成佛法门。在这部经里，佛的十大弟子都已成就了阿罗汉果位的，他们还受维摩居士的训斥，挨了骂，道理在哪里？是见地的问题。

我们学佛有见惑和思惑的问题，思惑是思想的结使，是障碍迷惑我们的，有贪、瞋、痴、慢、疑。这种心理和生理上的障碍是靠做工夫修持，渐修而断的。见惑有身见、边见、见取见、戒禁取见、邪见，就是见解上、理上不透彻，不是修所能断的，是要靠慧来断。不是你工夫修得好，佛念了多少，打坐坐了一万劫，只要智慧、见地不到，是没有用的，所以见思二惑怎么才能断除要搞清楚。

有的人工夫修得很好，学佛也学得很诚恳，都很对，但是不能算他悟了，因为见惑没有断，智慧没有成就，就不可能证到菩提。思惑靠修所断的，虽然有功德有善行有禅定，纵然修到四禅八定，境界之好，当然是很不简单了，但是并未究竟超越三界；再进一层来说，修到现生小乘阿罗汉入灭尽定，几乎是超出了三界，但还非究竟，最后还要回转来，回身向大乘再学。所以大乘的经典，像《金刚经》《楞严经》《法华经》《维摩诘经》《华严经》等，多半的记载是偏向于见地方面的事。

见地要高是可以，但我们是根本还没有登地、一点修持成就也没有的凡夫，就是所谓博地的凡夫。地就好像是一层一层的楼，要想进入菩萨地，听了这个佛法很简单，好像都理解了，然而思惑的贪、瞋、痴、慢、疑结使根根，一点没动摇，那是一点用都没有，依旧在六道轮回打滚。甚至更惨的，有狂见而没有真修持。修所断的没有到，不要谈见所断。即使你三藏十二部都背得出，生死来的时候也抵不住！那种四大分离的痛苦，你没有修持是毫无办法的。我年轻的时候也自以为都懂了，慢慢晓得严重就不敢狂妄了。我用自己吃过苦头的经验教训你们，要求证到了，才是真懂，你思想理解到了没用的。

《维摩诘经》是对已经有成就者在见地上的呵斥，我们要特别注意到这一点，否则也不用讲这本经了。我们学佛的人，晓得悟道成佛是如此之难，不如走条捷径，好好念佛去。念南无阿弥陀佛往生极乐世界，免得自己在轮回中迷了路。到极乐世界并不是成佛了，是好好去留学，在那个环境有诸佛菩萨随时讲法，也不要交学费，也无风吹雨打，多好多方便。这个问题一定要搞清楚，否则听了《维摩诘经》只有坏处没有好处！学禅的人离不开《维摩诘经》，但是一两千年来，多少学禅的人，修持不到家的，最后还是要入轮回。我特别提出这一点，要注意！现在回到《维摩诘经》原文。

"弥勒！当令此诸天子，舍于分别菩提之见。"维摩居士告诉弥勒菩萨，你教化别人应该晓得教育路线，你要教他们舍离心理意识的分别心，分别菩提之见，什么是分别菩提？我们大家总认为自己是凡夫，那个菩提道是不可想象的，不知哪一天才能见到那个东西，好像穷人想得宝，一直苦到老，也没看见个宝。宝在哪儿啊？宝在你自己那里，并没有掉，个个都有宝的。《法华经》比喻为"贫子衣中之珠"，我们的自性菩提大道宝就在我们这件衣服里，不是身上穿的衣服，是妈妈给我们的这个皮囊里。妄念与菩提本来是一体之两面，所以维摩居士说要舍于分别菩提之见，当下即是菩提。烦恼即菩提，你一念放下烦恼，烦恼就变清凉了。知道自己在起心动念不对了，这一知就是菩提。我要打你了，手举起来了，心里想，不对，手就放下来了，这一知就是菩提。所以菩提在"舍于分别菩提之见"。

"所以者何？菩提者，不可以身得，不可以心得。"这里是关键之处，你打坐时闭着眼睛在那里，禅宗祖师骂你是在鬼窟里做活计！你感到黑洞洞的，没有念头，晃啊晃的，很清净，嗯，自己大概差不多了。我看是差不多该死了！那都是分别心意识境界，都在身体里找道。维摩居士说，"菩提者不可以身得"，不在身体上。那你说我都不管身体了，搞气脉守窍是外道，我不是外道，那你是哪一道？内道还是食道？他又说"不可以心得"，这一下完了，在哪里啊？维摩居士留了一手，说了一半，他说"菩提者，不可以身得，不可以心得"，我给他补充另一半：菩提也不离身，也不离心，都不在也都在。他骂弥勒菩萨，我还要骂他呢！你为什么只讲一半？你骂弥勒菩萨骗人，你自己也骗人，不过手段高一点罢了。

下文来了，一大堆，这才告诉你菩提是无所不在的。

"寂灭是菩提，灭诸相故。"这话没有错，我们身是相，心

159

也是相，物质世界无一不是相。我们此心不跟着外面现象走，当下就清净，清净就寂灭，寂灭就菩提。《楞严经》说："狂性自歇，歇即菩提。"哪一个人肯狂心顿歇呢？你说，我狂心歇了，一心只想修佛。这修佛的心还是狂心，狂得还更厉害，一切心都是狂心。歇是大休息，一切放下，歇就是菩提。

"不观是菩提，离诸缘故。"你说我打起坐来一片光，有时气在背上转，这都是你的意识在观察。放下就是，不观是菩提，菩提大道没有一切缘虑之心。

"不行是菩提，无忆念故。"不行不是不走路，行是五蕴的那个行。像你们打坐都在忆念，在想昨天那个境界怎么掉了？我现在是不是到了老师说的初禅边上了？都在忆念佛经的道理，不是在回想就是在妄念。何以我们清净不了？因为行蕴空不了，你想空它空不了。所以叫你们要研究唯识二十四种心不相应行法，那个动、势、时间，你想空它也空不了，这些属于行蕴。譬如你打坐时再清净，你的血脉还在流通，心脏并没有停下来，那是肉体上行蕴的作用。五蕴皆空谈何容易啊！所以说"不行"，行蕴清净了，才是菩提。

"断是菩提，舍诸见故。"小乘法门告诉我们断惑证真，就是断见惑思惑，思想观念上有任何一点怀疑都要把它断了，贪、瞋、痴、慢、疑都要断。断惑证到真如，得道了。你看，《金刚经》的另一个名称是《能断金刚般若波罗蜜多经》，就是能断，切断了。你说你出家很多年了，一切都切断了。谈何容易啊！念念之间念念断，断就是放下，就是菩提。"舍诸见"就是一切主观成见都没有了。

"离是菩提，离诸妄想故。"为什么讲离，离什么？真正学佛的人先要发出离心。出离什么地方？出离三界，是跳出尘网之心，如果连出离心都没有发起，还自称在学佛，那就是自欺欺人。真正发起出离心的人，平常是不起任何妄想的。譬如有人出家了，对灯红酒绿没有任何留恋了，但是还喜欢山水风景，虽然风景清净，这仍然是着迷，一念有情已经被捆缚住了。

爱清净同爱灯红酒绿一样是爱，一有爱念就被黏住了。你说我什么都不要了，就想住庙子。你还有庙子的观念就应该丢掉了，哪里不是庙子啊？有些同学抱怨没有地方打坐，我告诉你，厕所里都可以打坐，我有一段时间环境不好，只有一张办公桌，写东西在桌上，要打坐时把书搬开坐上去，吃饭也在这桌上，哪里不可以打坐？再连办公桌都没有了，你站着总可以吧？非坐着才能证菩提吗？你不能发起出离心，对世间有分别，这样是离尘吗？那样是没有跳出，就不行。一念出离，哪个地方不可以坐，不可以入定？

"障是菩提，障诸愿故。"障碍就是菩提，为什么呢？你把一切的愿、一切的欲求都挡开了，当下即是菩提。

"不入是菩提，无贪着故。"六根也叫作六入，人随时都由这眼、耳、鼻、舌、身、意六根进入情境，能一切处不入就证得菩提了，因为于一切处不贪。

"顺是菩提，顺于如故。"顺道而行，自然而然进去了，一切处一切时皆是如来。刚才讲，你哪里不能打坐、不能入定？要如如不动，一切处皆如如。

"住是菩提，住法性故。"当下即是就是住，说放下就放下，一念切断，就是菩提，自性本空，你不要去空它，它来空你。

"至是菩提，至实际故。""至"是到，"实际"用现代语言讲是本体，佛学叫实际。哪里是本体？一念到了就是，本体还另外有个体吗？就在你这里，当下就是实际。

"不二是菩提，离意法故。"我们普通都把佛法当出世法，与世间法是两样，其实是一样。不二就是一。你以为修道才会有道，不修就没道，那是二。道既然不生不灭，你修它也有，不修也是有的，修与不修都是你意识思想上的差别。所以你能离开意识的法则，就是不二法门，处处都是道。

"等是菩提，等虚空故。"你能懂了一切平等，自己的本性同虚空一样相等，不是你去修到虚空，虚空是本空的，所以平等。

"无为是菩提，无生住灭故。"一切法本来都是无为，本来无生无住也无灭，你不要去找一个"生住灭"的观念。

"知是菩提，了众生心行故。"我现在讲话，你听了知道了，懂了，这一知就是道，就是菩提。所谓知了，一知道就了，了了众生的心行。我们心理的行为，是非善恶都自己知或不知。老子也讲过，"知人者智，自知者明"。能够知人，了解别人，算是有点智慧，但是不算是明白人，能够自知才算真是个明白人。世上明白人难找，都不自知，可是看别人却都清楚得很。最可怜的是人人苦不自知，总觉得自己了不起。

"不会是菩提，诸入不会故。"你真什么都不会的话，差不多也是菩提了，世人都太会了。会是会拢，诸入是六入，诸入都不会拢，像是眼睛看外界，见而不见就是不会，耳朵听声音，听而不听是不会，那就是出离了。

"不合是菩提，离烦恼习故。""合"与"会"不同，不合是不黏着。例如我们看到一个人就气，那你是又会又合了。你看到人如梦如幻，不配合拢来，就是有出离感，解脱了。于一切法不黏着就是菩提，离一切烦恼习气的缘故。你对境无心，就是不会也不合，但怎么样可以修持到对境无心呢？

烦恼不单是痛苦，你看见一件事快活，这快活就是烦恼，你觉得舒服也是种烦恼。扰乱你的叫作烦，使你困惑的叫作恼。世间一切事都是烦恼，没有一件事是不扰乱、不困惑的，众生习气又偏偏喜欢找烦恼。我们有人不找烦恼的，工作完了就回家看书读经，很好吧？还是自找烦恼！同我一样，看什么书读什么经？不是本来清净吗？你说这一切我都不要，只学佛，还是烦恼！你没有成佛之前都烦恼死了。所以离一切烦恼习气，彻底离开了，就毕竟菩提。

"无处是菩提，无形色故。"菩提是没有一个地方的，不像外道说道在肚脐，这个窍那个窍。菩提道无所不在，没有形相色相。

"假名是菩提，名字空故。"假名是菩提，中国话说得道也是假名，名字是空的，不要被它困惑住。

"如化是菩提，无取舍故。"一切事物都像是电影，例如现在听《维摩诘经》，我们自己就是演员，自己也在欣赏这部电影，再过二十分钟这场电影也散了。一切是如梦如化，都在变化中，没有一个实在的。你懂了就悟道了。

"无乱是菩提，常自静故。"我们学道常常求个清净，你以为打坐就清净了吗？其实你乱得不得了，又想数息，又想结手印，又想念阿弥陀佛，你看多乱啊！真正静了就什么都没有，本来空，乱也黏不住了。不散乱就是菩提，永远在清净中。

"善寂是菩提，性清净故。"善于寂灭，寂灭比净还要进一步，本来寂灭就是菩提，自性本来清净嘛！

"无取是菩提，离攀缘故。"取就是执着，我们做人一辈子没有哪一点不想抓住的，都想取得，都想属于我。乃至朋友不和你讲话你就痛苦，因为取不得了。你的东西不见了就痛苦，因为取不得了。取是十二因缘的一个，取是最麻烦的。苏东坡自以为悟道了，一切无取，《赤壁赋》里他还是要取江上之清风与山间之明月，自以为什么都不要，你看已经取了，已经被眼前的境界吸引住了。十二因缘都是在攀缘，人生都在攀缘，离开攀缘就无所取，就是菩提。

"无异是菩提，诸法等故。""异"就是变化，我们心理都有个变异，认为佛堂才有佛，闹区就没有；山林才有道，厕所就无道。这都是心念在变异，心念一清净就无往不是。所以不变异就是菩提大道，一切法平等故。

"无比是菩提，无可喻故。"一切法没有可比喻的，比量境界都不是，只要当下即是就是现量。

"微妙是菩提，诸法难知故。"最后，总而言之，道微妙到不可思议，当下即是。你只有证到菩提，才可以彻底了解，一通百通，否则你用世间的心量是永远无法求知的。

你看这一大段，难怪维摩居士叫作"辩才无碍"，抓住一个题目哗啦哗啦说下来，这还没说完呢！他算客气了，要是佛来说的话，还要说下去。佛在《华严经》上说个不停，说得你晕头转向，维摩居士还只提了一点。维摩居士虽然讲了那么多，我们可以用两句话归纳："无往而不是菩提，无处而不是菩提"，菩提大道当下即是，是也不是，不是也是。这个菩提你到哪里去找啊？

"世尊！维摩诘说是法时，二百天子，得无生法忍，故我不任诣彼问疾。"弥勒菩萨报告到这里，告诉佛说，维摩居士说了这一番话的时候，当场就有二百位天人悟道了，所以我没资格代表你去探病。

弥勒菩萨这一段为什么讲菩提讲了这么多？因为弥勒菩萨和释迦牟尼佛本来是同学，佛因为比弥勒菩萨精进，所以先成了佛。佛给弥勒菩萨授记，来生当证得阿耨多罗三藐三菩提而成佛，弥勒菩萨难道没有悟吗？当然他悟了。但是他最后一点尾巴脱不掉，在哪里？就是没证得菩提，当下成佛。什么是菩提？现在告诉大家，哪里不是菩提？一切都是菩提，世间法没有哪一点不是菩提，只要当下能够悟了就是。所以《维摩诘经》可以研究，也可以不研究。研究而不好好修持的人容易起狂心，以为道理懂了就对了，我再告诉大家一次，只懂道理是没有用的。

光严童子——何处是道场

"佛告光严童子：汝行诣维摩诘问疾。光严白佛言：世尊！我不堪任诣彼问疾，所以者何？"现在轮到光严童子这位菩萨登场，所谓童子不见得是小孩，菩萨修行到了第八地不动地的境界，都称童子，表示无漏。开场白也是一样，光严童子推辞了去探病的任务，他有什么理由呢？

"忆念我昔，出毗耶离大城，时维摩诘方入城，我即为作礼而问言：居士从何所来？答我言：吾从道场来。我问：道场者何所是？答曰：直心是道场，无虚假故。"他说，"忆念我昔，出毗耶离大城，时维摩诘方入城"。这句话有个重点，毗耶离大城是维摩居士居住的地方，据佛经记载是一个社会安定、经济繁荣的地区，政治上也自由民主平等，是善人所居住的地方，维摩居士在当地的地位有点像是现代说的主席。光严童子同我们一样，喜欢到处赶道场，他正要出毗耶离大城，大概是觉得城里太闹，要找个清净的道场。那时，维摩居士刚好要进城，他二人一个要离开闹热找清净，一个正要进来闹热的地方。

光严童子就向维摩居士顶礼，问："居士从何所来？"我们以前讲过，能称呼居士不是容易的，要有财、有德行的在家菩萨才够得上。维摩居士回答："吾从道场来。"他晓得光严童子要去找道场。光严童子就问："道场者何所是？"怎么才够称得上是道场？"答曰：直心是道场，无虚假故。"维摩居士开口就一棒打过来，你还想去哪里找道场啊？就在你心中啊！哪有清净烦恼之分？都是你的自心在捣鬼。与直心相对的是我们都有的谄曲心、喜欢转弯的心。譬如我们与人讲话前先笑一下再讲，这个心态动作就是谄曲、谄媚，怕人不喜欢听，先给人一个笑脸，很自然地做出来，是众生的习气。当然不是说笑是不对的，是举例子。直心是很难的，也不是说要骂人就骂，要打人就打。所谓直心者是无心，无心无念不加任何意识就是道场。换句话说，直接由心王起用，不加意识的分别就是道场，心里没有虚伪。

"发行是道场，能办事故。"发行是发心修一切善行，当我们第一念想做件好事，心动了构成行为就是发行。发行是道场，真发起心，行一切善，就是道场，因为能办事的缘故。不要学了佛就万事放下不管，离开家庭社会，找个庙子清净地方修行，那已经没有慈悲心了。学佛要度一切众生，你的家人不是众生吗？你度得了吗？自己家人都度不了，你还要度谁啊？我常说，本欲度众生反被众生度，这类的情况太多了。什么是真发心善行？能办事，自己能为众生尽心做事。

"深心是道场，增益功德故。"深心非常难，前面已经讲过深心，你们做早晚功课要念《楞严经》中阿难作的偈子："将此深心奉尘刹，是则名为报佛恩。"但是一般人用心都很肤浅，要大智慧成就了才有深心。譬如大家觉得唯识就很难懂，它是把心的作用、心的体相，作深刻的分析。心在哪里？心脏不是心，头脑也不是心，真正能思想能作用的心你找不到，这个心王不可知，禅宗讲明心见性，你就见不到。真明白了深心，这就是道场，因为有了深心就可以修一切佛法，增益功德。大家不要以为捐了钱是做了些善事就沾沾自喜，真的大善事要有智慧来做，很难噢！有时帮助一个人，以为是善事，结果是坏事；有时不帮助一个人，看起来是坏事，反而是善事。这个处理就要靠深心，所以深心是智慧的成就。道场不是有形的，不是只有庙子是道场。

"菩提心是道场，无错谬故。"学佛发心是发菩提心，菩提就是觉悟，能够明心见性，大彻大悟。菩提心也是大悲心，爱一切人。所以菩提心以大悲为根本，以见道为菩提，是悲智双运，是大悲心与大智慧的成就。真正发了菩提心才没有错误的观念。

"布施是道场，不望报故。"真布施是一切都舍出去了，为什么布施不求福报呢？布施而不希望有果报是很难的，我们可以很慷慨地布施，过后碰到利害关系时又会后悔的。布施出去了就应该丢下，心中没这个事了，不期望什么回报。我们是不是常常听人埋怨：自己不是坏人，做了很多好事，结果却有这样遭遇！我们有没有检查自己的心理，是不是会这样？例如你对某人好，这是布施，如果你又认为某人应该也对你好，这就是下意识地期望有回报。菩萨发心布施是不求回报的，我对你好，你对我好不好是你的事，没有计较心或利害心的。

"持戒是道场，得愿具故。"学佛的人由三皈依开始，五戒、八关斋戒到沙弥戒、比丘戒、菩萨戒，这戒行修持是硬性规定的，是由外面打进内心，由外形的管理改变自己的内心。智慧不一定要依赖戒行而发，那是由内心的发动打到外面来。真正智慧成就的人，持戒一定很严肃的。小乘的比丘戒、比丘尼戒成就，是为了修持得到罗汉的不漏果。我们讲禅观也提到，外形的不漏是内心不漏的开始。大乘的持戒，是为了达到十波罗蜜（布施、持戒、忍辱、精进、禅定、智慧、方便、愿、力、智）的圆满成佛，悲智双运，悲不入涅槃，智不住三有（三界）。这是佛法的究竟，本来也无涅槃可入，涅槃就在自心中。

"忍辱是道场，于诸众生心无碍故。"我经常讲一句话，什么都可以受，只有气不受，不受人家的气。你们什么都可以学我，这一句不要学，学了就变毒药。不受气这句话，是教育特定人所用的方便，事实上并没有人拿气给我受。大家学佛好像越学气越大，都用圣贤菩萨的标准看人，这个也不是，那个也不是，却不去反省自己。因为不反省，忍辱也没有做。忍辱不是硬忍，大忍辱就是大慈悲，不需要忍，所以忍辱的辱并不一定是别人侮辱你。我们人生遭遇环境的痛苦，一切的不如意，都属于辱，都是忍辱的范围，真学佛就会无所谓，该如何处理就如何。真做到这样大乘的忍辱，就不会觉得受辱，也就是道场。心里对于一切众生都没有罣碍，看你和我是一样的，看仇人如亲人一样，这样自然就不会烦恼了。换句话说，要怎么去修大乘的忍辱呢？就是"于诸众生心无碍，是名忍辱是道场"，这也是一副很好的对联。

"精进是道场，不懈退故。"学大乘道的人于法随时精进，精进是勇猛地用功，懈怠是原谅自己的偷懒。真精进的人是不会懈怠的。

"禅定是道场，心调柔故。"禅定的修法始终离不开四个字：心一境性，也就是系心一缘。但是大乘菩萨道的禅定用不着系心一缘。系心一缘是为了调伏我们刚强的第六意识心念，你叫自己不要想了，它不听你的，你叫自己不发脾气也办不到。有禅定修养的人可以把刚强的心念慢慢调柔，然后再使它空掉，所以禅定是道场。

"智慧是道场，现见诸法故。"这个智慧就是般若。这一段都在说六度，简单一句话就是：六度是道场。可是他把六度分开讲。真智慧，明道了，就是道场，当下就了解，一切世间法出世间法通通是道。

"慈是道场，等众生故。悲是道场，忍疲苦故。"慈和悲是两种不同的心态。慈就是爱，看一切众生平等，看别人的父母子女如同看自己的父母子女。真做到这一点，就是慈，也就是道场。如果说，我看一切众生平等，已经不平等了，因为你有个"我"在了。悲不是悲哀、流眼泪，是怜恤一切众生，因此牺牲自己，为了有利于众生，为了救度众生，能忍受各种疲劳苦难，这是大悲心，不是坐在那里哭。

"喜是道场，悦乐法故。舍是道场，憎爱断故。"世间的欢喜不是喜，因为没有真正的欢喜。真正的欢喜是得到法乐，真达到那个境界，就是道场。舍与布施不同。布施分三种，外布施是金钱财物的布施；内布施是身心一切放空，奉献出来；无畏布施是给一切人力量、精神的帮助和支持。舍是放下，是能切断一切心念，所以舍是道场。外布施的舍，放掉财物，没有什么了不起，能够把心理上所憎爱的切断放掉，才了不起。憎是讨厌的意思，不是瞋；憎的相反就是爱，就是喜欢。你们年轻同学读过苏曼殊，事实上他并不真是和尚，是弄了个假度牒玩的，他有首诗：

> 禅心一任娥眉妒　　佛说原来怨是亲
> 雨笠烟蓑归去也　　与人无爱亦无憎

他用的就是这个"憎"。

"神通是道场，成就六通故。"大乘的神通不是什么眼睛看到鬼这一套，真大智慧是大神通，神而通之。因为神通智慧而成就六通（天眼、天耳、他心、宿命、神足、漏尽）。我们都有眼睛耳朵和心智，为什么不能知道天上天下、过去未来一切事？因为我们不通，阻碍了。是被什么阻碍了？是我们心理上的结使：贪、瞋、痴、慢、疑，等等。把这些坏的心态洗刷干净，就打通了。六通很容易的，并不难。我们年轻读书没有人会问你念毕业没有，而是问你读通了没有。以前我们做文章，老师用红笔批两个字"不通"就丢回来。智慧没有开嘛！拿支笔会写，但是道理不对。如果能有长辈赞你书读通了，那就已经了不起了，这是通的道理。你们不要迷信神通，我们本来是通的，因为没有智慧所以就不通了。

"解脱是道场，能背舍故。"我们常说学佛的目的，第一步是学到解脱，把烦恼痛苦的包袱解掉，就像是把衣服的纽扣解开脱掉，就舒服了。人生背的包袱太多了，太平天国的石达开最后兵败逃入四川，上了峨眉山顶，说了句话留在日记里：人生到此解脱为难，只有放声大哭。这是时代英雄的心境，地位到了某个阶段，做了领袖是很痛苦的，想放下，放不下，这个经验你们年轻人是不能想象的。

前几年有位工商业的巨子，逢到生意不好的时候，我说你可以结束吗？他说结束不了，我说对。他知道如果把工厂关了，所有员工连家属有几万人的生活就会有问题，想想只有扛下去了。我说这就是大菩萨心境，你好好做下去。所以你不要以为当头子好，当头子也很痛苦，解脱为难啊！

学佛的目的，第一步是求解脱，学道家的第一步是学《庄子》的逍遥，但是我看了许多学佛学道的，往往是既不解脱又不逍遥，人生本来已经有很多条绳子绑得你解脱不了，因为学佛又加上些绳子，真是越学越可怜。所以解脱是道场，能背舍故。背是违背，背舍是指八种背舍（内有色相观外色解脱、内无色相观外色解脱、净背舍身作证解脱、空无边处解脱、识无边处解脱、无所有处解脱、非想非非想处解脱、灭受想身作证具足住），名词就不解释了。

"方便是道场，教化众生故。"要弘法教化众生很难啊！每个人根性不同，要懂一切方法，要懂得大菩萨的方便，才能教化众生。

"四摄是道场，摄众生故。"四摄法是布施、爱语、利行、同事。学大乘菩萨道只有牺牲自己，布施出去不要求回报。爱语，第一是要关怀别人，要跟人家讲话，不是不讲话。第二是所讲的话要别人听得进。利行是所作所为都是利于人家的，不是利于我的。同事更难，为了要教化人家，即使是自己不愿意的事也只好去做，慢慢把他哄上路，所以跟他同事，他喜欢做的事你陪着他做。四摄法是菩萨的道场，由此才能包容众生。

"多闻是道场，如闻行故。"多求学、多听、多研究就是多闻。有人听经一耳进一耳出，自己觉得已经懂了，但是不能如闻行，听到的道理不能变成自己内在的心性行为。

"伏心是道场，正观诸法故。"一切修行是要降伏我们的妄想狂心，伏心就是《金刚经》的第一段，须菩提问佛要怎么样降伏其心，就是降伏妄想、心念、烦恼。能降伏其心就是道场。把妄心分别心真降伏了，智慧就开发了，看一切佛法得正观，不会得邪见。

"三十七品是道场，舍有为法故。"佛学的重点就是三十七个菩提道品，是大小乘的基础，我们同学一定要搞清楚，刚开始至少要把名字和数字记清楚：四念处、四正勤、四如意足、五根、五力、七觉支、八正道。我反复讲过很多次了，名数都记不得是很严重的。

三十七菩提道品基本是建立在四念处上，这是修行的第一步，一切禅定都从这里来，我们都讲过了。这三十七菩提道品仍然是属于有为法，但是佛法是讲无为，讲空，《金刚经》上佛说"一切圣贤皆以无为法而有差别"，你怎么空，怎么达到无为呢？古来要数明朝的柟堂禅师讲得最彻底了，他有句诗，"有为虚极到无为"，意思是说，把有为法修到家了，自然达到无为法空的境界。所以大家不要自认为是修大乘法，修空的，小善小事都不为，那就错了。

"四谛是道场，不诳世间故。"四谛是苦集灭道，是学佛的第一步。世间皆苦，是苦谛；众生以苦为乐，抓住痛苦当快乐，是集谛；要解决痛苦，灭尽苦、集就得道了，是灭谛和道谛。人类，甚至说一切生命，有个共同的目的是离苦得乐，都想求得享受求得快乐，事实上三界众生都是以苦为乐，把轻微的痛苦当成最高的享受，这就是所谓众生的颠倒。例如你去按摩很舒服，其实按摩是轻轻打你，打重了你就痛苦了。所以说世间一切皆苦，没有错，没有说谎，懂得如此，才真正解脱得道，离开一切苦得究竟乐，这是佛法的真义。

"缘起是道场，无明乃至老死皆无尽故。"如果抽出《维摩诘经》这一句话来考试，同学们要吃苦头了。大家都会念《心经》，对不对？其中有"无无明，亦无无明尽，乃至无老死，亦无老死尽"，同这句话一样，包括了十二因缘。你们十二因缘记得清楚吗？高级班的同学应该一问就答得出来。如果连这些基础的名词次序都背不出，还觉得自己学问思想非常高，那才真是莫名其妙。

恐怕有些居士不了解十二因缘，我们再把它写出来：无明缘行、行缘识、识缘名色、名色缘六入、六入缘触、触缘受、受缘爱、爱缘取、取缘有、有缘生、生缘老死。现在黑板上写成横的一条，其实应该写成圆圈，以无明作起点，这是十二因缘。十二因缘管三世，前生、现在、来生。大家谁记得妈妈没有生你之前在哪里？都记不得了。现在把过去切开，一个人一念之间来投胎，生不知从哪里来，死了会去到哪里，有没有把握？也不知道，统统是无明，就是莫名其妙，就是混蛋，就是糊涂。不要说生死哪里来去了，你们明天早上醒来的第一念会是什么？你有把握没有？绝对没有把握！那个念头怎么来怎么去都不知道，所以叫做无明，这是道理上的无明，什么都不知道，没有光明，没有智慧，一团黑暗。

一切众生是怎么来投胎的？就是行，行就是动，念头一动就来了。这个动力的前面是无明，莫名其妙，不知道怎么样动的。如果明了就不是十二因缘，是得菩提了。贪、瞋、痴、慢、疑，一切大烦恼、小烦恼、随烦恼，统统是一念无明。有念，生命这一念不知道何处来就是无明。佛经说："一念瞋心起，百万障门开。"人发了脾气，起瞋心，就有障碍了。又说："瞋是心中火，能烧功德林。"怨天怨地，愤世嫉俗，对任何人都不满，对环境也不满，种种埋怨都是瞋念。有很多人学佛，佛经读得很熟，佛学也讲得很好，文章也写得很好，样样都会，但是事情来了就不行了，结果是在那里自欺欺人。贪、瞋、痴当中，瞋是最大的无明。

小说《济公传》中写道，济癫和尚有天喝醉了，半夜里起来就大叫："唉哟，不得了，无明发啰！"把大家都吵醒了，众和尚要追打他，他就跑，结果回头一看，庙子失火烧光了。原来他是要告诉大家火要来了，又不好明讲。

火就是瞋心，瞋心就是无明。无明缘行，我们投胎的动力是行阴。你们打坐念佛为什么杂念妄想去不掉？现在应该知道了吧！我已经讲明了嘛！因为行阴没有停止啊！它永远都在动，没有办法，等于我们睡觉时血液循环没有停止。我们不能得定，不能专一，就因为行阴的力量大得很。

无明缘行，一念无明引起这一股业力，它动性不停。行缘识，一有行动又引起中阴的意识，我们思想意识不能停，因为行阴动了，缘就是连锁的关系，一个抓住一个，一个抓住一个。中阴意识看到男女两个有缘的，三缘和合入胎了。识缘名色，一般人称名色就是胎儿，因为四大就是色，变成了有形的肉体。名色缘六入，胎儿在母体中变化，有眼耳鼻舌身意，就是六入，有了生命。六入缘触，触是内外接触起了知觉感觉的作用。触是身根来的，有了身体就有感受，譬如穿了衣服觉得冷或热，是触。触缘受，这两个有什么不一样？触是讲起作用，你两手合拢来感觉到是触，你手合拢觉得暖还是冷，到心里头去了，身心两个发生关系，那是受。

感与受不同，那能够感的是触，受是连到心理。触法有时不一定连到心理，也就是生理上叫触，可以说是医学上讲神经的反应。如果我们某一部分神经麻痹，神经反应我们感觉不到，但那没有麻痹的神经还活着的，触法还在，但你心理可没有受了，所以触跟受是不同的，否则会觉得差不多。因为受，好受的就爱，受缘爱，爱得要死就要抓住，爱缘取，我要这个茶杯、这个手表，要抓。这世界上越抓紧就越会飞掉，求不得苦嘛！人生有八苦。你越想求它，它越厉害，同物理一样，向心力有多强，离心力就有多强。天下事有时你不想抓它，它偏跑来了。

爱别离苦的背面就是怨憎会苦，你不要的它偏来，你不愿意见的人，一转弯就碰见，跑到厕所里还碰见哩！喜欢看到的人偏偏写信不回，电话不接，是不是？人生就是这样。

取缘有，因为抓住有，所以构成了偶然暂时属于你的，这就是有。其实没有真的有，一定会散去的。所谓"积聚皆销散，崇高必堕落，合会终别离，有命咸归死"，爬高了一定要下来的。东西啊、钱啊，累积多了一定散掉用掉，很多钱也是替别人累积，儿女也是别人啊！天下无不散的筵席。只要有生命，总有一天会死亡的。所以有是抓不住的。有缘生，生缘老死。死了呢？一念无明，无明缘行，又来投胎了，这叫十二因缘，是圆圈。

所以要想修行得道，就要断无明，也就是要断见思二惑，断惑就证真，证到真如就得道了。所以基本上无明一念空掉就得道了，以小乘来讲就得阿罗汉了。大乘的菩萨还要进一步做到

《心经》说的"无无明，亦无无明尽"，你以为切断就得道了吗？错了，那是小乘偶然的，等于"抽刀断水水更流"，是假的空。大乘菩萨毕竟空，不需要断去无明。所以断惑证真是小乘法门，大乘菩萨没有讲断，非断非常。无明没有断，而是转无明而成真如，转识成智。因为无明本身是空的，它不停留的，用不着断它。所以说"无无明，亦无无明尽"，所谓尽就是断，不需要断就空了。《心经》这一段一路无到底，"无老死，亦无老死尽，无苦集灭道，无智亦无得，以无所得故，菩提萨埵……"就是菩萨境界。

维摩居士这里也讲"无明乃至老死皆无尽故"。你这才会晓得缘起性空，性空缘起。一念无明怎么样缘起而来？它自性本空，不要你去空它的，本来不存在。所以"缘起是道场"，十二因缘同无明，乃至最后老死皆无尽，不需要你去断它，是它来空你。

"诸烦恼是道场，知如实故。"小乘的修法是要断一切烦恼，断惑证真。维摩居士说烦恼本身就是道场，因为烦恼本空嘛！烦恼是心态的相状，你不被现象所迷住，那个心态是本来清净，本来是实相，你知道如实。所以"烦恼即菩提"这句话，也在《维摩诘经》里。

"众生是道场，知无我故。"他说，不用离开一切众生，众生主要指人类社会。你要跳出红尘，离开这个社会，你想躲到哪里去？你说自己什么都不要了，只要青山绿水，自以为很解脱，但是都被这些颜色困住了，是更红的红尘。众生世界本身就是道场，用不着逃避。如果没有众生，也不需要成佛了。既然没有众生，自然不需要度众生了，何必成什么佛呢？有人感叹这个世界太乱，我说就因为世界乱你才有事可做，世界不乱你还有屁用？因为有众生所以才要成佛，度众生嘛！没有众生你成佛干什么？

没有对象了嘛！

"一切法是道场，知诸法空故。"一切法包括了魔法、外道法。如果魔法、外道法不在一切法之内，逻辑上这一切法就不能叫一切了。善法、恶法、有为法、无为法……无法而不在内，才叫一切法，而一切法皆是道场，因为一切法自性本空。

"降魔是道场，不倾动故。"学宗教的人都很迷信的，讲有魔啊、有鬼啊，什么道高一尺魔高一丈，说得像真的一样。实际上魔在哪里？魔都在你心中，是自己捣鬼。所以说起心动念就叫作天魔，如你硬压下念头，不起心动念就是阴魔。或起不起，有时有念有时又好像无念，就是烦恼魔。什么是或起不起？就是"剪不断，理还乱，是离愁，别有一番滋味在心头"。清代有个文人蒋坦，有天听见雨打芭蕉，心绪凄迷，就在花园的芭蕉叶上写了一个句子："是谁多事种芭蕉？早也潇潇，晚也潇潇。"他的妻子看到了，就接着写："是君心绪太无聊，种了芭蕉，又怨芭蕉。"其实，人生境界不管出家的在家的，都是"种了芭蕉，又怨芭蕉"，所以一切都是自造的。

《西游记》中描写孙悟空头上被观世音戴了个金箍，最怕唐僧念紧箍咒，一念咒孙悟空就头痛，只好听话了。最后到了西天，唐僧也取了经了，孙悟空一想，头上的金箍还没取下，就跑去找如来佛，请佛帮他取下来。佛就笑了，问他："猴子，是谁给你戴上这个金箍啊？"孙悟空答："是观世音啊！"佛要他摸摸自己的头上是否有个金箍，孙悟空一摸，真的，本来就没有戴上。这就是"种了芭蕉，又怨芭蕉"。孙悟空因此大悟，猴子就成佛了。人生这个头痛的圈圈都是自己戴的，每个人没事还要想个办法找个圈圈戴到头上，戴上之后，头痛极了，好烦恼啊！然后想尽办法把这圈圈脱掉，还告诉人自己本事多大能脱下这个圈圈。脱掉了不到三天，头不痛了，人就不舒服了，又来一个圈圈把头套上去。

讲回到降魔，哪里是魔？你以为打坐看到可怕的鬼是魔吗？那些魔都不可怕，就算那个魔要吃你，你给它吃下肚，两手一抠，不就抠了个窟窿出来了吗？孙悟空最惯用这个办法的，被吃下去，一捅就出来了。被鬼弄死了也好嘛！死了我也变鬼跟他打一架。这没什么可怕的，最可怕的是自己心中之魔，烦恼魔。唉！"种了芭蕉，又怨芭蕉"。这个很难办。所以维摩居士说"降魔是道场"，什么是真降魔？就是不动念，"不倾动故"。你不去种芭蕉，当然就不怨芭蕉了嘛！

"三界是道场，无所趣故。"跳出三界你去哪一界啊？是第四界、第五界，还是第六界？智不住三界，悲不入涅槃。已经跳出来的人自由自在，来去自由。

"师子吼是道场，无所畏故。"诸佛菩萨说法如狮子之吼，狮子为百兽之王，狮子一吼，百兽都为之头痛脑裂，所以常比喻诸佛菩萨的说法是狮子之吼，就是这个道理。也就是说，诸佛菩萨说法说真理讲正道都没有恐惧。

"力无畏不共法是道场，无诸过故。"佛有十力、四无畏、十八种不共法，都是道场，这些名词前面已经讲过了。

"三明是道场，无余碍故。"成佛得到三明六通，六通前面讲过了，三明是漏尽明、天眼明、宿命明。明比通还厉害，通不过是打通了，像阴沟一样通了；明像太阳出来，无所不照。三明是道场，没有残余的障碍。

"一念知一切法是道场，成就一切智故。"这就统统告诉了我们，什么叫真正的学佛。道场不在山上也不在庙子，就在你心中。讲了那么多，你随便从哪一点悟道都真是道场了。"一念知一切法是道场"，根本大彻大悟就是道场，到了这个境界，一切大智慧成就，成佛了。

维摩居士对光严童子一路棒子打下来，都打光了，扫光了一切。他接着说："如是，善男子！菩萨若应诸波罗蜜，教化众生，诸有所作，举足下足，当知皆从道场来，住于佛法矣。"他说，你应该悟到这些道理，懂了"如是"，也就是懂了前面所讲的，一切学佛的人假定都懂了这个道理，应该依六波罗蜜教化一切众生。菩萨在世间所有作为，"举足下足"，就是提得起放得下，像脚走路一样，统统都是道场。你哪里去找个清净道场？菩萨道在世间举足下足，"当知皆从道场来，住于佛法矣。"佛法就在这里，哪里有道场？一念清净，当下就是道场，你又何必"种了芭蕉，又怨芭蕉"？

维摩居士给光严童子说法，这位菩萨名光严，智慧光明的庄严，这一段法都是说智慧庄严。

"说是法时，五百天人，皆发阿耨多罗三藐三菩提心。故我不任诣彼问疾。"维摩居士讲完时，在场同时听法的五百天人，都大彻大悟了，都懂了。所以光严童子也表示，自己没有资格代表佛。

《维摩诘经》到这里，由十大小乘阿罗汉弟子开始，一直到大菩萨弥勒菩萨、光严童子都不敢当代表。不是不敢去，如果你认为他们是不敢去见维摩居士，那同我们世间人一样，何必学佛呢？这一班人也太不伟大了。其实他们是不敢做佛的代表，可是求善知识问法是很愿意的，就是愿意当学生。所以最后只有文殊菩萨去了，文殊菩萨是七佛之师，一切佛都是他教出来的，只有靠他的智慧带领大家一齐去，这是《维摩诘经》的故事。

我们知道，《维摩诘经》这一品，讲的是大乘菩萨境界，重点在每一位大乘菩萨的见地。第一位弥勒菩萨所代表的见地是如何是菩提，也就是如何是得道，大彻大悟，悟的是什么东西。第二位光严童子所代表的见地是如何是道场。道场是修道的地方，佛教中的显教和密教将修道的地方都称道场，例如庙子、佛殿、佛堂等。有称庵或堂的，过去习惯将比丘尼所住的地方称庵，在家女居士修行的地方称堂。称寺的，就是丛林、大禅林，例如满清末年留下来的丛林，江苏扬州高旻寺。称庙的，普通把庵、堂、寺都称为庙，但是近世大陆出家人所住的地方很少称庙的，庙代表了一切神庙。道士们所住的地方不叫寺也不叫庙，而叫观，读音如灌。这些都算是道场。佛堂是道场，大殿是道场，佛的塔庙是道场。有时候在家人请法师们来念经或是放焰口，临时搭个棚子，挂个佛像，那个地方就叫道场。中国佛教的习惯，在念经做法事的地方，就叫做道场。今日的闽南语、广东话大概还有的，说某某法师做道场去了。中国的民俗观念上，一个念经、修行、打坐的地方都叫道场，这是宗教形式上的观念。《维摩诘经》却告诉我们，大乘佛法真正的道场在心，不在外形，不着相的。他还讲得客气，"缘起是道场，无明是道场"；换句不客气的话，厕所也是道场，天堂也是道场，不垢不净。只要心一念清净了，当下就是道场，就是修道的场所。

顺便告诉你们年轻的同学一个故事，现在东方的文化，尤其是禅、佛学，流通到外国，尤其美国，已经很久了。这件事算算不止二十年了，当时在美国有一位中国的老教授，他没有学过禅。在美国当教授也很可怜，随时要有新的东西补充，如果三五年没有新的著作、新的报告发表，就落伍了。其实在中国也一样，每一个读书人到老都在用功，不断地上进。因为禅开始在美国流行了，所以大学里要他把禅宗的东西翻译出来，他接受了这个任务，翻禅宗的《指月录》《五灯会元》等等。那时他跑到日本东京去翻，碰到很多问题，日本佛教界也不能完全满足他，最后不知怎么打听，到了我这儿。我因为他是中国人，翻译到外国去的东西不要给中国人丢面子，就答应帮忙了。

后来才知道他原来也没有学佛、学过禅的。其实现在也很多这样的人，这些在国外的中国教授，每位都懂禅，唉！真是可笑！他把翻好的东西寄来要我审查，我要他一部分一部分寄过来，全文一次送来我没有时间。那时有位老道友黄居士，他现在都有九十多岁了，他英文程度很好，我那本《禅宗丛林制度与中国社会》就是他翻译的。我就请他审查，看看翻译对了没有，有问题就来问我。结果看到那位教授把道场翻译成坟墓，黄老居士很生气，就讲：这种错误怎么得了？我不改了！唉呀！我就讲，千古以来翻译的东西各种错误是很多的，你也不要生气了，还是给他改过来吧！何况，他把道场翻译成坟墓还有道理的。什么道理？中国人过去要和尚去坟上放焰口念经，盖一个棚子，就说做道场了，习惯了。这教授小时候在国内大概看过和尚在坟上念经做道场，因此他想道场就是坟墓嘛！

但是你们同学要千万注意！不要因为常识不够在外头闹笑话，你外出弘扬佛教不要变成黑扬佛教了。过去的鸠摩罗什、达摩祖师，这些大师们到中国来翻译佛经，翻译得那么好，那么准确，可不简单。过去因为有政府、皇帝的提倡，每一个翻译的地方都有千把人，很高明的人集中在一起，一个名词、一句话都研究了好几个月才确定。不是像你们现在学了几句外文，中文又只懂一点，然后就乱翻译一通，牛头不对马嘴！这是讲到道场，特别插进这一段。

我们学佛的两大观念在这儿了，怎么样才是道？就是菩提，由弥勒菩萨代表，这讲过了。第二个问题，怎么样才是修道的地方？也就是道场，由光严童子代表。修道的地方不在哪里，一切在自己的心中。前几年我要闭关，到处看地方，好多同学、老朋友都要我去他们那里，有的房子我看了就跟他们说不行。也有人要送我地，那我还要盖个房子，等盖好了，也许我闭关都该改成

"闭棺"了。忽然想想，自己也傻，还找什么地方，都市里就可以闭关，我住的地方门一关就闭关了嘛！心关了就关了，到哪里才叫闭关啊？所以人家以为我去了一个山顶上，其实我就在都市里关了三年。自己把门一关，当天就闭了。不要特意找什么清净地方修道、出家，你心不清净，哪里都不清净，去哪里都没有用！道场就是这个道理。你们去找什么庙子？到庙子你才不妙呢！一样的烦恼，一样的痛苦。你真妙了以后，嘿！什么痛苦的地方都是道场。注意！这是大乘佛法的要点。

弥勒菩萨代表菩提，把道是什么搞清楚了。悟了道以后，找个地方行道，道场也搞清楚了。悟道、行道，地点也有了，现在开始修道。

持世菩萨——如何修行

"佛告持世菩萨：汝行诣维摩诘问疾。持世白佛言：世尊！我不堪任诣彼问疾，所以者何？忆念我昔，住于静室，时魔波旬，从万二千天女，状如帝释，鼓乐弦歌，来诣我所，与其眷属，稽首我足，合掌恭敬，于一面立。"

现在《维摩诘经》的主角换成了持世菩萨。我们要注意，每一位菩萨的名号同佛法都有密切的关系。持世是保持这个世界，世界一切法就是佛法，在家在俗是世间，世间法就是出世间法，没有两样。做到这样才能够修持、行道。

佛转向持世菩萨，要他代表佛去探维摩居士的病。持世菩萨向佛表示他没有资格去，因为他从前住在静室修道，大概不晓得是在哪个山里，又盖了个茅棚或修个庙子，庙子里也不清净，就再找个房间，房间修成关房，什么人都不进来，就清净了。当时，大魔王波旬带了一万二千名天女来了。

你可能想，魔王为什么要带着天女？要知道，大魔王是所谓的阿修罗，还是有功德的，有相当的善行，但是瞋心烦恼不断，一切业习的种子不断。魔在古时是写成磨，就是磨难、折磨的意思。挫折、烦恼都是磨。你肚子饿没饭吃，饭就是磨。夫妻吵架，彼此就是对方的磨。后世把石改成鬼字变成魔，你就把魔想成鬼了。实际上修道人都有魔。譬如我常说自己一天到晚还受魔，但是什么天魔、阴魔我都不怕，最怕人事魔。人找你麻烦，看到真烦死了。你不要以为看到什么三头六臂、牙齿露出来的、青面的，那些一点都不可怕。人事魔最可怕了，我觉得人比魔可怕多了，这是真话，你们要注意这个道理。

另一个道理，魔跟佛是有同等力量的。基督教说上帝万能，但是为什么却不能降魔？上帝与魔鬼并存，上帝的本事有多大，魔鬼也有多大，那上帝就不见得万能了，这个最重要了。佛法也是同样道理，佛能够降服一切，最后还是降服不了魔。在《涅槃经》上说，佛要涅槃了，就问这个魔王波旬，好了，我要离开这个世界，你总该高兴了吧？魔王说，差不多，高兴，但是也不高兴。佛说，我走了五百年后，还有我的弟子，正法还可以住世，五百年后你还有什么办法来破坏佛教？这些在《涅槃经》里都有。魔王波旬回答，你老人家安心去吧！我有办法的，我穿你的衣服，吃你的饭，讲你的经。佛说，啊！你行！你厉害！这是魔破坏佛教的愿力，我们眼看着这个时代都快要来了。中国老话说：道高一尺，魔高一丈。魔的力量比你大。做人的道理也一样，福无双至，祸不单行。好事没有两样一起来的，可是坏事一来就好多接着来，这个娑婆世界就是那么痛苦。

魔鬼不稀奇，处处都是魔，人生境界能不被魔所魔住就了不起了。魔王波旬是天界的大魔王，佛在《华严经》也说过，大魔王是十地大菩萨的转变，他故意走魔王的路子来磨练人，看你能不能过关而成道。所以修行人并不必一定怕魔，经过一番魔障，道理进步一番，过了这一关你就跃进一步。

所以魔王波旬是天人境界，这是看不出来的。他带了一万二千个漂亮的天女，自己变成了帝释的样子。帝释是欲界天的天主，住在忉利天又叫三十三天的中心，就是中国所讲的玉皇大帝。持世菩萨正在静室中修道，当时不晓得是魔王来了，以为是玉皇大帝带着天人来了，还吹打着音乐。经上没有细说，但是一定还带着五彩祥光从空而降，到了持世菩萨那里，帝释率领随从向持世菩萨恭敬行礼，然后站到旁边，是那样地崇拜他。你看一个人修道到这样，你们假使打坐或念经时，不要说来了那么多天人，就来个土地公公或城隍爷给你磕头，我看你不晓得要多高兴了。老师啊！我工夫进步了，那个城隍爷土地公都来拜我了。你一定高兴得发魔了，不只是发疯。

"我意谓是帝释。"你看，修行多难，持世菩萨是大菩萨了都分辨不清，以为是天人玉皇大帝来护法了。

"而语之言：善来！憍尸迦！"就对他说，憍尸迦你来得好。憍尸迦是帝释的梵文发音，有人说天主教基督教的上帝的英文是God，就是玉皇大帝憍尸迦的名字，我说这不一定，很难讲，音是相近，但不要随便牵强附会。

"虽福应有，不当自恣。"持世菩萨接着批评他，你虽然福报大，是玉皇大帝，不要太骄傲放恣。古时中国的帝王权力多大，但是只敢说是天子，祭天时一样要跪下来，自称臣，这一套天人观念看似神话，但它构成了宇宙观念的制度，所以天人的福报比世间的帝王还要大。但是持世菩萨告诉他不要放恣，你看他带了一万二千天女，而且又有那么多音乐，排场不得了。

"当观五欲无常，以求善本。于身、命、财，而修坚法。"持世菩萨接着对他说法，他教训玉皇大帝，你还要进一步修行才行。我们出家修行的人不敢享受五欲的快乐。五欲是色、声、香、味、触，是修道人要远离的。你又有天女，又听音乐，又唱歌又跳舞。五欲福报享完了还是要堕落的，你虽有善报做了玉皇大帝，这个并非究竟，更应进一步修道向善。向上修到色界就要走禅定的路线、戒定慧的路线。你这样可不行啊！

修道的人要把四大肉身看空，观身无常。这个世间的命，欲界的命没有什么了不起，分段生死的命非究竟。就算到了色界、无色界，变易生死的命也没有什么了不起。这些不是真的命，真的命是悟到菩提证道。至于财，古代人间皇帝拥有四海，四海之内莫非王土。当了玉皇大帝，人世间乃至于欲界天里面都属于他的。人的生命身体是正报，财产物资是依报。譬如阿弥陀佛在西方极乐世界，那个光寿无量是正报，西方极乐世界国土，琉璃为地，七重行树，等等，是他的依报。我们世上人有的身体有缺陷，有的特别健康强壮，这是正报。如果没有房子没有钱，那是依报不庄严。我们修行人要正报庄严、依报庄严，就要行一切善、修一切功德才能做到。有人这一生虽然生得端正，一切很好，就是没有钱，因为前生不布施的关系。

有人这一生功业大，钱也有，但是身体有缺陷，例如清朝的曾国藩，是中兴名儒，出将入相，那还得了！可是他一生受皮肤病所苦，身上像有鳞甲似的，一抓要出血的，所以有人说曾国藩是大蟒蛇投胎的。又我们晓得的有位第一等的贵妇人也是有皮肤病，一辈子治不好，没有办法。这就是前生持戒不清净所致。又比方常用花供养佛，可能他生来世会长得庄严漂亮，像花一样好看。不过你小心，好看也会找来很多麻烦，因果要注意！供养花不要发求好看的愿，这个因一不对，果就不对了。供养花的时候要求一切众生的福报，就是使人一见起恭敬心，不要只为自己。

回过来说，生命是正报，财物是依报。持世菩萨劝魔王波旬假扮的玉皇大帝，当然他不知道这是魔王，魔王的威力同玉皇大帝一样的，天人没办法消灭魔王，魔王没办法消灭天人。我们这个乱世，在佛经上来说是劫数，这时三界里天人和魔王在作战，佛经上描写开始时天人容易失败，最后天人反攻，魔王败了，就带领了无数的魔兵魔将躲到莲藕的一个洞里。魔王用他的神通，把莲藕的一个小洞变成了另外一个三千大千世界，所以天帝就找不到他了。这莲藕的洞在哪里？就在我们心中。我们的心房里也有个莲藕的洞，这是表法的道理。

像持世菩萨这样的大菩萨，事前都看不出来这是魔王，他对魔王扮的玉皇大帝说，你应该看空了，"而修坚法"，坚就是修定，再进步上进，坚固。

假如持世菩萨看出是魔王的话，他会不会还坐得住？会不会起恐怖心？这还是个问题。所以这魔王对他还留了一手，化成帝释，正面来诱导。魔对胆子小的来吓唬他，对胆子大的，像菩萨境界的吓不住，他就现出可爱的面貌。这持世菩萨对魔王的说法，是正法，讲得都是很对，是善的一面。修行人行善业道，一切清净放下。

"即语我言：正士！受是万二千天女，可备扫洒。"菩萨是菩提萨埵的简称，菩提是觉悟，萨埵是有情。菩萨觉悟什么？觉悟是悟道，有情是利他，自利利他是为菩萨。菩提萨埵在中国文化就是道人，有道的人。菩萨在中国古代有几种翻译名称，有叫开士、正士、大士。开士是开悟者。观世音菩萨又称观音大士。

魔王化身的玉皇大帝就劝持世菩萨，接受这一万二千天女作供养，可以帮你扫地啊、烧水啊、抹桌子啊。中国后来送人丫鬟说是"可备扫洒"，就是引用自鸠摩罗什翻的《维摩诘经》。

"我言：憍尸迦！无以此非法之物，要我沙门释子，此非我宜。"持世菩萨一听，就说，憍尸迦，你不要诱惑我破戒，我是沙门,出家人,佛的弟子啊!连妻子都不娶了,还要给我一万二千个天女!我的妈呀!怎么得了!怎么拿这非法之物,要我收下作供养!沙门是译音,汉朝时译作桑门。唐朝以后就都不用了,只用比丘,因为印度不论哪一道的出家人都称作沙门,是通称,等于中国人将修道的都称道士,不管你是哪一道的。比丘、比丘尼就是特称,后来用习惯了,叫沙门也可以,可是根源要搞清楚。

持世菩萨持戒很严谨,尤其出家沙门是比丘,修苦行(头陀行)的比丘衣服不超过三件。所谓三件不是说天气冷了你穿五件不可以,三件是以袈裟为标准,批上袈裟还要露出膀子,在印度天气热可以,到了中国,尤其在天冷的地方,你怎么能只披一件呢?所以就有了海青,海青是汉朝衣冠,大袖。头陀日中一食,零碎的东西都没有了,只带个钵和净水瓶,净水瓶的梵文音译为军持。中国古代有一句名诗,"空街夜雨注军持",就是夜里下雨,拿个净水瓶在外面接雨水。天落雨在中医学上叫无根水,医书上写熬药用无根水,就是下雨时半空中接来未落地的水叫无根水。这些都是常识,不告诉你们将来书都读不懂。

"所言未讫,时维摩诘来谓我言:非帝释也,是为魔来,娆固汝耳。"持世菩萨责怪魔王的话还没讲完,维摩居士这老兄就出现了,对他说,这不是玉皇大帝,是魔王,来扰乱你的!连是不是魔都搞不清楚!所以维摩居士第一句话就骂了他。

"即语魔言:是诸女等,可以与我,如我应受。"维摩居士气派大,就对魔王说,你怎么把这一万二千天女送给和尚?他怎么行?通通送给我才对!他照单全收了。

"魔即惊惧,念维摩诘,将无恼我?"魔王一看到是维摩居士来了,就吓死了,心想,糟糕,碰到他了,这下完了,魔王这下要折本了,就像《三国演义》说的,赔了夫人又折兵。

"欲隐形去，而不能隐。尽其神力，亦不得去。"魔王当时就想隐形，不灵，又把所有的神通使出来，仍然逃不掉。

"即闻空中声曰：波旬！以女与之，乃可得去。"这些镜头连电影都演不出来的，当时空中有个大声音就来了。波旬！叫魔王的名字，你赶快听话，把一万二千天女给他，你才走得了。

"魔以畏故。"魔王听了空中声音的警告，大概是魔王老祖警告他，没有办法，害怕了。

"俛仰而与。"这个文字用得非常美，俛仰是形容低下头又抬起头想了半天，舍不得又不得不给的样子，最后只好把天女给了维摩居士。

"尔时，维摩诘语诸女言：魔以汝等与我，今汝皆当发阿耨多罗三藐三菩提心。"维摩居士就对这些天女说，你们的老板把你们送给了我，就属于我的了，第一个条件，给我听话，先要发菩提心。

"即随所应而为说法，令发道意。"下了第一道命令，然后维摩居士当场把一万二千天女作了处理，教育他们。一万二千人每个人的个性都不同，维摩居士用大神通力，根据每一个人过去的业力、现在的个性，对每一个人分别作不同的教育说法，每一个天女都觉得维摩居士在自己面前作单独教育，使得一万二千天女每一个人都发心修菩提正道。这两句话可不要随便看过去了。

"复言：汝等已发道意，有法乐可自娱，不应复乐五欲乐也。"教育完了，维摩居士说，你们现在肯修道了，有佛法清净的法乐可以享受，再不要去享受世间五欲的快乐了。我们欲界是以五欲为享受，有学佛的道友说，这个或那个是种享受。我一听，这还在魔境界里，说是信佛修道，老实讲，资格不够，只能说像那个样子。讲一句话你们出家人不要多心，大陆江浙一带，在家人有时故意称和尚为和样，和尚的样子，南方话尚、样同

187

音。和尚是梵文的音译，意思是为人师可以让弟子道力生起，叫人和尚是真正尊敬的称呼。你们不懂，看我叫住持法师为和尚，还以为我不尊重他。

"天女即问：何为法乐？"能够懂什么是法乐的，才够资格称作居士。这里天女就问维摩居士，什么叫法乐。注意，这里正题来了。

"答言：乐常信佛。"维摩居士回答，常常处处要恭敬佛，不是只有到了佛堂才如此，自己内心恭敬，才是信佛。不是叫你拜佛像，佛教不崇拜偶像的。那些泥巴塑的、木刻的，都不是真的佛菩萨，那是表法。真正佛在哪里？在你心中。佛经告诉你，心、佛、众生三无差别，三位是一体的。佛是化身，心是法身，众生是报身。也可以说，佛是报身，众生变成化身，这个无定位的。怎么叫常信佛？怎么是真正信佛？你现在懂了吧！不是迷信，不是去庙子烧香磕头，你随时恭敬自己的心，随时恭敬一切众生，不要看不起任何一个人，才是信佛。所以说，佛以佛眼看众生，以慈眼看众生，不是以怨恨轻视的眼光看别人，才是信佛，信自己的心。你们都是信佛的，但是严格来说，诸位都不够资格。要随时恭敬自己、恭敬别人啊！

"乐欲听法。"乐于研究、听经、听说法。你说佛已经不在了，那我听谁说法呢？我们这里有五六部《大藏经》呢！你们要看啊。我书房案头上也堆着好几本《大藏经》，我每天有问题就抽出来看，随时研究。你们没有我这样用功吧！可见你们不"乐欲听法"。你说读书、看经没时间，好苦，那就不乐了。读书求学问是乐趣，谈何容易！

最近好多同学劝我，老师你不能这样搞啊！算算一个礼拜有十几堂课，老命不能这样拼啦！完了以后你还要看书、做事，每天能睡上几个钟头呢？怎么得了！我说，放心吧！我的业报还没完，死不了的。前天晚上我还告诉一位同学，我看东西处理事情是享受，你不要担心了，去睡吧！你要做到研究学问、研究佛法是一种快乐，那么你算是得其中三昧了。你们看书读经记不住，看不懂，好苦啊！我看大家是：学而时习之，不亦苦乎？有朋自远方来，如果家里没钱买菜招待，不亦惨乎？人不知而不愠，不亦君子乎？要这样我宁可做小人。

"乐供养众。"大家要反省，这就是戒律，你们供养众做到了吗？你处在团体中，满脸的怨气，满口的怨言，一肚子的怨恨，这就没有守"乐供养众"的戒律。据我所知，这里有一位同学答应为大家讲《庄子》，讲了之后大家颇有怨言，认为这位同学好高骛远，好为人师。你们没弄懂《庄子》，人家帮你们弄懂，是好事，是法供养，你们竟然这么小气。这个就要骂你们！这是犯了没有"乐供养众"。

假如别人也有过错的话，应该劝导，或者观过而知非，自己反省不要犯这个过错。因为别人犯过，就吱吱喳喳的，这是犯了口业。因为讲"乐供养众"，触动我对这件事的感想，才告诉你们。你们犯的是普通人的心理，不是学佛人的心理。自古文人相轻，千古以来文人都看不起别人。老话说，文章是自己的好，太太是别人的好，这是中国人的通病。人的心理都如此，不只是知识分子，你看佛教界里也是，批评这个法师那个居士不对，甚至骂人。佛教怎么会兴起来？都不团结。所以你们问我，某某人这么讲的对不对，我从不答复。你不提人名，说有件事这么说对不对，我或许会答复你。

文人千古相轻，我说，宗教是千古相仇。不管信的什么教，信教的人彼此是仇人啊！比文人还厉害。越是信教的，那个恨人的心理越比普通人重。佛说无我相、无人相、无众生相、无寿者相，结果宗教团体的人我是非特别多，我听了就烦。那么江湖呢？江湖是千古相忌。文人千古相轻，宗教千古相仇，江湖千古相忌，这几句把世故人情都说完了。

你们在这里号称修行，是不是真修行？考考自己。一个学佛的胸襟气派一定要大，能够包罗万象，对的就对，不对就不对，这种小事没什么了不起。话说回来，同学们固然不对，作者听了这些闲言闲语心中烦恼，也太没有程度了。叫你们读的《昔时贤文》，其中有一句我七八岁时就背了，"谁人背后无人说，哪个人前不说人"，哪个人背后没有人批评啊？那两个人碰到了，不讲别人的事讲什么啊？这就是人。老夫妻俩在房中讲媳妇怎样、儿子怎样，也是在讲人。所以把人世间这些东西看通了，听了那些话都是狗屁不如，这样你就胸襟大了。

我以前做过领导的，部下在我面前，我讲什么，"是"都喊得大声，背着我可就有花样了。任何人对你喊万岁，将来叛变的就是他。越恭维得厉害，越靠不住。我经常同那一班在做事的人说，绝对喊服从的人问题最大。有些翘头翘脑的，你吩咐他就这么办，他不同意，真是讨厌，可是他有他的理由，而且是对的。这时候你坐在上面的人，意志就要像刀一样，把自己这个不快的心理硬是切下来。桌一拍，好！就照你的办！这样才可以做上面的人，很痛苦啊！

本来上佛法课不跟你们讲这些的，这些课不是跟你们上的，把你们教会了也没有用。这些是给真要为人上者，或者将来能当师父的时候就有用了，做师父也要包容徒弟啊！不要说徒弟了，你的儿女也是有自己意见的，都是乖的吗？儿女、学生、徒弟都一样，只好包容，该骂的骂两句，好的要奖励，过后呢？讲句不好听的，管他妈的！反正我要死的。你晓得自己总要死的不就好了嘛！没得气了嘛！你不要以为我这不是佛法，这就是咒，即说咒曰：管他妈的！就好了。是无上咒、是无等等咒，能除一切苦，真实不虚。这不是笑话，你真学了这一法就行了。

"乐离五欲。"大家学佛能真的"乐离五欲"吗？离不开吧？我有个最新型的彩色电视机，大概这两三年没有看过两次。过去我天天看电视，不是为了看电视，而是学生做了某某电视台的总经理，他要我帮他看演对了没有。现在根本没有时间看，而我看你们有时候看得两个眼睛比入定还厉害。那喜欢听音乐的，也没有离开五欲。这个时候要考验自己能不能"乐离五欲"。其实，你们在看电视，我撞见了也不出声，就悄悄地来，悄悄地走，你们将来做人父母做人婆婆的要懂这个，唉呀！小孩子们有时要让他玩一下嘛！不要管得太严了。你们喜欢看就让你看，万一发现了，唉哟老师啊！请坐啊……那不是味道，不给他知道，他也省力气，我也没烦恼，溜开了就好了，这也是为人上者要学的地方。叫你们绝对离五欲，那是烦恼的事情，要自己修到离开了五欲，然后觉得是快乐境界时，你就够得上修行了。所以要注意第一个字，是"乐"离五欲。

"乐观五阴如怨贼。"五阴是色受想行识，看这个身体像冤家一样，不迷恋它，把它放下。你们在理论上可以看这个身体像冤家，在情感上可亲得很，这个身体你能空得了吗？空不了的。众生享受的都是属于五欲之乐，佛享受的是清净涅槃之乐，但是如果贪图清净，被享受困住了，一样是魔境。要搞清楚这个道理，才能明白维摩居士为魔女说法的道理。

什么叫魔女？贪图享受之乐。什么叫魔境？贪图享受之乐，凡有所著，所执着、所贪着的，通通是魔。了解这个道理，才能了解真正大乘佛法的精义。魔女悟到了这个道理，能转过来，烦恼即是菩提，那就不叫做魔女了，成了空行天女，也是密法所称的空行母，是女性成就的境界。修密法空行母成就的，可留形住世，身体永久存在，随时来去。但是这可不是随便能修的，如果自己没有程度，算不准修来的是妖魔鬼怪，不是真正的空行母。

"乐观四大如毒蛇。"这个身体是地、水、火、风四大所组合的。这四大如毒蛇一样在咬我们，在吞噬我们的生命。生命的本身不是这个肉体，我们每天为了这个身体忙碌，为了身体而消耗精神，占去生活十分之九以上的时间，三顿吃饭，大小便，穿衣脱衣，睡觉等事，都不是为了生命所需要，是身体所需要。这身体是四大组合而成的，中国俗语说学佛的人四大皆空，就是看这身体不是我，我现在只是有几十年的使用权，而没有所有权。我不可能拥有身体的，它随时变去。虽然是暂时使用，这四大的身体还是很麻烦。等于聪明的人不肯买房子，宁肯用租的，因为买了房子麻烦多。我们智慧不能成就，菩提不能证得，都是被四大所困扰。各位每天昼夜二十四小时中，大部分是被身体困扰，不是不舒服了，就是饿了冷了，或者是身体的变化，荷尔蒙分泌失调引起情绪好坏，所以要观四大如毒蛇。

可是谁能做到"乐"观四大如毒蛇？事实摆在这里，这边的同学都学过白骨观，十个人中能观得起来的有半个吧！真观得起来一个都没有。你光观得起来有个白骨的影子不算，能定得住的十个人中有零个。讲学识、理论都吹得蛮好，工夫通通没有做到。白骨观就是观四大如毒蛇，凡是修大小乘佛法，这个修持的方法是基本的。假如有人观白骨，你问他乐不乐，很苦的啊！在那儿东搞一下，西搞一下，腿又发麻，修久了营养又不够。佛也说修白骨观要注重营养，释迦牟尼佛这话绝对是修持经验来的。

若四大能够观空，再进一步，进入妙乐境界，那才是观四大如空而得定。得定的人在定中是乐，是享受。为什么人肯入定？定是一个绝大的享受。不过，如果大乘菩萨"耽着禅悦"，贪着禅定的境界是犯菩萨戒的，因为他不能起而行之，不能行六度万行的布施法门。话虽这么说，你们年轻同学没得到禅定，腿也熬不住，就不要拿这句话来讲，自称走大乘路子，不"耽着禅悦"，看不起这小乘法门。哼！不要自欺了。先要能够修到禅定，才发大心而舍弃禅悦，那才可以谈菩萨戒，否则不能谈的。

所以说观四大如毒蛇，然后达到四大皆空，在这个境界得妙乐，得享受。据我所知，在座有些年纪大的同学，有的已有二十年以上的修持经验，你听了这个话不要以为自己已经做到了，因为你坐起来非常舒服。其实你还是在四大中，你感觉到的是身体受阴的快感，你正在被四大毒蛇吞没而不自知，不要自以为是。要四大完全观到空，没有身体存在，没有受阴的感受了，然后在空的境界发空性的妙乐，这才是观四大空以后的妙乐。维摩居士告诉这些魔女，你们所贪图的身体上、心理上的快感，都非究竟。要得到究竟的享受与快乐，必须能"乐观四大如毒蛇"。

"乐观内入如空聚。"什么叫内入？我们身体外面有六根，大概我们所了解的只有五根，有一根也在身体上，不过在身体表层以内。眼、耳、鼻、舌、身这五根很清楚，意根你就看不见了。古人讲意根所在，是从心脏连到脑的部分，他们不知《成唯识论》说"第六意识不住身，又遍寄身中"。我们一接触到外界的东西，内在就会有反应，所以叫作内入，这就是六入：色、声、香、味、触、法，法就是思维。六入进入到身体内部，便产生了思想、情绪各种的变化。我们闭上眼睛，好像自己内部有个东西，在想，在作用，就把这个东西守得牢牢的，一般打坐都是在这里搞。其实你觉得很清净、很空，那是外法尘进入内在意根上所徘徊不去的影像。

所以我们觉得内在有个思想，来来往往，这就是意根停留了法尘的影像，就是所谓六入进到内部来。但是一般人没有观察到，现在维摩居士提出来，教他们观，所谓止观，你要观察清楚，一切六入进入内部，你以为内部有个东西能够思想，维摩居士告诉你,如空聚,假的。看起来有个东西住在里面,好像有个生命的东西,实际上是空洞的。所有的感受,一切的声光变化,到内部来,一下就过去了。假使我们死了,六入不能内聚,就是人体的死亡,我们活着时是六入内聚。但是这个六入内聚有没有个东西呢? 毕竟没有东西的,是空聚,假的。

我们身体四大也是这样,感觉死人比活人重,我们抱起一个活人容易,抱起死人就比较难,为什么? 他四大中的风大没有了,所以就感觉重了。譬如气球充了气比重就轻了,如果扁了的话这气球比重就比较沉重了。所以这身体内部是空聚,空空洞洞的。我们活着觉得内部有个思想,有个感受,这是假的,不要受它的欺骗。上一句"乐观四大如毒蛇"观身空,下一句"乐观内入如空聚"观心空。身心皆空,达到乐的境界,得禅定的妙乐,那是真修行,真享受。

这里每一句话都是大乘的修行法门,我们要好好观察牢记。

"乐随护道意。"怎么样能随时随地保护修道最初发心的意念? 我经常告诉你们,上课时不要打坐,要看经本,不然自己在自欺。为什么? 你说喜欢听课,心很清净,那同玩弄听收音机是一样的。你们自己不观察,现在年轻人做功课喜欢开收音机听,就是这个道理。你心以为在打坐,其实是大散乱,结果用这个时间好像在听课,也不看书本,在那儿打坐,听得很有意思,这叫作"秋风过驴耳",秋天风吹过驴子,驴子同猪一样的,这个耳朵吹进来,那个耳朵吹出去了。所以智慧永远不能成就,结果这个经典也听了,那个道理也听了,一问他,写都写不出来,记也记不住。

智慧的成就,能知过去未来,是靠"随护道意"这一念。要你们看《华严经》净行品,依着意思做到就是道意。所以为什么一直要你们依《华严经》净行品来修行,可是谁做到了?

我看是做到了"倒"意，不是道意，统统在颠倒中。

"乐饶益众生。"这更难了，是菩萨行，乐于在一切做人做事中修菩萨道，处处是利益他人。我们这里都标榜是学佛的人，有没有利益众生的思想呢？理论上有。我也是人，知道大家做了好事会想，啊！今天我行了菩萨道，帮忙了人。告诉你，越是书读得多、佛法听得多、佛学了解深的人，计较心就越大，简直没办法收拾。中外都一样，知识分子的做人，比愚夫愚妇更坏，因为有了知识，计较心也大，就容易意见相争，认为只有我的才对。没有知识的帮忙，人对于是非善恶的分辨就很平淡。所以有时候不用菩萨的智慧和眼光，多了知识学问反而堕落得越快。这是讲"乐饶益众生"之难，也是戒行。

"乐敬养师，乐广行施。"乐于恭敬供养师长，这很难。中国的孔孟之道讲尊师重道，但是普通社会对尊师重道做得是不够的，最注重尊师重道的是宗教。所有的宗教都非常尊师的，注重传承，但是多半只是形式上的，没有尊师的行为。现在无论是中国还是欧美社会，都不重视师道尊严。现在还有些中国的读书人，想保留过去的文化，要求别人尊师重道，真是笑话。原因在哪里？教育制度变成了学校制度了，不是从个人来师承学习，而像去到百货公司的商业行为，老师上课是贩卖知识，学生念书是选购进货知识。尤其将来声光科技发达，电脑的普及，知识的传播更不靠个人传道，所以尊师的精神只会更薄弱。

但是这个尊师的道理还存在吗？是存在的。有两点要注意：第一点，尊师重道的真正精神在于尊重知识学问本身。所以佛学里对于传法的老师视为是法身父母，给人慧命，智慧的寿命。肉身父母给的肉体，寿命只有几十年，慧命可是永远地不生不灭。例如文殊菩萨是七佛之师，连释迦牟尼佛都是他的学生，他早已成佛了。因为学生要到这个世界来成佛，就来帮忙，应化成为释迦牟尼佛面前的菩萨，这都是法身父母的道理。所以"乐敬养师"是尊重法，也尊重知识。

第二点，以我的研究，所有宗教中尊师重道最严重的是佛教，而佛教中最严重是密宗。密教对于敬养师父有马鸣菩萨著的《事师五十颂》，讲如何对老师敬养。照那个规矩，我们一般做弟子的没有一个够资格。那规矩非常严重，几乎可以说比盲目迷信还严重。东西是白的，如果老师说是黑的，就跟着老师当成是黑的，我们一般人是做不到的。

佛教的尊师精神，影响到后来的宋明理学家们，我主张你们年轻人一定要看宋、元、明、清四朝学案，可以看到儒家在宋明以后对于师道的尊严，好多地方值得效法。例如明代大儒罗近溪，学问很好，他把老师严山农接到家中，他的儿孙要为太老师招呼茶，他不准，因为是他的老师，他必须自己来，儿孙辈还没资格。可惜你们学佛的人不看儒家东西，这门户之见很严重。我常说宋明理学家等于是佛家的律宗，真讲戒律你要看四朝学案。老庄等于是佛家的禅宗。这罗近溪在《明儒学案》只写了一半，他要死的时候，学生们都赶来了，跪在老师前面，请老师多留一下。他给学生吵烦了，就同意多活一日，时间一到他就走了。《明儒学案》只记到这里，但是你就知道他可以预知时至，而且生死来去自在。《明儒学案》不愿意记载神秘的一面。根据我看到其他文献的记载，在他死后不久，他的家人还收到他自外地托人捎回家的口信，家人一问，带信人和罗近溪在外地相遇的那一天，正是他老先生走的那一天。你看，他还有化身呢！儒家诸如此类有成就的人还很多。

回头再说"乐敬养师，乐广行施"，于上而言要乐于敬养师，于下而言要乐广行布施一切众生。这里尤其要注意这个"广"字，是我们一般人所做不到的，我们偶然有点善心，都是像俗语说的：强盗发善心。大家像强盗土匪，偶然发一点善心就很了不起了。为什么这一篇都要加个"乐"字？是对魔境界而言，与世俗追求的快乐享受不同。学佛的人也在追求享受、追求快乐，但是同世俗有不同的一面，这就是佛法。

"乐坚持戒，乐忍辱柔和。"学佛第一要守戒，戒律没有什么了不起，怎么说呢？它是个生活的规范、生活的艺术。尤其是比丘、比丘尼戒，它是佛教僧团生活的规范、道德、艺术，是一种民主社会的自我约束。因为佛的弟子男的女的出家很多，如果没有共同遵守的规范，这个集团怎么样带领？除了根本戒律是属于道德性质的规范以外，很多戒律是共同生活在一起必须有的规律。能坚持遵守戒律的人是了不起的，但是难了。我们每一个人心里都有戒律，但是那个戒律可不是教主规定的，你知道吗？例如儿女或丈夫、妻子违反你的要求就不可以，那就是你的戒律。又例如你的东西习惯这么摆的，旁人给你摆得不对就不高兴，也是你的戒律。所以你看不惯别人，是因为别人犯了你的戒律。这是小戒律，不是真的戒律。

大戒律是团体的行为，道德的戒律基本上有杀盗淫，这不只是一个人认为是罪过，而是一切众生都害怕这个行为，是根本戒。其他的生活戒律是为了团体的安全。普通的戒律是什么？就是公交车后面写的："保持距离，以策安全"。你懂了这个，就懂了戒。你们同学们不懂生活的艺术，都觉得自己是特殊的，常来找我有殊殊的要求，我看你就不值钱了，不懂事。对老师也好，对团体的主管也好，越信任你就越要守规矩，给人家做榜样，聪明的领导人一看，心里有数，知道这个人可以。假使有人在团体里不要人家告诉他戒条，自己处处严谨，保持道德规范，没有不成功的。所以礼仪的戒律是这样。

基本道德上的戒律除了居士戒、沙弥戒、比丘戒、比丘尼戒、菩萨戒以外，什么是戒律？经典就是戒律。你们没有研究律宗，律宗的根据是：所有经典就是戒律，每一条都是戒律。你以为受了二百多条的戒是戒律？那个行为太有限了，那二百多条戒，大部分的行为与印度当时的环境有关，我们不会犯的。有许多根本没有办法，我们早就犯了，连祖师爷都犯了。环境不同，时代不同，那些戒早应该改了。所以到了中国来，百丈禅师就把它改了，叫作丛林规矩。但是丛林规矩到了现代，又应该改了。要改的地方很多，时代不同了，过去是点青油灯，现在是电灯；过去吃饭时苍蝇蚊子一起来的，现在没有；现在有自来水，过去丛林早上四点钟几百和尚起来，一起在院子排队，手里拿了洗脸帕，轮流去巡堂和尚抬出来的热水桶中沾点热水，擦把脸就下去，你现在讲丛林，也这样擦吗？怕都擦成花脸了。过去丛林半个月排队洗一次澡，现在行吗？这些都是生活行为，很多需要变动，这个不是真戒。真的戒是什么？此心随护道意是真戒，念念随护道意，念念随护行为。

进一步说，真正的戒是"乐坚持戒，乐忍辱柔和"。尤其在团体生活中，几个人能够修到忍辱？反而是狠心地侮辱人家，给人家好看，认为这样才够英雄，其实处处在造孽。性情要柔和，做得到吗？性情柔都很困难，和就更难。我常观察同学们，一有什么达不到他的所望，那个眼神都横起来变成毒蛇了。告诉你们，眼跟心是连在一起的，就是起了这一念的因，在你的阿赖耶识就有了瞋毒的种子！就不得了啊！所以，学佛不是光盘腿盘得好，这些行都是戒，做不好都不行。而且不只是"忍辱柔和"，要乐于"忍辱柔和"，做到了就是"乐坚持戒"的成果了。

"乐勤集善根"，这个和上面都是连着的。坚持戒做到了，修养由外再打进来，由忍辱达到内心的柔、和，没有任何地方不使人有祥和之气，个个喜欢。学佛的人有一句话，未曾学佛先结人缘，就是学佛第一步要广作布施，先结人缘，然后结一切众生缘。但是许多人不自我反省，看到任何人都讨厌，人家看他也讨厌。为什么不得人缘？因为他心地上道德根基不够，多生累世不修忍辱，不得柔，不得和，因此在轮回中慢慢打滚吧！功德不会圆满。心性能够修养到柔，柔而到达祥和，那就人见人爱，是人人都喜欢的菩萨境界，功德圆满。要乐于在这一方面修，才是佛道。

我们晓得，一切众生平常日用之间，动坏念头比好念头多得多。前面讲过儒家等于是佛教的律宗，都讲戒律的。我们年轻的时候一定要读《文昌帝君阴骘文》《太上感应篇》这两本书。你们年轻人没见过，我们小时候读书，书桌子旁边有一张纸，叫作功过格，这个纸上有很多圈圈，一个月一张。每天检查自己的心念行为，有不好的，就拿黑笔在圈圈里点一点，有好的，就拿红笔在圈圈里点一点，然后定期检查，到底是黑点多还是红点多。

我小时候家里请了位前清的秀才先生，按那时的说法，我家是东家，他是西席。他留过洋，可是从不说洋文，每天除了教我们读书就自己读《金刚经》。他是吃素的，所以我母亲每天都为他准备斋食。我常常觉得这先生的嘴中有香味，觉得奇怪，就问我母亲，她说一定是先生的牙齿松了，素菜中的芝麻落在牙缝里我才闻着香。我后来上课时仔细观察先生的牙，果然如此！这是一笑。但是他很诚心，有一年他留在我家中过年，他在自己房间里读过经之后，供上祖宗牌位，供上菩萨，拿出功过格，很紧张地看着，就跪着一面打自己耳光，一面骂该死！该死！我看是黑点比红点多的缘故。我那时好奇，是从门缝偷看先生才看到的，这是确确实实的事。这就是中国文化的国民道德教育，它有自己的一套。现在学校里有什么训导处，越训越盗，训得了吗？《文昌帝君阴骘文》《太上感应篇》，我现在都还保存着。像这样修持，叫"勤集善根"。

善要下根啊！我们有时候也动了善念，动了善心，但是不入根。刚要对人好一点，善事做了一点，忽然另一种刺激环境来了，就什么都不管了，恨起来比不行善的时候还要恨，这是善根没有成就，所以修道不会有成果的。要"勤集善根"，这就是你们同学经常不大注意的三十七菩提道品，那里头特别注重这东西，可惜你们只把它当作佛学的名词。修道学佛，戒、定、慧不能完成就是功德不能圆满，功德如何圆满呢？就要"勤集善根"，行善要种下根基，深深埋根下去才能成就。

"乐禅定不乱，乐离垢明慧，乐广菩提心。"注意！要"乐勤集善根"以后才真正得到禅定。你们有的经文本子把这两句圈点成上下句，等于一正一反。所以我们修道打坐为什么不能到达禅定的境界呢？因为善根的根基不深。根基不深不能成长的，所以你们打坐做工夫有时候好、有时候坏，进一步、退三步。有时好个几天就不得了，穷人得宝，"抖"起来了，结果穷人抖起来进了精神病院，因为善根不深啊！必须要"勤集善根"以后，才能真正得到禅定之乐，永远不散乱了。实际上什么是禅定呢？行善就是禅定。禅定到了，必然念念行善。所以看你真有没有定力，只要看你有没有行善就知道了，不是看你能盘腿盘多久。但是盘腿也是要的，这是习定，练习定的基本工夫。真得定了，盘腿、放腿、走路、睡觉，无一不在定中，这要善根成就才做得到的。

有了禅定以后，"乐离垢明慧"，才能发起智慧。智慧是什么？是离一切心理上的染污，唯识学心所上的染污都离开了，心中明净。这明净不是理论，是工夫，内外光明清净。这个时候，真正的智慧不思而得，不勉而中，发动了。得了智慧干什么？大彻大悟而证得菩提，所以"乐广菩提心"，菩提是翻译名称，意思是觉悟，就是阿耨多罗三藐三菩提，中文是无上正等正觉、大彻大悟。这里为什么要加一个"广"字？表示不是我们一般小智慧小聪明境界。所以我这一次跟着去年讲的《瑜伽师地论》连贯下来，要你们研究《成唯识论》，就是要开发开广你们的智慧。真了解了菩提心，就知道它的体是性空缘起，而以大悲心为用。真得了菩提心，一定发大慈悲心。

"乐降伏众魔，乐断诸烦恼。"什么是魔？不是你夜里看到了鬼，烦恼就是魔，一切众生心中皆有烦恼。我常说佛学比一切学问都高明，例如佛法用的"烦恼"两个字，或者翻译成烦惑，每人每天没有哪个时候不在烦，恼是讨厌。烦恼不是痛苦，痛苦就很严重了。没有一个人不烦恼，《维摩诘经》说"烦恼即菩提"，看你能不能把烦恼转过来，烦恼转了，就清净了，就大彻大悟了，就"离垢明慧"了。烦恼就是尘垢染污，一切心态心所所起的，都是染污心理。魔有很多种，烦恼也有很多种，所以佛说"一念之间有八万四千烦恼"，这呼吸一进一出叫一念，这一念之间就有那么多烦恼，自己没有检查出来。

你们爱写文章的就可以体会，当你拿着笔在写字的时候，你观察一下（这就要有定力了），我们的思想来得快，笔跟不上，你用电脑打字也跟不上。思想很快，一把握不住就溜过去了。你想记录自己一刹那之间有多少思想是没有办法的，尤其是思想敏捷的人。你们跟我久的同学都知道，我写东西的时候，要摆三支笔在那，写得快起来都来不及再找笔，过去了就懒得动了。你就发现，如果写不快的话，你最好的观念一下就溜过去了，过去心不可得啊。这里告诉你什么？不要当闹热听了，这是叫你检查自己的一念。你从这里坐电梯下去，只有十一楼，不要一分钟就到了，可是你在电梯里想了多少事了？你看有人坐在那里织毛线，你以为是织毛线，其实在搞烦恼，脑子里都在想别的，心都是散乱的，不得禅定。很多年轻人看书根本看不进去，你们都有这种经验了。如果你每本书的每一个字每一句读下来，中间没有岔过别的思想，那就叫读书了。能这样专一的话，修行也能够专一。但是你做不到，都是一面看，思想一面在那里跳动，这叫烦恼。所以禅定也做不到，智慧也做不到。定就要在这个地方体会，否则你打坐都是在搞昏沉，修亥母定，亥属什么？亥属猪，要注意啊！

"乐净佛国土。"烦恼清净了，就一念之间烦恼不生，叫无生法忍，离染污心而明净，此心就是净土，净土就是佛土。《维摩诘经》说"心净则国土净"，内心一净了，佛土境界就清净了。道家张紫阳真人讲过：

> 不移一步到西天　端坐西方在目前
> 顶后有光犹是幻　云生足下未为仙

不需要往生，已经生了，也不要往，自然生，也不往，自然去。西方就在你心田中。你纵然修禅定到全身放光，也还是幻境界。你身体可以飘起来，站在白云上，还是妖魔境界，仍然是由妄想心生出来的，并不稀奇。换句话说，你心还没有清净，还在着相。不着相烦恼就转菩提了，就达到"乐净佛国土"。

"乐成就相好故，修诸功德。"这是修大乘道学佛之路，为什么要"修诸功德"，修一切功德？我们若持小乘戒、比丘比丘尼戒，走的是消极地修善，没有积极地修功德。大乘菩萨戒除了消极地为善，还要积极地修功德。所以修功德是非常积极的，修一切功德圆满才能成就一切佛法。大家早晚做功课都念"皈依佛两足尊"，哪两足？福德和智慧都满足了。福德怎么来的？修功德来的。功德成就，福德就圆满。大家学佛往往重修慧而不修功德，但是慧也没有修到，听了又忘了就是没有慧根，要能一入即三世不忘，即使是读书的博闻强记，也都是修得的。

你们同学在现代教育之下老是靠笔记本、原子笔，靠电脑，脑子永远是空白的，我最反对。我有时也靠笔记本，这是因为脑子暂时先管下面重要的，临时拜托这笔记本先帮忙记下来，等下我还是要把它记到第八阿赖耶识心田里的，这样可以拿起来就用。我不相信年纪大的记忆力就退步了，至少在我现在这年纪还否认，记忆力反而比以前还好。为什么？年纪大了功力越来越深，头脑就越冷静，记忆力就越强。所以年轻人谈不上，年轻人能博闻强记，除非他修定力有成就，或者是过去生的定力带来的。历史上讲白居易生下来就能认字，还有很多人也是这样，那都是真的。

这是讲修功德的重要，功德不成就，智慧是不会成就的。善根成就的人是有真智慧的，真智慧是真神通，真智慧是真善根。过去我们中国人讲："天子重英豪，文章教尔曹。万般皆下品，唯有读书高。"十几年以前我在大学教书就讲，"万般皆上品，唯有读书低"。这个世界每一样东西都值钱，只有知识不值钱，但是知识的代价，它的成本，比什么都高。一篇文章写下来，稿费没有几个钱，但是真正的好文章，要累积了许多时间，收集拢来许多智慧，不过写一二千字，那个成本的确很高。

几十年前我有个不识字的老乡，发了财，找我帮他写一封家书。我事情很忙，他就坐在旁边等，等急了要催我快点，就说，求你真难啊！你这写信不过就拿起笔画个两下嘛！言下之意好像我有意为难他。这一下我有点火了，也想教训他，就说："写信就拿起笔画个两下，那你来画！"他说："我就是不会写才求你嘛！"我说："你晓得我给你写封信，成本多少钱吗？"他说："这就一张纸有多少钱？"我说："告诉你，从我妈妈怀胎那一天算起，生下来，从小养大，又读了几十年书，现在不过会替你写信，这要多少成本啊？你同我一起读书的，你怎么不会写!?"他被我骂得只好说："是啊，我小时候不努力，我笨嘛……"

你看，智慧是不值钱，但是财富再大你买得到智慧吗？譬如你想悟道，你可以花钱请人替你去打坐吗？你可以悟道吗？所以要想悟道，还要"修诸功德"。不要以为你只打坐，什么事不管就可以了，现在有好多同学走上这个错误的路子。我真要骂人了，你能修得好我头都给你！我同你赌这个头。我不要打坐吗？我这个老头子一天到晚为你们忙得要死，什么事都要我管，连草纸都要我管，天气冷了，还要打电话上来提醒你们把窗子关好，不要着凉。我这是什么禅定工夫啊！我在当你们的孙子啊！这是干什么？"修诸功德"啊！你为什么不在这个地方去参究呢？光会在那里自己当老太爷，要读书写文章打坐，你那个文章，哼！叫作文脏！打坐叫作打堕！学佛注意啊！要修诸功德啊！

能"修诸功德"才能做到上一句"乐成就相好"，佛有三十二相，八十种好，智慧具足，福德具足，是怎么修来的？不是他六年在雪山中冰雪靠背来的，如果这样可以成佛太简单了，你打开冰箱靠个六年不就成佛了吗？不行的啊！要修一切功德才成就相好庄严。这不是我讲的，是维摩居士对魔女们说的，我不过是个传话的。

现在继续讲维摩居士为魔女说法，什么叫作魔境界？就是求快乐、求享受、求快感。维摩居士一连串说下来，说明世间的快乐并非究竟，那究竟的快乐是什么？现在继续：

"乐庄严道场。"由刚才讲的是个人的庄严体相，现在讲到道场。我们的身体是正报，我们长得白、黑、胖、瘦，不同的健康情况，都是因果报应问题，这是正报。时代社会的环境、有没有财产、住的环境甚至一切的遭遇，等等，是依报。例如阿弥陀佛有三十二相八十种好，这是他的正报庄严。因为他的四十八个大愿，愿一切众生成就，所以他成就的道场是西方极乐国土，依报也庄严。

我们做人也一样，有人一生正报庄严，现在看到这种人很少。过去在大陆，地广人多，我看过很多例子，许多叫花子相貌蛮好的，脸孔长得像佛像，有的几乎两耳垂肩，如果他去拍电影一定是一流的。但他是个讨饭的，什么道理呢？耳朵大了是长寿相，但长寿不一定好。如果看相的说你可以看到曾孙子，你先不要高兴，你可能很孤苦，儿子活得没你那么长。人要靠儿女过生活已经不是味道了，尤其是现代的人，养儿女是责任，不要有做买卖心理，期望他们还你债来养你。时代不同了，这观念要改了。我常讲，儿女向父母拿钱用，是躺着拿的；太太向先生或先生向太太拿钱用，是站着拿的；要想向儿女拿钱用，就要跪着拿了。

再说有的人正报庄严，但是依报不好，环境不好，穷苦一生。何以依报不庄严呢？多生累世不修功德之故，不做善事。所以真正之乐，前面讲要正报庄严，现在讲依报也庄严是人生最乐，是菩萨之乐，乐庄严道场。

"乐闻深法不畏。"喜欢听闻高深的佛法而不怕。为什么要怕？听起来很奇怪，如果你从事教育时间够久，就一点也不奇怪。如果你从事宗教教育、佛法教育时间够久了，更一点不奇怪。一班上课有几十个学生，其中那个笨的，你真想跪下来叫他爸爸，希望他聪明一点都没得办法。而且他真的怕，怕接受教育。一班同学有时上百人，毕业了能够在社会上成功、对家庭有好的贡献的没有几个。乐闻深法而不怕，还肯追求是很难得的。你拿真正好东西教人家，人家不一定肯接受。所以我上课能有这么多学生肯来听课，真想给他们跪下谢谢。能真正闻深法而不畏，并不容易。譬如你们想悟道，悟道并不难啊！真的！为什么人不能悟道呢？因为有一天真有那个道来到你面前，你会怕的。

我上午告诉你们，我实在很佩服那位《外婆禅》（老古出版，新版书名更改为《参禅日记》）一书的作者，以一个在国外定居的七十岁老太太，没有一个老师在身边，能够自己有这么多境界，不单是了解，而且都过得去，不断地有进步，全靠自己摸索，真不容易。昨天下午接到她的信，她每半个月定期要向我报告一次，这一次她说打坐时突然好像碰到了台风境界，风声极大，但是她晓得这是自己里面的风动。风一过了就觉得大水来了，如汪洋大海浪潮波动，她晓得是水大动了。总而言之，地、水、火、风都经历过了，最后不只觉得自己身体没有了，她早有这个境界了，而是气从每个毛孔出去了，充满了虚空，大得很，万物皆无，自己这个人没有了，什么都是云、气，自己觉得在若有若无之间，好像只有一点灵光在虚无缥缈中。我们讲得很容易，她一个人在国外家中做工夫，家里人都不在，碰到这些境界没人可问，也没有人可商量，自己会晓得这是什么，不恐惧，真是非常难。这是"乐闻深法而不畏"的道理，何况还不算是深法。

所以有的人用功修禅，有时候说入魔了，哪里有魔啊？不过是自己害怕畏惧，或者是一念贪着七情六欲境界，就走上岔路了。想起来这位《外婆禅》老太太的日记提到，她的邻居住的是位美国教授，有一天从精神病院出院回家了。一个人进了精神病院就是入了地狱，那是不可想象的，你们没参观过，不知道的。所以你们学佛修道，千万不要把自己弄神经了，被送进了那个地方就不好办了。什么病都可以生，精神病可不要生。不只是学佛的，任何宗教都有年轻人信得害精神病了，没有正知见是很可怕的。这是所谓"乐闻深法而不畏"，不但不畏，听到高深的佛法变成了十善道，变成快乐。

"乐三脱门，不乐非时。"三解脱门之乐是贪、瞋、痴都转了，声闻、缘觉菩萨到这个境界，就不乐非时之乐，是正乐。

"乐近同学。"乐于亲近同道修行的同学，过团体生活的人都知道，这句话真要做到也很难。在团体中一起修行久了，同学在一起是会不舒服的，不但环境不舒服，而且天天会有烦恼是非的。

"乐于非同学中，心无罣碍。"能够乐近同学已经不容易了，而能够和志不同道不和乃至相反意见的人相处，心里面却没有烦恼。不要说别的，即使是家里面住在一起的兄弟姊妹相处，都会心有罣碍，随时会起烦恼，何况团体中的同学！各人意见不同、生活习惯不同，障碍就更大。

"乐将护恶知识。"恶知识与善知识是对立的，佛法讲善知识是最好的，是得道的人、有道德的人、可以指导我们不会走错路的人。即使学问好道德高，如果使我们走错路，就不是善知识，是恶知识。恶知识是坏人，但是为什么仍然要保护坏人？这就是菩萨道，即使是坏的，还要保护他、照应他。

"乐亲近善知识。"亲近善知识当然是应该的。

"乐心喜清净。"维摩居士为什么在这儿讲这一句话？我们会觉得奇怪了。我们学佛修道就是想求个心清净，大家都这么想。事实上，真正到达心念空了、心清净的时候，你就不会干了。刚才讲过，其实悟道很容易，求道求到涅槃境界，到那个时候恐怕你就不干了。我们天天要求清净，真到清净了，不做了。

刚才吃晚饭时跟老朋友们谈话，谈到人生的境界。有一对学佛几十年的夫妻，在家中供养一位禅宗的老师跟着他学，过去很多学佛的人是这么学的。这老师最后在他家里面涅槃了，他还亲自给老师收拾办后事。他道家、密宗都学的，现在年纪也到了古稀的七十开外，正报依报都不错，子孙满堂。这位太太在大陆的妹妹最近过世了，先生得到了消息没有立刻对太太讲，怕她心情不好，现在当到我在场才对太太说了。我就说他："这个也看不开！生来死去普通得很。别人可以，你学佛一生，修道一生，这个情字舍不掉，什么都不要谈。"这话是说，讲理论容易，劝人的时候好听得很，临到自己头上，鼻子就变成眼泪了，就受不了了。讲心清净，人到了老年清净很容易，什么都没有了，返老还童了，像当小孩的时候，什么都没有，光屁股来到世界上，老年又要回到那个光光的境界去了。修道的人到了什么都没有的境界，嘿！还正好享受。寂寞，在一般人叫凄凉，你如果一知道这个寂寞是享受，就变成真清净了，那无比的舒服，一无牵挂。可是真清净来了你受得了吗？老实讲，你们年轻人学佛是追求好奇，清净寂灭的理论都会讲，给你寂灭一下看看，真到那个境界你受不了的。所以"乐心喜清净"并不容易，不但清净，还变成乐。清净哪里有？处处有清净，你做不到而已。

"乐修无量道品之法，是为菩萨法乐。"要乐于修行无量道品之法，不只是三十七道品而已。我们学佛，三十七道品一样都没有做到，要真正做到三十七道品之法，包括我们上面两个礼拜累积所讲的这一大堆，这叫做菩萨境界，大乘的法乐。我们查佛学字典，什么叫法乐？只是很简单的一个观念。现在《维摩诘经》记载维摩居士所讲的，只列举了一小部分的法乐，还不是全体。全体是三藏十二部，小乘、大乘、佛道、外道、魔道等等，一切的修持转成菩提的境界，叫做菩萨道的法乐。总结这一段，维摩居士是给落在魔境界人说法，魔境界是贪图世间五欲之乐，他劝他们放弃，转修出世的法乐。

"于是波旬告诸女言：我欲与汝俱还天宫。"讲到这里，这个魔王波旬就对魔女们说，我们可以回去了。大家要注意！天人也还是魔，佛学里头的魔并不是坏的，凡是贪着身心爱乐的都是魔。所以有感情是情魔，有爱魔，还有更大的欲魔，这三样是人世间大魔。天人境界就是魔，六欲天中的天人都在魔境界中。我们是不是呢？我们也是，我们就是魔，而且彼此相磨。

"诸女言：以我等与此居士！有法乐，我等甚乐，不复乐五欲乐也。"魔女说，对不起了，现在我们同维摩居士一起，得到了法乐境界，不想要世间的五欲之乐。

"魔言：居士！可舍此女，一切所有施于彼者，是为菩萨。"这魔王看到他的一万二千天女眷属，被维摩居士一个人哄走了，就请维摩居士行个好，放弃天女。还说，一切东西可以布施给别人的，才叫作菩萨。你怎么占有我这些眷属呢？

"维摩诘言：我已舍矣！汝便将去。"维摩居士说，我本来没有执着抓住他们，早就布施啦！你就带回去吧！

"令一切众生，得法愿具足。"这句话就是菩萨境界，学菩萨道的人要能满足一切众生合理的欲望。

"于是诸女问维摩诘：我等云何止于魔宫？"于是这一班魔女问维摩居士，我们跟着魔王回去了，今后怎么样在魔的境界里修行菩萨道？要注意！这是代表我们问，不管在家出家，在这个世界上就还在欲界中，饿了要吃，冷了要穿，病了要吃药的，一切都是魔境界。人怎么样在魔境界里修行？不在魔境界内修，不叫修行。

"维摩诘言：诸姊！有法门名无尽灯，汝等当学。无尽灯者，譬如一灯然百千灯，冥者皆明，明终不尽。"维摩居士回答，有一个法门叫作无尽灯，你们要学。什么叫无尽灯呢？譬如一个灯，一支蜡烛，可以点亮千百支蜡烛，一千一万支都点得亮。只要点亮了，光明永远不尽。这个道理就是无尽灯。

维摩居士继续说，各位大姊回去吧，在魔宫里修法，就是修无尽灯法门。这个道理有两个意义，第一个意义，真正的佛法在世间，不一定要出世，在这个世间留到一点佛法种子的光明，影响更大。所谓一灯可以点亮千万灯，"心灯无尽"就是这个道理。第二个意义是内在做工夫的，只要我们自己心中明白了，即使在魔境界也是好的道场，这个痛苦的世界就是西方极乐世界，还去哪里找个清净道场？这里就是了。所以一灯可以点燃百千万灯，只要一点灵光不昧，随处都是道场，魔宫里正好修行。没有魔的地方是不能修行的啊！没有魔的地方你修行修不成的，因为你不需要修行了嘛，对不对？没有魔哪需要修行？譬如夫妻相处，互相是对方的魔，在这里受得了、空得了、悟得了就是修道。家庭中各分子在一起都是魔，你磨他，他磨你。有好魔的，大家相亲爱的，这个魔是看不见的。不好的魔呢，天天吵，吵死为止。修行在魔宫里修，是大乘道，在魔法里打得过，才是成就。修道人经过一层魔障，就跳过一层道业。俗话讲，道高一尺，魔高一丈。你能跳得过一丈，就更厉害了。

所以修行不是跑到庙子、跑到山里去，山里谁磨你？算什么修行？有年轻出家人要去住山洞闭关我都供养，但是我都告诉他们，你修不好的，你去三年再下山跟我做事看看。他三年打坐，跟我做事一天就垮了，就受不了。尤其我这个大魔，天天骂他这样不对、那样不对。他在山上受人恭敬礼拜，到了这里挨老师骂就受不了，这个魔境界过不去你不要修道。《维摩诘经》这一段就是告诉你，受得了魔才是道。尤其你们这些刚刚找上魔境界的，要多注意啊！古人作的一副对子："能受天磨真铁汉，不遭人忌是庸才。"一个人出来做事如果没人嫉妒你，那这人是个笨蛋。又能干又有本事的，一定有人吃醋被人讨厌，在团体里没有人讨厌嫉妒的，就晓得这家伙一定是无用的东西。有你不多，没你也不少，这样一个人一定是个闲家伙。人做到这样一点价值也没有，这是普通的道理，不是佛法。你不要以为这两句话简单，我是一辈子拿来当咒子念的。年轻时我风头之健，各方面要打击我的很多，心里很烦，一想到这两句，就哈哈一笑，不理了，真解脱了很多痛苦，"是无上咒，是无等等咒，能除一切苦，真实不虚"。这不是给你们说笑话，你以为一定要什么咒语，这就是好咒语。你哪天夜里碰到鬼，把这两句一念，那鬼都跑掉！如果鬼要来迷你，证明你这个人还有点好处。如果鬼都不理你了，你这个人还有什么用处！对吧？

"如是，诸姊！夫一菩萨开导百千众生，令发阿耨多罗三藐三菩提心，于其道意，亦不灭尽，随所说法，而自增益一切善法，是名无尽灯也。"你们在魔境中修法，要把自己点亮，把智慧打开，你就是一盏心灯，在这个世间可以开导教化一切众生，可以影响多少人，都能够发无上正等正觉心。一盏灯点亮了，可以分灯千百万盏。一个菩萨自己悟道了，可以教化人家，不但对自己没有损害，自己的道理越布施出去，智慧越增加，这个道理就叫无尽灯，你们同学就要学。我这里给你们讲明，因为你们不亮，你们虽然也是灯，是熄灭的灯。

我从上个礼拜起，喉咙不舒服，发声困难，好多同学就劝我休息一阵子不要讲课了。但是我不肯停，因为同学们要学啊！还管它有没有声音，照样要它讲出来，这要点本事的啊！我吃了一大堆中药西药，一点用没有，只有不理。学佛的人，牺牲自己照亮别人，所以我不肯停，还不是讲下来了！这是告诉你们，不要自私，不要为名，不要为利，只有一番弘扬佛法的心，不要管自己，你充其量讲死了嘛！假如在这里就是讲死了也蛮好的，你们把油漆一漆，打上防腐剂，就算肉身不烂，还可以给你们卖门票收点钱，也不错，对不对？不要当笑话，就要下这个决心，无私无我，倾你所有布施出去，没有什么艰难的。学佛修道就是这么一条路子，这就是无尽灯。我看你们来学佛学道，年纪轻轻，非常照顾自己，又懒，又不肯助人，但要求起别人却非常严格，看看这个不对、那个也不对，觉得别人都不是圣贤，难道你就是圣贤吗？我看你是"剩闲"，是剩下来没有用的闲人，有你也不多、没你也不少的人。你们在家里、在社会都要帮助别人，牺牲自我没有要求，就是无尽灯的道理。当然要点亮了自己，这也重要。

"汝等虽住魔宫，以是无尽灯，令无数天子天女，发阿耨多罗三藐三菩提心者，为报佛恩，亦大饶益一切众生。"所以维摩居士对魔女说，你们回魔宫去，以这个道理去修持，自己做一个照亮的明灯，影响无数天人天女都发无上菩提道心，这样才是报佛的恩。什么是报佛恩？就是大大地利益一切众生。

"尔时天女，头面礼维摩诘足，随魔还宫，忽然不现。世尊！维摩诘有如是自在神力，智慧辩才，故我不任诣彼问疾。"讲到这里，这些天女顶礼维摩居士，就跟随魔王回去了。

持世菩萨本来在道场入定，天魔就带了魔女来玩了这个花样，他的处理方式就是对魔王说，我们是出家修道的人，不可以这样。这就是一般学佛修道的人的做法，铁青着面孔教训人。维摩居士就在魔境界里游戏人间，你们千万不要带着一个宗教徒那副死相，大菩萨道要度一切众生，魔就不是众生了吗？外道就不是众生了吗？你就度不了吗？你把他们排开了，那你还算是菩萨道吗？他是坏人更要照亮他，你这个灯就要点啊！所以佛法修道在世间，不在出世间，就在魔道里修佛道，成就了才是真佛道。

既然持世菩萨也吃瘪了，佛就找另一位菩萨。

长者子善德——布施与供养

"佛告长者子善德：汝行诣维摩诘问疾。"长者子是世家公子，善德顾名思义，这菩萨的境界是修一切善的。佛要他代表去问候维摩居士的病。

"善德白佛言：世尊！我不堪任诣彼问疾，所以者何？"但是善德菩萨同诸位菩萨一样，表示自己也没有资格去。什么理由？

"忆念我昔，自于父舍设大施会，供养一切沙门婆罗门，及诸外道贫穷下贱孤独乞人，期满七日。"善德菩萨向佛报告，以前为了纪念自己的父亲，要做功德，就设了一个大布施的法会，供养一切出家人、婆罗门贵族、外道、下贱阶级的人、孤独的人、讨饭的，布施了七天。

"时维摩诘来入会中，谓我言：长者子！夫大施会，不当如汝所设，当为法施之会，何用是财施会为？"那时维摩居士来了，他对我说，公子，真开一个大布施会，不应该像你这样办的，只拿钱和食物来布施是不够的，真布施是法布施。佛法讲法布施是智慧的布施，教育就是智慧的布施。我可不是在布施啊！我这是叫出卖。布施不容易的，我是做不到的，那硬是要牺牲自己，不论是什么人你硬是要教化他。连迦叶尊者、须菩提都做不到，都有偏向。迦叶尊者只教化贫穷的人，富贵人他不理，须菩提正好相反。所以我说我做不到，我的做法、教法只是有限的人可以接受，不能做到无遮大会的法布施，人要有自知之明啊！菩萨道法布施可不容易，法布施真做到了，才是十地菩萨的法云地，说法如云如雨似的普遍洒下来，等于古代所说"龙行一步，百草沾恩"，那才够得上是法布施的大菩萨，我们只算是开始在学习而已。

所谓法布施有时也称法供养，但是严格讲来，这两个名词是有差别的。法布施是已经有成就的菩萨自利而后利他，为人说法，度一切众生，是布施的精神。供养是以下对上而言，例如供养诸佛菩萨。但是一切众生皆是菩萨，是因地上的菩萨，都具有佛菩萨的种性，只不过是善根没有发现。所以用谦和的大菩萨境界心理来说，法布施就是法供养。学佛的人必须要修供养，在修持法门里，供养不光是理论而已。一个学佛的人随时要起供养心，也可以说是要起布施的心，不但要有实际的布施，还要有法布施。

拿世俗的观念来讲，法布施是看不见的，好像不花本钱，我心里想一想就是了。如果是这样，就变成戏论了。法供养、法布施要随时随地培养自己的心田，以清净法供养一切十方三世诸佛、菩萨、圣贤、有成就的僧伽、众生。所有的供养中，如饮食、衣服、卧具、汤药是佛经归纳为四种供养。学法的人如果自己有佛堂做道场是最好了，如果没有，家中也不方便，就不需要。心中有佛，心中就是道场，念念有佛、法、僧三宝在心中道场。开始你观想一个有形象的都可以，想象一个自己理想中的道场，用这个理想的道场随时修供养法。

讲饮食的供养，像我们当年学佛，不论如何，身边总想办法有个佛，因此就弄个佛像，是象征的作用，画的、雕的都好，自己不论吃任何东西，没吃之前都先拿起来供养佛，然后才自己吃。据说我们这里有位同学，他买回来水果都先拿去供佛，然后才吃，不论他是不是学过，以此发心就是对的。实际上诸佛菩萨不需要吃你的，你是在培养自己的恭敬心，上供养一切三世诸佛，同样地也是供养你的父母。我看过很多信宗教的人，对于他们的教主，不论是佛还是上帝，很有恭敬供养心，对于自己的父母却好像是冤家一样。你对一切众生都要供养，何况是父母？很多学佛的人，和自己的家人相处不好，觉得家人是拖累，觉得烦。这些人连自己眼前的家人都不能度，逃避到宗教里来，还说什么要度一切众生？简直是犯罪！佛经上说，事父母如佛一样的人必定得福报的。饮食的供养包括吃的和喝的，乃至我虽穷得没有办法了，泡一杯茶，倒一杯清水，也是供养。你们佛堂泡的茶叶，每天也要换几次，心情要像佛菩萨就在这里似的，不要以为今天已经泡茶供佛了，就不管了，这是自欺。衣服也是供养，乃至自己买了一块布做新衣服都要供养。

供养不只是供佛菩萨，连善知识、上师也要同样供养的，当年我们学佛都是这样做的。现在时代变了，我早就说过，现在不供养佛也不供养上师了，是我们要供养众生。不是他们来求法，是我们要跪着求他们接受法。各位同学，现在有这样的环境供养诸位，吃、住、学一切都不需要顾虑，是何等的福报啊！我常告诉你们，自己要反省，何德何能，受此供养？所以我常常讲戒律有两句，"忖己功德，量彼来处"，这是非常重要的。我们接受人家的供养，要反省检查自己所作所为有什么功德，要估计这个人对我的布施供养该不该接受。这些地方你们不是没有榜样，活的榜样都有，但是你们不知道。有时候高兴起来要骂你们，不高兴只有感叹，此乃佛所说"至可怜悯者"，愚痴得可怜。

如果你们的福德智慧资粮够了，才可以修上乘大法。上乘大法说，"诸供养中，法供养最"。刚才讲的饮食、衣服、卧具、汤药还容易理解，怎么叫法供养？就是你本身悟道啊！你证得阿耨多罗三藐三菩提大彻大悟就是法供养，也是真正的法布施。有人用世俗的话讲，法供养是精神供养，但是这样说并不对。最好的法供养是自己悟道，其次是此心二六时中无杂念、妄想、烦恼。是不是做得到，这是个问题。所以维摩居士对长者子善德讲法供养的道理，他说开布施大会最重要的不是拿财物布施，法布施才是真布施。

"我言：居士，何谓法施之会？"长者子善德就问维摩居士，怎么样叫做法布施的法会呢？

"法施会者，无前无后，一时供养一切众生，是名法施之会。"这文字容易懂，你一念就过去了。所以后人叫念经是背书，背书并没有错，我已经讲过了，现在你们年轻人读书都是靠笔记，哪一个背得来？书背不来智慧启发不了。佛教的背书的方法非常好，叫作诵经，诵就是读，嘴里念出来。念经为什么敲木鱼呢？木鱼是作什么用的？古人认为鱼是不睡觉的，其实鱼也是会睡觉的，但是因为鱼始终不闭眼，所以木鱼是提醒我们昼夜要清醒，不要无明，不要昏沉，不要糊涂，心目都要保持清明。敲木鱼为的是念经时每一个字都不散乱，念念清楚，这叫念诵。

维摩居士的回答，照文字字面讲，法布施的法会，连在宇宙中过去和将来生存的人都要布施，这是无前无后，同一个时间就供养了一切众生，这叫法布施。这样讲你们听懂了吗？哼，全不懂！这叫作"依文解义，三世佛冤"，如果只照着文字解释经典的意思，过去、现在、未来三世的佛都要喊冤枉了。下面还有两句："离经一字，允为魔说。"如果你说，那我不照着经典来说，照我自己修持的方法心得而说可以了吧？但如果你说的和经律论的道理不相合，就是魔说，不是佛说。所以真正学佛的人，经要通，教理要通，宗要通，自己悟道工夫还要到，样样要俱到。再严格讲，内明要通，自己内在要得道，外学也要通，世间一切学问要通，才够得上是学佛。如果你只管自己一个人，那学佛干什么？真正学佛的人不会只管自己一个人，一定随时做利益他人之想。现在写佛学论文的人都是在依文解义，抓住一个题目，东一条西一条兜拢来，再写一些批注引证，真教三世佛都要喊冤。

维摩居士讲的法布施，在同一时间供养一切众生，没有前没有后，你做得到吗？可能吗？就算你是神经病会幻想，你如果能幻想出来算你本事大，我就印证你幻想成就菩萨。你绝对做不到的！要一念之间做到，而且不是只有供养人而已。所以你以为文字看懂了，这不算佛法，还没有深入懂得内义。

"无前无后"是要你前后际断。我们把起心动念分成三段，就是三际，譬如我一讲话，你们一听到就没有了，这是前际，下面要讲的你还没听到，这是后际。前念已灭，后念不生，当体即空。这是《金刚经》所讲的："过去心不可得，现在心不可得，未来心不可得。"你能把自己的身心烦恼、思想妄念一下前后际断，无前无后，当下即空吗？不空，怎么不空呢？无前无后没有说中间啊！中间非空非不空。说空的，前面念头过去了，没有了，后面念头没有来，中间一定是空。这个空的就是自性现前，正是有。这个有不是世间的有，所以唯识法相叫这是胜义有。这是身心修持最基本的法门。能做到一切烦恼妄念前后际断，无前无后，念念当下即是，当现前的一念清净空念，就是供养一切众生，这叫作法布施。我们做得到吗？

我们做个世俗的研究，把布施收到最小的范围。我们这个身体也是一个世界，身体上有很多众生，因为身体内部和皮肤上有很多寄生虫和细菌。身上的细胞是不是一个单独有灵性的生命？以今天的科学还不敢断定不是。假使你念念之间妄念不生，前念皆空，后念不起，当体皆空，一时之间至少供养了身上所有众生得清净、安乐，这也是法供养、法布施。

我们过去学佛的，进出自己家中佛堂都要行个礼，不只行礼而已，五体投地之后要站起来，合掌去供桌前靠一下头，还要有响声，表示额头碰到佛的脚了，这些你们没有看过。当然我现在也自然了，不过在我自己家中佛堂是如此的，也收拾得非常干净。除此之外，每次上座身子摆好了，第一念要想，一切修法不论是修观想、呼吸，等等，如有所得，一切成就功德回向一切众生，不属于自己的。这个愿发了以后，第二念再空下去，或者再开始念佛。要随时随地念念如此才叫法供养、法布施，一个人几十年当中能够念念如此，才算是学佛。我们做得到吗？恐怕法供养做不到，倒是在气供养，气人家扰乱你打坐，这个那个的。

"曰：何谓也？"维摩居士讲的，善德菩萨听不懂，就请维摩居士解释。

"谓以菩提，起于慈心。以救众生，起大悲心。以持正法，起于喜心。以摄智慧，行于舍心。"你看，维摩居士一讲就又是一大堆，如银瓶泻水一般，哗……就下来，你接都来不及接。难怪十地菩萨叫法云地，说法如云如雨，盖满虚空。维摩居士是在家佛，超过十地境界，他说法自然也如云如雨。

这里他开始为善德菩萨说什么叫法布施。他说，"以菩提，起于慈心"，你以为文字一看就懂，恰恰不懂。怎么是"以菩提，起于慈心"呢？普通经典说菩提心就包括了慈心，这里怎么说不同呢？菩提者中文意思是觉悟，换句话是悟道，是明心见性。悟了道以后从内心起慈悲心，看一切众生如子女一样，如慈父爱护一切众生，这个是法布施，是法布施的一种。

"以救众生，起大悲心"，行法布施的人，随时随地心理上念念之间在如何救众生，众生有烦恼，有苦，我要如何救他，要起这个大悲心，这样叫作法供养。我们学佛的人自己要反省啊！你什么时候想过要救众生？很多人对我说："老师，你发愿在度人哪？"我说："去你的！什么发愿？我为了吃饭！我本愿度众生，现在是反被众生度。"你们听谦虚话听不懂，其实是骂人的话，你们学什么佛！哪里想度众生，你度了谁啊！念念想众生来度你，装个学佛的样子。所以外边人问我信什么教，我就说信睡觉，因为跟他们讲不通嘛，省得啰唆。你说我不慈悲吗？我这就是慈悲，方法不同，大家哈哈一笑。我是看对方什么人，毫无根器的人我就先跟他来这个，你拒之越远，他求之越切。你如果拉着要教他，跪下来叫他祖宗他也不听的，人就是这样的，这是方便法门。

我们反省自己是不是随时有救人的心？不要说救人了，就连肯帮助人的心有没有啊？只要人家一点不肯帮你，只要众生不供养你，就起了大瞋心。所以读经典不是容易的，你看这文字很容易，我们几时做到随时随地以救助一切众生的心情来发起大悲心？这不是要你起个念头，"我要慈悲去救助这些众生"，你有个"我"就错了，要忘我，以救一切众生，起大悲心，才是法供养。

"以持正法，起于喜心"，以修持正法的心情来生起喜心，这里都是讲菩萨四无量心：慈、悲、喜、舍，是学大乘菩萨必须要培养的心情，也就是我们必须培养的情操。我们读佛经真应该一边研究，一边掉眼泪，自己感到很难过。为什么？就拿喜心来说，一天到晚看到人家嫌烦，别人看到你也烦死了，脸孔像讨债的冤家，一点喜心都没有，你还能度众生？凡夫就是如此，你慢慢修吧！三大阿僧祇劫再来。逢人就笑也不算喜心，喜不是笑，是喜悦之心，真学佛修道的人，你看他那个神情，脸上的细胞都是使人看到就喜欢的，即使他在骂人打人的样子都是慈爱的。

喜心怎么起呢？维摩居士说要"持正法"。问题来了，什么是正法？哪个法不正啊？尤其现在末法时代，每个老师每个善知识都说自己是正统的，别人都是旁门左道。昨天才有个同学打电话给我谈起这个问题，他有一阵子没有来我这儿了，他说最近参加了很多这位法师那位居士的法会，本来以为去听一些法，结果光听到他们在批评别人，也有批评我的。他就问我，这是怎么搞的？我说："唉！如是如是，善哉善哉。"每个人都说自己的是正法，譬如这本《维摩诘经》，大家都知道是正法，就要学习正法，末法时代哪里去找明师呢？本师释迦牟尼佛在这儿啊！他的经教都在，都是正法，为什么不好好研究？因为信不过人。

我们后世学佛的人要记得几点一定的道理："依经不依论"，一切道理以佛经为标准，乃至《瑜伽师地论》《成唯识论》《大智度论》等都是次要，至于后人，尤其现代人的著作根本连看都不看了，因为他有没有修证到，都有问题。其次，"依智不依识"，"依了义不依不了义"，要研究大乘了义经典，譬如《楞严经》，是彻底的经典，有些佛说的经典是不了义，是对某一些程度不同的人作另外的说法，是不了义教。"依法不依人"，你们同学常常说我这个老师很难办，脾气又大，拍马屁拍不上，的确是的。讲到佛法，不管你对我感情如何，我始终保持一个态度，"宁可将身下地狱，不把佛法作人情"。这就是所谓四不依的法门，也可以说是四依法门，不然怕走错了路。这个四不依，在本经最后也会提到，就不先详细说了。

所以我们求师访道学佛不要情感化，绝对要理性化，求正法以四不依的法门来检查。什么是正法？譬如大乘的经教，像《华严经》《法华经》《楞严经》《楞伽经》《解深密经》《维摩诘经》《金刚经》等，绝对是正法，不会有错。古人说通一经一论才真正够资格学佛。唐宋时代是不能随便出家的，要通过佛学的考试，自己可以指定一本经或是一本论，他就考你这本经论，通过了，国家就发你一个证明文凭，就是度牒，不是像现在这么容易拿。若是出家人犯了法规，政府可以把度牒追回来。到了唐明皇以后，有一度国家的财政出了问题，同外国打仗经费不够，也曾经出卖过度牒。

所以经论不通，就不会了解正法。大体来讲，《大般若经》

《金刚经》《心经》都属于般若系统，在中国的佛学系统里是属于性宗，直接讲形而上道、明心见性。另有由科学的心理入手，一步步起修的唯识系统，中国叫相宗。这两大系统，都属于正法。还有很多正法，如三十七菩提道品、十二因缘都是。再简单点说，佛法说心法是正法，凡是依心起修的都是。

由修持正法而有所得，生起法喜充满，这个是菩萨的喜心，是真正的布施。换句话说，你要度一切众生，就教他正法，不要走邪路，不要走方便法门，"宁可将身心下地狱，不把佛法作人情"。可是你们不要搞错变成悭吝心，跟你学法还非要拿红包来皈依，否则不将佛法送人情。那就变成邪法了，不要借这句话随便用啊！

"以摄智慧，行于舍心。"舍，就是放下，就是布施。什么叫放下？就是丢得开。佛法讲慈、悲、喜、舍，我们反省每一个字做到了一分半分没有？都只是嘴巴上做到而已。舍心做不到怎么学佛？你说你什么都舍掉了，哎呀！就是还有个身子！哼！那是怎么都舍不掉的，我告诉你吧，人要想舍掉外境界是做不到的，不是叫你丢开家庭儿女，家庭儿女就是道场，去哪里找清净地方？你在家中念念舍心，你的家人就是众生，就为他们牺牲不就好了吗？虽然人少，有几个就几个嘛！连为家人都不肯舍掉，不肯牺牲自我，还说要学佛度众生？你连个鬼都度不了！

什么才是舍心？"以摄智慧，行于舍心"。行，是修行。摄，用现代话说就是包括进来。乱摄可不是智慧，譬如讲布施，好多同学都有经验的，大家说起有什么人很可怜，我就同意出点钱。旁边同学劝我为什么要出钱，我说我带头啊！应该做的事就是舍。但是有时同学提到要去帮助某人，我反而说不能，你连一毛钱都不能给，要出问题的，你帮助了他，他犯的罪、造的业反而更重了。同学表面同意，背着我还是去帮他了。事后回来对我说，老师，还是你对了。这就是做善事也要有智慧的。

我们心里越放得下就越空，然后空的智慧就发起了。越放不下，智慧就越是发不起。你们打坐要想清净就是舍心，想把烦恼妄想丢开，但是丢不掉，因为没有摄智慧来修行。放不放得开，丢不丢得掉，那是般若智慧成就的问题，不是你说想硬放开就放开了。你丢不掉的啊！实际上你坐得越好就越放不开了，那个定的境界多舒服啊！定就放不掉了。这个中间的道理要搞清楚，就是摄智慧修行。佛法的智慧是空，你空得了一分，你的舍心、布施心就大一分，你空不了一分，那个不能舍的心就加大一分。

"以摄悭贪，起檀波罗蜜。"檀波罗蜜就是布施波罗蜜。修菩萨道要起布施心，这是大乘菩萨道六波罗蜜的第一条。为什么要起布施心？是为了摄悭贪。我们人都有悭吝的习惯。悭吝不是节省，节省是道德，是对自己的节俭，对人家的宽厚。如果因为我自己节省，对人家也节省，就不是道德，而是悭吝，是舍不得。悭字是心字边上有个坚字，把心抓得牢牢地，一点都舍不得。贪，是有了还想更多。

凡是众生一定悭贪，你说自己能不悭贪，不容易的。譬如我，什么都能舍，就是书不能舍，所以人家问我借书我都不借，因为常常有去无回，乃至一套书借出去，回来少了一本变成残书了。这个心理就是悭，我将自我反省讲给你们参考，大家自己要警觉。不过现在我不怕人家来找我借什么秘本了，因为我把它都印了，公诸天下，你来借十本也可以，我有几百本呢。但是，你看，这还是悭吝心。

所以修菩萨道要先修布施道，前面讲过有三种布施：除了财布施、法布施，还有无畏布施。无畏布施不花本钱的，但是大家做不到。譬如有人怕鬼，你就教他一个法子不怕鬼，虽然你的法子可能是扯谎的，但是只要他不怕了，也就灵了，这也是无畏布施。又比方有人到了极困难的地步，你没有钱帮他，就告诉他一句话："我支持你！欠了账我替你还！"其实你比他还穷，但是，嘿！这一句话就救了他。给他精神支持，就是无畏布施。又比方有的人生病快要死了，医生说他的病是绝症，我就对他说："你怎么相信这些医生，他懂个屁！我帮你看了相，现在一摸你的脉，你起码再活十年！没有事的！"其实我是乱说的，他听了居然就好了，我这个咒就灵了。

但你给人家无畏布施可要懂得智慧、懂得方便才行。前阵子有个老朋友打电话给我："不好了，出大事了！我生病要死了，你不知道吗？某人某人都来看过我了。"我是真的不知道，他心理上也在希望我能去看他。他接着告诉我，自己住院了，自己家的屋子又被一辆车子撞进来，家人几乎送命。我听他的电话，差点脱口而出："福无双至，祸不单行。"话到了嘴边咽了回去，就说："你全家人赶快忏悔，念《地藏经》，我明天送过来，立刻就开始念。你那个面相可以活到九十岁的，不要担心。"这都是现成的故事，给人无畏布施，法供养。

"以化犯戒，起尸罗波罗蜜。"尸罗波罗蜜就是持戒，尸罗是戒律的梵文音译。因为防止不道德的心犯罪，所以佛制定了一切戒律。戒律的修行法门就是在感化一切犯戒的众生，使他不犯戒，度他到彼岸。我们对于悭吝的人要教他布施，对于容易犯戒的人要教他持戒，这样对不对？对？你将来做法师时，可不一定要这么认为啊！你一定要懂得方便，要以慈悲为本，方便为门。悭吝的人你要他布施是要他的命，他不会听的！本来还相信佛法的，你教错了他就不相信了。

对悭吝的人，你干脆教他持戒，一毛钱不要乱花，不义之财也不苟取，他会非常听得进，就信佛了。学到某一个程度，他功德有了，智慧开了，自然肯布施了。如照佛经那么讲，教悭吝的人去布施，绝对行不通的啊！我的经验很多很多。

倒是教爱犯罪的人做布施还容易，他天天去声色场所，往往一掷千金，你要他在某个地方出点钱，他就干，这样慢慢引导他，使他自然不会犯戒。教育要懂方便，不要刻板，抓住"以摄悭贪，起檀波罗蜜"，你还檀呢！他早就弹跑了！几十年前我讲《金刚经》，《金刚经》也讲布施的，有个有地位又有学问的朋友本来天天来听，后来就不来了，后来跟其他同学聊起，他们说这个人认为我上课指着他骂，因为他有几个钱，认为我讲布施就是要他把钱拿出来给我。唉！你说，我这有什么办法！这就是众生。

"以无我法，起羼提波罗蜜。"羼提就是忍辱，忍辱可不能硬忍啊！硬忍要忍出肝病来的。我经常讲，凡是傲慢的人，就是有自卑感的人。世界上最傲慢的人是当皇帝的，而当皇帝的人自卑感最重。因此他多心病最重，这个人靠不住，那个人靠不住，这个人对我不恭敬，杀了他。一个人真做到无我也就无所谓自卑，真正绝对傲慢的人不会怀疑一切人，你看得起我要听我的，看不起我也要听我的，那是只有诸佛菩萨才做得到的"天上天下，唯我独尊"。

"以离身心相，起毗梨耶波罗蜜。"毗梨耶是精进的意思。我现在深深体会，自己年纪大了，有时候就懒啰！最大的痛苦是批改你们的文章和日记，尤其是过年到了，国内外的来信、贺卡，一个礼拜就成厚厚的一堆，一天拖一天，看了心里烦，可是手边事情又多得不得了，只好倚老卖老，在来信上用红笔一画就寄回去，也算答复了。同学们也不见怪，我老了嘛！这我还算下笔快的，每封信只能用上一两分钟把问题解决了就好。可是就算这样，每次一搞都是一两个钟头啊！要是像你们那样慢慢想、慢慢写，那我的妈呀！早就急死了。

为什么要讲这个事？你注意这个话："以离身心相，起毗梨耶波罗蜜。"虽然事情办不完，可是大家这么爱护我，怎么办？有时同学们也劝我，你太累了，年纪大了，要多保重一点。我说，算了，早死早了。他们又说，你也要为我们多留一些日子好不好？道理不错，就听你们的吧，好像我还要卖个交情似的。但是，真老了吗？真是事做不完吗？不是的，还是偷懒。懒是怎么来的，有身相！有的时候，一看是重要事情，非做了不可，忘掉自己，一下也就做完了。

如果我坐下来，虽然我也没有定，但是我们总喜欢学个定，这一定就不想动了，这一不想动，世俗的事就堆了一大堆。有时只好牺牲所贪图的舒服，只好起来吧！做吧！这一下就做完了。今天早上跟他们开会还在讲这事，有位同学早上七点钟上来，看见我坐在书桌前，就说，老师那么早起来啊！其实，我昨天坐在那儿看书做事一夜。我一看快天亮了，然后接着九点钟就有事，这就不能睡了，一躺下去一定会睡个无天无地，干脆不睡！一直到中午吃过饭，我还觉得精神好得很。如果今天再不睡，一夜下去还可以到三点。身相没有什么了不起！

我看你们同学真是好懒，年纪轻轻还不如我这个老头，真不精进哪！脑子更不精进，经常看了记不得，精进一点嘛！不就记得了嘛！连我现在都还在记东西，要紧的东西靠翻笔记本多麻烦，多用几次脑筋就背来了。要背到第八阿赖耶识去，不要在脑里想，那不是背！背到不用意识就背来，嘴里就念出来，脑子里就反映出来，那就叫背来了。

"以菩提相，起禅波罗蜜。以一切智，起般若波罗蜜。"来了！你们不是最希望学禅吗？怎么打坐？打坐不是禅啊！但是要学禅定的禅，非从打坐开始不可。大乘的禅固然不在于坐，行住坐卧都在定中，即使你不学禅定的禅，学这个如来禅，也是以打坐为基础。修禅定打坐要"以菩提相，起禅波罗蜜"。菩提者正觉也，你打起坐来在身体上搞气脉、搞感受、搞境界，根本离菩提越来越远。学佛是修菩提啊！菩提者觉悟智慧之道，要参究。所以要你们研究《成唯识论》，这是参究菩提的正路。要用正思维的，不是不思维的。

你们有一点点问题，乃至用功的心理上、生理上一点点问题，就来"老师！老师！"我告诉过你们，不要问我啦！你有依赖性始终不会成功的，我死了你怎么办？你自己先参究，有了结论再来问我，那就好办了。妈妈生给你一个头脑为什么不用？智慧是正思维来的，菩提是参来的。你打坐腿麻腿痛也来问我为什么，你坐久了腿当然会痛。你真要问，就要问自己，究竟是腿在痛腿在麻，还是心在痛心在麻？去参！

有位老同学都七十岁了，二十年来，每天功课不停，一定读一卷《地藏经》，早晚一定打坐。昨天还问我，"这个真要命的啊！半个钟头嘛，腿一定发麻，怎么熬也熬不过去，是啥个道理？"我说，"这没啥道理，你熬一熬就过去了，熬不过去是心的问题，你好好参。现在如果有人用枪指着你，你一动就开枪，包你一天都熬得下来。命要紧时哪还会管腿？"不过要注意！老年人不要死熬，你出了问题去看骨科、神经科可不要怪我啊！但你们年轻同学这一关都过不去吗？你真熬过去了，气脉走通了，舒服透顶就真不想下座，宁可杀头也不愿意放腿。这些道理你要参啊！要求菩提、求觉悟、起禅波罗蜜，处处要讲智慧，不要有依赖性！这每一句经都是话头，都要好好研究，都要参，每一句里头都有深义在，你多用脑筋，多想一下就懂了。

现在接着讲法布施，这法布施拿现代的话讲就是智慧文化的布施、供养，也是道的布施。

"教化众生，而起于空。""空""无相""无作"是大乘的三法印，"无作"在有些经典翻译成"无愿"，修大乘佛法这三点一定要把握住，其中包括了大乘修行最重要的"境""行""果"。一切都是境界，成了佛，弘扬佛法，都是境界。譬如我们坐在这里，我们心理上的感受、思想、身体上的感觉，这一切都是境界。成了佛或是大乘菩萨，他们虽然在教化众生，却不觉得自己在教化众生，不着教化的观念，不着教化的相。行无所事，过了就算，如梦如幻，这是讲自己本身。第二点，在境界上得道的人，教化众生而起于空。诸佛菩萨证道了以后，常在空定中，一切都是如梦幻空花的境界，常住此定中。如果贪着于定，认为定就是道，是错误的。所以定也空，动也空，无往而不空，念念皆在空中。所以诸佛菩萨以菩提心、大慈悲心，怜悯众生，为教化众生而出这个空的定，就是"教化众生，而起于空"。

"不舍有为法，而起无相。"小乘的罗汉最怕有所作为，什么事情都躲开，世间法什么都不管。讲小乘是客气话，讲不客气是逃避现实的人、渺小的人。人世间的责任一切不管，好像别人都该死，只有你修道是世界第一。所以小乘最后被认定是外道，是错误的路线。小乘人偏于空，认为空是究竟，实际上他没有懂空。真正了解了空就明白，静固然是空，动也是空啊！为什么怕动而专取静？大乘菩萨是真悟道的，所以"教化众生，而起于空"。小乘怕一切有为法，怕有所作为。有为法包括了世间法，世间法包括了魔法，一切外道法门，任何一切世间法门都属于有为。无为法只有一样：证得涅槃，就是空。

如果你认为有个空可以证得，可以保持这个空，就像小乘的罗汉们，天天定在这个空上，动都不敢动，起心动念都不敢，他认为这就是空，实际上是偏空。你知道自己定在空境界上，这不还是有为法吗？还是一样没有在修无为。可是他们却自以为在修无为法。世法、出世法一切唯心唯识所造,哪一样不是有为法?唯有大乘菩萨不舍有为法,因为有为法如梦幻泡影,也是空啊!因此大乘菩萨彻底悟道的,"不舍有为法,而起无相",不认为无相是究竟,起无相的三昧而如是利生,起这种度世之行。《法华经》说:"一切治生产业皆与实相不相违背。"世间一切有为法,做生意、种田、做任何事,统统与菩提大道不相矛盾。

"示现受生,而起无作。"小乘的罗汉们,什么都不敢动,认为一切空了就是究竟,所以没有愿力。大乘的菩萨们发愿生生世世永远在世间度一切众生。发愿是心法,心念念不可住,作而不可住,所以是无作。大乘菩萨了解生死涅槃皆如空花,因此人世间经常来,照样投胎长大成人,照样遭遇人世间许多事,照样学道、出家、入世,"示现受生",接受生生不已在轮回中。"而起无作",而离开了无愿无作那个偏空的境界。这些,都是佛菩萨的境界,都是佛菩萨的法布施、法供养,是真正佛法的道理。所以学佛的人了解三解脱既然是空的,当然更不会执着自己的生命,更要去弘法利生,而不是拼命求个空的境界,给自己享受、安慰,自己坐在空的境界,以为是道,这样是错误的。

"护持正法,起方便力。以度众生,起四摄法。"大乘菩萨掌握了"空""无相""无愿"修持的"境""行""果",因此可以护持正法,使之在世间永远流传下去。什么是护法?现在出家人客气地称呼我们捐献金钱的在家人为护法,这实在不敢当。要真正做个护法很不容易,要十波罗蜜中的方便波罗蜜成就了,懂一切方法才算。譬如佛教、佛法、佛学是一个东西,我们把它分成三个来讲。

现今人类的文化世界的潮流,真是到了末法时期,没有办法可以挽回。为什么没有办法挽回?理由是二十四心不相应行法中的"势速",是社会的趋势的关系。在这样的潮流时代中,出家、在家的菩萨们，不论是果位上还是因位上的菩萨，都在维持正法，使它住世。我常跟年轻同学讲，佛教的这个教，不跟着时代变是绝对维持不住的，世界的趋势太厉害。像我每天不断地接触到国内外新的消息资料，所以天天有新的观念和想法，看见人类社会的转变太快了，所以我说，宗教的形式不变的话是没有办法的。

但是佛法不会跟着宗教的形式而衰落，反而更昌明。现在全世界的人类，正不断地用各种方法来追求人生的究竟，佛法的价值、佛法的光辉，就会越来越高。在过去，这个护持正法的担子，纯粹落在佛教出家的比丘众身上。但是这几百年来起了蜕变，担子多半到了在家人身上，这问题是非常非常的严重。至于佛学，在世界文化的思潮里，在世界各地的最高教育机构里，佛学的课程越来越普遍，但是对于佛教，这个并不是一个好现象。能够把佛教、佛法、佛学合一，能扶持正法的，就要如维摩居士所讲的，"起方便力"才能做到，也就是要懂得古今中外一切学问，懂得一切方法。你光有方法而没有力量，就像年轻人做一切事，理想非常高，但是方法用出来没有力量。所以要得方便波罗蜜的力，那个方法用出来要有效果。

起方便力作什么用？"以度众生，起四摄法"，这很难了。四摄法大家听得多了，是布施、爱语、利行、同事四样。这个"摄"字要注意，是包含、包容别人。我们做得到多少？例如很多人，包括我在内，没有时间也没有精神来跟你说空话，这就不是爱语的精神，放弃了方便教化的机会。我虽然跟同学讲佛法几十年了，如果有人考核我，应该打零分的。从教育的方法来讲，我不够资格护持正法，因为我没有耐心。怎么说呢？假如碰上了学识修持都有了成就的，就可以很轻松地用禅宗的方法，机锋转语，灵丹一粒，点铁成金。如果是一天到晚念般若波罗蜜，还要在那边张家长李家短的，我的媳妇不好啊……我看了就烦，就没耐性了，可以说是水太清则无鱼。你们年轻法师学四摄法，一定要大大地包容。现在有好多年长的法师，我看了他们真是要五体投地顶礼膜拜，他们有这么大的耐心，能够包容，这是非常难的。要听许多厌烦、不必要的话，要说许多厌烦、不必要的话，要做许多厌烦、不愿意做的事，这就是忍辱波罗蜜。我可一样做不到。所以你们青年同学有志弘扬佛法，就要做到四摄法的布施、爱语、利行、同事。

"布施"，要做到精神布施，我看到你们做事就没有这个精神，事情一多就烦死了，同我一样。我的毛病你们都有，我的好处你们一样没有。甚至还学了我骂人的口气，这只有我能玩，别人可不能玩的。历史上有祖师把七佛的名字写在裤裆里，有徒弟也学了玩，结果下半身就烂死了。所以你们没有这个道，没有这个德，不要学这些。

大家千万对四摄法要注意，如何去包容人家，不要被人家包容，让人家原谅的人是末等人，你去原谅别人，才是第一等人。学菩萨道的人，更应该如此。布施不只是钱财，要有精神布施。你们经常学到我的缺点，我的布施你就学不到，我虽然把自己批评得一文不值，我也有很值钱的地方，你不要好的不学，都学坏的。

"爱语"，我虽然不耐烦说空话，可是还时时在说空话，譬如我讲经也在说空话。我其实连经也不愿意讲了，还讲个什么？你们老早就应该自己懂了。可是有什么办法？不懂只好讲了。这种精神布施你要学。

"利行"，有利于别人的事情，不分大小，有机会就应该帮助。

"同事"就是世间法的同事，同事之间相处不易，你去到社会上做事，每一个地方，不论是公司、政府乃至庙子，都有同事，两个人往往弄成三派。你看我不惯，我看你讨厌，只有看自己是越看越伟大。每一个人都这样，不能与人相处。

所以菩萨道的四摄法——布施、爱语、利行、同事，你自己反省，哪一点做到了？这每一点拿来写文章的话，都可以写成一部书了。中国古人所说的"敬业乐群"，就是菩萨道的四摄法，恭敬自己、恭敬别人，做任何一件事情都专心一致，没有推诿、没有烦恼地做到底，是敬业。乐群是团体群众的人与人之间彼此很快乐地相处，我们几千年都这么教育，结果几千年都没有做好，都是不合作不团结。菩萨道的四摄法是这么难，所以维持正法的人这么少。

"以敬事一切，起除慢法。""敬事一切"的"敬"是名词，是说我们的心理状况和行为要随时恭敬。恭敬不只是心理的，是对任何一件事认真去做，非常谨慎、慎重谓之敬。要敬重自己，把自己当人看，但普通人不把自己当人看。譬如读书，总想把学问搞好，可是一读书就东想西想，不专一、不努力了，不打起精神，也不限定时间把问题研究清楚，这就是不敬事，就是不尊重自己。尊重自己之外还要敬重别人，与人相处不尊重人，就是不敬。至于敬法敬佛，真做到了吗？几时心中有佛？学佛的人心中随时随地有佛就是念佛，也不用你着相，随时把佛法的精神摆在心中就是敬。

"敬事一切"的"事"是动词，一切的作为行为叫做事。"一切"包括了善法、恶法、不善不恶法、世法、出世法。学大乘道的人要敬事一切，"起除慢法"，除掉了"我慢"，没有我，也可以说一切人、一切事都变成我，我应该替大家服务的。

大家学佛那么久，"我慢"的心理可能还检查不出来。连一个白痴都有"我慢"，但是知识低的人"我慢"心还差一点，学识越高的人"我慢"就越大，因为又加上了"增上慢"，自以为了不起，自己就算错了，也还是对的。所以学菩萨道的人要先去慢心。慢不是骄傲，慢在内心你看不出来，人的慢心挡住了自己不能成道。我几十年经验看人，有的人对我尊崇得不得了，但是他自己有没有真地学法？没有，都在"我慢"中，总找一个理由解释自己的"我慢"，因"我慢"引起不精进、心行错误。

所以大乘佛法要我们"敬事一切，起除慢法"，像今天晚上吃饭时大家说笑，有一位医生的老同学，昨天在医院忙了整晚，救活了一个病人朋友，病人醒了第一句话就说"感谢主啊"，根本不提医生。我们就说这老同学应该用个方便手法对病人说："对！感谢主把你救回来，不过主命令我代表主来救你。"我说，对的，当一个人信宗教信得发疯时，他就得救了。但是这个不是得解脱，他只是心理上得安慰。一个人不论男女，晚年若能够安排好自己，不要人家来服侍你，是世界上第一等人。

再讲回那个病人，他感谢主就是慢，是宗教的"增上慢"，完全不感谢医生朋友帮了那么大忙。这种慢，不论信哪种教、有没有信教，都是有的。人的慢很难去除，因为自己这样的心理状况很难检查出来，要是能检查出来的话，这个人虽然没有得道，也差不多了。

"于身命财，起三坚法。"人抓得最牢的三样东西，叫作三坚，就是身、命、财。身就是身体，也就是我，是"我慢"的根本。身体还不要紧，命最要紧，假使你生病了，要把胃割掉一半，否则就没有命了，那你只有割了，身体不如命要紧。财也一样要紧，要割的时候，赶快去缴费，割完以后会想，真可惜，花了那么多钱。这三样东西，一切众生都抓得很牢。要能舍，就是真正的三坚法。

"于六念中，起思念法。"大小乘修行法门十个念：念佛、念法、念僧、念戒、念施、念天、念休息、念安般、念身、念死。六念就是十念的前六个，请问我们有念念在这中间吗？才没有。就坐在这里听经，心中也没有念佛法僧，都在思念别的事，没有在这六念中起思念法。

"于六和敬，起质直心。"六和敬是我们在团体中最重要的相处之道。和尚是僧，有时被人故意念成"憎"，成了仇恨的意思。僧伽就是僧团，出家人谓之僧，修道的谓之伽，出家的团体总称叫僧伽。三皈依中，皈依僧是皈依僧伽的意思。僧团不一定指出家，在家真正发心修持的也算是僧团。僧团相处有"六和敬"，就是六个条件，彼此和平相处，没有闹意见，互相尊重。这个敬就是"敬事一切，起除慢法"的敬。我们从经验知道，只要几个人相处，乃至两个人住在一起，就不得了，别人都是混蛋，只有自己是个好蛋。人与人相处能够做到"六和敬"，然后再扩充到这个社会，就天下太平了。

什么叫"六和敬"？第一是"身和同住"，是什么意思？你可以解释成不打架就是身和，没有一个生病的，四大调和，每人都精神饱满，无病无痛，彼此客客气气。身也包括面孔，没有坏脸色给人看也是身和。中国的大庙子一进山门就看到弥勒菩萨的笑脸，学佛就先学拉开嘴巴笑，先学假笑也好，慢慢神经拉开了，看到人就笑，总比哭好看嘛！我最怕看到同学整个人绷在那儿，这是学佛的样子吗？一点都不能使人喜欢，我看了就讨厌，笑脸总可以学吧？学佛第一步先学中国的弥勒菩萨，肚子大包容大，脸在笑。这个都学不会就是身不和敬。身不和怎么共住？身和还要注意衣冠整齐，生活整洁，自己生理行为每一点都要搞得干干净净，不使人家讨厌我。最难的是，即使别人做不到，你也要容纳他，能做到就不得了。不但学佛，与同事之间也能够做到才行。人与人之间就是相处不了，身不能和，因此就不能共同生活在一起。出家要生活在一起，第一就要学"六和敬"。

居士也一样，自己既然晓得缺点，就自己找一个山头，孤峰顶上，气吞诸方，不要说人来不到，就连鬼也来不到，那连"八和敬"都做得到，要发脾气可以一个人对着树发，那气也出了，多舒服啊！这样你也做不到！我那时一个人住峨眉山顶，"通玄峰顶，不是人间，心外无法，满目青山"，那个境界就是如此，连"一和敬"也不用。这"六和敬"真做到，天下就太平了，齐家治国平天下都做到了。"身和同住"我们谁做到了？每个人身体都不调和，多愁多病之身，都要别人照应你，你照应不了别人。所以佛说多拿医药布施，他生他世就无病无痛。我就有这种朋友，活了七八十岁，从来不知道什么叫伤风感冒，健康得不得了，也不学佛学道。不知道多值得羡慕。

第二是"口和无诤"，不讲伤害人的话，即使骂人也要有骂人的艺术，而且还要看对象。像我骂这位陆居士几十年，他从来不生气，再怎么大声骂他，还是一张笑脸，我真佩服他。他对我是"口和无诤"，这难啰！你观察这世界上很多人的长处是值得学习的。在团体中有的人嘴就不和，本来很好听的话，他讲得就不好听，真奇怪了。再不然，那嘴厉害的故意找些好听的话说，但是那些话一听就晓得，很讨厌。这口要和是要会讲话，三言两语就可以把人家的意见调和了，这是高度的道德修养，是很难的。但是这个口业也是修来的，你前生没有修口业，口德不好，你越劝，人家越要打官司。有的人一来，骂个两句，"搞什么名堂！不成样子！吵个屁！我请你们吃饭去"，别人就不吵了，毫无道理的几句话，也就解决了。这就是他前生修口业，有威德。所以要修口德啊！这是其一。

其二，嘴巴上吵来吵去没有什么事，一句话空的嘛，却抓得好紧，心里生气好几天，不只把脸气绿了，还气乌了。尤其两夫妻之间的争吵，到我这儿来诉苦，我肚子里都打好分数了，两个都不是好东西，为什么？口和就无争论嘛！不过你们在劝夫妻不和的时候要注意，他们讲另一半的不是你可不要附和，他们回头和好了，就会说起你这个中间人的不是了，这是实际的例子。口要和才无净，这就是修行嘛！你不要以为是空话，你只会南无南无有什么用？所以大家要反省，有几个人是口和的？同我一样，一开口就使人讨厌就糟了。

第三是"意和同悦"，我们处在团体生活要注意，嘴巴不和还容易，有时口里说点假话，哎呀！我对不起，抱歉……可是肚子里却梗着，这会梗出癌症来的，真的哟！癌症就是与生闷气有关的。非常内向的人，你打他都不放个屁的人，然后脸上发青发乌，在里面生气，将来百分百得肝癌。另一种是脾气非常大的，也有肝癌的嫌疑。中国人肝病特别多，肝癌特别多，就是喜欢在心里头生闷气。因为这个民族很奇怪，表面上有个假面孔的，装作没事，心里却生闷气。意如何做到和？不但和，而且要能与人同事，能与人共同生活。家庭也是如此，你看父母与儿女之间的意见会相同吗？绝对不会。现在讲代沟就是意不和，意和就没有代沟了。

第四是"戒和同修"，这个戒不但是戒律，也包括生活上的习惯。譬如爱干净的同不爱干净的，就不容易处在一起。像我是非常爱干净的，而且爱整齐，我的东西不喜欢别人乱动乱放，有同学拿了不好好放回去，我就心里讨厌，这就是一种戒不和。但是真碰到了，又能怎么样呢？真把我东西搞乱了，你斜眼一瞪，他笑一笑，也算了，你就要想，这东西最后是会坏、会没有的，就没有事了。所以戒和才能够在一起同修。戒和，照一般的解释是大家的戒律一样的好，这怎么可能嘛？有人道德好，有人道德差一点。差一点好一点要能和最难，你看"六和敬"除了和还有敬，敬就是要尊重人家啊！这样才能共同修行。

第五是"见和同解"，见就是意见观念，人与人之间意见会不同。不要讲别的，没有一对夫妻的意见完全是相同的，但也因为两人的面貌不同、个性不同，才能结婚，完全一样是不能结婚的，结婚了会早死一个。吵吵闹闹的反而可以吵一辈子，吵完了又没事了。这种情况我看得多了，如果一直吵架的老伴走了，剩下的一个没有吵的对象也就差不多了。见和是见解相同，如何沟通来达到见和是很重要的修行。

第六是"利和同均"，利不只是钱，即使睡上下铺的人之间也有利的问题，这是个比方。利害关系之间能够和平相处是同均，平等平等。发挥起来也包括社会经济问题，这"六和敬"在佛经中是应用在僧团的生活上，实际上你们想想看，扩充起来，齐家治国平天下都在其中。你们天天要写佛法的文章，就不晓得发挥，把"六和敬"这么伟大的佛法只用到僧团中，太可惜了，这是佛的真正教育法，天下太平的大法。

现在考你们一下，"六和敬"从哪里做起？……算了，我帮你们答吧！"六和敬"有两层意义，要先从内心做起，身、口、意从个人自我做起，戒、见、利从行为扩大，由内而到外，人人自动自发，这是真民主、真自由，也是真佛法。这些大文章不去写，一天到晚钻牛角尖，做什么学问？世界不能和平，主要问题不在政治制度或是学术文化，而是在每个人此心能不能和平，因为做不到此心的和平，此心不能了、不能度，要想求家庭、社会、国家、天下能够和平，那是永远不可能的。这是人类文化的大问题，所谓人类文化，包括了一切宗教、教育、哲学、政治、社会、经济、军事，等等，不只是博物馆的古画，或是什么歌舞才算文化，文化包括了整个人类的生活和习惯。如果"六和敬"能做到了，也许这个世界就能够太平。但是很难，坦白地说，连所有的宗教团体，人与人之间相处，都做不到"六和敬"。如果有任何的团体可以做到"六和敬"，他们就值得我们顶礼膜拜，可以称作是真正的僧伽。

《维摩诘经》上告诉我们："于六和敬，起质直心。"人怎么能做到"六和敬"的要求呢？《维摩诘经》说"起质直心"，质是朴实，老老实实，不虚伪不作假。直，是不转弯，不整人，不害人。质直心就是朴实、不弯曲的心。有些同学讲话常挨我的骂，他说起事情来不直，转了半天的弯，本题都没说到，我又忙，其实一句话就说清楚了嘛！又有的人喜欢讲些讨好的话，有弯曲心，我一听就知道。不需要向长上讨好，因为要讨好，常常会做错了事。什么是质直心？你们自己的心理都检查不出来，常在起心动念的下意识里另有目的，这是阿赖耶识带来的，也就是业力，自己都不知道，因为无明嘛！假使你能找得出来，就是修行人了。"于六和敬，起质直心"，你因为依"六和敬"修正自己的行为，就能渐渐地生起道心。

"正行善法，起于净命。"要如此自处，如此处于团体中，才是正行善法，这叫作正行法门。你们早晚课一开始都叫你修《华严经》的净行品，净行做到了才是净命，生命才是清净庄严。这些都是道德的完成，都是法布施、法供养，都是修法啊！你以为要用密宗的方式传你个咒子，教你个手印，你嗡啊嗡地念才是吗？这些密宗方法我多得是，但是我一概不用，也不传，这都是小法，大法都在这儿了！什么才是真正的密法？告诉你也做不到，告诉你也听不懂，就是大法。有形的密法很容易，像我们把千古不公开的密宗手印都印出来了，每个手印都是手语，就像是聋哑人使用的，我们用来和菩萨通话，但是这些是密教而不是密法。真正的密法就在显处，在明显的地方，可是你不懂。手印是修法，结了手印，至少你的手被拉住就不做坏事了，十根指头就是自己生命上十条大的雷达网，可以跟法界菩萨相通的。当然有些人指头生得短，有的手印把指头扳断了也结不起来，这也很苦。

那什么是正行？以大乘菩提道来讲，正行是很难的。你拜佛算是正行吗？不是。吃素算是正行吗？不是。守戒算是正行吗？不是。六度万行算是正行吗？也不是的。戒、定、慧算是正行吗？都不是的。三十七菩提道品算是正行吗？都不是！没有一样是的！什么才是？证得阿耨多罗三藐三菩提，悟到了本来自性清净，无修无证，那才是正行。退回来说，什么是正行？什么是真正的修行？三十七菩提道品中的八正道才是正修行。大家不要以为自己在修行，谁在正修行？除了十方三世诸佛菩萨以外，没有的。我们只不过能说是在学习正行，譬如拜佛、吃素、六度万行、戒、定、慧都是修行的加行法，一切都是加行法而已。

再讲善法，善法是证得菩提，起心动念无一而不善。真正的善法是净土，内在心的净土，外在极乐世界阿弥陀佛的净土。"正行善法，起于净命"，因为正行善法，我们的生命活在世界上才算是净命。这个世界叫做五浊恶世，五浊中有一浊是命浊，所以不是净命。能把我们的生命，还不只是这个身体而已，转成净命，只有靠正行善法。五浊恶世是劫浊、见浊、烦恼浊、众生浊、命浊。

"心净欢喜，起近贤圣。"接着上面一句，"正行善法，起于净命"，能做到心念清净，于心念清净中起欢喜心，亲近善知识，就是亲近一切有成就的圣人、贤人。在中国的儒家文化里，孔子是圣人。孔子的弟子三千人，其中了不起的有七十二贤人。佛法的圣贤有三贤十圣，三贤是十住、十行、十回向，做到这三位才够得上佛法所称的贤人。十圣是初地到十地菩萨。十地之前有十信，那还是预备班。三贤是修菩萨道的资粮，有了累积资本才可以开始修行。十地是证位。好了，这个里头一共分五十几位，等于是五十几层楼，我们还在门口没进来，十信都不够。不要才学了几天佛就"天上天下，唯我独尊"，傲慢起来了，那是释迦牟尼佛，不是你。

要想亲近善知识有一个条件，要心净。但你的心不净，不是上面所说的"质直心"，是说你的心都有所夹带。好像很多人学佛打坐，目的是为了身体好，那你去吃药、去运动不更好吗？动机不对，有所夹带，认识不清，做不到心净。怎么样叫净心？就是善念不起，恶念也不生，念念清净，念念在空，修净与空的三昧，引起自心欢喜。我常说你们不要成天绷紧着脸，要学中国的弥勒菩萨像，一脸笑容。有一副对子最好的，你不要只把它当文学，它就是佛法，"大肚能容，容天下难容之事"，你做得到吗？"开口常笑，笑世间可笑之人"，我们就可笑啊！讲什么《维摩诘经》啊！道家也有两句话值得参考，"神仙无别法，只生欢喜不生愁"，每天都是欢喜的，自然阳气充满。

你纵然好像是起了欢喜心，只是凡夫的欢喜心，是亲近不了善知识的。在心境中有充满法喜的欢喜心境界，才可以随时随地接触善知识、亲近圣贤。很多同学修法、拜佛修持很久，好像诸佛菩萨都没有感应。当然不会有感应，因为你没有做到心净的关系，好像电线的插头没插进去，接不上电。就是子女向父母亲讨点钱，也得说几句好听的，俗话说，"千穿万穿，马屁不穿"嘛！这虽是笑话，但是我们自己反省，一天之中能有几分钟、几秒钟对佛法起了欢喜恭敬心？没有吧！可能在家人反而比专门修的人还恭敬一点，为什么？在家人是用做生意的心理嘛！他忙了一天然后烧支香，那一下是很诚心的，要发财、儿女好……三毛本钱一支香，再加磕一个头。我要是菩萨就不理他，本钱花得太少了嘛！用不净的心理来求感应是行不通的。

"不憎恶人，起调伏心。"学菩萨道的人，上要亲近善知识，下要"不憎恶人，起调伏心"。对坏人要慈悲他，怜悯他，即使这个人真正不好，也不要憎恨他。学佛不是要度一切众生吗？善人固然要度，恶人更要度了。好人要爱护，不好的人更值得怜悯。调，是协调，伏是降伏，使他转成善心。你看在大丛林下，佛菩萨的莲花座下是些什么人在扛？当然它是表法，都是些金刚、饿鬼、死尸、毒蛇，尤其是密宗的画像更是如此，莲花宝座都靠它们扛的。万一我成佛了，这可是假定这么说的，我都不忍心让你们这些弱不禁风的善人来扛莲花座，我就需要他们这群很勇猛很坏的来扛。你看佛像就懂了，就悟道了，因为世界上有坏人，所以要佛来教化他们。没有坏人，要他来成佛干吗？要了解这个精神，佛菩萨的宝座下面都是恶鬼扛住的，绝不是善人来背的，你们善男子善女人还是回去吃饭，打坐睡觉吧。

"以出家法，起于深心。"出家是为了证得菩提成佛，因为出家所以能摆脱世俗很多的障碍和拖累，能够专心一致去修法，找出自己的本心，而起深心。可是大部分人出家是偷懒法，逃避现实，当然偷懒法也是八万四千法门之一法，真的，不是说笑，你看有好几个禅宗祖师都是以懒法成道的，但是你没有那个本事学。为什么要出家？是为了起深心。这个深心在佛典上经常出现，《楞严经》的偈子："首楞严王世希有，销我亿劫颠倒想，不历僧祇获法身，愿今得果成宝王，还度如是恒沙众，将此深心奉尘刹，是则名为报佛恩。"出家不是让你来偷懒的。

什么是深心？非常值得研究。一般在家的大学者，就像欧阳竟无、熊十力师徒，我与他们是忘年之交，还有好几位，包括王恩洋、吕秋逸等人，他们虽然是在家人，可是终身不娶，所以他们学问成就是这样扎实。出家法不要讲戒律了，用中国道家的观念，黄石公的《素书》所讲，"绝嗜禁欲，所以除累"，为什么要出家？也就是要离情弃欲，离开世间一切情感的困扰，抛弃世间一切的欲望，这样就摆脱了一切拖累，可以专心一致用功。

讲到出家的大师，像是太虚法师、印光法师、虚云老和尚，我年轻时都见过的。当年我们学佛，比你们这些大专学生调皮多了，你们这"散"男子、"散"女人，是散开的散，是希望他们离开远一点。我们当年碰到这些真修行的法师，不顾一切，敢在大街上就跪下来拜。但是当时对太虚法师，虽然他盛名传遍世界，我们看到他却是不理的，觉得他只是讲讲佛学的，没有修持。一直到了后来，我才跟我的老师讲："先生啊！我们看错他了，太虚法师是有修持的。"老师还把胡子一拉："哦？真的啊？你有何所见？"

事情是这样的，当时太虚法师坐火车回南京，南京火车站欢迎他的人真是人山人海，很多还是很有地位的人，是他的弟子。这就像当年虚云老和尚，他威风也大了，连国民政府主席林森都亲自拿着香，率领文武百官跪在码头迎师父下船。这些大法师受人尊敬拥戴，真是菩萨各有各的眷属。话说太虚法师乘火车一到南京，他老先生下了车尿急了，不管前面的军民男女人等，转过身把袍子拉开就小便，状若无人，尿完了旁边跟着的人就对他说："师父，他们都来欢迎你的。"他说："噢！好！阿弥陀佛。"我看到这一点，心想，哎哟！这位和尚不得了啊！他对这所谓的荣耀没有动过念头，他无所谓，管你那么多男的女的，袍子拉开来就屙尿了。有些老太太女居士都不敢看，他可自然得很。你不要说他得什么大定，就算是个昏沉定也不得了啊！目中无人，都空了。这是一，因此我就开始注意了，觉得过去多年对他的成见太深了。

太虚法师的左右不用小和尚，也不摆威风，他一辈子那么多著作，全部精神都在佛经上，真是发起深心的。他旁边只用两个在家人，那时候叫茶房，现在叫服务生，他给人家薪水的。那么多人来皈依他，膜拜他，都要给供养，他一辈子持戒律不摸钱的，都是由茶房捧进去了，太虚法师绝不会到后面问茶房收了多少钱，用出去的也问都不问，这都是我们所见到的。

讲这些故事给你们听，不要说他的修持如何，就算不修持，他昼夜都在经典上，在佛学的学理上专修，就了不起了。所以，"以出家法，起于深心"啊！不只是你们，许多国内外的教授来了这里，我都把他们当小孩子，不只是年龄上的小孩子，也是学识上的小孩子，为什么？现在人读书做学问，都没有发起深心。学佛更是要起深心，也就是戒、定、慧三学都要深入。例如你们都受过戒的，我只要一考你戒，就绝对答不出来，你二百五十条戒都背得出来也还是不懂戒，为什么不去研究《大藏经》的《律藏》？古人说："为求无事披袈裟，披了袈裟事更多。"为什么事更多呢？更要精进，昼夜专心一致在求道，找出这个深心来。出家人不清楚这个观念的，就是在逃避现实，非出家法也。

"以如说行，起于多闻。"多闻是知识学问渊博，佛法渊博，不是你多听就是多闻啊！要怎么样求得多闻呢？要"如说行"。什么叫"如说行"？就是佛在各种经典上讲的，你能做得到，能依教奉行。

"以无诤法，起空闲处。"这句话难懂啊！不要以为文字好懂。根据《金刚经》，佛的弟子中须菩提得无诤三昧，真正清净修行。无诤三昧是身、口、意无诤。人和人相处都有相争的地方，真能做到无诤，只有证得了空、无相三昧才做到。须菩提得了无诤三昧，佛送什么学位给他？乐法。得了无诤法门的人爱清净，但还不是大乘道，要"起空闲处"，不要怕入世，入世也无诤。

"趣向佛慧，起于宴坐。"宴坐就是打坐，习定。打坐是土话，例如说打水洗脸，水怎么可以打？打坐就是坐，有学生告诉我他最近"打"得很好，硬是不讲坐。当然有许多在家朋友是有打有坐的，他的打是打麻将，麻将打疲劳了就打打坐，所以他可以说是打坐。但是你们专门打坐的为什么要讲打得很好？明明应该说坐得很好，真连话都不会讲！言语表达不清楚，怎么口和？

真正的打坐叫宴坐。不依身，不依心，不依也不依。你们打坐通常是依身，歪着脖子、皱着眉的……都被身体困住了。再不然就依心，就连依个空也不对。你们都没有宴坐，是在熬坐，干熬，熬腿子。那么你说我不熬也不依，算是得定了吧，这算是佛法吗？不是的，那是定相。真正成佛是菩提智慧的成就，大彻大悟了。你要大彻大悟，不在宴坐，但是也不离宴坐，动也对，静也对，就彻悟了，所以说"趣向佛慧，起于宴坐"。

我经常对你们爱打坐的同学说，不要贪图打坐了，多去做点事培养福德吧。你福德不够想开发智慧？没有这回事啊！真正的福德是智慧！你不信吗？父母有几百亿家财，能够帮子女买到个聪明的头脑吗？做不到的！智慧不是财产或世间福德所能换来的，是要多生累积福德来的。不要讲菩提智慧，就讲普通学问，那笨的就没办法，为什么头脑如此笨？因为不修福德。智慧是福德中来的，要想证得佛道，没有习过定的人不成的。我常骂你们不打坐不修定，你们奇怪我为什么经常说来说去，我哪有说来说去？是你颠倒糊涂！教育手法不是固定的，你太老实的人教你开放，你太开放的人教你规矩，你笨蛋才听不懂。看老师上午这样讲，下午那样讲，我又不是神经病！我教育的方法是开个药，你有这个病就吃这个药，你没这个病就别吃这个药嘛，怎么这样笨！佛说一切法，为度一切心，我无一切心，何用一切法？你能做到无一切心吗？那是佛境界，你做到了就大彻大悟了。所以对那些只贪图打坐而不修行、不在行为上去修的人，我就呵斥。要修得够了，智慧才开。我自己一生体会，有时忽然智慧开朗，心想这个道理怎么会参透的，再想，原来是某件事上有些福德，立刻有报应，智慧就开了一层。就有这样严重。我告诉你，一天到晚不修福德，自私自利，拼命求自己样样好，然后还想开智慧，智慧有这样容易开吗？所以"趣向佛慧，起于宴坐"，要起来修行啊！

"解众生缚，起修行地"，"解众生缚"是自己得解脱不算数，要帮忙一切众生得到解脱，如此者昼夜不断地为人而修道，帮忙人家，利他就是利己啊！教育上都晓得"教""学"相长，你肯去利他就是利己。老实讲，天下没有利他的事，利他就处处利己，你们自己去体会这个道理吧！

"以具相好及净佛土，起福德业。"刚才讲过，一个人要想这一生少病少痛，相貌庄严，是要靠修来的，要前生福德修来的。你这一生多用笑脸迎人，他生来世长一个人人都喜欢的面孔。见到人用那个讨债的死相，他生来世长一个处处惹人讨厌的脸。要相貌庄严，甚至于依报的环境，进佛国土都要好，就要修福德啊！福德和功德有差别，譬如你修苦行，这是劳苦功高来的功德。福德不同，是牺牲自我，所有的利益都让给人家。行四摄法等，就是福德，六度也是福德。修福德修智慧都要精进啊！很多同学拼命用功，想得定想悟道，但是做不到。为什么？你福德不够！例如有年轻同学要求马上闭关，我虽然答应他，但是也同时骂他，你当心会消去了福报啊！闭关要有人护关，护关的人要招呼你的生活，倒可以培福报。你在里头又拜佛又打坐，能磨出一个什么东西来？磨不出来的！你的福报受得了吗？尤其是我给你护关，因为我找人去护关的，你何德何能啊？要注意啊！学佛修行最重要是培福德，以实际行为帮助别人，不要只图自利。

我们现在继续讲法布施、法供养。一切布施以法布施为第一，一切供养以法供养为第一。上面讲到过"于六和敬，起质直心"，这就是法布施。

"知一切众生心念，如应说法，起于智业。"什么是真正的法布施？各位将来要出去弘法利生的人，特别注意自己的修养、自己的修持，要到达能够了解一切众生心念的地步，当然最好是修到有定力，有少分的他心通，一切众生起心动念你都了解，不过装糊涂不说而已，然后才好教化。了解众生的业力，了解他接受的程度，了解他的根器，应该教他修什么法。有所谓逆性顺性，鬼神所不能知。逆的教法是相反，用魔鬼的方法来教化；顺的教法是正面教，使他为善学佛。"如应说法"的"应"是感应相应，也勉强可以说是应该。"起于智业"，起于智慧的业力，使一切众生生起智慧，弘法的人自己的智慧也一天天有不同的成就，教学相长。

"知一切法不取不舍，入一相门，起于慧业。"不取不舍是中道观，譬如你学空，学偏了就成为小乘的空，就是舍。一切放下是舍法，真正一切放下是不是佛法还是问题。不取不舍，非有非空，你们这次寒假专修要注意这个问题。"入一相门"，一切法只有一相，都是法相。这也是《楞严经》教我们的修持法门，要一门深入，"归元性无二，方便有多门"，最后成功是一样的。"起于慧业"，使一切人，包括自己，智慧道理越来越增加。我们经常提醒大家，佛法的究竟是智慧的成就，不是迷信，不是功利。如果有功利的话，就是智慧的功利。不管是性宗、相宗，最后智慧的成就是无上果。

"断一切烦恼，一切障碍，一切不善法，起一切善业。"这每一条都是戒律，为什么出家？为什么学佛？是不是能断一切烦恼？以我的经验，很多人不学佛还没有多大的烦恼，真正出家学佛以后，反而不是"断一切烦恼"，好像被一切烦恼所断，像断了善根似的。学了佛烦恼更大，这是非常可悲的一件事。佛经中文翻译"烦恼"这两个字非常好，烦恼不是痛苦，痛苦有时有，有时没有；烦恼是随时离不开的。今天你一点脾气没发，喜怒哀乐一点都没有，心里头闷闷的就是烦恼，今天情绪特别高兴也是烦恼。烦，有惑乱之意，是迷惑你的。恼，是扰乱你的思维，令心不清净。

因为对这些翻译的名词没有搞清楚，在自我的字典上，把烦恼解释成痛苦，是错的。痛苦在佛学上是苦集灭道的苦，痛苦容易解除，烦恼不容易解除。喜怒哀乐一切情绪变化都属于烦恼。"断一切烦恼，一切障碍"真难，譬如我们打坐，第一个障碍是两腿不听指挥，坐久了发麻，屁股也坐不住了。你坐不住是心理障碍还是生理障碍？这要参究。为什么腿会麻，因为坐久了气血不流通。为什么不流通？因为压太久了。再推究下去，这个身体是阿赖耶识的种子业力所变的，那就是业力的障碍了。所以要除掉一切障碍，甚至除掉一切不善法，生起一切善业。这都是法布施、法供养。

"以得一切智慧，一切善法，起于一切助佛道法。"这是最后的结论，我们所有的学习，在求得一切智慧，譬如做早晚功课的四宏愿——"法门无量誓愿学"，请问大家懂了哪几个法门？不要认为你在这里跟我学禅宗啊，我不承认的，我没教过禅宗，因为这里没有人够资格学，你只能算是在学禅定，但连禅定都没学好。天天念"法门无量誓愿学"居然不脸红，我觉得你们的定力怕是太高了。这种句子我一提到心里都发抖，打寒战，难过极了。"烦恼无尽誓愿断"，断得了吗？至于"众生无边誓愿度"，不要吹牛了。我帮你每一句加个注解："法门无量誓愿学"——太偷懒；"烦恼无尽誓愿断"——心里想；"众生无边誓愿度"——吹大牛;"佛道无上誓愿成"——慢慢来。

你注意啊!纵然得一切智慧,修一切善法,不过是起于一切"助佛道法",是学佛的助道品而已,帮助的法门而已,等于是原料去加工而已,你还不是佛,还差得远。千万不要傲慢,不要懂一点点佛学就傲慢起来,这是最障碍道的。

维摩居士是一位在家佛,他是金粟如来的化身,也就是妙喜佛,成佛很久了。这一篇佛经,就是他当时对善德菩萨的训话,现在他作个总结。

"如是,善男子!是为法施之会。若菩萨住是法施会者,为大施主,亦为一切世间福田。"他在这里告诉善德菩萨,像我刚才讲的这些,才是真正的法布施、法供养。学大乘菩萨道的人,能够随时做这样的法布施法会,才够得上是大施主。注意!不是你出两个钱,甚至于捐个一百亿美金也不算,那只是财布施,是世间法的施主。真正的大施主是佛,布施智慧。真做到法布施了,才是一切世间的福田。

"世尊!维摩诘说是法时,婆罗门众中二百人,皆发阿耨多罗三藐三菩提心。"善德菩萨说,维摩居士教训我这一顿之后,在当场的婆罗门众,就是印度的最高阶级的种姓,有两百人受他感化,发了无上大彻大悟求佛道的心。

"我时心得清净,叹未曾有。"善德菩萨自己听了维摩居士所说的法,就心得清净。一个人学佛第一步就是要心念清净,这很难。大家学佛不管多久了,此心能够常清净吗?

"稽首礼拜维摩诘足,即解璎珞,价值百千,以上之,不肯取。"善德菩萨当时得了利益,心得清净,就跪下礼拜维摩居士,把身上挂的很贵重的璎珞珠宝解下来供养维摩居士。当时印度规矩,身上挂了许多宝贝,你看菩萨的塑像,身上都挂满了,中国就不挂,风俗不同。可是维摩居士不肯接受。

"我言：居士！愿必纳受，随意所与。"再说一次，古代居士同法师地位是并行的，年高有德，悟了道学问好，相貌庄严，样样条件具备，才够得上称居士。现在有些年轻人给我写信，都自己称起居士来了，我看了就往边上一摆，一点道理都不懂，不管他信里写得再客气也都没有写通。善德菩萨就求维摩居士接受珠宝供养，而且随便他怎么处置。

"维摩诘乃受璎珞，分作二分。持一分，施此会中一最下乞人。持一分，奉彼难胜如来。一切众会，皆见光明国土难胜如来，又见珠璎在彼佛上，变成四柱宝台，四面严饰，不相障蔽。"善德菩萨说，维摩居士见我那么样恳求，才接受我的供养，拿到手就把它分两份。首先拿一半供养给法会上最穷的穷人。另外这一半，维摩居士把它供养给他方世界的难胜如来，这是八十八佛中的一佛，最殊胜的佛。当时在场的大众，马上看到上方出现光明国土的难胜如来，维摩居士供养在佛身上的璎珞，这时变成了四根柱子搭起的宝台，这宇宙没有阻碍，大众都看到了佛国土。

这里不是述说神话，尤其你们出家的同学，更要注意这一段。《佛遗教经》《四十二章经》《八大人觉经》是佛法传入中国最早的三部经，你们要去看。《四十二章经》有讲，供养十亿个罗汉，还不如供养一个缘觉，供养百亿个缘觉，还不如供养一个佛，供养千亿个佛，还不如供养一个无修无证的道人，根据本经我说，供养一个无修无证的道人，还不如供养一个世界上最穷苦的人。你看佛法是出世的还是入世的？佛法注重社会的救济。在本经中，维摩居士在法会中供养一个最穷苦的人。你能供养世界上最穷苦的人，就比得上供养一个佛。所以不要搞迷信；为什么要烧什么、化什么东西？这钱为什么不能拿去社会上多做一点好事？这就是佛法的真精神！因为你能供养下方世界这样穷苦的人，就等于供养了上方世界的难胜如来，上下是一样的。往往很多宗教徒只会向上供养佛，对于社会贫苦的人理都不理，这根本不是佛法。这里维摩居士做个榜样给你看。

"时维摩诘，现神变已，又作是言：若施主等心施一最下乞人，犹如如来福田之相，无所分别，等于大悲，不求果报，是则名曰具足法施。"维摩居士现神通，给众人看了他方世界佛土，又告诉与会大众说，假使布施的人以平等心布施供养最下等的乞丐，所做的功德等于是供养了佛，是真正种了福田。我常讲，学佛的人绝不能起攀缘心，例如看到人时心想，也许这人用得着的，也许这人可以帮自己忙的，这都是攀缘心，要无条件地布施出去。好像到过年时，有些同学想来供养我，名字也不写，红包往我桌上一放，我看了火就大，不可以这么做！当然我很感谢你的诚心，但是我不需要，我需要的是你能真地去学佛，真地行菩萨道，乃至把这点钱去社会上做些有意义的事都好。我不是不要钱，我是最要钱的人，我要做很多的事，没有钱怎么做？我宁可上课收费，出卖知识而不弘法。但是如果家境不好又有心学的人，不但不收一毛钱，还要帮他。但是对有悭吝心的人，我非要他拿钱出来不可，即使勉强他，他不高兴我也要做，这是为了使他养成布施的习惯。

维摩居士接着说，能这样布施，等于大慈悲，不是为了求果报才去法布施。你一求果报，像是做生意的心理，就完了，是错误的。

"城中一最下乞人，见是神力，闻其所说，皆发阿耨多罗三藐三菩提心。"当时毗耶离城中有一个最可怜的人，看到维摩居士神通智慧的力量，听了他的说法，也发起了无上的道心。要注意，现实的社会中，最富贵的人不会发心学佛学道的，因为他的环境没有痛苦，没有这个刺激嘛。再者，富贵中人没有时间跟你学佛的，尤其是现代社会的有钱人太忙，可以说他们一分钟都不得空。不要说富贵的人，像我的忙碌你们就想象不到，有时眼睛在看东西，嘴里吩咐人做事，耳朵还听电话。所以我最受不了讲电话长篇大论地不停，尤其许多女性都如此，两三句话就解决的事，非要拖着讲，这都是一种习气。同样的，最下等人也不会发心跟你学佛，因为被生活痛苦所逼迫，心里没有一秒钟清净。所以一个病到极点的人，你还要他念佛是外行空话，他念的只是痛，你先把他病痛解脱了，他才有时间和精神念佛。你们这些佛婆婆佛妈妈去探病，不要乱讲外行话，病人痛得要死还能念佛的话，这个人也不用你劝了，他能把病痛丢得开，已经成功解脱一半了，他还要听你劝？他不劝你念佛已经是客气了。

记住，布施下等人、困难中的人，同供养佛一样，这是《维摩诘经》上卷最末一段的精神所在。

"故我不任诣彼问疾。"因此，善德菩萨也表示，他不够资格代表佛去探维摩居士的病。

"如是，诸菩萨各各向佛说其本缘，称述维摩诘所言，皆曰不任诣彼问疾。"其他每一位菩萨也都不敢去。

《维摩诘经》的经题是《维摩诘所说不可思议解脱经》，是这一部经的全称。怎么叫作"不可思议解脱"？我们到最后再作结论。维摩居士是一位在家佛，这是佛法大乘精神所在，真正成就不一定要出家。当然并不是说出家不对，出家解脱固然更快更好，但是在家也一样可以得成就、得解脱，真正得解脱不在生活的形式或一切的外表。

维摩居士以生病作为说法的因由，一个人有生命一定会有病。正应了佛学基本的四句话："积聚必有消散，崇高必有堕落，合会终有别离，有命咸归于死。"假有的生命最后一定是死亡，由生到死之间，老病不过是死的前奏。所以生、老、病、死是必然的，不是偶然的，这个前因后果的关系，不需要等到后果来到才知道。佛说："菩萨畏因，凡夫畏果"。对智慧高明的人，"因"一启动就知道结果了，因里头就含有果，普通人要到结果出来了才知道。所以菩萨怕因，不轻易种因。比如两个人讲话意见不合，彼此态度开始不对，自己都不晓得自己情绪变化，不高兴就摆出脸色，这一来就有了因，人家反应的结果当然不好。还有，跟人讲话先皱眉头，本来很好的事人家也不愿意听了。你有时跟人开个玩笑，但后果怎样有没有想过？言者无心，可是听者有意，别人不认为是玩笑。古人因为开个玩笑把命送掉的例子不少。菩萨有这样的认识，所以畏因，凡夫要刀杀到头上才知道。

像我刚才要他们关后面的窗子，因为那两位同学坐在窗口，风对着背上吹，背上脑后这些穴道风吹进去，就最容易伤风。当时还不觉得，过几个钟头或者第二天就难过了。这你们打坐千万要注意，有智慧的人坐下来会先注意到这一点。他们两位毕竟是凡夫，坐在那儿还凉快，等明天流鼻涕了，可能还不知道怎么起的。要是老年人这么一坐下来，明天可能要送医院了，伤风引起肺炎就麻烦了。

维摩居士因病而说法，菩萨有没有病啊？得了道成神仙，可以做到不食人间烟火，是可以做得到的。但是不食人间烟火还有没有病呢？照样有病！即使欲界的病不生，可是还有色界的病。初禅天的人可以做到不食人间烟火，免除了火灾，可是水灾免不掉，还是要进修。所以菩萨还是有病，不同的病。连佛跟佛见面时，也彼此问候两句外交辞令："少病少恼否？众生易度否？"《弟子品》中也提到，释迦牟尼佛生病，还叫阿难去化缘，化到维摩居士家里去，结果给痛骂一顿。

所以我们的肉身要注意好好调养，我们有的修道朋友认为做工夫本事大了，可以调整自己的身体，结果病得一塌糊涂。你有这样大的本事吗？四大色法很难弄的，不到成佛阶段是转不了的，能够转色身，那你已经成就了，这是第一。第二，有许多人有一点点医药常识，结果自己自作聪明乱吃药，那都是自求速死，要特别注意。

卷
中

文殊师利问疾品第五

　　尔时，佛告文殊师利：汝行诣维摩诘问疾。文殊师利白佛言：世尊，彼上人者，难为詶对。深达实相，善说法要，辩才无滞，智慧无碍，一切菩萨法式悉知，诸佛秘藏，无不得入，降伏众魔，游戏神通，其慧方便，皆已得度。虽然，当承佛圣旨，诣彼问疾。于是众中诸菩萨大弟子，释梵四天王，咸作是念：今二大士，文殊师利维摩诘共谈，必说妙法。即时八千菩萨，五百声闻，百千天人，皆欲随从。

　　于是文殊师利，与诸菩萨大弟子众，及诸天人，恭敬围绕，入毗耶离大城。尔时长者维摩诘心念：今文殊师利，与大众俱来。即以神力，空其室内，除去所有，及诸侍者，唯置一床，以疾而卧。文殊师利既入其舍，见其室空，无诸所有，独寝一床。时维摩诘言：善来文殊师利！不来相而来，不见相而见。

　　文殊师利言：如是，居士。若来已更不来，若去已更不去。所以者何？来者无所从来，去者无所至。所可见者，更不可见。且置是事。居士是疾，宁可忍不？疗治有损，不至增乎？世尊慇懃，致问无量。居士是疾，何所因起？其生久如？当云何灭？维摩诘言：从痴有爱，则我病生。以一切众生病，是故我病。若一切众生得不病者，则我病灭。所以者何？菩萨为众生故，入生死，有生死，则有病。若众生得离病者，则菩萨无复病。譬如长者，唯有一子，其子得病，父母亦病。若子病愈，父母亦愈。菩萨如是，于诸众生，爱之若子。众生病，则菩萨病。众生病愈，菩萨亦愈。

又言是疾何所因起？菩萨疾者，以大悲起。文殊师利言：居士，此室何以空无侍者？维摩诘言：诸佛国土，亦复皆空。又问：以何为空？答曰：以空空。又问：空何用空？答曰：以无分别空故空。又问：空可分别耶？答曰：分别亦空。又问：空当于何求？答曰：当于六十二见中求。又问：六十二见当于何求？答曰：当于诸佛解脱中求。又问：诸佛解脱当于何求？答曰：当于一切众生心行中求。又仁所问何无侍者，一切众魔及诸外道，皆吾侍也。所以者何？众魔者乐生死，菩萨于生死而不舍。外道者乐诸见，菩萨于诸见而不动。

文殊师利言：居士所疾，为何等相？维摩诘言：我病无形不可见。又问：此病身合耶？心合耶？答曰：非身合，身相离故。亦非心合，心如幻故。又问：地大水大火大风大，于此四大，何大之病？答曰：是病非地大，亦不离地大；水火风大，亦复如是。而众生病从四大起，以其有病，是故我病。

尔时，文殊师利问维摩诘言：菩萨应云何慰喻有疾菩萨？维摩诘言：说身无常，不说厌离于身。说身有苦，不说乐于涅槃。说身无我，而说教导众生。说身空寂，不说毕竟寂灭。说悔先罪，而不说入于过去。以己之疾，愍于彼疾。当识宿世无数劫苦，当念饶益一切众生。忆所修福，念于净命。勿生忧恼，常起精进。当作医王，疗治众病。菩萨应如是慰喻有疾菩萨，令其欢喜。文殊师利言：居士，有疾菩萨，云何调伏其心？维摩诘言：有疾菩萨，应作是念，今我此病，皆从前世：妄想颠倒，诸烦恼生。无有实法，谁受病者？所以者何？四大合故，假名为身。四大无主，身亦无我。又此病起，皆由着我。是故于我不应生着。既知病本，即除我想及众生想，当起法想。应作是念，但以众法合成此身，起唯法起，灭唯法灭。又此法者，各不相知，起时不言我起，灭时不言我灭。彼有疾菩萨，为灭法想，当作是念，此法想者，亦是颠倒，颠倒者，即是大患，我应离之。云何为离？离我我所。云何离我我所？谓离二法。云何离二法？谓不念内外诸法，行于平等。云何平等？谓我等涅槃等。所以者何？我及涅槃，此二皆空。以何为空？但以名字故空。如此二法，无决定性。得是平等，无有余病。唯有空病，空病亦空。是有疾菩萨，以无所受而受诸受，未具佛法，亦不灭受而取证也。设身有苦，念恶趣众生，起大悲心，我既调伏，亦当调伏一切众生。但除其病，而不除法。为断病本，而教导之。何谓病本？谓有攀缘。从有攀缘，则为病本。何所攀缘？谓之三界。云何断攀缘？以无所得。若无所得，则无攀缘。何谓无所得？谓离二见。何谓二见？谓内见外见，是无所得。文殊师利，是为有疾菩萨调伏其心，为断老病死苦，是菩萨菩提。若不如是，已所修治，为无慧利。譬如胜怨，乃可为勇。如是兼除老病死者，菩萨之谓也。彼有疾菩萨，应复作是念，如我此病，非真非有，众生病亦非真非有。作是观时，于诸众生，若起爱见大悲，即应舍离。所以者何？菩萨断除客尘烦恼而起大悲，爱见悲者，则于生死有疲厌心。若能离此，无有疲厌，在在所生，不为爱见之所覆也。所生无缚，能为众生说法解缚。如佛所说，若自有缚，能解彼缚，无有是处。若自无缚，能解彼缚，斯有是处。是故菩萨不应起缚。何谓缚？何谓解？贪着禅味，是菩萨缚。

以方便生，是菩萨解。又无方便慧缚，有方便慧解。无慧方便缚，有慧方便解。何谓无方便慧缚？谓菩萨以爱见心庄严佛土，成就众生，于空无相无作法中，而自调伏，是名无方便慧缚。何谓有方便慧解？谓不以爱见心庄严佛土，成就众生，于空无相无作法中以自调伏而不疲厌，是名有方便慧解。何谓无慧方便缚？谓菩萨住贪欲瞋恚邪见等诸烦恼，而殖众德本，是名无慧方便缚。何谓有慧方便解？谓离诸贪欲瞋恚邪见等诸烦恼，而殖众德本，回向阿耨多罗三藐三菩提，是名有慧方便解。文殊师利，彼有疾菩萨，应如是观诸法。又复观身无常、苦、空、非我，是名为慧。虽身有疾，常在生死饶益一切，而不厌倦，是名方便。又复观身，身不离病，病不离身，是病是身，非新非故，是名为慧。设身有疾，而不永灭，是名方便。文殊师利，有疾菩萨，应如是调伏其心。不住其中，亦复不住不调伏心，所以者何？若住不调伏心，是愚人法。若住调伏心，是声闻法。是故菩萨不当住于调伏不调伏心，离此二法，是菩萨行。在于生死不为汙行，住于涅槃不永灭度，是菩萨行。非凡夫行，非贤圣行，是菩萨行。非垢行，非净行，是菩萨行。虽过魔行，而现降伏众魔，是菩萨行。求一切智，无非时求，是菩萨行。虽观诸法不生，而不入正位，是菩萨行。虽观十二缘起，而入诸邪见，是菩萨行。虽摄一切众生，而不爱着，是菩萨行。虽乐远离，而不依身心尽，是菩萨行。虽行三界，而不坏法性，是菩萨行。虽行于空，而殖众德本，是菩萨行。虽行无相，而度众生，是菩萨行。虽行无作，而现受身，是菩萨行。虽行无起，而起一切善行，是菩萨行。虽行六波罗蜜，而徧知众生心、心数法，是菩萨行。虽行六通，而不尽漏，是菩萨行。虽行四无量心，而不贪着生于梵世，是菩萨行。

虽行禅定解脱三昧，而不随禅生，是菩萨行。虽行四念处，不毕竟永离身受心法，是菩萨行。虽行四正勤，而不舍身心精进，是菩萨行。虽行四如意足，而得自在神通，是菩萨行。虽行五根，而分别众生诸根利钝，是菩萨行。虽行五力，而乐求佛十力，是菩萨行。虽行七觉分，而分别佛之智慧，是菩萨行。虽行八正道，而乐行无量佛道，是菩萨行。虽行止观助道之法，而不毕竟堕于寂灭，是菩萨行。虽行诸法不生不灭，而以相好庄严其身，是菩萨行。虽现声闻辟支佛威仪，而不舍佛法，是菩萨行。虽随诸法究竟净相，而随所应为现其身，是菩萨行。虽观诸佛国土永寂如空，而现种种清净佛土，是菩萨行。虽得佛道转于法轮入于涅槃，而不舍于菩萨之道，是菩萨行。说是语时，文殊师利所将大众，其中八千天子，皆发阿耨多罗三藐三菩提心。

这一部经是维摩居士借病说法，如何解脱生理的困扰。上卷讲佛的小乘弟子，每一位成就的优点也正是他的缺点，因此只算是小乘的罗汉，不能入佛菩萨境界。《维摩诘经》中卷第五品开始进入大乘菩萨，由文殊菩萨代表佛去向维摩居士探病。后世《天女散花》这出戏，就是由文殊师利菩萨出场这里开始的。文殊师利也翻译成曼殊室利，我二十几岁以前写佛学文章的笔名用的就是室利，我不想用曼殊，因为已经被苏曼殊那花和尚用了。后来我也不用室利了，要利就利天下人嘛！为什么只利一个房间？

文殊师利是大乘菩萨中智慧第一，他的坐骑是狮子，代表他的根基，狮子一吼，百兽脑裂。现在我们这个劫数叫作贤劫，在这个劫数里有千佛出世，释迦牟尼佛是第四位出世的佛，将来弥勒菩萨要来当教主，是第五位。第一千位成佛的是楼至佛，就是韦驮菩萨，他发愿最后成佛，在成佛之前担任护法。文殊师利菩萨是过去七佛之师，他们都受过他的教育，他同观音菩萨于久远劫来早已成佛，因为他的弟子要到这个世界上来成佛，所以他这个做老师的特地来捧场，来辅佐佛的教化，地位等于是佛的教务长。

文殊菩萨来了

"尔时，佛告文殊师利：汝行诣维摩诘问疾。"现在，佛要文殊师利菩萨代表他去探视维摩居士。

"文殊师利白佛言：世尊，彼上人者，难为詶对。"我们写信给出家的法师，或者出家人写信给自己的师父，可以用"上人"作尊称。"上人"的根源出自《维摩诘经》，唐宋学者所作的诗词送给法师的，就写赠某某上人，在《全唐诗》中很多见，大家看的《唐诗三百首》，不过是唐诗中的万分之一而已。"上人"也就是和尚，意义是人上之人，是第一等人。俗语"吃得苦中苦，方为人上人"，就是同一个道理。

"詶对"是应酬对答。中国文化中，小孩子从小教他"洒扫应对"的基础教育，也可以叫作"应对进退"。我同朋友们说，现代人的修养失败，家庭教育要从洒扫应对开始，都没有学，以为在学校扫扫地就是洒扫。扫地要怎么扫，环境怎么样清洁整齐，都要受过严格的训练，否则是不懂的。现代的孩子好像不大管这个，现代人应对就更差！许多年轻人，甚至中年人，对长辈、对老师说的都答"对"！"对"是对平辈或小辈用的，对长辈、对老师要讲"是"！现在我也听惯了，希望他们讲"对"就好了。刚才某某同学带了太太来看我，太太坐在一边没坐端正，他就当面纠正，他可是受过严格传统教育的，但我还要帮他太太打圆场。现在时代不同了，文化的重新建立不是一两个人说说拉倒的，很难了。

讲到“詶对”两个字有那么重要，包括了应对进退。什么是应对进退？不是见人进一步行个礼，走时告退时退一步。进退是做人对一件事该做、不该做，该答应、不该答应的进退之间，其中的应对是非常难的。应对进退实在是做人的基本教育和态度，中国人叫仪礼，仪表态度是做人的基本道理。如果仪礼都不行，何况大礼！比如有某某同学再三说要做事，我让他来这里上班，他每次一来就先去打坐，那还做什么事？这进退之间就是不懂。这个进退的学问太多了，又像有些学生，进入人家的客厅，应该往哪里坐都不会，乃至吃饭拿个筷子和碗都不对，有什么办法！

文殊师利菩萨对释迦牟尼佛说，唉！这一位“上人”啊！很难应付的。一般人差一点的，到他前面动辄就要挨骂的。为什么呢？

“深达实相，善说法要，辩才无滞，智慧无碍，一切菩萨法式悉知，诸佛秘藏，无不得入，降伏众魔，游戏神通，其慧方便，皆已得度。虽然，当承佛圣旨，诣彼问疾。”文殊师利菩萨这一段话，好像是官场中对皇帝下的命令委婉表示很难，但虽然如此，还是得去。好像我常常叫同学去做什么事，“哎呀！老师啊！这……那……”的，我一听就讨厌，真不堪受教。

文殊师利菩萨首先说维摩居士“深达实相，善说法要”，这八个字就要了命。大彻大悟，得道成佛菩萨的境界，才有实相般若。实相无相，真空妙有。换句话说，维摩诘以在家居士身成佛了。他不但成佛，还能够说法，度一切众生，自利利他。我们讲教书的例子，善说同不善说的差别很大的，好多年前有位同学师范毕业之后去教化学，他用教诗词的境界去教化学，把化学公式套在诗中讲出来，非常受欢迎，这就是善说。哪像你们有些同学出去说法，站在台上两眼向前瞪，谁也不管，讲得是满口学问，但是一点效果也没有。"善说法要"是很难的，尤其在这二十一世纪，把佛法做到"善说法要"是更难的。维摩居士能做到"深达实相，善说法要"这个境界，已经不得了了。

接下来，"辩才无滞，智慧无碍"，这个"辩才"可不是强辩，而是一切问题到他前面都解决了，都不成问题，他都不用脑筋想了。用脑筋想是世间的聪明，他到了实相般若境界，那智慧就如珠之走盘。有些人很会讲话，一听就知道是歪理强辩。真的"辩才无滞"的人，只有成佛了的人。任何法门，不论世法、外道，都可以到达佛法最高峰。古德说："正人用邪法，邪法也是正。邪人用正法，正法也是邪。"何以能做到"辩才无滞"？因为"智慧无碍"之故。

《维摩诘经》这里的每一句话都是我们修道成就的标准，真悟了道的人，就具备这些条件。大家学佛不要狂妄，自己拿每一条来对一下，能做到"深达实相"吗？能做到"善说法要"吗？能做到"辩才无滞"吗？能做到"智慧无碍"吗？拿"智慧无碍"来讲，我们这里学佛的几位，在社会上一般都觉得是智慧很高的，但是什么问题都解决不了，处处在障碍，可是还觉得自己了不起，狂妄无知啊！造的是很糟糕的因！

"一切菩萨法式悉知"，一切大乘菩萨佛法，一切法门，包括外道魔道，任何一种戒律规矩，没有不知道的。"悉知"，又是一个第一次出现在这本经的词语，后来在中文信函中，尤其是长辈的口吻，常用到"来信知悉"。居然也有学生写信给我，"老师您来信知悉"，完蛋了。讲到这个，还有学生都做了大学教授了，给我的信封上写着"南师怀瑾"，南师就南师吧，算了。但他把"师"字写到边上，"怀瑾"写到中间，他以为是对我恭敬，唉！刚刚相反。信封上写"南先生怀瑾"是给邮差知道寄给谁的，"怀瑾"两个字可以偏到旁边，表示自己不敢称先生的名。但是在信的内容，你就不能把长辈的名字偏到旁边，否则极为不敬。唉！对这些传统文化教育怎么教？我真急死了！现在的教育部懂不懂这个还是个问题。

"诸佛秘藏，无不得入。"若我们问，佛法修持里面有没有秘密？有。但是对于最高的秘密，禅宗六祖答得最好，秘密在你那里，不在我这儿。一切众生本来是佛，却见不到自己的本性，这是公开的秘密，众生却不知道。比如宇宙的秘密，我们现在知道有电是很平常的，但古人几千年来就不知道。虚空中还充满了许多其他东西，是目前科学所不知道的。

大家看佛教密宗很秘密，其实不是，它都有道理的。悟了道的人来看密宗，就觉得一点都不秘密。真道并没有秘密，每个人对佛法的究竟，深入程度不同，这是人性最高的机密。唯有成了佛的人，才对一切佛的秘密统统了解。譬如，我问你们，西方极乐世界为什么叫阿弥陀佛？你说是无量寿、无量光的意思。为什么是西方？为什么东方佛土有药师如来长寿佛？那也是无量寿啊！何以南方的佛名宝生如来？是什么宝啊？宝生佛是怎么成佛的？他用哪个法门？一切佛法讲空，为什么北方是不空如来？那北方有什么啊？为什么中国文化的帝王是坐北向南？所谓南面而王，而坐西向东的却是当老师的师位？这些道理你们懂吗？我不提你们有没有想过，恐怕等你们舍利子烧出来了都不知道。所以诸佛法都有秘藏，这就是秘。维摩居士以在家佛的身份，对一切佛的秘藏、奥秘，都深入进去了，他在上方世界早就成佛了，是金粟佛，故意到下方世界来，示现居士之身。

"降伏众魔，游戏神通。"一切魔障对维摩居士都没有办法，本经上卷提到大魔王都怕他的，连带来的魔女都被他照单全收了，最后魔王只好向他投降，请他归还魔女。既然他能"降伏众魔"，为什么病魔还没有降伏？等一下我们会看到他对病魔的处理。虽然如此，有时对于世俗的魔还只好避开，一跳出红尘就避开了世俗的魔。要能深入世俗，降伏世俗的魔，就是大出家了。维摩居士还具备一切神通，一切在家、出家，世俗、出世对他而言，只是游戏而已。真的神通是大智慧的成就，这是他成道的条件，你们学佛的觉得自己有点开悟了，对一对这个条文，这就是戒条，哪一条你做到了？讲起话来言辞不清，我常训你们的：言不压众，言辞不清，条理不明。讲了半天话，要点在哪里都不知道。貌不惊人，又没有威仪。威仪不是凶样，也不是摆一副死相，而是功德成就了，一到那里就有那个气度，就像花香或电感一样发出来。

"其慧方便，皆已得度。"这是说维摩居士一切智慧、一切方便法门都成就了。文殊师利菩萨向佛报告，这位上人难办了，他是这样境界的人。但是佛既然吩咐了，文殊师利菩萨也只好去了。

"于是众中诸菩萨大弟子，释梵四天王，咸作是念：今二大士，文殊师利维摩诘共谈，必说妙法。即时八千菩萨，五百声闻，百千天人，皆欲随从。"文殊师利菩萨一答应要去，在座所有的人都要跟去看闹热。要去的有大菩萨、佛弟子、欲界天主玉皇大帝释提桓因。讲到释，中国出家人本来是保留原来姓氏的，例如从智法师姓李的话，就叫李从智。到了南北朝以后，出家人才去掉俗家姓氏，一律改姓释，是追随释迦牟尼佛的意思。跟文殊师利菩萨一起去的，还有大梵天、四天王等。他们心里想，这两位大士要对话，一定有好戏看了。同时又有八千位菩萨、五百小乘人、百千天人都要跟去。

"于是文殊师利，与诸菩萨大弟子众，及诸天人，恭敬围绕，入毗耶离大城。"文殊师利菩萨就带着他们进城探病去了。

"尔时长者维摩诘心念：今文殊师利，与大众俱来。即以神力，空其室内，除去所有，及诸侍者，唯置一床，以疾而卧，文殊师利既入其舍，见其室空，无诸所有，独寝一床。"维摩居士有他心通的，那一边大众决定要来，他就感应到了。维摩居士就用神通把房间里的东西都搬空了，这个要注意，是在点题。我们讲心房、心室，你要心念能空，才能空掉物质。刚才讲有的人一脸死相，就是脑子里空不了，业力现到外形上了。维摩居士是大富人，房子是很大的，文殊师利菩萨要来，他把房子缩小了，变成了一丈见方。后来庙子和尚住的房间叫方丈，就是这样来的。十寸成一尺，十尺叫一丈，这叫合十，我们合掌也叫合十。维摩居士念头一动，就把房间布置好了，成为空的房间，没有东西也没有侍者，只有一张床，他靠在床上。因为都空掉了，文殊师利菩萨大概也不用找门房，就一直进去，看到空的房间。这就是维摩居士用环境来表示道。可是还有一样，他还在床上。《指月录》记载宋朝有一位高官的女儿在家修道成功了，自称空室道人，后出家为尼，名智通，典故也出自于此。

文殊师利菩萨可是带着群众来的，就这么一丈见方的房间里，要容纳百千跟从大众，不知道是人变小了还是房间变大了，这就是维摩居士的智慧神通。

"时维摩诘言：善来文殊师利！不来相而来，不见相而见。"对话开始了，维摩居士说，善来文殊师利，是倒过来的语句，就是文殊师利你来得好啊！你有来吗？没有的。我们有见面吗？没有的。没有来吗？这才是真来。没有见吗？这才是真见面。这是最高的文学、最高的佛法。文字好像很容易，你做得到吗？你在这里打坐时，可不可以回家去看父亲？

宗喀巴大师十九岁在西藏出家，出家后昼夜忙于修道，母亲病了也没时间回青海老家，只有请人画了自己的像，送去老家给母亲。画像送到母亲手中，打开一看，画像中的人就开口叫妈。母亲看了非常高兴，知道儿子已经成道了。释迦牟尼佛上忉利天为母亲说法，他的弟子想念他，就用檀香木刻了一个他的像，释迦牟尼佛从忉利天回来看到自己的像，他就对像说，究竟你是我，还是我是你？他还与像彼此问讯。据说这一尊像后来流传到了中国，历代都有记载，不过近几百年就不知道下落了，这些故事就是"不来相而来"。

再看人类五千年历史，这些人都来过了，诸葛亮、刘备、曹操都来过了，我们几十年下来头发也白了，过去的事情都来过了，有没有？"不来相而来"，你要从这里去参、去体会。有位法师前几天跟我提出来要回去省亲，那我不能不准他的。他回去过了没有？他现在还坐在这里。假如今天坐飞机去美国，在地球表面位置来讲，你是去了美国；但是地球本身是转动的，从虚空的位置来讲，你又转回来了这个位置，也是"不去相而去"。懂了这个道理，生死也一样，肉体老病去了，你那个能生老病死的没有动过啊！

同样，"不见相而见"，哪里见过面？现在大家在一起上课见面，等一下就散了。所以说，世上无不散的筵席，你说散掉了，也没有散，那个影像还是在的，没有来过也没有去过。《金刚经》讲："如来者，无所从来，亦无所去，故名如来。"永远都在这里不动。维摩居士对文殊讲的第一句话："善来文殊师利，不来相而来，不见相而见。"不可思议解脱的道理已经给你说完了。你只懂了这个理还不算数，要能够证到了，你就算成功了，就真正懂了佛法了。

有些同学埋怨，老师越忙离我们越远了。其实我们不远也不近，永远在一起。有一位美国学生真了不起，他一句中文不懂，一天早上要来跟我谈禅，谈了一个钟头，他讲英文我讲中文，最后他要上飞机了，我说请他去吃早餐，是第一次也是最后一次。再见时他说，老师，我们永远在一起，没有分手过。所以这个智慧不在文字言语上的。

《维摩诘经》是大乘佛法，中国讲禅宗的，乃至于讲大密宗的，都特别注重这部经。它是个顿悟法门，所有说法都针对形而上道而讲的。所以读《维摩诘经》有很大的好处，可以开发我们解脱的智慧。但是也有坏处，一般人很容易学了些口头禅，落入狂妄。例如上面讲的"善来文殊师利，不来相而来，不见相而见"，禅宗的机锋转语就是这样来的。后来就被滥用了，如有人问出家，他答，不出相而出，不入相而入，无家可出，无家可入。这类的狂话很多，文学境界很妙，自己到底没有证入，反而不好。

事实上，依形而上道来讲，道理是对的。维摩居士和文殊师利两位大士的见面，是以第一义谛的立场对话。如果了解现代科学的观念，就更可以证明佛法的真实道理。宇宙万有一切现象都是生灭法，来去、是非、善恶、生死，等等，都是相对的，都是"相"，能生诸有之相的那个，没有动过，生而不生。能使万有相对的那个是绝对的，不属于相对的。但同时也没有一个绝对的存在，一有绝对的存在，它又已经是相对的了。它是什么呢？是诸法空相。这些用物理、化学，声、光、电的道理来说明，是完全正确的。

刚才维摩居士对文殊师利说，你来了等于没有来，我们见面了等于没有见。我想到我们这里有位老同学，修了几十年了，身体老病不堪，我正在主持寒假打七的时候，他的朋友打电话来告急，后来他过世了。临终照顾他的朋友后来跟我谈："老师，他认为自己很有把握，往生西方没有问题，你说呢？"我笑一笑说："大概有一点吧，中间还要迷途的啊！能够再来得一个人的躯壳已经很不容易了。"这个事谈何容易！在哪里看出来呢？就在他还在世的时候，看他的定力，看他所做的事。我拿这一件事要讲的是，这位老同学过世了，走了没有？"不去相而去"。所谓看不见的是肉体而已啊！那个自性并没有动过。能够把握到这一点，就没有生离死别的苦难。一切只是相的变，自性是寂然不动的。

现在，文殊菩萨答话了：

"文殊师利言：如是，居士。"是的，居士，是这样的。文殊菩萨怕跟着去的小乘菩萨们不了解，就再加以引申：

"若来已更不来，若去已更不去。"来去只是个现象，比如你说早上的太阳到晚上就下去了，这只是对现象讲。虽然形而上是没有逻辑可言的，我们假如勉强用形而上的推理来看，假定真有个东西来了，已经来过了就没有第二次来了。宇宙的生命、万有的现象是生生不已，像流水的浪头一个接一个，当我们看到第一个浪头过去了，下一秒钟看见的浪头已经不是先前的浪头了。假如我们认为浪头有来过有生过，那后面就不可能有再生的，因为后来的不是原来的那一个。同样道理，过去的东西，如果认为死亡了的话，那现在就没有死亡，因为已经死亡过了。

凡夫众生只从现象界看，认为是有来去、有生死，其实是没有来去、没有生死的，来了等于没有来。我们看自己小时候的照片，那绝不是我们，完全是两个人，那个肉体、那个一切早过去了。

"所以者何？来者无所从来，去者无所至。"什么理由呢？一切万有现象没有个来去的根源。一切宗教哲学都在追寻最初造物的是什么，是谁在主宰，最初的现象几时开始的。佛家的结论是：无始之始，像一个圆，每一点都可以是起点，都也可以是终点，而所谓始点与终点，只不过是人为的假定。宇宙的法则是圆周性的，是圆满的，不生不灭，不来不去。能生灭去来者，无生灭去来。我们坐在那里，莫名其妙地忽然想起一件事，它从哪里来的？"来者无所从来"。你如果要拼命去找它的来源，你花个三大阿僧祇劫慢慢找吧！去的呢？"去者无所至"，能去到哪里？终点也就是起点。所以，因中就有果，果中又含因，无始无终，无来无去。这也是《华严经》的道理——"因赅果海，果彻因源"，是宇宙万有的因果关系，因含着果，在果上去找因，因果是同时的。

"所可见者，更不可见。"凡夫众生因为不了解这个理，见不透，没有彻悟，只相信我们自己眼睛所见，而眼睛所见是没有真见的，看见的都是假相，靠不住的。站在凡夫境界讲，你们诸位现在看见我，我也看见你们。但是还是假的，我们第一眼看见这个现象，这个现象已经过去了，不可得。又比如我们房中的这个电灯，我们看着它好像一直亮着，学过光电的人就知道，当你刚接通电源的那一刹那，电的功能产生的第一束光，生了就消散了，因为后面源源不绝的电力，才使得这灯持续发光，那第一束光一见就不再见了。更明显的是蜡烛，你点燃之后蜡烛虽然一直发光，但是蜡烛也不断地变短小。过去认为蜡烛燃尽就没有了，现代的物理学告诉我们能量不灭，能量与质量互变，也是不生不灭的。

这个道理与心的道理是同样的，你们学佛法就不要沉迷在宗教中钻牛角尖，要了解科学可以更透彻地了解佛学，佛学是大科学。"所可见者，更不可见"，说明自然界一切物质的现象，一刹那一见之间就已经过去了，我们觉得正看着的已经变去了。你第一眼看到这个人，一刹那间这人的身体已经新陈代谢变化了。这个最明显的是看婴儿和看老人，你一个月不见婴儿他就变样了，我们也说七十岁以上的朋友，若一个月不见就要打电话问候他一声，八十岁以上的，更要三天两头打个电话。

唐人崔涂所作的一首《旅怀》诗，起首是"水流花谢两无情"，也可以用来注解《维摩诘经》的"所可见者，更不可见"。水流过去了不会再回头，江水东流一去不回头嘛！花谢了明年虽然再开，但已经不是今年的花了。所以水流、花谢这两样是毫不留情的。这首诗的文学意境很深，有些离乡背井多年的老朋友是读不下去的。下面还有好几句，今天不讲诗，就不再说了。（全文是"水流花谢两无情，送尽东风过楚城。蝴蝶梦中家万里，杜鹃枝上月三更。故园书动经年绝，华发春催两鬓生。自是不归归便得，五湖烟景有谁争。"）你们爱文学的同学更可以引李商隐的两句诗作结论："此情可待成追忆，只是当时已惘然。"乃至引用到历史哲学，像《三国演义》卷首的："滚滚长江东逝水，浪花淘尽英雄"，这样就懂了"所可见者，更不可见"。

第一义至高无上的道，被文殊菩萨和维摩居士两位拿来随便一番对话，真只能说是"千古绝唱"。文殊菩萨的讲话艺术一流，你们如果有人做外交官的，可以好好学他。他回应了维摩居士之后，话一转，又说"且置是事"，就是说，这个问题我们不谈了。再谈下去，他们两个恐怕要扯一部六百卷经典了，那还得了，所以文殊菩萨赶快收场。

"居士是疾，宁可忍不？疗治有损，不至增乎？"你看，他真是最好的外交官，他问候说，居士，你这个病还忍得住吧？治疗有没有把病情改善？好一点了吧？

"世尊慇懃，致问无量。"佛非常关心，叫我代表他来问候。"致问无量"，是无限的关心和想念。这个文章你们写信就可以学了。

"居士是疾，何所因起？其生久如？当云何灭？"文殊菩萨这里的问题也是问我们大家，这就要参了。人活着就有病，为什么会生病？为什么会老？文殊菩萨问维摩居士，你这个病是怎么引起的？病了多久了？怎么样去掉这个病？在座各位可能年轻的比年老的还要多病，天天都在感冒，不是头痛就是流鼻水。现在我要问："诸位青年法师、青年居士，是病何所因起？其生久如？当云何灭？"你们一定答复："我也不知道怎么引起的，也不知道什么时候会好。"这就很可怜了，自己病了不能自疗。这就是话头，是大问题。人怎么会生病，不是问怎么得了伤风感冒或是得了癌症，不是这个问题，是问这个生命为什么会生病。

众生病　菩萨也病

"维摩诘言：从痴有爱，则我病生。"人的生命本来就是个病态的生命，宇宙万有现象也是个病态的万有现象。从文学艺术角度看，这个世界多美丽啊！红花绿叶描写得或画得多美。你写好了画好了就病了，你累了嘛！累就是病。我们不把累当作病，它就是病因。生命就是这么个生灭现象，非常疲倦。你反省一下，在人生路途中，不管你什么年纪，你随时感觉到很疲倦。也许你们诸大菩萨不感觉到，我这个凡夫随时都感觉到很疲倦。有时同学劝我多休息，我不是身体的疲倦啊！是心里疲倦，尤其和你们在一起，好疲倦。

生命有病是什么道理？维摩居士回答，他说，一切从痴所生。痴就是有情，佛经翻译众生为有情众生。我过去在大学教书，很多年轻人来问我爱情哲学，什么是情、爱、欲？我说，这三个字不管怎么分类都是混蛋，总而言之都是荷尔蒙在作怪。当荷尔蒙升华了，没有欲念了，就成了爱，爱再化掉了，就成了情。情就是痴的根本，情加浓一点就是爱。情像葡萄酒，蛮好喝但是很醉人。爱就不同了，像白兰地。欲像高粱酒或伏特加。都是酒，醉人的，是各种痴。生命就是痴来的。前面讲的那位刚过世老同学，他在临走之前还跟照顾他的朋友说，不用担心，我还有十二年好活。自以为有定力很有把握，结果连这个都不知道，还说中阴有把握，都是吹牛。中国人老话说，好死不如赖活，病到宁可拖着一个破烂的身体，仍留恋得不得了，也不愿意爽快地走。为什么？痴啊！

今天下午还有个老朋友，都八十岁了，我跟他说现在可以放下了，他说就还有这一件事，等搞好了就放下了。我说，从古到今哪一个人真把事情都弄好才走的？他说，是啊！我也懂啊！我说，你懂就现在放下。他说，唉！这……等这一点弄好了就可以了。这就是痴！很难了的。你能够把痴了了，就差不多了。一切都在痴中，你以为白痴叫痴啊？越聪明的人越痴！那个李商隐的诗："春蚕到死丝方尽，蜡炬成灰泪始干。"实际上春蚕到死丝还不尽，还给人去做衣服了！又如清诗，"多情自古空余恨，好梦由来最易醒。"多情不见得讲男女之情，就是痴的表现，坏梦不容易醒，好梦想多做一会儿。后来我有位女学生，把第二句改成"好梦由来不愿醒"，改得真好！

讲了半天，一切众生都是痴。你们有学净土宗的，你想往生西方极乐世界做什么？小本《阿弥陀经》说，你只要往生西方极乐世界就永远不死了，在那边好好地学佛，也不怕没饭吃，不怕没房子住，男的还不怕讨不到太太，女的也不怕嫁不掉，因为无男女像，地方又好，七宝行树……所以你想去。我问你，你贪不贪？痴不痴？因此而发愿者，非贪即痴，这是大痴大贪。能够去掉了这个大痴大贪必然往生，净土现前。学密宗的想要往生那个佛的国土，还要神通具足，长生不老……也是痴。我常跟人讲，我干脆发愿活五百年，省得再来一次，住妈妈肚里的旅馆十个月，一辈子还不了感情债。现在想想活那么久挺麻烦的，老朋友跑光了，年轻人谈不拢，这不好办啊！到了一百岁还要被人当个活宝，放在什么地方展览，日子也不好过！修个长生不老做什么？儿子孙子都跑了，曾孙子看我这老头怎么还不死，唉！这些思想都是痴。有痴就有爱，有爱你就有病生。这是维摩居士的回答。

这里有一个重点要了解，维摩居士说"从痴有爱，则我病生"，他是说客气话，是拿自己来表演，说一个重大的道理。换句话说，这个生命就是因为有痴有情，才有爱。十二因缘里头，爱在中间，有爱则有取，都想抓住，接下来才有生，有生就有病。中国的文字也很妙，我们说"生病"，有生就有病。任何一个东西存在，就有病态。病与不病之间，是一个大哲学。文殊菩萨问病从哪里来？维摩居士答是从爱而来。爱从什么地方来？从痴而来。学佛都知道贪、瞋、痴三个字，我看大家修三辈子也难断掉。要不贪、无瞋、不痴，太难了。

讲到痴，我前几天和两个老朋友讲到有一幅翁同龢写的字，要八万块钱，其中一人立即说，便宜啊！我一听，好了，你们不要再说了，"玩人丧德，玩物丧志"，我拼命要戒这一方面的嗜好，你们两个一左一右不要起哄了。收集字画也是痴，市面上买到的字画都是前人痴心收集来的，然后被后代不肖子孙给卖了，上面还印着前人的图章……你现在买了将来交给谁啊？一切在痴中，能够无爱欲无痴情就真解脱了。所以病从哪里来？从有痴有爱来。这是第一个道理。

第二个道理严重了。

"以一切众生病，是故我病。"你问怎么生病的？大菩萨生病是为众生而生病。他说因为一切众生皆在病中，所以我非病不可，假使一切众生有一天无病无痛了，就是了了生死了，我也就没有病了。这里的我就是，有我在，所以有病。有我存在，就有痛苦，就有烦恼，就有生病。一切众生个个无我，归到本来清净元明去了，就当然不生病。所以一个人活着，想要无病无痛是做不到的，要不病不痛不生不死，除非你证得涅槃，成佛了。一切众生得度，就无病痛了。维摩居士给我们点题了，点题是点出文章的要点所在，要点就在这里了。

"若一切众生得不病者，则我病灭。"文殊菩萨你问病几时好，我这个病永远不得好的。要晓得六度万行皆是菩萨的病，慈悲喜舍也尽是菩萨的病。慈悲就是痴，喜舍就是爱。菩萨者菩提萨埵是也，虽然觉悟了，还是未免有情。菩萨是最多情的，堪称是大众情人。因此说，要不病，除非情爱皆灭，众生有病则菩萨必病。

"所以者何？菩萨为众生故，入生死，有生死，则有病。若众生得离病者，则菩萨无复病。"一切大乘菩萨没有跳出生死的。再严重地讲，诸佛菩萨都没有跳出生死，都是再来人，为什么？因为要度一切众生。《楞伽经》卷一说："无有涅槃佛，无有佛涅槃。"佛并没有走开啊！还是再来，佛菩萨都是再来人，都在这个世间。菩萨的愿力是要度众生，所以菩萨为众生故入生死，入轮回，有本事跳出去而不跳。所以菩萨是"智不住三有，悲不入涅槃"，他已经得到了般若智慧，跳出了三界，三有就是三界，可是因为慈悲要度众生的缘故，自己不入涅槃，这是智悲双运的境界。他还在六道轮回中滚，可不一定变人啊！算不定变牛变马变虫都有的。要度众生，就得有这个本事，挑得起这个担子。算不定变了蚂蚁，被我们开水一烫就死了，他成了蚂蚁就烫得死。可是为什么要变蚂蚁？要度蚂蚁啊！必须变了蚂蚁才能说蚂蚁的语言。

既然菩萨入了生死轮回，就会有病。要想无病，除非你了生死，这个问题的答案早就有了，你没有了生死以前就会有病。所以维摩居士引申说，如果众生都了生死了，菩萨也无病了，就不需要到这个世界来了嘛！所以菩萨的病从哪里来的？对不起，也是从痴情来的，大慈悲就是痴。这些道理文殊师利菩萨当然也懂，他不过在跟维摩居士两个唱双簧，一唱一答，讲给大家听的。

"譬如长者，唯有一子，其子得病，父母亦病。若子病愈，父母亦愈。"比如有位老前辈只有一个儿子，这儿子假如病了，作为父母一定也会得病，因为昼夜照料儿子累病了，或者过分担心而生病了。等到儿子病好了，父母病也好了。在座各位有子女的，都有这种体验，只有那些未来的父母亲不知道。古人说，"养子方知父母恩"，自己当了父母才知道孝道的严重，没当过父母只是口头禅，这也是八万四千法门当中的一法，你当了父母就知道了。孝道就是对父母的爱所起的感情。

"菩萨如是，于诸众生，爱之若子。众生病，则菩萨病。众生病愈，菩萨亦愈。"菩萨爱众生就像爱自己的儿女一样，因此众生病了，菩萨当然也病了。众生病好了，菩萨也好了。众生都有烦恼，而众生有的烦恼菩萨都有，他还多一个烦恼，就是烦恼我们。这话光是研究佛学是不容易懂的，要在世法中当过家的人才懂，不经过的人是不会懂的。

"又言是疾何所因起？菩萨疾者，以大悲起。"维摩居士说，你又问我，这个病是怎么来的，唉！是大悲心引起的啊！清朝雍正皇帝题过一个观世音菩萨的香赞，可以用作说明：

三十二应现全身　拯救众生出苦津
砒霜当作醍醐用　翻将觉海作红尘

首句讲三十二应身，是引自观世音菩萨普门品，说观世音菩萨应以何身得度者即现何身而为说法。次句说观世音菩萨为了度一切众生跳出苦海。第三句说观世音菩萨慈悲心太切。最末一句是说观世音菩萨已经成佛了，但还是跳进红尘来。菩萨的境界本来是要度众生的，结果是反被众生度。

这个问题讨论到这里，文殊师利菩萨一看维摩居士辩才无碍，怕他再说下去记录起来也麻烦，赶快打住，就问了第二个问题。

空室引起的话题——空 解脱

"文殊师利言：居士，此室何以空无侍者？"维摩居士是大富贵人，为什么现在房间里空空的，连一个侍者也没有？"空室"是心空，上面已经讲过了。维摩居士把房间变成"方丈"大小，这是印度观念。中国文化叫"方寸"，还要小，就是心。中国古话说，"但存方寸地，留为子孙耕"，你心地好，会给后代子孙好的影响，有好报。

"维摩诘言：诸佛国土，亦复皆空。"你们要注意，所谓真正的净土，也没有七重栏楯、琉璃为地等景象，那是为了我们这个欲界众生而说的。真正的净土也了不可得，连净都无所谓净，那才是真正极乐世界的净土，涅槃清净。维摩居士对文殊师利菩萨说，你怎么说起外行话来了？一切佛的国土本来就是空的，心空了、念空了，佛土就现前了。

"又问，以何为空？"他们两人针锋相对，文殊师利菩萨就问，什么叫作空？

"答曰：以空空。"空就是空，你有个空的境界早不空了。下面讲到空也空。你不要以为保留一个空的境界是悟了道了，你得了个什么？你就真得了个空的。

"又问，空何用空？"文殊师利菩萨又问，既然空了，还怎么去空呢？

"答曰：以无分别空故空。"因为你不起分别心了，空也空掉了。你觉得没有烦恼，没有妄念，很清净，认为是空了，这正是分别心，正是妄念。不起分别心，无所谓空，无所谓有，把空也空了。

"又问：空可分别耶？"文殊师利菩萨又追问，空还可以分别吗？这里关键来了，文殊师利菩萨一刀就杀进去了，好像捉住了维摩居士的把柄。

"答曰：分别亦空。"维摩居士眼睛一瞪，分别也空啊！我们现在讲话、你们听话，就是分别心。分别心在哪里？不可得啊！听过了就过去了，"不来相而来，不去相而去"，所以分别本身就是空的，为什么分别不可以空？

有一个人就是在这里开悟的，是谁？永嘉禅师。他是天台宗的，他自己晓得悟了，自己信得过。但是有个同参道友劝他找人印证，威音王（古佛）之前你无师自悟可以，威音王之后你无师自悟，随便肯定下来，恐怕是天然外道。所以他就从浙江到广东找六祖，见到了六祖，围绕三匝，振锡而立。六祖与他对话时，永嘉曾回答"分别亦非意"，就是说，分别也空。六祖就说："善哉。"

"又问：空当于何求？"文殊师利菩萨好像在和维摩居士打擂台，一拳拳打得虎虎生风。又问：怎么达得到空？这好像在替我们问，坐了半天两条腿痛得要命，空不掉喔！空在腿上求吗？还是在心中求，还是哪里求呢？

"答曰：当于六十二见中求。"麻烦事情来了，说起六十二见有一大堆，我只有补充资料给你们了。如果详细讲六十二见可以拖上几个月，这里不细说了。一切八十八结使也好，六十二见也好，我们每一个心理意识、每一个心理状态，都在其中了。见就是观念，我们心里许多主观的观念困扰着自己，解脱不了，但实际上每一个观念、每一个思想本身就是空的。妄念本身是空的，你不要另外去找一个空啊！你打坐时在找空，那个空就是妄念。你知道是妄念，它当下就空了，就解脱了。所以空要在六十二见中找。

"又问：六十二见当于何求？"文殊师利菩萨又问了。

"答曰：当于诸佛解脱中求。"所有的佛法不论净土、密宗、禅宗、天台宗，乃至五月端午的粽也好，都是要你解脱的。你被自己的感情、观念困住了，所以不得解脱。我告诉过你们，学佛要学解脱，学道就要学逍遥。结果你们学得苦死了，既不解脱又不逍遥，何苦呢？还不如去喝咖啡、看电影、跳舞好了，不是既解脱又逍遥吗？一个个举止都不得了，看到别人，哟！这样不可以的，阿弥陀佛啊！一脸怪相。文殊师利菩萨毫不放松，一个接一个的问题。

"又问，诸佛解脱当于何求？"请问，怎么解脱呢？

"答曰：当于一切众生心行中求。"只向自己内心去求解脱。你还去哪里找解脱？你心不解脱，要求别人有什么用？

这个时候维摩居士也怕了，看到文殊师利菩萨一剑一剑地杀进来，也要挡一挡了，这个对手很厉害，你会讲，他就会问。不能再给他问下去，赶快见风转舵。

维摩居士的侍者

"又仁所问何无侍者，一切众魔及诸外道，皆吾侍也。""仁"是尊敬的称呼，写信如果相当尊敬对方，不论对方是出家或在家人，都可以称他"某某仁者"，这是很客气的称呼，而且对长辈、对平辈，甚至晚辈都可以用。他说：先生你不是问我为什么旁边没有服侍的人吗，告诉你，我的侍者多得很，那些诸魔外道不规矩的，都是我的侍者。

"所以者何？众魔者乐生死，菩萨于生死而不舍。"为什么呢？先说什么是魔道。贪恋三界，贪恋生死，贪恋情爱欲，不知道本空而抓一切有，就是魔道。我们学佛的，常常骂这个是外道，那个是魔。自己想想看，你完全解脱了情爱欲了吗？如果没有，那就是狗咬狗一嘴毛，就是魔骂魔。被三有困住，没有跳出三界，皆是魔道。魔是抓有，所以众魔乐于生死。我们讲这个世界苦啊！要跳出苦海啊！你看，我们现在已经晚上九点半了，跳舞厅正开始热闹着，你去问问，他们不说我们是疯子才怪。他们如果来到这里，一定奇怪我们这一班疯子在做什么！他们觉得自己的人生是正常的，我们是莫名其妙的。这叫做众生颠倒，究竟是我们错还是他们错，我不敢下定论，你们去下结论吧。

众魔固然乐于生死，菩萨也不愿意跳出生死，你说菩萨是不是魔呢？这叫自愿做魔，虽然讨厌生死，还是自愿在生死轮回中度人。如果菩萨没有这个肉体怎么度人？你让维摩居士叫观世音菩萨，你看叫得来吧？你说你在梦中打坐时看到过，那是你意识的变化啊！他要现身给你看，就非变成肉身菩萨不可！这个话说错了我负责，我下地狱！所以，诸佛的肉身成就，也即报身成就，是如此之难啊！你们要懂这个道理。

菩萨为什么要在生死之流中滚？为的是要和凡夫一样，照样入胎，住胎十个月，出生后照样昏头昏脑，照样十几岁以后看个什么《禅话》，然后要打坐，忽然悟道，忽然成功，几十年后忽然度众生，然后忽然翘辫子，然后又忽然再来投胎，你说多笨啊！魔固然笨，菩萨是瞪起眼睛在笨。所以肯瞪起眼睛上当的人，是第一等人。

"外道者乐诸见，菩萨于诸见而不动。"什么是外道？心外求法叫外道。把自己那个法门、自己那个观念抓得牢牢的，念个什么神秘的咒子，可是病还照样生。现在很多人把一些西藏喇嘛当神。我在西藏时他们都对我说，大乘根器都在你们汉地。东方国土的人要往生西方，不晓得西方国土的人要往生哪一方？现在这些人一看到喇嘛，哟！活佛来了！净土有什么了不起，阿弥陀佛我都会念。我说你就是不会念！阿弥陀佛就是大密宗，你就是不懂！你有这些观念，你就是外道，心外求法，把自己的观点抓得牢牢的，把菩萨也抓得牢牢的。菩萨看一切外道魔法都可以解脱，没有哪个法门他不会的，所以他做菩萨。为什么？因为一切众生爱好不同，佛菩萨开的是百货公司，你要买啥他就卖啥，反正把你的生死了了，菩萨的目的就达到了。

"文殊师利言：居士所疾，为何等相？维摩诘言：我病无形不可见。又问：此病身合耶？心合耶？答曰：非身合，身相离故。亦非心合，心如幻故。又问：地大水大火大风大，于此四大，何大之病？答曰：是病非地大，亦不离地大。水火风大，亦复如是。而众生病从四大起，以其有病，是故我病。"众生病从四大起，四大是地水火风，这不光是佛学理论，也是研究医学的根本哲学，形成中国秦汉以后的病理学。佛说四大的每一大就有一百零一种病，比如伤风是属于风大的病，再发烧了就是火大，咳嗽有痰了就是水大。四大合起来有四百零四种病，这还是大归类。四大综合起来，就更多了。每一种病都随时可以使人死亡，如年纪大的人得了伤风感冒，稍不留意就引起肺炎，那危险就大了。佛学里有另外一套医病方法，有一些不同的方子，这些方子大部分收集在孙思邈著的《千金要方》中，是佛家乃至道家的医药。《千金要方》里面奇奇怪怪的方子很多，比如有一个禅定方，打坐吃下去容易入定。大家一听，一定想要老师把这个方子配出来给我们吃吃看。哼！你们靠药入定还行吗？但是它有没有道理呢？非常有道理，十几年前我还配过，给几个人吃了，的确有道理。可是要得到大定，那是得配合用工夫的。

"尔时，文殊师利问维摩诘言：菩萨应云何慰喻有疾菩萨？"文殊师利菩萨问，大乘菩萨应该怎么样来慰问开导有病菩萨？这意思不是我们真地去慰问菩萨，而是说得病了自己要怎么样理解，怎么样求解脱。换句话说，自己怎么样观想。

这是一个非常重要的问题，《维摩诘经》里面所有提问的菩萨，包括前面的小乘弟子，依据《法华经》记载，最后都成佛了。他们目前是现比丘身，现小乘罗汉像，但是提的都是大乘菩萨的问题。世界上的人没有一个不病的，我们现在觉得自己很健康，那只是假相，都是在病中，不管你是头晕还是眼睛看不清，都是病。这个世界就是病态的，没有一个人是正常的，除了一个人，就是成佛的人。"慰喻有疾菩萨"，不只是指生病住医院的人，平常我们就是病人，这一点要特别注意，是《维摩诘经》传佛的心要。

如何对待病和病人

"维摩诘言：说身无常，不说厌离于身。"维摩居士告诉文殊师利菩萨，我们不需要别人安慰，要自己了解真正佛法在哪里。佛法都说身体无常，是靠不住的，不是永恒存在的，是随时可以死亡的。老子有一句话："吾所以有大患，为吾有身。及吾无身，吾有何患。"我们的身体带给我们的拖累太大，甚至于说一切的业障，一切的痛苦、烦恼、忧悲、七情六欲，多半是由身体上来的。身体是四大组合而成，也是业报的大总汇，是业报之身。成了佛的人，这身体就转成善报的应化身。身体对我们的障碍非常大，比如你们打坐坐不住，两条腿又痛又麻，你心想清净，可是腿子不饶你，就是身体的障碍。你坐了一两个钟头，觉得疲劳，其实你心理有疲劳吗？不见得，心理的疲劳是因身体引起来的。

昨天我们几个老朋友在一起，讲到来投生有没有把握。恐怕在座的谁也没有把握，谁也不知道哪一天来投生，怎么生下来的。过去我认识的几位修道有成就的老前辈亲口对我说过，"要我再来投生绝对做得到，但是现在要我自己走，没这个本事。"当时我们听了觉得很奇怪，要投生有把握，要现在死居然这么难死。等生活的经验多了，明白了这个道理，求生固然不容易，求死也很难的。你说可以自杀的，你去试试看，投水怕冷，上吊怕闷气，吃安眠药怕死前受不了那个痛苦。前天有个朋友告诉我，他在香港一个朋友吃安眠药自杀，吃了药之后再喝酒，再吞止痛剂，就是怕痛。可见求死不容易的。你说工夫修到的人，把两腿一盘，就再见了。这要多大的定力？要有相当成就的人或者可以做到。

所以佛在世的时候，有小乘的阿罗汉证得了性空，但是这个身子还不能了，就自杀了。讨厌这个身子，烦极了，要吃饭又要上厕所，喝了水又要去屙尿，吃了喝了都留不住……佛经在戒律上讲明了不可以自杀，自杀是犯罪的。当然每个宗教都反对自杀，据说自杀的灵魂连阎王也不要，因为在他的簿子上没有登记，时间还没到你就做了逃兵，不行的。既然地下不要，天上也不收，人间又回不来，所以据说是很可怜的，比一般做鬼的还惨，漂泊无依。

因为明知道此身无常，所以许多得道的人厌离此身。维摩居士告诉我们大乘的道理："说身无常，不说厌离于身"，这个身体没有什么好讨厌的。这句话大家听了一定欢喜，世界上没有人不喜欢自己身体的，都自以为自己漂亮，看不起别人。还不只是身体，连衣服的美丑都要争。这个身体没有什么讨厌的，因为身心是一体的，玄奘法师撰的《八识规矩颂》，对阿赖耶识有颂曰"受熏持种根身器"，身体也是你心所变的。这一生是男是女，相貌如何，是否多病，遭遇如何，等等，都是你前面业识的种子带来的。所以"种子生现行"，一切都是业报，此身是报身。不管是什么样的报应身，这个肉身同我们的自性、自心是三位一体的，也就是真如自性、意识的心、肉体，三个是一体的。身心是一体的两面，假如认为身是无常，而厌离于身是不行的。

我常说，现在没有真正的密宗了，当年我们在西藏看到很多不知道是喇嘛还是麻辣，高明的不太多。听说现在高明的很多，我不知道，反正中国人是"远来的和尚会念经"，只要是外来的就有道。几岁大的喇嘛就有人认为是活佛转生，在那里一边抠鼻子一边吃瓜子，也是有道，是师父。哪个有道、哪个没有道，不能随便下结论，按照教理上说，转生不能算有道。学佛不要自甘堕落，我有资格讲，我去过西藏学过密宗的，过分的宗教色彩的迷信，就是自甘堕落。为什么讲到密宗呢？密宗的教理也有对的，它绝不厌恶此身。你们有学密宗的，这是出自密宗哪个经典？哪个法本？它的教理根据在哪里？你知道吗？

我们中国的文化《孝经》说："身体发肤受之父母，不敢毁伤，孝之始也。"就是重视此身。所以说"君子不立于危墙之下"，也是这个意思，街上正在建筑的高房子，墙边是不能走的。这就是中国儒家的戒，同"身体发肤受之父母，不可毁伤"是一个道理。爱惜你的身体就是孝顺父母，因为父母看到子女有病痛是会痛苦的。佛教大乘戒律也有这样的含义，如果随便把自己的肉体出一点血，是等于犯了出佛身上血一样的重戒，因为此身就是佛身，算不定你明天悟道了，你就是佛的应化身了。对身体上作任何一点伤害，等于犯了大乘的杀戒。

真学密宗的人，他的洗澡水在倒掉之前还要自己先喝三口呢！你觉得脏？为什么你要讨厌自己的身体？这样做的第一个道理是不垢不净。第二个道理，你说身体洗下来的东西脏，可是你吃的东西都是这样变化来的，过去施肥的肥料是用什么做的？我在这里还没有看到过哪个学密宗的是这样做的。密宗在佛前面供养什么东西你看过没有？看过才怪呢！他连狗肉、驴肉都端上来的，你恐怕想都不敢想的，还说什么学密宗。到今天佛法的正法已经没有了，但是方便法门还是有的，如果我不坐在这个位子上，你问我："老师，这个对不对啊？"我会说"都对"，这就是密宗。

厌离于身不对，执着此身也不对，这是中道观。"说身无常，不说厌离于身"，你去看病人不敢对他说你还是快死吧。但是我可常这样做，看到那些垂死重病的朋友，连手都举不起来了，我就拍拍他的头对他说："你快走嘛！痛苦得要死，这个世界有什么好留恋？"有的人会说："我走不掉嘛！""那就念佛吧！""我念不起来了！""那你怎么还可以讲得出话来？"念佛念了几十年了，既然有讲话的这一念，为什么这一念不能念佛？平常阿弥陀佛、阿弥陀佛的，真是阿弥驼你这个佛。他不懂什么叫念佛，不知道念不在嘴上念，是心念之念，到那个时候，不要管嘴上能念得出四个字还是六个字，能心中念念有个佛就是念了嘛！唉！学佛几十年了，功德也做了不少，最后都是如此！平常显教、密宗，讲什么法都懂，般若真如连他家冰箱里都有，到这个时候使不上，有什么用？

我这几十年来学佛学道的名人看多了，有的七八十岁了，冬天总只穿一件衣服还会流汗；睡觉也不盖棉被，冬天只盖条毛巾，一身也湿了，两脚暖烘烘，工夫可好了。我说他搞不好会血压高，人家说你乱讲，还亲眼看见他打起坐来身子悬空呢！我只好笑笑。最后不出所料，不是血压高就是心脏病发。真修到此肉身能够成就了，谈何容易！你们谁想早死，我一定签字批准，看你能死得了吗？不要吹牛了。前两天一个老朋友进了医院，我去看他，他告诉我，医生已经宣布没法医了。他还交给我一包珍藏书，又要我在他身后帮忙关照他的太太，又向别的人交代后事。我看他这么豁达，跟他说，你还死不了的。他有点怀疑，结果真没马上死。那种不想死的，见了我就哭哭啼啼，想多活一阵子，反而很容易死，已经吓得半死了，怎么不死。

小乘专讲此身是苦，我告诉你，不一定是苦。一般讲来，学佛证道的，多半只能了了法身，到了中阴身，也就是离开肉身之后，才有成就，没有办法把这肉体的报身修到圆满。法身、报身、化身是三身，假如三身不能成就，在我的标准来看，就不能算开悟。你们打坐念头空一空，得一点定境，就以为自己悟道了，你那是悟了个食道罢了，必须要三身成就才算。"说身无常，不说厌离于身"的道理在此。

"说身有苦，不说乐于涅槃。"无常、苦、涅槃是佛法的三法印，是佛法的基础。无常、苦、涅槃，再加无我，是佛法的四根大柱子，但是佛在说《涅槃经》的时候，就完全相反，他变成说常、乐、我、净。原先的无常变了常，苦成了乐，无我变成有我，涅槃成了净。净土不是专指西方极乐世界的净土，一切众生只要悟了道，就知道他本来在净土中。小乘乃至不彻底的大乘，都是厌离苦、无常，而证取涅槃，认为证得涅槃就永远不来了。不只是一般人，连当代几个大法师都这么说。当时在大陆有这么一位，不提是谁了，他就是持这种观念，我俩单独在房间里，我痛骂他一顿，他讲了许多理由都被我驳倒了。我提醒他，

《楞伽经》上讲，"无有涅槃佛，无有佛涅槃"。

你们千万不要认为能涅槃就不来了，不来你还做不到。只是给你暂时请个假，百把年不来，三五百年不来的话，已经算给你很长的假了。大阿罗汉入八万四千劫的定，在我们这个世界来说算是够久了，在其他星球世界是很短的，一下就过去了。就算入了八万四千劫的有余依涅槃，你也不可能不来，况且我们反复讲过，大乘菩萨要有"智不住三有，悲不入涅槃"的智悲双运，但是许多学佛的朋友始终搞不清楚这个观念。而时下的年轻人越来越自私，越来越小气，自我观念极重，真没办法，也就是业力越来越重了。大乘菩萨是不入涅槃的，没得休息的。所以维摩居士告诉文殊菩萨，"说身有苦，不说乐于涅槃"，菩萨说身是苦的，但是绝不逃避三界的痛苦，救世救人虽然是痛苦的事，但不会逃避。

"说身无我，而说教导众生。"既然佛法要修到无我，但是如果无我了，谁来说法？谁来讲经？谁来听法？真正的佛法在释迦牟尼佛生下来就已经说完了。释迦牟尼佛生下来走七步路，一手指天，一手指地，开口说"天上天下，唯我独尊"，佛法就说完了。就是这个唯我独尊，每个人都是这个我，你找到了就成功了。人人有一个本性本命，这个身体的我是假的，我们说话思想都是假的。每个生命都有个真我，你的真我找到了就是佛，就"天上天下，唯我独尊"。佛讲这个话的时候，两手这样摆的，这是什么手印？你们参！

佛法处处讲无我，其实我们学佛的人不要说无我做不到，就是无身都做不到。忘掉身体还不是无我，你还有念头存在，一念之间就是我。学佛的人的我尤其厉害，处处有我，我的见解、我的学问、我的身体，这个我比普通人的还大。你看外面的人整天忙，晚上还要去玩，你问他的我在哪里，他一定觉得莫名其妙。

修持的人学了佛法，再加上坏个性，他的这个我就不得了啦！认为"天上天下，唯我独尊"。

还有，我最怕在大学里搞佛学社的同学了，搞其他活动的同学都很活泼，佛学社的同学往往目光呆滞，衣冠不整，言语无味，面目可憎。希望大家正视这个问题，不要搞得所有佛学社团都如此。我年轻的时候，对这些团体简直是羞与为伍。当然，我这又落入傲慢，也不对。有一年，有几个大学生要我为好几所大学的佛学社的联合活动讲演，我推不掉，但是我说明不讲佛学，就定了个题目叫《我与无我之间》。当时讲的内容没有记录下来，我主要告诉他们，学佛讲无我，谁能做得到？但是做人做事必须有我。你写一篇文章，如果无我你就写不出来了，笔都不要拿了，任何一篇文章、一个艺术品乃至绣一朵花，处处都有我。人生处处有我，我要穿什么衣服才合适？我要坐在什么位置才对？一部人类的历史文明，无我就创造不出来，佛就告诉你，"天上天下，唯我独尊"。但是在修养上叫你无我，是无小我，不要执着现在假相的我，以为是真我。

佛法的修证在于找到生命的真我，无我是个方便法门。修证工夫要放下身心，放掉我这一念，才可以证到涅槃清净自性；在起用上，想成佛成菩萨，就要有我。你看，佛也有我嘛！阿弥陀佛的我是西方极乐世界的形态，东方药师如来的我，他的国土和阿弥陀佛的世界的我不同，北方不空如来，他的佛境界同别的佛又不同。十方三世诸佛各有各的佛国土，各有各的我。佛佛道同，方便教化，起用功德不同，愿力不同，作用不同。此我与那我彼此无妨，归于一个大我。学佛这些道理没有搞清楚，一天到晚无我，你无个什么我？我与无我之间要去好好参究。

维摩居士这里漏了个消息："说身无我，而说教导众生。"没有此身，无此我，谁来说法？释迦牟尼佛现在真是无我了，他归到那个大我去了，我们看不见他，他也无法来说法，只好靠他的弟子们替他宣扬。所以必须要有肉身在此才能教导众生。这些都是中道义，要搞清楚。

"说身空寂，不说毕竟寂灭。"此身是空的。我们常引白居易的诗"饱暖饥寒何足道"，那是无我，"此身长短是虚空"，这个身体不管活一百岁还是二百岁，总归要走的。但这是偏于小乘的观点，得道的人证到空了，身体死亡了以后他到哪里去？涅槃是寂灭，可是他永远不来吗？没这回事，释迦牟尼佛和诸佛都是再来人，否则怎么叫大慈大悲？所以大乘菩萨不说毕竟寂灭，不说永远寂灭不来。

以上这几段，维摩居士是说了无常、苦、无我、空这四个法印。

"说悔先罪，而不说入于过去。"学佛第一步先忏悔过去的罪业，怎么样不入于过去？不被过去困住了？用中国文化来解释，最简单的就是："苟日新，日日新，又日新。"犯了错，但从此不再犯，也就是颜回的"不二过"。六祖在《坛经》上讲忏悔，忏过去之罪，悔是未来永不再犯。像你们常常"二过"，口口声声讲忏悔，都是在骗人骗自己。真是大丈夫的人，连"忏悔"两个字都不讲，他就是痛改，对自己毫不客气的。

这些道理都是大道理，因病而说法，只有文殊师利菩萨问得出来，只有维摩居士答得出来。一个代表出世的大士，一个代表在家佛。我们这里的章同学写了一篇文章，强有力地提出来维摩居士是真正传佛心印，是真正禅宗的传统。这是绝对的正知正见，我支持他。这就是研究佛学。

现在维摩居士借生病，一个善问，一个善答，刚才所讲因为众生有生命就是病，这个世界就是个病态世界，我们的生命是病态的存在，解脱了这个病态就成就。但是解脱了，这个病态就没有了吗？有！能解脱了，这病态的生命就变成最美的生命，至真至善至美，这个世界就没有什么遗憾，也没有无常、苦、空、无我，就是释迦牟尼佛的国土。不相信，你看一下人造卫星高空所照这个世界的照片，你才知道这个世界的可爱，比他方佛国土还要可爱。你说你在下面觉得这个世界脏得很，这是这个世界的尘渣子，包括我们，都是这个世界的灰尘渣子。这里比净土还要好，不是只有干净的香的一面，还有脏的臭的一面，有它特殊的味道。

所有其他的佛经典，对这个世界都是厌恶悲观的，认为人生是痛苦的。《华严经》则不然，主张这个宇宙一切的一切都是至真、至善、至美。如何做到呢？只有一念明心见性就做到了，你就看到真实的一面。换言之，我们现在看到这个世界生、老、病、死，无常、苦、空、无我，是一个影子。你没有看到这些现象的后面是常、乐、我、净。《维摩诘经》中这一段，他们二位唱的双簧，是在说明一个佛法的至高无上哲学道理。

"以己之疾，愍于彼疾。"这是学佛的精神，因为我身体不好而同情别的身体不好的人。这一生多病多苦的人更应该慈悲，不要光坐在这里，要多到外面去帮忙贫苦的人。你们学佛的居士们以为出两个钱就好了，叫你去医院，去收容残障儿童的地方，你绝不肯去，绝不慈悲，这是个事实。在医院或贫苦地方，只看到修女神父去服务的，几乎没有看到佛教徒。很多佛教徒讲慈悲的道理比谁都多，只有对自己是真慈悲。人生谁无病痛无苦恼？如果自己是近视的人，你就要想办法为近视的人服务。因为自己有病，你就要多照顾病人。可是我看到的，自己有病的人，不会照顾病人，都是先照顾自己，我第一。

"当识宿世无数劫苦，当念饶益一切众生。"因为自己有病，就晓得前生种的因不好，多生累劫不怜悯病苦中人、不布施药。

越自私的人，他生来世越是多病多灾多难。这一生多布施，他生来世长命百岁，无病无苦。佛法处处是因果，你这一生一直在病中，是前因不好。若不从前因忏悔，再因生病而更只顾到自己，这个现行又变他生来世的种子更不好了。我从小多病，现在也多病，合了杜甫的诗："多病所须唯药物，微躯此外更何求。"而我每次病了都有高人送药方，名药名医都来了，大概因为自己多病，肯结善缘吧。所以我也喜欢给人吃药，你有病我给你吃药，你以为我好心？不是好心，是想求得来生一有病就有人给我吃药，对不对？还是做生意的办法。笑话归笑话，你能如此发心多施医药，不要等到来生，你此生就可以转了，变成少病少恼。可是你们当中肯布施别人医药的不多，接受人家布施的人太多，甚至有的人经常在这里拿药，吃了哪几种药自己又不记住，有病再来找我，我忙得不得了，要你自己去拿药吃，又不晓得吃什么，那你就该死吧！

维摩居士在这里告诉我们，自己为什么会生病？应当认识是你过去世无数劫的痛苦累积而来。因为如此，你现在就应该也想到众生的痛苦，要发愿去帮助一切众生，这就是佛法。我一再说，经典就是戒律，我们对照一下，做到了吗？有时同学们告诉我，老师，我前几年就是这样做的。我说，是吗？可是你今天有这么做吗？你这么告诉我不是等于在打自己耳光吗？你为什么不永远这样发心，这样做呢？

"忆所修福，念于净命。"要忆念自己如何去培养福，像刚才讲的，你要反省为什么不能持续精进下去，为什么过去有做，现在不做？你们年轻人光想求慧，想开悟，是求不到的，因为你没有福报。福德是修善行来的，你没有去做善行，只有在消福。《金刚经》讲的两件事，就是福德和智慧，但是它强调福德之重要，有大福德才有大智慧成就。你再去看看，就会懂了。你天天在偷懒在消福，这样哪能成道？没有这么便宜的事！得道是多生累劫无量细行而来的。

"念于净命"是要念念做到什么是净命，能修到净命，这个色身就转了。我们现在的命是五浊之一的命浊，是不干净的。你再参看《阿弥陀经》的西方极乐世界，就知道什么是净命。西方极乐世界里也有鸟，可是那边如果没有业力怎么会有鸟？经典告诉你，那都是诸佛菩萨的化身，纵然化成鸟还都是在念佛念法念僧，都是净命而来。我们学佛修持到净命的境界，报身可以长存世间，就是佛的弟子们有所谓的"留形住世"，我们在前面曾经提过。

"勿生忧恼，常起精进。"你注意，这不是劝世文啊！都是做工夫要修的。我们日常人生都是在烦恼忧心的境界中，这里叫你勿生忧恼，念念常起精进之心。

"当作医王，疗治众病。"学佛的人应当发心成为大医王，大医王就是佛，不但能治人肉体的病，还能治心理的病。

"菩萨应如是慰喻有疾菩萨，令其欢喜。"这一篇就是佛的戒律规矩，要这样去探病。全篇说明了生命的真谛，也说明了慰劳病苦的真谛，也说明了修持的真谛。

"文殊师利言：居士，有疾菩萨云何调伏其心？"这个世界是个病态世界，那么应该怎么样调伏其心，怎么观心？

"维摩诘言：有疾菩萨应作是念，今我此病，皆从前世妄想颠倒诸烦恼生。无有实法，谁受病者？"这一段就是教你要观想什么，参什么，这是学佛的人在病苦中最需要的东西。

前几天我去医院看位老朋友，这一位你们都认识的，他修行打坐有四五十年了，平常工夫很好，他的师父还是有神通的。这朋友佛经道理都懂，结果风瘫了，现在躺在医院话都不能讲。我进去把他手一抓，就问："怎么样，好点了没？"他那时眼泪就掉下来，想讲但讲不出话来。我告诉他："不要讲话了，你学佛那么多年，到这个时候还放不下这个身子！你要走就快走！要活就拿出勇气活着！空掉这个身体的观念就会好的。"我接着说："我懂你的想法，理论你都懂，工夫也用了几十年，到现在你觉得为什么会这么苦，工夫岂不是白用了？都在后悔中。"最后我告诉他："没事了喔！过两天就好了！"再指着告诉他："万一要走，从这里走！"探病却叫人家快走，大概也只有我这种人。上一次看一个心脏重病的朋友也是如此，我告诉他，你早点走吧！我也许还活个几十年，你再来我还可以抱你，还来得及，何必留恋这个烂身体呢？

但是，这些学佛修持几十年的人，到了最后还是舍不得这个老朽不堪的身体。他如果要活下去也可以，把这个身体空掉，观身无常，观空。病就病嘛！病你的嘛！病就是魔，那个魔到结果是什么？横竖是死嘛！你这样观，反而好得快。如果你忧心忡忡，这个那个的，你就病得越来越重，中了魔的诡计了。

学佛要真看开，不是空话，你们年轻人几十年以后就知道了。学了一辈子佛，如果临死之际用不上，你何必学佛修道呢？就算冒充也要痛快一点嘛！刚才讲的那位风瘫的朋友，我虽然告诉他没事了，可当时一点把握都没有的，生死无常，你只好看得开了。你可不要把这个当笑话听了，真佛法就是要你提得起放得下，真看开了，这一下就过去了。有什么难？

维摩居士告诉你，病从哪里来的？都从前世种子生现行，业力果报带来的。比如前生懒惰，这一生就给你胖一点，多拖累你一下。这不是理论啊！都是真的。都是"从前世妄想颠倒，诸烦恼生"。肉体上的病还没什么严重，最严重是心理的病。比如感冒了头痛，你心里觉得好像越来越痛，那就真不得了啦！了解了这个心理，就解脱了，知道都是一念来的，这一念是虚的，是自己欺骗自己，是"无有实法"的，都不真实的。你现在用力掐你的腿一下，觉得痛吗？你那个能知道自己痛的，是不会痛的，不要被骗了。你将来生病了，就用这个办法对治，你懂了就解脱了。痛、苦是没有实法的。像我昨天只睡了两个半钟头，我现在头是晕的，可是到了这里都要丢开的，不管了。再累再忙，了不起就是死掉，"将此深心奉尘刹，是则名为报佛恩。"奉献完了就好。

你们年轻同学一天到晚抱怨身子不好，你怎么会不病？你的心已经在病了！一切唯心造的。像现在课堂上，好多同学的眼睛瞪得大大的，其实他脑子是昏的，一句都没有听进去。他的能知之性，被这头脑气脉昏的现象困住了，如果能知道是这个身体四大的脑子在昏，我把这个能知之性脱开身体，它就拿你一点办法没有，一下子脑子就清爽起来了，它魔你不到了。生老病死都是魔啊！你觉得头昏脑涨记忆不好，都从妄想颠倒诸烦恼生，都无有实法，这里头是空的，没有痛苦，没有难过。

能参通了这个，"谁受病者"，谁在受病？再告诉大家，据我的了解，古代修道成功的人，多半是年轻时多病的，因为多病所以肯研究自己，才成功了，反而活得长。无病无痛的人，他不在乎，所以死得快。算八字的知道，如果这人身子有点毛病反而好，"带疾延年"，反而长寿。"谁受病者"，也就是无我，这理论你都知道，到了有病的时候，你的这个"我"却比平常更难解脱，这时真要参通"无有实法"，本来空，死也空，空也空。

"所以者何？四大合故，假名为身。四大无主，身亦无我。"为什么呢？这个道理不用学《维摩诘经》就应该懂了。我们身体是地、水、火、风组合而成，像这个房子由水泥、钢骨、砖头、瓦块、木料拼凑组合的，假名为房子。地、水、火、风都不是我们的主人，身体里没有个真我。我，是谁呢？在这个身上，也不在这个身上。有位禅师的偈子——"五蕴山头一段空，同门出入不相逢"，我们的主人翁，那个做主的、能知的，不在这个身体上。

"又此病起，皆由着我。是故于我不应生着。"病是怎么来的？由于一切众生执着我相，由于我执，所以有病。大家平常都懂这个道理，但是有病的时候就过不去了。因此，《维摩诘经》告诉我们，有病的时候正好学佛参禅，这个时候能参通才可以了生死。懂了这个道理，就不应该执着我相。

"既知病本，即除我想及众生想，当起法想。"理论上知道一切唯心，不用维摩居士讲，各位学佛的早知道了，病本在心。但你真有病痛，这个心空不掉，我相丢不掉。这个心起了我相、我想，才有这生病的感受，越来越严重，也是业报。既然知道是业报，就空得掉，但是大家知道而做不到。做不到就不要空谈这个理，说得一定要行得，否则就犯了妄语戒。要去除我想及众生想，应当起法想，就是要参透佛法的事理。

念与解脱

"应作是念，但以众法合成此身，起唯法起，灭唯法灭。"这里传大家一个观想修法，在生病的时候，应该起一个念。这个念不是思想，但是离不开思想，所以叫思念，有那么一个作用，它可以离开身体而存在。你们有发高烧的经验吧，烧得迷迷糊糊的时候，你什么都不想了，但是你晓得现在自己病了，那个就叫作念。我们现在坐在这儿想来想去的，都是妄想，不是念。到临死的时候，"南无阿弥陀佛"这六个字，或者"阿弥陀佛"这四个字都没有了，但是这个念头要挂着。

念又可以说就是相思病，这是广义的相思病，不只是男女之间的想念。你那炒股票想发财的心理也是念，时时关心股票的价格。你有没有去想呢？没有，但是心里又随时放不下来，这就是相思病，就是念。你把这种恋爱、炒股票的念转为念佛，也就可以成就了。这个念成就了，等到身体四大分离的时候，你把身体放开，让它痛苦，但是把握到这个念，一刹那之间，嚓！一下，就像乌龟脱壳了，就飞上天了。这一念坚定了，没有不往生西方极乐世界的。一般人念了一辈子佛，到了临死就不知道这一念，因为身子的痛苦或者脑细胞烧坏了，没有办法把"南无阿弥陀佛"这几个字串起来，但是那个能念佛号的，一念到这个就是了，不需要把每个字串起来。你见过阿弥陀佛的像，到那个关头，一念之间就是这个像，能做到这样，即使不往生，再投胎来的时候一定相貌好人又聪明，绝不会堕落。这个时候的念不是无知，不是妄想。

维摩居士要你起这个念，观"众法合成此身"，到这个时候要晓得这个身体是靠不住的，"起唯法起，灭唯法灭"，念念在佛法中，不管一切生灭。今天生病，明天好一点，这都是生灭法，就是虚妄、空的。

"又此法者，各不相知，起时不言我起，灭时不言我灭。"一切因缘自生法是各不相知的，比如我们从医学常识知道，身上有白血球、红血球，但这是理论，你真的知道吗？你碰伤一块地方，有细菌进入，白血球就立刻把这个地方包围起来，这是谁下的命令？比救火队动作还快。身子里头忙得很，你知道吗？诸法各不相知。这是其一。你再体会一下，我现在这句话讲完了，下面一句我要讲什么？你不知道，我也不知道。我们思想前一个念头跑到哪里去了，自己都不知道。后一个念头还没起来，要想什么，自己没有把握，它突然会冒出来的，所以诸法各不相知。这像流水一样，前一个浪头起了，它不知道后一个浪头；后一个浪头起了，它也不知道前一个浪头去了哪里，各不相知。但是一切众生，尤其是不学佛的人，在不相知中偏要求相知。

因为一切都是缘生的，所以"起时不言我起，灭时不言我灭"，像我们的念头，像物理世界一切的变化，都是如此。生病也是这样，你感冒了，就是诸病各不相知，来时不言我来，去时不言我去。你几时会感冒，你根本不知道。你吃药医好了，几时好了也不知道的，感冒走时又不会通知你一声跟你道别。讲到政治也是，社会中每一分子都各自独立的，起时不言我起，灭时不言我灭。你在这个道理上参通了，不管你学显教还是学密教，都会有成就的。

"彼有疾菩萨，为灭法想，当作是念，此法想者，亦是颠倒，颠倒者，即是大患，我应离之。"生病也是个缘，什么缘？病缘。有时人生个小病玩玩也蛮好的，尤其是忙中人，很想偶尔生个小病，就可以推掉很多事。有时听说某要人病了，什么病？政治病，借生小病躲避一下。这个道理你们年轻人还不到这个境界，要用生病来躲避，可见人生多么痛苦了。

懂了诸法各不相知的原则，都是缘起的，缘生缘灭的，你就成功了。可是你又被法困住了，被理困住了。就像我说许多学佛的人，一脸佛相，满口佛话。有同学讲电话，跟对方说要"供养"什么东西，我在一旁听了就骂，讲什么供养，讲把东西给了人就是了嘛，偏要用供养，为什么满口佛话？学佛久了以后，讲起话来就用另外一套术语，这就是学佛不通。大乘菩萨学通了的，嘴里没有这些术语。什么"般若""供养""布施""因缘"都是术语，你跟不懂的人就不能用这一套，要用普通的话来讲。很多朋友对我说，来这里跟你聊聊很好玩，可是你那些学生不正常。我说，对！这些学生不正常，满口佛话，一身佛气，非要做个庄严的样子出来，多讨厌！所以社会常看我们这一群人是疯子。

学了佛法容易被法困住的，任何一行干久了就有职业病。像我当老师当久了，就爱骂人了，看人都不对劲。我一出去到外面就随和得很，像前一次，人家一定要请我吃饭，还请了教育部的次长作陪。吃完了饭，这位次长对我说："老师啊！我学了个东西，你终席没有喝过一杯酒，没有吃过一点东西，没有说过一句话。"人家敬酒我也要举杯做个样子，每一道菜我也沾一点就放下了，人家说什么我就说"好，好，是啊，是呀，谢谢"。我绝不会像你们一样，摆个道貌岸然的死相，犯职业病。人家恭维我世界闻名，我就说没这回事。说我学问好，我就说我是跑江湖的。说我懂禅，我就说"我只懂馋，来来来，快吃，快吃"。

我一再说，学佛是学解脱，学道是学逍遥，结果很多学佛的人既不解脱又不逍遥。维摩居士告诉我们要解脱要逍遥，怕你被法困住了，所以他跟着说："此法想者，亦是颠倒，颠倒者，即是大患，我应离之。"你学佛学得满嘴佛话，满脸佛气，那就是众生颠倒。本来好好一个人，又油漆上这么多东西。人生已经被很多绳子捆起来了，结果想解脱这些绳子，又到解脱绳店里买了些绳子，菠菜（般若）啊、金菇（真如）啊，再往自己身上捆。所以说，法想也不对，法想也是颠倒。一念颠倒就是大毛病，还是要丢离。

"云何为离？离我我所。"怎么离呢？第一，先无我。像我刚才讲的去外面吃饭的例子，在那个场合就那个样子。离我，不要端起个样子，有的青年，他的衣冠打扮，处处就是表现我，讨厌死了。人到无我是非常好玩的，行云流水。去买菜的地方就买菜，去吃饭的地方就吃饭，到了做官的地方你就是官，到了该做狗的地方你就是狗。第二，要离我相，也要离我所，我所有的一概放掉。我相我见是根本，像身体是我所，好像是属于我的，可

297

是毕竟不属于我，因为还是要还给天地的。

"云何离我我所？谓离二法。"怎么离我、离我所？要离开两个东西。

"云何离二法？谓不念内外诸法，行于平等。"那两个东西，一切放下，不念内也不念外。你们用功不是念内就是念外。闭着眼打坐，都念内做工夫，喔哟！气脉动了，放光了，不得了。你正是禅宗祖师骂的"黑漆桶"，你以为是无我，其实全在我中。再不然，睁开眼，就被外相转动，我所就来了，我所见的，我所听的。所以要离我、离我所，怎么离？要离内外二法。那要离到哪里去？不在内不在外，难道在中间？不，是要"行于平等"。

这"行于平等"四个字看起来好像很明白，如果你工夫不到，根本就不会真懂它的意思。"行于平等"是眼睛张开，在外法的时候，不觉得在外，也就是忘我了。一做到一念忘我，就无所谓内外中间。眼睛闭着，在静在定的时候，也不觉得是静是定，连这个境界也拿掉了，这个观念、这一念拿掉了。如此就无所谓内外，行于平等，你们要好好去体会。

"云何平等？谓我等涅槃等。"再进一步问，什么是平等？上面叫我们无我，你无到哪里去啊？你天天无我无我的，包你疯了，你做不到无我的。我中就是无我，这是"我等"，平等。我讲一声我，一声讲了就没有我了，我本空嘛！什么是"涅槃等"？涅槃就是我，那个就是大我，真空了那个空就是我。《维摩诘经》说的都是大法，悟进去了是彻底地成就，不是理论啊！经典会看了，可是没有到心上来是没有用的。你以为离开了身体，空了以后才得个涅槃吗？一切众生本来皆在涅槃中，没有另外一个涅槃啊！《楞伽经》告诉你，"无有涅槃佛，无有佛涅槃"，涅槃在哪里？涅槃就在现在。什么是寂灭？《法华经》告诉你，"诸法从本来，常自寂灭相"，现在即在寂灭中，从生到死并没有动过。

"所以者何？我及涅槃，此二皆空。"什么理由呢？我本空，涅槃也空。得道了，空也空的。有个空的境界就已经是我见了，而且这个空的境界是我所，我所起的，我造的。学密宗的修持得那么辛苦，见光啊！不得了啦！我说你五块钱买个电池，立刻放光！那都是所起行相，非究竟的。

"以何为空？但以名字故空。如此二法，无决定性。"什么叫作空？空不是有一个境界的，你有一个空的境界就完啦！就是我所，就着相了。空是个名词，你知道了就放下。有人听了放下就又有了个放下的境界，有人说，他这一堂坐得很好，在放下的境界中，你说他放下了吗？空与无相无念只是学理上的名称，你抓住个境界，已经不是了。

"得是平等，无有余病。唯有空病，空病亦空。"你得到了这个道理，寂灭是空，生死也是空，念念皆空，也没有空的境界可得。正如我跟你们讲的准提法，"亦无虚空之量可得"。你真达到这个境界，虽然有病也等于没有病。但是学佛的人有个大病，比住医院还痛苦，是空病，抓住一个空。你看有些居士，你告诉他做这件事可以多赚钱的，他说："哟！我们学佛的人是不贪利的。"但是他要不要利呢？"有时要的，要吃饭嘛！"通通是矛盾的，被空所困。所以空病是菩萨的大病，要空病也空，空的境界都放下。

禅宗有位天王道悟禅师，他开悟了，有次得罪官府，官府派人把他抬起来丢到水中，衣服都没湿，大家马上就皈依他了。他临死时生病，"哎哟！哎哟！"叫痛。徒弟受不了，请他不要叫了，再叫下去给外边听到，大家脸都丢光了，师父神通到哪去了。他说，喔！这样啊！我现在叫痛，还有个完全不痛的你知不知道？徒弟说，不知道。他说，你过来，我教你。徒弟凑过来，他在徒弟耳边说："喔哟！喔哟！懂了吗?"徒弟说不懂。他把枕头一摔，腿一盘，就走了。你去参参看，参懂了你就懂《维摩诘经》这个道理了——"唯有空病，空病亦空。"

如何调伏 除病

"是有疾菩萨，以无所受而受诸受。"你懂了吧?"哎哟！哎哟!"是痛的，"喔哟！喔哟!"是不痛的。大菩萨境界，"以无所受而受诸受"，感受境界在他已经无受了。换句话说，"哎哟！哎哟!"同唱唱歌一样的。这徒弟太笨了，他可以请师父痛起来时换成唱歌，师父一定干的，反正都是叫嘛！得了道的人你看不出来的，同凡夫一模一样，冷的时候他会冷，热了他会热，痛的时候，该叫的还是叫，不叫时就不叫，就是《中庸》的道理——"喜怒哀乐之未发之谓中，发而皆中节之谓和。"

"未具佛法，亦不灭受而取证也。"所以，悟了道的人等于未悟，但是他毕竟是悟了的，可是表面上是凡夫，你不知道的，他只是不具备叫做出家相的那个佛法。大乘菩萨，一切皆在世间法。诸佛菩萨真得道的，包括释迦牟尼佛在内，没有不来的，这个世界不来，别的世界他早去了，不逃避的。想离开这个痛苦烦恼的世界，想得定清净，想住山修道，都是邪见。大乘菩萨亦不灭受而取证涅槃，不证空寂，因为诸法本空嘛！哪里证个空寂？你觉得有个空寂那是你的心假造的，是小乘的法门，《楞严经》把它列为五十种阴魔最后十阴境界的魔，是外道之见。今天晚上吃饭时，有个同学讲，他怕来不及学佛法了。你慢慢来，包你来得及，什么是来不及？你赶个什么啊？要赶到涅槃去啊？真正学佛法，一定要在这个地方搞清楚，搞不清楚，你所有学的佛法都成了外道之见，有如此严重。所以说"亦不灭受而取证也"。

　　维摩居士怕上面讲的大法印你听不懂，现在退一步来说，自己生病了，有苦，要怎么去思想呢？我这一点苦固然是苦，想到世界上同我一样生病的、痛苦的，太多了，怎么去帮助他们？有些人做生意垮了，对我说要找某某人帮忙，因为某某人有钱。我就告诉他，你全错了，世界上真正同情穷人的是穷人，你找穷朋友帮忙，不要找有钱人，因为穷朋友知道穷的痛苦，可能还会借一点给你。所以生病的人要人同情，就去找个病人，伤心人对伤心人还差不多。你去找那个运动场上打篮球的人，请他们停下来同情你，那一脚就把你踢开了。

　　学佛的人身体有病痛时，知道病痛的苦，所以要去救助病痛的众生，这就是菩萨行。我叫你们同学要发心，去医院看那些残废和得了绝症的人，讲了半天也没反应，这就是禅宗讲的"皮下无血"，你参一下，什么生物皮下没有血的？告诉你吧，那是冷血动物。

　　"设身有苦，念恶趣众生，起大悲心。"要念着地狱、畜生、饿鬼乃至人道中有病的众生，菩萨道就在这个地方起行，不是去那个莲花世界起行。到莲花世界是留学去的，到了极乐世界，证得阿鞞跋致菩萨以后，都到十方国土广行菩萨道。菩萨专向恶趣众生而来，越苦难的时候越要来，也就是你们天天念《楞严经》的偈子，"五浊恶世誓先入"，能做到吗？只有嘴无心也不必念经了。

　　"我既调伏，亦当调伏一切众生。"我自己把病治好了，也要治好一切众生。我所要的，想到别人也要。我有苦难，还念别人的苦难。我有好处，要想到给大家都有好处。

　　"但除其病，而不除法。"只去除众生的病，这个修法不除去。

　　"为断病本，而教导之。"为了要断除生病的根本，以自己的经验，以自己的行为，实际去教导一切众生。

"何谓病本？谓有攀缘。从有攀缘，则为病本。"什么是生病的根本？是攀缘，就是我们的思想，一个念头接一个念头，像爬楼梯一样，一阶一阶上来。我们的心一天到晚在攀缘，要想求财、要求子，要这要那。《西游记》中用猴子来代表这攀缘心，猴子不抓东西不舒服。因为有攀缘所以就有病，求东西求不到就有痛苦，就生病，是病的根本。

"何所攀缘？谓之三界。"大攀缘是三界，我们普通在欲界中攀缘，要名，要利，要好看，一切都要。昨天有位同学来这里，他在为佛教做事业，做得很痛苦，又没有帮手。我问他既然如此为什么不停下来？他说怕人家笑。我说学佛的人，称、讥、毁、誉、利、衰、苦、乐，八风吹不动，你管人家笑不笑？要做的时候也不要人赞叹，直道而行。这就是在欲界攀缘，好名、好胜、好强。贪图清净是在色界攀缘。连清净都不想，逃避了一切的一切，就跑到了无色界去了，还是在三界中攀缘。攀缘心不断，病不能去，生死也不能了。

"云何断攀缘？以无所得。若无所得，则无攀缘。"怎么断攀缘？一切无所求，没有要求，只有布施出来就算了，不想要求回报，身体和生命尽量布施完了。"将此深心奉尘刹，是则名为报佛恩。"你们要真实做到，不要嘴里光念，连吃这一颗米都有因果的。至少要把这两句话进到心里去，能做到了，起而行之就是菩萨行。

"何谓无所得？谓离二见。何谓二见？谓内见外见，是无所得。"《大智度论》上龙树菩萨告诉你，菩萨的打坐叫"宴坐"，是"不依身，不依心，不依于三界，于三界中，不得身心，是为宴坐"。你们要学禅，打坐就要做到这样才成功。也就是离内外二见。

"文殊师利，是为有疾菩萨调伏其心，为断老病死苦，是菩萨菩提。若不如是，已所修治，为无慧利。譬如胜怨，乃可为勇。如是兼除老病死者，菩萨之谓也。"维摩居士告诉文殊师利菩萨，这个心调伏了，就可以断除老病死苦，这就是菩萨得的菩提大道，大彻大悟。如果不是这样，你修了一辈子也白修的，永远不会智慧成就，永远也不会有利益。就好像与冤家敌人战斗，要一拳把他打下去就成功了。你修行所得的智慧就是你的勇力，若你没有智慧，又不懂法门，修了半天只是盲修瞎搞。敌人战不胜，攀缘妄想烦恼都断不了，还修行个什么？你永远是失败者，永远是个可怜人，上要诸佛菩萨可怜你，下要一切众生可怜你。所以必须修行调伏这个心，断除老、病、死，就是所谓菩萨修行治病。

佛法标榜是为了解决众生的生老病死，一般人是为了逃避生老病死而信宗教，但是不管信的是什么宗教，都没有能逃得过生老病死，这是事实，拿什么理由来解释都是空话。我有一次在医学院演讲时指出来，现在大家争论究竟是西医好还是中医好，在我看来没有一个医生可以医好病的，中国人有两句古话："药能医假病，酒不解真愁。"不管怎么高明的医药，只能医假病，死是真正的病，谁也医不好。医药尽管发达，人还是不断地在死亡。假使有医药可以医好人的病的话，人就死不了了。大家仔细研究的话就知道，一切的道、一切的法门、一切的修持，都是在健康的时候讲的，真到了老病死来的时候，这一切的法门就都用不上了，只有死。

我最近感冒了，而且病得很重，生病就准备要死，有同学问我病得如何，我还说笑，"快了，快了。不是快好了，是快死了。"他们觉得奇怪，我怎么讲得那么轻松。学佛的人第一要念死，念死不是念，是随时准备死，人命无常。这个念死是个确实的工夫，健康的时候讲念死，讲自己很看得开，不在乎，都是自欺欺人的话。真到死的时候你看不开了。死的时候能看得开，就一笑而去。

那么我们讲学佛修道能解脱生老病死，这个问题不是很严重吗？看起来这个世界上的人都在自欺。正如同我常引用的三句话，讲人生一辈子做三件事：自欺、欺人、被人欺。佛法究竟灵不灵呢？生老病死究竟如何解脱？我们要注意是"解脱"，现在维摩居士正要为我们讲这个问题，文字非常容易，意义非常难懂。能懂得了这个道理才有资格去死，才有资格去脱离病苦。

念病非真非有

"彼有疾菩萨，应复作是念，如我此病，非真非有，众生病亦非真非有。"有病的菩萨，当你在生病的时候，"应复作是念"，重点在这个"念"，不是嘴里念佛的念，那只是念的一种表象。当你生病时，比如头痛，你想要它不痛，要它舒服，做不到。那个感受你并没有去想它，可是怎么也摆脱不掉，那就是念。你感冒了，你思想还照样在想，那个感觉身上难过的，并不是思想的，那就是念。一定要清楚认识什么是念，如果把念当作是心理的普通状态，是错误的。心理的普通状态是不会停留的，比如我在讲，大家在听，这个在佛学名称叫妄念。妄念等于是漂在水面上的一层油似的，不会停留。水会流动是表面一层，深水层是不动的。我们的思想也一样，在表面漂动的是妄念。"妄"，因为它虚妄，不实在，所以你用不着除妄念，你不用对它客气的，它根本就不停留的。比如你现在一边听我讲话，你思想不能集中，一边还有很多事情在想，这个是妄念，它不会停留的，不停留所以是"妄"。

那个真正的"念"是你去不掉的。比如刚才讲的你生病的不舒服感觉,那个念头去不掉。其实那个还是妄念,不过比较妄念起来,那个是念的根。所以这个念不是第六意识的分别念,是第六意识接近到第七意识,意识的根。念是很麻烦的事。学佛的人口口声声说要念佛,为什么大家念佛不得力?都是在妄念的念,没有念到真正的念。真念佛的正念起来的念,那连"阿弥陀佛"四个字的佛号都没有了。心心念念挂到了,那叫作念。比方我们欠了某人的债,或者吃素的人想吃荤又不好意思,叫你心里不要想吧,唉!这念头实在又挂到心上,这就是念。又如许多学佛的人说自己不要名不要利,依我看来很多都还在求名求利,他自己都不明白,那个东西叫作念。

三十七菩提道品是以四念住为根本,其他都是从四念住来的,乃至所有修持方法也是以四念住为根本。四念住归纳起来就是两个东西:生理和心理。念身的感受是苦,和念心的思想无常,下面都是解释,实际上就是念身、心两个东西。身心两个东西合起来就是一个人。所以我们修菩提,要从这一念开始。

我们把这个"念"字解决了,现在回到原来这句经文,"彼有疾菩萨,应复作是念",生病修道的人,应该重新起这个观念。注意!是要"重新",生病的时候痛苦得要死,怎么会重新起来这个观念呢?这就是切实的工夫了,就是上次提到过天王道悟禅师给人丢到水里去,在水中还会浮起,后来临死为什么还叫痛?这里面是个大问题,大家要在这里参。禅宗有很多这样的典故,比如有些祖师,没有悟道以前,打坐时有百鸟衔花来供养,天人送食,悟了道之后,这一套都没有了。照我们想法,是不是不悟道比较好?悟了道反而没有那么大神通。

天王道悟禅师临死时告诉徒弟,喔哟喔哟是不痛的,这跟叫哎哟哎哟到底有什么不同?你们要好好去参。当我们生病的时候，这个感觉到痛、很难过的时候，你有一个东西没有在痛、没有在难过。你觉得自己很难过的那个是念！那个没有在难过、没有在生病、没有在痛苦的，大家不晓得知不知道？我们要在这里用功，才能够懂得佛法。

比如我们这里有一位同学，他一直感觉到身体不好，有病。依我的看法，他一点病都没有，他什么地方有病呢？他的念有病。自己感觉到有病，拿现在的话讲是心理病。我断定他没有病，但要他先去医院做健康检查，结果今天把医院报告拿回来了，什么病也没有。所以一切是唯心所造。我们修行的工夫就在怎么把这念的力量转过来，才是学佛，八万四千法门就在这一下，这是真工夫。

所以"彼有疾菩萨，应复作是念"，生病修道的人，应该重新起这个观念，什么观念呢？"如我此病，非真非有，众生病亦非真非有。"这是感受方面的问题。大家会念《心经》，开始就讲到，"色不异空，空不异色，色即是空，空即是色，受想行识亦复如是。"这是五阴解脱。生病最痛苦是受阴，像这次我感冒一身骨节都酸痛，动一下都痛。还好我先用了些药把肺保住，否则这把年纪得了肺炎一定报销了。虽然如此，这个周身痛只好挨了，这就是受阴的痛苦，要能观"受不异空，空不异受，受即是空，空即是受"，那是真工夫了。这个时候想阴没有受痛苦的，照样起作用，你想医生，想吃药。那个痛苦的感受是受阴上的，就是所谓苦受乐受。病也是在受业报。这个时候如何求得解脱？要念转，这不是空洞的理论，要真实的智慧观察。这时你念什么咒啊，甚至连药师佛的师母都请来，痛的时候受阴照样痛。

那么佛法岂不是不灵了吗？灵的。你这个时候要用止观的观想，如何转这一念的感受，《维摩诘经》讲的就是这个东西。他叫我们怎么转呢？"如我此病，非真非有，众生病亦非真非有。"

所谓病苦，都是感受方面的，同样地，你念了一堂佛下来，觉得好清净好舒服，对不起，你还是在玩受阴感觉。你念了一堂南无阿弥陀佛，把浊气叫出来了，烦恼也叫完了，没得力气了，身子觉得清净了，这是感受清净，是靠不住的。所以很多念佛的人，到临死的时候，这个受阴整个在痛苦中，佛都念不起来了，这我看得多了。这个时候没有什么工夫的，你想要恢复平常打坐念佛的那个清净工夫，你不要做梦了。那个工夫到哪里去了？工夫在病中，就在痛苦中。你能认清楚这一点就可以成佛了，可以解脱了。

这个时候要观"如我此病，非真非有"，这怎么说呢？病的时候确定是真的，痛就是痛，难过就是难过。但你要晓得那个病痛"非真非有"，你要能观察自己的心理，不去配合这个感觉，那要真工夫的，完全要在病中去体会。你不去配合这个感受，那个感受就站不住了。虽然站不住了，你还是在病中，但可以马上做个测验，假如你原来在发高烧，你能够拿开这受阴的感受，那个体温立刻就降下来。现在医学研究也说病只有三分，你的心理观念加上了，就变成十分。所以你要观察自己这个病不是真的，是四大假合不调和来的，是空的。这是讲菩萨境界，众生呢？"众生病亦非真非有。"都一样的，很平等。

解脱的工夫在作观，要仔细观察自己身心的状况，这是一念来的，这一念解脱，病痛就减轻了。这是第一种作观的方法。第二种作观的方法，如果平常修密宗净土的，把别的境界，佛的境界能够用第六意识观得起来，这个病痛也减轻了，受阴减轻了。所以这个观有两重意义，一个是真正的观察，一个是作观想。

"作是观时，于诸众生，若起爱见大悲，即应舍离。"菩萨同众生一样会生病，但是菩萨生病的境界不同，菩萨病的时候要放掉大悲心。念念有大悲心在，这个同凡夫的爱见是同一个力量。这个话好像很矛盾，学佛的人本来应该先培养大悲心，但慈悲过度了就是爱见，不得解脱。所以菩萨过度的慈悲而不具解脱观念，慈悲就成了菩萨境界的病。要能够解脱，才能够起大悲心。当然，这是菩萨境界，不是凡夫境界。凡夫境界中，这个大悲心是爱见的根本。

什么是爱见？众生对三界里头每样东西都喜欢，都不肯放。学佛修道人的爱见心理比任何人都严重，我们为什么学佛修道？因为我们贪恋这个生命，想修到不生不灭。对不对？坦白检讨自己，是不是想修到比一般人好？实际上这就是爱见心的根本。这个爱不只是对名利对物质世界的留恋而已，对道业上贪着这一念的心理就是爱。爱形成了见，古人把爱与见联合起来，产生一个佛学名词叫爱见，见就是观念，爱见就是爱的观念。工夫越好的人爱见越深，认为只有打坐才是道，其他事情都在扰乱我修道，所以什么都不管。他的爱见堕落在禅定，堕落在清净面。清净面就是菩萨的爱见。

爱见不能解脱是病痛的根本，一切病痛从爱见生。十念法中的念死，是第一个修行解脱法门，随时知道一切"有命咸归死"，就不会有爱见的贪恋，不会以为学佛可以留到不死。有人问我，为什么他的祖父长年念佛吃素结果还得了癌症死了。他讲得好像有无比的怨恨。我反问他，学了佛就可以不死吗？学了佛就可以不生癌症吗？不可能的。得癌症只是死亡的方式之一，别的死亡方式还很多呢！

"所以者何？菩萨断除客尘烦恼而起大悲，爱见悲者，则于生死有疲厌心。若能离此，无有疲厌，在在所生，不为爱见之所覆也。"《维摩诘经》所讲的爱见，第一个是指修道的人而讲，我们懂了《维摩诘经》再自我反省，就晓得自己所谓学道都不是正见，都想求得长生不老，几乎没有例外，因为众生业力根本的这个爱见不能脱。所以维摩居士同我们讲，大乘菩萨道为了"断除客尘烦恼"，因此而起大悲心。这话怎么讲呢？众生身心所受的痛苦是因为"客尘烦恼"而起的。"客尘烦恼"在中文的经典里，首先是见于《维摩诘经》，是鸠摩罗什法师翻译的创作，在后人的文学作品中被大量引用。这个名词后来也被《楞严经》惯用。我们心理上的思想来来往往是不停的，因此被比方成过客。好像客人进进出出你家里，但是他毕竟不是主人，他不停留的。所以妄念叫作"客尘"，它引起的不是痛苦，而是烦恼。我们往往把烦恼当成是痛苦，烦恼是使你很烦，苦恼，并不是痛苦。生病了发高烧难过，那是痛苦，是苦受，不是烦恼。我们平常的心理状态，只有烦恼没有痛苦。烦恼是因为妄想而来，是表面的这一层。

所以菩萨的修持是为了断除一切众生的"客尘烦恼"，为什么要断除它？因为众生自己不认识这个妄想是"客尘"，它不停留的，你用不着怕它，它爱怎么想就怎么想，你也留不住它，想过了它就跑掉了。这"客尘"是引起你的烦恼，你如果认清楚这一点，一笑置之，它就不会给你烦恼了。但是众生不知道，所以菩萨悲悯众生，起大悲心。"天下本无事，庸人自扰之"，就是这两句话。但是大悲心起了之后，我们学佛的人的通病也犯了，因为最大的烦恼就是"客尘烦恼"不能停止，既悲痛众生也悲痛自己的烦恼不停，因此产生一个反作用的心理，就讨厌这个生命。就是"爱见悲者，则于生死有疲厌心"。所有学佛的人都会陷入这个观念。尤其学禅宗的人，抓住"以无念为宗"的鸡毛当令箭，以为打起坐来什么思想都没有就是道。当你有了清净的爱见，落在这样错误的见解中，对于生死就有疲劳、厌恶的心理。常听到学佛的人讲，只要悟道了，下一生再也不到这个世界来了。或者说，这个世界可恶极了，我死了只要往生西方极乐世界。这是学佛人的通论，都是逃避，是错误的心理，不是佛法的正见。

菩萨于生死是没有疲厌心的，"若能离此，无有疲厌"，这才是真解脱。对生死不感觉到可怕，不感觉到疲劳，不感觉到厌倦。"在在所生，不为爱见之所覆也"，十方世界，六道轮回，任意寄居，都可以往生，都去做客，都敢去。这就是菩萨的解脱，大乘佛法的境界，智悲双运，智不住三有，悲不入涅槃。诸佛菩萨永远是再来人，真得了涅槃的人，生生世世永远在这个世界，永远在三有中救助一切众生。"爱见悲者，则于生死有疲厌心"是小乘。

缚与解缚

"所生无缚，能为众生说法解缚。"真正悟了道的人，生而无生，在十方世界，六道轮回，任意寄居，但是永远在解脱境界中，随时来去自由，没有束缚。因此才有资格为众生说解脱法门。一切佛法告诉我们的方法，就是如何得解脱，不被爱见烦恼所困住，如此而已。

"如佛所说，若自有缚，能解彼缚，无有是处。"这里引用佛的话，佛在好多经典都说过的，如《华严经》《大般若经》，至于论上就更多了。换句话说，这也是个戒律。善知识如果自己没有得解脱，他说法能解脱别人的爱见烦恼是不可能的。真正说法的人，必须念念发心求证佛法，自己证到解脱的境界，才能为众生说解脱的佛法。

"若自无缚，能解彼缚，斯有是处。"这是佛的戒律，自己得了解脱，然后说法，为众生说解脱的法门，这个才是对的。

"是故菩萨不应起缚。"所以学大乘菩萨道的人，说任何一种法门，不应该使众生加一条绳子。一切法门都是使众生得解脱，怎么求得解脱就是我们要学的地方。假使任何佛法不能得到解脱，正法都变成魔法了。

"何谓缚？何谓解？"现在维摩居士要告诉我们，什么是被"客尘烦恼"所束缚，怎么样去解脱。

"贪着禅味，是菩萨缚。以方便生，是菩萨解。"在座许多做工夫的老朋友要注意了！一天到晚贪着打坐，一层一层工夫，气脉通了，又看到光了，又看到各种境界，都在禅定里玩弄。你任何的境界，在禅宗大德看来都是"光影门头"。什么光影？那都是你心光所变化的，唯心所造的，都是你第八阿赖耶识心理的投影，不是真实的境界。真实的道是无境界，不管你气脉、四禅八定，都不过是唯心所造的。修得成的东西，不修就坏得了，那不是道，那是工夫。工夫你造得出来，多打坐一定练得出来。贪着清净境界，是菩萨的束缚，是学佛的错误。要如何解脱呢？"以方便生"，方便也可以说是一种方法，也可以说能够洒脱，不被禅定境界，不被工夫境界所困，就是菩萨解脱。以方便的法门出定，生起什么呢？生起大悲心，不贪着禅定之乐，要为众生起行。生起方便法门是菩萨的解脱，专对解脱禅定而言。

"又无方便慧缚，有方便慧解。无慧方便缚，有慧方便解。"贪着禅定的工夫，没有用智慧方便来放弃这禅定的工夫，就是无方便慧，就是菩萨的束缚。有方便慧，就得解脱。再进一层，方便还容易，智慧很难。比如有钱都可以做好事，但是并不一定真做了好事，我经常发现，拿钱去做好事反而害了人。有时候我们觉得做了件大善事，它的后果是大恶事。有时慈悲一个人反而害了他，比如教育儿女，爱的教育是方便，你没有智慧的爱，会害了儿女一辈子。无慧的方便是一种束缚，要懂得方便必须有智慧。

　　"何谓无方便慧缚？谓菩萨以爱见心庄严佛土，成就众生，于空无相无作法中，而自调伏，是名无方便慧缚。"什么是无方便慧的束缚？我先说对不起了，现在很流行念佛往生西方极乐世界，根据《阿弥陀经》，西方极乐世界有七宝行树、七功德池……一大堆，那边一本万利，不花一毛钱，你只要拼命念他，什么宝贝那边都有了。诸佛菩萨说了西方极乐世界这个方便法门，是救度众生最好的法门。可是我们一般念佛求往生西方的众生，都是"以爱见心庄严佛土"。我念了一万遍了，我吃素三十年了，我往生一定挨到阿弥陀佛身边去了。我们检查一下自己的心理，都认为自己是上品上生，这是一种学佛的。还有一种学佛的，我看了就怕，他眼睛里、心里有一把佛的尺子，看到人就比一下，哎哟！这个不是菩萨啊……他们都是着了"以爱见心庄严佛土"，以此心理成就众生，嘴里讲空、无相、无作，实际一点也不空。劝人家不要着相，自己什么相都着。讲一切无作法，自己又作又要解脱，我要回去拜佛了。这就是无方便慧的束缚，学佛而被佛法困住了。

　　我的老师袁先生有一次告诉我，世界上任何魔都好办，只有一种魔，谁都降伏不了的，什么魔？佛魔。被佛魔到了。他就是指这个。菩萨以爱见心庄严佛土的心理，与凡夫的心理一样，爱见就是贪念，结果变成以贪念心庄严佛土，成就众生，还自以为在弘扬佛法，在度众生；这个样子才是如法，那样不如法；我这个才是佛法，他那个不是佛法。跑到宗教团体去，听了这种话头痛死了，都是没有方便智慧，不学佛还好，学佛以后，反而加了一条绳子，捆得更厉害。

　　针对这一种学佛的心理，要怎么解脱呢？

　　"何谓有方便慧解？谓不以爱见心庄严佛土，成就众生，于空无相无作法中，以自调伏而不疲厌，是名有方便慧解。"念佛就是念佛，只问耕耘不问收获。我经常提醒同学注意佛国禅师作过一首非常好的《华严经》五十三参的偈子："有时且念十方佛，无事闲观一片心。"这是真正的净土法门。如果用这两句解释《维摩诘经》，第一句话就是"庄严佛土"，第二句话就是"方便慧解脱"，真的念佛，真的学佛就是这样。往生西方极乐世界并不是逃避的意思，而是去求深造，深造之后还是起大悲心，回到六道轮回中，广度众生，这是真正的有方便慧。

《维摩诘经》这一段，是我们修净土、修密宗、修有相法门最重要的参考，否则我们虽然学的是佛法，走的却是邪魔外道之路，不能得正解脱。

学佛主要在求解脱，但是解脱好像并非究竟。解脱以后是为什么？是为了证到不生不灭的法身。普通佛经中提到不生不灭的法身，可是并没有提到不生不灭以后我们是常在的，没有这个观念。只是我们自己有这个观念，认为只要证到不生不灭，就不生不死永远常在了，这是很自然会加上的观念。佛法只说不生不灭。怎么样不死呢？本来无生，就当然也无死，生与死是两边相对的话。可是去掉两边就又有一个中间的观念，认为是永远存在的，那又变成落边了，落在长生的边见。中国道家有长生不死的观念，可是长生是没有的事，也没有长死的事。生与死，生与灭，都是两头的观念。一切凡夫众生从无始以来，落入我见的爱见里，想要抓住一切，所以会认为不生不灭就是永远存在的。如果你说解脱之后就是空，他又会加一个观念，可以躲在空里面不来了。好像厌恶万事，想找个空间躲起来，一个人清净。不要忘记，你躲到一个空里去，那个空仍然是个境界，还是有，不是真的空。只不过暂时偶然落在空上，比较上会觉得空比一切的有舒服一点，但是还落在边见上，被自己爱见的习气所束缚而不知道。

学佛不管是修哪个法门，一沾到一点爱见的心理，这个佛法就不究竟了。我们前面一再提到"以爱见心庄严佛土"，比如念佛法门，我们研究了《维摩诘经》，就明白那是个方便法门。佛的国土有没有呢？的确有，像西方极乐世界，东方药师佛琉璃光世界，从我们的观点看来，几乎是一样的，琉璃为地，有种种的庄严。如果把佛经当哲学或科学的研究，就会觉得很好玩，说了半天还是没有逃过这个世界的范围，什么莲花、七重栏楯，但是没有说七重哈不栏楯，因为没有这个东西。各种经典形容，都是用人的意识习气中觉得最美的东西，最清净、最好的东西。为什么呢？这是佛的方便法门，引导教化众生。因为你不晓得如何解脱这个世界上的烦恼痛苦，佛拿个东西教化你，用无量的方便，善说一切庄严佛土法门。

凡夫众生因为自己无始以来的爱见心作祟，就牢牢抓住了佛土境界的东西。我们真要反省，这个是解脱吗？它是方便而已，并非究竟的。换句话说，我们往生那一个国土不过是留学深造而已，你往生佛土算是成佛了吗？不算的，成佛在于了心，心解脱。往生以后，受到佛法僧的教化，拿到真实的学位而成就，我这么讲是个比方。菩萨"以爱见心庄严佛土"，是为了"成就众生"，"于空无相无作法中，而自调伏"，要你自己调伏一切爱见心的习气烦恼而成佛。但是因为我们的爱见心作祟，就执着了他方佛国，如果是这样，就是无方便慧缚。

"何谓无慧方便缚？谓菩萨住贪欲瞋恚邪见等诸烦恼，而殖众德本，是名无慧方便缚。"学佛有戒、定、慧三个阶段，我常说，学佛的最后目的是慧解脱，智慧的成就，证得不生不灭的法身。这一点千万要注意。学佛不是迷信，不是宗教情绪的成就，那些只是学佛的方法而已。但是智慧的本身也有毛病，一执着就变成毛病。"无慧方便缚"，是自己学佛因为没有智慧而进入了病态，这是讲哪些呢？就是"菩萨住贪欲瞋恚邪见等诸烦恼，而殖众德本，是名无慧方便缚"。一切凡夫众生都可以称为菩萨，甚至也可以称诸位是佛，不过是因地上的菩萨，因地上的佛。好像法律规定，国民具有被选举为国家元首的资格，至于谁可以当选，要看他平生的努力，看他的学问、道德、行为够不够。他虽然当选为元首，他还是国家的国民。这是用来说明一切众生，生来个个具备做菩萨的资格，即使他是外道乃至魔，他的善根被烦恼习气所掩盖，有一天他把黑幕拉开了，恢复他的自性光明，他也能成佛。这是佛教真正的精神。所以佛眼看一切众生最究竟处，对魔外道没有差别，绝对的慈悲，绝对的平等。

佛法要我们这些菩萨，去除贪、瞋、痴、邪见来修，我们反而是以贪欲瞋恚邪见来修菩萨道。简单的例子，我们在佛堂念佛，如果有人的衣着在我们看起来不如法的话，就会一面念佛一面瞪他一眼，瞋恚心就来了，因为我们认为这样才对，他那样就不对。纵然在弘法在利生，心中贪瞋痴等烦恼一点没有动摇。大的例子也有，有些人发菩萨心发得过头，看到朋友或家人不信佛，气得睡不得觉，讲人家会下地狱，那个态度就是瞋恚心。如果拿宗教情绪来看，会觉得他是好的佛教徒，但是在我看来，他很可怜。你学你的佛，别人做他的人，各有各的路，你学佛究竟对了没有，别人做人究竟错了没有，都是问题，不要用一个尺码来看全世界所有的人。老实说，朋友或家人，可能就是看了你这神神经经的样子才不信佛的。这就叫作"无慧方便"，所以把自己束缚起来了。虽然也是行菩萨道，因为自己没有智慧方便，因为以贪欲瞋恚邪见等（包括心理各种状态，包括《百法明门论》各种心所而起的烦恼）来"殖众德本"，虽然是做好事，但还是有所夹带。应该以无所求、无所愿、无所得的心情来做好事，才是真正的菩萨在"殖众德本"。

我常说我最怕年轻人找我学两样东西，一个是《易经》，一个是学佛。要学佛的人我都劝他们中年以后再来，该结婚生子的就赶快。而且真要学佛就要放下一切，至少有个短时期要放下。有的人不肯放下，还以功利心来求佛法，希望对他的事业有帮助。这我就不懂了，我学佛一辈子了，对我的事业没有帮助，我也不求帮助，要这样的心情才可以学佛。没有这个认识，不但学佛，学任何宗教我都反对。我为什么反对年轻人学《易经》呢？钻进来爬不出去，就很麻烦。我开玩笑说，这两样东西最好都不要学通，学佛没有悟道之前，可以想象悟了道以后的美妙境界。《易经》没有学通前，可以沉醉在学通之后上知天文下通地理的境界，但是真到了这个境界，日子过得多没意思，就像是晓得出门会被人打，门都不敢出了。

"何谓有慧方便解？谓离诸贪欲瞋恚邪见等诸烦恼，而殖众德本，回向阿耨多罗三藐三菩提，是名有慧方便解。"怎么样是有智慧方便而得解脱？要离诸贪欲瞋恚邪见等诸烦恼，你要注意这个"诸"字。贪欲不只一种，贪男女、功名、富贵、睡、吃等都是，多得很。比如我喜欢看书又喜欢买书，对书比对什么都爱惜，经过几回战乱，丢了好多书，所以曾经发愿不再买书，这真是好大的愿，唉！不到三个月又开始买书。觉得自己真可笑，这是习气，也是贪欲。真学道这些都应该要丢下。"为学日益，为道日损"，什么是学问？是妄想之所生，也都要丢掉。不过你们年轻人可不要抓住这句话，就不看书了。我甚至有时到了无书可读的地步，手边那么多书全读过了，这个时候，读书的欲望来了也很痛苦。我对字画也很喜欢，但是一件不留，因为我老太爷从小就教我，聪明人喜欢古董字画，笨人才收藏古董字画。我们学佛一定要检查自己的诸种贪欲，如果这种地方检查不出来，你尽管在学佛，也统统是病态。

再下来是要离诸瞋恚，瞋恚也是很多样的，不要认为自己的小脾气不算什么，大小是一样的，都是习气，转不了就解脱不了。

再来是离诸邪见，最后加重语气"等诸烦恼"，这些都是烦恼根本。这些文字都容易懂，但你深入研究一下，这里头解释多了。你研究出来，成了《维摩诘经》专家，就著书了，贪欲包括了哪些，列个名单，瞋恚有哪些，这个名单同那个名单画一条线，做成个图表……人家一看，学问好，佛学通，可是又落入贪欲。贪这个东西就丢不掉，脑子钻进去了，夜里都在想那个图表，在那个名词上，永远不得解脱。

这有慧方便解要如何得呢？要回向。我们解释佛经的名词，最困难的是"回向"，禅宗的祖师爷说回互。大家念完佛经以后念两句回向，那是口头回向。比如我们为父母亲念经，最后也要念一个回向的句子。有同学问我究竟什么是回向，这同学的学问很好的，难道他连这文字都不懂吗？绝对懂的，可是他还要问，是真问题。其实回向还真难懂。你说做了功德之后，回向阿耨多罗三藐三菩提，是不是还是做生意的心理？还是有所求心，不过所求的目的不同而已。

佛法这个"回向"的名词，翻译真是好。回向就是轮回，轮回就是回旋，回互，也就是无始无终，终而复始。你懂了物理的道理，我们的心本来就有回向的功能。换句话说，善有善报，恶有恶报，这个报就是回向。我经常要你们留意科学，科学越通，佛法越昌明，佛法是真正的科学。回向是本位不动，旋转的道理，有向心力也有离心力。我们念经为父母做功德，你只要这个念头一起就已经回向了，不是在回向之外更加回向。

我们行一切佛法，修一切佛法，不要被法所缚，要有这个智慧，才能够真得到佛法的利益，求得解脱。

接着，维摩居士另起一个题目。

有病菩萨该如何

"文殊师利，彼有疾菩萨，应如是观诸法。"他对文殊师利菩萨说，一切有病的学佛的人，应该像上面所讲的，观一切的法。为什么来问病会牵扯到这么多佛法来？这个我们都讨论过了。因为生病，身体的病怎么来的？由念而来。念又怎么来？念由心造。因为心理不正常，慢慢形成身体的病。所以依佛法的医理，一切的病都是心理来的。像我们现在，都有"老"病，生老病死的"老"，这就是个病态，这个病态的过程是由业力来，业力怎么来？从心来。病由业生，业由心造。了心以后，就没有病，也没有生老病死，所以都要回向阿耨多罗三藐三菩提。维摩居士对有疾菩萨说，应当要这样子来观。

"又复观身无常、苦、空、非我，是名为慧。虽身有疾，常在生死饶益一切，而不厌倦，是名方便。"这里告诉我们一个实际的行为，就是一个实际的修法。他说，最重要的一点，我们随时随地要晓得，我们的肉身，这个业报之身，本来是无常的，所以生老病死是很自然的。前几天看见有个同学头发有些白了，我们一直以为他很年轻的，一问他年纪，不知不觉都四十八岁了。他说白头发拔了又生出来，很麻烦。我说我还恨自己头发白得不够快，一头白发多漂亮，还可以装成有道之士，古人形容是"童颜鹤发"，鹤发就是白头发。看通了人生，生老病死是很自然的。

我现在去理发时，看到个现象很有趣，有些男士去染头发，染得乌黑，还修指甲，一搞一两个钟头，有这个时间浪费不如回家打坐。这染头发在中国古代就有，而且还有染胡子的。人不论古今中外都怕老，老就老了嘛！老有老的漂亮，死也有死的漂亮。真是没有气派！经不起老！人不要怕死。古人有首诗：

> 白发新添数百茎　几番拔尽白还生
> 不如不拔由他白　那得工夫与白争

他的白头发拔了又生，后来大悟了，不如不拔，哪有时间跟这头发争呢！

讲了半天，就是要观身无常，这个肉身从出生时就开始一天一天死亡，就算活了一两百年，不过是把死亡的时间拖后而已。这个观身的观，不是要你做什么特别的观，是了解的意思，要你了解这个生命肉体的存在本来无常，是苦的根本，要观身本来空，无我。你也许会说，这些话不用说了，我们学佛那么久，都懂了。对不起，为什么重复说？因为大家虽然了解，可是没有真做到。如果一下做到了，就成功了。不管多么会说无常、苦、空、无我，一点都做不到。哪里做不到？心做不到。心念真做到了，一放下就对了。

维摩居士说，观身无常、苦、空、无我是慧解脱，这里有个关键，有很多同学修白骨观，有几位年轻的还修得很好。我常对他们说要注意，白骨观要观好，观不起来不算数。观起来一定，就不用打坐，自己白骨架子随时随地观出来了。出来之后，进一步要白骨放光，然后观空。一切都是唯心所造，如果造不出来，你的佛法就是空话。观空了以后就没有人问我："老师，我观空了以后怎么办？"哼！观空了就给你一个耳光，观空了还要怎么办！还要问？你就是空不了嘛！可是，这样观成了，放光、空，然后定在那里，这样算解脱了没有？这是定，不是慧，不是慧解脱。那个境界，还是第六意识所造的。话说回来，你还没有做到就少吹了，必须要经过这个修持。真正的解脱是慧解脱。这里说观身无常、苦、空、无我，不是白骨观那个观想的"观"，是理念上的"观"，本来此身无常，本来此身是苦，本来此身是空，本来无我，这是慧解脱。

可是你要注意，不要认为这样你就懂了这个慧解脱，你又错了。你必须要"定"修到了，然后"观"透彻了，才是定慧解脱，才是究竟。得了慧的人怎么行菩萨道？"虽身有疾，常在生死饶益一切，而不厌倦，是名方便。"明知道此身无常、苦、空、无我，可是不怕入轮回，不怕生老病死，生生世世情愿再来，愿意吃这个苦头，愿意受这个罪，救度利益世间一切众生，不生退却心，才是菩萨的方便慧。所以诸佛菩萨的大愿，也可以说就是诸佛菩萨的方便慧，也就是菩萨道，明知不可为而为之。小乘的人比菩萨聪明，知道不可为，这个众生度不了何必度？就不管了。菩萨道是明知道众生不听话，要跟他千年万年乃至多少劫都跟下去，总有一天使他听话，自己这样做是很痛苦的。

"又复观身，身不离病，病不离身，是病是身，非新非故，是名为慧。"这里特别重要，了生死是怎么了？所谓的"坐脱立亡"，跟人家打个招呼说自己要走了，腿一盘就死了，本事是大，可是不一定了了生死。他可以是生死来去自由，不一定可以了生死。了生死的道理，就是《维摩诘经》现在讲的这一段。

维摩居士告诉大家，要这样去看这个身体：只要有肉身的存在，就一定随时有病。肉身是由地水火风四大类组合，依现代医学观点，是由九大系统组合。坐久了想站起来，坐得难过了就是病，是坐病。站久了有站病。打坐久了腿发麻也算是病，你把腿放了，觉得舒服，又成放的病，放久了又想盘起来。给你躺下来，躺久了你又受不了。这就是"身不离病"。

接下来他说"病不离身"，两对四个字好像是一样的，其实有两层意义。前面一句说有肉身就有病，但是如果你工夫到了，不一定要打坐，只要方便智慧观察透了，由慧而得的定境，能空掉肉身，也就是受阴、行阴得解脱，病就沾不上了。因为病就是业报，病魔是限于一个范围的，没有了肉体之身，病魔就魔不上了。我们没看过虚空会生病，它空的，沾不住。所以要注意这"身不离病，病不离身"八个字，它有两层意义不要轻易看过去了。

再进一步的第三层意义"是病是身"，我们凡夫众生有这个身体存在，这生命本身是业报之身，就是个病态的存在，病就是身。

下一句难懂了，"非新非故"，我们所有生的病，比如今天感冒了，不是今天得的，无始以来就有感冒在里头，不是新来的。但是这个病也不是过去都有的，非故，是刚刚来的。这个文字就是这样说的，但我一直提醒大家，《维摩诘经》文字看来容易，其实是最难懂的，跟《楞严经》一样，文字翻译得太高明了。这"非新非故"，用白话翻译是这个病跟身体的关系不新也不旧。昨天感冒，今天好了，真好了吗？没有，病根还在。只要此身还在，你的病根就在。再进一步，身的病根在哪里？在心。此念未空，只要贪瞋痴慢疑悔这些根本业力未空，此病就还在。你现在觉得没病没痛，其实还在病中，"身不离病，病不离身，是病是身，非新非故"。如果能够离开这个病态的生命，就归到阿耨多罗三藐三菩提，涅槃清净，法身道体，清净圆明。所以千万要注意这几句话，透彻到极点。这就是禅了，要参了。懂了这个才是真的般若智慧。

"设身有疾，而不永灭，是名方便。"这几句话更严重，分两层意义。假设我们身体有病，菩萨不求无病，这就叫方便。修行人以病苦为师，身体太健康的不能成道，病苦是修道的亲因缘，你看看《高僧传》，看看历代的神仙传，所有有成就的人身体都不大好，十个中间有七八个少年多病。因为多病，他对人生的看法就深刻，会害怕，就追求脱离生老病死。因此得道的人多半是疾病中人，尤其是道家的人物，一个个都懂医药。因为自己多病，想要救命，久病就成良医了。玄奘法师的传记记载得很清楚。龙树菩萨的系统非常注重医药，孙思邈的《千金方》就吸收了龙树、耆婆的药方。玄奘法师到印度时，还见过龙树菩萨的弟子七百岁。龙树菩萨的这个弟子还有两个徒弟，各一百多岁，据说，他要玄奘法师跟他学，先学医药二十年。玄奘法师不干了，他说自己是发愿来取经的，二十年就要回去，不能为了学医药而违愿。我们读到这里，心里就很难过，合掌赞叹玄奘法师！要换了我们，宁可留下来跟活菩萨学医了，中国有没有佛法同我什么相干？玄奘法师行的就是菩萨道，刚才讲的菩萨不厌倦生死，所以"设身有疾，而不永灭"，菩萨不求无病，这是第一个意义。

第二个意义，真正学菩萨道的可以做到不死，可以做到无病。刚才讲的龙树菩萨的系统，比如密宗，修法是先求肉身的长寿。因为三大阿僧祇劫的修行，在轮回里容易昏迷，容易走错路，所以他宁可走这个路线。再说佛在涅槃之前也问过阿难三次，你看怎么样？我可以使这个色身留下，但是在众生的果报上来讲，是应该走了。佛经上记载，阿难三次都好像被魔迷住了，所以像没有听见似的。等佛宣布要涅槃，阿难跪下来哭了，说佛不应该走的。佛告诉阿难，已经问过你三次了，如果当时你说要留下，我就留下了，现在机缘过了。但是我们要问，佛为什么要玩这个花样？干什么一定要等这个机缘？这里头有道理的，学过唯识的就知道，所谓二十四种心不相应行法，是意识心没有办法把握的。比如对一个真正修定的人，修真正密法的人（不是现在这些念咒子、想一下红的绿的观音、手里弄一下手印的密宗），将死亡时，身体是有一个征候的，到了那一点，只要控制那一点一个时辰，等于现在的两个钟头，就可以再过多少时间的劫数。这就是做工夫定力的关系了。当然不是那么简单，但是有这个方法，不然，佛法老是讲道理而没有方便，又何必学佛法呢？所以诸佛菩萨"设身有疾，而不永灭"，不让他有病，不让他走掉，是可能的，真的。

一般学者认为《楞严经》是伪经，其实《楞严经》都有消息给你的，消息在哪里呢？《楞严经》的消息在十种仙道里，是五十种阴魔之外，这个不是魔，也不完全是外道，《楞严经》把他列为十种仙道。这十种仙道中，有些人念咒语的，有些人练什么工夫的，有些人炼药的。所以也算是外道，佛说他们未证得阿耨多罗三藐三菩提。《楞严经》自己叫作密因，是密宗的经典，它有个秘密在里面，我们读佛经不要被佛瞒过去了。反过来讲，这十种仙道如果他有这个工夫本事，他又得正觉，那是什么个说法呢？那就是佛了嘛！很简单。乃至他走外道法门的，你看密宗很多修法是外道修法，虽然走了迂回路，可是他走到这里一转入正道的话，他得道证入了，改邪归正总没有错了吧！这就是秘密。

所以说，维摩居士跟文殊师利菩萨讨论身的病，最后有秘密，就在这里"设身有疾，而不永灭，是名方便"。真正的佛法自己是可以治病，唯心所造。《大藏经》当中也有佛说的治禅病的经，你们都不看，都请一个人帮忙读了——给书虫去吃了。里面都有的，佛告诉我们如何治病，乃至天台宗利用数息治病方法都有，只是我们订了《大藏经》，并不去好好研究。

我们研究《维摩诘经》，要再三反复地复习，像古书这些经典，看一次二次三次就认为自己看过了，那等于完全没有看。古文的经典为什么要背？"好书不厌百回读"是古人的读书方法，同一本书每一次读起来的理解都不同。现代人读书多，知识是渊博了，可是学问越来越差，因为没有深入，"好书不厌百回读"的精神没有了，一本书以为看过就好了，读两三遍就觉得浪费了。

假如今天来考你们《维摩诘经》，问你文殊师利向维摩居士问疾这一段有几个重点，这就要命了，我相信全堂要交白卷了，可见没有研究过。你们现在翻开这一卷，文殊师利问他，第一个，菩萨如何有疾？假使有病要如何慰喻？维摩居士答复，第一个，菩萨对于身有病的安慰，第二个，身在病中自己的观念怎么样安慰，怎么样解脱。这病就是个法门，它是生命的一个现象，生老病死都是生命的现象，都是一个过程，从早上到晚上，再到天明，每一分秒都是过程。在这个过程中，身心所感受的遭遇都不同。

你看，文殊菩萨在前面曾问他："居士所疾，为何等相？"再问："菩萨应云何慰喻有疾菩萨？"再问："有疾菩萨云何调伏其心？"维摩居士答，因为此心着我，然后要如何了心，了念……这些都是重点。我们不照古代分科判教的方法去搞，那是在作文字分类归纳。现代西方作论文的方法，要有纲目，觉得了不起。佛教在唐朝以后已经开始作分科判教了，比西方的写作方式还要严谨。分科是作科学分析，判教是把佛学的教理批判归纳。现在几乎没有什么人能真正了解正统的天台宗分科判教，没有人下这种工夫了。我们不走分科判教这条路，走实修，走科学方法研究的路线，就要注意每一点，再分好几个要点，像我刚才问的题目，你总要能答出来。大家平常读佛经，读过去就算了，对于这个要点不留意，如果能抓住这个要点，对修持同佛学的用功，那关系就太大了。我在此提醒你们青年同学特别注意，否则你只在搞皮毛而已。

有病菩萨如何调心

"文殊师利，有疾菩萨，应如是调伏其心。"现在又进一层，我们生病了，身体感受痛苦，这个受阴和其他四阴——色想行识，都是这个心所变的。等于一只手有五个指头，实际上都是一只手。生病当中正好用功，我上次提到，你要体会你的思想里头——思想也是心的作用——并没有痛苦，可是思想被感觉拉着走了。如果能把心的思想的痛苦拿掉，感受的痛苦就轻七八分了。再把感受也去得掉的话，此身等于无病了，但其实身上还有是病的。行阴的解脱就很难，比如是细菌感染的病，你定力虽然高，能把心的思想和感受拿开了，可是细菌还在你身内，它的作用还在，它还跟着行阴在跑。你要行阴空得了才行，那就要谈《楞严经》了，行阴空得了就差不多了，当然还有识阴在。

有个同学听了，认为有病就把受阴拿掉，以为跟想阴没有关系的。怎么没关系？关系很大，你的感受也是想阴来的，五阴同是一念。不过我们讲粗的思想，比如生病发高烧，它两个好像是分开的，身体感受的难过好像和思想没有关系。你没有病的时候这两个好像分不开，稍稍有点用功经验，有病当中分开就明显了，病中是最好用功的时候。

刚才上面的几段是讲如何调伏其身，接下来维摩居士和文殊菩萨讲如何调伏其心。这个问题还没讨论完，我们讲了很久，他们两个当时谈话就是一下下。第一个提出来对身有病的看法，第二个提出来有病当中的念，这里头就有问题了，思想同念头的差别，就是心、意、识三个的差别。你生病了，身体随时觉得难受，你不想它，你的思想还在想别的，想喝茶、想欠了人的账、想怎么做生意赚钱，可是你身体还是感到难过，这个是念，念是念念不会忘的。这些心理状况，身上的感觉，一定要分析清楚，深入研究佛学佛经对自己才受用，不然何必浪费时间研究这些？要研究这些东西，是对自己的生活生命有用处，所以才花时间做这个学问。

有疾菩萨应该怎么样调伏其心呢？

"不住其中，亦复不住不调伏心。"这难办了，所谓明心见性，是心的道理。上面是说如何调伏其身，如何调伏其念，但是不论身体也好，念头也好，自己如何安慰、解脱，都在这心的范围。现在又讲如何调伏其心了，又重复了。"不住其中"是使这个心不在病中，很难了。我们生了病，普通感冒发烧还不算痛苦，假使生重病要开刀，像小说《三国演义》写关公手臂中了毒箭，需要刮骨治疗。关公没有上麻药，一边让华佗刮骨，一边还在跟人下棋，他有修养的，用下棋把精神移开了，这是小说写的。世界上也真有这种人，一九四八年在基隆，我一个侄子在工作时，胳臂被机器夹伤了，那个时候那个地方的医疗条件是很落后的，不像今天。当时他被送进医院，医生说要切断，但是没有麻药。这小伙子壮得很，就说那切断吧！结果人家要找绳子把他绑起来，他说，不要绑了，我不动也不叫就是了，切吧！结果血都流了好几桶。我当时不在场，后来问他痛不痛。他说，怎么不痛呢？痛又能怎么办？有什么好叫的？只好咬着牙不叫了。我过去在大陆也看过，部队里的年轻人，说勇敢真是勇敢，死就死了，乃至有的土匪被拉上刑场还在笑的。不管他是好人还是坏人，他会调伏其心，把心拿开了，太不容易了。

现在的青年人有许多的毛病，经常身体不好，都是自己心造的心理病。你能够调伏其心，不会生心理病的。如何"不住其中"，此心不在病中，很难的。如果你有个头痛牙痛的，你能空得掉吗？做不到的话你学佛都是空话，自欺欺人。佛学是非常实际的东西，你用不上还搞这个东西，不是浪费时间吗？

如说完全"不住其中"是了不起，真解脱了，真达到空了吗？不是的，还是要用一点工夫的，要住在调伏其心。这是菩萨行，但还没有成佛。你纵然随时可以把心拿掉，空了，跟病脱离关系，但你不用一点工夫，不用一点定力，是做不到的，所以还是在用心中。不住其中，还是在用心中，"亦复不住不调伏心"，反过来讲，这个时候还是在调伏其心，还要用力用功，才能做到与生病脱离关系。理由在哪里？

"所以者何？若住不调伏心，是愚人法。若住调伏心，是声闻法。是故菩萨不当住于调伏不调伏心，离此二法，是菩萨行。"住在不调心的，是凡夫，一般笨人。普通人生病，当然是痛苦了，痛起来就叫哎哟，这个很自然的。但这是愚夫心，跟着现象走，不调伏心就是普通人的心理。

声闻，就是小乘，他有禅定工夫，腿一盘，空了这个念头，就没有感觉了，把身和心分离。他把病用心理的影响压下去，是把受阴的感觉压下去。这时病还是病，肉身还没有转。纵然此身得到神足通了，五种神通具备，仍然没有办法逃过生死。

我们知道有些有道的高僧或是密宗的活佛，他们最后是得癌症死的。你不能说他们得了癌症就没有道，不能这么说。癌症是身上的病，道是在心中。但是你也不要迷信，有朋友去锡金参加一个活佛的火化，回来后告诉我，火化前太阳旁边现出彩色的光晕，火化时冒出一股黑烟，是活佛骑在狮子上的样子，火化后又有很多舍利子。我听了就一直说，好，好。等朋友走了，旁边的学生觉得奇怪就问我，老师你只点头说好，其他话都不说，是为什么？唉！我当然要赞叹，其他不用对这位朋友说了。锡金那个地方纬度高，过去我在云南的山区走过的，那个气候之好，在那种地方，太阳月亮周围经常有彩晕是普通的事。又好像说某某人写佛经之时，大地震动，现六种震动，真是有道啊！我在这间课室讲课，也是碰过好几次地震的，都是瞎扯，什么鸟衔个花掉下来，学佛不要迷信。以前这里有一位年轻的美国小姐，她什么流行的功都练，最近在美国突然死了。你们同学搞什么气功的特别要注意，越注重有为法的，越容易倒下来。

佛的弟子中，目连尊者神通第一，佛经常告诉他不要玩这个啦！神通也是无常的，目连尊者的神通还得了，他可以把他方世界的星球一把抓来给人家看，像水晶球一样。最后他要死的时候，想要逃，天上地下都躲不掉，只好来告诉佛，无常到了，生命要结束了。佛说，告诉过你神通是有为法，无常是不能躲避的，一切圣贤不避它的，顺其自然吧！目连尊者神通虽然大，他没有修转身法。我们前面提过，佛有四个弟子留形住世，还在人间，不知道你们诸位当中哪一位就是。他们修的这个法，有这个成就，一切唯心造的。法门无量誓愿学，一般学佛的人嘴里这么念，事实上这也不肯学、那也不肯学，结果哪一样也学不好。

上面说愚人住不调伏心，声闻人住调伏心，菩萨走中道"不当住于调伏不调伏心"。小乘人住于调伏心就一切不动了，万事不管了，他只要在定中，不敢起爱欲心，也不敢动任何念。声闻道以利己为先，菩萨道以利人为先。菩萨不应当住于调伏不调伏心，调伏与不调伏都是两边，非中道。菩萨这样也行，那样也行。有时诸佛菩萨同凡夫行一样，你看我们本师释迦牟尼佛，生病照样吃药，还让阿难为他去化缘。他八十一岁的时候，风寒发背而死。你说他是病死的，可是把他装在棺材中他还把脚伸出来，等他的得法弟子迦叶尊者赶到了，他再把脚收进去，所以他死了没死还是个问题。

菩萨走中道路线，"离此二法，是菩萨行"，离开调伏与不调伏、空与有，这是菩萨道的修持。

什么是菩萨行

"在于生死不为污行，住于涅槃不永灭度，是菩萨行。"大乘菩萨道，现身于生死道不会被染污，可以留形住世，也可以随时跑路，这些工夫见地都有了。万一他涅槃走了，也不会永远不来，可以随时再到这个世间，慈悲利世。

"非凡夫行，非圣贤行，是菩萨行。"菩萨入于中道，你们看不出来。你们说在打坐或是梦中看到菩萨，你哪里看到菩萨？我学佛一辈子，没有看到过菩萨，我说的是老实话。但是我学佛一辈子，到处看到都是菩萨。菩萨就在人间，很多。菩萨非凡夫行，但是他同凡夫一样，你自己不到那个境界你是看不出来的。他也不标榜自己是个圣贤。悟了同未悟，得道同未得道，你看不出来，这是中道。既不做一个平常人，也不做一个非常人，如果被你看出来是非常人，这菩萨就成了萨菩。

现在中外都在捧寒山、拾得，如果现场他二人站在你们当中，诸位菩萨还理他们，我就服了你。他两人挂着绿鼻涕，牙齿疏落，头发散乱，不晓得有多脏，衣服也破烂，你不躲他们才怪呢！可是这类人物不多，我们当年都接触过，你跟他接触了，就会觉得他非常干净。我本身有爱干净的毛病，可是在他们面前就只好跟他们玩了，我还有个贪图心理，小说神仙传看多了，他们的鼻涕说不定是仙丹，吃下去长生不老，就大胆忍住，要我吃什么就吃吧！你不要看庙里塑的菩萨那么庄严，身上又挂了那么多宝饰，但是真菩萨不是那么好看的，你拜不拜？恐怕挨到你旁边站，你还嫌他又脏又臭。我当年跟个叫花子跟了他一个月，因为我认为他是有道的，他坐在大便堆里讨饭，最后虽然没有办法追出来，到现在我还认为他应该是有道的。当时他要到饭就分我一点，我双手接过来吃下去，不过我还没因此而得道。朋友都劝我把这些回忆写下来，这些故事讲给你们听，就是说真正有道之士非凡夫行，你细细观察，他同一般人不一样的。但是也照样地吃饭，照样地上厕所，照样地生病，非圣贤行。

"非垢行，非净行，是菩萨行。"不垢不净，一切凡夫的垢行都沾染，也都不沾染。不特别标榜学佛的样子，非净行，但是他处处净行。

"虽过魔行，而现降伏众魔，是菩萨行。"虽然超过了魔的境界，但是还实现降伏众魔。病就是魔，被细菌感染了，细菌就是魔障，为什么会受传染？受传染就是被魔障障住了，就生病了。菩萨道是超过了一切魔行，对魔避免和厌恶，是修行阶段的小乘境界，真正能够成魔的人才能够成佛，佛跟魔是一体的。善念和恶念是一体的两面，好像手心和手背，阴暗与光明。真正得道的人，超过了阴暗与光明，不受阴阳所拘束，也不受魔佛所拘束。生老病死是魔，烦恼是魔，心中结使如贪、瞋、痴、慢、疑，都是魔。大菩萨看魔外道与佛道没有分别，但这不是凡夫能做到的。

"求一切智，无非时求，是菩萨行。"这文字里问题来了，所以读佛经要留意。菩萨求一切智慧，怎么叫"无非时求"？难道要以时求？不是时候不能求？"无非时求"是没有任何时间限制的，也就是随时随地要求智慧。

戒律有讲到"非时食"，早晨吃饭是天人食，中午是人佛吃饭，晚上是鬼道吃饭。照戒律，人是过午不食，过午吃饭就是"非时食"。为什么？用科学的理由才能解释这个道理。佛经的解释"非时食"是方便，因为要配合当时人们的知识智慧。我们这里吃早饭，美国那里在吃晚饭。哪一边是早上，哪一边是晚上，这是根据你在地球上的位置是向太阳还是背太阳而定，是由地球自转而来的，但以整个地球来讲，是没有绝对的早上和夜里。再者，各地人生活习惯不同，有的国家人注重早餐，有的注重中餐，有的注重晚餐。即使在中国内地各处也有差异，有些地方的人一天吃六餐，三餐之间加两顿点心，夜里再吃宵夜；有些地方的人一天吃一顿，吃两餐被认为浪费。这样说来，哪个才是"非时食"？当然，黑夜里是许多昆虫和野兽活动进食的时间，比白天活动的生物多太多了，夜里是他们的世界，这就是业力不同，感受不同。

总之，关于"时食""非时食"的研究，是很有问题的。中午是以太阳当顶为准，但是台湾的中午和西藏的中午差几个钟头，台湾的出家人中午吃饭，西藏还在早餐呢！现在佛法在科学时代要留意科学，否则有些宗教的东西，你自己都解释不通就不通下去了。有修养又有知识的人听你这样讲，站起来就走了，也不会批评你，因为谈都没办法跟你谈。

"求一切智，无非时求，是菩萨行。"这是说菩萨求智慧求学问，随时随地都在求，没有松懈的，精进不懈。大家不要读错了这一句话。

"虽观诸法不生，而不入正位，是菩萨行。"菩萨道的人已经证到了一切法本来不生不灭，本来无生，但是他不住在无生，不住在空的境界里。空和无生有差别的，我是方便讲法。他虽不住在不生，但还是住在生生不已中。"不入正位"的"正位"就是无生法忍，如果住到无生法忍，他就不起用，也不来慈悲布施，接近于声闻道了。

维摩居士告诉文殊菩萨，一切菩萨在病中要如此调伏自心，这个病是大病，世人都是在病中。佛经说一切众生皆在做梦，生命就在做梦，所以叫作大梦，这个也是大病。

"虽观十二缘起，而入诸邪见，是菩萨行。"行菩萨道的人观十二因缘都了解了，"而入诸邪见"，也就是一切魔外道法也都会。

"虽摄一切众生，而不爱着，是菩萨行。"摄是包含、包容，菩萨是慈悲的，爱一切众生，度一切众生，但自己不会被爱这个观念所困住，不落入贪爱心理，随时在解脱中。

"虽乐远离，而不依身心尽，是菩萨行。"菩萨与声闻缘觉一样，也会乐于远离。《金刚经》中的须菩提是佛十大弟子之一，他谈空第一，是阿兰若行者，就是修出离道，有出离心，厌恶三界。小乘罗汉的肉体寿命到了就走了，念也空了。我非常欣赏大阿罗汉要入涅槃的四句话："我生已尽，梵行已立，所作已办，不受后有。"但菩萨虽然乐于远离，不会"依身心尽"。

在本经前面的《弟子品》中，讲到佛要弟子们去问病的时候，第一位是舍利子，维摩居士和他讨论过宴坐，也是我们学佛的人一个重点观念。

今天在座很多人求真修实证，不论大家学打坐、学定、学参禅、学密，不能得定不能证得的第一个困难，就是不能远离身心的作用。随便学哪一个法门，身体的感觉去不掉，也就是身体的障碍去不掉，妄念思想不能清净，不是不能停止，停止了就成了断见。因为身心都不能远离，所以连最基本的法门都不能证得。远离身心是初步的佛法，所谓性空，以唯识的道理，第六意识的念空，才能证得。以菩提道的次第来讲，这个时候是证入空性的入门。

所以，本经开头，佛叫舍利弗去问疾，舍利弗不敢去，就是为了宴坐这个身心的问题，受了维摩居士的呵斥，挨了骂。什么叫宴坐？我们所有修定的法门，不论大乘、小乘、不净观、白骨观等等，打坐通称为宴坐。真正的宴坐，如龙树菩萨在《大智度论》上提到，"不依身，不依心，不依于三界，于三界中，不得身心，是为宴坐"，与《维摩诘经》的道理一样，是大乘佛法。我们要反省了，不照古代研究经教的方法，而从实际的研究方法讨论，我们不能证得空性的原因，是因为一切都有所依，厌离心生起还是个普通心理，要修证工夫真做到了不依身、不依心，连那个不依空的境界都还要放下，这才够得上说是在打坐，才真正是学佛的入门，才是基本的成就。

经文这一句"虽乐远离，而不依身心尽，是菩萨行"，这是说声闻道要远离身心，但是这还是偏空了，并非究竟，究竟是要能"不依身心尽"。你要远离到哪里去啊？就算你有定，能像一般人讲的打坐出神了，神识离开肉体，这样的远离非究竟道，即使做到出阳神，还不是佛道。阳神是道家名称，佛道两家许多人修行都有了这个工夫，很多同学和外面的人都问过我，问得太多了我也懒得答。

现在有的青年搞灵魂这一套，走上出神这条路，打坐起来自己觉得离开身体了，这种是出阴神，但还不是真的。真的出阴神要肉身气脉通了，气脉通了的确可以健康无病，也可以不需要饮食，入定时心是可以离开身体的，《楞严经》形容这境界如飞鸟出笼，很舒服，很轻灵，我们现在觉得痛苦是因为身体的障碍。工夫做到这样，他可以在我们这儿大家头顶上转一转，乃至坐在我们身上，我们也没有感觉，可是他看得清清楚楚，听得清清楚楚，也能摸到我们，是真实的，不是像做梦。如果你们打坐时昏昏迷迷像做梦，看到了什么，以为就是出神，那可严重了，那是精神分裂，不要搞错了。

什么是阳神呢？色身整个转化，气脉通了。这又要讲到四大本性，什么是四大本性？地水火风。譬如我们听呼吸，依风大起修，修到最后是性风真空，性空真风，最后是空的，没有方所，没有固定的位置，它体性自空。火大起来是"性火真空，性空真火，周遍法界，宁有方所"，这是《楞严经》的原文，无所不在，像电一样，虚空中有电，但我们手中不会触电，可是一摩擦就发电了，就是这道理。依四大本性身体通了，心物合一了，然后此身可以不坏，那么他在那头打坐，还可以另出一个身体来听课，两个身体同时可以讲话，乃至三个四个都可以分身出去，那是阳神。几时可以修到呢？慢慢来吧！修道想即身成就，要多方面的法门，显教密法一概融会，真正把身心投进去求证才行。

我常说，佛法讲理论是一回事，讲修证是科学的法门，必须实证的。昨天有位同学问我，他修持已有二三十年了，他现在常常到达没有念，自己的呼吸也停了，就感到害怕。我说他中了彩券特奖，可惜又都丢掉了。念空了的话，呼吸自然停了。呼吸往来是生灭法，四大往来都是生灭，气住脉停才是定的境界，那个时候为什么还求个气呢？他说根据教理不是要心息相依吗？我告诉他，那是初步入门的，既然到达了，此身一丢就定住了嘛！还亏他搞了几十年。这所以告诉我们，为什么学佛要把教理研究清楚，否则往往走入歧路。

你乐于远离身心，纵然修得很高，超过了阳神的境界，还是小乘之果，没有证得菩提大道。那所谓大乘法何在呢？注意是要虽乐远离，"而不依身心尽"，并没有抛弃这个肉体，这个色身，也没有抛弃这个起用的心，非断非常。

现在很多人喜欢玩所谓天眼通，你注意他是否闭着眼睛用劲"看"东西时脸红红的，小心得高血压。真正天眼通都不用打坐，一边讲话一边看得清清楚楚，不是定起来才看得见，没有这回事。父母所生的肉眼能观十方界，是自然的，不需要离开这个肉体。像《心经》上说，"无无明，亦无无明尽"，就是大乘佛法。"尽"是梵文翻译过来的写法，如果用传统中文写法，这里"尽"字也可以放在上面，就成了：不尽身心而乐于远离。鸠摩罗什法师是佛教文学的泰斗，用南北朝的文笔翻译，美极了，把中国文学和印度文学合而为一了。你们因为中文的基础没有，所以佛经看不懂。佛经都是白话，没有一句文言，是当时的白话，即使后世读来，也不应该有困难。

维摩居士说，要这样才是大乘菩萨修持的道理，他每一个要点都提出一个问题，每一个问题都是破解我们修持佛法的观念。凡夫把这幻相的身心当成真实，声闻道知道这个不真实，所以由戒定慧入门来修持，以远离这个幻象的生存为道果。大乘道再进一步，说远离这身心还不是道果，真正道果不需要远离，就是这个身心就可以证入菩提，所谓不二法门，这就是菩萨行。

"虽行三界，而不坏法性，是菩萨行。"虽然还在欲界、色界、无色界三界中转，但是不坏法性。他是跳出了三界，是跳到第四界吗？没有第四界。教下讲"界外"，不是讲第四界，不在三界中，即在三界中，是名界外，是圣贤境界，佛菩萨境界。

初学佛的人都希望跳出三界，尤其根据小乘经典，必须要跳出三界，不跳出三界还修持个什么？跳出三界要怎么跳？九次第定把修持的方法讲得清清楚楚，各种禅定乃至各种宗派，譬如天台宗、俱舍宗、成实宗，应该如何断惑证真跳出三界，都讲得清清楚楚。不只是打坐工夫到了就行的，若是起心动念，贪瞋痴慢等烦恼、无明的习气没有转变，仍然是跳不出来的。

工夫到了像四禅八定那个境界并不太困难，一般凡夫练气功的都做得到。修行的真困难是习气心念见思惑难断，断一层见思惑习气烦恼，配合修定的工夫，就是跳出三界的次序，我们也讨论很多了。我经常问大家，跳出三界外要去哪界？佛说过有第四界吗？我们可以说是有个圣贤境界，是假设的，得到所谓界外之界的圣贤境界，他在哪里呢？还是不离三界，可又不住三界。因此无以名之，是假设的界外之界，所以虽行三界，而不坏法性。

真悟道了，诸佛菩萨都是再来人，还是在三界中度一切众生，又不坏法性，等于没有来过，所谓妙湛总持不动尊，来而不来，去而不去，这才是菩萨行。

透过经文我们了解到，菩萨就在人间，只是你不认识罢了。我最近和几个朋友闲谈，回想起很多我的朋友其实都是菩萨，他们的行为，盖棺论定，真是菩萨。乃至这边有位沈居士，平常一来我就训他，去年来跟我拜年时，说他自己的身体坏透了，都是病。我就讲他，他说，老师你不用替我担心，不要紧的。下楼他和别人讲，老师替我在担心，我往生西方是有把握的。结果死后烧出了舍利子，他的朋友来告诉我，他讲有把握不假，兑现了。我讲，他本来就是再来人，我平常训他骂他是别有道理，你不懂的。这些圣贤再来的，都在人间。再严重地讲，诸佛菩萨在哪里？《楞伽经》告诉你：“无有涅槃佛，无有佛涅槃。”自性本来涅槃，到哪里证个涅槃？十方三世诸佛一切菩萨，都可以说是再来人，你不知道而已。再来都是在三千大千世界中转来转去，以大慈悲度众生。

这更是我们居士要效法的，在家的不要说跳出三界，连欲界的最低层都没有跳出来。但是真学菩萨道你就要严格地做到：虽住世间而真能舍掉。舍掉不是要你去出家，尤其好多六七十岁的老年朋友，怎么还那么舍不掉？这些世俗的事务都可以摆开了，你心要能摆脱得了，做了一辈子，到晚年应该都看透了，摆脱不了还算什么学大乘菩萨道？

“虽行于空，而殖众德本，是菩萨行。”虽然在空的境界中，但是处处行有，每一个细行都做，善是要累积的。“善不积，不足以成名。恶不积，不足以灭身。”是《易经系辞》的话。所以叫人“诸恶莫作，众善奉行”。

不管小乘大乘，都崇尚诸行无常、诸法无我、涅槃寂静三法印，一切修行人不论在家出家，起心动念要念念归空。如果做不到这一点，我代表在家的居士讲，就不算是修行人。看人的行为，就要在起心动念为人处世之间去看，能空掉的，什么事情算了就算了，想都不用再想的，这个起码要能做到啊！这虽然不是性空境界，却是行空的行门，提得起放得下，放掉了就放掉了。前天一个朋友说："我辛辛苦苦，一百万就这么没有了。"我说："你贪嘛。"他否认，说只是想放点利息吃饭。我说："这不是贪是什么？就一点也是贪！要贪就有果报的。原来那一百万本来也没有的，有什么稀奇！"一个学佛的人还这么放不掉，起码要行于空，本来一切皆空。

可是有一点，你最后证到了真空，偏空之果的小乘罗汉声闻有个大毛病，不肯动，不肯修功德，不敢起行。因为真到了空是很乐很舒服的，这种乐境恐怕你们青年同学没办法了解。但有一种同空差不多的，有点空的影子，你们想不想学？想。就是睡大觉。当然这不是真空，可是真舒服，懒得起床。其实睡觉还不是空，只算是空的第三重影子，还不是第二重反映，人睡下去都不想起来，何况真证到了空。所以贪着于定，贪着于空，是犯菩萨戒律的，因为菩萨道是起行，可以说是入世，入什么世？就是"虽行三界，而不坏法性"。一切菩萨证到了空，第一，不会被空耽误，不会贪着于空的境界，性空要起用，真空要起妙有。第二，更不会偏向于空，落在顽空之中拨无因果。

所以菩萨"虽行于空，而殖众德本"。注意这个"殖"是繁殖的"殖"，这个"殖"包括了很多东西，譬如培养细菌、养鱼、养牛、养羊，生出更多来，是"殖"。怎么"殖"呢？就是"诸恶莫作，众善奉行"，"莫以善小而不为，莫以恶小而为之"。小善不要放弃，言行上的小善都要修持好。

真正行菩萨道的人要念念归空，还能做到步步行有。要善护念，起心动念遍行功德，不是万事不管，反而更管事，为什么？要入世，"殖众德本"。

"虽行无相，而度众生，是菩萨行。"在座的各位，佛学都研究很深，经典也看了不少，看到这一句要想到《金刚经》所说，"所有一切众生之类，若卵生、若胎生、若湿生、若化生，若有色、若无色，若有想、若无想，若非有想、非无想，我皆令入无余涅槃而灭度之。如是灭度无量、无数、无边众生，实无众生得灭度者。"同时，也要参考达摩祖师另外一个法本所传的达摩四行观（报冤行、随缘行、无所求行、称法行）。换句话说，一切好事做了就做了，心里留都不留，若想我今天做了件好事帮了人了，那早就着相了，不是无相行。所以虽行无相而不被无相所埋没，虽度一切众生而不着相，是菩萨行。

"虽行无作，而现受身，是菩萨行。""无作"在有些经典翻成"无愿"，这两个不同文字的翻译，在佛法的意义上都对，因为愿力必定是心理的起行，用现代名词是心理行为。"虽行无作"是一切皆空，过去不留，作了等于不作。这个话使我们想起永明寿禅师引用古人的四句话：

修习空花万行　　安坐水月道场
降伏镜像天魔　　证成梦中佛果

他悟后起修，一天做一百零八件佛事，他忙得很。与黄教宗喀巴大师一样，前面讲过，他为了弘法分秒都不空闲。你们年轻同学不要学我，一定要做到宗喀巴大师这样。他两个人都是菩萨行，明知空、无作、无相，还是发大愿，生生世世再来。再来是很苦的，要投胎，长大，刚刚讲经说法不到几年就报销了，然后还要再来，真麻烦。可是菩萨不怕这麻烦，所以才能"虽行无作，而现受身"，这才是菩萨行。

"虽行无起，而起一切善行，是菩萨行。"这个话更难翻译了，怎么无起呢？起心动念是凡夫法，甚至可以借用禅宗大珠和尚的话，前面已经说过，"起心是天魔"。不起心动念好不好呢？你们有人走这个路线，打坐坐到一个念头不起，"不起心是阴魔"。第三句话，"或起不起是烦恼魔"，等于非想非非想境界。除了这三个路线，你看如何不是魔障。换句话来讲，我们现在说起心动念是凡夫法；不起心动念是天人境界或声闻法，偏空的；菩萨道呢？提起即用，放下便休，起于不起，了无罣碍。"虽行无起"，不起心动念而起用，"起一切善行"，诸恶莫作，众善奉行。

前两天我考过你们沩山禅师的四句警语，我要你们千万注意，必须背得——"实际理地，不受一尘；万行门中，不舍一法"，这就是菩萨道。放下的时候不着一尘，本来无一物，何处惹尘埃。譬如要上座了，我就要入休息定，放下万缘，不着一尘。要起而行，要用了，是万行门中，不舍一法，一点小善都要注意。这个道理懂了，就明白维摩居士说的"虽行无起，而起一切善行，是菩萨行"。

"虽行六波罗蜜，而徧知众生心、心数法，是菩萨行。"这句话中的两个心字之间要顿一下，不要连起来读成了"心心数法"。上面的心代表本体之心，下面的"心数"是指心理作用状态，也就是心所。现在问题又来了，你做到了六波罗蜜当然是菩萨道，但是此地经文却说，你纵然做到了六波罗蜜还不是菩萨的全道，因为六波罗蜜还是偏向了出世法，是升华的向形而上走，是为了证得实相般若的一个次序。也可以用禅宗话讲，六波罗蜜做到了只能入佛，还不能入魔，还不全。

所以大乘境界要十波罗蜜，要多加了方便、愿、力、智四波罗蜜才差不多。这里告诉我们一个全的不二法门：修六波罗蜜是只向上修，是出世法，还要向下，要懂入世法才全，才是菩萨道。佛十名号之一是"正徧知"，注意是双人旁的"徧"，在这里与普遍的"遍"不通用。佛既然是"正徧知"，他不但懂出世法，也懂入世法，不过我们的教主，本师释迦牟尼佛是表相，走的是出世的路子，实行给你们看。成佛的人是全的，不但懂出世法，当然也懂入世法，而且不但懂佛法，当然也懂魔法。菩萨能"徧知众生心、心数法"，对凡夫众生乃至其他动物的心理状况都懂，不只是懂人类而已。

"虽行六通，而不尽漏，是菩萨行。"你们很多同学都想学神通，还有很多人写信来问。学佛修道想得神通，都是做生意心理。问你为什么学打坐，都是想健康长寿，不是吗？然后想神通，最好的会讲是想大彻大悟，那你去大彻大悟嘛！为什么来找我呢？还不是当投资生意，以功利心来的，对不对？你说那不来找老师要怎么办，你找你自己啊！菩提在你那儿，不在我这儿。我讲的都是真话，你不懂有什么办法。

这两天有位在花莲的年轻居士，一封一封的限时信寄来，信写得真好，好像真的大彻大悟了，显教密教都学过了，恭维我一番就要我给他印证。我回信说，你老兄的信写得真好，当今世上没有大善知识，你找我就错了，我什么都不会，对不起了。他今天回信说，好极了，你自称什么都不会，给我启发很大，我觉得前面给你写的信都是过错，有一天如果我什么都不会，那就不用来看你了，我在这儿向你顶礼了。嘿！他虽然狂妄，这也了不起，我就把这信用红笔一圈，不用答复了，就算了。

你们青年人都想学神通，现在维摩居士传给你，什么时候才修得成神通？要漏尽，什么叫漏尽？就是《俱舍论》告诉你的，贪、瞋、痴、慢、疑五个根本烦恼，加上身见、边见、邪见、见取见、戒禁取见这五见，达到此心绝对没有这些习气了，就叫作漏尽。不是你们年轻人以为不遗精不漏丹是漏尽，这只是最基本的而已，是道家的说法，是对付这个身体用的。能三年不遗精不漏丹，烧出来能有舍利子一点不稀奇，那是色身上的事。其实正确的应该叫坚固子，不能叫舍利子，除了佛以外，不可以叫舍利子。这种不漏没有什么稀奇，如果你梦境中仍然有念就还是漏。维摩居士露消息给你，要漏尽了才真得天眼、天耳、神足、他心、宿命、漏尽六通。但是就算是六通具足，还只是小乘之果，菩萨道就严重了，要"不尽漏"而得六通。请问诸位要怎么得？去参。

"虽行四无量心，而不贪着生于梵世，是菩萨行。"为了节省时间，这慈、悲、喜、舍四无量心的名相就不详细讲了，不懂的可以请教这里出家的同学。根据小乘理论，修成四无量心是修得梵行。梵是什么意思？毕竟清净谓之梵，修持到相当程度才能到梵天。梵天是什么天？我告诉诸位，根据佛法，是青天，是蓝色，是密宗画的药师佛那个青色，像碧海一样。我干脆把密宗的秘密都告诉你们，气脉真通了的人，自己身体的内部一天到晚都在梵天的青天中，同药师佛那个身体一样的。那就是中脉通了，中脉无脉，不是有形的血管。到了这个境界当然祛病延年。当然不是人变成了蓝色的，你看了怕都怕死了，还可能有肝病。那境界是万里青天，一点云都没有，那当然无念。

所以修四无量心应该处处清净心，是梵天的行为在做事，但是没有贪于梵天境界而不来。我经常告诉诸位同学，真得了道一定更谦虚，不会像我这样狂妄自大，不会。我这样没有道的人才会经常吹吹牛、骂骂人。如果摆出一副大师样子，要人礼拜才传个道，那也可以免了，他得的道也有限的。菩萨道是不会自命高尚的。

"虽行禅定解脱三昧，而不随禅生，是菩萨行。"我学佛，是当科学来求证！一定要证到空，不证到空我不一定信的，我可以承认这一套理论是对的，但是讲事实我非自己经验到不可。所以讲四禅八定你就要修到，但是你要注意，你禅定修到了，不一定能解脱，你可能又会被禅定境界所困，能不为所困，才得了解脱道。得了解脱道又不一定是得了三昧，三昧很难翻的，不是你家的三妹四妹。三昧是译音，勉强用中文翻是境界，但还是不能完全表达，只是理论性的意思，就是你身心的感受，不是凡夫境界，是瑜伽境界。《瑜伽师地论》有十七地，都是诸佛菩萨的境界，因此定、三昧的境界不止一个，诸佛菩萨有无量三昧。譬如你打坐念佛，念到一心不乱，这是念佛三昧之一，到了念而不念，不念而念，也是念佛三昧之一。念到大势至菩萨的法门，净念相继，也是念佛三昧之一。打坐坐到了空，也是三昧。不空，观明点定住了不想下座，也是三昧。入了光明定不想下座，也是光明定三昧之一。

所以得了四禅八定不一定得解脱，得了解脱不一定入三昧，要注意，禅定、解脱、三昧，三个范围不同。真修佛法的人都要会，都要证得，大菩萨们都到达的，所以虽行禅定解脱三昧，而不随禅生，不被禅定境界困住。禅定境界是非常迷人的，四禅八定都是乐，离生喜乐，定生喜乐，离喜妙乐，乐得不得了，你不贪吗？即使不得定，你打坐时心情轻松，那一座坐得好，有谁要你下座做点事你不晓得会多烦呢！还会骂人是魔啊，有魔障。有人吹牛说不贪，你到了那境界再说，如果你"不幸"得了四禅八定，可不要贪着啊！

三十七道品与菩萨行

接下来是三十七菩提道品的境界。三十七菩提道品的重点统统在四念处上。四念处是身念处、受念处、心念处、法念处，我们常把它当作是佛学的理论看过去了，都觉得自己懂了，实际上，四念处包括了一切佛法大小乘修持的基本。首先我们拿现代学术方法来讨论四念处，第一是念的问题。念是什么？大家都晓得，一切凡夫的思想，起心动念就叫作念，普通名称是念头，人的思想、感觉等等谓之念。佛学的观念就叫它妄念，所谓妄，是因为这些思想感情虚妄不实，靠不住的，它漂浮不定，变化无常。念是代表了我们内心的感觉、思想、感情，等等。

修行的法门是把这个念转化过来。如修念佛法门，你如何去念佛。念佛就是把这感觉执着的作用转化成念佛。讲到念佛，我们知道佛法修持法门归纳起来有十念，念佛、法、僧，念戒、念施、念天、念休息、念安般、念身、念死。《增一阿含经》有个偈颂："佛法圣众念，戒施及天念，休息安般念，身死念在后。"所有小乘的禅观法门都没有超过这十念的，修持起来应该先念死，真正修行人应该随时觉得自己已经死了。譬如打坐，一上座要万缘放下，不放下，此心不死，所以就看作此身已死，万缘也就放下了。所以念死应该是第一，也是基本的，但是它在十念法中排最后，因为世俗观念认为念死不好，所以不排在念佛法僧等等之前，而万缘放下就是念休息。

我们一般修行的，只晓得念佛，但是真正念佛法门搞清楚没有就难说了，讲不好听的，恐怕搞清楚的还不多，几乎没有什么人可以念到小本《弥陀经》讲的一心不乱境地。至于能做到大势至菩萨讲的净念相继境地的，那更少了。一般念"南无阿弥陀佛"可不是净念相继，这一句有好几念了，"南"是一念，"无"是一念，"阿弥陀佛"是四念，一字一念。真正的念佛法门是很难的。如果要谈观行的止观念佛法门，诸位就要先留意《佛说观佛三昧海经》，然后学佛的一切行。此外如密宗的观想佛像，也都是念佛法门。

讲到念法，那就更多了，八万四千法门都是佛法，归纳起来如何念法呢？譬如念般若性空缘起中道观，理就是法，禅宗讲参也就是念法。

至于念僧，譬如崇拜传法的上师，藏密修法的人要先念皈依上师、皈依佛、皈依法、皈依僧四皈依。为什么比显教多一个皈依？其实皈依上师也就是皈依僧，它为什么分开呢？因为佛法讲师道尊严，我们能有佛法，都是因为有本师释迦牟尼佛教我们，后代的僧众，就代表是佛的弟子，代代相传。这个问题只能大概这么说了，否则一讲开了可以写几十万字的书。

念戒同念佛、法、僧是一个东西，戒体一念不生，净念相继，戒到了，定也到了，慧也到了。大乘菩萨戒中有菩提心戒，证到菩提，心戒就可以完成了。念施是念一切放下，什么都舍掉了。念天做什么？我们要明白，能够不轮回转生入地狱、饿鬼、畜生下三道，而进入人道已经很难了，要进入天道真是谈何容易。不要以为你在学佛，就看不起天道了，我是连看到个土地公像都要合掌的，他至少是人中善人，鬼中善鬼，这就值得尊敬了。能升到色界天甚至无色界天，你没有戒、定、慧的修持，没有十善业道的修持，没有那么容易的。

念安般是念出入息，像天台或密宗的法门以呼吸入手。呼吸的梵文原文是"安那般那"，有时汉文翻成"安般守意"，"安般"是"安那般那"的简称，"守意"是心念与出入息配合为一，不分离，是定境。真修到"安般守意"，初念住了，已经了不起了。

四念处的念身，宗教界对这个修持法门争论很厉害，彼此像冤家一样。看到道家练身体的、守窍的，就骂是外道、魔道。但是密宗也有在身体上练的，所以显教就说密教是魔道，密教又看不起显教。实际上佛法有念身的法门，道家许多东西是从佛家偷来的，可是人家加上修持的经验，就成了另一法门了，密宗也一样。道家和密宗的法门可以归纳成四个字"内照形躯"。如果我们把"内"字换成"观"字，就会接受它是佛家东西了，实际上是一样的。佛法里的白骨观、不净观等等，就是"内照形躯"。

念身不净是学佛的基本，可是我们反问，不净观真观得起来没有？这是学佛的第一步，打坐时做不净观，自己"内照形躯"，眼睛开也好，闭也好，一定了，反照身体五脏六腑，看得清清楚楚，观清楚了再丢开。我们这里有些同学观起来了吓一跳，原来自己的内脏如此之脏，自己都觉得恶心，这不是虚幻做梦，硬是看得很清楚。到这个时候，你去看经典的不净观记载，才知道佛说的话半点都没有错。白骨观如果观成了，每一个细节看得比 X 光还要清楚。我上次生病，有医生朋友很关心我，带了好多仪器来帮我量血压、作心电图，结果正常，别的地方也都正常，他就想要我去照 X 光，我只好告诉他，我没事的，不用了，告诉你吧，我如果连自己的身体内部还看不清楚，要靠什么X 光，那我岂不几十年白玩了吗？又有一个朋友要介绍一位八十岁的老中医来给我把把脉，我也婉拒了，人家年纪大了，不要劳动他了。此外，这个身体用了这么多年了，自己觉得没什么毛病还很高兴，万一他看出什么大毛病来，心理一定受影响。这是笑话，道理是念身观照到自己是清清楚楚的。如果自身内部的血脉气机循环都看不清楚，最基本的不净观、白骨观观不起来，那么修持四念处的第一步念身就有问题。如果这一步都有问题，以后一路的渐修要怎么修？

念身不净，从不净观、白骨观开始，千经万论都跳不出这个范围。如果说你本事很大，不走这个路子，走的是禅宗，一悟就是，不要谈不净观、白骨观，念头一动自然就呈现出来了，那才叫悟。同样地，修密宗的观想，他所有的画像，单身的或是双身的，旁边都有骷髅，再不然手中拿着、身上挂着人骨，或是脚下踩着死人骨头，这表示如果基础白骨观不成就，你所有密法都不用修了。这是密宗的大秘密，我今天为大家揭穿，不然你们看不清楚，或者看了害怕。这是念身的重要。

再来是念受，观受是苦。讲教理看佛经往往就看过去了，可是都没看懂。受就是感觉，你觉得气脉动了、吃饱了胃胀、身体舒服与否、打坐腿发麻、坐着昏沉，这些都是感觉，你能离得开这感受吗？这是基本修持啊！观受是苦，一切苦乐都是苦，你不能够离开，那打坐的工夫再好，还是在受阴境界中。不要以为任督二脉通了，头顶发跳了，请问你没有感觉到头顶怎么晓得那儿在发跳？既然明白是在受阴境界中打转，观受是苦，还不赶快舍掉？！这念还是在受阴境界中，没有跳开来。

观心是观心里的妄念。观法，心里的思想、意识状态、各种思想法则，一切都是无常，念念皆空，前念已过，后念不起，当下即空，是不是做得到？如果做不到，那这四念处一点基础都没有，下面的其他三十七菩提道品都免谈了。

证到果位还是小乘法，还没有证得菩提。《维摩诘经》始终在不二法门里，直指人心，见性成佛。什么是不二？小大不二，小乘、大乘一样的，就是一个菩提道；世俗法与出世法不二，所谓真俗不二。

"虽行四念处，不毕竟永离身受心法，是菩萨行。"这话怎么说？从小乘来讲，做到四念处是证到空了，不受后有，这个世界不来了。感受的痛苦也没有了，得了涅槃之乐，心念不起作用，住在空这一边，四念处成就，证了果位，离了身受心法。但是菩萨道是要"不毕竟永离身受心法"，已证得涅槃还能够跳出来，也可以说，他既跳出来也没有跳出来。这里把三十七菩提道品拆开来讲，讲的是一个真俗不二。不要自称是大乘道而不讲小乘，你如果小乘都做不到，罔言大乘！小是大的基础。大乘的修法一定要先做到小乘的四念处，但是不是永断身心，不是永求寂灭，出世入世不二，才是菩萨行。

下面三十七菩提道品就念过去不细讲了，要点都一样。

"虽行四正勤，而不舍身心精进，是菩萨行。"四正勤：未生善令生，已生善令增长，未生恶令不生，已生恶令断。

"虽行四如意足，而得自在神通，是菩萨行。"这里特别挑出来讲，你们喜欢神通的要注意。四如意足是欲如意足、念如意足、精进如意足、慧如意足。足是满足，是如意的满足，爱如何就如何，等于是孔子说的"随心所欲而不逾矩"，他到七十岁才敢这么说。你修佛法，算不准很年轻就得了四如意足。欲如意足的欲不是世间一切欲，你修行要求法、求定、求慧，这就是欲，不过这是正欲，是善欲，是好的。在座的各位都想悟道，搞了半天有几个悟了？没有悟，这个欲望，这个希望就没有达到。而悟了道，能真正大彻大悟，一切自在的有几个人啊？达到了才是欲如意足。

念如意足呢？你念佛做到了一心不乱吗？如一日如二日就不说了，能如一分钟、如一小时、如数小时一心不乱吗？念不能一心不乱，意识想不乱，但是做不到，就是念不得如意。所以四如意足谈何容易！如果能念到一心不乱，做到像赵州禅师那样，二六时中（就是昼夜二十四小时，白天、夜里各六个时辰）老僧除两餐粥饭之外，无杂用心处。他能做到这个境界，八十岁还到处参访，人家问他为什么还要参访，他答说因为未能打成一片。他谦虚啊！还说没有达到如意足。我经常说笑话，赵州和尚这个话真了不起，但是如果碰上他老和尚，还要打他一棒，为什么？

不用功！他还会被两餐饭牵走了就不对，要吃饭不知道食处才打成一片。这虽是笑话，也是真的，要如此用功才能算精进如意足。慧如意足更难了，你听经听过了能记得吗？上星期讲的，这礼拜就忘了，慧也不能如意，所以学什么都不成。

这是大概解释了四如意足，我是不照教理解释，为了让你们很容易了解。《维摩诘经》并没有说得了四如意足就得六神通自在，不要乱加解释啊！因为得到了四如意足，心念才可以得自在神通，得的是这个神通，不是六通五通的。那何以叫作神通呢？你加两个字——"神而通之"，就懂了。现在大家拜一切的神祇，不论是菩萨、关公、土地、妈祖，都叫作拜神明，神明就是神而明之。后世把虚字省略掉了就成了神明，也就是神而通之的神通。得了四如意足，而不走出离的小乘路线，因为神通自在，所以入世无碍，这就是大乘菩萨行。

"虽行五根，而分别众生诸根利钝，是菩萨行。虽行五力，而乐求佛十力，是菩萨行。虽行七觉分，而分别佛之智慧，是菩萨行。虽行八正道，而乐行无量佛道，是菩萨行。"这些句子的重点是"虽行"，是说虽然修行小乘的法门，可是不妨碍走大乘路线。以上是三十七菩提道品，我们不细讲，自己去研究。

止观到涅槃的菩萨行

"虽行止观助道之法，而不毕竟堕于寂灭，是菩萨行。"问题来了，这是现在国内外都流行的，如何求定。不管是内道或外道（内道是佛法的内明之道，心外求法的叫外道，不要把外道看成党派），乃至求健康长寿的，都想打坐得定，但往往不是光修止就是光修观。止观双运合起来修，才是佛法正路。止观是个名称，例如上面讲的十念法门都是止观，密宗修的也都是止观，禅宗的参禅也还是止观，参话头止在一念上，就是止，话头提起来参究就是观，没有一法能离开止观的。所谓修定、白骨观、安般法门等，都是止观。

不过我们这些众生们，修了半天，不要说得观了，能真得止的都很难。得止就是得定，举个例子，盘起腿来七天七夜不起来，管你有没有悟道，有得止的工夫，就算不得止也硬熬，熬得住也熬止了，做得到吗？所以大家不要骄狂了，说自己学这个门学那个门的，你能得止吗？以密宗来讲，我走遍康藏，密宗的喇嘛们当中，得止的不多，能止观双运就更难有了。

再拿天台宗标榜的六妙门来讲，由数息到随息，由止起观，由还到净，这六个步骤有几个人做到了？大家充其量坐起来自认为这一座坐得不错，啊！数息数了三千多了。你数了一万多也不过加上利息而已，呼吸是生灭，以生灭心计数字，我问你要数到哪里去？数到得止就不用数了，赶快随息。随到气住脉停，就要赶快起观。一念之间很快就观起来了嘛！你尽在那儿数，做什么？是学会计，还是算利息？然后尽在那儿搞呼吸，真可怜啊！六妙门确实是妙门，依此修行必有成就的。这天台显教就是密教，可惜大家不珍惜，要另外去求个密法。佛法没有秘密的，这六妙法门就明明白白告诉你了，这个你不求，反而希望花钱求密法；我收你一千万然后传你个秘密好了，什么秘密？就修止观嘛。

但是止观修成了还只是个助道，不算得道，纵然四禅八定成就了，还只是助道品罢了。佛在《楞严经》说："现前纵得九次第定，内守幽闲犹为法尘分别影事。"这里我插进来说，宋徽宗时代，四川嘉州龙渊寺内有一棵大树被吹倒了，树根中间有一空处，有个和尚在里面打坐，众人惊讶不已，有人敲引磬引和尚出定，他自称法号慧持，出定后问众人他哥哥慧远法师何在。原来他在晋朝时在这里入定，几百年后到了宋朝，才因大树被风雷吹倒而出定。纵然能入定几百年，仍然不是内明之道，只是意识境界。

所以止观法门还是助道之法，这是站在大乘菩提道立场看小乘法门，只得了有余依涅槃，尚非般若解脱。纵然修得了止观助道之法，但不落于空的一边，才是菩萨道。若你耽着禅定，不肯起行愿，是犯大乘菩萨戒的。不过你不要拿这个话来当借口，叫你上禅堂打坐，就说不愿犯菩萨戒。

"虽行诸法不生不灭，而以相好庄严其身，是菩萨行。"这里说已经修行到了不生不灭的境界，照理讲应该是好得不得了。前念已灭，后念不生，当体即空，明知诸法不来也不去，就解脱了。修解脱道之人就懒得修行了，那样的话，功德福德就不会圆满，因此色身也不成就。要功德福德圆满了，诸恶莫作，众善奉行，才相好庄严，此其一。我们再说个笑话，常有些太太们穿戴得珠光宝气，问我这样是不是不对。我说你看大殿上的观世音菩萨、文殊菩萨，身上挂得比你多得多了。菩萨道就是这样，"虽行诸法不生不灭"，一切解脱，可以走寒山、拾得的路线，穿粪扫衣，但是为了弘扬菩萨道，"而以相好庄严其身"，所以口红尽管涂，珠宝随便戴。在小乘戒律中，戏曼歌舞是犯戒的，大乘菩萨戒则准许，只要是以此兴功德，以此利众生，就不犯戒，也是大小乘精神不同之故。

"虽现声闻辟支佛威仪，而不舍佛法，是菩萨行。"大乘菩萨虽然现声闻身，证罗汉果，或现缘觉身，证辟支佛果，很有威仪，但不像大乘佛法得三十二相八十种好。大乘何以有如此成就呢？除了智慧，第一要行愿，不修福德不能得相好庄严之身，所以千万懒不得啊！光是偏向修道的话，连一半都成就不到，这又是一个题目。

"虽随诸法究竟净相，而随所应为现其身，是菩萨行。"刚才讲的六妙门也是六个程序、六个层次，一数息、二随息、三止、四观、五还、六净。唯心净土现前，也是净。修净土宗的净念相继与一心不乱，严格说来是两回事，勉强讲也可说一样。为什么再提出这个呢？诸法究竟净相达到了，八万四千法门中我们提了两法，六妙法门最后是净。第二个，念佛阿弥陀佛的净土法门，我为什么这样提？净土不只是阿弥陀佛有，譬如东方药师佛有琉璃净土法门，十方三世诸佛都有自己的净土法门，我们本师释迦牟尼佛在娑婆世界也有净土的一面，这要研究了《观佛三昧海经》就知道了，到了《维摩诘经》后面也知道了。

我们学佛的实在很势利，佛给我们介绍了西方极乐世界的阿弥陀佛，你只要念他一声就得好处，劝我们赶快念啊！这是我们导师教的，结果我们拼命去念"南无阿弥陀佛"，就没人先念一句"南无本师释迦牟尼佛"，谢谢他的介绍。用世法看，我觉得好势利啊！所以我宁可念"南无本师释迦牟尼佛"。其实呢，佛佛道同，没有差别的，都有他净相的一面。

真达到净相是究竟吗？非也。这与认为空就是佛法究竟，一样是错的，偏了，不够圆满。所以净相可以入佛而不能入魔，可以出世而不敢入世。所以"虽随诸法究竟净相"，不落在净的一面，同观世音菩萨一样，"而随所应为现其身"救世救人，应以何身得救度者，即现何身而为说法。应以下等身得救度者，即现下等身而为说法，因为不净也不垢。此所谓真正直指人心，不二法门在此。

"虽观诸佛国土永寂如空，而现种种清净佛土，是菩萨行。"观行成就，乃至入定，亲证一切佛的国土永寂如空，以为是究竟，其实还是小乘境界。有一个寂灭，有一个空，就已经不空了，不清净了。寂灭和空也要舍掉，"而现种种清净佛土"，才是菩萨行。这是告诉我们不垢不净的道理。

"虽得佛道转于法轮入于涅槃，而不舍于菩萨之道，是菩萨行。"最后讲到了佛道究竟，真正学大乘佛法之人，虽然证得佛道，虽然自利成就，也能转法轮利他，也可以随时入涅槃，不生不灭、不去不来，但是真正大乘佛道，只两句话："智不住三有，悲不入涅槃。"是智悲双运之法。智是般若成就，代表法身证得，解脱了，般若、法身、解脱，三样都圆满了，因此可以"不住三有"。但是大乘菩萨念念在慈悲中，虽然证得法身而跳出三界外，因为悲心而永远不入毕竟涅槃，生生世世在无量三千大千世界六道中度众生。

讲到这里，维摩居士不说下去了。

"说是语时，文殊师利所将大众，其中八千天子，皆发阿耨多罗三藐三菩提心。"当时文殊菩萨所带领的大众，有出家在家众，有天人天龙八部，可是，说这一段不二法门时得利益的只限一种人，是八千天子，只有欲界天以上的天人才有这种智慧，能听得懂。因为听懂了，就发大乘心。

我一再讲，《维摩诘经》翻译得太好了，文字容易懂，但是每次愈读愈害怕，每一字每一句里包含的意义太多了，但是大家都被文字盖过去了。

不思议品第六

尔时舍利弗，见此室中无有床座。作是念：斯诸菩萨、大弟子众，当于何坐？长者维摩诘知其意，语舍利弗言：云何？仁者为法来耶？为床座耶？舍利弗言：我为法来，非为床座。维摩诘言：唯！舍利弗！夫求法者，不贪躯命，何况床座。夫求法者，非有色受想行识之求，非有界入之求，非有欲色无色之求。唯！舍利弗！夫求法者，不着佛求，不着法求，不着众求。夫求法者，无见苦求，无断集求，无造尽证修道之求。所以者何？法无戏论。若言我当见苦、断集、证灭、修道，是则戏论，非求法也。唯！舍利弗！法名寂灭，若行生灭，是求生灭，非求法也。法名无染，若染于法，乃至涅槃，是则染着，非求法也。法无行处，若行于法，是则行处，非求法也。法无取舍，若取舍法，是则取舍，非求法也。法无处所，若着处所，是则着处，非求法也。法名无相，若随相识，是则求相，非求法也。法不可住，若住于法，是则住法，非求法也。法不可见闻觉知，若行见闻觉知，是则见闻觉知，非求法也。法名无为，若行有为，是求有为，非求法也。是故舍利弗，若求法者，于一切法应无所求。说是语时，五百天子，于诸法中得法眼净。

尔时长者维摩诘问文殊师利：仁者游于无量千万亿阿僧祇国，何等佛土，有好上妙功德成就师子之座？文殊师利言：居士！东方度三十六恒河沙国，有世界名须弥相，其佛号须弥灯王，今现在。彼佛身长八万四千由旬，其师子座，高八万四千由旬，严饰第一。于是长者维摩诘现神通力，即时彼佛，遣三万二千师子之座，高广严净，来入维摩诘室。诸菩萨、大弟子、释、梵、四天王等，昔所未见，其室广博，悉皆包容三万二千师子座，无所妨碍，于毗耶离城，及阎浮提四天下，亦不迫迮，悉见如故。

尔时维摩诘语文殊师利：就师子座，与诸菩萨上人俱坐，当自立身如彼座像。其得神通菩萨，即自变形为四万二千由旬，坐师子座。诸新发意菩萨及大弟子，皆不能升。

尔时维摩诘语舍利弗：就师子座。舍利弗言：居士！此座高广，吾不能升。维摩诘言：唯！舍利弗！为须弥灯王如来作礼，乃可得坐。于是新发意菩萨及大弟子，即为须弥灯王如来作礼，便得坐师子座。舍利弗言：居士，未曾有也。如是小室，乃容受此高广之座，于毗耶离城，无所妨碍。又于阎浮提聚落城邑，及四天下诸天龙王鬼神宫殿，亦不迫迮。维摩诘言：唯！舍利弗！诸佛菩萨，有解脱名不可思议。若菩萨住是解脱者，以须弥之高广内芥子中，无所增减，须弥山王本相如故。而四天王忉利诸天，不觉不知己之所入，唯应度者，乃见须弥入芥子中，是名不可思议解脱法门。又以四大海水入一毛孔，不娆鱼鳖鼋鼍水性之属，而彼大海本性如故，诸龙鬼神阿修罗等，不觉不知己之所入，于此众生亦无所娆。又舍利弗，住不可思议解脱菩萨，断取三千大千世界，如陶家轮，着右掌中，掷过恒沙世界之外，其中众生，不觉不知己之所往。又复还置本处，都不使人有往来想，而此世界本相如故。又舍利弗，或有众生乐久住世而可度者，菩萨即演七日以为一劫，令彼众生谓之一劫。或有众生不乐久住而可度者,菩萨即促一劫以为七日,令彼众生谓之七日。又舍利弗,住不可思议解脱菩萨,以一切佛土严饰之事,集在一国,示于众生。又菩萨以一佛土众生,置之右掌,飞到十方遍示一切,而不动本处。又舍利弗,十方众生供养诸佛之具,菩萨于一毛孔,皆令得见。又十方国土所有日月星宿,于一毛孔,普使见之。又舍利弗,十方世界所有诸风,菩萨悉能吸着口中,而身无损,外诸树木,亦不摧折。又十方世界劫尽烧时,以一切火内于腹中,火事如故,而不为害。又于下方过恒河沙等诸佛世界,取一佛土,举着上方,过恒河沙无数世界,如持针锋,举一枣叶,而无所娆。又舍利弗,住不可思议解脱菩萨,能以神通现作佛身,或现辟支佛身,或现声闻身,或现帝释身,或现梵王身,或现世主身,或现转轮圣王身。又十方世界所有众声,上中下音,皆能变之,令作佛声,演出无常苦空无我之音,及十方诸佛所说种种之法,皆于其中,普令得闻。舍利弗!我今略说菩萨不可思议解脱之力,若广说者,穷劫不尽。是时大迦叶,闻说菩萨不可思议解脱法门,叹未曾有。谓舍利弗:譬如有人,于盲者前现众色像,非彼所见。一切声闻,闻是不可思议解脱法门,不能解了,为若此也。智者闻是,其谁不发阿耨多罗三藐三菩提心?我等何为永绝其根?于此大乘,已如败种,一切声闻,闻是不可思议解脱法门,皆应号泣,声震三千大千世界。一切菩萨,应大欣庆,顶受此法。若有菩萨信解不可思议解脱法门者,一切魔众无如之何。大迦叶说此语时,三万二千天子,皆发阿耨多罗三藐三菩提心。

尔时,维摩诘语大迦叶:仁者!十方无量阿僧祇世界中作魔王者,多是住不可思议解脱菩萨,以方便力故,教化众生,现作魔王。又迦叶,十方无量菩萨,或有人从乞手足耳鼻、头目髓脑、血肉皮骨、聚落城邑、妻子奴婢、象马车乘、金银琉璃、砗磲码碯、珊瑚琥珀、真珠珂贝、衣服饮食，如此乞者，多是住不可思议解脱菩萨，以方便力而往试之，令其坚固。所以者何？住不可思议解脱菩萨，有威德力，故行逼迫，示诸众生，如是难事，凡夫下劣，无有力势，不能如是逼迫菩萨。譬如龙象蹴踏，非驴所堪，是名住不可思议解脱菩萨，智慧方便之门。

现在开始讲《不思议品》。我们研究佛法的人随时都会讲到"不可思议"这个用语，大家千万要注意，"不可"是逻辑，讲方法，佛法是不可以用思想去讨论它、研究它，方法上是"不可"。但是一般人往往理解成"不能"去思议，佛可没说过不能思议，所以你们青年同学不要误解了。佛法是不可以用普通的思想学问去讨论、研究能懂的，硬是要用修持实证来的。

"尔时舍利弗，见此室中无有床座。作是念：斯诸菩萨、大弟子众，当于何坐？长者维摩诘知其意，语舍利弗言：云何？仁者为法来耶？为床座耶？舍利弗言：我为法来，非为床座。"维摩居士和文殊菩萨刚才的对话告一段落，八千天子发了阿耨多罗三藐三菩提心。这个时候舍利弗眼睛向周围一转，发现维摩居士的房间空空的，没有座位，脑子里想：这么多大菩萨来了（当时像观音菩萨、得大势菩萨、弥勒菩萨都来了，不过在这儿都没有讲话），同一群弟子要坐在哪儿呢？

你们还记得跟着文殊菩萨去的有多少人吗？答不出来就是不用心，这是基本的，翻回去看。房间只有一丈见方，后来唐代出使天竺的王玄策到毗耶离，经过此室，用笏板量过，只有十笏，所以称"方丈室"。玄奘法师的传记有记载，他亲自到维摩居士的这个房间。

舍利弗刚一想，维摩居士有他心通，立刻就知道了，于是他问道：喂！舍利弗，你是为求法来的，还是为座位来的？

在此，我顺便跟你们谈个八关斋戒律的问题。你们居士可以听，因为我是居士也可以讲，进一步就不能谈了。沙弥戒是不准坐高广大床的，为了这一条戒，我发现好多年轻人实在很可怜，有个年轻同学因此在地板睡了两年，因为他认为高的床、宽的床不能睡。我可以负责任告诉大家，讲错了愿下地狱，下二十一层，永不翻身。如果我讲对了，那么很多人就错了，害死人了。制定这一条戒律，是要初学佛的弟子先学会谦虚，不准坐高广大床，意思是不准坐上位！文字要搞清楚，床在中国古代就有，我家乡老祖母的床比一个房间还大，床是由西域来的，椅子原来叫床。中国原来没有椅子的，秦汉时人都是席地而坐，到了魏晋才由西域传入椅子，那时叫作胡床。高广大床是地位很高的人、领导人坐的，那个床又高又宽。胡床又有个名字叫脚床，床脚可以折拢起来的。打坐的叫绳床，草绳编的，可以折起来带出去，佛图澄禅师就经常坐在绳床上打坐。所以这戒律是要沙弥学谦虚，并不是说不能睡床铺。为了这件事，许多年轻人不敢睡床，怕犯戒，弄块窄窄的木板铺在地上睡，连翻身都不行。

现在念了《维摩诘经》应该明白了，舍利弗想的床座指的是椅子，否则那个方丈的房间岂不又要摆椅子又要摆床的。不要搞错了！我特别提出这一件事。

舍利弗答复说：我是来求法的，不是为了坐好椅子来的。大家学佛都是为了求法，有的人拼命学个法，像咒子、手印、工夫等。古今中外学法，一开始多半是学打坐，也有点窍，教你守住的，都算是传法。各地方传法是大事一件，有第三人在还不传，有的要发毒誓不准外泄，否则天打雷劈。像我这样随便指出穴窍位置可不得了，所以每逢打雷我就有点怕（众笑）。佛教中藏密要求法也是不得了的事，我和已涅槃的章嘉活佛、甘珠活佛过去常有往来，和他们说笑，说学密宗是富贵法。比如学个咒子，第一要磕头如捣蒜，这个很平常。然后要献哈达，这是古法。哈达都是绸子做的，拿到了也不知道如何处理，当裤腰带太宽，当围巾太薄。能当上活佛的，收到的哈达就堆积如山。

当年我在杭州读书，年纪还小，班禅活佛来到了灵隐寺，依密宗规矩他先顶礼佛像，三拜后起身右绕一圈，头还碰一下佛坛，表示碰到佛足了。然后他就要献哈达，因为佛像非常高，他就玩了个把戏。只见他从怀中拿出一条黄色哈达，很长的，轻轻用手一送，哈达就飘上去，挂在佛像脖子上了。这一下子，当天皈依的人不计其数，活佛就活了。这是什么道理呢？就值得一参了。若是气功，这工夫也了不起的。这是我当年挤到人群最前面，亲眼看到的，绝不是靠机械作用，当时看到的人很多的。这是讲到哈达，想起这一件往事。再说求个法，在献了哈达之后还要供养，供养不是十块二十块钱，都是很重的，要依你的经济能力表示你的诚意。所以我说学密宗是富贵法，假使要学遍密宗的法，可以说不管你有多少财产，也会学光的。

讲了半天的废话，回头讲求法。究竟什么是法？这是个重大问题。大家都想求个法，好像求到了就可以立地成佛、立地成仙。现在《维摩诘经》在这里指示我们，什么是真正的法。法在哪里？就在你自己那儿。现在法在哪里？就在《维摩诘经》上。上卷讲到皈依佛，如何是佛的净土，中卷（第五品—第九品）讲皈依法，如何求法。

有些话我经常在重复，有时会岔开很远，原因是四个字：语重心长。话是啰唆，有时刺激了人。我的用心是爱护青年同学们，希望能续佛法慧命，续中国文化慧命。你们年轻同学一定要先把中文弄好，中文学不好，自己祖先传下来的法宝你就打不开。佛经就是法宝，我们这里好几部《大藏经》，不知有多少宝在里头，谁去求了？只有书虫在求。这你不求，偏要向外求。《维摩诘经》文字翻译得太好了，文学的境界好，你不要轻易地就看过去了。

如何求法

"维摩诘言：唯！舍利弗！夫求法者，不贪躯命，何况床座？"维摩居士说：喂！舍利弗！真要求法的，连自己身体性命都可以不要，你还问椅子在哪里！二祖神光向达摩祖师求法时，把手臂都剁下来了，达摩要他条手臂干什么？这是二祖表示自己的志气，为了供养佛法僧，没有别的可供养，不惜躯命供养。你们读密宗密勒日巴祖师的传记，他是宋代的人物，他的出家修行多苦啊！十几年住山洞没饭吃，比佛祖六年雪山修行还要苦，一身长出绿毛来。衣服也没得穿，后来总算他未婚妻和自己妹妹为他化缘得了一些布，才做了个衣套来覆体。师父要他独立盖栋房子来供养，他费了几年时间挑土石盖起房子，师父又叫他拆掉重盖，还不准别人帮他。拆了又盖、盖了又拆，毫无怨言，为法忘躯。学密宗的人都以他为标榜，但是有几个人真做到像他一样？他为求法受到莫名其妙的磨炼，但是从未反悔。

看到《维摩诘经》这句"不贪躯命"就要往这里想。可是我们学佛学打坐的，哪个不想求长生不老？又想通奇经八脉、头上放光。十个来的人有五双是为了身体而学佛，都在身体这四大上做工夫，没有一个是"不贪躯命"的。还有的人来向我发牢骚，他学佛二三十年怎么还生这种病，好像我该为此负责似的，我只好说我还没见过一个不死的人。所以《维摩诘经》还是没看懂嘛！真为学佛法，求个心地法门，能知道心地法门不在身上，不在健康长寿上，不在内外中间，能"不贪躯命"的，这个世界上还真不多。

对佛法的认识，首先一定要正确，所以禅宗讲见地。沩山禅师告诉仰山两句重要的话："祇贵子眼正，不说子行履。"眼正是讲见地，就是观念要正确，行履是工夫。如果观念不正确，你的工夫做得再好也没用。只在身上做工夫，这个肉体是有生老病死的，会过去的，不是佛法。如果见地对了，行履也有，这个肉体虽然会过去的，但是比较少病少恼。要想做到无病不死，是要有特别法门的，但是佛自己都不肯去做。所以佛与佛相见，还要互问"少病少恼否，众生易度否"。你们年轻法师学了这一句，将来彼此写信也可以用上，可是不要讲"信徒"易度否，那是神权用语，佛教用的是"信众"，众生平等，顺便一提。

"夫求法者，非有色受想行识之求。"色、受、想、行、识是五蕴，我们都知道的。简单地为新来的同学讲一下：色法包括物质、生理方面，四大都是色法。受，是感觉方面，身体和心理有感觉谓之受。想，是心理的思想。行，包括了肉体与心理内在的思想，还包括外在的空间和时间，行就是一种动转，宇宙万象随时在动，分秒不停。打坐虽然入定了，心脏还会跳，血液在循环，就是行阴没有停，到三禅以上气住脉停了，行阴还不能真算停止，只是暂时用自己的功力把它切断而已。这就要了解唯识的二十四种心不相应行法，那是意志控制不住的。换言之，生命的原动力是行阴。识，八识都属于识的范围，这里有专门的课程研究《成唯识论》，现在不多解释了。所谓五蕴，包括了生理与心理，包括知觉与感觉，这样讲你就比较容易懂了。五蕴，是五个区分，代表了生命的身心全体。

维摩居士说，真正想求法的人，不在色受想行识上面去求，也就是说不在身心上去求法，刚才也说"不贪躯命"。

　　"非有界入之求"，"界"是佛学名词，共有十八界，眼耳鼻舌身意，是生理的各种机能的六根；色声香味触法，是外在与生理机能相对的六尘，六根与六尘中间有界限吗？没有的，眼睛看着手表，马上就看见了。眼睛与手表之间真没有界限吗？绝对有的，用中文说是"间不容发"，连根头发那么细微的距离都谈不上，研究物理的人就知道，这中间是有界限的，所以佛法定十八界不是偶然的，不是为了理论上的差别，是有实际上、科学性的差别。所以，六根、六尘，加上中间的界限，共有十八界。这个界限中又有个秘密，佛法为什么说有十八层地狱？这个属于数理哲学的范围，与《易经》的数也有关联，佛法说的各种名词数目，七觉支、八正道等，这数目字都不是乱定的，其中有最高深的道理，因此，学过数理哲学的人，学起佛法就很容易。

　　"入"是十二入，眼耳鼻舌身意和色声香味触法，六尘有时又叫六入，但六尘和六入又不一样，古代大师翻译时非常痛苦，用尽心机，不过用六尘比较文学化，用六入则科学化。你看着手表，究竟是手表进入眼神经视线，还是眼神经视线到手表这儿？这是个问题。学科学的人要这么问，学佛的人要参就得这么参。是手表在放它形象的光进入我的视觉，然后视觉神经到脑，因此才了解到有手表吗？还是眼神经放射视觉到手表，才觉知到手表？有的人可能觉得这么参太啰唆，看见就看见了嘛！但是真学佛的人，应该要在这里参究。翻译成六入就有根尘进入的作用。

　　鸠摩罗什法师的翻译真好，这里六个字概括了十八界六根六尘，我们表面对佛学名词熟练，一看就懂。但是假定把《维摩诘经》翻成英文还是这样翻的话，是绝对不通的，将来一定会有用外文翻译中文佛典的，现在有些人在做，都很粗浅。我们看有些汉朝、南北朝初期翻成中文的佛典，有些都不通的。后来一次又一次地改革，到了唐朝，玄奘法师还要重翻，精益求精。所以现在中文翻成英文的佛经，都很有问题。

还有你们要注意，《汉英佛学大辞典》的很多名词翻译是不通的，你们青年同学只会用《汉英佛学大辞典》翻译英文，是你们不好好读书。《汉英佛学大辞典》的作者自己在序言中讲，他是在创作，把佛法名词根据梵文翻成英文，不能算数，希望后来有人能利用并加以修改。可是几十年过去了，也不见有后起之秀发这个大愿，真正去编一本英汉或汉英的佛学字典。佛教界天天讲要做功德，这是佛教文化的大事业啊！哪个来做？你看一本普通的《汉英字典》，修改再修改了多少次，可是佛教界这一本书，几十年没有人动过。

我可以预言，三五十年之后，是大翻佛经的时代，如果照鸠摩罗什法师的中文直翻成外文是不行的，愈翻愈不懂。梵文同西方文字一样，一句一句非常啰唆，到了鸠摩罗什法师，晓得中国民族文化怕繁琐，就浓缩成一句话带过去了。一部《大般若经》六百卷，非常长，其实浓缩成中文二卷也够了，可是玄奘法师不敢浓缩，就成了六百卷。

"非有欲色无色之求。"欲界、色界、无色界合共三界，不在三界里头求法。

根据维摩居士告诉舍利弗，所谓真正求法，不在色上求，你们打坐看到光，不要觉得有什么，光也是色，同佛法不相干，是你用功经过的境界。记住《楞严经》的话："不作圣心，名善境界。"碰到好的境界，不要认为自己进步了，得道了，这才是好事、才是进步。"若作圣解，即受群邪"，如果看到光、气脉动了，或者见到佛菩萨现前，自以为了不起，那就叫走火入魔了。为什么抓住境界就是魔道呢？《金刚经》上说"应无所住而生其心"，有所住即受群邪，即入魔障。

所以真正佛法，不在色上求，不在受上求。今天有位外国同学打电话来，问题解决不了，气脉通不过，骑着车子自己人都不见了，就怕了。我告诉他这是个感受，是一定的过程，中国儒家讲变化气质，不只是理论上讲讲的，是在做工夫上，气是气机，质是身体物质，修养好了的人身体硬是会变化，脱胎换骨。道家讲就是气脉变动，到某个阶段是会如此。修行用功，胆子不要那么小嘛！我自己的经验，走在路上忽然走不动了，现在人可能会认为是心脏病发作了或中风了，我就不管它，走不动就死在这儿，万一被车子碾过去都无所谓。有时甚至走着走着，觉得身子倒过来了，头在下脚在上，我都不理。碰到这情形，我把身体一丢，"不贪躯命"，充其量殉道而死。我就告诉那位外国同学没有事的，但是这几天不要骑车子，气机在夹脊通不过，一定会有这阶段的，不稀奇。然后就请他找朱文光，贴两副膏药，帮他快一点通。

这些事说明，我们做工夫都被身体感觉困住了，所有修持方法也都在感觉上打滚，这就要注意了。应该照见五蕴皆空，不要搞受阴境界。

我们参禅做工夫，多半是在想阴里做工夫。密法的各种观想都是意识境界，在想阴里。这种路线对不对？不能说不对，理由等一下再讨论。

至于行阴就不大容易懂了。举个例子，有位同学本身是教书的，他一边学道家，一边学佛，走无为路线。他喜欢读《大般若经》，他说有时念着念着就到了一个很好的境界，自己都讲不出来，那时他经也不念了，这一舒服真万缘放下，空灵境界可以维持好几天。他就怕自己走错了路。我说这很好，就这么走下去。这还是行阴境界，不过他不作圣解是对的。

识阴境界更难懂了，非要有很深的禅定工夫，至少要到了初禅以上，慢慢可以讨论识阴的问题，我们在此不再详谈。

所以说"非有色受想行识之求"才是真正在求佛法，我们自我反省一下，有哪一个学佛不是在这五阴里转呢？谁能够跳出五阴？能够跳出五阴就对了。但是在五阴上求法修行对不对呢？初步是对的，道理何在？好比你要做个桌子，"工欲善其事，必先利其器"。要把木工做好，就要有锯子、斧头、钉子这些工具。以修行来讲，六根、五阴就是工具，所以从色受想行识入门并没有错，但是不要被它们所转，不要执着这些境界。如果执着在色受想行识的境界，以为这个是佛法，那就错了。

我们要了解《维摩诘经》所讲的是上乘的大乘菩提正道，是证得菩萨道的究竟之论，你初步从色受想行识入手没有错，到最后应无所住就对了。

刚才说的"非有界入之求"，是把五阴再分析变成十八界。例如打坐时心中念佛，是在意识界里修，你作观想也是在意识界里，这在密宗叫生起次第，意识上本没有的东西把它生起来。好像观想佛，密宗非常注重形象的佛，或雕塑的，或绘画的，每个人要有个小坛场（就是道场或佛堂），或称坛城或曼达拉（曼荼罗、曼陀罗）。打坐时佛像要对着自己眉心位置高度，叫瞪目视佛，看佛像眉尖明珠，看久了慢慢也忘记看了，眼睛也不看了，一切忘了，就是观佛眉尖的明珠入定。传这样的修法已经是不得了的，你们该欠我哈达和供养了，我这么随便讲出来了，所以我碰到打雷就怕。

讲正经的，我的观念不同，道是天下的公道，法是天下的公法，不属于我的，只要诚心来学的，我就知无不言，言无不尽，不来磕头供养那一套。我和许多老喇嘛说，有一天我会把密法全部公开的。他们说要得到我本尊许可才行，就是要有文殊菩萨、佛答应。我说：放心吧！早答应了。佛要度众生嘛！有什么秘密呢？为什么一定要磕头要供养？但是学人不诚心，也是学不到，学到了也不会修，也等于白学。

总之，观佛像这个法门是从十八界的眼界来修，必须修得生起次第，意境上生起，无中生有，但是要先把佛像看清楚，影像留住才观得起来。你说，这不是着相了吗？显教说要断除一切妄想，不错的，但是在妄想没有断除以前，你只好借用妄想。所以一心不乱是加重妄想，怎么加重呢？把所有的妄想集中在一点上了，他的理论方法是以楔出楔。古代盖房子不用铁钉，用的是木钉，叫作楔，要取出先前打入的木钉，就再打入一支木钉，把先前的钉子推挤出来，叫作以楔出楔。我们用功时妄念断不了，如何清净呢？只有把所有的妄念集中在一点，叫作系心一缘，把所有的心都放在一点，念佛法门也是这个道理。

以楔出楔还有个比方，面粉洒散了怎么收拾？就拿一把面粉沾湿了，捏成一团，再用这一团去黏散开的面粉，就可以黏光了。修行的方法也是如此，由系心一缘开始。用这方法去观想佛像，观得起来时，在意境上，身心内外就是佛像一尊，在密宗就叫作生起次第的成就。无中生有，由真空生妙有，再由有归到空。把所有的面粉黏成了一团，然后把这一团丢掉，一点面粉也不剩了。从有归到空，叫圆满次第。所有的修持方法就是这个原则，没有第二个原则的，这也就是不二法门了。

所以分析五阴的求法之后，最后的成就不落在十二根尘，不落在眼根，不落在色尘，等等之间。好了，这两句经文我们了解了，维摩居士传的法我们也懂了，可是到达这个程度是学佛法的成就吗？没有。有句成语说，修道的人跳出三界外，不在五行中。三界是佛家的话，五行是道家的话，这是说修道成仙成佛了。道家讲的五行是从物理入手，所以用金木水火土物质来代表；佛家文化从心入手，所以是讲色受想行识，道理是一个。离开欲界的边缘，还要再进一步，跳出色界、无色界。我们学佛的人要随时反省自己的起心动念，今天去庙上磕头供养，为自己求福报，这是欲望，还是在欲界中求。做了好事想得善报，这也是欲。因为我修行，来生想要好一点，这是大欲，比做生意还功利。以此求道，何道能成啊！

超越了欲界，在色界中求，或在光明中，或求无念得清净，一定八万四千劫，还在无色界，都没有跳出三界之外。因此说"非有欲、色、无色之求"，你看这经文，你如果要把它翻成外文可不要简略，不要乱翻。唐朝时有位居士想注解佛经，去见南阳慧忠国师，忠国师嘉许他能发心，然后让小和尚拿碗水，碗中放七粒米，碗上摆双筷子，问居士知不知道这什么意思，居士不懂。忠国师就说，连我这老和尚的意思都不懂，你能懂佛的意思吗？还想注解佛经？

"唯！舍利弗！"这里维摩居士再起一段话。他为什么要再叫一次舍利弗呢？在古文作文时，这一句话会被先生用红笔给你杠掉的，你重复了。这要了解佛经是对话录，这是表情，是个层次，是个阶段。如果是电影，维摩居士讲到这儿，会看一下舍利弗，看他懂了没有，然后说：喂！舍利弗，我再告诉你。

"夫求法者，不着佛求，不着法求，不着众求。"上面说真正佛法不在五阴中，不在十八界中，也不在三界中求。再进一步说，也不在佛、法、僧三宝。这里要注意这个"着"字，是黏着的意思。"众"是指僧伽、僧众，也可以是单一个僧，一个比丘就可以代表古往今来一切十方三世圣贤僧。真正的求法，执着佛、执着法、执着僧也错了。但是你不要读了这一句，就不皈依三宝了，那是妄语，你没有到这个境界。这里讲的是上乘的不二法门，真正的解脱道。

"夫求法者，无见苦求，无断集求，无造尽证修道之求。"这是讲也不着于苦集灭道，声闻众的四谛法门。很多人说因为看通了人生皆苦，所以出家学佛，这是见苦而求道，换句话说是在逃避，觉得世间太苦，所以要出家离苦得乐。前面一句要你不"着"求，这一句换了一个字，要无"见"苦求，无"断"集求，无"造"尽证修道之求。

所以叫你们文字不要马虎过去了，《维摩诘经》最容易看懂，最容易马虎。一般人发心修道是见苦、怕苦而求，大乘菩萨无见苦也不求乐。

苦与不苦很难讲的，推开佛学，我讲个哲学的道理。我在学校里讲比较宗教的研究，说到所有的宗教哲学对人生的看法都是悲观的，认为世界是凄惨的、该厌恶的。他们都站在日落西山的观点看世界、看人生，天要黑了，悲惨呀！不管回教、道教、基督教，都如此，所以就来兜揽生意了，好像旅馆的人站在门口拉客人，宣扬自己旅馆可以收容人，设备好，专管死人的事，不要怕死。中国文化不然，它不看日落西山，看日出东方，生生不已。宗教家是站在殡仪馆门口的，中国文化是站在妇产科门口的，哈！又生出来一个了，生生不已，生死是昼夜的两头。

那么，宗教与哲学思想为何如此呢？从大乘佛法来看，宗教与哲学思想是落在小乘的苦集灭道范围里。所以，真正佛法是"无见苦求"，见是观点。像《华严经》看这世界是没有苦集灭道的，永远是至真至善至美的一真法界。

"无断集求"，断惑证真是小乘境界。大家打坐最苦恼的是妄想杂念断不掉，都以为能把妄想杂念完全切断，断惑证真就悟道了。断集求是不去追求，就没有无明烦恼了，这里为什么说不要去断它呢？妄念如同李白的两句诗，"抽刀断水水更流，举杯消愁愁更愁"，真是千古名诗。同样道理，你想断去妄念得清净，那断去之念就是大烦恼，因此告诉你"无断集求"。

"无造尽证修道之求"，"造"依古书的读法如"超"，这句话是要你不要以为断尽一切无明烦恼就证得道了，那是小乘的法门。譬如永嘉大师的话"了即业障本来空，未了还须偿夙债"，这是永嘉大师的真话，大小乘都一样，人生都是来还夙债的，还完了就好了，像对儿女的债，就乖乖地去还吧！

这是维摩居士的第二段话，他说：喂！舍利弗，真正的求法，不着佛法僧三宝去求，不着于苦集灭道而求。然后他自问自答："所以者何？法无戏论。"为什么如此？真正的佛法没有"戏论"。怎么叫"戏论"？中文的"戏"字本来有两个，看电影、看唱戏的"戏"字，用的是虚字边加个"戈"字，表示是虚假的。现在通用这个"戏"字，是小孩子在玩的游戏，是玩耍的。佛法讲"戏论"，是指小孩子开玩笑的话，玩笑的话不是实际的。什么是戏论？佛法的"空""有"，主张空是真正的佛法，这就是戏论；讲有，一定要修到什么果，都是有为法，也是戏论。"非空""非有"还是戏论，非空就是"有"嘛！非有又是"空"嘛！都是文字游戏。

所以清朝的大思想家顾亭林就说，佛经像是一桶水，倒入另一桶中，再倒回来，只有一桶水在两个桶里倒来倒去，一个空的，一个有的。虽然他这是批评佛法，但有他的道理，你如果佛法搞不通，就成了这样。所有的佛法、所有的论辩，在逻辑上离不开这"空""有"、"亦空亦有""非空非有"四个方向。维摩居士讲真正的菩提大法，要把戏论扫掉。

禅宗讲"离四句绝百非"，就是要离开这四个方向。也有人以为《金刚经》上有好几处四句话，像"若以色见我，以音声求我，是人行邪道，不能见如来"；"一切有为法，如梦幻泡影，如露亦如电，应作如是观"等，但不是这里所说的四句。这里说"法无戏论"是告诉你，真正的法不在"空"、不在"有"、不在"亦空亦有"、不在"非空非有"的戏论。

什么不是求法

"若言我当见苦、断集、证灭、修道，是则戏论，非求法也。"执着了苦集灭道四谛法门就是戏论，就不是佛法。这很严重了，《维摩诘经》所批驳的苦集灭道，是小乘佛学的基础，但是我们不要上维摩居士的当了，告诉你：戏论也是佛法。是什么佛法？方便法门。要明白世界上任何教育手段的本质都是诱导法，都是用哄的。诱导就是佛法讲的方便法门，固然从无上佛道观点批驳戏论，但戏论也是佛法，是方便法门。《涅槃经》上说："指黄叶为黄金，为止儿啼而已。"小孩子哭了，就拿个黄叶哄他，说是黄金，他就不哭了，不哭就好了嘛！就是用诱导的方法使他不哭，不受这个烦恼。一切佛法也都是"指黄叶为黄金，为止儿啼而已"啊！

我在峨眉山庙里闭关时，第一天入关，在大殿上看到了明朝末年禅宗破山祖师的对联，觉得这个字之好，是一气连下来的。和尚告诉我是破山祖师亲笔写的。不但字好，对子作得也真好：

山迥迥　水潺潺　片片白云催犊返
风飒飒　雨洒洒　飘飘黄叶止儿啼

真高明极了，全部佛法的道理都讲完了。

"唯！舍利弗！法名寂灭，若行生灭，是求生灭，非求法也。"这里牵涉到对佛法认识最基本的问题。根据本经，真正佛法是自性寂灭的。涅槃有时也翻成寂灭，还有一个翻法叫圆寂，这都是不得已的翻法，整个涅槃的意义只表达了十分之一。

一提到涅槃或是寂灭，普通人就联想到死亡，什么都没有了。其实涅槃真正的意义包括了常、乐、我、净，四个要点。涅槃在印度不只是佛教用语，婆罗门和其他宗教都有用到涅槃，而且是指神妙不可思议、无上安乐、生生不已的意思，也不是指死亡。中文把涅槃翻成"圆寂"，现在来看，实在是没有办法中的办法，"圆"有圆满、包含一切的意思，既充实又空灵，不一定是空，也不一定是有。"寂"不一定是没有，是代表干净、宁静、安详。

涅槃有时又被翻成无为，是借用了《老子》的名词。《老子》讲无为并不是没有，也不是不动，所谓"无为者无不为"。你可不要多加一字，变成无为者无"所"不为就糟了。用而不用、动而不动是无为。但是无为还是不足以完整翻出涅槃的意义，到了唐代的玄奘法师，就分开成"有余依涅槃"和"无余依涅槃"（古人也翻成"有余涅槃""无余涅槃"）。在无为的观念再加上有、无，使道理更清楚。佛法最高目的是证得涅槃，不是学死亡。小乘所证得的道偏向于空，认为得了空就什么都放下了，在空的境界而不动，这个在佛法是属于"有余依涅槃"。比方说人睡着了，也什么都不管了，但是睡眠不是死亡，是生命的一种状态，在睡眠时，身心内外一切事都仍然存在，所以虽然在睡眠时说放下了一切，但不是彻底休息。"有余依涅槃"就是用来如此形容小乘的证果境界，还是有剩余的，还有连带的。大乘的佛果是无余依的，毕竟空的。

维摩居士对舍利弗说，"法名寂灭"，真正佛法所求证的是寂灭，寂灭是圆满清净、安详安乐的，有时这个境界用之于佛土，就叫作净土。可是一般人学佛，对这第一义谛没有认清楚，都在生灭法中做工夫。严格说来，不论哪一宗，所修的法都在生灭法上转。比方，念佛就是起心动念，用念头在念。思想念头是生灭的，前一念灭了，后一念就接上来了。譬如我们在讲话，在听话，也都是生灭法，当你听到这声音，这个观念就过去了。一切的心行（心理行为）以及知觉状态，完全是生灭法。念佛、念咒、观想法门，都是求佛法入门的方便，抓住了这种方便，当做是佛法的究竟就糟了，修一辈子也不能证到涅槃之果。天台宗有数息法门，到了唐朝，道家吸收了这个法门，归纳成四个字"收视返听"，把眼神回转来，内观、内照，耳朵听呼吸。后来到了西藏密宗，就演变成修气脉，那方法就多了。十七八世纪东西方交流之后，西方国家也流行起来，医学上有用听呼吸治失眠，乃至催眠。这也是生灭法。宋朝诗人陆放翁也是学天台宗的数息观，他有一名句，"一坐数千息"，这大概要两个钟头左右，可见他每次打坐比一般人久得多了，他的工夫也不错。实际上，这与道不相干的。像很多年轻同学说，他念佛几万次或者数息上千下，我就问他是否在做会计？光搞数字做什么？依六妙门要数息、随息、止、观、还、净，我们前面讲过了。

所以维摩居士告诉我们："若行生灭，是求生灭"，与求佛法背道而驰。《楞严经》上佛说的名言——"见地不真，果招纡曲"，你动机、观念不正确的话，你用各种方法去修，都是在走冤枉路。《法华经》也说："诸法从本来，常自寂灭相。"这个"法"用现代的话来说，包括了一切理、一切事、一切物。《法华经》这句话说，宇宙万有一切的现象是此生彼灭的，它的本来是清净的（所以是"自"），用不着你去求个清净。用《法华经》来对照《维摩诘经》这句话，就很清楚了。

我岔进一个禅宗故事，你们参参看。有位禅师读到《法华经》这里就悟了，他告诉一同参禅的道友说，佛讲的这句话只讲了一半，什么理由呢？"诸法从本来，常自寂灭相"只讲了法身的清净面，没有讲法身的起用，是留给我们去参的。大家不服，要他把下一句讲出来，他就说："春至百花开，黄莺啼柳上。"他露了消息吗？有的，涅槃境界是生机活泼的。

"法名无染，若染于法，乃至涅槃，是则染着，非求法也。"真正佛法本来就没有染污的，既然自性本来涅槃清净，不是凡夫善恶业果所能染污上去。假使你认为自性是受染污的，因此我要去掉染污而证得涅槃，就又染污了，染污了清净。虽然去了恶念，又被善念盖上，也是染污。就比如我们的眼睛进不得沙尘，纵然是名贵的黄金粉，放进眼睛也是受不了。《维摩诘经》这里是破除小乘观点，小乘要去恶念染污，要断惑证真。大乘是要努力行善去掉恶念，但最后善念也空，把它舍掉，善果回向一切众生，自己一无所留，善恶两头都不取，用不着断惑，自性本来清净。

"法无行处，若行于法，是则行处，非求法也。"《维摩诘经》这里，每一句话的层次愈来愈高了。刚才他告诉舍利弗，自性本来寂灭的，不要以生灭心求寂灭之果，会走错路。又因为自性本来寂灭，所以它不受一切染污，恶法、善法都不可染污它。这是两个层次。现在是第三个层次，真难懂了。"行"有三种读法，有读如"形"，有读如"杭"，也有读如"恒"。像《普贤行愿品》，就有人坚持要读成"恒愿"。其实，每种读法都是对的。大多数的佛经是唐朝年间翻译的，唐朝时的中文发音，比较接近今日的客家话或广东话，"行"字就是读如"杭"。不论怎么读，意义是一样的，这是顺便提到。

中国文化讲五行，《易经》也讲"天行健"，行代表着运动的观念。佛法的行是很难了解的，前面讲五阴时稍微提过行，用现代话讲是本能的活动，这样你会比较容易了解。身体的本能也会恢复健康，所以生病不吃药，硬熬一熬有时也会熬过去了，因为我们身体的本能是新陈代谢、血液和气脉运行，这就是行阴的作用，永远在转。修持到行阴停了，那就是禅定得到了，气住脉停，呼吸停止，甚至毛孔呼吸也停了，血液不循环。那是三禅定以上的境界，不过这时识阴还没停，虽然呼吸停止了，脉也停了，脑还没有死，脑神经还有微波的，这都是现代医学可以证明的。

维摩居士讲"法无行处，若行于法，是则行处，非求法也"，这是什么行？不是我们刚才讲的行，但有连带关系。这里是讲行愿的行。一般人讲自己在修行，认为修行就有功德，这就像讲自己念了一百万次往生咒，好像有了大笔银行存款，往生时可以提取，是一样的心理。这就是行法，是佛法也没错，是人天乘果的修行。但是依《维摩诘经》所讲的第一义谛菩提大道，执着于修行为修行，就错了。所以大乘的修法就叫你随时要回向，要施舍出去。你能施舍给一切众生，实际上一切众生也会施舍给你，这就是今日常用的标语："我为人人，人人为我"。尽管去布施，布施完了，这个力量会回转给你。如果执着了行愿为究竟，就被修行法门（行法）所绑住，是不会证得彻底的涅槃之果。所以大乘菩萨要行愿也空，空不是没有，是舍、放下。因此，维摩居士说"法无行处，若行于法，是则行处，非求法也"，问题就出在执着了。行处法也是意识境界，不是真正求佛法。

有些朋友来问，我打坐三年了，怎么一点成果都没有？我告诉他，这又不是在做生意，不能用时间来计算。见地观念到了，也许刹那之间你就悟道了；见地观念不到，八万劫也没有用啊！这是第三层的说明。

接下来是第四层。

"法无取舍，若取舍法，是则取舍，非求法也。"刚才讲"法无行处"，虽然在修行中，也不以为自己在修行。因此大菩萨虽然在作六度万行，心理没有自己在作菩萨行的观念。如果有了这种观念，就着了相，非菩萨道。但是，我们听到这里就会产生一个观念：法是有取舍的。取舍什么？学佛法修行如果不抓住修行，不自己抓住修行的功德，要舍，这岂不是又落入一边了？落入有取有舍了，也不是究竟，不是中道观。因此维摩居士更进一步说"法无取舍"，他对舍利弗真是苦口婆心啊！步步叮咛，一层一层上来。如果有取舍，就非求法了。

初学佛的同学们，常常对法有取舍。取舍在哪里？有些人执着净土，大骂禅宗、密宗。学禅宗的人说净土是愚夫愚妇笨人学的，我要学最高的。执着密宗的又说只有密宗才是至高无上的。这种观念都是功利主义，也像是去买菜，专挑又好又便宜的。结果常常忙着赶道场，学了密又学禅，好忙啊！我过去也是这么忙过来的，后来恍然大悟，也就不忙了。当然我不是悟道，是悟到自己赶得太辛苦，干脆万缘放下，我还是我，多安详呢！

所以"法无取舍"，青年同学记住这句话，少走冤枉路。《金刚经》也告诉你，一切法皆是佛法，哪怕你只拜佛也会悟道。

我小时喜欢作诗，我父亲就给我一本书，要我背里面的诗。我一读很欢喜，父亲说，这是附近一间庙子的和尚作的。那位师父是打鱼出身，一个大字不识。他不知什么因缘忽然出家了，经也不会读，就整天拜佛。那庙子地面是石块铺的，他拜了九年，石块都拜出印坑来了。后来他又忽然不拜佛，去睡觉了，一睡睡了三年，中间有时连睡几个月动都不动的。他师弟在他屁股上放碗水，第二天再看都没翻掉，还以为他死了，好在他师父知道他是入定去了。三年以后，他作文章作诗都会。这是我亲身见到的，说明你拜佛或用什么法都好，只要诚恳，专心一致，系心一缘，制心一处，无事不办。你搞净土，又参禅又学密，到处找能让自己快一点成就的法门，好像在买股票一样，是一无所成的。

一门深入的话，诚恳拜佛也会悟道的。佛法其实很简单，制心一处，无事不办，专一就成功了，不要念"多心经"啊！记得《金刚经》告诉过我们："是法平等，无有高下。"现在再上一层。

"法无处所，若着处所，是则着处，非求法也。"真正佛法没有固定地点的，这个"处所"，小而言之指身体上的，像道家或密宗守窍，三脉四轮，都在身体上搞，这成了法有处所。如果气脉感受是佛法，那你死了肉体没了，感受没有了，那佛法不是完蛋了吗？这个生意不能做啊！大的处所，例如密宗观虚空，观蓝天，观日轮。这些都是方便法门，非究竟。如果认为这是第一义谛，那犯了法有取舍，犯了法有行处，犯了法着处所。佛法是活泼泼的，你着了处所是呆板的。"处"是十二处，眼耳鼻舌身意和色声香味触法。念佛是意处在念，观想也是。无上大法是无处所，用有处所之心求佛法，已经被处所困住，不是真正求佛法。

刚才休息时间有一位道友找我讨论，他学佛很多年了。他说现在什么都对，就是觉得好像放不下，所以没有多大进步。我说，这个问题正是现在讲的，刚才不是听过了吗？所以你听经要拿到心上来用得到，不然就白搞了。"法无取舍"，你觉得一定要放下了才是，这就有了取舍，本来就是放下的。譬如有人说自己的心无法空灵，你们现在专心听我讲话正是空灵嘛！否则你怎么听得进去，对不对？本来不用放下，自然是放下的。你有一个放下之心就有所取舍了，就是行于法，行于生灭法，行于取舍法，也是行于染污，因为你认为放不下是染污了，法是没有染污的，自性本来寂灭。这位道友问：那么该怎样呢？我说，就是这样，没有那样，这样就是这样。如果你真到了这样就是这样也差不多了。

所以一般人修持都有取舍心，或者求清净，或者求放下。放下是个名称，你上座了想我要放下！放下！早就放不下了。因为你有一个求放下之心，这个念头挡住了，就有所取舍。那你问，我这么坐在那边岂不是傻不棱登？嘿！就怕你不傻，真傻了蛮好。世界上的人都太聪明了，所以找了许多烦恼，真求傻而不可得。所以我说这一位道友是现身说法的菩萨，我们借这个机会，给大家再把《维摩诘经》这一段讲了一次。

"法名无相，若随相识，是则求相，非求法也。"第一义谛、真正佛法是无相的。我常说，一般人以有所得心来学佛，想求无所得果，是背道而驰。所谓"相"，是佛学名词，用现在的话讲，普通人都想求一个境界，尤其是学密法的。有的人天生个性如此，这种人来找我，我就说，你不要跟我谈，最好去学密宗。他一听，眼睛都亮了，还问我为什么。我说，因为你脑子里充满了神秘主义。很多人都是好奇，有神秘观念，打坐修道就想求个境界，若是没有境界，还要埋怨为什么没见放光、没这没那。他这是求有相法，而佛法是无相的，非境界。有个境界就有染污，有所取舍。无上大法是"法名无相"的。"若随相识"，你以为境界是佛法，"是则求相，非求法也"，那是错误的。

"法不可住，若住于法，是则住法，非求法也。"这更要注意了！刚才讲无相的道理，大家研究过《金刚经》，其中谈了很多，我就不再多说了。现在很流行禅宗，大家都知道六祖悟道的故事，他未出家前大字不识一个，听到别人念《金刚经》中的"应无所住而生其心"就有所悟了。当然后来见了五祖，所谓三更入室，才真的大彻大悟。这里《维摩诘经》也是说"法不可住"。

讲到这里，我要告诉你们，现在研究佛学最好的办法，近百年来的著作最好不看，包括我的在内。不是说这些完全不对，而是最好读原经。这不只是研究佛学，做其他学问也应该读原典。读了原典熟了之后可以"以经注经"，会融会贯通。像我们读到"法不可住，若住于法，是则住法，非求法也"，《金刚经》的"应无所住而生其心"就可以注这里了，或也可以用《维摩诘经》这句话去注《金刚经》，就清清楚楚了，后人的著作就变多余了。

清乾隆年间的大学问家纪晓岚，他奉皇帝命编成了《四库全书》，共三万六千多册，不过其中有不少已被古人烧了。纪晓岚编了这样的巨构，自己没什么著作，他自言再写什么书！古人都说过了，何必再多余来浪费纸张呢？这是真话，书读多了就不想写了，有时自己认为发明了什么大道理，一查，古人早就说过了，只有气自己不如古人了。研究原典就有这个好处。

前几天看了一位在国外的同学寄来的日记，他写平日修行都不错，有一次就很不对劲，最近他自己找到出路。这是不在一起的好处，常在老师身边会依赖性太重，一有问题就找老师问。那位同学忽然想到白骨观中讲过要"易观"，修行做工夫要"知时知量"最重要。同吃饭一样，你吃饱了不能再加一碗。譬如做数息观，你不要老数下去，只要觉得呼吸到了息的境界，马上就要放掉数，跟着就要用随息了。随到心息相依，马上要换成止的境界，就是要"易观"，马上变更方法。所以"知时"是要知道什么时间要换，"知量"是知道够了。你练气功尽练下去就成了蛤蟆功，肚子鼓得那么大，越练脾气越大。《大学》讲："苟日新，日日新，又日新。"就是要不断地进步，今天的成就不算数，你满足于今天的成就就是退步。

"法不可住"，你停留在一个境界，抓住某一点，"若住于法，是则住法，非求法也"，也不是佛法，法无定处。佛也告诉过我们，"诸法不定"。不论你学哪一宗的，对了就用一用，明天不对了，这一宗就暂时摆一摆，后天又拿来用，你的目的是求得阿耨多罗三藐三菩提，证取佛道，不被这些方法所困，才是真正学法。

接下来维摩居士快要作结论了，你看他说法是有层次的，不要把他当作平面的一篇读过去了。

"法不可见闻觉知，若行见闻觉知，是则见闻觉知，非求法也。"佛经分类中，《维摩诘经》在《大藏经》中不归在般若类。《维摩诘经》这一段内容的要点，在《大宝积经》里也有。《大宝积经》就是大杂烩，像百货公司，什么都有，不能归般若，也不能归法相唯识。真要研究佛学，大宝积部的经典应该多看，所谓净土三经，也包含在大宝积部的。

像这样的佛经分类，很合现代人的用处，把人生用见、闻、觉、知四个字概括了。见是眼睛所见的，闻是耳朵听到的，觉是感觉状态，身上感受，知是知觉状态，思想观念。打坐时觉得腿麻、气脉发动了，是感觉状态的范围。看到光是见的范围。观音法门是听的范围。《维摩诘经》告诉我们，真正的佛法是不能用见闻觉知去求的。大家反省一下，不论你学哪一宗，都是在用见闻觉知求佛法。常有人告诉我他做了个什么梦，我一开口就骂他，又来痴人说梦，本来是梦幻空花，还没有睡醒。见闻觉知就是在梦中，你求个境界，看见什么了，听见菩萨给你说法，都是在做梦。

真正佛法不在见闻觉知上求，假使在见闻觉知上去修佛法，那是凡夫境界，非求法也。凡夫都在见闻觉知中转，各位现在号称听经，我冒充讲经，都在见闻觉知境界中。修行还在这上面转，就走冤枉路了。放下，就在这个地方放下，放下了，不以见闻觉知为是，也不需要放下见闻觉知，不以见闻觉知为非。现在结论来了。

"法名无为，若行有为，是求有为，非求法也。"开头讲自性本来寂灭，最后讲自性本来无为。是不是很有层次？这就是以经注经的办法，你不要靠老师了，就把本经读熟就好了。释迦牟尼佛就在你的前面，他就告诉你了，为什么不去求呢？这里的结论是无为法，以有所求心，求无为无所得之果，是颠倒众生。一切修行都是在有为当中求，是求有为法，非求法也，不是真正学佛。

我们形容维摩居士说法是如银瓶泻水，哗啦啦就倒出来，停都停不了。他说法的气概像庄子的文章，不知道哪里来，只可借用李白的名句"黄河之水天上来，奔流到海不复回"来形容。

"是故舍利弗，若求法者，于一切法应无所求。"最后吩咐舍利弗这一句，同《金刚经》一模一样。真做到一无所求，就是如来大定境界，像我家乡那位和尚，他睡三年就是在定中，醒来只觉得是弹指间事，因为他完全静止了，无所求了。

"说是语时，五百天子，于诸法中得法眼净。"什么是"法眼净"？《金刚经》提到五种眼，佛眼、慧眼、法眼、天眼、肉眼。如果有人脸上长了五只眼，你看了非把他当怪物不可，不会认他作菩萨。但是天人境界不一定啊！其他星球上众生，不一定长得像我们这样的，密宗画的佛像有那么多只手，像蜘蛛似的。天人看我们可能觉得我们臭美，难看得要死。我们认为是美食的，天人连闻都不敢闻的，好像我们看到狗吃大便似的，境界不同嘛！我们如果真有修持，肉眼就具备了五眼，这是真的，《法华经》上说，"父母所生眼，悉见三千界"，你真到了，天眼、慧眼、法眼都会有。

你们年轻人喜欢谈密宗的，真照密宗规矩，弟子要去找已证了道的具德上师。随便找一位上师的话，弟子是犯戒的。上师传法给弟子，如不是功德具备的话，上师也是犯戒的。那么怎么选呢？又没有法眼。只好靠自己多生累劫的法缘，做人做事求法要依正因。你种的因正，所得的果，法缘自然好。我常告诉你们，多结人缘，多做好事，多结法缘。像我对密宗的法，是知无不言，言无不尽，因为我的愿力是：法应该属于众生公有，道是天下的公道。你有那个资格一定传你，但是如果你不是那个功德就免谈了。因此我这一生的法缘也很好，有时碰上了还硬要我学，一定要把秘本塞给我。后来想想何以如此？应该是同我个性有关，我什么秘本拿到就把它印了，不印就断了，我不守密的，要我守密就不要传我。

法眼就是说人真有眼光，认识得很清楚。维摩居士把佛法真正的道理告诉你，但是跟文殊菩萨去的共有三万二千人，而能得到法眼净的，却只有五百天人，除此之外，舍利弗有没有得法眼净，我们不知道。其实他当然得了，他是佛弟子中智慧第一，早超过法眼净了。其他有的人听了还是听了，仍然不懂。可见得法眼净之难，得法眼净者是相等于菩萨功德，一看佛经就知道，哪是方便法门，哪是究竟法门。

师子之座

现在我们要讨论《维摩诘经》的这一段，一般人的观念认为是在说神话，像演电影，或者把它当宗教信仰。事实上这一段非常难研究、难了解，必须要先了解《华严经》的菩萨境界、《大方广菩萨十地经》、性宗（般若）、相宗（唯识）的道理，才能彻底了解这一段。

"尔时长者维摩诘问文殊师利：仁者游于无量千万亿阿僧祇国，何等佛土，有好上妙功德成就师子之座？"这平实的文字中包含了许多问题。

"仁者"这个称谓,是佛教界客气尊称平辈或师友之间所用,是从鸠摩罗什法师翻译《维摩诘经》之后才出现。例如唐代六祖在《坛经》中也常客气称呼他人为仁者。仁者就像是中国人老师写信给弟子,比较谦虚,会称对方为贤弟、贤契、贤者。维摩居士以"仁者"称呼文殊师利菩萨,非常恰如其分。

他说,你文殊师利菩萨"游于无量千万亿阿僧祇国",可见文殊师利菩萨经常在十方上下一切佛国经行、供养、礼拜中。由这一句想到,我常劝年轻同学早晚要念《普贤行愿品》,培养自己的愿力与心境。当你在念诵礼拜之时,不是只对着一尊佛像,自己此心心量扩大,遍礼于十方三世一切诸佛菩萨,要作这样的观想,这里"观"要读如"灌",带有灌注、一心不乱的意思。在一念之间,要观想出来,在十方三世一切诸佛菩萨之前,都有我在顶礼。如此修行成就了,可以在一念之间遍游一切佛国,这是个修持的法门。例如小本的《阿弥陀经》或是《无量寿经》都告诉我们,往生西方极乐世界有上品成就的菩萨,不会是光躲在西方极乐世界阿弥陀佛加持之下,好像逃难,什么地方都不敢去,诸大菩萨于一念之顷,能遍游十方世界,供养一切佛、一切法、一切僧。何以到了西方极乐世界的大菩萨有这样的成就呢?就是我们初步学佛的人,要以《普贤行愿品》的教导为基础的原因。

维摩居士在这里等于也是在赞叹文殊师利菩萨智慧功德成就,念念之间"游于无量千万亿阿僧祇国",千万亿只是小数目,虽然在我们人世间来讲已是很大,但是不要忽略前面还有"无量",加上"无量"就更不止千万亿了。"无量"摆在前面是外文翻过来,倒装的佛经文学笔法,特别美,唐宋以后也为中国文人所模仿。

接着他起问:"何等佛土,有好上妙功德成就师子之座?"

这个"等"字包括了智慧成就、福德成就的平等。这"何等佛土"用白话来说就比较麻烦了，相等于哪一个佛、哪一种地方、哪种功德智慧成就的佛土。这个"土"字，照古本会在右上方加一点，应该读如"度"。所以中国古书有写国度的，干脆直写了，是尊称人家的国家。现代的外交辞令都用"贵国"，而自谦称"敝国"，这也是中国的文化传统，你们年轻人要留心。所以"西方净土"也应该读成西方净"度"。

"好上妙功德成就师子之座"，这可不是什么工厂制造的家具，这个座位首先在本经中有个点题，念经时不要就这么读过去，忘记了这个点题，下面都在讨论这个座位的问题。这个座位是师子之座，是修持成就、功德智慧成就的上师的座位，不是木头也不是大理石做的，非轻非重，不高不低。我们年轻时读经，一看只晓得是座位，不会注意这文句中的内涵。读经绝不能马虎，一个字也不能放过，你能做到这地步，那么每读一次经，对你的修证、理解就可以深入一层。

"文殊师利言：居士！东方度三十六恒河沙国，有世界名须弥相，其佛号须弥灯王，今现在。彼佛身长八万四千由旬，其师子座，高八万四千由旬，严饰第一。"维摩居士问，在何等佛土有这样的师子座，文殊师利菩萨立即就答出来了，代表他智慧成就等同于佛。

维摩居士称文殊师利菩萨"仁者"，前两天有位出家的同学来，他口口声声称我老师，我就告诉他不要叫我老师。我与他相交这么多年了，去检查一下我写给他的信，从没把他当学生，不是称他"贤者"就是"仁者"，或者是"法师"。一个居士就要尊重三宝，不管他程度如何，能够剃光头，穿上这衣服，就比你难能可贵。这么一想，世界上任何人就都值得尊敬，何况出家众？你们可不要学我骂人，我有时吼吼他们出家同学，是恨铁不成钢，希望他们能马上大悟，成为大菩萨，为佛教弘法。但我写信写条子给出家同学，从来不称他"某某老弟"，对比丘尼我都称"某某师"。

你看，文殊师利菩萨有他的身份，称维摩居士为"居士"，这些地方你都要注意，鸠摩罗什法师翻译的时候，一个字都不随便的。

文殊师利菩萨讲，由我们这个世界为中心，向东方一直走，"度"是经过，究竟走多远？如果佛是在今天说法，会讲经过了多少光年。可是，两三千年前的大众没有光年的观念，只有用"恒河沙数"来比方，这是佛法的创作，其他的文化、宗教都没有。一个数量到了无法计算的地步，只有用比喻的，这是佛法"因明"的喻。这里虽然大家都了解，但我还是不厌其详地再提起大家注意，印度最大的河流是恒河，恒河中有多少沙子，谁也没法计算。

文殊师利菩萨讲的还不是一条恒河，而是三十六条恒河那么多沙数的国家。像现在坐飞机去美国要十几个小时之久，这只是一个地球。一个地球在佛经上，勉强只能算是一个国土，完全不是中国、美国、日本这种国土的观念。实际照大乘说法，这一个太阳系才是一个国土。拿这个观念看，就更大了。平常为了怕我们凡夫的心量无法接受，也会称人世间的国家为国土，真正佛法所称国土，是佛的国土。

文殊师利菩萨说，向东方一直走，经过了三十六个不晓得多少的单位。这些数字，我还没有见过有人写过一篇关于佛经数理哲学的论文，因为一般人不懂数理哲学。佛经里头那么多的数字，三界、四念、八正道等，这其中都有大学问，也包含了佛法修持的大奥秘，与《易经》的数也有关。可是，一般研究佛学的在这方面比较欠缺，往往略过这些数字。历代高僧中只有两三个懂的，唐代的一行禅师，天文、地理、相术都通的。他学禅又学密，是唐代密宗三大士善无畏、金刚智、不空三藏的嫡传弟子。一行禅师是唐明皇时代的人，唐明皇也是从善无畏上师修学密宗的。相传一行禅师死后很多年，人家挖了他的坟，看见他的头骨变成了金色，一敲居然还发出金属声，就去请问一位高僧，高僧说这个人前生一定大有修持，而且修的是密宗。一行禅师在唐明皇之前涅槃，唐明皇曾经问过他国运。一行禅师说得很妙，陛下在我死后会有万里之行。后来安史之乱，唐明皇逃难到四川了。

佛经一提到活龙活现神通的表现，一定在东方，这与象数有关。譬如提到长寿佛、药师佛，就在东方。一说到与生命生生不已有关的神通功能、无量功德，就提到东方。这些都是佛法里的奥秘，是真正的大密宗，不是我们西藏或日本那些了，那里的密宗也没讲这些，因为他们不懂。所以菩萨要学五明，这些是包括在因明里的，因明不是光讲逻辑辩证的道理。这里面有大学问，懂了就可以帮助各位修持的进步。

文殊师利菩萨说，往东方走过三十六个不可知的单位，有一个佛世界，那个世界真叫什么名字待考，不过为了方便我们这个世界的众生了解，用了个代号，把它称为须弥相。好像我们这个世界以须弥山为中心，我们整个地球只是南赡部洲而已。北俱卢洲并不在这个地球上。所以一般写的佛学概论问题大了，可以说不懂佛教的科学。有的讲北俱卢洲在西伯利亚，真莫名其妙，那东胜神洲岂不是在日本或美国了吗？不是这个道理的！你们青年同学将来去弘法，一碰到这个就成了大问题。我可以负责任地告诉你，这个地球在大乘的佛法里只算是南赡部洲。上面说过，严格讲起来这个太阳系才是娑婆世界，一个太阳系才是一世界，不是普通人所理解的这个地球世界。

须弥山在我们这个世界是最高点，文殊师利菩萨所讲的这个在东方的世界，崇高而伟大，无以名之，就叫作须弥相。这个世界的佛，佛号也就叫作须弥灯王，是形容这个佛的功德智慧成就，无比的光明伟大；而且，这个佛没有涅槃，现在还在。为什么没有灭度？大家如果把《维摩诘经》这一段，配合《药师经》《法华经》来研究，对你们的修持一定有最好的发现。

这一位佛身长八万四千由旬，不知道有多高大，由旬是度量衡的长度。再注意，佛经经常用到八万四千这个数目，又是个大问题。印度人过去不注重历史，所以要研究印度史，还要好好研究中国的《大藏经》。他们对时间也不重视，所以提到过去就说"一时"。由于对数字也不重视，所以说"八万四千"表示多数。但是这个八万四千还是有它的道理的。

这位佛的座位，也高达八万四千由旬，装饰得非常漂亮。这是个什么座位？要搬这个座位到我们的世界来，没有运输工具可以装得下。这个是"师"子座，不是"狮"子座，是大师的座位。这个消息是由文殊师利菩萨泄露，去搬的是维摩居士。

"于是长者维摩诘现神通力，即时彼佛，遣三万二千师子座，高广严净，来入维摩诘室。"注意！维摩居士称文殊师利菩萨为"仁者"，文殊师利菩萨称维摩居士为"居士"，现在记录经文的人称维摩居士为"长者"。古代能称为长者、居士的人要具备十个条件，是年高德劭有道行的，不是随便称呼的，现在当然没这么严格了。佛涅槃时，把护法的工作交代给国王、大臣、长者、居士。

这里只说维摩居士"现神通力"，并没有说他的手伸得好长，不要自己想象。他现神通力，立刻就送来了三万二千个师子座位，不多不少，正是跟着文殊师利菩萨前来的大众人数。不要忘记，这时房间里面，还有维摩居士自己的床座和那么多的人。

"诸菩萨、大弟子、释、梵、四天王等，昔所未见，其室广博，悉皆包容三万二千师子座，无所妨碍，于毗耶离城，及阎浮提四天下，亦不迫迮，悉见如故。""释""梵"要分开，不是一样的。释不是说出家人，是欲界天的天主，名帝释，等于中国的玉皇大帝。梵是色界天的天人。四天王是保护这个世界的护世天王，是帝释天之下的。

各大菩萨和佛的弟子们，包括这些天人们，从来没有看过这样的座位。那么多那么大的座位，都可以容进维摩居士一丈见方的房间。

毗耶离城是维摩居士所居住的地方，经考据是在恒河之南，地处温带，是非常富裕的都市。当时的印度分成很多个国家，毗耶离城可以算一个小国家，是个民主自治的地方，没有长官，也没有公务员，也不需要法律，人民依道德自律。维摩居士是城中民选的领袖，是当地的长者。毗耶离城这个地方，并没有因为进来这么多师子座位而觉得拥挤。甚至于阎浮提（我们这个世界）四天下，都没有觉得空间膨胀了，大家安然如故。这里头不是说神话故事，是说悟道的人的修证工夫境界。

这里想起有位同学去了美国，写信来提到件趣事，说美国都市空气不好，有人去高山装了新鲜空气到瓶中，卖到都市来，你买了打开瓶子也不见有空气出来。如果多买几瓶在房间中打开，会觉得空气变好了，大概也是心理作用，可是也没有见到瓶中空气把原来室内空气挤出去。可以用这个例子去了解《维摩诘经》现在讲的境界。其实这个境界，就是禅宗的话头，要参一下。

"尔时维摩诘语文殊师利：就师子座，与诸菩萨上人俱坐，当自立身如彼座像。"当时，维摩居士就一摆手，请文殊师利菩萨上师子座，又请诸位菩萨上座。他很客气地称菩萨为"上人"。出家弟子对自己的师父可以尊称上人，在家居士皈依了某

387

法师，也可以称法师为上人。上人这称号的来源，也是首次出现于《维摩诘经》。唐代很多诗人，如韩愈，做的文章都题的是赠某某上人，一看就知道是送出家人的。

维摩居士也告诉他们，要坐上这个师子座有个条件，要"当自立身如彼座像"。立身究竟是说站直身子，还是抽象的立身？中文有"立身处世"，人如何自己尊重自己站起来，在中文叫"立身"。我要求同学们要懂得做人做事，就是"立身处世"。你活在这个世界上，要晓得自己为什么活着，应该做个什么人、做什么事。这是"立身"的问题，用现代话是要把自己的立场搞清楚。在家是在家的立场，出家是出家的立场，做生意就有做生意的立场，学生有学生的立场，都要搞清楚。

后人怎么注解这句话我们不管，注解是个人的意见，本经翻译者鸠摩罗什法师不加任何注解。我们光从这几个字的表面意思看就严重了，他要菩萨们站起来，像那座位的形象。那糟糕了，不能坐了！前面还请人上座，现在又要人站着，不是不通吗？难道是经文翻得不通？没有可能的，他文字用得极好，一个字都不能动的。维摩居士是要求诸位大菩萨现在的境界要达到须弥灯王佛那个境界，才能够坐上那座位。当自立志修道，智慧功德成就，有了智慧神通，不是普通的五通，是般若神通，那样就立刻转身了，"如彼座像"，像须弥灯王佛那个坐姿而坐。

我们打坐就是毗卢遮那佛的坐像，可是，须弥灯王佛的坐像是怎么样的？这就要注意了，要研究密宗佛像了，他同毗卢遮那佛一样，只是手印不同。

"其得神通菩萨，即自变形，四万二千由旬，坐师子座。"得到了智慧神通的菩萨，听了这话，当场一念之间立刻就变了，身体无比的高大。不过比八万四千差了一半，这是坐像，所以只有一半高。你看佛经在文字上没有一点漏洞。

"诸新发意菩萨及大弟子,皆不能升。"菩萨有大小,分十地,再前面还有十信、十住、十行、十回向,等等。新发心的菩萨没有这个神通,佛的一班大弟子像舍利弗等,也都上不去,只能"高山仰止"了。好在没有戴帽子,否则仰头一看会掉了帽子。

"尔时维摩诘语舍利弗:就师子座。"你看,这文章翻译多好。前面维摩居士对文殊师利菩萨和诸大菩萨上人很客气地请他们上座。对舍利弗这些弟子,就回过头来,哎!你们也坐啊!

"舍利弗言:居士!此座高广,吾不能升。"舍利弗吃瘪了,只好说,对不起,这位子太大了,我没有神通,上不去。连号称神通第一的目连尊者在内,这些弟子一声都不敢响,不敢在这个场合来耍二乘阿罗汉的神通,他们没有大菩萨神通。什么是大菩萨神通?根据佛经,大般若即神通。要大般若的成就,智慧成就。在《大智度论》中,文殊菩萨也说过,真正大神通就是大智慧,就是般若。天眼天耳等五通是小神通,还是生灭法,非究竟。所以,即使智慧第一的舍利弗,都上不了这大师座位。

现在很多人都成了大师,连我都有人称为大师,真让我脸红,甚至变绿了。当年我们学佛时,看见出家人都称某某师,已经很客气了。今天出家人随便都称法师了,甚至连法师也不够,又是导师又是大师的,再过几年怕大师要加一点变太师了,再下去,"太"字那一点要是点到上面去就糟了。可见现在的人好虚荣,我们老头子看来无限感慨。我几十年写信写字,具名都是剃光头的,只有"南怀瑾"三个字,因为头发都白了,要过分客气自称老弟也不好意思,要自称老师那更狗屁了。我哪有资格!我是永远做人家徒孙的人。所以不要乱给我加什么大师、导师的头衔,不可有此心。

舍利弗上不去,因为要那么大的智慧和神通,我们不晓得修多少大阿僧祇劫作也不到。维摩居士就讲一个方法，立刻可以到，任何众生凡夫都可以到，只要发此一心、动此一念都可以到。

"维摩诘言：唯！舍利弗！为须弥灯王如来作礼，乃可得坐。"他就要舍利弗以一心不乱、至诚的一念，向东方世界须弥灯王佛顶礼，就可以上去了。这也是《普贤行愿品》的第一条。注意啊！维摩居士没有叫大菩萨下跪顶礼，是要他们长高。对这些弟子则是叫他们要低下，然后才可以上座。

没有骄慢心，而且要有至诚恭敬佛法之心，只这一念就可以上这个座。就这么简单。这个师子座说难还真难，普通的神通上不了，要大菩萨神通才上得了。但是真那么难吗？其实也很方便的，任何人很谦虚地万缘放下，至心顶礼佛菩萨就到了。当你这个头磕下去的时候，就已经有那么高了。如果你是菩萨境界，高还要高才能上座。这就是话头，是佛学，是真正的佛法，要我们谦虚。一切都在你一念之间，放下它，对一切众生谦和，视之如佛，你就可以到这个位子。

"于是新发意菩萨及大弟子，即为须弥灯王如来作礼，便得坐师子座。"听了维摩居士的教导，他们就顶礼了，这一顶礼下去，大概还没起身就已经坐上那位子了。经文也不说他们是坐电梯还是直升机上去的，但是你把经文前后仔细一读，就非常明白了。当这些弟子们一磕头，一谦虚，至心以求，就上座了。所以《维摩诘经》同禅宗的关系太大了，禅宗大师用的许多语句，都是出自《维摩诘经》。日本人研究，认为中国禅宗是受了老庄的影响，老庄的影响是小部分，其实也不是影响，是与老庄的机锋相同而已。但是禅宗没有离开过真正的佛法，要说真受影响，就是《维摩诘经》了。学禅乃至学密的人，都要注意《维摩诘经》。

　　佛经处处教我们自谦，不要傲慢，贪瞋痴慢疑，这个"慢"字会挡住我们一切成就，非常重要。众生本来就有我慢，不要学了佛法，加了佛法的观念，变得我慢更重，成了增上慢，那就太可怕了，永远上不了这个座。这是要点，千万不要有增上慢心。

　　现在大家都入座了，一个不剩。应该还有一句，经文上虽然没有写，但是我用四个字说出来，"各安本位"。本分上就是这个座位，本分上就是道，本分上就是佛法。此时，三万二千人，各安本位。都坐好了，非常安隐，不是安"稳"。佛经上都是用安隐，不是印错了。实际上隐字的意思通于稳，但是不同。除了安详稳当之外，隐有一切放下、一切皆空的味道。后人有的自作聪明，印佛经时把它改成安稳，是不对的。

　　"舍利弗言：居士，未曾有也。如是小室，乃容受此高广之座，于毗耶离城，无所妨碍。又于阎浮提聚落城邑，及四天下诸天龙王鬼神宫殿，亦不迫迮。"这里翻译得非常高明，我们读起来好像在看场电影一样。可以用中国文学一句话说："维摩居士方丈一会，俨然未散。"你把这经读通了，仔细去念，你会到那个境界，好像自己当时在场一样。

　　舍利弗上座了，像个小学生似的，提出一个问题，居士啊！从来没有过的啊！他不说我从来没有过，否则又要挨维摩居士的骂，以你这个年纪、你这个小神通，怎么会有这个经验！他说这么小的房间，能够容纳那么多伟大的宝座，并且对毗耶离城没有妨碍，大家坐在这又很宽，这大小中间的差别奇怪极了。不但对毗耶离城没有妨碍，大至对我们的这个世界（阎浮提），小至对乡村（聚落，如北方所讲的屯、西南人讲的场）、对城市（城邑，城是有城墙的，邑是没有一定范围的），扩而言之对四天下（南赡部洲、北俱卢洲、东胜神洲、西牛货洲）、对诸天（三界二十八天）、对龙王鬼神宫殿，都不挤。

讲到诸天，顺便一提。明朝亡国后，在太湖一带有一教派，自称诸天教，是吃素供佛的。教主相传是崇祯皇帝的公主，在北京破城时，被皇帝砍断一条手臂，她逃出后出家，创立日月教。日月就是明，为了避满清而取名诸天教，其实骨子里是朱天教的意思。

在佛教庙宇内常看到一个标语——"不二法门"，也就是《维摩诘经》的重点。像做生意的讲不二价，就是没有两样的价格。不二法门是没有二个法门，只有一个。换言之，世界上的真理只有一个，没有第二个。我们学佛法是追求真理，怎么是不二呢？这就很严重了，谁也没有做到真正的不二。《维摩诘经》讲不二，出家在家一样，修与不修是不二，解脱与不解脱一样，世界上的一切只有一个，没有二个。不二法门本身就是个话头，学佛真达到不二法门，可以说已经把握住入门基础了。这不是理论，要真实证到。

解脱——不可思议

维摩居士提出一个证入不二法门的方法，第一就是解脱。维摩居士提出的是不可思议解脱法门，不可用理论推测的。一切众生被烦恼痛苦的绳子所束缚，例如生死就是一条绳子，为什么生了又死，为什么生来的命运自己做不了主，随外境而转。我们活着，就受外在环境、历史、文化、政治、社会、家庭乃至自己身体的影响，自己始终不得自在。这还是大的绳子，还有许多小的绳子，要求名求利、要结婚、要求学，都是。你不想捆这绳子也不行，都在这圈圈中打滚，永远跳不出来。不过你不要讨厌它，有时候这条绳子还难找，比如青年男女找对象，明明知道这条绳子算不准是上吊的，可是还不容易找到呢！连这找不到的心境也是一条绳子。

所以人生最难得是解脱。佛法告诉我们，诸法无我，诸行无常。理论懂了，就是解脱不了。小乘的方法是求自我的解脱，但是不彻底。大乘是要彻底求解脱。不论大小乘，都有五个次序：戒、定、慧、解脱、解脱知见（解脱后所知所见）。在解脱知见的发挥里面，有大小乘的差别。这是简单地讲，严重地讲有五乘的差别：人乘、天乘、声闻乘、缘觉乘及菩萨乘的解脱。

真解脱了以后是真自在，那真是观自在菩萨了。人生最苦是解脱不了，为形象一切所拘束。解脱了不是没有了，是法身清净成就，就是无始以来的本来面目就清净圆满。学佛要得法身，必须先求得解脱。

我们如何解脱呢？不是方法，不是靠工夫好，也不是买得来。六祖在《坛经》中说："唯论见性，不论禅定解脱。"为什么？见着法身达到本了，就不入末。许多学禅的人见解成什么样都不管了，并不是正途，法身也没有现前，了不起只从人情中解脱。我常说有些同学个性太拘束了，不好意思同人讲话，做什么事也不好意思，这就需要人情解脱。那种不在乎的气魄也不容易学的，手受伤了需要截肢，能说要砍就砍吗？麻药也不用上了，那是真解脱了。痛还是痛的，但是不是练了武功，而是心念解脱，舍条手臂好像也没什么大不了。有的同学认为自己解脱了，但是处处拘束，习气若改不了，何以说解脱？何以讲禅？

我常告诉同学，真正佛法的成就，是智慧的成就，是般若的成就。解脱不是靠工夫，四禅八定、三明六通都是加行，是加工的程序。所以般若、法身、解脱，三者不可缺一。我们几十年看到过的，有些学显教的或学密宗教理的学者，例如欧阳竟无居士，他的老师杨仁山居士，等等，他们的佛学真好，是我们一般人所不及的。佛学好有什么用？习气不改，生死到来不得解脱。

佛学是文字般若，也是般若的一种，但是毕竟没有得到真正解脱。所以有般若没有解脱，法身不得清净，不得圆满。有些人不研究佛学，专门做工夫、参禅，常常在清净境中，好像是法身清净，那不是真法身，是偏空之果，因为他没有般若，始终被清净的境界绑住了，又是一条绳子。有法身没有般若智慧，也是不圆满。

有些人，当中有学佛的有不学佛的，他人生很潇洒，万事看得开，他成就了吗？没有。因为他认不到自己本来的面目，因为没有般若，没有证得法身。

讲圆满成就的成就，也是一条绳子，我们为了讲话方便，在言语表达时不得已借用这名词。以上所讲都是《维摩诘经》最精彩的一段，不可思议解脱法门的前奏，是为了帮助了解主题。

上次讲到，维摩居士心念一动，就从东方不知多远的地方，借来了三万二千那么多高大的座位，居然全摆在他一丈见方的房间内，又容纳那么多人。因此舍利弗才有这样的问题。现在维摩居士回答他。

"维摩诘言：唯！舍利弗！诸佛菩萨，有解脱名不可思议。若菩萨住是解脱者，以须弥之高广内芥子中，无所增减，须弥山王本相如故。而四天王忉利诸天，不觉不知己之所入，唯应度者，乃见须弥入芥子中，是名不可思议解脱法门。"他说，一切佛菩萨有一个解脱法门，叫做不可思议。注意！维摩居士并不是说诸佛菩萨有不可思议解脱法门，如果这文字是这么翻的也对，可是意义就两样，变成是以不可思议为重点。而现在的经文，是以解脱为重点，但是这个解脱法门是不可思议的。

他说，诸佛菩萨不是偶然到达这个解脱境界，是"住"在那里，还不是小乘的"定"在那里。"定"和"住"，在佛经上是两个概念，不可以相互替代，定只是一个点，譬如旋转中的陀螺，虽然在动，但是中心在一点上，就是"定"。"住"就不然，那个陀螺也不转了，就摆在那里不动了。

佛经说须弥山是我们这个世界中最高大的山，一般人认为就是这个地球上的喜马拉雅山，我是不同意的。若须弥山就是喜马拉雅山，那南赡部洲就是印度，中国就是东胜神洲，中东和欧洲就是西牛货洲，西伯利亚就是北俱卢洲。几十年前有位大师写的《佛学概论》就主张西伯利亚就是北俱卢洲，佛经描写北俱卢洲几乎是天人境界，是很舒服的。西伯利亚极为穷苦，哪里是北俱卢洲的样子？那佛经岂不是妄语？难怪以学者看来，佛经都是谎言。所以，不要误认须弥山是喜马拉雅山。佛过世之后，有些小乘经典这么说，但也是很含糊的。

老实讲，真正的须弥山是个形容，勉强说是代表地球的地轴也不正确。据我的了解，佛经上说，太阳和月亮是须弥山的一半，在须弥山的中间，根据《华严经》，须弥山应该是银河系统。所以须弥山这个问题非常严重。

刚才吃饭的时候，萧主任也跟我说，非要加强年轻法师的外语课程不可，否则将来到国外开不了口，怎么弘法？在未来的世纪，外语能力非常重要。你看当初鸠摩罗什法师，以一个中亚僧人来到中国，他就是把外语搞好了，才能弘法。我说这要靠各人立志，玄奘法师当年去印度留学，也是要能精通梵文才有这样的成就。未来的科学会更昌明，如果你出去弘法，仍然沿用须弥山是喜马拉雅山的观念，真会让人家笑掉大牙的，连佛法的光彩都失掉了，人家就不会有兴趣听佛法。这些地方看起来是小事，其实是佛法接触到现代最紧要的地方，必须要搞清楚。你"闭户称王"，关起门来自称最高最好的学问可以，开了门可不行的。今天的科学文明造成了繁华，也开展了混乱，不是偶然的，不是简单的，不要忘了外面的现实。这是我谈到须弥山，顺便给大家一点鼓励，不要随便讲话，被知识分子听了，会被斥为胡闹，连基本常识都不够，怎么去谈最高般若？

须弥山是世界的中心最高的山，照佛经三界天人的组织，欲界天的太阳月亮系统是须弥山之半。如果诸佛菩萨住在这个解脱境界的话，那么以须弥山之高之广之大，"内芥子中"，把须弥山放到芝麻大小的芥菜子之中，"无所增减"，须弥山没有缩小，芥菜子也没有放大。这句话一听很容易懂，气派也很大，他说这是不可思议的解脱法门，请问我们要如何解脱？我们连把自己身体放进火柴盒都做不到，你说懂了佛法得了解脱，你来解脱看看。如果你做得到，外出旅行装在口袋就可以了，飞机票都省了。这都是问题！佛经说解脱，要怎么解脱？如果说佛经只是形容而已，那佛经就是谎话。佛是无妄语的，我们相信真得解脱的人是做得到的，并不是一定把身体放进火柴盒里，这其中有深刻的道理。

住解脱法门菩萨——空间

维摩居士说，诸菩萨真住在解脱法门，所以"以须弥之高广内芥子中，无所增减"。你们学禅宗的同学要注意了，瞎吹是没用的。近来外面很多人找我，这个求开悟，那个求印证。我有了个罪名，变成了什么禅宗专家，禅宗又不是我的，我不懂禅，更没有开悟。我真想到报上登个广告，我是个说书的，不过我说书的时候，很努力给大家说就是了。下一句话更重要。

"须弥山王本相如故。"这个"王"是形容须弥山是最高大的山，是一切山中之王。全句是说：登菩萨之道真得解脱之人，住在这个境界里，把须弥山放入芥菜子中，须弥山没有缩小，芥菜子没有放大，为什么呢？因为须弥山王本来就是如此。他原文就是这样，你不要看前人今人的注解，否则就被别人拉走了，你要看原典。但是这句话怎么办？他说"须弥山王本相如故"，须弥山本来不增不减，可大可小，非大非小。这又是什么道理？这里还没有完。

"而四天王忉利诸天，不觉不知己之所入。"佛经说须弥山是这世界中心，日月围绕须弥山之半，四大天王就在这日月的圈子放大一点的地方。忉利天是欲界的中心天，比日月系统又高一层。释迦牟尼佛的母亲因为有生佛的功德，所以身后升到忉利天。忉利天又叫三十三天，不是像高楼有三十三层，而是有三十三个联合的区域，其中的主席是帝释天主，中国称之为玉皇大帝，他好比统领三十三路天人诸侯。

我是没有时间做这件事了，但我希望你们同学能用白话文好好写一篇三界天人的论文，把大小乘佛经、律论参透了，马上再翻译成英文，我包你卖大价钱，人家会惊异，两千多年前佛就已经有如此科学的宇宙观。现在科学进步了，别的宗教的天堂观念已无法令人信服了。佛说过，这个宇宙的星球多至不可数的，所以科学会帮忙弘扬佛法。因此你们应该走科学路线，但是你们也不肯研究这些常识。我天天在着急，每星期要写四五种不同的文章，每天晚上十二点写到两三点，写得自己头在哪里都不知道了，可是极少会写错字的。这个本事你们要学，怎么学？要解脱。当写到头昏脑涨时，已经忘记了这个头了，死掉算了，眼睛也不要了，就要肯牺牲自己。这是闲话，你们年轻，好好研究，佛法有太多的好东西。

四大天王是东西南北四个天王，你们到庙子可以看到他们的像，有拿雨伞的、拿宝剑的、拿琵琶的，等等，那都是象征。我到现在还在与学科学的同学研究，为什么晴空是蔚蓝色的青天？若乘太空船离开了地球，看到窗外却是漆黑的，所以蓝天是在这黑圈子以内，再过去这黑圈子，外头又变成亮的了，这物理世界奇妙得很。这天何以是蓝色？我们晓得太阳光是有七彩的，这又讲到《易经》数字了。红到极点变成橙，橙到极点变成黄，黄到极点变成绿，绿到极点变成蓝，蓝到极点变成靛，靛到极点变成紫。那么蓝天是太阳光照所生的吗？这还是问题。

佛经的说法是，南天王天庭的阶口是青蓝色的琉璃构成，所以我们看到的蓝天是南天王天庭阶口的反映，但是其他世界看到的却不一定是蓝天。这在《大藏经》里有，怪我定力不够，当年在四川时读到，但没记住是出自哪一本经。（按：《大藏经》八十五册疑似部《妙法莲华经·马明菩萨品第三十》）

其次，你们气脉全通了的人，打坐定的光中若是蓝天，青蓝色的光，那美得很。所以密宗的药师佛画像是蓝的，不过颜色不对，太蓝了，好像是人生了肝病似的。可是，世界上没有一种颜色可以显示出那么清净庄严的蓝色，为什么药师佛画成蓝的？因为中脉通了的人，可以得长寿的人，他内中同天庭的蓝色是一样的。这是真的，你们年轻人自己说气脉通了，有这个境界吗？

上面提到了四天王天、忉利诸天，包括了民间天文常识的三垣、二十八宿、三十六宫，都"不觉不知己之所入"。须弥山包括欲界天的天人了（注意，这里没有讲到色界），这些都纳进芥菜子里了，可是自己不觉得进入了一个小地方。一切众生和须弥山被放进一粒小芥菜子里头，自己都不知道，只有什么人知道？

"唯应度者，乃见须弥入芥子中。"只有应该得度的，就是有成就的菩萨，得了般若能看到一点清净法身，他们才见到那么大的须弥山进入了那么微小的芥菜子中。换言之，只有明眼人看到了，其他人都不知道。这就叫作"不思议解脱法门"。我们看得很热闹，不知道他在讲些什么，中国文学后来就有"芥子纳须弥"的用语。

禅宗有个公案，宋朝有位居士，这居士是有功名的，能考得功名总是有相当学问的。中国文化一直到清朝末年，所谓正途出身的，是说由秀才到举人、进士、选翰林、外放做地方官，一二十年的学问功名下来，第一步可能只放个县长等级的官。这样子的人在自家祠堂里，会写明是进士出身。以前做官的出门可威风了，前面有举牌子的，鸣锣开道的，大家都知道是进士出身。这是正途出身，比非正途出身的就好像高了一级。像今天讲学历，同是博士、硕士，大家会比某某是哪所大学毕业，某某是留学某大学，是一样情形。

回头再说这个居士，他去请问一位禅师，问道：须弥纳芥子是很平常，但芥子纳须弥就让人难信。禅师一笑，问他：听闻居士读书万卷，是否确实？居士答是。禅师就说：一万卷书如何装得入居士身中？这居士马上就有所悟了。当然这还是道理上面的悟，只是理解上的懂，禅宗说这是知解中的，在理论的解释、推理中去了解，真实的境界般若，还是没有证到。

这是古人的例子，现在就要用科学的道理了。譬如小小一块肉，其中有多少细胞？乃至小小一个细胞上，可能有多少细菌？每个细菌又可以再分下去，它生命里还有生命，这就是"芥子纳须弥"的道理。再例如人身上的血管，接成一条有多少公里长？一秒钟血液流动几公里？心脏跳动平常自己听不见，除非你捂住耳朵听，但是从科学上讲，跳动声应该是其大如雷的。理论上我们可以说是有这种事，芥子可以纳须弥，大可以纳小，小也可以纳大。

我们晓得有大小，就是我们的痛苦，所以不能得解脱。譬如大家打坐，经常有两个东西忘不掉：时间观念和空间观念。空间观念像是学道的一定要面对东方打坐，学佛的又要面对西方。大小是人为的，时空、内外都是相对的。去掉了这些人为的、相对的观念，你才真得到不可思议解脱，明心见性才算有一点影子了。

现在年轻人好谈禅，这也就是禅的道理。禅不是空谈的，要实际证得的，能够一念放下就解脱了。一念放下，不是你打坐时闭着眼睡觉，万事不管，那只是第六意识不起活动，而你血液仍然在流。你坐了一两小时起来，自己也知道坐了很久，一看表，嗯，这一堂坐得蛮不错。你白坐了！连时间观念都没有忘掉。念，不是只讲第六意识的，一念放下的念是指下意识不动念。这个道理了解了，才能真正放下大小、内外、时空，才到达了解脱法门。这是《维摩诘经》的重点，就有这么严重。下面仍然是这个题目。

"又以四大海水入一毛孔，不娆鱼鳖鼋鼍水性之属，而彼大海本性如故，诸龙鬼神阿修罗等，不觉不知己之所入，于此众生亦无所娆。"娆是困扰。对年轻同学的粗心大意，我常常很生气，现在来帮你们仔细读经。你看，上面是讲到山，现在讲到海。山代表了什么、海代表了什么？这都是问题。佛经的写作方式，记载佛的说法、大菩萨的说法，不是偶然。

现在讲四大海水，这个同须弥山一样，过去小乘经典讲四大海水以印度为中心。现在可以地球为中心：太平洋、大西洋、北冰洋、南冰洋。地球上水最多，陆地上山地多，平地最少。四大海的海水，进入一个毛孔中，连带四大海水中的生物，鱼、鳖、虾等，都进去了，却丝毫不觉得入到了那么小的地方，仍然觉得自己的世界很大。为什么呢？因为四大海到了毛孔中并没有缩小，"本相如故"，没有大小分别。海里的龙、鬼、神、阿修罗（这些是低层的阿修罗），都没有觉得自己跟着海水进到毛孔中。"于此众生亦无所娆"，大海这些众生，因此也不觉得苦恼。

我们现在晓得，陆地上有的，海里都有，而且比陆地上还多，所以科幻小说写地球的中间还有个世界，实际上国外也在作这方面的研究和探索。我觉得这些科学幻想很有意思，因为根据佛经和中国道家思想，这个地球是个活的生命，在地表下面是另有世界的。像《华严经》，就是龙树菩萨从龙宫取出来的，而龙宫的佛经藏书，不晓得比我们这世界多多少。现代人固然是不愿相信，但是即使是研究海洋学的，也不敢断定海洋最底层究竟面貌如何。深海是漆黑一片，那儿的鱼是自己会发光的，深层的鱼是不会游到中层或上层来的。这有点像欲界、色界、无色界分为三层。有个同学常去南沙群岛潜水，他给我带了好多贝壳珊瑚作纪念。他说每次潜到水下，觉得那个世界是无比的干净、漂亮，甚至可以在水底打坐。每次若不是氧气没有了，真不想上来。当然他说的是在浅海，不是深海。佛说三千大千世界，每个有每个的世界。一个蜂巢对蜜蜂来说，就是一个国家或社会。

《维摩诘经》上面讲高山，这里讲海水，代表什么？我们不作结论，大家自己去研究。假使拿我们身体来讲，高山就是骨架，四大海水就是血液。

"又舍利弗，住不可思议解脱菩萨，断取三千大千世界，如陶家轮，着右掌中，掷过恒沙世界之外，其中众生不觉不知己之所往。又复还置本处，都不使人有往来想，而此世界本相如故。"这都是实证的菩萨境界，所以我要先说明，要彻底研究《维摩诘经》的大乘菩萨境界，就要研究《菩萨十地经》，看看这十地菩萨是什么境界，同时要配合《华严经》有关十地的说法，然后才会了解。

一个三千大千世界就是一佛国土，是一个佛的教化所到的范围。三千大千世界怎么计算的，在前面已经讨论过了，但是我仍然要说，佛他老人家在几千年以前，是怎么有这么先进的天文宇宙观，我真只有顶礼了。在从前科学不发达的时候，佛这么说真会被人当做是在吹牛。到了现代科学昌盛了，对佛法是更加信仰了。

这里说，大乘菩萨住于不可思议解脱的境界里，他手这么一抓，就把三千大千世界拿下来，像做陶器的人在捏陶土一样，拿在手里玩；然后把三千大千世界一抛，抛过不知多远的距离，这厉害吧！可是这三千大千世界，其中的众生却不知道去了哪里，然后又把三千大千世界放回原处，众生都觉得没有动过。为什么？这世界本来面目就是这样，它没有动过，这是不可思议境界，是不二法门。

看了这段，真要佩服他的境界，若在几百年前讲，绝不会相信的。现在大家都知道地球会自转会公转，我们不觉得有动，海水也不会倒出来，在南半球的人也不觉得是倒挂着的，这个都和地心引力有关。我们坐在这里听一堂课，整个地球已经不晓得移动了多少距离，但你也可以说没有动过，仍然坐在虚空中。这也是为什么我常要参禅的同学注意，为什么《楞严经》说"妙湛总持不动尊"？为什么北方佛是不空如来？为什么阿弥陀佛是西方？为什么生生不已的都是在东方？这些都是话头。你不要以为参禅只是参一句"念佛是谁"，那太小气了。佛法里这么多大话头参通了，那么你的禅大概有些影子了。

现在提过了三个不可思议，一个是须弥山高山，纳入芥子，没有大小之别。第二个是四大海水纳入一毛孔，就像《楞严经》说"于一毫端现宝王刹，坐微尘里转大法轮"，在一根毫毛的尖端有一个佛的国土，在一粒灰尘中说法。第三个是三千大千世界，无论怎么样地折腾，在空间上不觉得动过。接下来讲时间。

住解脱法门菩萨——时间

"又舍利弗，或有众生乐久住世而可度者，菩萨即演七日以为一劫，令彼众生谓之一劫。"一切众生根器不同，有的众生对世间留恋得很。我接触到有些人有种想法，他们认为这个世界不知道有多可爱，对于许多宗教讨厌这个世界，就觉得很奇怪。你们可能认为这是愚痴众生，可是我投他们一票，这个世界本来也不错嘛！这世界是释迦牟尼佛的国土，我们看到很丑陋的一面，没看到很美的一面，本经在后面也会说到很美的一面。大乘菩萨反而是愈多苦难的地方他愈要来，好的地方他反而不去。

对于乐于住世而可度的众生，菩萨就可以把七天变成一劫，把短的时间在感觉上拉长，因为他要长嘛！为了要度他，使他感到过了一劫。

"或有众生不乐久住而可度者，菩萨即促一劫以为七日，令彼众生谓之七日。"相反地，有的众生认为世界太苦了，不如早日离开，菩萨就把一劫变为七天，使他感觉上变得很快就过去了。

时间、寿命的长短是没有一定的，是唯心所造，唯心所变。人在欢乐中，时间过得很快。有的人做生意比较得意时，会希望能再多几年。痛苦中的人，像受刑的人、医院中的重病者，是度日如年。这就是唯心的道理，要参究的。《维摩诘经》中处处是大话头，"念佛是谁"，是我，没什么好参的，要参就参大话头。

这里也牵涉到后世学佛的人要"即生成就"和"即身成就"的问题。"即生成就"是禅宗所标榜的，这一生就可以顿悟成佛。密宗标榜"即身成就"，这个业报之身转化成佛的色身，父母所生的肉身转化成圆满的报身。显教对于禅宗所标榜的"即生成就"已经觉得有问题，对于密教标榜的"即身成就"更难同意。根据教理，由凡夫来学佛，要经过三大阿僧祇劫才能成就，不可能有"即生成就"的，更不承认有"即身成就"。禅宗所依止的《楞伽经》提过"劫数无定"，所以学禅的和学密的就主张,安知这一生不是最后一生?但是这种气派也很狂妄,据我几十年看到过的,大部分标榜这一生就是最后一生的,都不大圆满,更没有看到一个报身圆满修成的。

所以不要读了《维摩诘经》这一段而自我傲慢,修行毕竟要从实际来的。可是在实际的修行中也不要气馁,佛说劫数无定,地数也无定,所以《楞伽经》也说初地等于十地,十地等于二地,二地等于七地。这十个地给它颠倒一番,十地菩萨等于无地,不是无地自容,是说一切地、一切时间都在一念之间。所以一念得解脱,劫数也无定。

住不可思议解脱菩萨所能

"又舍利弗,住不可思议解脱菩萨,以一切佛土严饰之事,集在一国,示于众生。"证到了不可思议境界而能够得解脱的菩萨,可以把一切佛的国土中最庄严的事(例如极乐世界的庄严、东方药师佛世界的庄严),集中到一个国家,给众生看到。以凡夫眼光看来,这事连凡夫都能做到,也许古人会怀疑,但是今日科学进步、商业发达,任何国家都有可能把其他国家好的东西集中到一处,做成模型展览。凡夫能做到,佛菩萨当然更没问题,不需要怀疑,这是第一层。但是我们真到达证到,就要注意"住不可思议解脱菩萨"是先"住不可思议"的,这话好像很容易懂,但要能证到不可思议非常难,证到能得解脱也非常难,这是第二层,也可以说是两步工夫。

我们先解决不可思议,诸佛菩萨有不可思议智慧,有不可思议的神通,有不可思议的功德。一切众生也有不可思议的聪明,有不可思议造业的神通,有不可思议善恶的功德。这不可思议在什么地方呢?我们经常做个比方,譬如我们对自己就不可思议,你明天会做什么事，想得到吗？谁也想不到。你下一个观念，心中想什么东西，谁也不知道。明天后天人生遭遇如何？不知道。不知道就是不可思议，是凡夫的不可思议，你没有办法去推想，即使自己先做了安排，到那个时候，时空变了，环境不同了，完全不如理想。我常和年轻同学们谈人生境界，几乎没有人活着时能真达成自己理想的。假使有人能做到，这个人的福德非常高了、非常够了。

若问为什么人达不到自己的理想，因为自己的心意识不可思议，何以如此？大家回想自己的人生境界，理想比事实美多了。比如你期待明天要去郊游，自己就在想目的地景致如何如何，真到了那里，又累又渴，不那么好玩。这里就要参了，为什么会不可思议？你真参通了这个，达到解脱就很容易，因为人生的理想永远不可能实现，那都是梦幻。我们大梦幻中的小梦幻更不能做到，理解通了，自然解脱，不被自己欺骗。

"又菩萨以一佛土众生置之右掌，飞到十方遍示一切，而不动本处。"这文字很好懂，菩萨境界的人得到不可思议，把十方世界的佛国，右手一抓，放在手掌上，然后自己飞到十方世界给大家看，十方世界的这些众生，他们自己觉得动都没有动。只有住不可思议得到解脱的菩萨，才做得到这些。古人看《维摩诘经》觉得是神话，一切都不是神话。现在凡夫也做得到，用一个录像机把全世界都摄录下来，以凡夫的智慧，透过物质关系，也做得到。以菩萨的神通智慧，绝对更容易做到。现在这里若有一位肉身菩萨，他就可以表演给你看，但是他一表演就会走了，不到一个钟头立刻就要走的。他不能留，否则要找他的人不知有多少，烦都能把他烦死了。所以肉身菩萨是不露神通的，事实上，这是唯心的功能，都可以做得到的。

"又舍利弗，十方众生供养诸佛之具，菩萨于一毛孔，皆令得见。"这一条好像毫不相干，其实很相干的。供养与布施不同，对下是布施，对上是供养。现在认为拿钱就是供养，当然钱是流通的，可以买到物质的东西。佛经上讲供养，归类起来有四样：衣服、饮食、卧具、药品。包括了穿的、吃的、睡的，尤其是调理健康的药。

实际上我们吃饭也是吃药。你们看济癫和尚的小说，他有一次去逗一个医生，故意问医生包子馒头治什么病，医生不知道，他答说是治饿病的。这里说，住不可思议解脱菩萨，在一毛孔中都看得见十方一切众生供养佛的东西。那是真做到的，不用一毛孔都做得到的，如果修持观行到了的话。我常说你们修白骨观的，连一根脚指头都观不起来，不要说观到白骨在放光了。做到了的人，自己本身白骨的毛孔放光是很自然的，放光了之后，在黑暗中能看东西也很自然。为什么？我们自己的身心本能，就具备了这样的功能。

庄子说过："瞻彼阙者，虚室生白，吉祥止止。"可见他也到达了这个境界。真达到空境界的人，在一个空洞的黑暗房间里都会放光，那是在定的境界，吉祥圆满。所以在一毛孔中看见十方一切众生供养佛的东西，那是当然。即使现在我们凡夫，透过显微镜，也可以看见细微世界；透过电视，也可以看见远方世界如在目前。

"又十方国土所有日月星宿，于一毛孔，普使见之。"这只要得初禅定的人都办得到，自己在定境一观（不是肉眼观），整个天地身心都在前面。中国古书常说日月星辰，什么是辰？现在的同学们，即使得了高等学位的，可能都会被考倒了。日月星辰是四样东西，与日月星宿一样吗？不一样的。中国古代天文学有所谓二十八宿，就是二十八个星座。太阳的行度一年有三百六十五度多，不用日子计算，而用干支计算。十个天干加上十二个地支，变成甲子、乙丑、丙寅等六十花甲，这是计算宇宙天文的行度，在天体上叫作"缠度"，是天体在虚空中的行度。每一个月的每一天，晚上星座在天空出现的位置都不同，"宿"就是晚上住在的那一宫，住在天体的那个范围。"辰"是在早上观察星座的位置，每一个月的每一天亦不同。

中国古代的天文是世界第一，了解天文就需要数学，中国古代的数学也是第一，可是现在中国的科学却是落后的。好几年前，我们的童子军去参加世界童军大会，别的国家的童子军晚上都能认得星星，我们的童子军就认不出来，真是遗憾。今天下午有位同学问到我这个天文的问题，我要他先去读《史记》的《天官书》，再配合现代的天文学去研究。以前带兵的要上知天文下知地理，黑夜之中行军，没有方向没有时间，怎么走呢？只有靠着天空星座的位置判断。

这句经文讲十方国土一切日月星宿，想想看，那个范围有多大！但都在一个毛孔中可以看见，这是菩萨境界。现代的太空科学家用高倍的天文望远镜，用一小点，虽然未必看得见十方国土一切日月星宿，也可以看见许多银河系统、星云，使得凡夫的智慧也追近了菩萨的智慧。佛经上有句话："诸佛菩萨智慧神通不可思议，一切众生业力也不可思议。"把一切众生的业力翻过来，就变成诸佛菩萨智慧神通，所以由凡夫成佛，就在一念之间一转而已。但你转不过来，能转得过来，"即生成就"又有何难？

风 火 音 声

"又舍利弗，十方世界所有诸风，菩萨悉能吸着口中，而身无损，外诸树木，亦不摧折。"菩萨境界可以把十方世界所有诸风一口气吸入自己的肚子，肚皮也不会胀起来，而最难的是，外面的树木没有了空气也不受损害。这个真无法想象，我主张现代青年同学要开发新的路子研究佛经，不要走老路子，老的注解现代人不大容易接受，只会让佛法落伍。一定要走科学路线，我是不懂科学的，你不要听我在乱讲，我只是有一点皮毛常识，不过在刺激大家要去注意。

比如我们研究这一句经文时就要想到，地球的大气层愈到外层愈稀薄，最后就没有气了，这星球之间没有气的真空地带在《华严经》叫做"香水海"，并不真是海。现代人知道，乘太空船去外太空，外头全黑的，也没有空气，所以太空船要带氧气。"太空"是现代名词，不要和佛学的"太虚空"混为一谈，这是两个观念。好了，照这句经文讲，有神通的菩萨一口把地球上的气吸进身内，可是外太空星际之间没有气，要到另一个星球才可能有气。请问这个神通要怎么吸？此其一。假使我们有科学知识，再来看佛经就愈看愈有趣，问题愈来愈多，也愈来愈相信佛法。

所以各位不论在家出家的，一定要有"综合科学常识"，学物理、化学、电机的是专门科学，没有综合。综合科学是有这些专门学科的基础，作总结论的，是门新兴科学。

第二个问题，我们到非常高的山上去，那儿空气稀薄，平地人去了，呼吸会感困难，是不是得道菩萨把空气吸进肚子，把那一段空也吸进去了？

表面上看，《维摩诘经》讲的这些境界好像是神话，实际上，真有禅定工夫的人绝对能体会到，到了三禅以上气住脉停时，硬是有这个境界。马祖接引一个人称庞居士的庞蕴时，庞蕴问：不与万法为侣者是什么人？马祖说，等你一口吞尽西江水，再同你说，庞蕴因此悟道。西江是江西一带的水，谁能够一口吞进呢？一般讲禅学的，都是讲理论，人一口吞下一碗水都做不到，怎可能一口吞下西江水？但这个是实证的境界。刚才露了一个消息，要到三禅以上气住脉停时，这些境界就可以体会了，才知道佛经没有一句空话。

"又十方世界劫尽烧时，以一切火内于腹中，火事如故，而不为害。"十方世界劫数尽了就会烧起来，这是佛经提到三灾八难中的大三灾之一。小三灾指人类世界的刀兵、瘟疫、饥馑。大三灾是火、水、风灾。比方地球要毁坏时。

第一个灾难是火灾，等于古书说的十日并出，地球烧成了灰，一直烧到初禅天界。这是电能，发热。你们打坐时觉得身上发烧，这些同地水火风都有关系。这种灾难在过去有没有呢？汉武帝时，根据正史，佛法是在七八十年甚至一百年后才传入中国，其实早在秦始皇时代，已经有印度的和尚来过。汉武帝时，佛教至少已传入蒙古地方，当时出征蒙古所俘虏的人，身上就带有佛像，汉书上叫"金人"，就是佛的铜像。汉武帝在云南修昆明池，地下挖出黑泥，不知是何物，汉武帝就问道家称为神仙的东方朔，东方朔故意装不知道，说要找西域来的番僧来问。等找来番僧，他说是前劫之劫灰。也就是说，这世界在若干千亿万年前，世界末日焚烧时剩下来的东西。是什么？就是煤炭。现在我们也知道，若是纯度高的，经过冷冻压缩的，就成了金刚钻。你看两千多年前佛家，竟然已经有了这样的知识！

第二个灾难是水灾，世界都被水淹了，这不是普通的洪水，淹到二禅天界了。这同我们做工夫有绝对的关系，我常要求同学们注意这些，不要光弄大乘佛学空洞的理论，说了半天，既不能得解脱又不能得实证。现在科学界担心的是，生态气候的变化，导致南北极的冰山融化，整个世界会淹没，到时喜马拉雅山可能变成一个小海岛，或者没顶也可能。人类到时就灭亡了，照佛经说，全世界的人口，仅剩了五百个好人做人种。我们做工夫时，身内发胀发麻都是水大作祟，水大作祟生的病，如高低血压、糖尿病等，包括守戒的漏。地水火风四大，每一大各有一百零一种病，共有四百零四种病。

到了风灾来临时，三禅天也毁了。这些同我们做工夫、色身四大的变化有密切的关系。这些道理都要参通，否则做工夫到了某一阶段，是什么原因都不知道。

现在经文讲到十方世界火劫来的时候，菩萨可以把一切火收容到肚子里，而火的燃烧功能一点也没有毁坏。我们当年看的武侠小说，还珠楼主写的《蜀山剑侠传》，里头就有这些，书中主角就是把劫火放在手中搓揉，把它搓小了放入袋中拿走，所以世界人类没有受害。我们看了，就知道作者对佛经和道书都看得很熟，所以有这么多的幻想资料。胡适之反对文言，可是他自己也爱读《蜀山剑侠传》。

"又于下方过恒河沙等诸佛世界，取一佛土，举着上方，过恒河沙无数世界，如持针锋举一枣叶，而无所娆。"我们要注意，佛经每一句经文都不是随便编的。他说大乘菩萨可以从我们这个世界下去，穿过了地球，过了不知道多少星球，抓了在下方的某一个佛土，拿回来向上送，又过了不知道多少星球，等于一根缝衣服的针顶住一片枣树的叶子，就那么轻松，然而对这佛土上所寄生的众生，却毫无妨碍。借用现在的例子，人类去到月球，把那边的石块挖了回来，也把地球的美国国旗插了上去，看起来轻而易举，也是人的不可思议的智慧与力量。但只能到月球而已，其他的星球我们人还上不去。用佛法的实证工夫来讲，如果禅定境界没有达到上下连成一体，即所谓得定，没有达到一念不生，是做不到的。在密宗是要中脉通了才行。这里讲用针尖顶一片枣树的叶子，不是芭蕉叶，也不是菩提叶，是有它的道理的。

上面都是拿物理世界做比方，接下来是另一类了。

"又舍利弗，住不可思议解脱菩萨，能以神通现作佛身，或现辟支佛身，或现声闻身，或现帝释身，或现梵王身，或现世主身，或现转轮圣王身。"住在不可思议境界的菩萨，能够以神通现身做一切的佛事。他或者变成佛，或者佛没出世时的缘觉佛，或称辟支佛。辟支佛是翻音，用禅宗祖师的话是"无佛处称尊"，因因缘而悟道，在孤峰顶上弘法十方。譬如天台宗祖师智者大师的师父慧思大师，他只在山顶"气吞诸方"，不下山弘法，他门下有个智者大师，够了。等于六祖门下出了个马祖就够了。声闻是罗汉，帝释是欲界忉利天天主，梵王是统领初禅三天和欲界的天主，世主是人世间的皇帝，转轮圣王是统治世界的皇帝。

《观世音菩萨普门品》提到的三十二应身，同这一段是一样而又不同。这一段说住不可思议境界的菩萨，随时可以出世入世，现佛身或帝王身。《华严经》讲过，治世（太平盛世）的帝王是十地菩萨转世。所以三代的尧、舜、禹都是十地菩萨的化身，这就是功德智慧，就是神通。

"又十方世界所有众声，上中下音，皆能变之，令作佛声，演出无常苦空无我之音，及十方诸佛所说种种之法，皆于其中，普令得闻。"佛陀说：一切音声皆是陀罗尼。所有的音声，都是普贤如来根本咒"唵阿吽"的变化妙用，三个基本音声演变来的。在我们人而言，"唵"是头部音，"阿"是喉部胸部音，"吽"是腹部音，分别发于人身的上、中、下部。中国讲发音有平、上、去、入四声辨音，是齐梁之间的沈约等人根据华严字母创立的，推动了诗词韵律的发展。四十二个华严字母，有声母、韵母之不同。所以我特别请到一位老法师，来教你们学华严字母。真通了华严字母的梵唱，学起外语就容易了。

中文本来没有注音的，东晋鸠摩罗什等法师来到中国，对这方块字很头痛，就根据梵文字母，创立了切韵的办法，就是拼音，用于翻译佛经。也有学者研究认为，是东汉末的服虔或者三国魏人孙炎，根据印度的梵文字母拼音之学创始反切法的。切韵原来叫翻切，也叫反切，翻译的翻字是由翻切来的。隋炀帝很通音韵，可是他讨厌这个"反"字，因为当时老百姓要造反，就把反切改成了切韵。到了唐宋时，就又叫作反切。这种唱念音声之学，到现代变成了音韵学，成了专门的学问。

三国时曹操的儿子文学家曹植，他有天夜里，忽然听见空中传来音乐，清雅极了，他听着就像到了不可思议解脱境界似的，就循着声音找到水边，因为他的音乐造诣很高（当时另一位音乐造诣极高的人，是东吴的周瑜，人说"曲有误，周郎顾"，他走在路上，听到有人弹奏走音，就一定会回头望去。当时这些人的才华不得了。另一位是荆州的刘表，你不要以为他懦弱，他可是易学的大家，只是政治玩不好），晓得这不是中国本土的音乐，就把它记录下来，成了《渔山梵唱》。

现在的国语是北方的发音，没有入声，与去声混合了，但是作诗作词还是要分清楚的。这一段经文讲的上、中、下音，代表了平、上、去。他说，把世界一切的音声，以住不可思议解脱菩萨的神力，都可以变成说法的声音。《阿弥陀经》上说，西方极乐世界一切鸟、风、树等的声音，都在念佛、念法、念僧。我们这个世界所有的声音也都在念佛、念法、念僧，只是我们凡夫被烦恼妄念挡住，听不见了。烦恼妄念一空，住不可思议解脱境界，听世界一切音声，都在演说无常苦空无我之法，都是法音清净。这要自己得了解脱才能够知道。

到这里，维摩居士就赶快收场，再说下去就太多了。

"舍利弗！我今略说菩萨不可思议解脱之力，若广说者，穷劫不尽。"注意这个"力"字，到达这个境界，见地工夫到达了，就具备法力。若再说下去，用一个劫数来说都说不完的。

"是时大迦叶，闻说菩萨不可思议解脱法门，叹未曾有。"这时换了一个主角讲话，大迦叶是佛弟子头陀行第一，也是禅宗第一代祖师。他听了菩萨不可思议解脱法门，叹未曾有，从来没有听过这等事。

"谓舍利弗：譬如有人，于盲者前现众色像，非彼所见。一切声闻，闻是不可思议解脱法门，不能解了，为若此也。"大迦叶以师兄身份，岔进来对师弟舍利弗讲话，比方有一个人在瞎子面前放电影，瞎子是看不见的。所以这个境界，除了住在不可思议解脱境界的大乘菩萨，一切声闻罗汉，听到这个法门，根本不能懂，智慧程度的差别，就是这个样子。

"智者闻是，其谁不发阿耨多罗三藐三菩提心？我等何为永绝其根？于此大乘，已如败种，一切声闻，闻是不可思议解脱法门，皆应号泣，声震三千大千世界。一切菩萨，应大欣庆，顶受此法。若有菩萨信解不可思议解脱法门者，一切魔众无如之何。"大迦叶又说，上面讲的不是声闻境界，真有大智慧的人得悟此理，个个都要发无上正等正觉之心，都会想求明心见性，得了明心见性，就会了解此心不可思议，得大解脱。他讲给舍利弗听，也是给其他的弟子们听：我们为什么要走小路，把大乘的善根永远断绝？我们非常惭愧，我们这样的修持真如同焦芽败种，像烂掉的种子，永远也不会长出芽来。一切走小乘路子，只求自了的人，听到这样不可思议解脱法门，应该大声地痛哭流涕；一切大乘的菩萨听了不可思议解脱法门，应该无比地高兴欣慰。

"顶受此法"，字义是把这法门放在头顶上。我要讲一下这宗教仪式，大家都很马虎了，时代不同也难怪。很多在家出家的同学,对于佛经佛像很马虎,随便放。虽然说这是书,你就算带到厕所看也可以,但是不然,我们当年接手一本佛经,一定会放头上顶礼;受一尊佛像,一定也先请到头顶上再拿下来,规规矩矩的。就算你们有时拿起来顶礼,但只是摆个样子,一点也没有诚意。

若菩萨有信解不可思议解脱法门的,一切魔障均奈何不了他。再进一步说,也同时解脱了一切佛法的束缚,才是真解脱。固然解脱了魔,但还被佛法束缚,就是没有真得到不可思议解脱法门。

"大迦叶说是语时,三万二千天子,皆发阿耨多罗三藐三菩提心。"大迦叶这么说时,一同来的三万二千天子,都发了大乘心。

这时,维摩居士就找上了大迦叶,对象变了。京剧中有这一场,出场人物都戴着罗汉像的面具,唱功不多,但做功很多,每个罗汉不同,这样的京剧恐怕以后不会再看到了。

魔王 大菩萨 解脱

"尔时,维摩诘语大迦叶:仁者!十方无量阿僧祇世界中作魔王者,多是住不可思议解脱菩萨,以方便力故,教化众生,现作魔王。"因为大迦叶懂,他到底是禅宗的第一代祖师,所以维摩居士告诉他,十方世界中作魔王的,都是十地以上的大菩萨。《华严经》讲两个对立的,十方世界治世的转轮圣王,是十地以上的菩萨才来。但是能与佛对抗的魔王,也是十地以上菩萨所演变的。所以"魔王"这个名词谈何容易啊!禅宗祖师会说,某人的境界可以入佛了,但是还不可以入魔。要魔佛两边都不着,才是得真解脱,然后也可以成佛,也可以成魔。

原始佛经翻译过来时，魔字本来用"磨"，是磨练的意思，经典常用"磨罗"。后来加上宗教观念，就把它变成魔鬼的魔。这其中的观念是有差别的。

这里维摩居士好像是在推崇魔道，他是讲大魔王，不是小魔王。严格地讲，谁是大魔王？十方一切圣贤、一切教主，才是真正的大魔王！没有这个境界是不能成圣人的。

接下来讲什么是魔王大菩萨境界。

"又迦叶，十方无量菩萨，或有人从乞手足耳鼻、头目髓脑、血肉皮骨、聚落城邑、妻子奴婢、象马车乘、金银琉璃、砗磲码碯、珊瑚琥珀、真珠珂贝、衣服饮食，如此乞者，多是住不可思议解脱菩萨，以方便力而往试之，令其坚固。"修道的人都怕魔，对不对？但是真修道的人要拜魔，求魔来磨你，魔还不肯来呢！你能受魔王折磨要多大的福气啊！真受得了魔，打过了这一层，你的道理就跃进一大步。所谓"道高一尺，魔高一丈"，魔的力量比道还大。如果你磨不过去，你的道只高一尺而已，魔可是有一丈高。如果你能把魔降伏了，就跳了九尺，你还不干？有便宜还不晓得占，可见众生没有智慧。

这里说，魔在哪里？给你反对、给你刺激、给你烦恼的都是魔。十方世界有无量大菩萨现身作魔王，故意要人家这样那样，要人家的手脚、财产，要了以后还打你、笑你。真做菩萨是什么都可以布施的。布施身体的手足、血、皮、骨等，比较容易。比如血库缺血了，要你捐血，你会同意。要你把房子捐出来，干不干？舍不得了吧！这还不算，要你把太太或先生让出来，恐怕你会动刀子了。然后还有你的车子、首饰等，都拿出来。有人专门来向你要，其实都是菩萨变成魔王来试你。

中国文化有几句话，跟这段经文是异曲同工，我前面讲过了，你们也记了笔记，但是还记不住："能受天磨真铁汉，不遭人忌是庸才。"你们出去做事，受不了人家嫉妒打击；我说我为你高兴，还有人嫉妒打击你，如果你窝囊的话，就没人要嫉妒打击你了，这代表你没什么了不起嘛！

许多人为了财产纠纷烦恼，清朝安徽桐城有条"六尺巷"，据说是当时宰相张英张廷玉（之父）家中土地被邻人盖墙侵占了三尺，家人通报在京中的宰相。宰相并没有去向地方官吏打招呼，而是回一首诗给家人：

千里修书只为墙　让他三尺又何妨
长城万里今犹在　不见当年秦始皇

这事被邻人知道了，就还他三尺地，又再退让三尺，所以就成了条六尺宽的巷子。实际上，这位宰相书读得多，可能是学唐末杨玢劝家人相让的例子。杨玢在尚书任内，快要告老退休的时候，他在故乡的旧屋地产，有些被邻居侵占了。于是他的家人们要去告状打官司，把拟好的起诉书送给他看。杨玢看了，便在后面批说：

四邻侵我我从伊　毕竟须思未有时
试上含元殿基望　秋风秋草正离离

这些是中国的例子。我常说，中国宋明以后的理学家讲规规矩矩做人，是佛教的律宗，老庄道家是佛教的禅宗，讲解脱的。举这些例子，你说菩萨在哪里？不一定在庙子，不一定在宗教中，社会上很多人行的就是菩萨道。倒是穿上宗教外衣的人，常常听闻佛法的人，却做不到。社会上很多不信宗教的人，我看了肃然起敬，他们真是菩萨。

　　维摩居士说，种种来磨难你的都是菩萨，所以你们夫妻感情好的是好菩萨，感情坏的是坏菩萨，都是菩萨！你把另一半当是菩萨，就解脱了！

　　"所以者何？住不可思议解脱菩萨，有威德力，故行逼迫，示诸众生，如是难事，凡夫下劣，无有力势，不能如是逼迫菩萨。譬如龙象蹴踏，非驴所堪，是名住不可思议解脱菩萨，智慧方便之门。"为什么菩萨才能做魔王来折磨人？因为住不可思议解脱菩萨才有这个威德力。威德是从福德来的，魔王一定是有大福德大享受的。像你们连饮食都艰难的话，要做魔王还做不了呢！只有魔王才有资格来迫害众生，使你向善，这也是杖头出孝子的道理，反的教化是能成就人的。但是你如果不具备威德力，就不能这么做，言不压众，貌不惊人，讲出来惹人反感，你还是做正面的菩萨吧！没有这个条件，不能做魔王去迫害人的。比如龙象，踏下去就有力量，小驴子是不能比的。

维摩诘的花雨满天（下）

南怀瑾 讲述

人民东方出版传媒
东方出版社

目　　录

下　　册

卷　　下

观众生品第七

尔时，文殊师利问维摩诘言：菩萨云何观于众生？维摩诘言：譬如幻师见所幻人，菩萨观众生为若此。如智者见水中月，如镜中见其面像，如热时焰，如呼声响，如空中云，如水聚沫，如水上泡，如芭蕉坚，如电久住，如第五大，如第六阴，如第七情，如十三入，如十九界，菩萨观众生为若此。如无色界色，如焦谷芽，如须陀洹身见，如阿那含入胎，如阿罗汉三毒，如得忍菩萨贪恚毁禁，如佛烦恼习，如盲者见色，如入灭尽定出入息，如空中鸟迹，如石女儿，如化人烦恼，如梦所见已寤，如灭度者受身，如无烟之火，菩萨观众生为若此。

文殊师利言：若菩萨作是观者，云何行慈？维摩诘言：菩萨作是观已，自念：我当为众生说如斯法，是即真实慈也。行寂灭慈，无所生故。行不热慈，无烦恼故。行等之慈，等三世故。行无诤慈，无所起故。行不二慈，内外不合故。行不坏慈，毕竟尽故。行坚固慈，心无毁故。行清净慈，诸法性净故。行无边慈，如虚空故。行阿罗汉慈，破结贼故。行菩萨慈，安众生故。行如来慈，得如相故。行佛之慈，觉众生故。行自然慈，无因得故。行菩提慈，等一味故。行无等慈，断诸爱故。行大悲慈，导以大乘故。行无厌慈，观空无我故。行法施慈，无遗惜故。行持戒慈，化毁禁故。行忍辱慈，护彼我故。行精进慈，荷负众生故。行禅定慈，不受味故。行智慧慈，无不知时故。行方便慈，一切示现故。行无隐慈，直心清净故。行深心慈，无杂行故。行无诳慈，不虚假故。行安乐慈，令得佛乐故。菩萨之慈为若此也。

文殊师利又问：何谓为悲？答曰：菩萨所作功德，皆与一切众生共之。何谓为喜？答曰：有所饶益，欢喜无悔。何谓为舍？答曰：所作福祐，无所希望。文殊师利又问：生死有畏，菩萨当何所依？维摩诘言：菩萨于生死畏中，当依如来功德之力。文殊师利又问：菩萨欲依如来功德之力，当于何住？答曰：菩萨欲依如来功德力者，当住度脱一切众生。又问：欲度众生，当何所除？答曰：欲度众生，除其烦恼。又问：欲除烦恼，当何所行？答曰：当行正念。又问：云何行于正念？答曰：当行不生不灭。又问：何法不生，何法不灭？答曰：不善不生，善法不灭。又问：善、不善孰为本？答曰：身为本。又问：身孰为本？答曰：欲贪为本。又问：欲贪孰为本？答曰：虚妄分别为本。又问：虚妄分别孰为本？答曰：颠倒想为本。又问：颠倒想孰为本？答曰：无住为本。又问：无住孰为本？答曰：无住则无本。文殊师利，从无住本，立一切法。

时，维摩诘室，有一天女，见诸天人闻所说法，便现其身。即以天华，散诸菩萨、大弟子上。华至诸菩萨，即皆堕落，至大弟子，便着不堕。一切弟子神力去华，不能令去。尔时，天问舍利弗：何故去华？答曰：此华不如法，是以去之。天曰：勿谓此华为不如法，所以者何？是华无所分别，仁者自生分别想耳。若于佛法出家，有所分别，为不如法。若无所分别，是则如法。观诸菩萨华不着者，已断一切分别想故。譬如人畏时,非人得其便。如是弟子畏生死故,色声香味触得其便也。已离畏者,一切五欲无能为也。结习未尽,华着身耳。结习尽者,华不着也。舍利弗言:天止此室,其已久如?答曰:我止此室,如耆年解脱。舍利弗言:止此久耶?天曰:耆年解脱,亦何如久?舍利弗默然不答。天曰:如何耆旧,大智而默?答曰:解脱者,无所言说,故吾于是不知所云。天曰:言说文字,皆解脱相。所以者何?解脱者,不内,不外,不在两间。文字亦不内,不外,不在两间。是故舍利弗,无离文字说解脱也。所以者何?一切诸法是解脱相。舍利弗言:不复以离淫怒痴为解脱乎?天曰:佛为增上慢人,说离淫怒痴为解脱耳。若无增上慢者,佛说淫怒痴性,即是解脱。舍利弗言:善哉!善哉!天女,汝何所得?以何为证?辩乃如是?天曰:我无得无证,故辩如是。所以者何?若有得有证者,即于佛法为增上慢。

舍利弗问天:汝于三乘为何志求?天曰:以声闻法化众生故,我为声闻。以因缘法化众生故,我为辟支佛。以大悲法化众生故,我为大乘。舍利弗,如人入瞻卜林,唯嗅瞻卜,不嗅余香。如是,若入此室,但闻佛功德之香,不乐闻声闻、辟支佛功德香也。舍利弗,其有释、梵、四天王、诸天、龙、鬼、神等入此室者,闻斯上人讲说正法,皆乐佛功德之香,发心而出。舍利弗,吾止此室十有二年,初不闻说声闻、辟支佛法,但闻菩萨大慈大悲,不可思议诸佛之法。舍利弗,此室常现八未曾有难得之法。何等为八?此室常以金色光照,昼夜无异,不以日月所照为明,是为一未曾有难得之法。此室入者,不为诸垢之所恼也,是为二未曾有难得之法。此室常有释、梵、四天王、他方菩萨来会不绝,是为三未曾有难得之法。此室常说六波罗蜜、不退转法,是为四未曾有难得之法。此室常作天人第一之乐，弦出无量法化之声，是为五未曾有难得之法。此室有四大藏，众宝积满，周穷济乏，求得无尽，是为六未曾有难得之法。此室释迦牟尼佛、阿弥陀佛、阿閦佛、宝德、宝炎、宝月、宝严、难胜、师子响、一切利成，如是等十方无量诸佛，是上人念时，即皆为来，广说诸佛秘要法藏，说已还去，是为七未曾有难得之法。此室一切诸天严饰宫殿，诸佛净土，皆于中现，是为八未曾有难得之法。舍利弗，此室常现八未曾有难得之法，谁有见斯不思议事，而复乐于声闻法乎？

舍利弗言：汝何以不转女身？天曰：我从十二年来，求女人相了不可得，当何所转？譬如幻师化作幻女，若有人问：何以不转女身？是人为正问不？舍利弗言：不也，幻无定相，当何所转？天曰：一切诸法，亦复如是，无有定相，云何乃问不转女身？即时天女以神通力，变舍利弗令如天女，天自化身如舍利弗，而问言：何以不转女身？舍利弗以天女像而答言：我今不知何转而变为女身。天曰：舍利弗，若能转此女身，则一切女人亦当能转。如舍利弗，非女而现女身，一切女人，亦复如是。虽现女身，而非女也。是故佛说一切诸法，非男非女。即时，天女还摄神力，舍利弗身还复如故。天问舍利弗：女身色相，今何所在？舍利弗言：女身色相，无在无不在。天曰：一切诸法，亦复如是，无在无不在。夫无在无不在者，佛所说也。

舍利弗问天：汝于此没，当生何所？天曰：佛化所生，吾如彼生。曰：佛化所生，非没生也？天曰：众生犹然，无没生也。舍利弗问天：汝久如当得阿耨多罗三藐三菩提？天曰：如舍利弗还为凡夫，我乃当成阿耨多罗三藐三菩提。舍利弗言：我作凡夫，无有是处。天曰：我得阿耨多罗三藐三菩提，亦无是处。所以者何？菩提无住处，是故无有得者。
舍利弗言：今诸佛得阿耨多罗三藐三菩提，已得当得，如
恒河沙，皆谓何乎？天曰：皆以世俗文字数故，说有三
世，非谓菩提有去来今。天曰：舍利弗，汝得阿罗汉道
耶？曰：无所得故而得。天曰：诸佛菩萨，亦复如是。无
所得故而得。

　　尔时，维摩诘语舍利弗：是天女已曾供养九十二亿诸
佛，已能游戏菩萨神通，所愿具足，得无生忍，住不退转，
以本愿故，随意能现，教化众生。

　　现在开始讲第七品。我们要把握本经一个观念，《维摩诘
经》的重点是不二法门的解脱，不二法门是无所谓出世入世、
修道与不修道。佛与众生，本来已经解脱了，没有人束缚你。真
得了解脱，就可以证得法身了。法身本自清净，何以能证得清净
呢？必须有解脱的般若。所以解脱、法身、般若是一体的。把握
了这个重点，再来研究第七品。

　　这一品有个重点，在《金刚经》里佛也提过这个问题，佛
说："所谓众生者，即非众生，是名众生。"一切众生本来自我
解脱的，本来在道中。因为我们不能得解脱，《金刚经》最后提
出结论："一切有为法，如梦幻泡影，如露亦如电，应作如是
观。"怎么去观呢？本来是个大法，可是因为我们不了解，把它
变成了小法了。把大止观变成了小止观，所以怎么观也观不起
来。这个观是心观，心解脱了是正观。如何心得解脱？要般若正
观，也就是正念。如何是非众生？他告诉我们非众生并不就是
佛，反过来讲，众生即非众生，也无所谓佛不佛。有个佛的观念
存在，就不是佛，又变成众生了。

幻 观

"尔时，文殊师利问维摩诘言：菩萨云何观于众生？"行大乘菩萨道，怎么样看众生？我们学佛的人要先检讨一下，普通一提到"众生"这名词，我们就想到猪牛狗马，或者别人。从来没有想到自己也是众生，对不对？这是我们常犯的错误，我们就是众生，这是第一。第二，行愿时犯的错误是，大家都知道要度众生，对于自己亲近左右的人，像是父母、夫妻、儿女、朋友，却非常怨恨，度不了自己身旁的众生，只有结怨。这是要好好反省的。

鸠摩罗什法师的翻译都是用"众生"，到玄奘法师就是用"有情"，甚至有的地方他连"有情"都不用，而是用"补特伽罗"——"数取趣"。我们看到鸠摩罗什法师翻译的"众生"，就要参考玄奘法师的翻译。在梵文中，"众生"是指现象，就像是一盆花的花朵，而"有情"是指花的根，因为"众生"是因有情欲而来的。到宋朝以后，有时就把两种翻译连起来用，成了"有情众生"，就把这名词的意义表达了三分之二。不过还有一个意义没有包括：数取趣。所以在《成唯识论》还是用音译的"补特伽罗"。

观众生就是观自己，自己观成了，再观一切有情众生。观是真实工夫，硬要止观做到了。例如小乘与大乘共同修法的白骨观和不净观，我几十年来大声疾呼，我们在末法时代不要忘了佛的本法。白骨观和不净观真地修好了，显教各种的止观、各种定力三昧，密教的各种法门，就都通了，非常非常的重要。很多密宗画的佛像，脚下就踩着个死人骷髅，莲花生大士手里拿的就是骷髅杖，再不然普贤菩萨手上托的是天灵盖，就是要你先把基础的白骨观和不净观修好了，才能进一步修转化的法门。

为什么讲到这里呢？修白骨观的人由一根脚趾头开始，把自己观成白骨的修法成就了，然后观一切众生都是白骨。这只是成就了初步止观的观，还没有到达真正大止大观的境界。到达白骨化光，连光也空，与虚空合一，才是白骨观的成就，这还是止观的初步。由此证得各种果位，是小乘的基点，化空以后，由此起行愿，一步一步走入大乘般若境界。

《维摩诘经》上讲的"观于众生"，就是由这个止观扩充到大的实相法门，不是理论。现在看维摩居士的答案。

"维摩诘言：譬如幻师见所幻人，菩萨观众生为若此。如智者见水中月，如镜中见其面像，如热时焰，如呼声响，如空中云，如水聚沫，如水上泡，如芭蕉坚，如电久住。"这些是佛经常对现象界用的比喻，佛学上有所谓"十比喻"，就是这里用的。《维摩诘经》文字流畅，我们常就这么看过去了。文学境界正是落在"有情"的"情"上面，修道的人看到好的诗词歌赋，就不应该被它骗走了，要拿智慧来念。反而是研究唯识这些智慧的学问，却要用情感来看。一切学问成就的巧妙就在这里。

现在维摩居士用比喻的法门，是比方，不是真的。但是这比喻又是真的，因为是止观的境界，这个印象真达到了，你的定力就够了。他说比如"幻师见所幻人"，幻师是变把戏的，用今天的话是像拍电影时的摄影师。你们都用过照相机，不见得搞过电影，在摄影棚中拍摄一天下来，自己都不知道在搞什么了。我们看到的电影都是他拍下来的，他拍了后只看这个画面，不是在看戏，那个心情是不一样的。"幻师见所幻人"就像是这个心情。从止观来说，不管你用什么法门，数息、念佛、观想，到了这时候，一幕一幕的境界就出来了，乃至看自己的身体也如此。此时，你不要忘记"譬如幻师见所幻人"，不是真的。认为是真的就被骗了，入魔了。说是假的吗？不是假的，梦幻也是真的。这个里头需要般若了，需要解脱了。

菩萨观一切众生，乃至观自己的身心，从四念处开始。这四念处是大小乘基础的基础，不能动摇的。我们再提一次："念身不净、念受是苦、念心无常、念法无我。"要观到自己身心真如幻境，就是正止观了。

"如智者见水中月"，这里要注意"智者"这两个字。看水中月是佛的八万四千法门中的一种。禅宗的祖师们常讲在水边林下行道，中国佛教画观世音菩萨在南海上打坐，都是水观或观水中月，是真实的修法。不过要修过这个法门的师父指导，否则容易走入幻境。在水边或海边看月亮，很容易就忘掉身体了，忘掉了我，忘掉了一切，好像水中的月与我身心浑然一体。观成功后，离开了水月现场，意识上还随时在水月境界中，心境无比清净，无比清凉，立刻得到解脱。但是要注意，譬如幻师见所幻"境"，不要认为自己成功了，那样马上很多妄想境界就来了。书读得多的人幻想愈多，比如王阳明的诗：

险夷原不滞胸中　何异浮云过太空
夜静海涛三万里　月明飞锡下天风

王阳明当时受奸臣刘瑾迫害，要追杀他。他那时正在学天台宗的禅，他逃到一处躲起来，故意留下一对鞋在水边，追杀他的人以为他投水了。这时他心中平静，看空了生死，这首诗的气派极大。飞锡是讲智者大师的典故，大师到了天台山，在两山之间，将锡杖一丢，就乘锡杖而飞过。你看你们个个听得眼睛发亮，在领受这诗的境界，如果修定修观到了这个样子，就已经是魔障了！是什么魔障？文字魔障起来了。你说自己也没有打妄想，但你这境界一起来就是魔障了。所以修止观是不容易的。你虽然没有起男女之欲，也没有求名求利，文字魔也是魔，就障碍住你了。

这里讲的水月观等都是梦幻观，是真工夫。密宗叫作幻网三昧，有专门修这个的法门。在显教有《梵网经》，只提这个法门。

"如镜中见其面像"，这在密宗也有这种法门，但是不可以多修。比如在修准提法也偶尔会露一点消息，打坐时坐在镜子前面，自己看自己，不用半个钟头，你身体就没有了。你们听了不要自己去玩啊！玩不好同我没有关系的。这种看自己的法门在密法是大戒，不是有大功德的人不能修的，修不好就是精神分裂。修得好就化身成就，看到镜中的人变成了我，自己这肉体就丢开了，看一切众生就如梦幻。这是提一点影子给你们听，不是全部的修法，只是证明显教的佛经，都是实际修法的真事。

"如热时焰"，你在大热天时看马路，尤其是在高速公路上，看到前面像是水一样的幻象，就是"热时焰"。佛经上说，我们人类的水，在饿鬼看起来是火，他不敢喝的，在天人看来又是脏的东西。这是看你从谁的观点在看，所以物质界没有一样东西是真实的。我们看到的高楼大厦，在物理大师的眼中就不一样，可见世上东西都是"热时焰"。你打坐到某个程度会流汗，有时候牙痛，头发胀，那是里面发炎，不是打坐坐出来的，是你身体内部本来有毛病，因为静极了，把里面的病逼了出来，这对身体是有益的，但是因为信心不够，就乱投医。这个时候的用药，同一般的用法是两样的，一般医生不知道，药吃下去更不对，打坐就变成病了。

"热时焰"是讲有时你打坐看见了什么境界，自以为得了天眼通，认为看见的都是真实的。当然不是的，是你身体内部所存的"热时焰",由于后脑神经的气脉不通所引起的。所谓气脉不是空气之气,是属于血液循环的流行。因为流行不通透,就发出这些光影。有人修止观的,到了眼睛,眼睛发红,到了耳朵,耳朵发炎。这是修止观的热时之焰,是假象,你一概不理就进一步了,就可以得如幻三昧,进去了。

"如呼声响",是空谷回音,声音一出就回过来是响。空谷回音,你们去到山野中,如果要躲雨时,不要随便入山洞,佛门规矩是要先拍掌,如果山洞有回音,立刻就要退出来。古代是说这代表了洞中有妖怪,实际上,山洞或是一间房中有回声,代表着空气不能对流。如果有对流,就没有回声,这是科学道理。空气不能对流当然不好,废气容易积聚,容易被闷死。声响的作用在于此。

念佛、修观音法门的人碰到这个境界就要返闻闻自性,许多又学念咒子、又学止观、又学听呼吸的人,甚至从印度传过来的、现在全世界流行的超觉静坐,念咒子念惯了,到了相当程度,耳朵里经常听到有人跟你讲话,很多人就这样变神经了,例子特别多。事实上,"呼声响"的幻观法门是修行上必经之路。搞错了以为是耳通,耳朵里听到跟你讲的事都很灵验,有的人就出来玩神通、卖钱了。了解的话,就要把握《维摩诘经》这一段——"譬如幻师见所幻人",智者观之皆如梦幻空花。那样你可以修正止观了,那声音也马上就没有了,就会进到自性真空的境界。如果不懂这个道理,就被幻象的声音迷住了,这就是小说讲的走火入魔,这魔都是你自己变的,哪里有什么魔!

"如空中云",这个观法在普通地方不能修持,要住山顶的人才能修,要在孤峰上打坐,也不能跏趺坐,要用狮子坐,手撑着,观云海而入定。慢慢自己的身体化做一片云,受阴就空了,很容易进入空幻三昧。

"如水聚沫"，这修法也真有的，同上面说的水边林下修法不同。据我了解，水聚沫的法门是不大肯传的，因为据佛经上说，这法门是龙宫的修法。不过这消息在《楞严经》也露了一点，二十五种圆通法门中就有一位菩萨是修水观的。中国隋朝时有位比丘是修水观的，在《神僧传》上有记载。这比丘在房中作水观，有人来叫他吃饭，看不到人，但是整个房中都是水，有人就捡了颗小石子投入水中。师父出定之后，觉得胸中痛，像有个东西在里面。等叫来人了解了事情经过之后，就吩咐等一下再回去房中，从水中把石子捡出来。于是比丘重回房中作水观入定，徒弟捡走了石子，他再出定就好了。你们听了笑，这不是小说啊！是真工夫，你修成了就到了如幻三昧。

"如水上泡"，这同"水聚沫"是两个特殊修法，是龙宫的修法，是水族众生修的法门。

"如芭蕉坚"，我告诉你们一个经验，我可算是个笨人，但是又可以说是很聪明。为什么这么讲？我常说世界上成功的人，都是最聪明的人走最笨的路，一定成功的。聪明的人走聪明的路，百分百失败的，你们很多年轻同学都犯这个错误。我当年读佛经，讲芭蕉，当然我是看过芭蕉树的，但是不懂佛经的比喻，就去砍了株芭蕉树，然后硬把它扒开，才看到中间是空的。岂止是芭蕉树，世界上万物的中心都是空的。比如桃子的核，你把它敲开左右两半，中间也是空的；我们吃的米粒，中间也是空的；我们头发的中心也是空的；这就是佛法。有骂人的话"空心大佬倌"，是说人空洞不实在。

"如芭蕉坚"的修法在哪里呢？修气脉色身成就了的人就到这个境界，他觉得身体是个皮囊，中间是空的，随时都在无念的境界，身子也空了。一切红教、白教、花教，走气脉修法的法门，就是这个法门。

"如电久住"，芭蕉不是坚的，电也不久住的，这里鸠摩罗什法师他翻得妙啊！电闪一下就没了，但是它真的是有，你不要看一刹那，一刹那就是千秋，千秋就是一刹那。这种修法是看光，修到了光与我都合一了，进到了空的境界，就是如幻三昧。

《维摩诘经》这里用佛经中的十种比喻，既很秘密，也很明显地告诉我们，菩萨如何观众生而达到如梦如幻真实的三昧境界。为什么鸠摩罗什法师翻译时把十种比喻做了些变化？他没有提"如梦""如幻"，因为这里本身是幻观。这是否梵文原文如此，我就不知道了。

马祖的弟子南泉禅师说："时人见此一株花，如梦中相似。"这都是真实境界，你必须修持到这个境界才行，不是把鼻子一扭就悟了，你纵然把鼻子割了也不行的。

下面是空观。

空 观

"如第五大，如第六阴，如第七情，如十三入，如十九界，菩萨观众生为若此。"这些是空话，以佛学本身的名词，破一切修佛法的执着。比方他说第五大，佛学只有讲到四大；只有五阴，没有第六阴；只有六情，没有第七情；有十二入，没有十三入；有十八界，没有十九界；这些都是空观，是没有的，不要自己加上。

这个话很妙，我们学佛的人专门搞幻想，大家参禅打坐，心里有个幻想，以为入了定就什么都不知道了，思想念头都没有了，一般初学的人都有这样的想法。这是佛告诉你的吗？真是这样的话，何必学佛呢？吃安眠药去学死人就好了。佛也没有告诉我们入定以后眼睛看到什么、耳朵听到什么，他只告诉我们修定。修定是个什么境界？修定是证空观。还有人看了六祖在《坛经》中说"无念为宗"，搞了几十年也找不到无念。也不想想就算是无念了，充其量也不过是无想定。无想定不是佛法，佛也曾经修到了无想定再把它丢掉了，为什么你现在要去求无想定呢？所以要真正了解佛法，不要去空想。佛法也说要跳出三界外，哪里有个第四界？有，教理上有，叫作圣贤界，那是个假定的名称。诸佛菩萨是不出三界不住三界，随时在解脱三界。你真跳出了三界，去了第四界，佛也没说第四界在哪里。教理上的圣贤界只是名称，例如特别好的人是圣人，但是他还是人啊！就是这个道理。

我们读了这一段经文要自己反省，大家都在那里幻想。大家修定，千万要把握修止观。如何是止？系心一缘，才是正止正念。因此念佛的人行住坐卧中都要净念相继，方是正念。如此说者是佛说，非此说者，必是魔说。

维摩居士说的第五大、第六阴、第七情、十三入、十九界，都是空的，一切众生空活着，在那里空想，做些空事。如果般若观慧不清楚，修行也是空事。所以"菩萨观众生为若此"，本空，一切皆空。再下来又不同了，讲的是真实境界，要特别注意。

真实境界

"如无色界色，如焦谷芽"。无色界应该没有色了，但是他用的字很妙——"无色界色"。大家要特别留意研究唯识，研究华严。到了无色界，是有色还是无色？还是有色的，这是《百法明门论》所说的"法处所摄色"，是真实的。我们凡夫所处的，是佛所说的欲界。过了欲界，欲转化成光明，就是色界，此处所讲的光明不是这个物理世界的光，太阳月亮的光还是物理世界的光，色界的光是不同的。无色界还是有色，是法处所摄色，是自性光明来了。这自性光明是无相光，不是欲界、色界的光，是意生身之后的境界，妙观察智中所起的光色，就是佛的光色身，是真实的。因为众生修持没有到这个境界，所以佛在显教经文中不多说，但是显教的《维摩诘经》还是露了一点消息："无色界色"。

前面那几句第五大、第六阴都是没有的，下面讲的都是有的。"如焦谷芽"，焦了的谷子还会发芽？嘿，就会发芽！禅宗有句话说"冷灰里爆豆"，要大死一番才能大活。《法华经》说的焦芽败种好像永远没办法，真做到焦芽外面都打死了之后，那法身就种起来了。在物理上，焦芽只要有一点生机存在，它还是会发芽。比如说，煤炭已是烧焦了的东西，它怎么还会生火呢？又比如，垃圾堆也可以发电。这些道理在《楞严经》也露了消息："性火真空，性空真火，周遍法界，随众生心，应所知量，循业发现。"你有修持工夫，它就出来了。众生有这妄想的业力，它也引发了。

沩山随侍百丈很久。《指月录》记载，一日百丈在打坐，当时应该是很冷的天气，沩山虽然站在旁边也自己在用功。百丈看机缘到了，就要沩山把火拨一下，火可能要熄了。沩山就去拨，拨了一下，就回报百丈说，已经没有火了，他心里可能还埋怨百丈为什么不早吩咐。百丈就自己下座去拨，居然找到了一点火星，就指给沩山看，这一下，沩山开悟了。后人因此作了个偈子："深深拨，有些子。平生事，只如此。""深深拨"是要好好用功，去参透、去观透。"有些子"是这个消息才会来。就是这么回事。

所以"焦谷芽"不是没有的东西，你不要以为《维摩诘经》

这一路下来都在讲没有的东西，他可是有几个转接的。上面十种比喻是讲幻，修梦幻观。接下来，从第五大到十九界，是修空观。再下来是讲真空妙有，用天台宗的止观来讲，中观的境界出来了，非空非有，即空即有，是真实的事。何以见得？下面经文都告诉你了。

真空妙有

"如须陀洹身见"，须陀洹是初果罗汉，斯陀含二果，阿那含三果，阿罗汉四果。初果罗汉证到了以后，贪瞋痴慢疑就薄了、淡了。但是贪瞋痴慢疑薄了淡了就可以证果吗？证果不是工夫，不是修养，是般若见地。贪瞋痴慢疑等是属于小乘的思惑。你纵然贪瞋痴（慢疑还不算）薄了，还不见得证果。我们看古人或今天，很多出家人的修养都到了这个境界，没有贪瞋痴了。即使现在课堂上的诸位，贪瞋痴也很少了，但你只在这一个钟头里没有。不要认为我这一句话是玩笑，你即使能在一分钟里保持没有，已经了不起了，这就是功德。但是这不能算证果，你的见地不到，见惑没有去。见惑是什么？身见、边见、邪见、见取见、戒禁取见，这些观念是最难去的。虽然你心中没有动贪瞋痴之念，但见惑这些观念去不掉，就是止观的观不到，就不能证果。

所以须陀洹能证果，不论他修白骨观、不净观、念佛，他的贪瞋痴已经伏下去了（还没有断），破了身见。所以劝诸位赶快修白骨观，身见真空了，可以证须陀洹果，这是正面。《维摩诘经》用了反面，把正面消息告诉我们了，他说"如须陀洹身见"。证到须陀洹应该是绝对没有身见的，对不对？所以他是反面告诉你要去掉身见。

"如阿那含入胎",阿那含是三果罗汉不还果,本来是不会到这个欲界来入胎了。但是三果罗汉还有没有身呢?有的,在色界天,那不是胎生,在大乘来讲是化身,在小乘来讲是了脱分段生死,还在最轻微的变易生死,没有彻底了生死。不要认为不入胎就了了生死,这仅是对欲界而言。普通修持想不再到这个世界来的话,必须要证到三果、三禅天的境界。禅定工夫到了,贪瞋痴慢疑才能够伏下去,但是如果见地不透,还是不行的。见是最重要的,所以我常要你们留意三界天人,八十八结使。配合教理与修持,才是二十一世纪振兴佛法的路线。《维摩诘经》还是用反面,衬托正面的道理:要到了阿那含果,才能不再来这个人间。

"如阿罗汉三毒",贪瞋痴叫三毒,到四果罗汉的境界,贪瞋痴就根本降伏了。可是真不起了吗?没有。本经下面天女散花一段,把阿罗汉没有大解脱的一面露出来了,"余习未断",习气没有断。贪瞋痴三毒还是暂时伏下去而已。要把余习完全断了,除非回心走入大乘菩萨道,入世来修才行,在出世法中是断不了的。

十几年前快二十年了,有一位年轻的法师在此地的一个山洞中打坐,没有人供养,经人介绍给我,我就供养他。他每个月要下山来我这里,拿些米和日用品带回去。过了近一年,我就告诉他,你这样修是不会成功的,也悟不了道。因为你是修行人,我供养你有功德,但是你缺德了。他说:老师,我不会辜负你的期望,我在山顶上已经是无欲境界。我说:你算了吧!不要吹了!我带你去声色场所,你还能保持在山顶上的境界才差不多。你在山上可以,一入世统统垮了。他问我是怎么看出来的,我说你来到我家中,书架上都是佛经,你看也不看,只坐在客厅看茶几下面的画报,就凭这一点我就看穿你了。他当场忏悔,后来跑去香港还俗，也结婚生子。

所以说，三毒纵然到阿罗汉境界被伏了下去，不回心向大乘，不在世俗的大火烘炉里锻炼，是过不了关的！哪有这么容易！所以要学地藏王菩萨的精神，就是硬要在那里面锻炼。禅宗祖师的偈子叫你们要记得：

> 剑树刀山为宝座　龙潭虎穴作禅床
> 道人活计原如此　劫火烧来也不忙

你的禅堂在哪里？就在剑树刀山上。那个股票市场就是龙潭虎穴，搞政治的就是坐在剑树刀山上，学道的人就应该在这上面磨炼。

"如得忍菩萨贪恚毁禁"，恚是埋怨心，怨天尤人是恚心。瞋心是更强烈的怨恨心。得忍辱波罗蜜的菩萨没有瞋恚心，绝对不会犯这个戒的。禁就是戒。维摩居士说，修梦幻观的人，得忍辱波罗蜜的菩萨犯了贪瞋戒（没有讲痴）是反面说的。为什么他六度中只提这一条，其他都不提？

你看《金刚经》，明明是在讲能断金刚般若波罗蜜，重点却是在布施和忍辱，布施到了内布施就是般若，中间最重要的是佛拿自己作例子，佛在多生前被歌利王一刀一刀慢慢割死而不动念（如项羽的自刎是大英雄气派，但还是不能与佛的气度修持相比），说明忍辱波罗蜜的重要。做到布施、忍辱这两项，般若波罗蜜自然成就。做不到这一点，就不能成就。

得忍菩萨还有痴不？有的，大乘菩萨瞋恚念头都断了，无比地慈悲众生，这一念慈悲就是痴的根本。我说话负责任的。

"如佛烦恼习"，正面地讲，成了佛是绝对没有烦恼习气的。反面地讲，对不住，还是有一点点烦恼习气。佛与佛见面也要

436

问："众生易度否？少病少恼否？"这可不是我乱说的，所以学佛成道难啊！学禅的人是不可离开《维摩诘经》的，但是如果学禅的人笼统地去读《维摩诘经》就糟糕了，因为你的工夫见地都要拿这个经来核对的。

"如盲者见色"，瞎子哪能看见颜色？嘿！绝对看得见。《楞严经》就露了消息，瞎子固然看不见我们看见的颜色，但是他有他的境界，他看见的是黑洞洞的，眼识的习气还是在的。

"如入灭尽定出入息"，到了灭尽定绝对没有出入息了，是讲鼻子没有出入息。《八识规矩颂》讲入定的境界——"眼耳身三二地居"，眼耳身这三识在二禅都还有，鼻子的呼吸没有了，嘴也不起作用，不讲话了。就是到了灭尽定，没有了出入息，心脏跳动也非常缓慢，可是皮肤的呼吸还是有的。因为入灭尽定的人，暖寿识，身识没有离开。如果离开了就入了无余依涅槃。所以这里讲的还是真空转妙有的实际修持。

"如空中鸟迹"，空中鸟飞过去是不留痕的，不留吗？留的。闪电都有痕迹的，鸟总没有闪电快。刹那即千秋，到那个境界是没有时间长短了，但它是有痕迹的。现在科学用红外线照相，就可以照到鸟在空中飞过的痕迹，你离开了座位几个钟头，用红外线一照座位，还可以照到你的痕迹。

"如石女儿"，石女在古代是有生理缺憾的女性，到了今天，开刀就可以解决了。

"如化人烦恼"，化人有两种说法，普通当做是影子，影子好像没有烦恼，也有的，它是跟着我们的，我们皱眉，它也应皱眉。这还不算，只算是逻辑上的强辩，真实的化人是化身，修成了的人可以有意生身。这意生身的化身有没有烦恼呢？碰到有些境界照样会有轻微的烦恼。化身回不到色身上，或者化身回不到法身境界时，化身还是有烦恼。等于我们意境上，烦恼里面还有烦恼，有时梦中觉得自己还在做梦。

"如梦所见已寤"，这真是梦中梦了，不是说梦醒了，是梦中觉得自己已经醒了，其实还在做梦，大家都有这个经验吧。所以，这个境界是有的。

"如灭度者受身"，这严重了。完全得到灭尽定的人，他死后色身被火化了，你说他能不能再投胎？能。诸佛菩萨都是三界再来人，他们悲不入涅槃，智不住三有。他们的再来"如灭度者受身"，需要色身再来人间，随时随地在梦幻观中。

"如无烟之火"，这是最后的结论，无烟之火在今天是有的，电能发热都是无烟的。

"菩萨观众生为若此"，菩萨观一切众生，乃至观自己在世间，一切如梦如幻。这其中内容包括了幻观、空观、中观，得到空观以后才能得到真空生妙有，即空即有的观法。

现在《维摩诘经》的中心问题来了，从现在开始是文殊师利菩萨与维摩居士对话，问到佛教中心的慈悲喜舍。经文的原文说得最多的是慈，悲喜舍都没有多谈。这里是一个大问题。

什么是慈

"文殊师利言：若菩萨作是观者，云何行慈？"文殊师利菩萨问，学大乘佛法的菩萨，怎么行慈？

"维摩诘言：菩萨作是观已，自念：我当为众生说如斯法，是即真实慈也。"维摩居士答：菩萨要自己随时有这个心念存在，什么心念？"我当为众生说如斯法"。佛法讲度人，怎么度？以法施使人精神解脱，超越生命的束缚，这是真正的慈。下面再引申慈的深义。

我答应过好几个同学要讲一下什么是有情，学佛是不是要做到无情？如何达到无情？这又连带到究竟有我无我的大问题，这个问题在前面提过了。再来是出世与入世的问题，出世怎么跳出？大乘讲入世，入世怎么入？我正想作个专题来讲，刚好碰到《维摩诘经》这一段讲慈悲，我暂且先不讲维摩居士是怎么说慈的，这等到下次再一个一个来讲。我们先了解慈悲，普通社会上讲到佛教，就有两句流行的俗语："学佛以慈悲为本，方便为门。"过去佛教界里面，出家人也流行两句相反的话："慈悲生祸害，方便出下流。"这是丛林中对品德的要求。

什么叫慈悲？慈与悲是分开的概念。等于在春秋战国以前，道与德是分开的，到了汉朝以后，道德就连起来用了，但也不是后世的要求。宋明之后道德变成很死板，甚至目不能斜视，这种理学家所造成的道德观念，只是中国文化的一部分，并不能代表整个中国文化。慈与悲在中国固有观念中，几乎是连在一起的；但是在佛经中，慈是慈，悲是悲。现在把慈悲当做口头用语，连有人倒杯茶给你，也会谢说：慈悲！慈悲！

佛教有两位菩萨代表慈悲的：弥勒菩萨代表慈，所以他被称为大慈氏，这也就是他佛号的含义；观世音菩萨代表悲，平常念南无大慈大悲观世音菩萨是对的，但是严格说来，他是代表悲的。

男性父爱的扩充，是慈的基本；母爱的扩充，是悲的基本。两者性质完全不同，但是爱心是相同的，不同的是发出来的作用。我们都做过人家的子女，这里大概有一半以上的人还做过人家的父母，应该可以体会到父母爱的不同。妈妈打孩子，一边打一边哭，是悲。父亲打孩子，心中固然难过，就少有哭的，甚至闹到脱离父子关系，其实还是爱子女的，这是慈。

现在讲有情与无情。学佛要怎么做到没有情？我多次提到，中国文化用两句话概括了仙佛之道："不俗即仙骨，多情乃佛心。"佛毕竟是多情的。古代有位很高明的善知识，他融会了儒释道三家，然后专心皈依佛法，他说："我佛世尊，一代时教，只为一切无情众生说有情法尔。"这话说得多么深刻！换言之，我们说，学佛要做到无情，但是众生本来都是无情的，更没一个多情的，所以佛出来是为无情众生说有情法的。这话说得非常高明，是第一义谛的话，佛要度尽一切众生，你看他多情不多情？

这个情的发挥，就是慈悲，做忠臣孝子就是多情人，做严父慈母也都是情的作用。佛法的慈悲就是多情，是解脱的多情。有情解脱了就是大慈悲；执着解脱，把解脱当做究竟，也正是多情，正是自己被情所困。

了解了这些道理，我们再来看经文的内容。

"我当为众生说如斯法。"以说法度人，用文化教育使人精神得到解脱，生命得到升华，是"慈"的第一个条件。

"行寂灭慈，无所生故。"慈悲用了，无所不用。禅宗有个公案，讲到两师兄弟都悟道了，他们一同外出行脚参方。古代的行脚僧都随身带个方便铲，既可以挑行李，又可以行慈悲，见到尸体方便埋掉。他们走着，其中一个看见有个人死在路上，就念阿弥陀佛，用方便铲把尸体埋了；另外一个看到了，理都不理，继续行路。旁人看见了，就去问这师兄弟的师父，为何两个开悟弟子的行为如此不同。师父就说，那个动手埋的是慈悲，不理的是解脱。他并不批评哪个对哪个不对，这个道理要去参。

这里讲"行寂灭慈"，既然寂灭了还有什么慈？寂灭就是进入涅槃，万缘放下，一切了不可得。但是了不可得才是真慈。为什么？把一切杂念、妄想、烦恼、习气统统清净了，情近于无情，是真慈。下一句话"无所生故"，就是"行寂灭慈"的答案。譬如《红楼梦》写林黛玉葬花，其中有名的一句："侬今葬花人笑痴，他年葬侬知是谁？"你说林黛玉是为花还是为人生伤心呢？花落还会花开，是自然规律，本来寂灭，所谓生而无生即是寂灭，寂灭不是死亡。他说这是真慈。

"行不热慈，无烦恼故。"问题来了，《维摩诘经》的重点是解脱，没有得到解脱之前，你所有的爱心也好、慈悲也好，都会变成烦恼，因为是凡夫的情。凡夫最欣赏的是热情，实际上是烦恼。普通讲情是指情、爱、欲三项，是一体的，实际都是欲。用这观点来研究佛学，小乘佛经主张要离盖去欲，大乘不了义的佛经要离盖了情，了义的要转情。不热之慈就是情、爱、欲完全转化了，就是大慈悲。一切众生不论是忠臣、孝子、严父、慈母，乃至儿女痴情，都是给人家"热"情，是绝对的烦恼，增加人的痛苦，像热锅上的蚂蚁。

岳飞的《满江红》大家都念过了，那就是他的情。他另有一首诗：

> 经年尘土满征衣　得得寻芳上翠微
> 好水好山看不足　马蹄催趁月明归

他一年到头都在带兵打仗，军服上都是尘土，好不容易回到池州，是当时南宋偏安政府的首都，他就到翠微亭一游，翠微亭在一座小山上，风景还没看够，晚上又要匆忙回部队了。这首诗充满了感情，是忠臣的慈，欲界中的情。

其次，梁启超所标榜的爱国诗人陆放翁，也有首名诗：

> 衣上征尘杂酒痕　远游无处不销魂
> 此身合是诗人未　细雨骑驴入剑门

这也是忠臣的情感升华成了文学境界，是欲界的情，会带给人烦恼的。

再提一个，清代康熙朝有名的文人纳兰性德，是满族人，他父亲叫明珠，是康熙初年的名宰相。这位少爷是八旗子弟中的顶尖人物，文学高，佛学高，但是才气这么高，三十几岁就死了。他的一首充满热情的词，给人家给自己都带来烦恼：

忆江南 宿双林禅院有感

心灰尽 有发未全僧 风雨消磨生死别 似曾相识只孤檠
情在不能醒
摇落后 清吹那堪听 淅沥暗飘金井叶 乍闻风定又钟声
薄福荐倾城

他描述自己心灰意冷，心境上出家但还留着头发，世间感情只在表面上好像冲淡了，到了晚上，只有对着似曾相识的孤檠，檠是蜡烛台，每天的生活只有对着这个老朋友，人世一切都变去了，这种情境令人受不了。"情在不能醒"，懂了他这文学境界的人，可能读起来会很难受，特别会勾起自己生离死别经验的感慨。诗人文学的情境，都是人的心理上有情，是情绪不稳定而发出来的。

他的另一首《忆江南》：

挑灯坐 坐久忆年时 薄雾笼花娇欲泣 夜深微月下杨枝
催道太眠迟
憔悴去 此恨有谁知 天上人间俱怅望 经声佛火两凄迷
未梦已先疑

他讲在夜里点灯坐着，人坐在灯下想事情，想到少年的事。

这里他极可能在想一位长辈，或者他母亲，不见得在想情人，这情感是那么充沛。想到母亲当年带着一群丫环照顾他，夜深了，月亮已落下杨枝，就催他早些睡。现在年纪大了，一想心里就难过。"经声佛火两凄迷"，有的同学在做法事时，香赞一唱就眼泪掉个不停，人就进入那个感情境界，还没入梦已经疑了。我看有些老居士经常去赶法事的，他们已经习惯了"经声佛火两凄迷，未梦已先疑"，这也是情。

慈悲就是情的转换，把情、爱、欲解脱了，无条件地爱护一切人，连爱的观念都没有地去帮助一切人，这是慈，这种慈是不给你烦恼。但是文学境界多情的常给人烦恼，比如有个名句，你们爱文学的可能遍查典籍也找不到出处，其实出自一本小说《花月痕》，你们可能很少人读过。它用的名句很多，假托男女情感描写社会百态，其中就有两句："多情自古空遗恨，好梦由来最易醒。"已经成为中国文学的俗语了。

这小说的作者是清代的魏子安（名秀仁，字子敦），福建人，是位名士，在小说上的化名叫韦痴珠。到了后两句："岂是拈花难解脱，可怜飞絮太飘零。"已是佛学境界了，你以为读懂了，其实不见得。什么是絮？杨柳树在三四月开花，它的花很轻，飘飘荡荡，所以"水性杨花"是骂人的话。杨柳的花就是絮。为什么说"可怜飞絮太飘零"？宋代与苏东坡同时的有位法师，他正打坐时，有文人想逗他，找了几个歌女到他面前表演艳舞，这法师也边笑边看。演完了后，他问人这是在干什么？大家晓得他境界很高了，就请他把境界写下来，他写道：

禅心已作沾泥絮　不逐东风上下狂

小说写的是出自这个典故。这禅师虽然在看歌女，但是同看几个二三岁小孩在玩是一样的心境。

没有解脱了的感情，纵然是行大乘菩萨道，都是给众生烦恼。有时你爱别人，但被爱者并不幸福，给自己给别人都是烦恼，这不是慈悲。佛法讲慈悲，不管你多情与否，引起别人烦恼的都是罪过。所以，"行不热慈，无烦恼故"才是真慈悲。

上面引的这些诗词，都是文字般若对于情与无情的了解。再举雪窦禅师的诗句："太湖三万六千顷，月在波心说向谁。"这境界非常高，是至情。像《普贤菩萨行愿品》"虚空有尽，我愿无穷"，也是至情。所以情与无情之间，转化了才是真慈悲。慈是有情的，不是无情的，不过它的情是解脱的、扩大的。历史上中外文学充满了男女之情，你看各种小说，他非加上这东西不可，这就是人的社会，是情欲世界。再举个纳兰性德的词句："人到情多情转薄，而今真个不多情。"这都是属于热恼的情，不是真正的慈。根据《维摩诘经》，这个情用到慈上，要：

"行等之慈，等三世故。"佛菩萨的情是平等的慈悲，怎么平等呢？平等到前一生、这一生、下一生，没有时间的阻碍，慈爱永远存在，于三世平等而行慈。

"行无诤慈，无所起故。""无诤慈"在《金刚经》上也见过，须菩提得无诤三昧。什么叫无诤？我看到有同学身上挂着禁语牌，不讲话，有人找你说话就指一指身上的牌子，别人就不同你讲了。但是这牌子只挡住了外面的，自己的心内还在诤。要内在心念无诤了，就没有善恶是非的观念，一味地平等行慈，才是无诤之慈，因为本身不起念了。

明代苍雪禅师悟道之后，在山上住茅棚，几十年不下山，自己写了一首诗挂着，有人来了就指一指，说法就说完了，其中最有名的两句："不是息心除妄想，只缘无事可思量。"他说，不是在用工夫或者听呼吸硬把妄想除掉，你想除妄想的心就是烦恼心，妄想是永远除不了的，"只缘无事可思量"就是六祖讲的"无念为宗"。到了这样境界所起的慈心，就是无诤之慈，因为无所起之故。

"行不二慈，内外不合故。"什么是不二？不二就是一，为什么还有内与外不合呢？慈，当下即是，不管外境，不管内在。上面讲"行等之慈，等三世故"，没有时间的差别。"行不二慈"，是没有内外的差别。内外是亲疏的差别，比如依儒家的道理，唐朝的大儒韩愈，他力排佛法，造成儒家与佛家的争论。孔子讲的"仁"就是慈，儒家也主张慈悲，但是他们抨击佛家的慈悲思想没有立足点，儒家讲的慈悲就有立足点的，是慢慢扩大圈子的。儒家讲亲亲、仁民、爱物，要亲我亲而及人之亲，先爱自己的家人，有余力再爱别人的家庭，扩而充之到社会、国家、天下。

因此儒家反对佛教。他们经常提一个故事，假设释迦牟尼佛和孔子在河边，见到他二人的母亲跌到河里，释迦牟尼佛会先去救自己的母亲还是孔子的母亲？如果他先救自己母亲就不慈悲，应该要平等行慈，如果先救孔子的母亲是不孝。孔子就会先去救自己的母亲，再去救释迦牟尼佛的母亲，这是亲我亲而及人之亲必然的道理。

《维摩诘经》讲要"行不二慈，内外不合故"，内外不合就是内外不分，那么碰到上面这个问题怎么办？除非你有神通，可以一下子同时救起二人，但是普通凡人只有走亲我亲而及人之亲了，在现实的时候就是行现实的慈悲。

"行不坏慈，毕竟尽故。"永远存在叫不坏，有人生病了，你想行慈悲，你能医好他，让他永远不死吗？如果不能，何以讲去行不坏之慈呢？答案在"毕竟尽故"。一切万有，有生就有灭，毕竟是空的。不坏不是现象的不坏，是法身本体的不坏。这里有个主题，以法布施，"行不坏慈，毕竟尽故"。

"行坚固慈，心无毁故。"真正慈悲要爱一切人，使众生得永远的坚固。这坚固是说把慈心扩充，没有自己毁坏慈心。有的人慈心过了头，把自己身体搞垮了，发脾气受不了，就毁坏了慈心，那是不坚固。

"行清净慈，诸法性净故。"真慈悲是清净行慈，一念清净就是大慈悲，自然就是慈心。

"行无边慈，如虚空故。"这要配合《普贤行愿品》，但是立足点要承认儒家是对的。佛法起行的层次在大乘戒律，你研究了就明白，佛法所讲起行是同儒家一样，由小点慢慢扩大。经典告诉我们的是原则，戒律讲的是行为。一步一步，到了最后是行无边之慈，有如虚空。

"行阿罗汉慈，破结贼故。""结"是结使，代表了习气，我们现在说人的个性不同，每个人的烦恼也不同，是哪里来的？各人天生的结使不同，像打了一个结，这个结使力使我们成了今天的形态。结使是烦恼之贼，烦恼的根本就是习气、习惯来的。得阿罗汉是破了一切结使之贼的人，是小乘的果位。若从大乘来看，阿罗汉是不慈悲的，因为阿罗汉是绝对无情的，要慧剑斩情丝，断惑证真，一切根本习气烦恼都断了。这是瞋心与偏见，只以清净为道，不清净的就不敢碰，所以不以烦恼做道场。《维摩诘经》说"烦恼即菩提"，烦恼就是修道的道场。阿罗汉不敢在烦恼中修道，所以要破一切结使。阿罗汉固然是瞋念到了极点，但这也是大勇、大精进。能把大精进翻过来就是大慈悲。这里转了两个弯，所以说"行阿罗汉慈，破结贼故"。因此大阿罗汉就是佛菩萨，《华严经》就提到，只有佛才够得上称大阿罗汉，破尽一切烦恼即是度尽一切众生。

"行菩萨慈，安众生故。"先有了阿罗汉的慈悲，破除了烦恼结使之贼，能够跳出世网（世界一切法像网一样），才能行菩萨之慈，使一切众生得安乐。这是佛法的中心，你看这一句讲到这里，刚好在这一篇的中间。要先能出世才能入世，不能得解脱而一味行慈悲，会被这个世网网住。所以古人讲："世网攫人不自由"。

"行如来慈，得如相故。"佛的慈悲与阿罗汉、菩萨的慈悲统统不同。佛的慈悲是"得如相"，慈悲、不慈悲都是不二。前面提的故事，那埋葬路边尸的禅师是慈悲，撒手而去的禅师是解脱，一切皆如。怜愍是慈，解脱也是慈，这是佛境界。

"行佛之慈，觉众生故。"这是佛的行，以觉悟度化一切众生。

"行自然慈，无因得故。"既然慈悲，没有对象，没有什么特别原因，慈悲就是慈悲。

"行菩提慈，等一味故。"什么是菩提慈？大彻大悟，阿耨多罗三藐三菩提。什么是一味？修与不修，行与不行都是一味。一味在显教与密宗都非常重要，在禅宗讲是打成一片。赵州和尚到八十岁还到处行脚参访，这不一定是参学，也可以是弘法。人家问他为什么，他答只为打成一片。什么是打成一片？他说过，除二时粥饭以外（出家人过午不食，所以不讲三餐），无别用心处。在密宗的修持叫一味瑜珈，也是打成一片。行菩提之慈，昼夜都在慈心的境界里，就是一味。

"行无等慈，断诸爱故。"上面讲平等的慈悲，现在加一层：无等，没有可以相等的慈悲，不是世俗的爱心。去年有些人在刊物上打笔战，争论该不该用西方文化的爱字来翻译佛法的慈。同学来问我意见，我说这是多余的。用了也没有错，例如《圣经》中的爱字也不是爱情的爱，是仁慈的爱。这样争论只是名词问题，是宗教情绪作祟，被世网绑住了。用现有的英文名词也是个方便，只要解释清楚就好了，不要如此小器，这哪里是不二？都三了。行无等之慈，断诸爱，这个爱是欲爱，欲界色界的爱心不是慈悲。断了一切爱，换言之是扩充了爱心，是真的慈了。

父母爱子女算不算慈悲呢？当然算，那该叫爱还是叫慈悲，就随便你叫了。父母爱子女是无条件的。有人问孔子什么叫孝，孔子答："父母唯其疾之忧。"这好像牛头不对马嘴，他是说了解父母亲看到子女生病的那种心理，就是孝道。我从小到十一二岁之前一直在多愁多病中，看到花落了都会哭一场，一到了热闹地方也掉眼泪。当然后来就没这回事了，我反省起来，父母照应我够痛苦了，到了自己为人父母时，体会更深，"养子方知父母恩"啊！孔子的回答要你当了父母才会懂，你了解了父母那种担忧痛苦的心理，能同样用这种心理回转来照应父母，就是孝道。这也就是西方人讲的爱，儒家讲的仁，佛家讲的慈。佛家讲的慈是高一等，是无等的、形而上的法身之慈，非一般世俗的爱心能比，是"断诸爱"的。

"行大悲慈，导以大乘故。"你看，慈和悲是分开用的。大悲是母爱的性质，永远不疲倦。在座的蔡先生讲过一个他年轻时亲身经历的事，当年日本侵华，他要前往重庆，经过湖南时，有两兄弟用床板抬着生病的母亲逃亡。后来母亲一定要兄弟俩自行逃亡，把她放下来，如果不照办就是不孝。儿子不肯，母亲硬是自己从床板上滚下来，不久就断气了。两兄弟痛哭流涕，把母亲埋了。这是大悲心的一种，大悲之慈。

所以诸佛菩萨弘法世界，导以大乘。度人有时被写成渡人，也可以啦！比喻用船渡人。什么叫度？就是上面说过的，"我当为众生说如斯法"，使众生的生命和精神升华得到解脱，就是法布施，"行大悲慈，导以大乘"。以现在漂亮的话来说，就是以文化哲学来救世界。

"行无厌慈,观空无我故。"行慈悲是没有满足的时候的,所以说"虚空有尽,我愿无穷",没有厌足。为什么?自性本空,空的境界是没有停止的,也不能划一条界线,那是无量无边的。

"行法施慈,无遗惜故。"法布施本身就是慈,这一段所讲的一切行为做法就是慈,不是在行为之外还有一个流眼泪的慈悲心。法布施是精神、文化思想的布施,一切都施出去,毫无保留。所谓"知无不言,言无不尽",就是法布施的慈悲。

"行持戒慈,化毁禁故。"持戒本身就是慈悲。大乘菩萨戒要做到一切行持作为不给人家烦恼,不令任何一个众生痛苦,要从利他方向出发,这就是持戒的慈。

"行忍辱慈,护彼我故。"忍辱不只是忍受别人对自己的侮辱,那只是一极小部分的含义。菩萨行的忍辱是行人所不能行,忍人所不能忍,这是学佛的基本精神。比如我精神不好,但是为了帮助别人,把精神不好忘记了,先利益他人要紧,就是忍辱慈。保护他人,自己也没有损失,也就是保护自己。生命本体是自他不二,自己与他人是没有差别的。像你拜佛,这佛像是泥巴做的,你拜他,他也不会长大。但是因为拜他,实际上拜了自己。自他不二,自己是对佛法起了恭敬心,不是对偶像,这就自礼礼他了。

"行精进慈,荷负众生故。"你们打坐硬忍受腿子麻、痛,认为是在精进,这属小乘的。大乘菩萨的精进是要挑起一切众生的痛苦和危难,对社会、天下有责任感,肯为别人牺牲自我。

"行禅定慈,不受味故。"打坐叫作习禅,是用来练习进入禅定,它本身不是禅。但是不论如何,我常告诉你们,打坐是不花本钱的享受,是休息。因此会愈坐愈坐出味道来,人懒了,往往借打坐逃避俗事,又表示清高。这只是凡夫的禅,非究竟也。

比这高一点的，是小乘的禅定，就是四禅八定。你真到了四禅八定境界，行住坐卧都可以在定中的，因为在定中有无比的快乐。设想，如果修道这么痛苦，谁去追求禅定呢？大乘的禅，是"不受味"，任何都感受不着了，不只是痛苦的感受放弃，一切乐感受、清净感受、解脱感受统统不要。耽着禅悦是犯了大乘菩萨戒律的，因为你贪恋清净安逸，一个人住茅棚岩洞，放弃了利益他人的责任。所以不耽着禅悦是很大的慈悲。

"行智慧慈，无不知时故。"不论小乘大乘，学佛最高目的在智慧的解脱，不是迷信崇拜，也不是贪恋清净。"无不知时"，做任何一件事都知时知量，是行智慧之慈。该骂人时就骂，该笑时就笑，人家吃饱了就不要再请他吃。换言之，真正的菩萨行为是非常懂事的行为，做的事刚好是人家需要的，也是人家接受得了的。你们修八万四千法门，也要知时知量。到了某个境界就要赶快变动，不变就错了。例如一念清净了就要开始动，否则清净久了就成昏沉了。

"行方便慈，一切示现故。"诸佛菩萨以化身神通示现，你能够写篇好的文章，出一本好书，能影响到许多人，就是你的示现。这像是有千百化身，是说法的办法之一，比起对着一小群人说法的功德要大。佛过世后数百年，马鸣菩萨出世，他的文章同诗词，影响了印度千千万万人都想去修道出家。因此，国王还要同他交涉，不要他再写下去，影响太大了。这就是方便示现。本院的法师用佛曲音乐帮助大家进入宁静的境界，都是方便的示现。

"行无隐慈，直心清净故。"菩萨行没有保留，无所隐瞒，一切坦白，但要能不使人起烦恼才行。有的同学很直，但是直得没有智慧，直得像把刀，使人痛苦，就不是直心清净了。

"行深心慈，无杂行故。"菩萨的慈，是自己心田没有丝毫动念，乃至于无梦，打坐所起的境界都是祥和境界。你们梦中或者打坐时生起恐怖境界，不是外来的也不是魔，而是你生理、心理的反映。比如你看到了毒蛇，就是你自己毒辣的心没有去掉，这是阿赖耶识的反映，就是要行深心慈悲的道理。

"行无诳慈，不虚假故。"修菩萨道的人没有欺骗人的，但是可能会有善意的诳语，那是一种方便。比如知道老朋友快病死了，若你就这么直爽地告诉他，就犯了"直心清净"的戒，不是真慈悲。这时只有方便了，你可以劝他多休息，能多学佛、拜佛，其他万事不管，算不定会好起来。这是善意的谎言，是上面说的行方便慈。所以你要能一条一条地参合活用，不是呆板地去理解。

"行安乐慈，令得佛乐故。"这境界很高了，成佛的境界就是真正的慈悲，使一切众生能够得到安乐。在这世界上能得到安乐是非常难的，一个人一天当中没有几分钟、甚至几秒钟，能够真正在安详快乐中的，不是这里不痛快，就是那儿烦恼。吃饱了饭坐着看电视，还一面看一面想事情，都在烦恼中。真正的安乐是涅槃，是常乐我净的境界。佛教化众生的目的，是使众生最后能成佛，令他们永远得到佛境界的快乐。

"菩萨之慈为若此也。"这才是菩萨的慈。这一段是维摩居士答复文殊师利的问题，什么才叫作大乘菩萨之慈。《维摩诘经》这里讲的都是戒律，你不要以为经典和戒律是分开的，那就完全错误。我们经常挂在嘴边称人家慈悲只是应酬话而已，没有想到究竟的义理。这里每一句都有个"行"字，慈是做出来的，不是用讲的。

什么是悲

"文殊师利又问：何谓为悲？答曰：菩萨所作功德，皆与一切众生共之。"慈与悲是分开的。维摩居士对于"何谓为悲"的答复很简单，绝对没有自私就是悲心。像天下雨，或是出太阳，绝对没有想留给自己用，普遍地施给一切众生，不分好坏。功德代表善的成就，有功劳有辛苦是功，有建立有所得是德。现在人问人家有没有时间，过去我们是问人家有没有工夫，工夫就是代表时间，有时也写成功夫。功德是佛经借用的，原文出自《尚书》。我们常说人功德无量，但是一经说出来就有量了。菩萨所作的功德无量无边，因为他自己不要，"皆与一切众生共之"。回向就是这个意思，以你修持、念经、礼佛等的功德，与你亲属一切众生等共之。

学佛的人有四种最根本、最重要的行为：慈、悲、喜、舍。有的同学面无笑容，一副来讨债的样子，再不然就是一张瞋恨的脸孔。我要你们学佛第一步，先学弥勒菩萨那个欢喜佛的笑容，尤其打坐时两条腿在痛，你就一边痛一边笑嘛！笑上三年，你笑惯了，你就不讲话脸上都有笑容的。笑有什么好处？你一笑就神经肌肉都松了，打坐咬紧牙齿，何苦呢？念佛喊得那么痛苦，搞什么东西嘛！

学佛这基本的四个行为，要倒转来先学舍，一切放下。这个字做不到，那当然也喜不起来。第二学喜，再来学悲，最后是慈。尤其这个喜很重要，有的同学志大才疏，要想救世界，算了！你先把自己脸上的细胞救好，松一点，带点笑容。"未成佛道，先结人缘"，脸上带笑，别人想打你骂你都算了。我告诉同学们，我学遍所有武功，最后学到一种天下第一拳，就不用再学其他拳了，现在传给你们，有人要打我骂我，我就拱手跪下，"你都对！"就行了，这是无往而不胜利的。你没有人缘，还能度谁？我常告诉大家，只怕你不成佛，不怕没有众生度。要成佛要先自度，自度的道理就在慈、悲、喜、舍这四个字了。

什么是喜

"何谓为喜？答曰：有所饶益，欢喜无悔。"帮助人的、利益人的，决不后悔，就是喜。有时大家做了好事又后悔，像是布施一百元，后来想想，其实八十元就可以了，就后悔了。贪、瞋、痴、慢、疑、悔，为什么悔在根本烦恼中有这么重要？每个人一天到晚都在后悔中，比如吃饭，多吃了半碗，饭后要吃消化药，后悔多吃了，这也是悔。真正的喜心是布施出去了就忘了。我常劝同学不要向人化缘，四川人讲，"劝人出钱如钝刀割肉。"让人愈想愈痛，不是功德啊。

有个故事说孙悟空成佛之后，世界上出了个魔王，神通本事比孙悟空还大，大闹世间。大家公推孙悟空来降魔，孙悟空来了一看，这个魔王我老孙降伏不了。就去找观音菩萨，观音菩萨在打坐，懒得理，叫他去西天找佛。佛就找了一个小沙弥，给了他一个小小的黄包袱上路。小沙弥去找魔王，魔王正待发作，小沙弥请他先看个东西，就从黄包袱中拿出化缘簿，请魔王写个名字，魔王一看就跑了。连魔都怕这个，你们不要随便去化缘。

这个"欢喜无悔"非常难，你帮助过的人后来对不起你，你一定愈想愈后悔当初去帮他。能做到"怨亲平等"，才是功德。

什么是舍

"何谓为舍？答曰：所作福佑，无所希望。"我常说，一看到宗教徒就怕，当然我不是宗教徒，更不是佛教徒，因为我不够资格，我不是慈悲喜舍，一副魔王面孔。我为什么怕教徒呢？这些人一到他们教主的像前，就下跪求平安求财富，都是求。如果这些教主、神明因为人家拜了就保佑他们，那第一就犯了贪污罪，收受贿赂。宗教应该是好的人你要救，不好的人更要救，拜了他要照应，不拜他的也要照应才对。所以这些宗教徒的心理很可怕的，都是有所求。大乘菩萨是一切放下，施与人家的恩惠记都不记，没有任何希求，所作的功德自己不求回报。乃至你打坐修行都不求成佛，只求自己心中的安详，因为自己的安详能影响到他人也生安详，如此而已。

即使对自己的子女也是持这样态度，我的孩子都去了海外，我同他们说，父子因缘到此为止，因缘是前生的事。我很抱歉，没有钱给你们，只能送你一张文凭，你从此也不用当我是你的父亲，我是公仆，路死路埋，不用你孝顺。

如何了生死

"文殊师利又问：生死有畏，菩萨当何所依？"这是一个大问题。人生都在怕中过，今天怕明天，年轻怕老了，老了怕死。最大的问题是怕死，死了到哪里去？生又从哪里来？刚才讲了个四川土话："劝人出钱如钝刀割肉。"四川人风趣的话很多，他们还有句土话："除死无大事，讨饭到了家。"人生除死以外再没有大事，穷到了去讨饭，是穷到家了，没有再穷的了。如果讨饭都讨不到，那就是第一句，就是死嘛！这句话比皇帝的气派都大，人生除了这个还有别的吗？

生死是大问题，众生在生死中都有恐怖。尤其到断气的时候，几乎没有一个人肯死。这是真的，我看多了。有一次一个老朋友从医院打电话给我，要我去一趟，因为他马上就要走了。我去了，他说，这几年受了你的影响，对生死看得淡了。但还剩下几十万块钱，要我帮他决定是土葬还是火葬。我听了火冒三丈，但硬忍下来了，就告诉他，你学佛几十年，还写了许多书和文章，像是悟了道的，为什么到了这个时候还这么不通？佛说一火能烧三世业，你死了剩几根骨头还要装个棺材运回家乡埋葬，为什么不把这钱用来做点好事？当然是火葬嘛！他勉强点了头，但是后来还是交代用土葬，把剩下来的钱全部用掉。

唉！这种事我看多了，中国人有句老话，"好死不如恶生"，最痛快的死都不愿意干。我常去看临死的朋友，人将死的时候味道很难闻，有股尸气，每次去都是准备生场病的。

文殊师利菩萨在这里问怎么样了生死，学佛的人死后到哪里去。这个问题要详细地讲，起码好几个钟头。真得道的人一念空，到死的时候很容易明心见性，中阴身最容易得道悟道。学佛的人常爱讲自己要修好就可以不用来了，我就问，你要到哪里去？你有去西方极乐世界的文凭吗？能不能去得了，拿不拿到入境签证，还是问题。你能念佛念到一心不乱，那还有希望，否则这入境签证批不批就难讲了。对不念佛的人，你死了不来，不来是去了哪里？所以叫你们修白骨观，作空观，你修得成，到时一脱离身体，一空灵马上认得，就定住了。几千年几百年不来，在这里定住很舒服，那是可以。没有这本事就不行了。不过大乘菩萨还不住在这样空灵的境界。现在根本的题目来了。

"维摩诘言：菩萨于生死畏中，当依如来功德之力。"这个话是密宗了。从表面文字看，是说菩萨于生死中，靠如来的功德力量来接引。佛当然是会接引你的，但你平时不烧香，靠临时抱佛脚是没有的。万一如来正巧感冒了，没能来接引你，那你去哪里？

什么是如来？这就要注解了。你们念过《金刚经》的，如来代表一切众生、一切佛的自性本体，"无所从来，亦无所去，故名如来"。不来不去，不增不减，不生不死，如如不动，当下即是，是如来境界。你没有功德成就，就做不到如如不动，就空不了。所以，了生死要依自性如来，不是靠释迦牟尼佛、阿弥陀佛。"当依如来"，这如来一方面是代表佛的名号，所有的人成了佛都是如来，另一面是代表自性。了生死要依自性，自己的生死自己了。功德不是出钱布施，而是自己明心见性，修持到了，福德智慧就成就了，才可以了生死。

因此你可以了解，真正了生死非大彻大悟不可。往生西方极乐世界不是大彻大悟，是去留学的，因为那边有几位大师：阿弥陀佛、观世音菩萨、大势至菩萨，他们昼夜都在授课，去了是跟他们修习，还是要等你功德到了，见到自性如来，才算成就。

"文殊师利又问：菩萨欲依如来功德之力，当于何住？"文殊师利菩萨真厉害，一步步追问。要了生死必须见到自性，既然要见自性，"当于何住"？住就是定。大乘不讲定，讲住，是停留的意思。你们虽然没有开悟，但是能不能回答"当于何住"？没有人回答？太谦虚了，我帮你们答："应无所住而生其心。"可是维摩居士的答复不用《金刚经》的说法。

"答曰：菩萨欲依如来功德力者，当住度脱一切众生。"他说，应该住在什么境界呢？是住在度一切众生境界。这同《金刚经》有什么两样？《金刚经》讲："若卵生、若胎生、若湿生……我皆令入无余涅槃而灭度之。"对不对？六祖在《坛经》上也告诉你，众生要"自性自度"，自己起心动念，乃至自己身上的细胞细菌，都是众生，都使他处在同于空的境界，见到空性。

"又问：欲度众生，当何所除？"文殊师利菩萨又问了，要度心中一切的众生，应当除去什么？

"答曰：欲度众生，除其烦恼。"你们天天课诵都念"自性众生无边誓愿度，自性烦恼无尽誓愿断"，只有自救，没有佛菩萨可以帮忙你的。

"又问：欲除烦恼，当何所行？"文殊师利菩萨又问，要断烦恼应该修行什么法门？

"答曰：当行正念。又问：云何行于正念？答曰：当行不生不灭。"当下就是，不是很明白吗？我们这儿有位张居士，他写了一篇文章《传佛的心印——维摩居士》，我特别欣赏，是别人没有写过的。

"又问：何法不生，何法不灭？"文殊师利菩萨又再追问，怎么样叫不生？怎么样叫不灭？

"答曰：不善不生，善法不灭。"维摩居士慢慢有点向边上走了，只好方便度众生。不善的念头就是恶念，不生。善念头就是正念，不灭。这就是六祖《坛经》所说的无念法门。我们一再说过，无念不是没有思想，无者是无妄想，就是这儿说的"不善不生"。念者是念真如，就是"善法不灭"。

"又问：善、不善孰为本？"文殊师利菩萨又问，善与恶的思想来源谁做了主，哪儿是根本？

"答曰：身为本。"善念恶念是从你现有生命的身体上来。

"又问：身孰为本？"那身体又是以什么为根本呢？

"答曰：欲贪为本。"身体是由男女两性欲念而生，这一路是从问生与死，讲到生命的来源。

"又问：欲贪孰为本？"这个世界是欲界，其中的万物不论人、昆虫、植物、矿物都是阳阴两性的欲念来的。所以他要问，贪欲的根本是什么？

"答曰：虚妄分别为本。"还是由思想观念来的，思想观念是空不了，永远空不了。

"又问：虚妄分别孰为本？"你们同学要问问题就要这么问，一步一步追。

"答曰：颠倒想为本。"颠倒妄想是虚妄分别的根本。

"又问：颠倒想孰为本？答曰：无住为本。"刚才提出来的"应无所住而生其心"，我们的思想是不停留的，无所住。所以你们打坐时拼命想把思想停住，这真是吃饱了饭没事做。思想要你去停它的吗？是它来停你，知道吗？我们活了一辈子，哪个思想留得住的？你办桌酒席、拿个钩子去钩，思想都留不下来的！每个念头就像我讲话一样，讲过了就没有。你坐在那边，来个思想怕什么？它根本不会留在那里的，本来无所住，要你去空它干什么？自性本空，不是你去空它，是它来空你，本空嘛！你想空就已经不空了，你有这个念头就是颠倒妄想。你不要求空，也不要求不空，思想本来空你的，它不会留在你家里，所以你可以很安详，当下即是嘛！要通这个道理才是。

"又问：无住孰为本？答曰：无住则无本。文殊师利，从无住本，立一切法。"维摩居士对文殊师利菩萨毕竟客气一点，如果是对阿难或是舍利弗，可能就要骂"咄！"了。"无住则无本"，告诉你无住，空。空还有个本吗？他接着告诉他，一切法本来无住。

所以你说《地藏经》念一千遍了，放在哪里啊？你说每天念一万声佛，是放在保险箱还是存银行了？本来无住啊！如此功德遍一切处，也无功德可得，是名真功德。

这一段好好去体会，学禅、学密、学什么都到了家了，是佛法最中心处。

现在到了有名的"天女散花"这一段。

天女散花黏罗汉

"时，维摩诘室，有一天女，见诸天人闻所说法，便现其身。即以天华，散诸菩萨、大弟子上。华至诸菩萨，即皆堕落，至大弟子，便着不堕。一切弟子神力去华，不能令去。"

中国本土也有类似的天女故事，唐代有位李长者李通玄，他是唐太宗的后代，是皇族身份，他没出家，但是也没有在家，是完整注释《华严经》的第一人。他带着《华严经》和纸笔墨，到山中找个地方写注，碰到一只老虎伏在地上，他跨上虎背，老虎载他到了个山洞，他就住进山洞里写，日夜有两个天女轮流送饭给他，为他点灯。还有一位道宣法师，在终南山上住茅棚，也是天女供养。《高僧传》上这一类记载很多，道家也有这类的记载。

维摩居士房间里有天女，平常是隐形的。这个时候，维摩居士房中的天女出现，就在空中散花了，当然不是人间的兰花梅花，是天花，不是传染疾病的天花。天花洒在菩萨的身上都黏不住滑落下来，而在声闻众的大弟子，例如大迦叶、阿难、舍利弗、目连尊者等，花就黏上身了。这些弟子们就慌了，花黏在出家人身上犯戒，也不好大动作把花抖下来，否则又犯了威仪戒，真不知如何是好。有神通的使尽神通，练气功的就发功，但是都没有用。

"尔时，天问舍利弗：何故去华？答曰：此华不如法，是以去之。"这时有天女就问舍利弗，为什么想要除去身上的天花。他回答，出家人不好戴花。像我们小时候唱的：女人戴花，观音菩萨；男人戴花，乌龟王八。

"天曰：勿谓此华为不如法，所以者何？是华无所分别，仁者自生分别想耳。"天女告诉他，你不要这么想，为什么？这不是世间的花，没有香臭、美丑、善恶的分别，你觉得戴花犯戒，是你自心分别，唯心作用。

"若于佛法出家，有所分别，为不如法。若无所分别，是则如法。"天女继续教训这些声闻弟子，你们跟佛出家学佛法，起分别心就不是佛法，修到无分别心才是真正佛法。起分别妄想才是犯戒，就不如法，没有分别妄想才如法，才算是守戒。你们受过戒的，尤其要注意。

讲到这里，想起当年有位西藏来的法师，我们一同去一位居士家中。到吃饭时间，居士想起没有为法师准备素菜，这位法师就说，出家人无所分别。他意思是没关系的，也是可以的。他的确是可以这么做的。第一，他是西藏来的密宗法师，习惯上可以的。第二，他的修持的确到了这个境界，别人不能。

"观诸菩萨华不着者，已断一切分别想故。"菩萨大都是在家人，出家人天天早晚所礼拜的都是在家人，众菩萨中只有地藏王菩萨是出家相，百千万亿菩萨都是现在家相，身上还穿的戴的一大堆宝物。罗汉相就拘谨多了。《维摩诘经》讲的是不二法门，真正佛法不分出世入世。但是宗教界却把出家和在家分别得很开，不通到了极点，这是六通之外的第七通，叫不通。还有，大部分的佛经注释是居士写的，像李长者、傅大士，现代的欧阳竟无，他们今天还在的话，恐怕也要挨出家人的批评。菩萨身上不黏天花，因为菩萨断了分别妄想。

"譬如人畏时，非人得其便。"例如人有害怕的心理，就容易被鬼所魔。所以人如有正气，没有恐惧心，连鬼也奈何不了他。前天本院有位出家同学回乡下，在山中追随一位比丘尼师父，她写信给我说到这位师父，一人住在山洞中几十年，没有什么高学历，是真修行人，连鬼都被她吓跑了。人如果怕鬼，一定有鬼，你给这种非人有隙可乘，它就来了。你正气一来，它就没了。我一辈子想看鬼都看不到，遗憾之至。当年我有一个同学说他住的地方有狐狸精，晚上连人带床都给抬出去了，讲得活龙活现。另一个同学武汉大学来的，身患肺病，就自告奋勇去住他的房间，反正自己有病，狐仙来了就跟它走。但是却什么事都没有发生，你不怕它，它无机可乘，就是这样。

"如是弟子畏生死故，色声香味触得其便也。"如果怕生死，怎么了生死？好看的要看，好听的要听，好吃的要吃，连生都了不了，怎么去了死？碰到外面一个境界你就动念，贪瞋痴就起了，受了六尘六根干扰，怎么了生死？

"已离畏者，一切五欲无能为也。"无恐怖心者，一切境界就不能动摇他。五欲就是大魔，色声香味触者，大五欲是也，另有小五欲，是笑视交抱触。"已离畏者"，正气浩然，就算在五欲中打滚也没有关系，都魔不到你。

"结习未尽，华着身耳。结习尽者，华不着也。""结习"首次出自《维摩诘经》，此后在中文中就经常用到。修到阿罗汉境界，虽然能不动念了，但是那个根根没有断，是压制住的，那个叫"结习未尽"。像男罗汉碰到女性，想看而又不敢看，愈是如此，心中已动念了。倒是菩萨境界就算盯着看，反而没事，因为他见而不见。结习未尽，所以天花黏身，大菩萨结习已尽，所以花不黏身。

《老残游记》有首诗好极了，其中一句："刹那未除人我相，天花黏满护身云。"有时我起了烦恼，发了脾气，就想到这句诗，自己是天花着身了，就笑一笑。

这一段天女散花，最重要的就是"结习未尽"。结习就是《俱舍论》的八十八结使，一点点根不刨掉，结使就没有断除。

《维摩诘经》代表的是佛法中心的解脱法门，学佛目的在如何求解脱，怎么样才能解脱生死、解脱烦恼、出离三界、找到自己生命的本源。本经对解脱法门说了很多，但是本经最重要的秘密是有几个重点：成佛不在于出家或是在家，没有出入之分别，能解脱者在世间能解脱，出世间也解脱。出入自如才是自在，否则永远得不到自在之身，所以叫不二法门，没有出家在家、出世入世之别。

维摩居士的方丈大小房间中，可以容纳三千大千世界，容纳那么多的人和那么多巨大的座椅，没有时间和空间的分别。一千多年后玄奘法师的传记《慈恩传》，就记载玄奘法师亲自到维摩居士的方丈房间的经历，我们前面讲过了。我们人人都有方丈之室，你自己找不到，找到了就成功了。

天女散的花，掉在大菩萨身上都落了下来，唯有落在声闻众的弟子们身上就黏住了。这是什么花？花有很多的，有名利之花，有男女爱欲之花，等等。天女后来告诉舍利弗，天花着身是因为这些弟子大阿罗汉们的结习未尽。他们虽然有修持，但是阿赖耶识的根根没有刨掉，结使的余习没有去掉。我们前面讲过有位禅师看歌女跳舞的公案，禅师说："禅心已作沾泥絮"，他的境界已经是天花不着身了。

另外一个公案，一位老太太供养一位禅师三年，有一天，老太太叫帮禅师送饭的女孩故意坐到禅师身上抱住他，看他的反应。女孩照做了，禅师动都不动，只说："枯木倚寒岩，三冬无暖气。"表示自己毫无欲念，这境界好吧？但是天花落在他身上还黏不黏着？还是会黏的，因为他的欲念是修持工夫压住的，余习未断。所以老太太知道了之后，恨说自己三年白供养了一个痴汉，就把茅棚烧了，赶走禅师。这是为什么？难道老太太想要法师破戒？参参看这公案！称为公案是因为天下的人都要了解。

再有一个公案，有位禅师去向一位居士化缘，这位居士不简单，已经大彻大悟了。居士就开条件，要能回答得了就供养，他问："古镜未磨时如何？"过去镜子是铜做的，没有打磨的古镜当然不能照了。禅师答："黑如漆。"再问："古镜已磨又如何？"禅师答："照天照地。"这答案听起来很好啊，可是居士立刻摈斥禅师。你看这回答哪有错呢？这就是禅宗。禅师吃了棒子，现在话是说他吃瘪了，不是用香板打人。他回去用功，三年后又来了，居士就再问他这两句话，他答：未磨时是"此去汉阳不远"，既磨后是"黄鹤楼前鹦鹉洲"。好！居士立刻供养他。这是什么话呢？你懂也好，不懂也好，这就是禅。

这三段公案与天花着身都有关系。还有件事，相传是禅宗的起源。有一天释迦牟尼佛拈起一枝花，望向弟子们，众人皆不明白佛是什么意思，只有迦叶尊者破颜微笑，破颜是讲原本严肃的面孔化成微笑。佛就宣布把正法交付给迦叶尊者。所以禅宗的起源是一朵花，这个花和天女所散的花是不是同样的花？这是个很重要的关键。注意啊！这些公案我可没有说答案啊！不要说我为你们作了结论，那我是会去法院告你的。可是你们诸位要去找答案。

天女说解脱

"舍利弗言：天止此室，其已久如？"舍利弗挨了天女的训，就转了个话题，他问天女来到维摩居士的房间有多久了。

"答曰：我止此室，如耆年解脱。"这是禅宗式的答案。耆年是年高德劭的人，就是老前辈之意。我们知道，舍利弗虽然皈依佛，他年纪比佛大，佛三十二岁出世弘法时，舍利弗已五六十岁了。他早就出家在外面当人家的老师了，在印度称沙门，是对离家修道者的通称。佛教出家称比丘，本来不混用的，但是后来翻译成中文却不分了。舍利弗皈依佛之后，就带了自己的弟子一起过来。迦叶尊者、目连尊者也是同样情形。这些在经典上少有提及，但是在律宗部分就有详载。

天女在此尊称舍利弗为前辈，舍利弗问她在这边多久了，她回答说，同您老前辈得道的年龄是一样的。舍利弗究竟解脱了没有，在本经看起来还是个问题。天女答得很巧妙，您得道有多久了，我就在这儿有多久了。

"舍利弗言：止此久耶？"舍利弗就再问，那么天女你在这儿有很久了吧？

"天曰：耆年解脱，亦何如久？"天女又刮他一次胡子，请问前辈得道也很久了吧？

"舍利弗默然不答。"舍利弗没办法接下去了。

"天曰：如何耆旧，大智而默？"天女就差点没把舍利弗连眉毛都剃了，问舍利弗，前辈是有大智慧的人，为什么不说话呢？

"答曰：解脱者，无所言说，故吾于是不知所云。"这句话说明舍利弗只是在"理"上解脱，而"事"上的解脱，至少在当时还没有做到。我为什么这么讲？这从经典上很难看出来，研究戒律才知道，舍利弗虽然得道了，晚年身体很不好，这就成问题了。中国近百年来，研究佛学的人不大管经典，而钻研戒律，因为这上面很实际。舍利弗的答话是说，得了道的人是"言语道断，心行处灭"，无话可讲，佛说"不可说"，所以他没话讲。这"不知所云"成语也是源出自《维摩诘经》，又是鸠摩罗什法师所创作的中国佛教文学的名句，现在成了骂人的话，指人说话没有中心，不知道在讲些什么。

"天曰：言说文字，皆解脱相。"天女的回应刚刚和舍利弗的观念相反。不说话就解脱了吗？说话同样是解脱啊！再进一步，说与不说都是解脱，为什么落入一边去了？落入一边的人，在禅宗祖师来讲是"担板汉"，背了块板走路，只看到空，没有看到有。舍利弗的答话犯了逻辑上的错误，马上被天女抓个正着。

"言语"就是"文字",心中的念头经过嘴巴表现出来就是言语,其实和思想是一个东西,如果用文学表现出来,就叫作文字。

"所以者何?解脱者,不内,不外,不在两间。文字亦不内,不外,不在两间。是故舍利弗,无离文字说解脱也。"天女自问自答,真得解脱了是既不在内,也不在外,也不在中间。明心见性得道了,心在哪里?不在内,不在外,也不在中间,无所在,也无所不在。同样的,文字也不在内,不在外,不在中间。比如写一封信,要表达自己的思想,当写成白纸黑字了,这文字是你吗?不是你,那是文字,同你不相干。你说不相干,我读了你的信,你的感情、你的思想就在纸上,不能说没有你。但是文字与你当下即空,信写完了,虽然有文字痕迹,你的念已空了,是不是?所以,舍利弗,你不要落入一边,认为说话就错了。说话就是解脱,言语本空,过去心不可得,现在心不可得,未来心不可得。这一句话说了当下就没有了,不要你去空它的。你要去空它,就是妄想了。

"所以者何?一切诸法是解脱相。"什么理由?一切世间出世间法,它当下本是解脱的,你想作工夫求解脱,就着相了,就不算解脱。

上面这一段讲解脱,非常重要,是一切精要所在,自己用功不论修密宗还是显教,你记住,一切诸法是解脱相。

"舍利弗言:不复以离淫怒痴为解脱乎?"出家的同学们要更加注意了,佛涅槃后,佛弟子以戒为师。戒有好几种,例如比丘、比丘尼戒是规规矩矩的,称为"别解脱戒"。那么中国佛教用的四分律、五分律、十诵律又有什么差别?这是佛的弟子们后来分了宗派,各个对戒律的不同见解。唐代的律宗确定了中国的比丘、比丘尼戒是依四分律。至于菩萨戒,中国用的是《梵网经》的菩萨戒，在西藏的菩萨戒，是依《瑜伽师地论》弥勒菩萨的传承为本。

这些学问研究起来很大，但是所有比丘戒的第一条是戒淫，菩萨戒第一条戒杀，中间差别意义大得很。鸠摩罗什法师所翻译的其他经典都是"贪瞋痴"，唯有在《维摩诘经》中用"淫怒痴"，为什么？这是个大问题，牵涉到翻译的历史背景观点。

大家知道鸠摩罗什法师的故事，中国为了请他来，灭了两个国家，这是世界文化史上从来没发生过的。鸠摩罗什法师到中国时已三十二岁，中国已经改朝换代，前秦亡了，姚兴立了后秦。当时曾有西域一位大阿罗汉对鸠摩罗什法师的妈妈预言，鸠摩罗什法师有佛的相好，如果到三十六岁仍不婚，可即生成佛，若结了婚，也是佛门龙象。姚兴迎到了鸠摩罗什法师，就有了那种希特勒式的优生学想法，非要他留个种子下来不可，就硬派了十二个宫女陪侍他。

鸠摩罗什法师究竟有没有成婚我们不知道，但是当时跟着他的和尚有些也想有样学样，被鸠摩罗什法师看在眼里。一日，鸠摩罗什法师就请所有的和尚来吃面，但是面碗里盛的是针，没人敢吃，只有法师把碗端起来把针吃下去了。他显示要有这样的本事，才可以另当别论。这是有名的"罗什吞针"故事。

西藏第五代达赖喇嘛，是人王而兼法王，是转生的活佛。到了第六代达赖喇嘛，就有许多风流韵事，我们在前面也提过一些。曾缄有诗就说："罗什吞针不讳淫，阿难戒体终无碍。"前一句就是引鸠摩罗什法师的典故，后一句出自《楞严经》开头，阿难受摩登伽女引诱的一段。

天女讲，一切诸法都是解脱相，舍利弗觉得诧异，就问：难到修行不用离开淫、怒、痴也可以得道解脱吗？换句话说，不用出家也能成佛吗？

"天曰：佛为增上慢人，说离淫怒痴为解脱耳。若无增上慢者，佛说淫怒痴性，即是解脱。"这里很严重了，尤其年轻同学，千万不要曲解经典原意，不要拿这句作招牌就去放肆，你没有吞针的本事的。贪瞋痴慢疑是我们生来就有的业习种性，贪瞋痴你们都了解，慢是我慢。现在都讲人要有自尊心，这是漂亮的名词，实际上就是我慢。不要说人，连动物都有我慢的，"螳臂当车"讲的就是。自尊心的反面是自卑感，但是天下没有人有真正的自卑感，所谓自卑感是傲慢的反面心理。你们懂这个心理吗？因为很傲慢，格老子，我还怕你吗？暂时让让你罢了。看起来内向的人都是傲慢的，都有自卑感的。有自卑感的人都是很傲慢的，这逻辑就是这样。脾气大的人往往自卑感重，特别怕被人看不起，习气就如此。

我慢是众生的通病，我疑也是众生的通病。如果没有我疑的习气，一读《维摩诘经》就成佛了。凭"一切诸法是解脱相"这一句就成佛了。你读了《维摩诘经》，道理懂了，自己想这不过是理论，到底还没有证到，对自己就多疑。

再回来讲什么是增上慢，慢心是本有的，因为外缘而更加骄慢。学问好的人就觉得自己了不起，这是学问的增上慢。年龄大了看不起年轻人，是年龄增上慢。有了钞票，就有了钞票增上慢。那么又穷又丑又孤苦的人，应该没有增上慢了吧？他有的。格老子，我穷到了极点，谁都不在乎！还是增上慢。

天女回答舍利弗，佛是为了增上慢的众生，说一个方便法门，要先处理了淫怒痴才能得解脱。但是对没有增上慢的众生，淫怒痴即是解脱。后面这句话对不对？你们点头的人慢一点，淫怒痴不是解脱，淫怒痴"性"，即是解脱。不要漏了这个"性"字。这是说淫怒痴的本体即是解脱，淫怒痴和慈悲喜舍都是一念的变化，淫怒痴这一念翻过来，即是布施持戒忍辱精进禅定，又翻过去就是淫怒痴，是一体的两面。比如说水泡了茶，汁就成了茶，水酿了酒就不是水了，但是茶和酒的自性还是水。所以淫怒痴是一种心理行为的变相，佛并不是说淫怒痴即是菩提。差一个"性"字就完全不同。这个字掉不得的，掉了这个字你就要掉下去很远喽！

天女说一乘佛法

"舍利弗言：善哉！善哉！天女，汝何所得？以何为证？辩乃如是？""善哉善哉"在佛经里常用，但不是鸠摩罗什法师的创作，首先出自《列子》。善哉就是"好的"，是赞叹之词。舍利弗对天女说，你究竟得到什么境界，可以如此辩才无碍？

"天曰：我无得无证，故辩如是。所以者何？若有得有证者，则于佛法为增上慢。"天女说，我什么都没有，因此能说。若是觉得自己得到了证到了什么，就是增上慢。你们今天打坐坐得不错，就觉得有工夫了，然后看不起别人，怎么半小时都坐不住？这就犯了增上慢，是犯菩萨戒，还不是比丘戒，很严重的。有任何一点看不起别人、批评别人的心理，早就犯戒了。"自赞毁他"是菩萨戒第一条大戒。有的人只自赞而不毁他，这也不行。真有学问的人，反而变得很平凡，"学问深时意气平"，不觉得自己了不起，如果不意气平，那就是半罐子水了。世法、出世法都一样。真得道的人，决不会觉得自己有所得、有所证。

"舍利弗问天：汝于三乘为何志求？"舍利弗再问天女，于声闻、缘觉、大乘三乘中，你想走哪个路线？

"天曰：以声闻法化众生故，我为声闻。以因缘法化众生故，我为辟支佛。以大悲法化众生故，我为大乘。"天女说她不一定走哪个路线。

"舍利弗，如人入瞻卜林，唯嗅瞻卜，不嗅余香。"瞻卜林是檀香林，一个人进了瞻卜林，只闻到瞻卜林的香。

"如是，若入此室，但闻佛功德之香，不乐闻声闻、辟支佛功德香也。"同样道理，到了维摩居士的丈室，就没有三乘大小的差别，只有一乘佛法。

"舍利弗，其有释、梵、四天王、诸天、龙、鬼、神等入此室者，闻斯上人讲说正法，皆乐佛功德之香，发心而出。"释不是指出家人，是帝释，欲界忉利天的天主，道家观念中的玉皇大帝。梵是清净的意思，此地是指色界大梵天的天主。四天王是欲界中最低层天的天王。诸天是二十八宿的天人。这等等的天人，能有此因缘、功德、智慧进入这个丈室，做了居士的入室弟子，都闻到佛的一乘正法功德之香，都发出了大乘心。换言之，没有小乘的众生，都是大乘根器。

"舍利弗，吾止此室十有二年，初不闻说声闻、辟支佛法，但闻菩萨大慈大悲，不可思议诸佛之法。"天女告诉舍利弗，自己在此丈室十二年了，没听过维摩居士说过小乘法门，说的是佛法正统一乘道。《法华经》也是一乘道，没有三乘之分。

维摩丈室八特点

"舍利弗，此室常现八未曾有难得之法。"天女现在告诉舍利弗，维摩居士的丈室有八个特点。这个八同唯识的八识、显教的八正道、净土宗《阿弥陀经》的八功德水，都有关联，要好好参究。

"何等为八？此室常以金色光照，昼夜无异，不以日月所照为明，是为一未曾有难得之法。"这个房间中常发金色的光。我们来用世间法研究，但是也没有离开佛法。人脑中动什么念头，现代科学已经可以用光照得出来了。思想非常纯净的人，照出来是青蓝色带金色的光。《维摩诘经》尚未传到中国之前，中国不说"方丈"而说"方寸之地"，指的是心，比较一下这两个，就大概了解了。

维摩居士的丈室中，不分昼夜都放金色的光，不靠日月去照的，这是什么光？是自性的心光。在禅宗来讲，得了初关开悟的人就应该有自性心光。到了这个境界，有三种现象一定出来的：第一，身轻如叶，不用修白骨观，一身的骨节都软了，妄想杂念习气也柔软了。第二，昼夜常明，白天夜里都没有昏沉，都在光明中。第三，夜睡无梦，因为醒梦一如。你修行到达什么程度，用这个测验一下就知道了。

"此室人者，不为诸垢之所恼也，是为二未曾有难得之法。"第二个特点，到了这个房间能够成为人室弟子，换言之，真正能证悟到（不是理解到）心地法门，就没有一切世间的染污烦恼。人到了这种境界，古人有名言形容，"烦恼无由更上心"，想故意造一个烦恼都不可能的，即使他在喜怒哀乐中，也都没有烦恼的。

"此室常有释、梵、四天王、他方菩萨来会不绝，是为三未曾有难得之法。"第三个特点，到了这个房间，随时与三界天人及其他国土菩萨息息相关，时通往来。

"此室常说六波罗蜜、不退转法，是为四未曾有难得之法。"第四个特点，在这个房间里，都是讲大乘第八菩萨地的境界。到了八地以上，都到了离戏的境界，什么是离开一切戏论？禅宗祖师们讲"离四句绝百非"，四句是：空、有、非空非有、即空即有。《心经》上说"色不异空，空不异色，色即是空，空即是色"，也是四句。在禅宗，真到了离戏，才是破初关，也叫做破本参。当你还在用功、参话头，是算专一瑜珈的境界。话头破了，不用自用，功行自然现前，才到了"离四句绝百非"、离戏的境界。但是，还没有到家。

"此室常作天人第一之乐，弦出无量法化之声，是为五未曾有难得之法。"第五个特点，我们只有在文字上跟诸位报告了，因为是很难理解的。这房中常常听到非人世间的天人音乐，就是庄子所说的天籁之音，而这音声自然会说佛说法说僧，"弦出"是弹奏出的意思。你们打坐用工夫到某个程度，耳中会听到音声，或者是音乐声，或者是对你在说话（甚至有时还很灵验）。这时你可不要着相，一着相就成了神通的弟弟——神经了。这时极需要知道，"凡所有相，皆是虚妄"，要一概不理，这是用功的境界，不是天耳通，也不是天乐之音。真正天籁之音，要到了大般若智慧的境界才算，到了初禅和二禅自然会露消息。诸位要好好修定，小乘的禅定是非常重要的，没有这个基础你不用去学禅宗。

"此室有四大藏，众宝积满，周穷济乏，求得无尽，是为六未曾有难得之法。"第六个特点，不是功德圆满的人是做不到的，这个房间什么都没有，可是任何的金银珠宝顺手一抓就出来了，要多少有多少。所以维摩居士可以不断地布施，比中国传说中的聚宝盆还要厉害，都是我们大家最希望的。这是做得到的，但是要多生累世不断地布施，才有可能有如此的果报。

"此室释迦牟尼佛、阿弥陀佛、阿閦佛、宝德、宝炎、宝月、宝严、难胜、师子响、一切利成，如是等十方无量诸佛，是上人念时，即皆为来，广说诸佛秘要法藏，说已还去，是为七未曾有难得之法。"第七个特点，在这房间中，维摩居士心中一念，要请哪一尊佛来说法，就请得到那一尊佛，来此说法完毕就送客。这太方便了。

"此室一切诸天严饰宫殿，诸佛净土，皆于中现，是为八未曾有难得之法。"第八个特点，如要西方阿弥陀佛极世界净土、东方药师佛琉璃净土、或者任何一个佛的净土，只要一念，就都呈现在这房间中。

维摩居士的丈室，所有这八种未曾有难得之法，我们也都有，因为我们没有证得，就翻不过来。翻得过来，这方寸之间就都具备。所以六祖告诉我们，"何期自性本自具足"，一切都具备。

"舍利弗，此室常现八未曾有难得之法，谁有见斯不思议事，而复乐于声闻法乎？"所以天女对舍利弗说，这房间有这样八种难得的功德，有谁在这里见识过这样的境界之后，还会愿意去修小乘呢？

女转男的问题

下面开始要讲到女人相的问题。世界上一切的文化和宗教，从古至今都是重男轻女的。到了近世的西方文化演变，尤其是美国代表了西方文化一个很重要的环节，稍稍开始有点不同，男女好像变得比较平等了，其实也不见得。有趣的是，许多宗教虽然重男轻女，但是到最后还是归到女性身上去了。像道教最后最大的是瑶池圣母，是玉皇大帝的妈妈。天主教最崇拜的是圣母。在佛教，最为大众所依的观世音菩萨，是以女身度众生的。这都是代表了母爱。

佛法素来讲平等，但是在戒律和规矩上，对女性还是有等差的，有平等中的差别。尤其是讲到修行，女性就必须先修到能够转成男身，才能成佛。一般素来是这么说，唯一不同的，有几本经典，一是《维摩诘经》，还有一本是很少见的《佛说月上女经》，以女身而成佛，与释迦牟尼佛问答，为佛所默然认可。第三本经是唯识法相宗最重视的《胜鬘夫人经》。这几本经真正讲到男女平等。

现在回到《维摩诘经》舍利弗和天女之间的问答，这些就不用一字一句地解释了。

"舍利弗言：汝何以不转女身？"舍利弗问天女，既然这么高明为何不转女身？

"天曰：我从十二年来，求女人相了不可得，当何所转？"天女答，你问得好，我以十二年的时间，研究自己身体是不是女人，我找不出来自己是女身，要怎么去转？你们在座的女同学，可能连十二秒都不要，就知道自己是女身。这"了不可得"，也是首见于《维摩诘经》，其后被禅宗祖师所常用。

为什么提十二年？这是一个秘密，普通讲修行成佛要三大阿僧祇劫之久。肉身要成就，老老实实去修，一步都不走错，一点都没有障碍，要十二年才能转变色身。不是一定女转男身，那个是很难的，但是可以转成童身，七八岁的小童之身。你中间有一步走错了，就要重新来过。

道家修持讲百日筑基，一百天的基础要打稳，但是多数人都办不到。百日筑基之后，第二步是十月怀胎，用温养的工夫来长养圣胎。再其次要三年哺乳，九年面壁，差不多也要十二年。我算过这个账，我们从六岁开始读书，如果念了十二年书，还没入大学，也就可能找不到什么理想的工作。假如修道十二年可以成仙，还是这个比较划算。百日筑基是很困难的，我们学佛的人不讲这一套，但是我们讲戒定慧，能入定一百分钟都了不起了，不要说一百天，这个基础都没有的话，所有佛学理论都是空谈。

再从现代新陈代谢的观点来看，我们的身体大约每十二年，内外细胞就全部换过一次。中国传统文化每十二年称一纪，一世是三十年，到了现代，把这两个字合起来成为了"世纪"，根据西方观念，一世纪就是一百年。十二年一纪是太阳系统一个转变的周期，一年又有十二个月。十二这个数字的学问很多，需要专门作一个课题讨论，我们就此打住。

"譬如幻师化作幻女，若有人问：何以不转女身？是人为正问不？"天女回答，比如变魔术的人变出一个女人，假使有人问这化出来的女人为什么不转成男人，这问得对吗？

"舍利弗言：不也，幻无定相，当何所转？"舍利弗答，不可能，一个假的、幻化出来的女人是不能转的。依佛法说，我们的肉体是幻化不实在的，是无常的，无常就是不会永恒存在的。无常是对现象会变去而言，而《易经》所说的变化，是指宇宙永远不停地在变的原则，这两者略有不同。

"天曰：一切诸法，亦复如是，无有定相，云何乃问不转女身？"天女说，世间万法也都是无常，没有定相，为什么你眼中的我一直是女身？我看你却不会永远是男的，为什么你还问我怎么不转女身？

讲到这里，我要回答有位同学几天前提出的一个问题，中国禅宗的丛林制度还是依佛的戒律，是重男轻女，因此禅宗同其他宗派大寺庙的规矩一样，没有比丘尼当方丈的。过去没有比丘、比丘尼合住的庙子，丛林就更不可能了。比丘尼庙子的方丈，还是由比丘挂名出任，但他本人不来。比丘尼的丛林，极少有开堂说法的，所以比丘尼还是要去比丘的庙子听法，听完就走。比丘在天黑无法赶路的情况下，才准许到比丘尼的庙子挂单，但只准在大堂上打坐，不可入寮房。

禅宗有位比丘尼，法号叫末山，她认为自己大彻大悟了，可以当方丈，就开堂说法。这在当时是革命性的一件事，在禅宗语录以外的记载上，很多人像赵州和尚这样的大禅师，对此事都反对，其中有位灌溪和尚就去找末山尼，态度非常桀骜不驯。小尼姑通报了，末山尼就让人去问灌溪，究竟是为游山玩水而来，还是为法而来？灌溪答，当然为法而来！而且如果问法输了的话，自愿在你的庙上作园头（就是管菜园的），种菜三年供所有人吃。于是末山即刻开堂，打钟击鼓，召集众人上殿。末山尼升座，就与灌溪展开对话。他们开始说的一些我们就略过不提，灌溪问：如何是末山（末山是地名）？答："不露顶。"这两句话很平凡，末山风景就如此，就是本地风光。但是他们问答之际可没有字字推敲，很自然就出来了，开悟的人文字般若就不同的，可以出口成章。

有僧人曾问夹山禅师："如何是夹山境？"夹山答："猿抱子归青嶂岭，鸟衔花落碧岩前"看来是表面风光，讲猿猴抱小猴子的景象，其实是说修道工夫，表示自己已证果，没有男女相了。法眼有首偈子：

> 理极忘情谓　如何有喻齐
> 到头霜夜月　任运落前溪
> 果熟兼猿重　山长似路迷
> 举头残照在　元是住居西

中间一句"果熟兼猿重"，描写果子熟了，猿猴爬上去摘果子，把树枝压弯了；"山长似路迷"说深山中愈走愈走不到底，山路崎岖，常常怀疑自己可能走错了路。这是讲修证的艰辛，所以真得了一分道果，自己的恭敬心就增加一分，做人做事行为举止就愈恭敬。

末山尼气派大，她说自己已经成就，不露顶了。灌溪听了就再问：如何是末山主？就是舍利弗问天女的问题。末山尼就答：非男女相。灌溪跟着问：何不变去？末山尼就大声骂，不是神又不是鬼，变个什么？灌溪就跪下来拜，等于承认末山尼是大彻大悟了，也规规矩矩地在庙外搭了个棚子，做了三年园头。

这一段是禅宗内讲男女差别比较有名的故事。第二段就比较不那么精彩。马祖的弟子邓隐峰禅师，俗姓邓，他是大彻大悟了的，解脱逍遥非常自在，常常玩些神通。你们同学供舍利子，有时长了一颗出来就大惊小怪，如果碰到隐峰禅师，非被他刮耳光不可。他听见有人求舍利子，就拿把梳子在头上刮两下，就有舍利子掉下来。他临死时还表演了一招，倒立起来涅槃了，而衣袍竟然还贴着身上不会垂下来。他有个妹妹，成就比他还要高，听到哥哥涅槃的怪相，就跑来骂他，生前已经不正经了，走了还要玩把戏，给我站起来！邓隐峰禅师居然就倒转回来，站起来再死。

中国历史上有两位还俗的和尚，都影响了一个时代。一个叫刘秉忠，是元朝忽必烈的国师，和耶律楚材一样。忽必烈统一中国时，少杀了很多人，就是这一位还俗的和尚从旁运筹，保住了很多生命。还有一位还俗的和尚叫姚广孝，是明朝永乐皇帝的军师。永乐帝以叔叔的身份，打倒南京的侄子，也就是朱元璋朱和尚的后代。永乐统一了中国，姚广孝也官封太师，他虽然还俗，可是始终并未成婚，也始终没有做官的派头，还是个和尚的样子。姚广孝回家看姊姊，姊姊闭门不见，说自己只有一个出家的弟弟，没有一个还俗的国师，并且誓言永远不相见。这也是一位了不起的女性，就看你们女同学哪天能发心，把这些女性的资料集中起来，编一本女性的《指月录》，这些都是很好的资料。

禅宗记录的女性被问到为什么不转女身时，是用智慧的语言来答复，《维摩诘经》的天女却玩神通了。

"即时天女以神通力，变舍利弗令如天女，天自化身如舍利弗，而问言：何以不转女身？"天女意念一动，用神通的力量，把自己变成舍利弗，而把舍利弗变成了天女，然后问舍利弗，现在你为什么不转女身呢？这里，如果你不把它当神通，当作个寓言来看，其中就有两重问题。天女的这种神通是属于自在心通，还不是六通当中的第五通神足通。第六通漏尽通只有罗汉才有。心通是大小乘菩萨修到相当成就的都有，可以概括了六通（天眼通、天耳通、他心通、宿命通、神足通、漏尽通）。但是六通却不能概括了心通。

"舍利弗以天女像而答言：我今不知何转而变为女身。"舍利弗说，我不知道怎么会转变成女身了。这个话你要注意，同生死来去都有关系的。佛教的基础建立在三世因果、六道轮回上，这也是个生死的问题。人怎么生、怎么死，怎么变成男人、女人，这个问题应该先了解。

"天曰：舍利弗，若能转此女身，则一切女人亦当能转。"天女说，舍利弗，如果你能转得了这女身，则世界上一切女人也能转。

"如舍利弗，非女而现女身，一切女人，亦复如是。"像你舍利弗，明明是男人，为什么偏偏现出女身？一切女人之所以得女身，或男人得男身，自己是没有办法做主的。如果做得了主，就得道了。

"虽现女身，而非女也。"虽然现女身，这只是形相上的，在本性上是没有男女差别的。当一念不生之时，是完全没有男女相的。换言之，这个肉身，也就是报身，才有男女相的差别。生命自性的法身，是没有男女相的。法身报身都成就了，就可以行千百万亿化身。真正悟道的成就是三身的成就，才是大彻大悟。法身是自性之体，报身是自性之相，化身是自性之用。诸位女同学要知道，真正悟了道，虽然是个女身，但是不是女人。

"是故佛说一切诸法，非男非女。"这是这一段话的结语。

"即时，天女还摄神力，舍利弗身还复如故。"此时，天女（其实是位大菩萨化身）就再用神通力，还舍利弗他原来本相。

"天问舍利弗：女身色相，今何所在？"天女就问舍利弗，你现在又变回男身，那女身的相到哪里去了？

"舍利弗言：女身色相，无在无不在。"这一下舍利弗因受天女接引，于大乘佛法开悟了。他说，所谓男相女相都一样，无所在也无所不在。

"天曰：一切诸法，亦复如是，无在无不在。夫无在无不在者，佛所说也。"自性不在内、不在外、不在中间，无所在也无所不在。明心见性要找的，就是这个"无在无不在"。这一句话首见于《维摩诘经》，现在不只是佛教界，连天主教、基督教讲上帝讲神，也用"无在无不在"。这原因是过去几十年中，他们花了很大力气研究，把佛教和道家思想的要点都翻译过去了，所以就引用上了。因此，你们如果不去研究其他的宗教，一提就说人家是外道，那就很笑话，也不知人家外到哪里。尤其年轻同学有志去国外弘法的，你对人家新的神学用语和观念，还不能不知。人家已经能把佛经上的"无在无不在"用得很好了。

天女引佛所说的"无在无不在"，是佛法中最高的不二法门。前面这一路下来，我们讨论的有几个要点。第一个，是十二年作工夫的问题。第二个，讲生死之间的问题。第三个，罗汉有隔阴之迷，这有三种情形：一是入胎就迷了，二是入胎不迷但住胎迷了，三是入胎住胎不迷但出胎迷了。

我现在再讲一下人的生死的问题，但还只是讲人道，天道、畜生道等是不同的。刚才休息时还有几位道友在讨论，是否能预知死期，要怎么走。有一位说，他已经同意将遗体捐给医院做解剖教学，器官还能再用的话，就移植给需要的病人，这样最不给自己家人添麻烦。原来他还是做生意的办法，当然这样的发心布施是很难得的。

要讲生死的问题会用掉太多时间，我们不能详细讲。人的入胎要有三缘和合，要有中阴身（普通讲灵魂），还要有男性的精虫和女性的卵子刚好结合。虽说四大本来空的，但人身难得，没成道之前，还非要靠这个身体不可。入胎之际，精虫要和数亿个兄弟姊妹竞争，才能和卵子结合。佛比喻人身难得，如茫茫大海中一只盲龟从水下浮上来时，刚好钻入了一个漂浮在海面上车轮中间的空洞。

人在入胎之际，是中阴身被非常强烈的欲念所吸引，这不是你左右得了的，这个欲念一起，再同这男女有因缘，就被吸引来了，没有空间的阻碍，这就是业力。该成为女性的是受男性（也就是将来的父亲）的吸引，这一刹那就成女胎，成为男胎则是受将来的母亲所吸引。这该生男身或女身，不是你做得了主的。舍利弗在前面说，怎么自己做不了主，忽然变成了女身，就是这个原因。所以我们修道作工夫要随时注意，白天在起心动念处下手，练习做得了主，不要生贪心、瞋心，不要散乱昏沉，不要起慢心，才是修行的第一步。进一步要连在睡梦中也做得了主才算，否则真一点把握都没有。但是你不要去试，你拼命想在睡梦中做主，那一定睡不着，因为你不做主才睡着了。

能在梦中醒中都做得了主，就是一念清明，灵明不昧，修行才能算有把握。这只是讲修行，不是修定，还不算悟道。你们在修行的，不论是什么法门，要知道自己有没有进步，不要来问我。你只要问问你自己，在平常起心动念处能做得了多少主。比如你忽然遇上很大的刺激，心中很烦很气，你看看这个气多少秒、多少分钟可以过，还是几天、几月，甚至几十年都忘不掉。假如你这些贪瞋痴能在几秒钟马上平下去，那已经了不起了。平下去不算，还要做得了主。大乘小乘修行的路线都从这里开始，然后达到般若智慧的成就，才能完全做得了主。这做得了主的境界，就是观自在，真做到了自在。我们修行一定要注意三界天人表，尤其是色界天的有顶天，又名大自在天，那是绝对自在的，是十地以上的菩萨。

生死问题

"舍利弗问天：汝于此没，当生何所？"舍利弗问天女，当你离开了这个世界，会去哪里往生？

"天曰：佛化所生，吾如彼生。"天女答，一切佛的化身怎么生，我就是那样生。在华严境界来讲，一切众生皆是佛的化身，我们都是，没有人是凡夫，也没有人是佛。一切佛，十方三世诸佛，皆是毗卢遮那佛的化身，毗卢遮那佛代表的是法身。你们拿的《梵网经》，其中的主佛，卢舍那佛，就代表报身成就佛，他在《梵网经》中所说的戒，是为千佛而说，所以一切凡夫众生就是千佛的化身。禅宗也提出："心、佛、众生，三无差别。"

所以我们往好的方面来说，一切众生就是佛的化身。化身是怎么来的？这境界就和中国固有文化相同，"生生不已"。以华严境界说，在世间说法的释迦牟尼佛，是毗卢遮那佛的化身，说法的因缘满了，所以化身就涅槃了，是有生灭的。但是他的法身是不生不灭的。《法华经》说佛在说法时，地下涌出多宝如来的无缝宝塔，因为佛的顶礼，宝塔开了，多宝如来在其中，请释迦牟尼佛上来，分半座给他，代表肉身化身各占一半。《法华经》所以是佛法中的大经，因为是修报身成就。我们此身虽然是幻化，但是这个身上也是多宝如来，还有很多用处，修持得好可以做到即身成就。当然这很难的，千古以来能修到报身成就的是少之又少。

禅宗祖师当中，有好几位修到了报身成就，比如临济禅师，他三十多岁时就当大和尚，因为太年轻，怕声望不够，所以有两位已经悟道了的克符和普化禅师，还特意去皈依临济以孚众望。后来等临济成了宗派了，普化要走了，普化就告诉跟随他的弟子，自己要在某日在某地入寂。后来一看去的人太多，就改了一天。结果还是很多跟的人，但是少了一些，他就再改一天。如此改了几次，跟随的人少了许多，他终于决定可以走了，就自己跳进棺材。大家抬起棺材时觉得很轻，一望没有人影，只听到空中传来他平时摇的铃声。他这就是报身有成就的。

"天曰：佛化所生，吾如彼生。"天女说，化身是无往亦无来的，不进也不出。

"曰：佛化所生，非没生也？"舍利弗再问，佛的化身不是此没彼生的吗？也就是说在这里入寂了，再去别的世界投胎。

"天曰：众生犹然，无没生也。"天女教训他，一切众生根本没有生的，没有此生彼灭的。

我们这一段插了许多补充，讲得比较零碎。现在总结一下，这一段一个是男女相的问题，一个是生死问题。我们学佛是要了生死，但是一般人有个错误观念，认为了生死就不来了。你不来是要去哪里呢？出了三界哪还有第四界？你问了了生死还来吗？"无没生"，无去也无来。诸佛菩萨因为了了生死，所以敢在三界六道中游戏神通，在生死苦海中度人，没有来与不来的问题。

我们错误地以为了了生死的人，他知道时间到了，走了就了了。这不是了生死，而是修持定力很够。所谓了了生死，现生修持得定，晓得从这个肉身走了，要去三界的哪一界、哪一道，自己可以做主。像初果罗汉往生去了欲界天和色界天之间，还要七返人间，才能证得涅槃，还是有余依涅槃。这是了了分段的生死，生死一段一段的，前生、这一世、后一世。本来生命是没有段数，无去也无来，自性本体无所在也无所不在，但是我们没有见到自性之前，要先了分段生死。分段生死了了，变易生死还未了，要到了大阿罗汉境界才了了变易生死。念佛往生西方，还是在分段生死中。了了变易生死，就不是出胎入胎，而是化身。

悟道问题

"舍利弗问天：汝久如当得阿耨多罗三藐三菩提？"舍利弗再问天女，你还要过多久才会真地大彻大悟成佛？

"天曰：如舍利弗还为凡夫，我乃当成阿耨多罗三藐三菩提。"天女说，譬如你舍利弗是已经证了阿罗汉果的，如果哪一天你退位成为凡夫，我就成佛了。因为得道的人不会再退为凡夫，换言之，天女本来已经开悟了，用不着再开悟。因为本来面目个个都是佛。

"舍利弗言：我作凡夫，无有是处。"舍利弗答，我不可能退为凡夫的。

"天曰：我得阿耨多罗三藐三菩提，亦无是处。所以者何？菩提无住处，是故无有得者。"天女说，我本来没有迷过，何必再求悟？什么理由？菩提无住处，你想要找个住处就错了。所以要得道是得个了不可得。菩提者觉悟也，不是你去买的菩提子。

"舍利弗言：今诸佛得阿耨多罗三藐三菩提，已得当得，如恒河沙，皆谓何乎？"舍利弗再问，如果成佛是无所得，那么过去、现在、未来无数成佛的，是得什么？这该怎么讲？

"天曰：皆以世俗文字数故，说有三世，非谓菩提有去来今。"天女说，这是为了凡夫俗子而说的，是说法的方便。宇宙没有所谓昨天、今天、明天的时间，没有来去、三世、十方。得了道的没有过去、现在、未来。

"天曰：舍利弗，汝得阿罗汉道耶？"天女再问舍利弗，你是得了阿罗汉道了吗？

"曰：无所得故而得。"舍利弗答，因为我到了"什么都没有了"，无所得，所以佛印证我得道了。这是了不可得，若还有个工夫有个境界，就已经不是了。

"天曰：诸佛菩萨，亦复如是。无所得故而得。"天女说，所以一切诸佛菩萨的得道，同你所答的一样，得个"了不可得"。可是我们打坐学佛的人，都是以有所得心来求个无所得果，因此背道而驰，白忙一场。

"尔时，维摩诘语舍利弗：是天女已曾供养九十二亿诸佛，已能游戏菩萨神通，所愿具足，得无生忍，住不退转，以本愿故，随意能现，教化众生。"这时候，维摩居士这位主人出来讲话了，他告诉舍利弗不要闹了，天女是位大菩萨，过去生已供养过九十二亿佛，资格比你老得多了，随时可以变女相男相，神通境界来去自在。而且他所愿具足，修持到了八地以上的菩萨境界，得无生法忍，不退转了。因为他的愿力同情女性，随时可以现女身，教化众生。

一切法皆是形相，形相不是体。自性的本体没有男女相之别，只要一念放下，自己就忘掉此身是男是女，此中无男女身的。男女相都是人为的。

佛道品第八

　　尔时，文殊师利问维摩诘言：菩萨云何通达佛道？维摩诘言：若菩萨行于非道，是为通达佛道。又问：云何菩萨行于非道？答曰：若菩萨行五无间，而无恼恚，至于地狱，无诸罪垢，至于畜生，无有无明憍慢等过，至于饿鬼，而具足功德，行色无色界道，不以为胜。示行贪欲，离诸染着。示行瞋恚，于诸众生无有罣碍。示行愚痴，而以智慧调伏其心。示行悭贪，而舍内外所有，不惜身命。示行毁禁，而安住净戒，乃至小罪犹怀大惧。示行瞋恚，而常慈忍。示行懈怠，而勤修功德。示行乱意，而常念定。示行愚痴，而通达世间出世间慧。示行谄伪，而善方便随诸经义。示行憍慢，而于众生犹如桥梁。示行诸烦恼，而心常清净。示入于魔，而顺佛智慧，不随他教。示入声闻，而为众生说未闻法。示入辟支佛，而成就大悲，教化众生。示入贫穷，而有宝手功德无尽。示入形残，而具诸相好以自庄严。示入下贱，而生佛种性中，具诸功德。示入赢劣丑陋，而得那罗延身，一切众生之所乐见。示入老病，而永断病根，超越死畏。示有资生，而恒观无常，实无所贪。示有妻妾婇女，而常远离五欲淤泥，现于讷钝，而成就辩才，总持无失。示入邪济，而以正济度诸众生，现遍入诸道，而断其因缘，现于涅槃，而不断生死。文殊师利，菩萨能如是行于非道，是为通达佛道。

于是维摩诘问文殊师利：何等为如来种？

文殊师利言：有身为种，无明有爱为种，贪恚痴为种，四颠倒为种，五盖为种，六入为种，七识处为种，八邪法为种，九恼处为种，十不善道为种。以要言之，六十二见及一切烦恼，皆是佛种。曰：何谓也？答曰：若见无为入正位者，不能复发阿耨多罗三藐三菩提心。譬如高原陆地，不生莲华，卑湿淤泥，乃生此华。如是见无为法入正位者，终不复能生于佛法，烦恼泥中，乃有众生起佛法耳。又如植种于空，终不得生，粪壤之地，乃能滋茂。如是入无为正位者，不生佛法。起于我见如须弥山，犹能发于阿耨多罗三藐三菩提心，生佛法矣。是故当知，一切烦恼为如来种。譬如不下巨海，不能得无价宝珠。如是不入烦恼大海，则不能得一切智宝。

尔时，大迦叶叹言：善哉！善哉！文殊师利，快说此语，诚如所言，尘劳之俦，为如来种。我等今者，不复堪任发阿耨多罗三藐三菩提心，乃至五无间罪，犹能发意生于佛法。而今我等永不能发。譬如根败之士，其于五欲不能复利。如是声闻诸结断者，于佛法中无所复益，永不志愿。是故，文殊师利，凡夫于佛法有反复，而声闻无也。所以者何？凡夫闻佛法，能起无上道心，不断三宝。正使声闻终身闻佛法，力无畏等，永不能发无上道意。

尔时，会中有菩萨，名普现色身，问维摩诘言：居士，父母、妻子、亲戚、眷属、吏民、知识，悉为是谁？奴婢、僮仆、象马、车乘，皆何所在？于是维摩诘以偈答曰：

智度菩萨母 方便以为父
一切众导师 无不由是生
法喜以为妻 慈悲心为女

善心诚实男　毕竟空寂舍
弟子众尘劳　随意之所转
道品善知识　由是成正觉
诸度法等侣　四摄为伎女
歌咏诵法言　以此为音乐
总持之园苑　无漏法林树
觉意净妙华　解脱智慧果
八解之浴池　定水湛然满
布以七净华　浴此无垢人
象马五通驰　大乘以为车
调御以一心　游于八正路
相具以严容　众好饰其姿
惭愧之上服　深心为华鬘
富有七财宝　教授以滋息
如所说修行　回向为大利
四禅为床座　从于净命生
多闻增智慧　以为自觉音
甘露法之食　解脱味为浆
净心以澡浴　戒品为涂香
摧灭烦恼贼　勇健无能逾
降伏四种魔　胜幡建道场
虽知无起灭　示彼故有生
悉现诸国土　如日无不见
供养于十方　无量亿如来
诸佛及己身　无有分别想
虽知诸佛国　及与众生空
而常修净土　教化于群生

诸有众生类　形声及威仪
无畏力菩萨　一时能尽现
觉知众魔事　而示随其行
以善方便智　随意皆能现
或示老病死　成就诸群生
了知如幻化　通达无有碍
或现劫尽烧　天地皆洞然
众人有常想　照令知无常
无数亿众生　俱来请菩萨
一时到其舍　化令向佛道
经书禁咒术　工巧诸技艺
尽现行此事　饶益诸群生
世间众道法　悉于中出家
因以解人惑　而不堕邪见
或作日月天　梵王世界主
或时作地水　或复作风火
劫中有疾疫　现作诸药草
若有服之者　除病消众毒
劫中有饥馑　现身作饮食
先救彼饥渴　却以法语人
劫中有刀兵　为之起慈悲
化彼诸众生　令住无诤地
若有大战阵　立之以等力
菩萨现威势　降伏使和安
一切国土中　诸有地狱处
辄往到于彼　勉济其苦恼
一切国土中　畜生相食噉

皆现生于彼　为之作利益
示受于五欲　亦复现行禅
令魔心愦乱　不能得其便
火中生莲华　是可谓希有
在欲而行禅　希有亦如是
或现作淫女　引诸好色者
先以欲钩牵　后令入佛智
或为邑中主　或作商人导
国师及大臣　以祐利众生
诸有贫穷者　现作无尽藏
因以劝导之　令发菩提心
我心憍慢者　为现大力士
消伏诸贡高　令住无上道
其有恐惧众　居前而慰安
先施以无畏　后令发道心
或现离淫欲　为五通仙人
开导诸群生　令住戒忍慈
见须供事者　现为作僮仆
既悦可其意　乃发以道心
随彼之所须　得入于佛道
以善方便力　皆能给足之
如是道无量　所行无有涯
智慧无边际　度脱无数众
假令一切佛　于无量亿劫
赞叹其功德　犹尚不能尽
谁闻如是法　不发菩提心
除彼不肖人　痴冥无智者

现在开始讲第八品"佛道品"，这一品是讲什么是大乘佛法的正道。中国文化中，一切的最高境界，习惯上用"道"这个字来代表，佛道乃佛之道。

行非道 通佛道

"尔时，文殊师利问维摩诘言：菩萨云何通达佛道？"文殊师利菩萨问维摩居士，大乘菩萨修道，怎么样才是真正通了佛道？我们常用"通"这个字，古人问读书不问懂了没有，而是问通了没有。有人读书学位很高、学问很好，但是不见得通了，而成了个书呆子，只有知识，而不能实用到做人做事上去。古人骂这种人是迂腐子，学问好文章也写得好，但做人做事就一无是处。现代这种人更多，电视的知识、学校的知识、世界的知识都蛮好，就是不会做人做事。换句话说，就是不通。由通而到达，更难。达是到达，通达佛道是证得了。

"维摩诘言：若菩萨行于非道，是为通达佛道。"这问题很严重了！维摩居士说大乘菩萨证道了，他的行为是不合道的。菩萨行于逆道，不是顺道的做好人做好事，菩萨的行为表面看来一无善处，乃至是大恶，其实是走逆道的教化。这个逆道的道，与佛道的道观点是不同的。

禅宗祖师说过，有人的修行见解可以成佛，但不可以成魔。这么说好像魔的成就要比佛高，因为佛行顺道，而魔是行逆道。所以大乘说，非要十地以上的菩萨才有资格做魔王，倒转乾坤，把天地都翻过来，这种境界不是普通人所能行的。十地以上的菩萨才可以做治世的帝王，所以有时他们的行为看起来像个魔王。这个道理是佛法的密行，例如密宗有一种修法是金刚密迹，不是一般人所能做到或所能了解的，因为外形都同一般的想法相反。

"又问：云何菩萨行于非道？"文殊师利菩萨问，所谓大乘菩萨道的非道修行是怎么样的？维摩居士就回答了一长篇。

"答曰：若菩萨行五无间，而无恼恚，至于地狱，无诸罪垢。"像这样的行于非道不是简单的。大家听了可不要乱做人做事，说自己是菩萨道行于非道，那就真是非道了。

造五无间之业是重罪，犯了这样重罪的人要下无间地狱，永不得超生。五种无间地狱的罪是弑父、弑母、弑阿罗汉、出佛身血、破和合僧。入了无间地狱一定有极大的烦恼痛苦，也就是恼恚。维摩居士说修菩萨道的人，即使进了无间地狱，也不觉得烦恼痛苦。他即使入了地狱，并没有罪过，也没有脏的东西污染他的心。佛法里有两位菩萨给我们做榜样，一个是地藏王菩萨，他永远在地狱中度众生。另一个是佛的堂兄弟提婆达多，他一向与佛作对，生生世世处处想要害佛。有一次从山上推石头下来，压到佛的足趾出血，他虽入了地狱，却觉得那里的快乐胜过三禅天之乐。佛说提婆达多虽然与他作对，其实是佛的老师，是逆行佛道来磨炼佛的，促使佛快快成道。所以佛在《法华经》中为提婆达多授记，当于来生成佛。

行逆道比顺道还难，你要想行逆道，但是有没有提婆达多的本事？他在地狱觉得胜过三禅天，无恼恚，无罪垢。有这个本事，才敢说我不入地狱谁入地狱。这就是菩萨道。我们普通修道只看正面，墙壁正面的白是很容易看到的，整个墙壁的黑，黑里有亮有光明你看不出来，那正是菩萨道的逆道。有行菩萨道的却杀人如麻，其实是在度众生。要懂这个境界就要读《华严经》，经中讲到善财童子去参访一位菩萨化身的皇帝，他残暴不堪，杀人如麻。善财童子看了吓死了，皇帝却说自己在清凉度人，叫善财童子不信的话跳入火坑试试。空中的菩萨也叫善财童子跳，他一跳入火坑，结果真是清凉之地。善财童子五十三参中，正面的菩萨没有几位，外道、魔王、妓女都有，都是行于非道而通达佛道的。

所以，佛法不一定在高山、在清净的地方，或在庙子，真正大菩萨可能嘴里一句佛也没有，不要用宗教的外形去看世界看人。社会上到处有菩萨，即使狗牛马这些畜生当中都有。像有位出家同学去了南部的庙子专修，她写信告诉我那里有只白公鸡，赶都赶不走，整日啄中发出"陀佛、陀佛"的念佛声，众人称奇。

佛法还是在世间的，六祖说："佛法在世间，不离世间觉。离世觅菩提，恰如求兔角。"社会上无处没有佛法。虽然佛教说末法时代佛法要没落了，可是佛在大乘经典上根本没有讲末法、像法、正法。佛法在世间是不生不灭的，真理在世间是不会变的，不过在不同的地方和不同的时间，表达有所不同而已。它不一定是这个形象，也不一定是这个宗教，但所行的都是佛道。

"至于畜生，无有无明憍慢等过。"人为什么造业会变成畜生？因为无明、愚痴、昏沉、没有般若智慧。我常告诫大家，打坐不要把昏沉当成了入定，果报是变畜生道的猪。你以为证果了，结果证到屠宰场去了。不要以为昏昏沉沉无所知是空，是无所住，这样下去头脑愈来愈差，记忆力也没有，愈来愈成白痴，果报也是变畜生。骄傲我慢、瞋恨心重，心中有毒的话，果报是变成毒蛇猛兽。

大菩萨也会投生入畜生道，这是为了方便去教化畜生，不是无明憍慢的果报，而是慈悲心，这叫作行于非道。所以有人问我信什么教，我说是信睡觉。我没资格做佛教徒，因为我这个人样样都不对，虽然不是太坏，但绝对谈不上是好人。真正够标准的好人，行正道顺道很难。由顺道而行逆道更难，只有菩萨才有资格行逆道。他虽然在畜生道中度众生，可是无无明，也无无明尽，已经没有无明、不无明了，当然也就没有憍慢，而是绝对的慈悲。因为有大慈悲心，所以才敢入畜生道度众生。

"至于饿鬼，而具足功德。"唯有菩萨道敢在饿鬼道中度化众生。饿鬼是下三道（地狱、畜生、饿鬼）中的众生。这鬼可不是中阴身，在佛法中，人刚死亡尚未再投生之前，这中间存在的叫中阴身。鬼是已经到了鬼道了，不是普通讲的灵魂，其中的种类很多。据我的了解，有些细菌类的生物，可以让人生病痛苦，是属于鬼道的。有形但不是肉眼能见，还有些是无形的。鬼道比我们灵光，这墙壁、门都挡不住，是滤过性的。

饿鬼道是很可怜的，那个子比我们大多了，世界上很多东西是饿鬼道的。大海中的鲸鱼，它的全身对人类都有利用价值。从它的观点来看，是很可悲的，那么大的身躯，喉咙却很细，永远吃不饱，一辈子处于饥饿状态。佛经形容饿鬼的身体大，喉咙细得像针。我们常常去医院也看到些病人无法吞食，只有用根管子插入食道喂食，当然我可不敢说这些病人是饿鬼道的，但是看了真是无比难过，按照佛经的说法，就是过去生的业报所致。

我们人世间的饮用水，看起来很清纯，可是看在天人眼中却是无比的浊秽。所以中国的道书说在地底有种石浆，像是石头流出来的牛奶，是天人喝的，我们如果能喝上一口，身体会变得像玉石，永远不吃饭也会长生不死。此外在仙山中也还有石水，据说在广西境内就有。

饿鬼永远口渴，看到了水想喝，但是无法喝，因为烫嘴。你听着像神话，其实不然。普通的水加热到了沸腾，手一碰就烫坏了，如果将水冷冻，手碰了也会冻到，这是物理作用。为什么饿鬼喝水会烫？这就是业报的物理作用。饿鬼是因为平时不做一点功德的业报，功德不只是用钱布施，是"诸恶莫作，众善奉行"。童子军的口号"日行一善"就很好，我们每天一定要做点善事，不论大小。大家每天能做到童子都能做到的事吗？还说在修道，多惭愧啊！菩萨因为积聚了无量功德，因此敢在饿鬼道中度化众生，这就是菩萨道。

"行色无色界道，不以为胜。"这也是逆行菩萨道。正修佛法的人讲的是戒、定、慧的工夫，要断欲，要上升，要超脱欲界。修行不论大小乘，要是没有到禅定的境界，都是白修持一场。禅定的定境是什么呢？就是断一切妄想烦恼，断贪瞋痴慢，修到三禅天的境界才升到色界。这个在学唯识的课程中已经讲了很多，希望大家特别注意。超过了色界就到了无色界。到了色界已不是肉体的身，而是以光色为身，一片光明。到了无色界，生命仍有，但不是我们欲界、色界所看的光色，等于儒家的《中庸》所说的"上天之载，无声无臭"，那就是无色界。

成了佛虽然是"跳出三界外，不在五行中"，但是并没有个第四界，是去了哪儿？是三界六道任意自在，是大自在。他的行为虽然是在修色界、无色界的清净道，但不以为胜，不自以为了不起。假如自以为得道了，那就入魔了。真得道的人此心是很平凡的。

菩萨行的反面示现

"示行贪欲，离诸染着。"行菩萨道的人，有时表现得比一般人的贪心欲念还要重，这欲是广义的，不只是男女之欲。等于善财童子的五十三参中，有位大菩萨叫作无厌足王，他对一切都贪求，没有满足的时候。其实我们学佛就是学无厌足路线，比如大家早晚念诵的四弘誓，就拿其中一句"法门无量誓愿学"，请问你学了几种法门？要你学这样不干，学那样太难了没有时间。真要学佛法的就要学"无厌足"，世间、出世间学问无所不知，没有自满的时候。

你们同学自以为什么都来听听，但是不染着。那可是学到畜生道去了，无记就是愚痴，是很严重的。不染着是得慧了，然后丢开了。你不慧就谈不上不染着，是无明。所以菩萨道表现的是贪欲但不染着，你在歌舞声色场合，都有可能会碰上这些人的，你不要轻视任何一个众生啊！《华严经》的赞词有云："三德已明贪欲际，酒楼花洞醉神仙。"法身、解脱、般若是三德，有了这三德，明白了贪欲的边际，才有资格去酒楼这些地方。菩萨已经证得菩提，即使在贪欲仍然没有染污心。

"示行瞋恚，于诸众生无有罣碍。"行菩萨道的人，天天发脾气骂人，但是内心是慈悲的，对一切众生是没有怨恨的。等于是父母老师，为了孩子好而打骂，但内心可是在流泪的。

"示行愚痴，而以智慧调伏其心。"行菩萨道的人，比众生还要愚痴多情，其实表现出来的愚痴只是方便。他的作为只是"欲令入佛道，先以欲钩牵"，众生都为欲所困，他不能不用欲来化欲。

"示行悭贪，而舍内外所有，不惜身命。"行菩萨道的人，以布施利人为第一，但是在行逆行的时候，比铁公鸡还要小儿科，悭吝得不得了。当年虚云老和尚严格执行过午不食，吃过中饭会亲自巡视厨房上锁，看见一块锅巴都会收起来。跟他修行很苦，没有本事是吃不消的。你能入定的话，胃的消化迟缓，身体热量消耗很小。不然啊，那个胃空空地吊着，变得面有菜色，脸上是发青的。难怪在禅堂中，听到要打七不知有多少和尚来挂褡，因为每天可以有七顿吃，禅堂都变成馋堂了。

讲个禅堂的故事，一天晚上禅堂中僧人在打坐，其中有个是肉身罗汉，他的邻褡（坐在身旁的僧人）肚子饿得咕咕叫，罗汉就碰碰这邻褡说：喂！要不要吃？厨房有锅巴。僧人答要。罗汉手一抓，就空手变了块锅巴出来给了邻褡。第二天大和尚上堂，说：昨天晚上犯戒了的比丘出来！偷锅巴的比丘认了，大和尚就说，下去客堂。比丘去了客堂，跪着挨了香板，然后赶出山门。大和尚并不是为了少一块锅巴，而是这比丘显神通犯戒。你说大和尚有没有神通？他坐在方丈室中，怎么晓得禅堂上几百人之中有人偷了个锅巴？现在很多人还没真神通就玩起来了，手有点烫就说可以帮人治病，这不是真神通，不要乱玩。

学佛法是学做很平凡的人，规规矩矩、老老实实地做事，在那做事的环境中如何利益人家、帮助人家，就是修行。不要古里古怪地，整天闭目盘足，好像很神的样子，干什么呢？真正行菩萨道，虽然示行悭贪，而舍内外所有，牺牲自我不惜身命，才是真行菩萨道。

"示行毁禁，而安住净戒，乃至小罪犹怀大惧。"行菩萨道的人，有时外表行为看起来处处犯戒，毁坏了戒律，而实实在在内心比守戒的人还守戒，甚至于连一点小的疏忽都不敢。

"示行瞋恚，而常慈忍。"虽然在愤怒中，而内心大慈大悲，忍辱一切，这都是菩萨密行。

"示行懈怠，而勤修功德。"外表看起来懒散，其实随时在定中，历代禅宗祖师中就有很多这样的例子。他在定中修功德，怎么修？这是菩萨的密行，不是我们能了解的。他可能化身出去，成为各种各类众生，去做功德。

"示行乱意，而常念定。"外表看起来很忙乱，不似修行人，但是真正佛法就在你一天忙乱处得定。成天吃饱了没事，在这里盘腿，其实是在散乱中，非但没有功德，反而是罪行。

"示行愚痴，而通达世间出世间慧。"外表看起来很愚痴，可是世间出世间一切学问都有，智慧成就第一。你们在社会上走动多了，会碰到有的人看起来是笨人，默默不言，但一讲起话来极高明，就是孔子说的"夫人不言，言必有中"，这夫人不是讲人家的太太，夫是个虚字。所以说，你怎么知道他是不是菩萨？

"示行谄伪，而善方便随诸经义。"外表看起来是在拍马屁、奉承人或作假，可是都是方便。有的人说话中不提一字佛，但是讲的都是佛法。我常希望你们同学能走这种菩萨道，尤其是今天这个时代，一讲宗教人家就头大。你可以不用说教的方式嘛，宣扬佛法不一定要讲佛经。可以把佛经变成电视剧、电影、笑话，只要把真理放进去了就是弘扬佛法。说不好听的，这就是"曲学阿世"，把真正的佛法做了改变，来拍世上群众的马屁。但是，行菩萨道的人不怕这些罪名，他宁可谄媚众生，用善巧方便的手法，去表达佛法的精义。但自己要有修持，有善巧方便，才可以不照老路子走，否则你不要轻言佛教革命。

"示行憍慢，而于众生犹如桥梁。"外表看起来憍慢。有些老辈人走的就是这个路线，譬如欧阳竟无居士，那他之憍慢，脾气之大，额头的血管都是蓝色的，这样相的人脾气一定大，连太虚法师来看他都不肯接见，憍慢到了这个程度。可是他真慈悲，有人不向他跪拜，一定会被痛骂，但是你还没跪到地，他已经跪下来拜你了。你说他还要人拜他吗？他是拜人的。虽然憍慢，看不起任何人，可是你真的至诚向他求问，你跪下来了，他那么大年纪跪得比你还快，膝盖头着地还有声的。若是出家人拜他，他一定会提醒人家比丘戒律：出家人不可拜白衣居士。他虽然这么讲，你可要知道，大乘菩萨戒却要礼拜善知识的，善知识是不分在家、出家，男女、老幼。虽然菩萨示行憍慢，那是度众生的桥梁，以憍慢为教化。

你们学禅宗的有没有把禅宗语录都看完了？不要说把几千种语录看完，能把《指月录》《五灯会元》《传灯录》好好研究完的都没有一个。这些大禅师们的手法个个不同，有用骂的、用打的、用宽大的、用打坐的，乃至用睡觉的、用悭吝的，太多了。他们是用种种的善巧方便"于众生犹如桥梁"。学佛要度人，什么是度人？你做人家的桥梁是度人。度人的方法太多了，不只是劝人出家才是度人，那是理发匠度人。度人是做众生桥梁，助他渡过苦海，解除他的烦恼痛苦，甚至进而使他证得菩提。

"示行诸烦恼，而心常清净。"外表看起来比一般人还烦恼痛苦，而内心常清净。我想起当年陪同我的老师去四川遂宁，当地有所好大的寺庙名叫东山寺。那香火之盛，每年香会时，四川一省有一百多个县，恐怕有一半的县都有人来朝圣。那里有位得道的和尚叫疯师爷，名气很大，很不容易见到。他一年到头住在厕所里，那可不是现代的厕所，过去山间的厕所就两条板，秽臭得不得了，苍蝇一大堆。他就在那里打坐，我们要爬到厕所给他磕头。我跟着我老师去见疯师爷，想看看他是怎么有道法的。

那个庙子在山上，坐轿子也要一个钟头才上得去，路两边都跪满叫花子要钱。我老师先告诉我要多带些钱，上山时就一路分。老师告诉我，你看这一路上有多少大菩萨在里面。我问他，是哪一个啊？他就骂我，蠢东西，这还要问我？统统都是！我还以为菩萨大概是会放光的，身上挂有宝饰的，这下挨骂了。照我老师讲，这些菩萨都在烦恼痛苦中，他就是给你做警惕的榜样，把不好的下场给你看。我老师还叫我钱不可以丢给人家，要一个个好好地放。我只好要轿夫放低一些，好够得到放钱。老师是要我干脆不坐轿子了，可是我装迷糊，懒得下轿，这就是憍慢。我心里可是怕走不上去，看不到疯师爷了！可是，就这么一个动作，自己都要反省，才是修行。

大菩萨的心地法门清净，本是没有烦恼的，可是为了表示与世间众生一样，故意做出来的，这就是"示法"，表示佛的法相法行。这个与众生一样的做法，也就是菩萨道"四摄法"（布施、爱语、利行、同事）其中的同事。可是大菩萨虽然外示一切烦恼相，而内心深处是没有烦恼的，永远是清净的。

"示入于魔，而顺佛智慧，不随他教。"外表看起来像是走魔道，可是真正是行佛之道，不会入魔的教化。近几年来，我常收到许多国内外的来信，询问我对某某人有神通或某某人所提见解的看法，这使人为难。我的规矩是，如果有人问我某一件事，或者我会答。但是如果问我，某某人是这么说的，问我认为对不对，那我是不答的。一牵涉到人，我绝不答复，否则就是犯了菩萨戒的"自赞毁他"。中国老话说文人千古相轻，我改了几个字来形容宗教界，就是宗教家千古相仇，彼此攻讦不休。跑江湖献艺卖膏药的，就是千古相恨，等于做生意说同行是冤家。学佛第一个要学谦虚，例如济癫和尚，已经成就了，仍然装疯卖傻，让人家看不起。

我讲这一段，是因为有很多朋友要我出来公开密法，我都推说没有时间。不过我一向的愿力是将所知的密法公诸于世，佛无密法，可是公开了更秘密，你也看不懂。六祖说得好，"密在汝边"，秘密在你那里，不在我这里。佛说一切众生自性就是佛，大家都是佛，可是你怎么成不了佛呢？这就是大秘密，不是老师能传给你的，要你自己找出来。

世界上各种秘密法门，原来都是魔道外道，这是真话。经过龙树菩萨的整理，把佛法的中观正知正见，装进了世间流行的秘密法门，因此形成了各种密宗法门。如果修习秘密法门而没有佛法的正知正见，那是很危险的，一定走上魔道，绝无例外。密宗的宗喀巴大师就标榜中观的正知正见，所以你们学密宗的要注意了，不是学个咒子、学观想就是密法，那只是见、定、行三法印当中行的一种。真学密法，要先通显教的教理，得了中观正见才可以修持这些法门。你学密宗而不清楚中观正见，那已经走入了魔道，你不必来问我了。

大乘菩萨纵然走入魔王的国度，他还是佛，不是魔，永远不会跟魔走错了路。

现在再提醒大家，《维摩诘经》讲的是解脱法门，重点在见地。见地在经教是见道，能见道以后才能修道，但也可以说见修要同时。拿大乘的真正修法，也就是所谓无上乘的密道，有三个大法印，在密宗叫大手印：见（见地）、定（修持）、行（起行）。要想学佛成就，这是必然的道理。见道之后的修道法门有百千三昧，都是在定。小乘的四禅八定是佛法与外道的共法，大乘的定是不共法，因为要慧入，要有智慧进来后修道。百千法门的定是无往不定、无时不定、无处不定，也无定相可得。要得如来正定，就还要起行。没有久住而不行者，佛也不住涅槃，无时无地不为利世利他起大菩提心、大悲心。

要成佛，这三个大法印的重点还是在行。如何做到？例如六波罗蜜，这要起而行之，不是光谈理论，或只是观想了事。但是只有行而没有见地，就是只有功德没有般若，那还只是凡夫法。有般若而没有功德，也永远不圆满。所以见、定、行都不可缺。

《维摩诘经》的佛道品，讲的是见地的大手印，不要轻易地把它当作佛学理论，那样自己的心地修持就用不上，修定时就不能得力，佛学只成了凡夫知见。最低限度，就抵不住生死、抵不住病痛。没有真见地、真修持、真行愿，是拿生老病死没奈何的。我们读这一篇会觉得文字很容易懂，但是行起来就很难。愈容易看得懂的，我们内心反而愈战战兢兢，因为难以做到。

大乘菩萨道是要在入世中出世，用现在时髦的话来说就是：以大宗教家的精神，做社会福利的事业。如果你到西方社会弘法，你的表达方法就要借用他们的习惯用语，才容易让人明白。

"示入声闻，而为众生说未闻法。"大乘菩萨绝不走小乘的路子。大家都知道的永嘉禅师，是通两个宗派的杰出人物，他修天台宗的止观而悟道，又得到六祖亲自印证，也能算是禅宗。他在《证道歌》中讲到："大象不游于兔径，大悟不拘于小节。"有人看了就认为可以马马虎虎，不用守戒律了。这是大错，这里的"小节"是指小乘道。声闻道、缘觉道都是小乘。为什么叫小乘？以刚才提出的三法印来看，第一是见小，所见有限。禅宗大师形容小乘是担板汉，形容担着条板走，只看得到前方而已。第二是行小，行愿小，只想逃避现实、成就自己、了生脱死，不敢入世。见小、行小，因此定也小，所以只成就了出离三界的小乘无漏果而已。

声闻和缘觉之间也有程度上、层次上的差别。声闻乘比缘觉乘还要小。坦白讲，佛的弟子中，声闻乘和缘觉乘的人，大部分（并非全部）是出家众。当然也有大乘菩萨示现为出家众的，例如地藏王菩萨。

那么，究竟什么是声闻？就是依赖性，都靠世界有善知识、有佛出世，追随他们的教化而不能自悟自了。因为是由听闻教化，熏习自己的菩提种性而悟道的。他们是小乘基本的群众，例如本经中的舍利弗、大迦叶就是。佛在世时，对声闻众讲四圣谛，他们由此证入菩提的不计其数，因为他们亲闻佛的音声，容易入道。四圣谛的苦、集、灭、道是大家耳熟能详的，但是只当理论，结果四圣谛成了"四剩谛"，一点用处也没有。

真正四圣谛是不容易讲的，各位出家众要想发心了解什么是真正的四圣谛，就要好好研究舍利弗、目连尊者的经教，譬如论部的《毗婆沙论》，他们都有论述如何由四圣谛很快证果位的方法。我常感叹，佛法仍在世间，并没有到末法时代，经教还在，只是我们不肯努力。如果肯努力，等于亲见了舍利弗和目连尊者。我也知道有人修行之外，还努力研究舍利弗和目连尊者的著作，因而经常有感应的。

但是，以大乘菩萨道来看，声闻众的法是不圆满的，所以他们甚至连佛说的大法都听不进去。例如《法华经》开头，佛正在说法时，小乘声闻的比丘就退席而去，听不进大法。

大乘菩萨为了教化根基小的声闻众生，就方便示现声闻身，但是毕竟是走大乘的大路。这就好像是一位了不起的大学教授，愿意降低职位，去做幼稚园教师，可以教孩童他们未曾听过的大道理。

"示入辟支佛，而成就大悲，教化众生。"这和上一句是同样的道理。辟支佛是梵文的译音，意思是缘觉，有时也被译成独觉。在无佛出世的时候，甚至佛经也不存在了，他由于多生累劫的修持，能够由因缘成就，例如看到落叶、听到水声等因而悟道，无师自通，独觉于世间，他的层次比声闻乘高，证得性空的面比声闻乘大。详细的道理各位去上《法华经》的课，其中都有的。所以严格说起来，辟支佛才能算是自了汉，一般的罗汉只能算高级的凡夫。

讲到这儿，想起多年以前在基隆，有位已过世的道友一定要拉我去看扶鸾，据说济公和尚显灵。我去到那里，他们正在开沙盘，结果就真写出了我的名字，还写了一首诗。基隆以多雨出名，那诗写道：

细雨濛濛天晚晴　海山一角觅知音
时人不识余心乐　踏破芒鞋访到今

写罢，这乩盘就停笔不写了，他们就说济公走了。这首诗好像是赞我，在场的人就有些惊奇，我就说瞎扯瞎扯。今天那位道友的夫人来看我，所以想起这一段。其实小说中写的济公和尚的

502

故事，只有小部分是真的，大部分不是他的，而是梁武帝时志公和尚的故事。可是到今日济公和尚可是名闻中外，在欧美都有济公坛，有些地方扶鸾的一上来，就马上要酒，有时酒杯一端上鸾坛就干了。你说真有这事吗？要是我在场，一定会骂一声魔道，他一定不敢喝。

在西湖灵隐寺有尊济公和尚的像，手中还拿只酒杯。过去每天庙上要给他供一杯酒，第二天就干了。后来寺中来了位高僧，他要严格执行戒律，就去像前骂：活着时不守规矩，走了还要供酒，取消！济公和尚夜里居然托梦给庙中全体和尚，说老和尚骂得对，以后不要供酒了！这是在灵隐寺流传的故事。济公和尚其实是大菩萨，但是故意示现辟支佛身，正如《观世音菩萨普门品》所说，"应以何身得度者，即现何身而为说法"，是同一道理。

"示入贫穷，而有宝手功德无尽。"许多青年同学常问，出家人或在家人如何学佛？现在这句经文的话，就是告诉我们学佛的形象和办法。他说大乘菩萨平常示现自己非常穷，虽然身上没有钱，但是随时可以撒手千金布施他人，这就是"有宝手"。密宗有个法门叫作宝手金刚，修好之后，把手伸进去一个盒子，要拿多少金银就有多少。这句经文真正的意义是，行菩萨道的人虽然自己很穷，然而为了他人，什么都可以布施出去。菩萨要能随时有钱用，而不用担心怎么来的，非多生累劫无量布施功德不可。

过去有位朋友，他身上从不带钱，因为他名气很大，去什么地方只要签个账就可以了。这境界现在大家都有，有了信用卡也不用带钱，都成了宝手菩萨。

"示入形残，而具诸相好以自庄严。"大菩萨有时示现残疾的形象，但是他的内在具足一切相好庄严功德。《庄子》中提到好多人，例如支离疏，他们外形不成人样，可是男女老幼没有人不喜爱他、不尊重他的，这就是个例子。

"示入下贱，而生佛种姓中，具诸功德。"这一条在当时的印度尤其重要，因为社会的阶级分明，甚至到今日仍然有阶级之分。所以佛在当时能提出众生平等的口号，还不只是人类彼此之间的平等，实在是革命性的主张。佛当时所带领的僧团，主管纪律的弟子就是贱民出身，而受管理的众人如迦叶尊者、舍利弗等，都是家世显赫，可见佛确实做到了平等。

这里说，大菩萨的行径虽然示现出生于下贱阶级，但是一切众生平等，皆有佛性，不受社会的阶级划分所限，具有与佛同样的庄严功德。所以六祖悟道后所讲的五句偈中，有一句是"何期自性本自具足"，自性中具备了一切功德、智慧、神通、三昧。

"示入羸劣丑陋，而得那罗延身，一切众生之所乐见。"人生本来是"百年三万六千日，不在愁中即病中"。即使小小的不舒服，头痛、腰酸、疲劳、想睡，都是病。羸是有病瘦弱，劣是天生不健全。丑不用解释，不过丑和美没有标准的，看惯了的话，丑也不丑了，何况每个人的审美标准又不同。陋是不具全，像是特别的高或矮、特别的胖或瘦。

那罗延身，就是天人中金刚力士不坏之身。中国道家把适合修道的地点分为三十六洞天、七十二福地。佛家也有类似的说法。山东的崂山据说就是这样的道场，经常有神仙在此聚会，那罗延窟据说就在那里。身体不好的同学要注意，就怕你不修持，如果见道了，得了正定，行愿成就，去修那罗延法还是可以修得金刚不坏之身。每个人要自己发心立志。菩萨入世修持，示现多病丑陋，但是修行成就了，得那罗延身，就会是一切众生所乐见。

当年我有位皈依的师父，他是真罗汉来的，可是面孔长得非常怪。他眼睛奇大，大到要戴平光眼镜遮一下。鼻子像把大蒜，嘴也奇大，上弯到脸颊上，耳朵小得像颗棋子，眉毛只有短短的两点黑。他的相貌如此，可是我们成天喜欢亲近他，觉得他很庄严。他每天不洗澡，一年到头只穿同一件衲袄，照讲是很脏的，可是他决不让你觉得不干净，甚至他住的地方还有一股清香味。他身上还有虱子，有时他坐着会动一下，就是虱子咬了，但他决不会伸手去抓。有个同学看到他衣领上有只虱子，就一把抓住。他忙叫这同学不要杀生，还把这虱子放进他裤腰中。这都是我亲自经历到的。

我这位师父妙不可言的事太多了，他说他曾花了两年多，从四川三步一拜，去山西五台山朝山。可是到了五台山，他拜的路线走错了，应该从前山上的，他居然绕到后山攀顶，那个坡陡得不得了，他也这么一路拜上去了。前一天晚上，山顶庙中的方丈梦到文殊菩萨对他说，明天早上后山有个活罗汉来了，要全寺郑重欢迎。第二天一早，方丈率全寺僧人披袈裟夹道等候，结果迎到了他。他还莫名其妙，死也不肯承认自己是活罗汉，但是众人仍然簇拥着他上大堂用斋。他的活罗汉称呼，原来是这么得来的。

更早的时候，他在成都的宝光寺，管了三年的茅房。过去的厕所不是现代这个样子，管茅房真的是整天与大粪为伍。过去在丛林下，上大解不是用草纸揩，而是用竹片刮。用过的竹片不丢掉，几百僧人每天要用，怎么来得及削？所以用过就投入水桶中。管茅房的每天就要把用过的竹片洗干净，晾干再放回茅房。他每洗过竹片，就拿在自己脸上刮一下，看看竹片是否光滑，怕把僧人的屁股刮破了。他这种修行，是真修行，我们哪里能比？

像这样的师父我有好几位，另一位用舌头刺血写了一部

《华严经》，还把两根指头用布缠起来沾油烧了供佛，成了八指头陀。看了这样的出家人，我两个膝盖再傲慢也非跪不可，管他收不收，我就自己跪下皈依他了。所以你们连皈依也不会，还要先问肯不肯，这又不是谈恋爱，有什么肯不肯的。你恭敬他就皈依他嘛！这是你的事，他不收是他的事，学佛连一点气派也没有！

我介绍的这些师父，他们一年到头都不生病，样子虽丑可是庄严无比。硬是不洗脸，脸也不脏。虽然身上长了虱子，可是我们却不会嫌他们，可爱到了这个程度。我亲自体验到，修行人的功德庄严，会影响到众生对他的观感到如此的程度。

"示入老病，而永断病根，超越死畏。"人老真可怜，不是你们年轻人想象得到的；病得可怜也不是你们能想象的。有的大乘菩萨以老病示现，作为教化。年轻人有智慧的，看到了，能生起警觉之心，同时对老病者生起大慈悲心，能付出无比的爱心去照应他。

实际上，修行菩萨道是可以永断病根的，维摩居士在本经上表示有病，实际上他没有病，是在借病说法。菩萨断了病根，度了生老病死的苦海，了了生死，示现老病只是为了教化。所以我常提醒同学，依佛所教，查遍三藏十二部，真要了生死，唯一的修持法门就是白骨观与不净观。

"示有资生，而恒观无常，实无所贪。"什么是资生？就是为生活做各种不同的生意、不同的职业，也就是谋生。要谋生就必须要入世，因为入世了，才有可能供养出世修行的人。行菩萨道的人，虽然在社会上做一切的事业，拼命地赚钱，他心里知道，一切都靠不住。钱财资产只是暂时属于我而已，毕竟不是我之所有，老病来的时候，什么办法都没有，所以"恒观无常"。懂了这个道理，虽然在谋生，一点也无所贪，没有据为己有之愿望。

"示有妻妾婇女，而常远离五欲淤泥，现于讷钝，而成就辩才，总持无失。"古人是多妻制的，中外皆如此。菩萨现居士身，有家庭生活，但是他内心的境界没有五欲的染污。换言之，他不会陷下去，淤泥是陷下去的。他永远是出离的，是跳出去的。他做人做事老老实实，不会太过精明锋利，反而显得木讷。但是真牵涉到佛法时，却又辩才无碍。怎么样才能做到辩才无碍呢？要你的修持成就陀罗尼，就是总持法门。古人有一目十行，博闻强记，悟性特别好，学过世间出世间一切法，学过不会失忆，更不会无记，这样就是总持无失。不是像我们，读了经就忘了，听了过后也忘了。你可不要马虎，要好好忏悔，这就是无记业果，多生累劫失念，所以这一生记忆力差。要忏悔，求多闻，不然来生更笨。

你不要用陶渊明形容五柳先生的句子"读书不求甚解"来自解，故作潇洒。学佛可不能这样，一定要多闻强记。有了定力以后，记忆力更强。你如果自以为打坐入定，什么事不知不记，你那个定境就要多研究，可能是到了无明定境。这个千万不可有的，这时就赶快要修观了，不要只修止。也有的连观行也不应修，而是要修休息了，休息不是无明，不是昏沉，要搞清楚。各种法门要晓得对治。

"示入邪济，而以正济度诸众生，现遍入诸道，而断其因缘，现于涅槃，而不断生死。"大乘菩萨示现邪门的行径，而真正是为了使众生改邪归正，只是表达的方法不同。他旁门左道都来、都会，为的是度一切众生，就是前面讲过的，"应以何身得度者，即现何身而为说法"，也就是"现遍入诸道，而断其因缘"的道理，佛的成就不是入于涅槃就不来了。

"文殊师利，菩萨能如是行于非道，是为通达佛道。"大乘菩萨能做到这样子，表面上看起来不是走修行之路，才是真正地修行佛法。

什么是如来种

"于是维摩诘问文殊师利：何等为如来种？"维摩居士讲完了，现在他反过来向文殊师利菩萨提问题了。以世间法来讲，任何东西都有个种子，下了种子才能开花结果。我们为什么学佛？在什么地方学最好？根据佛经，佛说在这个世界学最好，十方三世一切诸佛，都要到这个世界来留学，因为这里有烦恼、有痛苦、有善、有恶、有磨炼的机会。极乐世界好是好，但没有磨炼的机会。天人在天界中也太享受，也用不着解脱痛苦烦恼，因此在他方世界学佛，成就得很慢，成就也不大。我们这个世界叫作婆婆世界，意思是堪忍，这个世界的烦恼痛苦很多，众生在这里能够忍受生老病死，因此容易成就。

"文殊师利言：有身为种，无明有爱为种，贪恚痴为种，四颠倒为种，五盖为种，六入为种，七识处为种，八邪法为种，九恼处为种，十不善道为种。以要言之，六十二见及一切烦恼，皆是佛种。"文殊师利的回答是颠倒话，成佛晓得这个身体是四大假合的，但是没有这个身体不行，要借它修行，所以"有身为种"。无明和有爱是不好的，是烦恼的根本，我们不能悟道，因为念念皆在无明中。这个世界的生命是由爱来的，有贪爱则有欲。学佛本应该破无明得正觉，转爱为慈悲，可是没有它们做种子还不能成佛呢。

接下来的贪恚痴、四颠倒、五盖、六入、七识处、八邪法、九恼处、十不善道，都是学佛的种子，众生为了要跳出这些烦恼痛苦，受了不好的刺激，所以要学佛。文殊师利的结论是："六十二见及一切烦恼，皆是佛种。"六十二见是以色、受、想、行、识等五蕴法为对象，起空、有、亦空亦有、非空非有等见，五四共成二十见；以色、受、想、行、识等五蕴为对象，起有边际、无边际、亦有边际亦无边际、非有边际非无边际等见，如是二十见，连上面共成四十见；以色、受、想、行、识等五蕴为对象，起有去来、无去来、亦有去来亦无去来、非有去来非无去来等见，如是二十见，连上面共成六十见；此六十见又加上根本的色心二见，共成六十二见，就是六十二种见解，是世法上一切不同的见解。佛法要解脱了这些见解，才得大般若智慧成就，所以文殊师利说，它们是成佛的种子。

"曰：何谓也？答曰：若见无为入正位者，不能复发阿耨多罗三藐三菩提心。"维摩居士问，你这么讲，要怎么解释呢？无为就得了道入了正位，成佛了。涅槃就是无为之道。文殊师利回答，假使是已经得了道的人，就没有什么好谈了，谈不上要发心，要大彻大悟了。像我们大家在这里是来学佛，如果我们都悟道了，那还讲什么《维摩诘经》？用不着来讨论了嘛！

"譬如高原陆地，不生莲华，卑湿淤泥，乃生此华。"佛教的标记是莲花和卍字，莲花生在干净的土里是不会开花的，一定要在又湿又脏的泥中成长才会开花。它生长在最脏的地方，可是生出来的花果却绝对的圣洁，不带一点脏。学佛的精神是要学莲花，不是学它花的干净漂亮，是学它的根栽在最苦最脏的地方。你们不要以为跑到我们这楼上的佛堂中，弄个棉垫子打坐就是学佛，你要去泥巴中打滚，要入世才能开花结果。文殊师利在这里，就用了这个比方。

"如是见无为法入正位者，终不复能生于佛法，烦恼泥中，乃有众生起佛法耳。"同样道理，已见了道的人，已经是佛了，还成个什么佛？众生要在烦恼中自利利他，功德圆满，智慧圆满，才能成佛。

"又如植种于空，终不得生，粪壤之地，乃能滋茂。"上面一个比方用的是莲花，要种在污泥中，才会开花结果。莲花的另一个特征是花果同时，开花的时候莲子就在里面。别的花大半都是先开花才结果，只有莲花是花果同时，代表大乘菩萨一旦悟道了，就证果位。

现在文殊师利比喻小乘罗汉，他以为证到空就好了。把一颗种子丢在虚空中，永远不会发芽。要把种子丢到最脏的土中，才会成长。这也就是说，得罗汉果位的人证到了空，也不会再进步的。

"如是入无为正位者，不生佛法。起于我见如须弥山，犹能发于阿耨多罗三藐三菩提心，生佛法矣。"所以说，得了道的人，不用再谈成什么佛了。一般说成佛之路都是被我见挡住了，要先空我见，再空法见，才能成佛。这里文殊师利却说，宁可有我，即使这个我见大如须弥山，我慢贡高到了：格老子，我非要成佛不可！文殊师利你宁可保留这个我见，这样还能够大彻大悟成佛。像小乘罗汉，虽然没有我见，只得了半边空，认为这就是佛法，反而不能成佛。

所以禅宗有句话："宁可执有如须弥山，不可落空如芥子许。"例如这里有位同学，自以为已经空了，不需要再修了。当然他还没有到家，可是这样就会有严重的偏差，连诸佛菩萨都拿他没办法。其实你认为空，那个正是我见，是见地的偏差。所以劝人学佛常以念佛为稳当，规规矩矩走"有"的法门。要走般若空的路子，非真有大福德大智慧是做不到的，只会走入狂了，连个定都做不到。《维摩诘经》上讲的这个道理，对大家修行会有很大的帮助。你落入了偏空，那就转个三大阿僧祇劫再来，白走冤枉路。

"是故当知，一切烦恼为如来种。"所以如果没有了烦恼，还修个什么？修行正是因为自己有妄念烦恼，没有妄念烦恼拿什么修行？故说一切烦恼是修行的种子。

"譬如不下巨海，不能得无价宝珠。如是不入烦恼大海，则不能得一切智宝。"如果众生不入烦恼大海，则不能得一切至宝。众生学大乘佛法，就要不怕入世，能入世才能证入正道，才是大修行人。不是躲入山林茅棚，一个人清清静静闭关修行，充其量，到顶了，你证个罗汉已经了不起了。纵然能一定就八万四千劫，很舒服了，可是八万四千劫之后，你非出这个空定不可。出定之后还要回心向大乘，圆满一切功德，才能真证得阿耨多罗三藐三菩提。所以大乘佛法要众生修行，这行就是行为，什么行为？是入世的行为，要在烦恼中行。譬如布施，钞票给人家，把自己的肉割给人家，是会痛的，但是这是牺牲自己成就别人。自己虽在病痛中，看见别人有病，就忘了自己的病，先为别人解决问题，这才是菩萨道。要在烦恼中起行，才能成就一切功德。功德赚到了，自己不要，还回向给众生，才能得大般若智慧成就，得一切至宝。

所以大乘佛法是入世的，但是入世仍为了出世。入世愈深，成道也愈快。你拍球时，愈用力拍下去，球反弹愈高。有人问佛，不到八地（不动地）的菩萨还会不会堕落？佛说，当然会。再问，菩萨堕落了怎么办？答，菩萨不怕堕落。譬如拍球，堕得愈深，弹出得也愈快。

维摩居士与文殊师利对话到此处，引起了另外一位小乘弟子大迦叶大阿罗汉的感言。

大罗汉的感叹

"尔时，大迦叶叹言：善哉！善哉！文殊师利，快说此语，诚如所言，尘劳之俦，为如来种。"他赞叹文殊师利菩萨，说得痛快，说得对极了，真正的佛法就在世间的尘劳中。"尘劳之俦，为如来种"，这名句是出自《维摩诘经》，为后世文学所常引用。俦是同伴、同类，就是白话"这一些"的意思。尘是代表世间，这个世界上都是尘，你爬上高山看下来，都市都是笼罩在一片尘雾中，物质愈文明，空气愈染污。劳是形容众生在尘世中的劳苦奔波，所谓"车如流水马如龙，花月正春风"。所以佛经中也有把我们这生命翻译成"劳生"，为什么我们劳劳碌碌一生，自己也找不出答案。可是虽然是尘劳，你可不要想脱离，就在其中才能修习一切的功德智慧。

"我等今者，不复堪任发阿耨多罗三藐三菩提心，乃至五无间罪，犹能发意生于佛法。而今我等永不能发。"大迦叶说，我们这些小乘的人很可怜，住在定中都不肯入世，就永远不能证得大乘的佛果，还不如下无间地狱永不超生的众生，他们如果一念忏悔了，重新发心修道，还能够成佛。可是我们以为空是究竟，永远发不起大心来。

"譬如根败之士，其于五欲不能复利。如是声闻诸结断者，于佛法中无所复益，永不志愿。"譬如五根（眼耳鼻舌身）坏了的人，就什么声光色都不能见不能闻了。我们修小乘证空的人，把无明烦恼这些结使都切断了，就再也得不到佛法的利益，所以会沉迷在空境中，不肯动，也不肯入世了。

民俗相传，说宋仁宗是金身罗汉下凡的（他事实上也真是一位好皇帝）。当年玉皇大帝看到这赵家的王朝开始出问题，一查原来赵家和佛祖的因缘很深，就报给佛去办。佛就去问大迦叶所带领的五百罗汉，看有哪一个肯发心下娑婆世界去当皇帝。但是这些罗汉证得了空，全部在打坐，谁也不肯动。只有一位金身赤足尊者忽然一笑，佛就派他去。所以宋仁宗从来不喜欢穿袜子、穿鞋子，常赤脚跑来跑去。他出生时，哭得特别凶，皇后从宫外请来了一位高僧，高僧就对他说：哭什么？你当初不要笑，现在也不用哭了！结果他就不哭了。故事说他下凡之前，特别要求文武两个大臣辅佐，结果玉皇大帝就派了文曲星包公、武曲星狄青给他。因此仁宗在位时，宋朝天下就非常太平。他去世时，全国百姓，连远在山区的，都为他戴孝，是历史上少见的。因此谥号仁宗。苏东坡悼念他的诗说："先皇何止活千人"，他的功德太大了。

回过来讲，我有时也劝现代年轻人不要学佛，学了佛嘴上能说，菩萨道就做不到，学了个懒，什么都不肯干。胆子也学小了，什么都不敢干。借打坐念佛为名，什么都不做。还有，学小器了，看别人都不对了，都不是佛法，只有自己对。所以希望年轻人先从做人学起，学佛是要济世救人的，济世救人时，有时不免必须杀人，你敢挑得起这个担子吗？佛法还有句话说"放下屠刀，立地成佛"，你连把刀都不敢拿，还放下个什么！你没有这个种嘛！

当然，年轻人还是应该学佛的，但是要先学修行，日行一善是起码的。做好事有时会被人家骂，等于莲花种在淤泥中，你要不怕被骂，只问此心。做好事也要有智慧。

"是故，文殊师利，凡夫于佛法有反复，而声闻无也。"大迦叶继续说，所以我们得道的罗汉还不及凡夫。凡夫对于佛法有时糊涂有时清醒还好些，我们永远清醒，反而不想动了。

"所以者何？凡夫闻佛法，能起无上道心，不断三宝。正使声闻终身闻佛法，力无畏等，永不能发无上道意。"他说，为什么？可惜我们落在小乘果位的人，以空为究竟，一辈子对于佛法如何证得菩提，如何证得佛十力、十无畏等，永远不行。

小乘罗汉要几时才行呢？先住定八万四千劫再回心发心，从大乘道一步步再修，才能成佛。但是如果他能在空定之中，一旦明了这非究竟，从横的过来，他立刻就达到八地菩萨以上的修持。这是小乘可以走的捷径，这道理就要研究唯识，研究《俱舍论》了。

《维摩诘经》讲到这里差不多过了一半了，在这前一半有几个重要的问题要注意。第一，维摩诘虽是个在家居士，但他说的佛法是为在家人和出家人而说的，佛法本来就不分在家和出家。第二，大乘佛法在世间，这并不是说非在家不可，不是这个意思。在这个尘劳世间就可以出离，证得菩提，不受任何形相的拘束。在这重点之下，有几个故事式的情节要留心，大家需要去研究，用禅宗的术语说，是要去参究的。不是经文听过了，文字了解了就算数的，文字了解了不算数的！

起初，本经是维摩居士由生病开头的。任何生命的存在，就有生老病死必然的过程，为什么会生病？我们坐在这里觉得自己没什么病，其实都是在病中。这是一个根本的问题，病同生死是连在一起的。答案在经文中，但是你要自己去好好体会。

其次，三万二千人，怎么能全部挤进了维摩居士方丈大小的房间？这是个什么境界？当然，理论上可以讲，方丈代表了这个心。管你是代表心也好、性也好，我们要如何证到这个境界？这不是空洞的理论。除此之外，还有个座位的问题，这方丈的房间，容纳了东方须弥灯佛的师子座，高八万四千由旬，共三万二千张师子座，这又是个什么境界？

再来就是天女散花，为什么花洒下来不着在菩萨们身上，而黏在阿罗汉身上？这个问题在理论上都懂了，当然我们连小乘罗汉的境界也够不上，连小定小慧都谈不上，小乘的止观也没有，因此做人做事、起心动念处，样样皆着，没有做到无着无依的境界。如何能做到天花不着于身呢？

跟着是男人女人的问题，为什么有男女相？这色身的相，关系有多大？究竟男身真是男人，女身真是女人吗？你深思下去会发疯了，觉得都不是，那究竟是什么？我常说，为什么这女性留了长发，在嘴唇上涂一下，眼睛上画一下，就好像两样？为什么把头发剃了就不同了？这男女身相，同我们欲界众生的关系有如此之大。

《维摩诘经》讲了一半就有四五个话头，大家不要听热闹，听过算了，那这《维摩诘经》是白研究了。这《维摩诘经》的文字好懂，不过我现在正在发心，也有道友发心出钱，后世的注解不用，只把鸠摩罗什法师和当时参与翻译工作的大法师们对于《维摩诘经》的见解，集中起来成为《维摩诘经集注》。另外也有道友们发心，在整理《维摩诘经》念诵的节本。这工作看起来不困难，但是做起来很麻烦。在校对各种本子时，有时为了一个字要查很多的版本。连我们现在手中的这本《维摩诘经》，也有许多错字。第一个封面字就错了！"维摩诘"被印成了"维摩结"，岂不是笑话！各位青年同学将来发心印经时，这些地方是不能马虎的。（编按：南师当时讲经不是用佛教出版社版本）

上面讲了《维摩诘经》好几个要点，现在下一个要点来了。

普现色身菩萨发问

"尔时，会中有菩萨，名普现色身，问维摩诘言：居士，父母、妻子、亲戚、眷属、吏民、知识，悉为是谁？奴婢、僮仆、象马、车乘，皆何所在?"当时在维摩居士的道场中，有一位叫作普现色身的菩萨在场。显教四大菩萨是普贤菩萨、观世音菩萨、文殊菩萨、地藏王菩萨，一样都是古佛。成佛的资历比释迦牟尼佛早，因为释迦牟尼佛到这个世界成佛，他们古佛就化身为菩萨来到这世界，辅佐释迦牟尼佛教化众生，所以普贤菩萨也叫普贤如来。密宗的金刚萨埵，就是普贤如来的化身，他的像有单身的也有双身的。

有时候佛经中出现的普现色身，与普贤是同一种像，但是不同意义的化身。普贤是无所不在，以行愿为标榜，没有在家出家之分，是不垢不净、不增不减，乃至你睡觉也可以悟道，打坐也可以，走路也可以，在厕所中也有他，上自净土下自秽土，天堂地狱，无所不在。所以《普贤行愿品》中说："虚空有尽，我愿无穷。"那么，普现色身菩萨呢? 我们晓得法身就如同虚空，是无所不在的，这个墙壁里也有虚空。凡夫的色身是受业果报应之身，佛菩萨的色身是虹霓之身。普现色身菩萨是讲他的色身，是入世的，不是法身，是大家都看得见的。

普现色身菩萨问维摩居士两个问题，第一，你的亲人、眷属（眷属范围广泛，凡是同你有关系的都是，所以每个人在世都有眷属，连出家人也有眷属，他的师父、徒儿等都是）、吏民（维摩居士居住的毗耶离城的官吏和居民）、知识（包括善恶知识），这些人都是谁? 第二，你所拥有的奴婢、佣人、各种交通工具，摆到哪里去了?

第一个问题是，每一个人在世上都有那么多的关系，没有办法脱离，即使你是单身一人仍然如此，没有其他的人你自己也没法活，人就离不开人的环境。第二个问题牵涉各种生活必须使用的财产物资。

维摩居士就用了很长的偈子回答他。

"于是维摩诘以偈答曰：智度菩萨母，方便以为父，一切众导师，无不由是生。"你问我父母是谁，般若智慧的成就，就是真正学佛人的母亲。我们有的人修七俱胝准提佛母法门，准提佛母是无男女相的，准提法的成就是证得菩提大智慧的成就。般若智慧的成就是一切佛菩萨的生身之母，生这个法身、报身、化身。你们有学密宗的，对修气脉有兴趣，气脉不成就而能明心见性是无有是处，你明心见性开悟的那一刹那，气脉一定也成就了。你那么着相地修气脉，教理不通，智慧不够，是没希望成就的。你以为通了，只是受阴境界的感觉，是假的。成佛不是迷信，不是盲修，而是大智慧的成就。因此龙树菩萨著了一部《大智度论》。有了智慧，还要有善巧方便，包括了一切的修法，样样可以成佛，所以说以方便为父。

一切众导师就是一切佛，是天上地下一切众生的导师。一切佛无不是由智慧和方便所生。这里一开头就把大乘佛法的重点告诉我们，光是盲目的崇拜和迷信不是究竟的佛法，那只是凡夫初步走向正道的加行法，是经由慢慢熏习走向智慧功德和善巧方便之路。等于我们等电梯上楼，按下了钮而已，电梯还没有来。

"法喜以为妻，慈悲心为女，善心诚实男，毕竟空寂舍。"学佛的人以何为家庭？这不一定是世俗的家庭。法喜充满就是夫妻，你有配偶的却不一定快乐。什么是法喜？菩萨内触妙乐，得到大定，不是小定，身心内外充满喜乐的境界。慈悲心是自己真正的女儿。善心诚实是自己真正的儿子。有善心一定对人对事处处诚实，修行就是修这个。不只是会打坐、会气脉动了、会放光了、会烧香礼佛，这些只是善巧方便的初步加行法门。

经典这些文字很容易懂，但是懂了文字不是我们研究《维摩诘经》的目的，是要用经典来比对自己日常的思想行为。我们把对自己世俗家庭的夫妻、儿女自私的爱转过来，就法喜充满，慈悲心发起，善心充满，这样才是真正的家庭眷属。但是这个家在哪里呢？这个家是"毕竟空寂舍"。自己常在本性空的境界中，这才是真正的家。禅宗祖师说，这样才叫作"归家稳坐"。昨天有位同学来找我，说自己对空性之理了解了。我说，你不要胡扯，了解理论有什么用？真正理到了事一定到，要住在性空境界里，就是无往不定、无时不定、无处不定。那才是法喜充满、慈悲心圆满，毕竟空寂，这个，才是我们的家，才是我们的妻子儿女。

"弟子众尘劳，随意之所转，道品善知识，由是成正觉。"普现色身菩萨刚才问维摩居士的第二个问题，你的佣人财产到哪里去了？这是他的回答，尘劳是他的佣人。尘劳是尘劳烦恼，中国文学形容这个世界是红尘，这是中原文化，因为中原地带是红土高原，风沙一起，空中都带有红颜色的尘埃。现代的都市，像台北虽没有风沙，但是空气污染，就不是红尘，而成了乌尘。尘是指这个世界，劳是指这个世界中的众生劳苦。在尘劳中的众生，每天都有无数烦恼。佛说众生在一念之间有八万四千烦恼。何谓一念？一呼一吸叫作一念。你说自己没有这么多烦恼，对不起，那是你检查不出来而已，那还不够资格谈学佛。尽管你在研究佛学，也到处去听经，什么活动都有份，只不过是个佛油子，佛教中的老油条，一点用处没有，对自己都认识不清楚。要是自己起心动念可以检查出来，你学佛可以算入门了。

维摩居士说尘劳就是我的弟子，我利用尘劳烦恼促成我道业成长，怎么说我没有佣人？我到处有佣人！

回教的教长叫作阿訇，是回文的称呼。这研究起来也很有意思，在咒语中一切大的东西都是阿字音，是开口音，像基督教祷告结束说阿门，嗡阿吽，阿弥陀佛，阿訇。有个回教的故事说，有位国王打猎射中一只鹿，鹿带着箭逃走，逃至一个山洞，有位老阿訇在其中修道，阿訇就用自己的衣服盖住鹿。国王的随从有位将军追至，就问阿訇有无见到受伤的鹿。问了多次，阿訇都不理他。将军就说，再不开口我杀了你。阿訇就张开眼问，你是不是某人（他直呼国王的名字）的部下？将军大怒，说阿訇对国王不敬。阿訇说，国王也不过是我奴隶的奴隶，为何不能叫他的名字？将军正想杀了阿訇时，国王驾到了，将军把经过禀报，说阿訇欺君。国王就问阿訇为什么这么讲。阿訇说，所有的人都是做了欲望的奴隶，当国王的欲望是要统治天下，国家强盛，你难道不这么想吗？而我这修道的已经不用听欲望的了，它现在要听我的。你这国王要听欲望的，所以你是我奴隶的奴隶，并没有错。国王听了表示同意。阿訇就说，那只鹿跑了，不要再追杀它了，不要再做欲望的奴隶了。国王至此大为折服，就拜阿訇为师。这个回教的故事就可以用来说明"弟子众尘劳"。

学佛用工夫就在下一句"随意之所转"，自己不要为情绪烦恼所困住，要把烦恼思想转过来，转烦恼成菩提。维摩居士说可以随意转烦恼，指挥它像指挥佣人一样。

他接着说"道品善知识"，三十七菩提道品、四念处、四正勤等，都是他的善知识。"由是成正觉"，学佛的人必须走这条路才能得道，才能大彻大悟。你去搞气脉、画符念咒……这些都不相干。而是要能在尘劳烦恼之中，随意之所转，转烦恼成菩提，修习三十七菩提道品（就是三十七种修佛道的层次），如果不走这条路，不管你修什么法门，永远不会有真正的成就。

"诸度法等侣，四摄为伎女，歌咏诵法言，以此为音乐。"这里维摩居士讲什么才是生活的享受。诸度法门（六度，亦可以扩充至十度）就是最好的道伴，是同参的道友，随时要参究的。我们做什么事都要在六度上打个转身，看它是否相合。四摄法（摄是包含，四摄是布施、爱语、利行、同事）是学佛的人用来娱乐自己的。古代文化，大富人家、王侯府邸养有自己的歌舞班，其中的歌舞女郎叫伎女，不是现代在大众场合作秀的歌舞明星。讲起来古代当大官的，可比今天的政府官员威风多了，出巡时要人清道，闲杂人等赶开。不像今天还要走入群众，到处和人握手，还拜托投我一票。时代太不同了。

像清朝乾隆时期的才子袁枚，二十几岁考取功名，做了两任县长就辞官了。相传他把与《红楼梦》有关的房子买下来，叫小仓山房，是非常享受的。有人问，只做了两任县长，不贪污哪有钱住这么好的房子？那当然有"贪污"了，不过是合法的、公开的。满清时代像县长这样的地方官，有规定的，钱你可以拿的，此外不能贪老百姓或朝廷一文钱。所以说，"一任清知府，十万马蹄银"，那时即使是做个清官，退下来也有余钱享受，买一大片地，起个庄园也不稀奇。现在的地价这么高，还要交土地税，当个清官可买不起了，宁可出家算了。

讲到这个伎女，并不是妓女，在古代没有坏的含义，伎同技术的技相同，是讲艺术的技术。唐代的诗人杜牧，被皇帝派至洛阳，那是当时国家经济商业最繁华的都市。他被派任分司御史，是个不大不小的官位，监督地方行政。当地有位退休在家的前任高官，生活奢靡，违反了政府限制官员铺张的禁令，还养了一批歌伎。一日高官在家大开筵席宴客，杜牧不告而至，酒过几巡后，杜牧就向高官要了他家中最好的歌伎带回去，还作了首即兴诗：

华堂今日绮筵开　谁唤分司御史来
忽发狂言惊满座　两行红粉一时回

你看他这红包要得大不大？帝王时代的官，居然就是这么做的，今日还当风流韵史流传下来。

维摩居士以四摄为伎女，他唱歌听歌吗？有的，他咏诵法言，法言就是佛经，他念诵经典作为音乐。所以我们早晚的念诵有用唱的，是歌咏诵法言，以此为音乐。

"总持之园苑，无漏法林树，觉意净妙华，解脱智慧果。"维摩居士是当地的大领袖，应该有个很大的后花园。你们年轻人没看过，大陆上很多旧日王府宅邸，都有很大的花园。像北京的雍和宫，是雍正皇帝还在当世子的时候所住的宅邸，规模就那么大。这还不算大，我当年在四川，看过几个部队的军长公馆，那可有好几条大街包围起来的范围。我和朋友说笑话，我最想做的事是到这些大公馆去做门房。这看门的大爷住的房子，起码有我们这讲堂四分之一大，他整天坐在里面，跷着腿抽烟喝茶，访客到来，还要先递名片给门房下面的小佣人，才转到门房手中。然后他还要眯着眼打量打量访客，识相的马上还送上一个红包，他这才进去通报。这份工作多好，有吃有住，没事打打坐修道，还可以摆威风，又可以收红包。

讲回维摩居士，他说自己的花园就是通达一切法门，总持法门。咒语也叫总持或陀罗尼，总持就是抓住了纲要，一通百通。花园中的树木就是无漏法。证得无漏果的人，一切神通自在，要观想任何境界，这境界立刻现前。要和佛菩萨讲话就真能通话，不是你们做梦打坐所看见的幻相。

园林中的花是念念清净、念念不迷，是八正道中的正觉成就。所以《法华经》的妙莲花，是意的成就。学佛到了明心见性，悟道了，佛经上称为"意解心开"，就是这个道理，没有了烦恼习气的结使。拿密宗着相的观念，是"脉解心开"，因为心轮有八条大脉和许多小脉，比如八瓣莲花。

学佛是求解脱，如果有一点事就想不开，有一点烦恼就去不掉，那学个什么佛？自己要反省。维摩居士说自己得了智慧的果实，所以处处得解脱。你们何以气脉不通？因为色身不得解脱，总有身体的感觉存在。何以不能得解脱？因为智慧没有成就，智慧成就了，气脉自然也通了。你智慧还没成就，不要吹嘘自己已通任督二脉，小心出问题。就算你通了，道家称为转河车，你要转到什么时候为止？要通到哪里去？你答得出来吗？不要乱搞了，你因此反而更不能得解脱，与学佛的目的相违。说学道嘛，你也没得个逍遥，整日哭丧着脸，为何学佛学道呢？不学还好，一学就得了狭心症，心量愈来愈小。

我们现在继续讲维摩居士为普现色身菩萨所说的偈诵。偈诵是一种佛教特殊的文学体裁，偈诵的用处是把经文的意思作个归纳和浓缩，以便于记忆。《维摩诘经》这一段偈诵，包括了全部大乘佛法的内义。

"八解之浴池，定水湛然满，布以七净华，浴此无垢人。"这里的重点在最后一句。我们学佛修行就是要学到无垢，一切善法恶法都不受染污，而真正得解脱了，这是佛境界。所谓无垢就是自净，是真正的净土，绝对的清净圆满。维摩居士说，用八解脱法门，洗练自己身心。八解脱不只是理论，是要用身心实证来的。解脱与道家的逍遥是一个意思，不为烦恼所困，但也同样不为佛法的观念名称所困所束缚，才是真正得解脱。然后才能得如来大定，无往不定，无处不定。有解脱而无定，那解脱是狂禅、狂慧；有定而无智慧的解脱，那定也是外道定，都是不对的。

这里说"八解之浴池，定水湛然满"，重点在"湛然"。凡夫何以不能得定？这有两种情况，一是生理心理的散乱，二是生理心理的昏沉。能既不散乱又不昏沉就是定，是清楚的，是湛然的。不是那种什么都不知道的愚痴定，那成了畜生禅了，是很危险的。天台宗永嘉大师告诉我们，真得定了才可以入世，才可以做人做事，像"止水澄波，万象斯鉴"，在止水澄波的境界中，外界一切现象仍然物来相应，没有不知不明的，这才是定。也就是大家早晚课诵所念一句出自《楞严经》的"妙湛总持不动尊"。

参禅的人开口唱念这一句时就会想，唱时是否算动念？话头就来了。等于有个故事说一个小孩去拜佛，在大殿上对着佛像屙尿，他当然被僧人所骂。小孩就说，十方三世都有佛，我要向哪里屙呢？所以在唱这一句时，动念了是凡夫，不动是木头。动与不动之间就是佛法的真谛，也就是要参之处。动与不动都是寂然而定，永远清明，没有染污。

纵然到了这个境界，也才是佛法入门，还没有圆满。在禅宗算是第一关而已。因为只能空，不能有。所以"定水湛然满"了之后，还要进一步"布以七净华"，七净华就是七觉支。"浴此无垢人"这样去修持，去洗练自己，最后才修证到清净无垢。

"象马五通驰，大乘以为车，调御以一心，游于八正路。"普通人有了财产地位，当然会有交通工具，过去人类是降伏动物做交通工具，动物很可怜，这是人类可恶之处。古印度是用象和马做交通工具。中国从上古到近代都用马，古书也有用车马数量表示财富地位的，所谓百乘之家，千乘之家。乘是车子，古时以四匹马拉一车叫一乘。千乘之家就养有四千匹马，还有驾车的、乘车的战斗人员、照料马匹的人，声势之大，可想而知。

修行的人以五神通为交通工具，为什么只说五神通？因为第六通是漏尽通，就不动了。修行的人以大乘之道为车，大乘在梵文作摩诃衍，就是大车之义，是形容用语。驾车的车夫在古代称调御士，是调服驾驭车马，现在叫驾驶员。修行人能一心不乱，随时在定中，就是最好的调御。不能得定就是因为不善于调御。

我不止一次提醒大家，要切实注意三十七菩提道品，由四念处一直到八正道，有三十七个条例的程序，是大小乘道、显教密教共通的修行之途。例如四念处是念身不净、念受是苦、念心无常、念法无我，我们普通只把它当作佛学名词记住算了，没有用到工夫上，这就不是学佛。佛在世时，何以有那么多的弟子立刻证入大阿罗汉？因为他们基本是修四念处的。四念处怎么修呢？念身不净，所以要修白骨观或不净观，真正观成了，一切生理上的感觉，不论是痛苦还是快乐，全消了，因此很快成就。佛虽然已不在世间，他的修持法门全都留下来了，不需要另外去找。要好好地去研究经典。

怎么样才算"好好地研究"？就看你的智慧了。法门都在经典中，你读了而用不上，其奈经典何！佛也拿你没办法。《维摩诘经》这里所说的，依然离不开大小乘所共通的三十七菩提道品，随便哪一点抓到了，都可以到家的。

"相具以严容，众好饰其姿，惭愧之上服，深心为华鬘。"这完全是在讲学佛人内心的修养。佛讲一切法无相，尤其在《金刚经》中，明确讲"无我相，无人相，无众生相，无寿者相"。《心经》也讲"诸法空相"。既然强调无相，为什么又说成佛的人有三十二相八十种好呢？净土经典也讲佛菩萨"相好光明无等伦"，为什么？在解脱道上，一切无相才能空，才能证到形而上本体。相好庄严还是由功德来的，所以要修一切功德，学会看相就知道，世人很多人都是讨债的面孔。讨夫妻债、讨儿女债……满街都是这种不友善的面孔，很多机关单位中服务的人也是，一个欢喜的相都没有。有的人的相貌是"对面不见耳"，从正面看不到双耳，相学上说是富贵之相。但这还要其他条件配合。

"相具"是外表相貌具足圆满，真得定、得道的人，即使最丑的相也转庄严了。我在前面提过，自己在参学经验中，遇到过许多这样的例子。有些小说也写得对，说入定的人宝相庄严，脸相变了。如果打起坐来，满脸苦相，背还窝着，说入定了，那是绝无此事的。真得定了，色身气脉必然通的，所有神经细胞自然会松开（不是散掉），脸色自然是端正柔和的。所以相好庄严是从功德来的，什么功德呢？戒定慧的功德。修心能改相，这是必然的。

维摩居士说"相具以严容，众好饰其姿"，得了定的人，身心都起变化，儒家说变化气质，自然与一般人不同了，并不用什么其他特别的打扮。我提醒过大家，不要认为学佛了，外形就可以邋遢，你仪容还是要端正。你看，没有一个佛菩萨像是不装扮的，身上挂的戴的满满的。只除了一位，地藏王菩萨，他是出家相，可是他的头发刮得比鸭蛋还光，也是装饰。但是过分重视外形也是不对。所以真修行，不装饰或过分装饰都不对，因为不合中道。

身心能转变，一切功德庄严就具备了。这要随时修惭愧心，就是谦虚，就是随时反省自己的过错，这就是惭愧心。真正知道惭愧的人，是正修行人。惭愧是我们修行最重要的一件衣服，随时忏悔反省，改进自己，修到功德圆满时，身心自然会转变。虽然没有修到三十二相八十种好，但是一定与众不同。所以说"惭愧之上服"。

"深心为华鬘"，用深心做所戴的花饰。深心是般若，深心是佛境界，佛能穷一切智，通万法之源，所谓天上天下无所不知。等于是中国文化的儒者，"一事不知，儒者之耻"。真儒一定学问渊博，无所不知，这就是深心，是最好的装饰。

"富有七财宝，教授以滋息，如所说修行，回向为大利。"对一个修行的人而言，不论在家出家，什么是财富呢？七觉知（信、戒、惭、愧、闻、舍、慧）的正道修行即是财富。但是如果自以为悟了道，有了大财富，不肯与别人分享，你的道也完了。为什么世人崇拜成道的人？因为成道的人可以成为我们的老师，指导我们修行。如果他只想成就自己，那我们就用不着供养他了，这只是一个没有道的自私的人，连基本罗汉成就都谈不上。

所以，得了道的人，要"教授以滋息"，好像是存钱生利息，教授他人，看到别人能够有所成就，心中有无比的欣喜。孔子的学生说他"好学不厌，诲人不倦"，就是如此，但是太难做到了。我们教书久了的人，想想实在惭愧。"得天下之英才而教之"是人生三大乐之一，如果碰上了天下之笨才，就成了人生之一大苦也。可是你能放弃愚痴的人吗？那就不是教育者的心情，不是菩萨道。虽然骂，虽然生气，还是要教，这叫作我的妈呀！有时觉得这么叫还不够深度，应该叫我的外婆呀！即使教出来的学生跟自己一样的程度，老实讲，并不快活。禅宗说："见与师齐，减师半德。见过于师，方堪传授。"可是虽然找不到这样的人才，还是要教下去的，这才是诲人不倦的精神。

"如所说修行"，这是维摩居士谦虚的话，也是告诫我们学佛的人，要如佛所教导的去修行，不是光搞佛经的思想。修行是修正自己的行为，但修行不是为了自己的成就，是要回向，也就是要布施出去。譬如我们现在讲佛经和在听佛经，假定有什么功德，都要回向给一切的众生。有什么利益自己不占有，就是回向的精神。只要有布施，一定有回向，你抛出去的力量多大，回转来的力量就多大，利人就是利己，也就是标语说的"我为人人，人人为我"。回向就是大利，你能把一切布施出去了，你还怕会饿死吗？就算饿死也好，你的尸体还可以布施给蚂蚁、细菌，又再回向下去，那可真成就了。

"四禅为床座，从于净命生，多闻增智慧，以为自觉音。"

大小乘佛法都是以戒定慧为基础，以四禅八定为根本。我们看到近百年来，佛法愈来愈衰落，原因在于修行人证果的太少，空口说理论的愈来愈多。真修四禅八定的人没有，连初禅定都得不到。维摩居士在此提出来，我们修行人要以四禅定为基本的床座。

为什么修禅定而不能得定？因为没有得净命。你要非常注意这个净命。我们是怎么活着的？有两个部分，一是身体，一是心念。任谁都想活长久一些，可是我们现在这世界上的命是浊命，这个时代是五浊恶世（劫浊、见浊、烦恼浊、众生浊、命浊）。我们的命生来就是浊的，身心内外没有一样干净。能修成白骨观不净观的人，基本上是修得净命，气质都变化了，身上的细胞、骨节都变白净。其实我们死了，骨头是没法变得纯白的，都会带黄褐色，就是业重，除非是真修到白净。密宗讲气脉修成就了，这个色身转了，才能够得净命。

为什么打坐连初禅都到不了？就是因为肉体气质没有转化。维摩居士这一句偈子，就把秘密告诉你了：净命而生禅定。由禅定而得智慧，但是要得到智慧必须要多闻、多看、多记，所以说"多闻增智慧，以为自觉音"。自觉就是明心见性，证道了。要先自觉才能觉他。真讲修行，就不要轻视世间、出世间一切的学问知识，这都属于多闻增智慧，正是培养你悟道的法音。

"甘露法之食，解脱味为浆，净心以澡浴，戒品为涂香。"由定而生慧，自然可以得到有如甘露的无根水，甘是形容微带甜味但又不是太甜的味道。得禅定的人说是得到诸佛菩萨的甘露灌顶，也可以说自己为自己灌顶，自己的口水都是带甘味的。到了这地步，就不太在乎一般的饮食，因为自己在甘露法食之中，也自然得到解脱，烦恼少了。即使心中故意想着最痛苦的事，也不起烦恼。但是虽然解脱了烦恼，可是离解脱生死还早。即使有人可以做到告诉大家自己要走了，也真的就走了，他还不算是离脱、了生死。这只是定力工夫够了，能解脱分段生死，还没能解脱变易生死。

学佛有三样缺一不可的：解脱、般若、法身。要有般若成就才得真解脱，解脱圆满了才得法身清净。换言之，不得解脱，般若不会圆满，法身不会清净。而法身空性的影子都没看到的话，也不会得般若，也不会得解脱。

这里说，有禅定的定慧等持的甘露，以解脱的浆液滋润自己生命。这个时候自然没有烦恼，自然念念在净土，净心洗练自己，用持戒作为抹在身上的熏香。我常说笑，做菩萨要先会抽烟，否则被人家供奉起来，烧香熏得脸都黑了，不抽烟哪里受得了。尤其中国特别喜欢烧香供佛，有句乡下人话说，"烧香不敲磬，菩萨不相信；烧香不放炮，菩萨不知道"。把菩萨讲得很势利，这都是民间迷信。

佛经上所说的香有多种，有烧香、涂香、抹香、熏香等。我们这个禅堂平常很少烧香，用一种喷的檀香代替。烧香会染污空气，烧得太多邻居还会出面去告你，其实真正供养佛菩萨，用心香最好。得定的人，戒律自然清净，这就已经供了香了，这就是心香。所谓心香一瓣，你在佛前一站，两手合掌礼拜，心中一念清净，就是礼拜，是真正的香供养。若你礼拜下去，心中还有一点烦恼，就是不干净的礼拜。真正礼拜，心中无所求，无所念，无我相，也无礼拜之相，就是心香供养。所以为什么上香供佛要上三支呢？三支就代表了戒香、定香、慧香。

"摧灭烦恼贼，勇健无能逾，降伏四种魔，胜幡建道场。"刚才讲到了心香一瓣，要怎么成就呢？非修定不可。所以戒定慧，定在中间。真得定了，不要讲戒了。得定了，既不散乱又不昏沉，就无戒可犯，那是真守戒了，是性戒，自性清净为戒。起心动念如还会有烦恼妄想，纵然守戒，守的也是不干净的戒。虽然不干净的戒也是有功德的，但是守得痛苦，因为是用压制的。这功德不是道念的功德，有道念的人，对于声色犬马、钱财富贵是不动心的，看见了等于没看见，用不着压制心念，看黄金与狗屎一样。

五代的诗人杜荀鹤，是杜牧的后代，他写过一首诗：

利门名路两无凭 百岁风前短焰灯
只恐为僧心不了 为僧得了尽输僧

名与利都是没有凭据的，一般人都在追求。生命短暂，就算活了百岁，也只像是风中的烛火。只怕出家也不能了此心，若能了心，天下人都输给出家人了。

经中这一句偈子是说，能够摧灭了烦恼之贼，可以得罗汉果位，是大勇士，超越一切，可以降伏四魔（烦恼魔、五阴魔、死魔、天魔），建立弘扬佛法的道场。

"虽知无起灭，示彼故有生，悉现诸国土，如日无不见。"上面讲到罗汉证空，定在空性。何以罗汉还是算小乘呢？因为只见到性空而不能起有，虽然勇健无比，放得下，但提不起；可以出世但是不敢入世。到了大乘境界，见地不同了。虽然知道诸法不生不灭，为了示法（就是为尚未开悟的众生证明佛法），而由真空生妙有，展现十方诸佛一切国土，如同日出，没有看不见的。现代天文知识告诉我们，宇宙之中不知有多少太阳系。同样地，诸佛菩萨的国土，也不知有多少。在念这一句经文的时候，不要忘了是十方三世一切诸佛，多得很，无不现前。乃至在这桌上的洞眼中，都可能有一佛国土，这是没有智慧功德成就的人所不能了解的。所谓大而无外，小而无内，华严境界是重重无尽的。这本《维摩诘经》所表现的，都是真空起妙有，像一丈见方的房间能容纳三万二千张天一样高的座位，以及天花着身，等等。

"供养于十方，无量亿如来，诸佛及己身，无有分别想。"这是真讲工夫了。我讲一下自己的经验给你们年轻同学参考。我在杭州的中学读书时，交了一位和尚朋友，他拿本《金刚经》给我，一定要我念。我这个人在这方面可能与你们不同，既然朋友一定要我念，我就念吧，而且是用最笨的方法，老老实实去念。我那时住学校宿舍，早上一定四点起床去操场练工夫，练完了有时再钻回床上，和大家一起睡到吹起床号再起床，就是有这一股傻劲。现在早上又要多个活动——念《金刚经》，我就一人躲到会客室去念，当然也不希望别人撞见，认为我老土落伍，居然读起佛经来了。

老实说，刚拿到《金刚经》时，我根本不明白内容，不过心里就生欢喜，管他是般若还是菠萝，也不去找佛学字典，就这么规规矩矩、恭恭敬敬念了下去。这样念到第四天，念到"无我相、无人相、无众生相、无寿者相"，我就没有了，经典也没有了，都空了。我觉得奇怪，就不念了，跑去找那位和尚，告诉他我把《金刚经》念跑了。他是学禅的，见了我就向我道恭喜。我说我不再念了，他也说不必念了。

后来我又找到一位师父，问他要怎样去学佛？他说学佛一定要发愿，然后早晚作功课。我表示敲木鱼诵经我做不到，他给我一本《普贤行愿品》，要我早晚念，培养心愿。你们学密学显的，有没有磕满十万个大头，拜十万次佛？每天香花水果佛前供养个三五年不断？没有的话，不要求通什么气脉。还有没有起码读一万遍《普贤行愿品》？我相信你们在家出家的都没有做到！我当年学佛可是十多年如一日，再忙也要做。即使我到现在，还是有个自己的佛堂，虽然有学生偶尔会帮我供佛，但是每次清理佛堂，我一定自己动手。

你们拜佛时还做不到无念地拜，所以一拜下去，心中要观想到十方三世亿万不计其数一切佛前，都有个我在礼拜供养。这都要能观想得出来。所以说"供养于十方，无量亿如来"。尤其是学密宗的，如果观不成功，也就不要吹牛学密了，不如买瓶蜂蜜喝喝多好！

如此拜佛，拜到后来，心佛众生三无差别，我拜十方三世一切如来，一切如来也在合掌拜我这因地上的佛。我们现在虽然还不是佛，可是都有成佛的因，谁说我们不能成佛！如果连这样的气魄都没有，那也不用学佛了。因此说"诸佛及己身，无有分别想"。

根据《普贤行愿品》，我们供养十方诸佛，也就是供养我们自己。道理就是心佛众生三无差别之故。

"虽知诸佛国，及与众生空，而常修净土，教化于群生。"大乘佛法主张心佛众生三无差别，自体本空。虽然本来是空，可是起行时是修有，即空即有，即有即空，明白有是幻化的，不真实的。所以修净土而着净土之相，则非究竟，因为佛土也空。因为众生没有证入自性空相，所以用"有"法来教育众生。这就是《维摩诘经》所说的大乘佛法的最高境界，不分出世与入世。

"诸有众生类，形声及威仪，无畏力菩萨，一时能尽现。"这句偈子对我们的见地很重要。修行的成就是证到即空即有，妙有真空的境界。用唯识的道理来讲，是证到缘起性空，性空缘起。一切众生的形体、声音、姿态（行、住、坐、卧是四大威仪）各个不同，现象差别很大。但是一切众生自性的本体却是一体的，没有两样。这个"一切"的也是假名，因为在言语上不能不这么说，可不要真当成有具象的东西。譬如同样是电流，通过了电灯、电视、扩音器，所表现出来的相不同。这也只是比方，我们的自性毕竟不是电。

尽管众生各类千奇百怪不同，无畏力菩萨可以在一时之间使他们完全呈现出来。这位菩萨的神力如此之大，但是我们都没看过他的塑像，对不对？这要了解，佛经上菩萨的名号，代表的是他的功能，学大乘佛法的人不应在佛菩萨名称上着相。例如过去有些人的名字中有土、水、火等字，就很可能是因为要弥补五行欠缺的缘故。现在比较少人这么做了，但是又流行什么姓名学。也有人非常信风水的，像我就不来这一套，专找所谓不好的地方去住。道理是，在德不在命，在心不在行。所以这些术数之类，你说看起来好像有关系，真有关系吗？也不一定。懂了道理就能安之若素。

讲到菩萨的名号，无畏力菩萨是哪一位？我看就是诸位，大家犯戒时好像什么都不忌畏。有人找你帮忙出点钱，就要好好算算，怕自己不够用，这时就成了有畏力了。有畏就有所顾虑、有所计较、有所打算，这就是凡夫。真修到无畏，就是大解脱。所以无畏力菩萨是等同虚空，在空的自性中，才可以亿万类众生同时呈现。了解这个道理，你们年轻同学学禅定，想神通，不用来问我，我不会告诉你，我也没神通。你本来很通嘛，会自己搭车子到这里来听课，吃东西下去也没有大便秘结，为什么还要去学鬼道？要学，可以啊！通从定发，先求定。哪一种定才发得了大通呢？见了自性真空，明心见性了，自然就是通。

我们虽然还没有到达这境界，但是依佛所教，信受奉行，依此发愿，久而久之，功德成就，自然可以到达。

"觉知众魔事，而示随其行，以善方便智，随意皆能现。"修大乘佛道的菩萨不怕魔，也不怕邪，因为自己精通邪魔外道。如果仅通佛事，而不通魔事，就不叫作佛。仅知有善念，不知有恶念也不叫做佛。就像有人只有在白天看得见东西，到了晚上就看不见东西，那不是健康的人。有成就的人常在一片光明中，不论什么邪魔外道，光明一照，全都变成了佛道了。所以说："正人用邪法，邪法也是正。邪人用正法，正法也是邪。"又譬如一把刀，医生用来动手术救人，也可以被用来伤人。刀的本身没有善恶之别，差别在用的动机。

诸佛菩萨要度一切众生，善人恶人都要度。因为要度恶人，甚至会示现魔行，这就是四摄法，用现代话来说，是教育的方法手段。摄是摄受，就是包容。再重复提一次，四摄是布施、爱语、利行、同事。讲到爱语，我小时候读的课外读物《增广昔时贤文》，你们应该去读，其中有一句："逢人且说三分话，未可全抛一片心。"这句话可以作两种解释，一种是：碰到人总要打个招呼嘛，不要理都不理，这是爱语的表现。另外一种解释，是自己人生经验丰富了以后才知道的，也要谢谢当时的先生们不愿意讲穿。说句笑话，这两句话给情报工作的人来用却很好。讲到利行，就是凡有利于他人的事就去做。同事就是别人喜欢做的事，就一同去做，用这个方式引领别人，走上正途。

常见有人一定要勉强他人做事，例如找人一起去庙子烧香拜佛，别人不去就说人家业障重。换了我在年轻的时候，恐怕会揍你，怎么可以这样说人？伤自己口德，况且是不是业障还难讲。行菩萨道不应这么做，比方你找人去听《维摩诘经》，人家想打麻将三缺一。好！我就牺牲，陪你打牌，但是你要下个礼拜陪我去听经。这四摄法要做到真难，我就做不到，所以我没资格做佛教徒。有时真是累极了要休息，偏有人要来谈话，如果说对不起没时间，那犯了戒了。能忍着疲乏，陪他坐下来谈，即使他不是真有需要，满口空话，也耐心听了，这才是菩萨行。这真难了，虽然做不到，然而心向往之。

这四摄法是一种诱导教育，像是在哄众生。所以说"觉知众魔事，而示随其行"，了解这道理就会明白，真正修行不在山林中庙堂上，要在魔境中修。明代人瞿世粯诗中有句名言，我在自己诗中也借用过，注明是借句的"欲坚道力凭魔力"，经过一次魔障，道力更坚强。我写的下一句是"始信逃名是重名"，后来才相信原来不想名，反而变得更出名，逃名反成了求名，结果更糟，天下事有时真是逃避不了的。名和利本是魔境界，什么是魔？没有那种什么三头六臂的魔，如果真有的话，我还会觉得挺稀奇的，一点不可怕。任何一点事使你沉醉、使你着迷的，都是魔。譬如我爱读书，即使坐在书城中，也会发愁没有新书可读，以修道境界来讲，这不也是魔吗？

大菩萨魔佛不分，不怕魔，因为得了智慧的解脱，"以善方便智，随意皆能现"，他可以随意成佛或成魔。其实我们也做得到，例如我们都做过人家儿女，这里也有很多人是为人父母的。当父母的有哪一个不爱儿女？爱的时候就是佛。有时严厉督促儿女向上，就成了儿女之魔。同样地，菩萨有时会成为众生之魔。魔道是逆的教法，教育不一定要用善教的。等于后人讲苏东坡"嬉笑怒骂皆文章"。因为诸佛菩萨得了方便波罗蜜成就，所以能成佛，也能成魔。

"或示老病死，成就诸群生，了知如幻化，通达无有碍。"讲到魔，众生有四个大魔：生魔、老魔、病魔、死魔，尤其是老病死。很多老朋友吹牛，说自己看得开，什么也不信，什么也不怕，但是一讲起他们的身体，血压高了，老花眼了，还是会难过的，这就是魔。学佛修道是为了生老病死之苦，古今以来有谁了了？假如可以了老病死的话，人类早把地球站满了。只有成道的大阿罗汉，才可以了生死之魔，只有了了生死，什么老病就都谈不上了。

平常人一切生活上的努力，都是为了怕这魔境界，想逃避它、防止它而努力，可是谁也没做到。我常跟医生朋友们说，你们不论是中医还是西医，反正没有一样医药可以把人医好的。《增广昔时贤文》说："药能医假病，酒不解真愁。"其实只有一种病是真的，就是死病。要死的时候，不管什么药都医不好。

了了老病死的大阿罗汉住在哪里呢？住在常寂光土，不一定住在西方极乐世界。

菩萨在哪里呢？不一定在大殿上庙子里，但你不要听成庙子里没有菩萨，你们诸位都是菩萨，而且现在菩萨最多的在殡仪馆，为什么？他们亲身示范，凡是人都有老死。有的菩萨故意显示老的可怕，我们有些老朋友九十多岁了，过去地位高，钞票多，现在老病无依，送进养老院还要嫌环境不好，真是痛苦。

最近有位老前辈道友过世了，给其他道友很大的刺激，心想，唉呀，某人都走了，我们赶快用功吧！这就是示老病死，成就众生。

但是，菩萨虽然示老病死，仍然"了知如幻化，通达无有碍"，他非常清楚生老病死都是如梦如幻，不真实的。所谓生灭世间，一切皆如梦幻空花，他早已了生死，一切通达，没有障碍，只不过在现象上表现生死，是一种教化的方法。

"或现劫尽烧，天地皆洞然，众人有常想，照令知无常。"上面讲的菩萨道境界，还是以人乘为本的。现在开始说明心物一元，精神世界与物理世界是一体的。学佛明心见性，悟到自己的本来，是法身的成就。我们现在的肉体，有形象的是报身。山河大地物质世界，也不是与我们相对而立的，是报身的依报所依附的。研究哲学的人讲心物一元，大体是讲报身与依报之间的事，再进一步才谈到法身本体。至于万有一切，包括所有众生，都是同一法身的化身。成佛的人，法、报、化三身一定都成就的。这就是法、报、化三身的大道理，是佛学的基本观念。同时告诉你们，有同学发心要建丛林大庙，丛林大庙大殿之上所供的，同样的佛像有三尊，为什么？那是代表法、报、化三身。又例如庙子的大门称山门，也有写为三门的，意义不同，代表的是戒定慧。要成就三身，得先从戒定慧修起。想起过去见过的大丛林，有的真大，整个山头都是，每天负责关门的要骑马一路关各殿山门，到下午五点就骑马出去关山门，回来时天都黑了。大丛林殿上供什么佛像，供什么位置，都是有道理的。像杭州灵隐寺，大殿上有三尊佛，转到三尊佛的后面，就是观音菩萨，唯有成佛了，才能真起大慈大悲，于苦海中救度众生。用建筑和佛像的布置，把佛法的道理都说明完了，不止只是建筑的艺术而已。

现在我们再回头看这句偈子。"或现劫尽烧，天地皆洞然"，物理世界是靠不住的，我们现在知道，这个地球也是会毁灭的，如同我们的肉体经历生老病死，物理世界要经历成、住、坏、空。世界性小灾难是小劫，大灾难是大劫，那时地球就毁灭了。劫又分水、火、风，这同我们的修持也有关系。例如有同学觉得身上发热，这不一定是病，有可能是本身火的功能发动，但你要有智能，能分得清，不要生病发烧时，却自以为是工夫境界，那样工夫就倒了。

菩萨境界有时示现大劫来临，地球都烧尽了，天地都在大火中。这个时候众生痛苦悲噪，有如落下了无数个原子弹。"众人有常想"，众生都希望这肉身长存，天地常在，要依报庄严，亿万年不变。实际上不可能的，一切是无常。此时菩萨用智慧光明照向众生，帮助他们知道无常，"照令知无常"。水、火这些都是生灭法，是现象，水、火从哪里来？知道了就找到了本体。

"无数亿众生，俱来请菩萨，一时到其舍，化令向佛道。"假定这世界乃至他方世界所有的众生，都来请这位菩萨，这位菩萨就同一时间在每一个人的面前出现，教化他，使他心向佛道。这本事之大，能同时化身做不同的事情，多好！这不是不可能，纵然有人可能做到，还不能算是智慧成就的神通，不是真佛法境界，只是幻化。真神通是本性功能自然如此，我们每个人的前面都有一位菩萨，随时在那里，没有离开过。在哪里？在自己心中，心即是佛。了解心佛一体，就知道这经文并没有扯谎。我们用空气做例子，把经文改成"无数亿众生，俱来请空气，一时到其内，化令向佛道"，那你就懂了。大家鼻子一吸，空气就来了，全体同时呼吸，各不妨碍。用光明做比方也可以，都是自性本体功能之所生。所以"无数亿众生，俱来请菩萨，一时到其舍，化令向佛道"，佛菩萨岂止来到众生面前，更进入所有众生心中，我们一念之间，自己都念念见到佛。佛在哪里见？不用跑到山上去，就在自心之内。

大乘菩萨如何饶益众生

"经书禁咒术，工巧诸技艺，尽现行此事，饶益诸群生。"本院同学可能常埋怨，我安排那么多功课，什么都要大家学，要学医，乃至命相，当然还要打坐……怎么有时间修行呢？我说这就是修行啊，是大乘菩萨道，样样都要学。"经书"不止是佛经，包括世间一切学问。"禁咒术"，包括内外道一切咒语。像道家的画符，要用支新的毛笔，要有朱砂，早上起来向着东方，吸几口大气，一口喷在笔上，蘸上朱砂，然后屏着气一笔把符画完。道家说，不会画符，为鬼所笑。有时候同学非要我帮着画个符不可，但又不好意思要我那么郑重其事，我为了省事就用钢笔，甚至用圆珠笔画了。我画什么？就写个"南"字，请大家不要闹下去了。

禁咒、禁术在密宗、道家叫作禁制，有工夫道力的人把不好的事封锁住，制伏它。在大陆有人要传我一个法，有人身上生疮，他一口气念一串咒子，用手隔空在病人疮上一抓，再往门上或树上一抹，那里就流出血来，生疮的地方就好了。你说他是魔术也好，幻术也好，那个病人真好了。他还能治骨折，不过要斩一只鸡，用鸡的骨头，在骨折地方敷些泥巴上去，两边弄个竹子一夹，念个咒，不出半日，病人就可以走路了。这一套就是禁制。这人一定要我跟他学，叫我拨一百天出来练，我哪有时间花一百天学这个！他还把一本秘笈硬塞在我口袋里，叫我读，可惜这本秘笈也不知道塞到哪个角落去了。

我看你们有人动念了，想到我那儿去找出来学。不用了，你们学不会的，因为你们同我一样，都太聪明了。那种咒是什么东方来个红孩儿，头戴红缨帽，身穿大红袍……之类的，我们不会信的。但是以一个没读过书的愚夫愚妇，用起来就是灵。这其中就有个道理了，究竟他是符灵还是咒子灵？都不是，是心灵！是精神的力量，信了就生力量。我们这个头脑不信，读起来总有一丝怀疑，就没有用了。所以文明愈进步，这套东西愈没落。其实你们要学佛成道简单之至，我传你个秘诀，保证有用，要学吗？传给你们真可惜了，就是学"笨"！最老实的，说信就信了，大丈夫嘛！这就成功了。所以《华严经》告诉我们"信为道源功德母"，诸佛菩萨一切法门只有一个字，唯信能入，你一信就进去了。所以一切宗教都强调这一点，信就得救，错不了。有的同学一边学着修，还跑来问我这法门对他灵不灵？一开口问这句话，就该打三百板，他已经没信心了，何必问呢？何必修呢？都是妄作聪明。

其实不只是学佛，世界上一切事情也是如此，你看成功的企业家，他就是信，一头栽下去就做下去了。可是我们这些聪明人做不到，所以不会成功。

"工巧诸技艺"，这包括的就多了，化学、物理、电脑、水电、木工……你什么都要学，一切学问都要会。"尽现行此事"，每一样东西学到了家都可以入道。学菩萨道的人为什么要学那么多学问技艺？为了要"饶益诸群生"，不是为自己，是为了帮助别人，解决人家的困难。这也是大乘与小乘的区别所在。在座受过比丘、比丘尼戒的就知道，什么看相算命、术数等，在小乘戒律都禁止的。到了大乘戒律，这些不但不犯戒，还是功德。有冲突吗？没有的，大乘道是大人之用心也。真是大人，就是前面讲过的："正人用邪法，邪法也是正。邪人用正法，正法也是邪。"小乘的戒律是防止性的、消极性的，要避免为恶。大乘菩萨道则不然，纵然是魔事都敢做，这要多大的气魄、多大的愿力、多大的能力！因此，大人者能成其大事，若是小人，他们做些小事就好了，不要好高骛远。

所以我要你们同学去学医，救人最方便，能为人解除痛苦，起码总该会针灸，万一将来到了贫苦地区，既没有好的医疗设施，病人也没钱买药，你随身带着一包针，能帮人减轻些痛苦，不是功德无量吗？但有的同学今天发心学医，明天学相术，后天又学个什么，最后只学会了睡觉，做的都是空事。以大乘来讲，就是犯戒了，发心不真实！是儿戏，自欺欺人，小心得不好的果报。

"世间众道法，悉于中出家，因以解人惑，而不堕邪见。"这更难了，要到各宗教团体去出家，现在世界五大宗教起码都要入门。真正佛教从来不排斥其他宗教，还包容所有宗教。目前世界上有上百种宗教，有的很邪的。但是就算是邪，也是道，也是路，虽然一时走歪，还可以走回正路的。旁门也是门，左道也是道，不过是可怜走迂回了。主要的五大教都是使人为善，教人做好事的，至于最高的道理对不对，那个我们不谈。《维摩诘经》这里讲大乘菩萨就有这个气魄，即使是邪教也加入他们，为什么？就在他们当中教化，引导他们走上正途。但是你自己要能够不被外道迷住而堕落，才做得到。

"或作日月天，梵王世界主，或时作地水，或复作风火。劫中有疾疫，现作诸药草，若有服之者，除病消众毒。"上面讲过心物一元，菩萨在哪里？你们吃素的小心，那青菜就是菩萨的肉，是真的，心物一元，你不要以为自己没有杀生。你吃的鱼、肉，尽是菩萨的肉，不过你不知者无过，他正是要你吃，吃了他帮你入正道。所以大乘菩萨道的人，有时候现身做太阳、做月亮、做天人。有时候成为色界天大自在天主，一身白衣，也就是基督教所讲的天主。有时候转生做世间的帝王，所以《华严经》说大魔王与治世帝王、太平盛世的帝王，都是十地以上的菩萨投胎转生的。善王好做，魔王难当的，没有那个功德和气魄，谈何容易！

或者有时候化成大地、化成水、风、火，变成了物质。我们人活在世上，这四样一个不能少的。甚至于到劫数来了，各种怪病就多。这话我说过无数次，十九世纪威胁人类的是肺病，二十世纪是癌症，二十一世纪是精神病，现在已经开始见到很多精神病人。等科学更发达了，又会有什么怪病，还不知道。佛说等到这个世界快要毁灭的末劫时代，连草木都可以杀人。现在农作物的农药洒多了，我们吃的果菜都可能会慢慢杀人的。这个时候菩萨化身来了，就现身化作草药，你服下去，病就好了。看了这经典，真令人感叹，菩萨这样的行为，我们怎么做得到！他心愿多大啊！

"劫中有饥馑，现身作饮食，先救彼饥渴，却以法语人。"到了有饥荒之劫的时候，菩萨化身变成饮食，供养一切众生，先解决饥渴的问题，再以佛法教化众生。

"劫中有刀兵，为之起慈悲，化彼诸众生，令住无诤地。"
到了有战争的劫难，菩萨就起慈悲，化身来消弭战争。常有人问
我，现在世间这么乱，诸佛菩萨和上帝怎么不来？我就说，诸佛
菩萨和上帝被关起来了，被谁关起来了？大势至菩萨。这是定业
的问题，明代的苍雪大师说过，"佛也此时难救世"，佛到了某
个时候，也无力救这个世界，因为世界的众生一定要受劫难果
报。诸佛菩萨和上帝也束手无策的，要这个劫难转过来就好。但
是，不要说世界历史，中国历史中好几次在劫难中，有好几位高
僧像邓隐峰和尚，在兵马交锋的时候，他在双方头上飞锡而过，
下面的人看了都跪下来，受感化而自动退兵。

"若有大战阵，立之以等力，菩萨现威势，降伏使和安。"
碰上有大的战争，菩萨就现出无比巨大的金刚之身，站在敌对两
边的中间，可以降伏双方，带来和平。你说真有这境界吗？很难
说的。

"一切国土中，诸有地狱处，辄往到于彼，勉济其苦恼。"
文字很容易懂，就不用翻译了。这等于是《普贤行愿品》的愿
力，是学大乘菩萨道都应该有的愿力，不只限于地藏王菩萨。一
切学大乘的人，都要发愿到最苦难的地方去度众生。我认为这已
经变成学佛的人的口头禅了，实际行为却是逃避苦难，专挑清静
的地方去，只住没人打扰的地方。完全违反了大乘的原则。另
外，我觉得学佛的人，也把发愿两个字变成了口头禅，好像嘴中
讲过要发什么愿，就有交代了。这种愿都是空发的。读了《维
摩诘经》这一句偈，要起惭愧的心了。

再说，经典中所描述的地狱，还不算太可怕，其实人世间到
处有地狱，比经典中的地狱还要可怕！你看人间一切的苦难，都
是果报。例如，你去到医院，不用去手术室，即使在头等病房

中，就算地位再高、财产再多的人，还是要受果报的。再看看自己本身生老病死的遭遇，都是像地狱般的痛苦。学大乘菩萨道的人，对苦难中的众生，能够有一份力量帮助别人，就应该去做。我们看学道的朋友们，遇到有人需要帮忙时就逃避，甚至会非常狠心地说，那是假的，不要理。这种心理和行为，可能比不学道的人还要糟，真应该深深反省。

"一切国土中，畜生相食啖，皆现生于彼，为之作利益。"释迦牟尼佛讲过他以身饲虎的本事（也有经典翻成本生），他在多劫以前修行时，看见老虎饿了，就舍身喂虎。在经典之外，真有人做这种事的。我在峨眉山认识一个人，他原来是位邮政局长，忽然出家了，出家后没有受戒，也不去山上的大庙，他找了个非常小的庙中的出家人当师父，每日打坐念佛。那个庙子环境很差，到了晚上蚊子多得不得了，他却只穿条短裤打坐，对蚊子布施。我起初觉得反感，他当年还是交通大学毕业，地位也不错，怎么思想还是这样落伍？养蚊子干什么？不是在培养害虫吗？去见他时真快认不出人了，一脸的红点。我就消遣他说，老兄喂蚊子之乐，乐乎？他笑笑，念句阿弥陀佛，不回答。我们好多人在场都问他、劝他，他始终一句阿弥陀佛。最后我说，算了，人各有志，只是不晓得蚊子觉得我们这位朋友的肉是酸是甜。他仍然是阿弥陀佛。我们从小庙辞出时，内心非常感叹，他毕竟不是个普通的迷信的人，当年大学毕业生的文化程度很高的，比你们现在的大学生不一样。他地位也可以，又不是盲目出家。过了三个月传来消息，他进了医院了。原来他被蚊子咬得发病了，情况很严重，却不肯走，被几个朋友硬是架到医院去的。在医院中他还说很怀念蚊子，他不在庙子中，不知道蚊子会不会饿死。这不是笑话，是我亲自看到的真人真事，讲到这个偈子想到他。至于他的行为对不对，我不愿意批评，但是他的愿力是真的，值得向他顶礼膜拜。而且据我所知，他被蚊子咬时会对蚊子说，阿弥陀佛，你们吃了我的血，快快超生吧，将来不要再变蚊子了。这结的善因缘和造的功德，真不知有多大。假如今天不是因为讲到《维摩诘经》这一句偈子，这件几十年前的事情我早忘了。我讲出来可不是鼓励你们去喂蚊子，这要特别交代清楚。

念到这一句偈子，讲到畜生为了维持自己的生存而去吃别的生命，我们要自己反省，人类也是一样的，我们统统吃，尤其吃畜生。人的行为不见得比畜生可爱！这又想到这里山中十八罗汉洞的那位法师，他洞外的悬崖下有一条大蟒蛇，常与法师为伍。法师说起第一次遇到这蛇之时，心中初时很怕，本想逃跑，后来一想，如果蛇要伤他要吃他，就布施蛇吧，这么一念就不怕了，就坐着不动。大蛇在他身上游动却没伤害他。以后法师打坐时，大蛇也会在法师身上爬过，相安无事。我听了就对法师说，还好你当时没动，否则搞不好蛇反而会咬你。再者，你当时的心念平和，如果动了杀机的话，动物本能就会感应到，对方的杀念就会起来的。

所以人类是有兽性，畜生道就在人身上，不要把自己看得太高，有时起心动念连畜生都不如。吃荤的朋友要注意，你的所为不就是畜生相食吗？算不定吃到菩萨肉了，你觉得好吃，这些账都会记下来的。所以菩萨道之难行，有时候真是不敢看经典，我们哪里能算学佛？就算刚才讲的那位法师，如果蟒蛇是来舔你，你定得了吗？

"示受于五欲，亦复现行禅，令魔心愦乱，不能得其便。"在家人学佛是在五欲境界中修行，维摩居士比喻是在火中生莲。火里不会长莲花，莲花是生在水中的，这是代表修持工夫，密宗就有火中生莲的特殊修法。世上五欲都是火，尤其是人欲的笑、视、交、抱、触（小五欲），代表男女之欲，更是火。宋代的名儒朱熹，他对后代的文化影响非常大，宋、元、明的读书人一定要根据他的注释作文章，否则考不上功名。但是我对朱熹的评价是正反面各一半，在我的《论语别裁》中，好多地方反对他的注解，虽然不好意思痛骂。他对中国文化究竟是功还是过，是个问题，他个人的品德当然很好，这我是佩服的。他当年有个年长的朋友下放到岭南，多年之后得到平反回来，却娶了个年轻女子，朱熹很不以为然，写了首诗送给朋友：

> 十年浮海一身轻　乍睹梨涡倍有情
> 世上无如人欲险　几人到此误平生

这诗我们在前面也引过的，要注意的是后面两句，"欲"这一关难过啊！

欲不单是男女之欲而已，譬如色欲和情欲就不同，色欲是看到异性受吸引，但是这个色，什么才是漂亮是没有标准的。情欲比色欲严重，情欲不是被色引起，是由感情引起的。色欲难了，但相对还比较容易了，修持工夫够了，就可以了色欲，可是情欲是更难了。

我们生命在欲界中，在欲界中修行，就是在五欲中修。五欲就是火坑，在火坑中修行谈何容易！"几人到此误平生"，不止男女之欲，各种引诱你起烦恼、起贪瞋痴的，没有哪一样不是欲。即使修道人贪图山林清静环境修道，也是欲，因为离开清静就不行了。欲让你贪着清静，到了执迷，非这个不可，已经是痴了，到了闹市就起了厌恶之心，又犯了瞋了。

但是如果五欲当中都不敢去，五欲的关都过不去，你修什么大乘佛法？维摩居士讲，大乘菩萨要"示受于五欲"，他自己是现居士身，与五欲接触，"亦复现行禅"，可是在五欲中也示现给世人看，他还能在其中修行得定。五欲中到处是魔境界，大乘菩萨在五欲中修行，不但没有被魔住，反而磨到了魔，"令魔心愦乱"，魔的心都乱了，"不能得其便"，起不了魔障。

这里问题来了，魔还会心乱吗？魔的心里本来是乱的，所以扰乱别人也扰乱自己。给人家烦恼痛苦，也给自己烦恼痛苦的就是魔。但是行菩萨道的人却可以成为魔之魔，能做魔之魔的，就是佛。所以这里没有明确地讲，就是魔佛一体。禅宗祖师常批评弟子只能成佛，不能成魔。所以只能做二乘道的善知识，不足以做大乘道的善知识。大乘菩萨是既能成佛又能成魔，魔佛道中都是他的莲花世界，这才是菩提道的正果。

了解这个道理，就晓得真正大乘道是要在五浊世界、五欲中去修，面对现实地去修。而且面对现实连跳出来都不用，如果还要跳，就已经不是大乘菩萨了，大乘菩萨就坐在五欲当中，把它变成净土。

"火中生莲华，是可谓希有，在欲而行禅，希有亦如是。"这是跟着上面的一句，赞叹大乘菩萨在五欲中修行成就。我们可以肯定地说，真正大乘菩萨，如不在五欲中修，绝对不会成就的。这其中的道理，需要专题研究，我们在此就不再发挥了。你们有些人或者马上会想到密宗的双身修法，那还不是这个，双身修法只是低层欲界中的修法。还有高层欲界的修法，修到欲念能够化，化不是离，化出来了才是火中生莲华，这是《维摩诘经》的比方。

这几年受西藏密教流行的影响，有些同学修习密宗，就跑来问我关于拙火的事。拙火是由瑜珈翻译来的，拙就是笨，拙火就是笨火。那是不是还有个灵火？不是的，我们生命本身有一股力量，拙火是在我们这个肉身报体上的力量，它一辈子没有发动，人死了就没有了，所以说它笨拙。瑜珈有时画一条灵蛇，潜伏盘据在我们身体的海底轮，没有经过修持，这灵蛇永远不发动。瑜珈术形容它是条蛇，不是真有条蛇在身上，所以也有翻译成灵能，这比较进步。灵能一发动，非得定不可。你们学密宗的想打开身上三脉七轮，灵能不发动是打不开的。学禅的人开悟的话，心轮就开了。心轮有八条粗脉，细的不算，所以说心轮是八叶莲花。悟道了就意解心开，或说是脉解心开。悟道了一定灵能发动，中脉通了。又一种翻译叫灵力，那更好。一边翻成拙，另一边翻成灵，只是译法不同，因为密宗流行，就把大家搞糊涂了。但是我讲的这种密宗还不是黄教、红教、花教，所谓噶举派、宁玛派这些。

那么这拙火、灵力、灵能，在我们的修持上也有吗？绝对有的。那么密宗不同于显教吗？绝对同的，否则不叫佛法了。那拙火在显教叫什么？就是四加行的煖，得煖。修密宗的认为拙火发动了，丹田之下海底之上就应该发烫了吧？很多人来到我这里，态度傲慢，说自己拙火已发动了，我只笑笑说好。这个好不是赞许，是我不下论断的回答方式。后来有位某某委员身份的多年老友，告诉我他修习密宗，拙火发了，下腹暖暖的，颇为自得。因为他是老友，我只好直说，这是病，不是真拙火，要他最好去医院检查一下。他一听大为光火，但是最后果然病发，全身发热，医生均检查不出病因，只好来问我究竟是什么病，我说是骨蒸。他怕热，到了最冷天的时候，连一条薄的被单也盖不住，换了别人，那一定吹牛工夫有多好了。

真正的拙火发动得煖是什么呢？就是三昧真火。什么是真火？这就要教理通达才行。《楞严经》告诉过你："性火真空，性空真火。清净本然，周遍法界。随众生心，应所知量……起遍世间，宁有方所。"它没有固定的位置，你一定说它在丹田之下就完了。等于常有人来问我气脉的事，我不胜其烦，身体好像是个皮袋，里面都通的，外表有九个孔。你吸口气下去，能说这口气停在皮袋的中间吗？你给橡皮球打气，能控制气只停在皮球中心吗？能做得到吗？气进去了是周遍的，如果你感到丹田那边聚成一块，对不起，很可能有肠癌！三昧真火也是如此，火也只是形容词。你愈是念头空了，三昧真火愈发得起来。发起来如何呢？寒暑不侵，冷了不怕，热了也不怕。这是真的，是生命的本能，这是三昧真火。

真火就不同了，真火发起有没有发热的火光呢？有，你定力够了，到四禅八定成就了，到了那一天，与世界的因缘尽了，像经典写的一些大阿罗汉，要走时一定，自己发起三昧真火把身体烧化掉。后世人何以做不到呢？这就要说到了大乘佛法兴起后，大家不在四禅八定切实下工夫，所以三昧真火发不起来。

在教理上说四加行的煖，是把烦恼习气转化了，也通。但是按实际修持工夫来讲，煖是三昧真火发起了。怕热、发烧都不是的。我这是很诚恳地告诉诸位，但我是一介凡夫，只是把所知有限的道理，知无不言、言无不尽地贡献出来。你平时单独找我谈这些，我实在没有时间一一答复这些闲话。今天讲到火中生莲，顺便一提。

定力够了，四大就能转了，到那时灵明之中因缘熟了，要走了，念头一动，性火真空，性空真火，在空性中一念起，四大的火大一加强，就来了，哪里还需要送去火葬。

所以火中生莲的境界确实是有的，要真做到了空，真空生妙有，四禅八定工夫到了才有。我很注重四禅八定，不要尽是参话头，玩弄机锋转语，不管你走佛法什么宗派，没有禅定基础，什么也不用谈。你到了这境界，岂止生莲而已，观想虚空法界都是莲花。而且不止是意识的观想，而是阿赖耶识的动念，那就变成事实了，真可以让一切众生都看到莲花充满虚空，那是风大的功能。你去学密宗，就是学死了也得不到秘诀，我把秘诀告诉你，是心风得自在，心息得自在者，一念观想就成真实。你再问，怎么样能心风得自在？我只好说，等哪一天我怎么怎么了再告诉你吧，不要着急。你们有几位学密宗的小青年，要特别注意我这几句话，不要去盲目乱练了！

维摩居士说，"火中生莲华，是可谓希有"，他说火中生莲华是稀有而不是没有，所以语带双关地说"在欲而行禅，希有亦如是"，在欲的境界里修禅定，也是同样的稀有难得。

"或现作淫女，引诸好色者，先以欲钩牵，后令入佛智。"大乘菩萨化身示现为淫女，就是在声色场所中的女性，以男女之欲引导好色之人，慢慢引导他入佛道。我们看《维摩诘经》很先进，这样提出来。《华严经》中也有，善财童子五十三参，其中一位菩萨，大善知识，就是淫女。这个道理也是延续火中生莲华而来的。也就是观世音菩萨《普门品》的大愿，"应以何身得度者，即现何身而为说法"。这段偈子也可以说成"应以淫女身得度者，即现淫女身而为说法"，也补充了《普门品》之不足，因为《普门品》只说了三十二应身，其实还有百千亿的无量应化。

读了这个偈子就明白，大乘菩萨道有一个非常重要的原则，年轻的同学特别要注意，就是千万不要轻视任何一个人、任何一个众生。即使这个人现在或过去是淫女，也不要看不起她。所以大乘菩萨戒的第一条是"自赞毁他"，轻视人就犯了这条戒。我对同学们说过，真正的菩萨戒绝对禁傲慢，要绝对谦虚，因为谦虚到了极点，反而是无上的崇高。不轻视任何众生，这是何等的谦虚啊！这也就是菩萨道。不要因为学了佛法，就看这个行为不对，那个行为不合佛法，都看不惯，这就犯了根本戒，是没有资格学佛的。

我们看到别人做了世俗中认为是低下的工作，你怎么知道不是菩萨在火中生莲华，在度人？你轻视他，你就造了恶业。如果他不是，那更值得我们同情他的堕落，就更不应该轻视他。

前面这三个偈子是相连贯的。接下来的又是一转。

大乘菩萨的应化

"或为邑中主，或作商人导，国师及大臣，以祐利众生。"这是讲入世的，讲大乘菩萨的各种应化身不同，随处都是佛道。六祖说："佛法在世间，不离世间觉。离世觅菩提，恰如求兔角。"在家世间法中，处处有菩萨境界的人，处处有菩萨修行的人，这同三十二应身是一样道理。"邑中主"是都邑地区的领导人，"商人导"，拿现在话说是资本家、企业家或者是经济学者。"国师"是帝王之师，"大臣"是高级干部。所以菩萨到处都有，各行各业中都有。

"诸有贫穷者，现作无尽藏，因以劝导之，令发菩提心。"上面四句偈子讲权位，这四句讲财势。大菩萨是要发财的，你们同学最好多发财，最好是像明朝大财主沈万三那么有钱，连开国皇帝朱元璋都要妒忌，说他富可敌国，不过他终究被朱元璋没收了财产，下放到云南就死了。讲到这里，想起四十年前，我和我的袁老师意见不同就在这里。我老师认为，弘扬佛法还是要走传统的路子，要帝王、王者、大臣、居士发心，才可以振兴。我说时代不同了，今后文化和佛法的弘扬，要建立在平民基础上，推动的力量，不能也不是靠帝王或国家领导的权位，而是靠资本家的钱财。几十年下来，看起来好像还是我的意见对了。

然后我还跟我老师提出另一个相反看法，在今后的社会，弘扬佛法不那么简单了，要真行菩萨道，就得一手拿佛经，另一手抓只老鼠。为什么抓老鼠？密宗的财神手中都抓着老鼠。要一手布施钱财，一手布施佛法，就是财、法二施，等无差别，才能弘扬得开。后世的年轻人学佛，是要有钱供给他才来，要不然他来学你这个干什么？

资本主义和社会主义的发展，是两个相等的力量，代表着未来众生的两个心理，他眼睛看着佛像，也看着后面的钞票。是啊！我看阿弥陀佛顶上有点红红的，好像就是这东西。所以要财、法二施才能行，这也意味着未来浊世众生的业力之重、之可怕。这意见对不对，由诸位评断吧。

维摩居士在这里讲，真要弘法度众生，大菩萨有时现身成大富人，财法都平等布施，使贫穷的人受到帮助，劝导他们发菩提心。

"我心憍慢者，为现大力士，消伏诸贡高，令住无上道。"贡高在佛经上比较少见到，祖师的语录中常用。什么叫贡高？贡是形容词，同拱。贡高是自以为了不起。《老子》说"虚其心，实其腹"。人要做到虚心实腹，这有好几层意思。依禅定工夫来说，虚心是没有杂念，头脑和心脏部位没有杂念。实腹是禅定三禅境界的气住脉停，道家所谓的三丹田充满（头脑是上丹田，心口是中丹田，小腹是下丹田）。另一个道理，思想空灵，只要饭吃得饱，没别的要求，这是凡夫的世间法。与虚心实腹相反的，是禅宗祖师骂人的话。"空腹高心"，说人气往上提，思想不定，多心怀疑，搬弄是非，心气浮在上面，三丹田空空的，定不住。

我慢，憍和慢是佛学名词，佛经的原文是"憍"，后世用的"骄"是将错就错，憍是心憍，同马没有关系。憍是人眼睛往上望，目中无人。慢不同，是内心的傲慢，外表看不出来，尽管嘴上说人家好，内心觉得还是自己好。憍和慢两种不同，表现于外在的，外形的气势态度是憍，而内在的是慢。读书要注意，为什么这里不说众生心憍慢，而说我心憍慢？鸠摩罗什法师的翻译是一字不苟的，凡是憍慢的人一定是我见重的，所以是我心憍慢。

如果有贡高我慢的人，菩萨要教化他，就现金刚大士之身，威摄憍慢的人，使他回心无上道，这是逆化而不是顺化的手段。这就想到中国历史中有许多侠义之人，孔子没有说他们，但司马迁写《史记》，特别为他们列传，非常之推崇。侠客不是太保、流氓，用刀子捅人，这不是侠客行为。因为天下有许多事情，道德解决不了，法律解决不了，阿弥陀佛没得办法，观世音菩萨来也只好掉眼泪。只有侠客来了，格老子，我拳头大，你这种做法我就拿下你的脑袋。好了，问题解决了。

"其有恐惧众，居前而慰安，先施以无畏，后令发道心。"这也是侠义道，同前面两个偈子连成一气。布施有三种，财施，是外布施；法施，是内布施；无畏布施，没有几人做得到，就是这里所说的无畏。你要做无畏布施，自己先要有大乘菩萨的气派，有些同学听到个鬼字，就吓得比老鼠还不如，你怎么布施无畏啊？

我们讲这个长偈已经很久了，现在再重提一下。《维摩诘经》的中心是讲大乘佛法不离世间，不论出世、入世，在家、出家，只有一乘道，没有三乘，也没有五乘。《法华经》讲的也是这个道理，所谓的三乘或五乘的分法，都是方便的法门。在《华严经》把这道理说得更完备。这个偈子所讲的是全套的佛法，如何不离世间修行，直到出世间的成就。现在继续下去。

"或现离淫欲，为五通仙人，开导诸群生，令住戒忍慈。"一般人学佛学道，最有兴趣的就是神通，因此很多人得了神经。还有的人搞成一脸乌气，说自己看到了什么，耳朵听到了什么，以为这就是神通。都不是的。但这些事有没有灵呢？有时有的。

小事非常灵,大事保证不准,因为非正神通也。神通的生起有修通、报通、依通、鬼通、妖通五种。因为修行作工夫,走戒定慧的路子而得的神通是修通。因为过去多生累劫的修行,这一生生来就带来的神通是报通。

你们年轻人接触的人不多,我有三句口号,是把古人的两句加上一句:"读万卷书,行万里路,交一万个朋友。"做到了或许对人生能有些了解。因此我各种朋友很多,我的一生像是接待员,专门陪人谈话,那很痛苦的,躲人也躲不开。有时烦起来溜到一个地方关门不见客,不到三个月,又是宾客盈门。譬如我刚来台湾时,住在基隆的一间旅馆中,昼夜不出房门一步,三个月下来,我房间的房门昼夜都是开的,访客不断。

我因为交友多了,看的人多。有位前辈的画家朋友,他天生是鬼眼通,他不用翻什么眼珠、眯眼睛的怪相,随时可以看见鬼。他说鬼有什么稀奇?走在街上到处都是,有时还从我们的肚子穿过去。愈闹热的地方鬼愈多,冷静的地方反而少。我们跟他去别人家中做客时,就先警告他不要乱看,他如果老朝着那边看,那边一定有东西。有时他还会讲,这个穿着清朝的衣服,那个大概是这家人的祖先,还坐在客厅中。你说听了能不让人毛骨悚然?不过他有一个好处,那时躲日本人空袭,我们就跟着他躲,他看到哪边无头鬼多了,那边就可能会落炸弹,只要跟着他跑就没事。他虽不研究佛学,讲鬼的情形和佛经上说的一样。这就是报通。

另外有一位过去的朋友,他曾经是个军阀,后来做过省主席、总司令,地位很高。他有一次悄悄告诉我,眼通是真有其事的,他自小就可以看见空中有很多人在走路,而且空中的人很少穿现代的服装,脚下也不是踩着云。但是他到了结婚那一天就看不见了,这就是问题,所以修通要由修行戒定慧而来,淫是破戒的。

鬼通是有灵鬼附在有鬼通的人的意识上，而他自己不知道，还自以为是得了道。这一类的人很多，我有一位老朋友，他什么都会，听到哪里有人看相有神通的，他就去看。如果说的都对，他就心中念"唵嘛呢叭咪吽"，那人就即时不灵了，只好对他说，老先生，我不看你了。这就是鬼通。

妖在佛经上称非人之类，无色无相。他附在人身上就是妖通，妖通比鬼通的力量大，但都靠不住，你不要信。

真神通是诸佛菩萨、大阿罗汉明心见性之后，不思而得，不勉而中，是大智慧的成就。

神通的种类有五种，是佛法与外道都有的共法。五通是天眼通、天耳通、他心通、宿命通、神足通，不论练任何工夫，得定了，或者会得一通，最高的可以得五通。通从定发，你不要认为打坐就是定，打坐是准备修定的基础。有了天眼通之后，天耳通就跟着来了。天眼通和天耳通是一种，他心通和宿命通又是一种。有他心通的人，你心里在想什么他都知道，而且不止你一个人，好几个人的念头他都知道。再高层次的神通，连佛在说法都听到，但是这并不代表他已经悟道了，这和悟道是两回事。宿命通是前生的事都了解，知道自己这一世是什么因果而成为这样子的。

我朋友当中有宿命通的也有好几位，有一位老前辈朋友生于清朝末年，文章学问都好，也写得一笔欧体字。我们都只知道他前生是宋朝欧阳修，但是他说自己这一生的前生最差，是一条狗。不过只做了两个月的狗，他就自己生气，气死了。他还说，变狗的时候看到大便都觉得是香的，挺诱惑的。

神足通是最难的，你们看的《密勒日巴尊者传》，过去翻成《木讷记》，因为密勒日巴祖师就叫作木讷祖师，既翻了音，又形容他老实诚恳的样子。密勒日巴最后修成了不是在空中飞吗？这就是神足通。

佛法除了这五通还有一个第六通：漏尽通，这是不共法，外道可以修成五通仙人，但无法修到漏尽通，如果修到了，他就证得大阿罗汉果了。漏尽通是六根不漏，不来也不去，见思惑烦恼顿断，一念不生，念念无生，是智慧的成就，就是悟道。

修五通的第一要求是离欲，所以比丘、比丘尼戒第一条要戒淫。广义的欲包括一切的贪、嗔、痴，狭义的欲只两样东西：饮食、男女。孔子也说："饮食男女，人之大欲存焉。"欲界众生的生命就这么来的。告子也说："食色性也。"要想得定，必须从生命起头的饮食男女而来，如何能在欲中离欲？这就是前面所讲的，如"火中生莲"，是很难的。因此在家修行就特别难，要加好几倍的功力才行。

真想修到五神通，除了要修到戒定现前，还要修到慈。守戒很严，如果没有慈心配合，还不是戒。为什么？戒律讲求规规矩矩，持戒的人，看人家不严谨，往往就会动嗔念。讲道德的人往往嗔心重，把善恶是非分得很清楚，其实是大嗔心。你说那不要分别善恶是非好了，那又成了大糊涂蛋、大痴人。所以得定必须持戒，而持戒必须配上慈忍，定力成就才能证得五通。这还没有证得菩提，因为神通不是道。所以菩萨戒不准表现神通，除非他马上要走了，那可以玩一下神通，给世界上的人见识一下，证明佛法是真的。为什么不准现神通呢？因为会把众生搞迷糊了，以为神通是道。神通最容易迷人，等于我们迷上了钞票，以为钞票就是财富。金钱只是财富的一种工具，真正的富有并不在钱多。

所以，有了五神通，是非善恶太清楚而没有慈忍，不能容众，就会成为阿修罗，天人都做不成。阿修罗就是嗔心重，就是魔。男的阿修罗嗔心重，女的阿修罗痴念重，情痴得要死。不过也不要看不起阿修罗，阿修罗还是很有福报的，他和天人一个是仁慈和蔼，一个是瞋心痴念重。天、阿修罗、人还算是上三道，佛教有许多护法的大神，都是阿修罗，他也不是一天到晚发脾气，有时是很有善心的。你得罪他，他就发脾气了。可是菩萨不同，不论你对他如何，他始终都是好好对你。

所以维摩居士教化人，不是只用一种方式，是看人的根器而定。对于想成为五通仙人的，他就现离淫欲相，以此开导众生，使他立于戒、忍、慈。忍辱不是说忍受侮辱，你不要曲解，我们在前面也说过了。你买了奖券不中奖，后悔白花了钱，就是不能忍辱。一切不如意就是辱。修定时起了妄念，能切断它就是忍。中国老话说"慧剑斩情丝"、"提得起，放得下"，都是忍辱。

这一句偈子透露了一个消息，你想修神通的话，就要修戒、忍、慈，能离淫欲得五神通正定，就成为仙道。仙道不容易的，修成了要去哪里，心念一动就去了。

"见须供事者，现为作僮仆，既悦可其意，乃发以道心。"帮忙别人就是供养。只供养佛菩萨，而不供养众生，也犯了戒，犯了拍马屁戒。学佛有这种心理就不对了。所以，看到有人需要帮忙，就现身作僮仆去帮忙。别人自然高兴，也可劝他学佛，是教育诱导的方法之一。我经常鼓励青年朋友去教书，真教育家要牺牲自己，是很痛苦的，与职业教书匠不一样。我难道不想在家睡觉，为什么到这里来和你们卖弄嘴皮子？就是因为这是个责任，不是针对任何一个人的责任，只要是应该做的，再累都要做。

"随彼之所须，得入于佛道，以善方便力，皆能给足之。"行菩萨道的人，不论出家、在家，出世、入世都一样，看他的需要，引导他进入佛道。做好事也需要智慧，布施、持戒、忍辱、精进、禅定都要靠般若，要有善巧方便。善巧方便很不容易。我们一般只讲方便，方便就是方法。度人就是教化人，你度人要度他到哪里去？是要影响他，要教他人就要有善巧，要懂得方法，才使他能得到满足。

"如是道无量，所行无有涯，智慧无边际，度脱无数众。"现在这长偈子快要到作结论的时候了。我们在上面讲了好几个礼拜，接下来的内容，是讲学佛就要这个样子。这个"道"不是菩提道，是讲各种原则。各种的道、各种的法门无量无边，大乘菩萨道所走的路，所应该做的事，是无边无涯，没有一定的范围。你说非要怎么样才是佛道，就已经不是佛法了，佛法是圆融无碍的。所以说"如是道无量，所行无有涯"。

总而言之，学佛不是迷信，也不是修一切善法之功德。功德是修佛道必备的资粮，成就是由智慧而来。因此要具备无边无际的智慧，要善巧应用各种的方法，才能"度脱无数众生"。

"假令一切佛，于无量亿劫，赞叹其功德，犹尚不能尽。"纵使让一切佛（还不是菩萨）经过无量劫数，赞叹一个大乘道的菩萨如何度人的功德，都是说不尽的。前天有位朋友打电话问我，他要送一份礼给泰国国王，准备了一尊名贵的观音菩萨像，但是又担心泰国是小乘佛教的国家，可能不合适。我说送观音菩萨在东南亚都是可以的，但是要他先数一下菩萨像有几只手，他先算十六支，后来再数一次，是十八只。我说，你搞错了，这应该是准提菩萨像，不是观音菩萨。我当时正在开会，没法和他细说。到了晚上，他到我家里，我正巧有一本刚买的五百罗汉像，就顺手交给他，用这个送泰王好了。再一想，这样的礼怕太薄了，就又找了一本中文的《仁王护国般若波罗蜜多经》，等于恭维一下泰王是仁王。这样一配，刚好。

就是这么样的一桩小事，也要应用智慧。学佛不要学成糨糊，整天昏头昏脑地诵经拜佛，那些只是佛法的加行而已。真正的佛法在世间，你讲话、做人、处世，没有哪一点不要用心，没有哪一点不要尽心而为，都要用到善巧方便。《维摩诘经》说"如是道无量"，你们每天念"法门无量誓愿学"，外道魔道你都应该要学、要会，你才能教化外道、教化魔。大乘菩萨道是不要走上一条窄路。

"谁闻如是法，不发菩提心，除彼不肖人，痴冥无智者。"因此维摩居士讲了那么长的偈子，他下结论说，谁听了这样的道理，还不发菩提心的话，那真是不像人了。你写信给父母要自称不肖，千万不要写成不孝，那是父母亲去世了的人的自称。自称不肖是形容自己没有父母亲那么好，不配做他们子女之意。你写信给老师也可以自称不肖生。《维摩诘经》这里写不肖人，就是说不像人，那不像人像什么？就不用答了。这种人也是冥顽无智慧的可怜人，对他要起慈悲，并不是放弃他。

这个长偈到此结束，这是《维摩诘经》的中心所在，要多注意。另外，我讲这个《维摩诘经》拖得太长，乱七八糟的东西讲得很多，把修行和各方面的知识介绍给大家。现在趁这个机会回顾一下。

讲述《维摩诘经》回顾

《维摩诘经》是本很有意思的经典，很有意思这话不对，还不足以形容，应该说这本经是真正的大乘佛法，是在世间法中成就的佛法。有两部佛经对中国的佛法影响最大，一部是《维摩诘经》，一部是《法华经》。后来的禅宗、密宗，都离不开这两部经的观点。

如果把《维摩诘经》当小说来看，它的编排次序也很有意思。开始是维摩居士生病了，佛很怀念他，要派人去探病。大弟子众没有一人敢去，这位居士很可怕的，大弟子都挨过他的骂，每个人都被他刮过胡子，算不定连头都是他剃的。大菩萨们也怕兮兮不敢去，只有文殊菩萨勉强愿意代表佛去，因为他是七佛之师，地位同佛一样。这里要注意，维摩居士是在生病，你说一位得了道、有成就的人会不会生病？这是很严重的事。学佛是想了生老病死，结果，出家的释迦牟尼佛、在家的佛维摩居士，两人都不能离开病。故事由问病开始，既然还有病，就还有生死，这个重点要把握。

去到维摩居士方丈大小的房中，文殊菩萨带领的三万二千人居然都进去了，然后见了面就谈生病。我们要研究，学佛有了成就的人，在这个物质世界会不会生病？一般学佛修道的人，第一个目的是祛病延年，口头上可能不承认，你也不用谦虚了，哪里不是这样？再就是想得神通，最好出国也不用飞机票，多半都是有这些目的。

一个人在这个世界上有生命就有肉体，有肉体就有生老病死。学佛法就是学解脱，解脱生老病死的束缚。问病的这一段，就是在反复讨论这个严重的问题。

讨论了半天，这三万二千人站着听文殊菩萨同维摩居士讨论，这位居士可是半躺在床上，可能说了五六个钟头都不止了。维摩居士就向另外一个世界借座位，那个世界的座位有八万四千由旬那么高。维摩居士一下子弄了三万二千张这样大的座位到他的房间来，居然也都容纳进来了。可是众人之中的大阿罗汉们，包括神通广大的目连尊者，却因为座位太高了，跳都跳不上去。后来维摩居士教他们一个方法，就坐上去了，这是为什么？又是一个话头。

大家坐上去了，就讲如何修行自心，对付自己的思想情感烦恼。这是修行第一步，大家打坐念佛最感烦恼的，就是此心不能安。维摩居士透过对答的方式，把这个问题交代了。这一段就是"不可思议品"。

正讲到不可思议精彩的地方，维摩居士家中有一位天女现身，散下天花供养大家。花落在这些罗汉们的身上就黏住了，可是花在菩萨身上就黏不住。这花代表着什么？虽然证到了阿罗汉，天花仍然黏身，因为结习未尽，习气业力的根根没有消灭（这也是现在有人争论带业往生或是消业往生的问题），潜伏在那里，所以还不是真正的解脱。这个地方非常重要，我们普通人尽管学佛修行，这结习一点都没动，甚至更加重了，那个我见、见取见等等，更厉害，造业更重。这个道理没有参透，是不可能成功的。

由于天女的散花，引起了佛的出家大弟子舍利弗（他就是《心经》中的主角）和天女的对话，他问天女来到维摩居士的家中有多久了。天女就告诉他无始无终的道理，不要问这个多久的问题。然后舍利弗问天女，既然有那么大的神通，为什么不变成男人？天女抓到机会了，舍利弗因为是小乘罗汉，还有分别心，还有男女相之别。因此，天女当场把舍利弗变成了女人，自己变成了舍利弗。这个又是佛法的大问题，自性到底有没有男女老幼之相？解脱了生病问题、生死问题，现在还有个两性男女老幼的身相要如何解脱，才能说得道。

这还没有完，故事发展到此，大家还没有吃饭，可能连茶都没喝到一杯。你们各位听了肚子饿吗？我们讲《维摩诘经》都有半年多了，经中的各人还是饿着肚子在听。这其中高潮迭起，维摩居士和天女先后现了神通，跟着维摩居士又说了个长偈，下面又是一个重点来了，但还不是高潮，高潮等到吃饭时再来。

接下来的重点是不二法门。不论是佛法还是世间法，道只有一个，没有两个。只有表达的方式不同，每个人的理解不同。对于外道或其他的宗教，不要轻视人家、排斥人家。只要是教人为善的，都有可取之处。只能说每人的机遇、理解、需求不同，说不定人家将来的成就超越你这自称学佛的呢！所以，不要轻视任何一个众生，真理只有一个，现在就开始讲"入不二法门品"。

入不二法门品第九

法自在菩萨——生与灭

德守菩萨——我与我所

不眴菩萨——受与不受

德顶菩萨——垢与净

善宿菩萨——动与念

善眼菩萨——一相与无相

妙臂菩萨——声闻心与菩萨心

弗沙菩萨——善与不善

师子菩萨——罪与福

师子意菩萨——有漏与无漏

净解菩萨——有为与无为

那罗延菩萨——世间与出世间

善意菩萨——生死与涅槃

现见菩萨——尽与不尽

普守菩萨——我与无我

电天菩萨——明与无明

尔时，维摩诘谓众菩萨言：诸仁者，云何菩萨入不二法门？各随所乐说之。

会中有菩萨名法自在，说言：诸仁者，生灭为二，法本不生，今则无灭。得此无生法忍，是为入不二法门。

德守菩萨曰：我、我所为二。因有我故，便有我所。若无有我，则无我所，是为入不二法门。

不眴菩萨曰：受、不受为二。若法不受，则不可得。以不可得，故无取无舍，无作无行，是为入不二法门。

德顶菩萨曰：垢净为二。见垢实性，则无净相，顺于灭相，是为入不二法门。

善宿菩萨曰：是动、是念为二。不动则无念，无念即无分别。通达此者，是为入不二法门。

善眼菩萨曰：一相、无相为二。若知一相即是无相，亦不取无相，入于平等，是为入不二法门。

妙臂菩萨曰：菩萨心、声闻心为二。观心相空如幻化者，无菩萨心，无声闻心，是为入不二法门。

弗沙菩萨曰：善、不善为二。若不起善、不善，入无相际而通达者，是为入不二法门。

师子菩萨曰：罪福为二。若达罪性，则与福无异，以金刚慧，决了此相，无缚无解者，是为入不二法门。

师子意菩萨曰：有漏、无漏为二。若得诸法等，则不起漏不漏想，不着于相，亦不住无相，是为入不二法门。

净解菩萨曰：有为、无为为二。若离一切数，则心如虚空，以清净慧，无所碍者，是为入不二法门。

那罗延菩萨曰：世间、出世间为二。世间性空，即是出世间，于其中不入不出，不溢不散，是为入不二法门。

善意菩萨曰：生死、涅槃为二。若见生死性，则无生死，无缚无解，不然不灭。如是解者，是为入不二法门。

现见菩萨曰：尽、不尽为二。法若究竟，尽若不尽，皆是无尽相。无尽相即是空，空则无有尽不尽相。如是入者，是为入不二法门。

普守菩萨曰：我、无我为二。我尚不可得，非我何可得？见我实性者，不复起二，是为入不二法门。

电天菩萨曰：明、无明为二。无明实性即是明，明亦不可取。离一切数，于其中平等无二者，是为入不二法门。

喜见菩萨曰：色、色空为二。色即是空，非色灭空，色性自空，如是受想行识。识空为二。识即是空，非识灭空，识性自空。于其中而通达者，是为入不二法门。

明相菩萨曰：四种异空种异为二。四种性，即是空种性，如前际后际空，故中际亦空。若能如是知诸种性者，是为入不二法门。

妙意菩萨曰：眼色为二。若知眼性于色，不贪不恚不痴，是名寂灭。如是耳声、鼻香、舌味、身触、意法为二。若知意性，于法不贪不恚不痴，是名寂灭。安住其中，是为入不二法门。

无尽意菩萨曰：布施回向一切智为二。布施性即是回向一切智性。如是持戒、忍辱、精进、禅定、智慧，回向一切智为二。智慧性即是回向一切智性，于其中入一相者，是为入不二法门。

深慧菩萨曰：是空，是无相，是无作为二。空即无相，无相即无作。若空无相无作，则无心意识。于一解脱门，即是三解脱门者，是为入不二法门。

寂根菩萨曰：佛法众为二。佛即是法，法即是众。是三宝皆无为相，与虚空等。一切法亦尔，能随此行者，是为入不二法门。

心无碍菩萨曰：身、身灭为二。身即是身灭，所以者何？见身实相者，不起见身及见灭身。身与灭身，无二无分别，于其中不惊不惧者，是为入不二法门。

上善菩萨曰：身口意业为二。是三业皆无作相。身无作相，即口无作相。口无作相，即意无作相。是三业无作相，即一切法无作相。能如是随无作慧者，是为入不二法门。

福田菩萨曰：福行、罪行、不动行为二。三行实性即是空。空则无福行、无罪行、无不动行。于此三行而不起者，是为入不二法门。

华严菩萨曰：从我起二为二。见我实相者，不起二法。若不住二法，则无有识。无所识者，是为入不二法门。

德藏菩萨曰：有所得相为二。若无所得，则无取舍。无取舍者，是为入不二法门。

月上菩萨曰：暗与明为二。无暗无明，则无有二，所以者何？如入灭受想定，无暗无明。一切法相，亦复如是。于其中平等入者，是为入不二法门。

宝印手菩萨曰：乐涅槃不乐世间为二。若不乐涅槃，不厌世间，则无有二。所以者何？若有缚，则有解，若本无缚，其谁求解？无缚无解，则无乐厌，是为入不二法门。

珠顶王菩萨曰：正道邪道为二。住正道者，则不分别是邪是正。离此二者，是为入不二法门。

乐实菩萨曰：实不实为二。实见者尚不见实，何况非实？所以者何？非肉眼所见，慧眼乃能见。而此慧眼，无见无不见，是为入不二法门。

如是诸菩萨各各说已，问文殊师利：何等是菩萨入不二法门？

文殊师利曰：如我意者，于一切法无言无说，无示无识，离诸问答，是为入不二法门。

于是文殊师利问维摩诘：我等各自说已，仁者当说，何等是菩萨入不二法门？

时，维摩诘默然无言。

文殊师利叹曰：善哉！善哉！乃至无有文字语言，是真入不二法门。

说是入不二法门品时，于此众中五千菩萨，皆入不二法门，得无生法忍。

什么是不二法门？中国的庙子中，到处看到门口写着"不二法门"，就是出自《维摩诘经》。讲到庙子，现在出家人不愿意人家称他和尚，喜欢人家称他法师。过去称出家人和尚是尊称，一个丛林之下，只有方丈可以称和尚，其他都称某某师。现在都变了，和尚不愿意当，要当法师。我常感到中国的佛教很滑稽，和尚与居士，常彼此互争，都忘记了佛法是不二法门，只有一乘道。结果争来争去，你到庙子礼拜的菩萨都是在家人，菩萨中只有地藏王菩萨是出家的，这就是话头了。结果跪倒拜在家菩萨，但又拼命反对在家人。在家人反对和尚，可是我们释迦牟尼本师是和尚啊！真是莫名其妙！庙子中常用的语言都是

566

在家人所讲的，例如"不二法门""方丈"都出自《维摩诘经》。我们要懂得"是法平等无有高下"的道理，不论身份，只论是否真正学佛。是，就要恭敬。就算不是，也要恭敬。你是真正学佛的，就要看一切众生如父母、如佛，诸位千万要注意！

不二就是一嘛，你说"一个法门"，好不好听？讲"不二法门"，文学味道就好多了，这就是文字般若，文字好，可以把境界提高。所以我们写文章弘扬佛法时，有时在夜深灯下，为了要确定一个句子，乃至一个字，拿着笔半天想不出来用什么字，就有这么痛苦。所以杜甫讲过："文章千古事，得失寸心知。"例如，你写一篇新闻报导，以为没什么大不了，但是一字一句之错，对社会可能有很大的影响，是有因果的，文字般若就有如此重要。

"尔时，维摩诘谓众菩萨言：诸仁者，云何菩萨入不二法门？各随所乐说之。"我们前面好几个礼拜所讲的经文，都是维摩居士一个人说的，大概他说得口也干了，就赶快转话题，要在座的大菩萨们发表意见。

维摩居士看到在座的诸位大菩萨，称呼他们为诸仁者，是很客气的称呼，等于现在演讲时说"诸位"。然后他出题目考人了，请大家以自己的心得说说看，大乘菩萨要怎么样才可以证入不二法门？不二法门就是一个，真理只有一个，没有分三乘几乘的，那只是个方便说法。但是我们一说"一个"就已经不是一个了，因为一个是相对于二个来说的。所以到了中国禅宗，连"一个"都不讲了，问什么是道？道就是"这个"，是没法开口说的，讲了一就有二了。

这下子维摩居士可以休息了，听听人家怎么说。

法自在菩萨——生与灭

"会中有菩萨名法自在，说言：诸仁者，生灭为二，法本不生，今则无灭。得此无生法忍，是为入不二法门。"第一位领头站出来的是法自在菩萨，他的名字表示他一切佛法都通了，都成就了，于法自在。换句话说，他也可以变成外道身或魔王身来说法。在佛经中还有文殊菩萨有这个资格，文殊菩萨代表了大智慧，他是七佛（包括释迦牟尼佛在内）之师，早已成佛了，因为学生们要来当校长，他只好来教书，捧学生的场。有一次释迦牟尼佛说法，木鱼敲了一声，佛还没开口，文殊菩萨就说，"谛观法王法、法王法如是"，随即宣布下课，已经说法结束。佛是一切法王，也称空王。空王等于中国人称孔子为素王，素王也是空的，虽然没有真正的子民、国土、钱财、权力，但是他的影响万古长存，是帝王中的帝王。东方有圣人，西方有圣人，都是一样。

这法自在菩萨就等于文殊菩萨一样，于法自在，相似于佛。他讲的这一段很严重，你们研究禅宗，这个地方要同六祖《坛经》等配合起来参究。他说，生与灭相对为二，能生灭的那个"能"是不生不灭的。以物理世界做比喻，我们看到这个电灯，接通了电源就觉得是一直在亮，其实这个放光是一个不断、极迅速的生灭现象，你去看电表在走，就是生出了又消耗了，它是生灭法。可是宇宙间的能源是不生不灭的，你找到了这个源就懂了佛法。你能达到这不生灭境，初步的禅就懂了。这可不是什么看到桃花、青蛙跳井悟道了，都是些空话、口头禅、野狐禅。可是世面上有些书写的就是这种禅，如果论起因果，是很可怕的。

我们插进来讲什么是野狐禅，唐代百丈禅师在江西说法，这说法可不是讲经，是没有经本的。说法等于是现在的演讲，丛林中说法者在大堂中要登上一个台子坐下，大家站在下面听。百丈说法时，下面有好几百人听法，以当时人口比例来讲，等于现在几万人了。百丈注意到在听众中有一位老人，三年中每会必到，而且每次听完法之后都最后离去。后来百丈就问起老人，老人自称是后山来的狐仙化身，过去身曾经是个出家人，因为说法时说错了一个字，就堕成野狐仙五百年的果报，并且请百丈禅师为他解脱。百丈就问他说错了什么？老人说当年有人问他，大修行人还落不落因果报应？（你看人家学禅的问话就是那么简单直接，你们学禅的同学问起问题来之啰唆，真把我缠死了。）他回答说，不落因果。就是说，得了道的人不受因果报应了。他因此就受五百年野狐身报应，他尚不知道错在何处。百丈就说，好！你问我！老人就问，大修行人还落因果否？百丈答：不昧因果！答案就差一个字，你们去参参看。老人听了立即跪下，自称已经得解脱，并请百丈禅师以出家人礼仪为他火化遗体，就告辞了。

第二天，百丈上堂宣布，有位同参道友在后山迁化（死了，离开了这个身体叫迁化），召集全体僧人去作功德，为道友荼毗（火化之义）。僧人就都换上袈裟，同百丈上后山，果然在山洞中有一只死狐，有小牛那么大，就以比丘的礼节将它火化。这就是野狐禅的典故，警惕我们没有悟道的人，不要随便乱谈禅，你谈谈看！变狐狸还算是好的，变成别的更惨，那不要说百丈了，就算再来个万丈也没办法。

真证得初步禅，见到了不生不灭之地，一切法本来不生不灭的。看花开花落，你说落了吗？没有，年年春依旧，能开能落的那个不在花上。所以禅宗祖师说："明年更有新条在，挠乱春风卒未休。"它生生不已，永远无止尽，也可以说是灭灭不已，能生能灭。

　　就说我们这个念头，你们参禅打坐，只想把自己念头按下去，不起妄想，你在生灭法上磨什么？你管它来也好去也好，你知道念头能来去的那个，本没有动过啊！一点不要用力的，念头来了，你按个什么呢？你像是在水中按葫芦，按下去又浮起来，坐了半个钟头，唉，好累！你当然累嘛，你在用工夫按念头嘛！在生灭法里头打滚，心在参加运动会，心累啊。你知道生灭来去本不相关，法本来不生不灭，你懂了就得无生法忍。无生法忍是生而不生，万缘放下，一念不生，自然把生灭法切断了。本来无一物，何处惹尘埃，就叫作进入不二法门，只有这一个，没有第二个。

　　就算你打坐时有个清净的境界，这个现象是生。把腿一放，下座后同以前一样，那个清净的境界没有了，就是灭，这仍是在一生一灭中，说你在修行，那是自欺欺人的话。真修行人要得无生法忍，静也清净，动也清净，醒着、睡眠，行住坐卧，都在清净的境界中，那才可以说大乘佛法算是入门了。

　　生灭是一种现象，不生不灭就不是现象，是心性的自体，要见道才能了解。用唯识来说，生灭是相分，见到不二法门，见到不生不灭而能起生灭的本体，是见分。真见了道，见分到了，生灭心就不起分别了，如如不动入无生法忍，就是自证分。

　　我们的心理状况，一切的思想感觉，譬如一池清水，或是平静无波的大海，这是本性。大海起了波浪，每个波浪都是生灭，一个浪起了又消了，下一个浪又起了，就像思想，一个念头接着一个念头，这个是生灭。你觉得是动态，可是也不是动态，波浪是水，平静无波能起波浪的也是水，水的自性没有动过。所以说，"全波是水，全水是波"。

　　小乘怕生灭法，硬想把思想妄念灭了，什么都没有了，认为这是得定。其实错了，你思想感觉没有了，那还是个波浪，是什么波浪？是平潮，不是高高低低的潮水，可是平潮也是潮水！如果认为这样是道、是空，是属于小乘的偏见。所以小乘的人不敢动念，如此空定，最多八万四千劫。我们凡夫看好像是很长久了，觉得很羡慕，可是在定中的人感觉只像弹指一般，就像睡了一觉醒来而已。睡醒了还是心动了，还是生灭法，所以不是大乘的解脱。

大乘的解脱是要知道生灭就是不生灭。我们现在在说、在听、在看，都是念头在生灭。能起生灭的这个是没有动的，也没有生，也没有灭。不起分别心，管你生也好灭也好，如如不动，就得无生法忍，入不二法门。这不只是在盘腿时如此，要在入世，尤其在不为自己，为别人忙乱之中，处处体会这点，才是真正修大乘。

禅宗用文学来表达就很有意思。大家都知道五代时有位李后主，他诗词都很好，不过成本很大，造就一个大文学家而成为一个亡国皇帝。他是亡国之君，痛苦很深，所以诗词就很好。还有一个亡国之君隋炀帝，他也是对文学有兴趣，又嫉妒下面的人文学比他好。不止帝王，几乎所有的领导人，乃至一间公司的主管，都怕下面的人本事比他高。如果不能干的人，主管嫌你能力不够，太能干了又会嫉妒你，这就是人类的毛病。

五代南唐的冯延巳作了一阕词，讲"吹皱一池春水"，本来水面平静无波，春风一吹，水面就皱起来了。后来他上朝，中主李璟就问他，"吹皱一池春水，干卿底事？"同你什么相干？我们就借用这一句，改成"吹皱一池春水，生灭干卿底事？"如果用禅宗祖师的手法来说，若有人问：要如何修到无生法忍？他就可能会答："吹皱一池春水，干卿底事？下去！"这就讲完了，生灭就是不生灭。

刚好像我们现在讲经，教室外面的声音很大，都传进来了

（此时室外有人大声说话），对你有没有妨碍？没有？好！你从这里懂进去，修行就对了。此心不起分别，外头的吵闹同你一点关系都没有，没有什么值得厌恶的。听念佛的声音同吵闹声音一样的，"吹皱一池春水，干卿底事？"如此一笑，佛法就在前面，你还去哪儿找？非烧香打坐不可吗？学佛就是解脱自在。你看，外面现在又不说了，对你一点没有妨碍。如果你起个念头，我们在听经，他在干扰我，那你的心里就起烦恼痛苦，经也听不进，什么都乱了，最好就是"吹皱一池春水，干卿底事"的不二法门。嘿！这在密宗来讲，就是传你大手印了！大手印不是武打功夫或气功，大手印就是大心印。

德守菩萨——我与我所

"德守菩萨曰：我、我所为二。因有我故，便有我所。若无有我，则无我所，是为入不二法门。"这是第二位起来报告的菩萨，他名字代表了道德成就。任何众生一有了生命，就由根本业力带来了我见，见是观念。如果这个见能够解脱，就差不多了。学佛的人讲无我，都要别人无我，自己还是有我。无我还先别讲，能忘身，忘掉自己身体，就很难了。我每天很忙，有时疲累到了觉得头和脚位置都颠倒了，累到这样程度，晚上还要来这里上课。我是随时准备下一秒钟就倒下去的，充其量走了，根本把身子丢开了，死在医院和死在路上差不多，也不是差不多，是完全一样。该做什么事就要做到死前最后一秒钟，把身忘了，你就没有事了。所以一切烦恼痛苦是由身而来，老子说："吾之有大患者，为吾有身。"身体这个障碍是非常大的。

能把身见丢开了还不是无我。真无我是身见、空见都没有了才是。学佛的人要修到无我，谈何容易！学道的人，像你们很多人学气功的，常来问我，我都说很好，这不是敷衍你，是真话。练气的工夫有两百多种，你学不完的，我也没时间教你，都是用鼻子和嘴巴在玩。但是你说能玩到不死吗？没有的，呼吸还是生灭法！吸进来一定呼出去，是不能停留在身体哪一个部位的。想要气住丹田是不可能的，女人尤其不能这么练，会血崩，子宫会出毛病。男人去玩，会把肚子练得又厚又大，算不定跑个什么东西进去，是什么东西不讲了，讲了吓死人。道家讲练精化气，练气化神，练神还虚，最后得道了就粉碎虚空，连空都不要了，这不是同佛一样吗？谁叫你去气住那里，还会怕漏气吗？气越漏掉越进来。所以这些练功的人没有智慧，都在自欺。不过我当年也是这么玩过来的，懂了之后，去你的，我没有时间搞这个了。

因为有我，就有我所。什么是我所？太太是我的，儿子是我的，财产是我的，名誉是我的，全是我的。不信，你把旁边同学的《维摩诘经》拿过来，他一定说这是我的，我所就来了，我之所有。中国人常说钱财是身外之物，譬如有人借钱给别人，不期望人还，说钱财是身外之物，你用我用都一样。这个人就了不起了，好像得道了。但是牵涉到他的身子就不同了，这个身子还是我的。他只把第二层所有看空，基本所有仍然看不空。甚至有人能在生时慷慨捐出自己的器官给急需的人，这个人可以学佛了。大家能做到吗？还不要讲身子，要你牺牲一点点利益为别人，恐怕都做不到。很多学佛的人，故意逗他一下，要个他喜欢的东西，他马上就没有道了，变成了阿修罗。

"我所"是由有我而来的，那这个我在哪里呢？我不是指这个肉体，如果医生说你要挖掉眼睛才能保命，你一定同意牺牲眼睛。再告诉你连嘴巴也要拿掉，你也会同意。因为这器官只是我所，不是我。我究竟在哪里呢？这就要找了。佛说了四十九年法，都告诉人无我，到了他要走之前，告诉大家有我。我们只好苦笑，他老人家怎么这样哄人！他一出世，就宣称："天上天下，唯我独尊。"到了悟道之后，出来当了教主，就处处告诉人家无我、无常、苦啊、空啊。涅槃之前才说"常、乐、我、净"，完全相反了。这是什么话啊！其实他没有骗我们，他此时告诉我们，不生不灭所以是常的道理，得到了这个真我，永远是净土，净土就在这里，永远是极乐的。你研究佛的一生，拿来做话头，参究参究就明白了。

此地，德守菩萨为大家说，我与我所是对立的，凡夫放不掉这个我，所以有我所需要，我的存在……都来了。"若无有我，则无我所，是为入不二法门。"注意，他没有说无我是不二法门，你说有我、无我都可以，这叫不二。禅宗就说是这个，这个就是那个，没有名称的，连不二法门都不说了，你懂了就是道。

不眴菩萨——受与不受

"不眴菩萨曰：受、不受为二。若法不受，则不可得。以不可得，故无取无舍，无作无行，是为入不二法门。"不眴是眼睛瞪着，眨也不眨一下，也不左右看，这其中就是修持方法。这位菩萨的眼睛昼夜不闭，像鱼一样。所以敲木鱼代表像鱼一样，昼夜精进。禅宗三祖的《信心铭》有几句话："眼若不寐，诸梦自除。心若不异，万法一如。"你们学禅的，应该能够随口背来，不用脑子去想。他说，如果眼睛不昏沉，就不做梦了。不止是夜里做梦，我们白天瞪着眼睛都在做梦的。心中不起分别念，入不二法门起无生法忍，就不生不灭万法一如了。

有的同学我教他修个法门，他们都在自欺，自以为懂了，自以为是对的，我就懒得管了。真学佛要有大丈夫气概，真对了就一路深入进去，一修就到底，哪有这么多的啰唆。学佛是上上智人学的，一般的人，你不管怎么修，这一生种一点善根，少犯一点毛病，来生好一点而已，真谈佛道是谈不上的。你说那个人得定了，气脉通了，不要瞎扯，在我面前走两步路就看出来了。那个眼神定了吗？气脉通了吗？一看就知道了。

受，是受阴，是身上的感觉和心理上的感觉，领纳谓之受。现代人讲的享受，就是受阴。气脉通不通也是受阴作用，搞气脉都是在玩弄感觉。什么是不受？例如睡觉睡得很沉，冻了也不感觉，到真冻醒了感受才来。实际上你睡着时，感觉还是有的，不过你的意识进入昏迷状态。温度低了，你睡着了也自动会缩成一团，下意识还是在感受。觉得打坐坐得好，很舒服很清净，在一片光明中，这已经很难得了，可还是在受阴境界，还在感觉。等感觉感受也空了，又高了一个层次，但还不算大乘佛法的究竟。不眴菩萨说，感受和不感受是相对的。完全没感觉不是佛法，吃麻醉药不是更快吗？修持到了仍然知道感觉，但能空得掉，不受一切，清净不受，连空也不受，那才是不可得的境界；也就是六祖说的"本来无一物，何处惹尘埃"。

达到了不可得的境界，就无取也无舍。用不着把空、清净抓得牢牢的，这个是取。大家学佛都在取舍之间，这是做生意的心态，看能赚钱就做，不能赚钱的不做。今天拜佛了，好清净，就认为自己只能这么做，要你换个方式，就不行了，这就是有取舍了。取一法而舍一法，抓住一面也抛弃另一面，那不是大乘佛法，还是在感觉境界中玩而已。有什么清净与不清净？我们坐在这里，一点也不清净，有个老头子坐在那儿吹牛，还有外面车子往来的声音，哪里清净得了？可是你们觉得坐在这里很舒服，这受与不受是唯心作用，都是自己玩出来的。若你不取不舍，就可以达到无作无行。

无作是大乘的三法印之一，你作工夫就是在造作，你天天向某一方面作，当然这一种感觉就来了。能到了无作无行境界，自然非常自在解脱，这样叫作入不二法门。

注意，这是第三位作报告的菩萨。《楞严经》上有二十五位菩萨向佛报告自己的修行经验，所以《楞严经》是非常可贵的。《圆觉经》上有十二位菩萨报告自己的修行经验，都是在向后人传法。现在《维摩诘经》有这么多菩萨出来作报告，不过都只讲原则性的东西，也是很好的。

德顶菩萨——垢与净

"德顶菩萨曰：垢净为二。见垢实性，则无净相，顺于灭相，是为入不二法门。"这位菩萨的道德修养到了顶了，这是抽象的观念。讲实际的工夫，大小乘有个共通的工夫法门叫作四加行：煖、顶、忍、世第一法。其中的顶，是在生命身体有实际的工夫。所以德顶不止是抽象的，还说明他实际工夫到了顶的境界。

脏和净是相对的，学佛的人想往生净土，认为我们这个世界是秽土。佛也说这世界是五浊恶世，一点没有好留恋的。但你不要被释迦牟尼佛瞒过去了，他因为在教幼稚园，只好那么讲，叫小学生要注意卫生，小心细菌。但是什么是真的干净，什么是真的脏，那是很难讲的。你去餐厅吃饭，端上来的很香，你去厨房看看；你爱吃蜜饯的，去做蜜饯的地方看看，苍蝇都在上面屙屎呢。

所以垢净都是唯心的。佛说我们这个世界是污浊的，但是，他在别的经典上又说这个世界是干净到极点了，在本经上就曾这么讲。尤其要想快快成佛，就要到这个世界来，比去西方极乐世界成佛快。因为这个世界有坏，就有刺激，容易回头。你们常抱怨环境不好，同学不对，这个那个的，这都是菩萨跟你在一起的啊！就是因为有好的坏的才能刺激你，不要只要求人家都是好的，人家都是好的话，你就没法成佛了。

了解了垢的实性，就无净相。你觉得香水好闻，直接去闻香精，一定受不了那个味道，香精要掺薄了才变成香的。乾隆时有个回族的妃子叫香妃，其实是身上的体味重。所谓净土也是脏的东西变出来的。我们身上的衣服有化学料子的，那化学提炼出来的东西本身是很脏的。见着了垢的实性，就无所谓干净不干净，没有了净垢分别的观念，就是顺于灭相，就是入不二法门。没有真垢的，也没有真净的，垢净都是唯心作用。

善宿菩萨——动与念

"善宿菩萨曰：是动、是念为二。不动则无念，无念即无分别。通达此者，是为入不二法门。"夜里叫作宿，过去中国的天文有分二十八宿，就是星座到晚上投宿在某一个方位，这叫作星宿，是某星座到晚上出现的方位。但是这个方位不是固定的，从初夜到天明，它的位置是一直在变，每月的每一天也不同，所以也可以由观星宿在天体上的位置，知道日子和时间。当年在四川的乡下，旅馆都有副对联："未晚先投二十八"（是二十八宿，不过故意不写宿字，这个地方晚上可以早点睡觉投宿），"鸡鸣早看三十三"（是三十三天，早上可以早点动身），这是内行人写的。

善宿的意思是这位菩萨真得到好的休息，得定了。你们想得大休息，得大乘定的，要注意他的报告了。大乘的定不是念佛、念数息、念止观的小乘修法，而是以无门为法门。你能够腿一盘，以无门为法门，好了，那已经得定了。再者，有本事的，打坐时睡觉，若真睡着了不会点头的。图画中的老僧入定背是弯的，这哪有入定？我叫这做弯弓定，月如弯弓，少雨多风。你真能睡个七天七夜不动，也差不多了。一般人称这是睡着，如果是睡着了，能七天七夜不动吗？

动和念是两回事，妄想谓之动。你们搞数息的，我告诉你不用数了，一天二十四小时呼吸多少次，医学上已有统计了。念佛也算是念了几万遍了，那么多万遍，你存在哪家银行了？这都是动相。

念不动了，身就不动了，就得定了。定了的身子一定会端正的，不如此就不对了。所以讲气脉也还是有道理的，气脉通了使你强身，身若不强，你坐着弯腰驼背的，坐个一万年也枉然，这都是秘诀。真的不动了，妄念不起，就无念了。我问你们，打坐坐得很好为什么要下座呢？你说时间到了，这是身体觉得时间到了，还是心里觉得时间到了？你以为是腿不舒服了该下来了，其实是心的问题。以前说过，假使有人用枪指着你，敢动一下就杀了你，你两条腿再麻也不动了，所以是心动。

所以"不动则无念，无念则无分别"，到了不起分别境界，就是得定。这不光是打坐如此，日常做事时也要能如此，不起分别，做了就把它放掉了。所以有时同学问我刚才讲些什么，我还要他讲给我听，因为我讲了就丢了，好像上台卖唱一样，唱完了就算了。要无往而不定，无时而不定，才真是大乘佛法。

善宿菩萨告诉我们什么才是真正的定和休息。像这一位同学，坐在这儿一面听，一面看书，还一面在摇椅子，心都不能专一。你在这地方要体会，可见都是在散乱中，自己不知道，要能体会这个净念才行。

善眼菩萨——一相与无相

"善眼菩萨曰：一相、无相为二。若知一相即是无相，亦不取无相，入于平等，是为入不二法门。"善眼同不眴有什么差别？所谓佛以慈眼观众生，所以画佛不难，可是要画佛的眼睛真难。我要一位同学替我画张菩萨像，过了两个月画好了，我看了一下，觉得差不多了，但是交代他点睛的时候千万不要随便，好坏都在此了。尤其是画佛像，眼珠子点对了，跟活的一样。我要这同学点睛前吃三天素，沐浴净身后，打坐静下来，等灵感来了，拿笔就点，包他成功。善眼是有智慧之眼，看一切都通达了。

看相的人，看人心地如何，智慧如何，是先看眼睛。就这么一对眼睛有千万种不同形态，但是不论什么形态的眼睛，修行到某一个程度时，善眼就出来了，自然变得慈祥。你们抱怨眼睛不好的，要知道那是可以经由修行转的。眼睛不好就是病，病由业生，业由心造，能转心就能转业。若此心不能转，又有什么用？

善眼菩萨的报告说"一相无相为二"，佛法中有个大法门叫作一相三昧，另有一个法门叫作一行三昧。什么是一相？就是禅宗祖师说的"打成一片"，行住坐卧都是那个境界，这也就是一相三昧。若你只是上座有禅，下座无禅；口中有禅，心中无禅，那有什么用？就算你在修行，尽管你在说佛法，也是造业，算不定错误引导人家，一字之差五百年野狐身啊！有当老师的同学要特别注意，误人子弟是罪过无边的。像我当年有几位老师把我误了，可是我还是很尊敬他们。前些年香港一位同学印了一篇不署名的文章给我看，我顺手用红笔在上面改了几处，其后这位同学说忘了告诉我，文章是某人写的，我一听，那人不是我十几岁时

579

候的老师吗？想想这位老师，当年我很崇拜他，现在看起来是有些地方是不通的。

相，就是境界。念佛有念佛的境界，止观有止观的境界，学密宗观想有观想的境界。学密宗的观想，每一个坛城（道场之意）观想起来不同，每一个佛像观想起来也不同。

我们学佛修行要能做到不着相。怎么样是不着相？就是不跟随一切现象而转。如果以为现象只是我们身心以外的现象，这样的观念对佛法是不够深入的。我们反转过来看，内在的一切境界也都是外相；换言之，自己心性之体所起的一切现象都是外相。例如，有人打坐，因为生理上的气机，地水火风的作用与心理上的宁静，拿物理观念说，彼此摩擦，就看到一切境界。这些境界都是相，是外相，不是道体。这种外相多半是由于生理的不平衡而引发的。如果认为这种现象是道，久而久之就入魔了。这个魔不是什么鬼，是自己和自己过不去，最后搞成精神分裂。这个道理就是因为自己着相。

到了没有境界了，就是无相，这是与一相相对的，就成了二法门。实际上，无相还是相，空也是相。无相是空吗？这只能勉强这么说，真正说来，空也是相。所以《心经》上观自在菩萨说："舍利子，是诸法空相。"

那么无相在哪里呢？无相在有相中。这比较难悟进去了，"一相即是无相"，因为相是生灭法，不住的，了解了，当下即是，一相就是无相，不用另外再去找个无相。但是也"不取无相"，所以你守住个空也不对，你起心要取个无相就又着相了。其实，一相也可，无相也可，正如同我常告诉大家的："有时且念十方佛"，起有相念佛之心，必定往生西方极乐世界；"无事闲观一片心"，是无相境界，是禅。这是禅净双修。如此有相无相"入于平等"，没有矛盾对立，那就是入不二法门。净土与禅、净土与密，都是不二法门。

我们做个实验，你看书上这个"二"字，大家都了解两横是二的意思，这是因文字相而意识到它代表的意义。你如果不通过思想意识，只盯住看"二"，过了一阵子，你会认不得了，不晓得是什么。因为这两横是个观念，所以你看这个字懂它的意思，联想到"二"的观念，后面是有个意识的作用。这个文字本身在我们眼前是个相，它本来是空的。你打坐想证得空相，很容易，就写个大大的"二"字放在眼前盯着看，看了一阵就不知道在看什么了。所以一切现象本身就是无相。

这一品中，讲了许多不二法门的道理，很多都可以用现实体验，进入道体的境界，你们自己要留意。

妙臂菩萨——声闻心与菩萨心

"妙臂菩萨曰：菩萨心、声闻心为二。观心相空如幻化者，无菩萨心，无声闻心，是为入不二法门。"妙臂的名号形容佛法有两只手臂，一是小乘声闻乘，一是大乘菩萨乘。大乘道可以出世也可以入世，小乘道绝对出世。如果小乘道入世了，就不再是小乘，已转入大乘了。

大乘在梵文的翻音是摩诃衍，摩诃是大的意思，后世照巴利文翻音就成了马哈，摩诃衍就成了马哈亚，就是大车子的意思。中文翻译就不直接翻成车子，而用了"乘"字，也有车子的意思，但是更着重装载的意义，有交通工具的功能。装载量多的，就翻成大乘；心境狭小见解不大的，就翻成小乘。两者的目的，都是为了解脱人生烦恼而到达超越世俗的真实地，所以乘大车子去也可以，乘小车子去也可以。当然，乘小车子的容易小器，路旁有人想搭车，因为车小载不动，只好拒搭。可是乘大车的菩

581

萨，只要路旁有人招手，他就停车，甚至你不招手，他还停到你面前，邀你上车。

大小乘就是佛法的两只手臂。没有小乘，显不出佛法的清高。但是光清高也没有用，那是放在山顶上欣赏用的。大乘菩萨道不是标榜清高的，它能藏污纳垢，包容一切，好的坏的、善的恶的，无所不容纳。菩萨心以大慈大悲为主，这是菩提心的基础。菩提是梵文觉悟的译音，因为中文的觉悟不能全面表达菩提的意义，所以保留译音，不翻译。学佛的人不能悟道，就是因为没有深切地发菩提心的缘故。大乘菩萨悟道成就之后，更是以大慈大悲为行门，来爱护一切众生，这就是菩萨心。

声闻心是自了汉，就是老子说的"不见可欲，使民心不乱"，也是出离心，对世间一切厌离，采取眼不见心不烦的态度。所以声闻偏向走空的路线，躲在清净中，万缘放下，一念不生。我们在家人，有时厌烦了，小乘之念不觉油然而生，真懒得管了，懒得管就是放弃，想躲到山中闭关去，这种就是小乘的心理。一般人都十分欣赏这种心态，中国有无数的诗词都歌颂这样的境界，充满了小乘思想。譬如，"闭门不管窗前月，吩咐梅花自主张"，"各人自扫门前雪，莫管他人瓦上霜"，"采菊东篱下，悠然见南山"。又如《桃花源记》及《五柳先生传》等文章，都是。

再如前几年，美国"嬉皮"圈中很流行崇拜寒山和拾得，据说他二人一个是文殊、一个是普贤的化身。寒山作的一首偈子："吾心似秋月，碧潭清皎洁。无物堪比伦，教我如何说。"更是广受学禅的人所喜爱，你打坐用功能到达这个境界，就了不起了。但是，这个境界是声闻心，小乘的境界。用庄子的话来说，就是"澡雪精神"，干净如白纸，一粒灰尘都没有。我们都很希望能到达这样的境界，可是纵然到了，还是声闻心，不足以入菩萨道。

福建漳州保福本权禅师见到许多人喜欢寒山这个偈子，就对大家说，这偈子所表达的是清净面，是法身一边的事，够不上圆满报身和千百亿化身。旁人听了不服气，就请他说说自己的境界。他就说：

> 吾心似灯笼　点火内外红
>
> 有物堪比伦　来朝日出东

这个偈子表面看是反寒山的，是二法门，实际上，灯笼和明月是不二的，真悟进去了，可以把两首偈子合拢来。寒山讲的是法身的清净面，这位禅师讲的是法身起用的一面。道家有位成仙的人，他仙逝之前写了首诗给他的弟子，最后一句是"心头热血比丹红"，我当年读了这句诗，非常佩服，这是一个得道之人应该有的心。

妙臂菩萨在这里说，大乘的菩萨心与小乘的声闻心是对立的，是二。可是不论大乘小乘，起心动念之际反观内照，没有一个真实的东西。正如《金刚经》所说："过去心不可得，现在心不可得，未来心不可得。"没有大乘小乘的分别，这样就入不二法门。

弗沙菩萨——善与不善

"弗沙菩萨曰：善、不善为二。若不起善、不善，入无相际而通达者，是为入不二法门。"弗沙是译音。对这些菩萨们所作的报告，大家可以参考老古新出版的《维摩诘经集注》，里面收集了传统注解。我介绍的方式是用现代的观念，使大家容易修证。

其他的经典或者会用"善、恶为二",此处鸠摩罗什法师却翻成"善不善为二",这是《维摩诘经》常见的笔调。不善就是恶,但是不用对立的"恶"字,而用否定的"不善",意思是比恶还坏,文学上也比较美。你们搞翻译的同学,要留心佛经上这些句子的文学技巧。

我们一般人的心理,都是将善恶分得很清楚,例如小孩子看电视,常会问父母剧中人是好人还是坏人。其实这个善恶的观念只存在于形而下的世间,但是在形而上的道体上,不但没有恶,也没有善的存在。真正得道的人,善恶两头都不起。若能不起善与不善的念头,就进入空无相的本际,而通达佛道,进入不二法门。

所以,有时我们到有些宗教团体或是教育团体时,原本以为是很清净的,哪知道更烦,听的都是人我是非。为什么如此?因为没有做到无相,仅在外表追求道德行为。中国宋朝时理学发达,理学就像是佛教的律宗,讲的是做人的道德规矩。可是宋朝后来积弱不振,党争不断,与理学的发达不无关系。都是君子与君子、小人与小人之争。究竟谁是君子,谁是小人,搞不清楚。结成许多派别,互争学术和行为善恶的意见,国家也完蛋了。后世对这些理学家的评语讲得好:"无事袖手谈心性,临危一死报君王。"一点屁用也没有!平日道貌岸然,头头是道,到国家出了大事,一点办法也没有,只有上吊投海的份儿。

师子菩萨——罪与福

"师子菩萨曰:罪福为二。若达罪性,则与福无异,以金刚慧,决了此相,无缚无解者,是为入不二法门。"师不是狮子,是人天之师。罪就是普通讲造业，福是修福报。人有福报是善行来的，遭遇烦恼是宿世业力和今生的行为来的。罪与福相对，同善与不善有密切关联，人活着都是受罪，尤其是年纪大了，更会受生老病死之苦。完全无病无痛，心境永远是快乐的，这是最大的幸福。能这样就是福报中人，福报不一定是钱多或是地位高，钱财愈多，权力愈大，他的烦恼可能比一般人更多。

所以什么是罪，什么是福，很难下定义。中国儒道两家的观念看来，什么是幸福？知足常乐就是。人能安于现实就是幸福，但是人类的心理，不论古今中外、男女老幼，统统是不安于现实的，这是人的通病，所以统统没有幸福。真正的幸福在哪里？就在禅宗讲的，"当下即是"，就在现在这一刹那。你现在有张椅子坐，手中有本《维摩诘经》，不管它是二是不二，就把心一放，哪管你是讲佛经也好，歌星唱歌也好，安于现实马上就舒服了，这一下就是福，就在一念之间，这就是不二。

刚才搭一位同学的车过来，他开上一条刚刚修好的公路，然后告诉我这一条叫马杀鸡路，我被搞得摸不着头脑。他解释因为路修得不平坦，车子开过去，一路在颠，就像公路在给我们按摩，我听了哑然失笑。如果换一个心态，那不一边开车一边骂施工的单位才怪，这就是个安于现实的例子。由这个罪与福讲到马杀鸡，你看它明明是受罪，给人又捏又搋的，还要吩咐师傅重一点。嘿，再重一点就痛死人了，轻微的痛和刺激，我们把它当享受，在受罪当中求福。可见罪与福只是我们观念的区别，因一念感受不同而生，它们的本性是一个东西。

再举一个例子，东南亚盛产的榴莲，号称是水果之王，但是很多人连闻那个味道都受不了，不用说吃了。我生平第一次吃是二十多年前在国外，招待我的朋友极其隆重地端出来时，那个气味真不敢恭维。但是同桌一班德高望重的朋友都说这是珍品，劝我试试。既然如此，我就把心中负面观念拿开，当成是好吃的吃。头三口真不好吃，不过我装作好吃的样子，到了第四口，我吃出滋味来了。从此就敢吃榴莲了，每次碰上了也吃个一两口。这真像是北方人吃臭豆腐一样。你能把感受观念拿掉，受罪与享福都是一回事。

有位同学开始带人学静坐，他告诉我有一个问题，学静坐的人真到了空的境界，每个都会害怕的。我说，你们是穷小子发了财就忘了穷。一切众生都怕空的，都抓着个有。《金刚经》说，如果能在空的境界来临时不怕的话，这人的善根是过去生亲近了无量佛所种下的，空对他实在是一种享受。一个人单独过生活，那种寂寞和无聊，能够当成享受才能学佛。享受与不享受，罪与福，只是在一念之间，不是两样，如果当成两样就是有分别心，是不能学佛的。

能了解这个道理，就不是普通的智慧，是金刚慧。金刚是形容颠扑不破的意思。有这样的智慧，自然不受一切相对理论所束缚，连解脱束缚的观念也没有了。如此，是入不二法门。

师子意菩萨——有漏与无漏

"师子意菩萨曰：有漏、无漏为二。若得诸法等，则不起漏不漏想，不着于相，亦不住无相，是为入不二法门。"现在慢慢地走入佛法修持的正题了。修持佛法得道，是得无漏果。佛法同一切外道所共有的神通有五种通：天眼通（现代有人称第三眼）、天耳通、他心通、宿命通、神足通。不共有的是第六通，就是漏尽通，是外道做不到的，若是外道也修到了漏尽通，那就不叫外道了。

什么是漏？我们的六根都在漏。这一代年轻人眼漏很厉害，近视眼特别多，在电视和日光灯影响之下，眼睛的精力损耗特别大。不知道你们怎么样，我读书非要用普通的灯不可，日光灯对我来讲，闪动得太厉害，眼睛受不了。当年我每天看二十卷经，几乎除了吃饭、上厕所、睡眠之外的时间统统在读书，真做到了手不释卷、眼不离卷，字又那么小，还要做笔记，这么弄下来，眼睛也没弄坏。当年的灯是油灯，用一小盘花生油和棉灯芯，如此而已。现在的灯很亮，很多书用全白的纸印，这样也会伤眼。所以我们出版的书，都不喜欢用太白的纸，外行的人还问我们，为什么用比较差的纸印书？

我们的生命就一直由六根在漏，不要以为只有漏丹叫漏。除了前五根，你的思想烦恼不能停的话，意根也在漏，当然不能成道。得阿罗汉就是得无漏之果，是真正入定，六根不动了，内外皆绝。达摩祖师在嵩山面壁有四句话，是小乘法门的极顶，也是无漏法门的境界："外息诸缘，内心无喘，心如墙壁，可以入道。"一切外缘都放下了，内在连呼吸都不动了，内外皆绝，就心如墙壁，才可以证入无漏的境界。这境界就是小乘无漏果的极果，能做得到前面三句话，至少祛病延年不成问题，而且可以由小乘入于大乘道。

大乘菩萨是入世的，其实入世的菩萨随时都在漏，无时无刻不在消耗。譬如有同学出去教书，回来后对我说，老师，我现在才知道你的痛苦，教笨学生之痛苦，真不如自杀算了！我对他说，这就像人家说，养子方知父母恩。他接着说，第二个痛苦是身体吃不消。他还不到三十岁，身体都快垮了，漏得非常厉害。道家说法是，"开口神气散，意动火工寒"——你再好的工夫，开口讲几十分钟之后，工夫就垮了。烧饭的火候要够，如果一下生火，一下灭火，自然无法成事。修道也是一样，教书不能不动思想，动了意，火工就消了，道也修不成了。大乘菩萨入世是利人，不是为了利己，全盘牺牲了自己，一直都在有漏的境界。

所以有人问我，耶稣是不是菩萨？我说绝对是菩萨，他只是表达的形式不同，所以不要用宗教外形来看人。在那个时代背景，他要劝人为善，只有那个办法，最后牺牲了自己。他最后讲，自己是为世人赎罪，这种心境是没有埋怨痛苦，是行菩萨道。我觉得他的伟大，是最后被钉上了十字架，流出来的血是红色的，表示自己是普通人。所以行菩萨道是有漏的，要达到无漏之果，只有行小乘禅观的路线。

但是小乘罗汉的果位并非究竟，即使入定，终究要出定。出定就会明白，小乘的这个有余依涅槃非究竟，必须由小向大，转向大乘。所以师子意菩萨说，有漏与无漏是对立的境界，如果了解到真正大乘菩萨就是在有漏有为法中证得无漏无为法的道，就证得平等法门，不起有漏、无漏的分别，不着于小乘的清净、非出世之相，也不着于大乘的非入世之相。既然不着相，入世出世都一样，这就是入不二法门。

净解菩萨——有为与无为

"净解菩萨曰：有为、无为为二。若离一切数，则心如虚空，以清净慧，无所碍者，是为入不二法门。"净解菩萨是表示，真正到达了诸法皆净的境界。解是见解、知解，我们学佛就是为了得到知见上的解脱。

《金刚经》说，"一切有为法，如梦幻泡影"，有为法是有所修为，凡是有所依持的方法都是有为法。例如念佛、数息，或是静坐时用意识求个空的境界，都是有为法。一切的世间、出世间法都是有为法。大彻大悟、成佛的人，才真正到达无为法。无为大致分两种：有余依涅槃，习气没有完全断根，依空为究竟，是罗汉果；无余依涅槃是佛境界，一切习气净尽，"净解"了，是大无为境界。涅槃翻成中文有时候就是无为。

一般观念以为，修有为法的不是外道就是魔道。例如守窍、练气脉、念咒扶鸾等，有所作为的皆是有为法。世间观念是把有为、无为分开的，真证了道的人，看有为无为只是观念的问题，皆是唯心所造。假如真能心如虚空（这是彻底的虚空，不是意识造出来的，否则又成了有为法），就能够将有为无为合一。换句话说，就可以出世，也可以入世，都没有妨碍。何以达到呢？就是要有清净慧，绝对清净的智慧，以智慧而得解脱，这个就是不二法门。

那罗延菩萨——世间与出世间

"那罗延菩萨曰：世间、出世间为二。世间性空，即是出世间，于其中不入不出，不溢不散，是为入不二法门。"那罗延是梵文的音译，那罗延菩萨就是金刚大力士菩萨，等于密宗的金刚藏菩萨。这名称代表颠扑不破的意思，在任何时间环境都不会被打倒。显教表现的菩萨，多半是慈眉善目，眼睛半开半闭的，这是顺世之法，顺应世间人的观念，认为修道的人应该这么善良的。显教认为，用恶眼瞪人都是犯菩萨戒的。但是菩萨也有走逆法的，因为光是善良不能教化所有的人，有时要用相反教法，显金刚怒目相，让人看了畏惧，因而不敢起妄念。手段不同，目的却是一个，都是为了教化众生。在山东青岛有个名山叫崂山，本来是道教圣地，佛教传入中国之后，有些得神通的大阿罗汉发现，这崂山也是得道菩萨的道场，因此崂山就叫作那罗延窟，有时看到有些书的作者称成书于那罗延窟，就晓得他是在崂山写成的书。

前面讲到净解菩萨对有为无为法达到了不二，不起矛盾，然后能够入世。大乘菩萨都是走入世法，所以佛教所塑的菩萨像，几乎没有出家相的，除了地藏王菩萨，这我们提过很多次了。真正要入世，必须具备金刚颠扑不破的精神，就是那罗延菩萨报告的境界。

一般用二分法看出世和入世，如何做到那罗延菩萨所讲的出世和入世不二呢？要靠内在的修养。当我们在入世的时候，一切的作为、起心动念，要能当体即空。用禅宗的话讲，叫当下即是。你入山修道，在没有见到空性之前，入了山仍然有烦恼。如果在入世中做得到当念即空，不受世间法影响而动摇，用不着入山已经出世了。就是说身不出家，心已经出家。在世间而念念本空，既不散乱，又不昏沉，心中没有紧张忙乱，这样叫作入不二法门。这位菩萨的名号就告诉了我们他的修持路线，是不离世间，修出世间法，而最终成道。这也是六祖在《坛经》中所说的，"佛法在世间，不离世间觉。离世觅菩提，恰如求兔角"。

善意菩萨——生死与涅槃

"善意菩萨曰：生死、涅槃为二。若见生死性，则无生死，无缚无解，不然不灭。如是解者，是为入不二法门。"这位菩萨的名号很容易了解，但是这个善意还有另一层意义：善于了解意识的应用。意识解脱了，妄念就已经空了。拿唯识来讲，悟道人的第六意识就不叫第六意识了，而是转识成智，变成了智慧的境界，叫做妙观察智。这里的善意，是讲妙观察智的作用。善意菩萨是意识已经转了的人，可以了生死，分段生死是绝对的。

我们欲界的凡夫，都在分段生死之中。我们的生命本来是永恒不绝的，但是在现象上看有生死，活了几十年就走了。这在整个生命上看来，是个分段的作用，因此也就有轮回。修持有定力的人，就超越了分段生死，到了色界以上。这样了生死了吗？例如古代常见记载有人可以预知什么时候要死了，就先通知别人，到时两腿一盘就走了，很自在，现代这样的人不多了。一般人看来，能修行到这个地步，好像是了生死了，其实还不一定。他能了这欲界的分段生死，还未必能了根本的变易生死。变易生死是很细的，由色界到无色界是变易生死，我们不详细报告了，大家离这境界还早，现在只要先有个概念，分段生死和变易生死总合起来都属于生死问题。

真正能彻底了生死的，只有成佛的人，证得涅槃。涅槃不是死亡，是不生不灭。生死和涅槃是两个对立的现象，你们很多人喜欢学禅，讲悟道，悟了作什么？悟了就证得涅槃，了了生死。当然你们同我一样，讲了半天不但不能了生死，连病都不能了，还随时在感冒中。当然，禅宗祖师们悟了道就没有生病，没有感冒了吗？不见得，也会有病。我佛如来也曾有病。但是虽然在病中，在老死中，与一般未悟道的凡夫毕竟不同，同中有不同，共业中有不同的别业。

真正的涅槃是不生不死，如果说是道家的长生不死，那不是涅槃，还是要再来的。长生不死是生死两头中间的一小段，在大问题里头，他还是在生死中，这个观念要分清楚。

真证到涅槃的人，是像学佛人常说的"跳出三界外"。我们可以问一个假设的问题，你跳出三界后，是要跳到哪一界？佛法只有讲三界，如果"没有"可以算界的话，那它就算第四界了。可是"没有"怎么算是界？那么要跳到哪里去，就值得研究了。所以了生死证涅槃，涅槃究竟在哪里？涅槃就在生死中，这个有为世间就是涅槃，不生也不死。

生死在何处了？生死就在生死自性中了。生死是一个现象，能生能死的那个东西不在生死中。所以说"若见生死性，则无生死"，也用不着去了生死。生死只是形态上的生死，自性上没有生死。人生最恐怖的问题就是生死，如果这个问题解决了，就没有烦恼的束缚。既然没有束缚，我何必求解脱呢？既然没有怀疑，我何必求真理呢？既然没有障碍，我何必修道呢？了了生死的人，在生死自性中就是解脱，没有东西绑住你，也就不然不灭，不然就是不生。能够这样理解的，就是入不二法门。

唐末五代有位秀才居士张拙，去向石霜禅师问道，禅师问他叫什么名字，他说我叫张拙。禅师说，找个巧都找不到，哪里来个拙呀！他就悟道了！也不用修白骨观或是念"唵嘛呢叭咪吽"。他悟道后就作了一首偈子：

> 光明寂照遍河沙　凡圣含灵共我家
> 一念不生全体现　六根才动被云遮
> 断除烦恼重增病　趋向真如亦是邪
> 随顺世缘无罣碍　涅槃生死等空花

佛法到了中国，变成禅宗就用文学的境界，几句诗词把最高深的佛道表达完了。这偈子的最后一句，说的就是涅槃就在生死中，就在烦恼中，有自性清凉之地。证到这个境界的人，就可以如《楞伽经》所讲，得"意生身"，真得了"意生身"，就是善意菩萨的境界。

现见菩萨——尽与不尽

"现见菩萨曰：尽、不尽为二。法若究竟，尽若不尽，皆是无尽相。无尽相即是空，空则无有尽不尽相。如是入者，是为入不二法门。"现见菩萨在《华严经》上也有出现，他就是普贤菩萨的境界。普贤就是无所不在、无处不在。普贤菩萨在哪里？就在你眼前。你说没有看到骑着六牙白象的普贤菩萨，他算不定就在你口袋中，普贤菩萨是无所不在的。

"尽"是边际，尽就是到底，不尽是永远不到底。尽与不尽，在观念上是对立的。"尽若不尽，皆是无尽相"，真正悟了道的人，悟见自性本空，那所谓到底、不到底，都是不到底相。到底、不到底，是我们人为的观念，这宇宙是无量无边的，现代的天文常识都知道，这虚空是无尽的，太空中像我们这样的银河系统是算不尽的，同佛经所说的一样。何以称它是无尽？这无尽相就是空。你们说今天打坐比较空，我就了解，你那个空，大得像个小洞而已。空！那只是你意识的一点清净境界。你那凡夫境界的意识透不过去的，你怎么幻想也透不过去的。能透过去你就解脱了，那就可以了解一点无尽相。

听了现见菩萨这一句话，空也好，不空也好，都是真空相。你打坐就不用求个空了，就那么一坐不是蛮好嘛！是真的哟！你真的能这样放下就差不多了，不要另外求一个放下。问题是你们一上座都求一个放下，因此永远放不下。现见菩萨告诉你，无尽相就是空，空就是无有尽，无有不尽。无所谓到底，无所谓不到底。你能够有这样的信念和理解，就是入不二法门。现见用白话来讲就是现实，他告诉你这法门，就在现在这里，懂了就可以证入。无量无际讲了半天，就是空嘛！空在哪里？空就在这里！怎么空得了呢？你不要空就空掉了。不要空的那个就是空的，空的那个就是不空的。这样我们就无法了解了，只好付诸一笑，你真的一笑，就空了。只可惜你不是真的一笑，所以不得解脱。

普守菩萨——我与无我

"普守菩萨曰：我、无我为二。我尚不可得，非我何可得？见我实性者，不复起二，是为入不二法门。"普守就是定，不动明王，不动者真定。

我与无我是两个对立，真见到空性了，当然已达到无我的境界。空了哪里有我？不像我们，打起坐来拼命想求无我，但是这个我还是很大的。怎么去空这个我？佛法讲智慧的解脱，不是盲目的信仰。"我尚不可得"，哪里还有个我？你找找我看，这身体没有一处是我，每个细胞每个器官都是零件，都可以拿掉，身心内外都没有我。你对这个身体只有几十年的使用权，此身只是我之所属，毕竟非我之所有。凡夫都认为此身即我，但我可不在这身上。身外我究竟在哪里？不可知，找不到，这就是话头，去参、去观。

既然我都没有，我都找不到了，那何必去找个无我呢？就像是同学打坐几十年，求不到空，既然空求不到，格老子，不求你空了，腿子一盘睡觉去，嘿！反而对了！可惜你没有这个本事。反正空不了嘛，那就算了，我就不空了。你试试看，你不空也做不到。真做到你就成功了，就是这个道理。

你看《维摩诘经》这里写得多好，它同中国的禅宗有绝对的关系，中国的佛教文学，从这本经出来以后大变了一番。"我尚不可得，非我何可得？"文字用得真好。如果用"无我何可得"，味道就变了，一字之差就差远了。你们在这种地方要多研究，文言文就会变好了，白话文也变好了。

"见我实性者，不复起二"，见到我的本性是空的，不用你去空他的，那我与非我就不会对立，这样是真见道，是入不二法门。

前面几位菩萨一路讲下来，先是见道，然后是修道。到了这里，普守菩萨讲的是定的工夫。现在在定的境界中，又转到了另一位菩萨。

电天菩萨——明与无明

"电天菩萨曰：明、无明为二。无明实性即是明，明亦不可取。离一切数，于其中平等无二者，是为入不二法门。"电天是这位菩萨的名号。中国古代的神话讲打雷的神是雷公，闪电的神叫电母，他们是否有婚姻契约就不知道了。

"明"是指有相的，如定中的光明境界。在教理上讲，无明是指愚痴无知；在事上，也就是工夫上讲，无明就是黑暗。禅宗祖师经常骂人无明，是"黑漆桶一团"，上座时两眼一闭，前面黑乌乌的，什么都不知道了。修持只要稍有定力，自性必然发光。

明与无明是对立的。可是光明从哪里来的？是从无明实性来的——"无明实性即是明，明亦不可取"。有些人用功时见到点光，就自认为不得了啦，以为快要得道了。好啊！马上进入神经菩萨境界了。电天菩萨告诉我们，光明是从无明来的，阴极阳生嘛。《楞严经》告诉我们："净极光通达，寂照含虚空。却来观世间，犹如梦中事。"要修定，净极了，自性光明就开发了，到了这个境界再回转来看世界，才觉得如梦如幻。所以学佛如不想作工夫，就一天到晚在散乱中，散乱也就是造恶业。这怎么成道啊？不可能的。

但是你真做到光明现前了，明也不可取。《金刚经》告诉我们一个原则："凡所有相皆是虚妄。"电天菩萨也告诉我们："离一切数，于其中平等无二者，是为入不二法门。"离开一切相对的观念，在明与无明之间，平等不二，是入不二法门。他连怎么用工夫都告诉我们了。

喜见菩萨——喜金刚成就

"喜见菩萨曰：色、色空为二。色即是空，非色灭空，色性自空，如是受想行识。识空为二。识即是空，非识灭空，识性自空。于其中而通达者，是为入不二法门。"这本经的排列次序是很严密的，刚才电天菩萨的光明境界之后，就是喜见菩萨，就得喜了。以密宗来讲，是喜乐金刚的境界，喜是心理上的喜悦，没有忧悲苦恼，当然也没有那讨债的面孔。乐就一定轻松，是快乐。

喜见菩萨讲的这一段很重要，到这一步，已经是菩萨地的初步欢喜地。大欢喜境是很难达到的，喜乐金刚是很难修的。这一段话，等于把二百六十字的《心经》解释完了。色，包括了物质世界，地、水、火、风四大，都是色，这是有形的。无形的呢？唯识上的八触（动、痒、轻、重、冷、暖、涩、滑）所生的色，意境上所生的色（法处所摄色）也包括在内。例如男女之爱，好色，觉得漂亮或不漂亮，就是色法，虽然不是四大，但也不离开四大。喜欢艺术、喜欢山水也是好色。

色空，能够把色证到了空，真是太难了，不要吹牛了。但是色法的本性是空，不相信吗？有个办法，你找个喜欢看的人，整天跟着看，包你看不到半个钟头就厌了。世界上谁最漂亮？自己最漂亮，对不对？在镜子里看自己愈看愈美（有同学不同意），不是？那你是菩萨了。你试试，只要在镜子里看自己看上三分钟，那个就不是你了。你不要害怕，有时好像身体都没有了，是很恐怖的。但是有人会利用这个方法进入空定的境界，不过要赶快把眼睛闭了，不要再看镜子，再看下去会疯了的。不疯至少也灵魂出窍，很严重的。实际上，这有科学根据，透视注意力集中一点会使你空掉，要注视自己，不要动，也不要去分析自己的眼睛、鼻子、嘴巴，盯住看，这一下就没有了。不但镜中的影像没有了，自己也没有了。

做到了这一步，你就可以了解到色空无我，就晓得色即是空。色的本性自然就是空的，不用你去想办法让它变空，所以色即是空。《心经》上又加一句"空即是色"，也是"非色灭空"。不是把物质毁坏了变成空，而是色相的本身就是空。有一句流行的古话说，"酒不醉人人自醉，色不迷人人自迷"，一点都没有错。你说花好看，同花本身有什么关系？是你自己着迷。因此庙子里的菩萨都塑得很庄严，你为什么不着迷呢？因为你有恭敬心在。换了是位小姐，男生看了就着迷了。

受（感觉）、想（思想）、行（生命本能活动）、识（意识）也同色一样，合起来叫作五阴。五阴都是一念变出来的，是意识变出来的。所以接下来讲识空为二，意识是有，空是没有，看来是对立的，其实识即是空。为什么叫你们修白骨观？要解脱成道非修不可，是了色阴境界很快的法门。色阴境界一了，下面四阴很快可以跟着了啦。

"非识灭空"，不是用意识境界造出来一个空，如果用意识境界灭了一切妄念达到空，那是非究竟的。因为意识本身自然就是空的。如果是修证的工夫集中而通达的话，自然达到喜金刚的成就，心中会有无比的喜，比你中了什么彩票都要开心。所以，要能证到空性，才能真正得喜。

明相菩萨——种性转变

"明相菩萨曰：四种异空种异为二。四种性，即是空种性，如前际后际空，故中际亦空。若能如是知诸种性者，是为入不二法门。"明相不是指光明相，是明白、悟了一切相的意思。

地、水、火、风四大种性没有固定的，它本性是空的，为什么？因为种性与心念的作用是一样的。念头分成前、中、后，在教理上也叫三心，是出自《金刚经》的过去心、现在心、未来心。过去心是前际，未来心是后际，现在心是中际，所以又叫三际。学禅宗的人讲三际托空，就是讲把这三个念头的边际解脱了，在这中间呈现一段空灵，就是当下即空，也是此地说的"中际亦空"。

所谓四大种性是跟着意识观念来的，意识就是一念。假定这个人当下一念空了，那么色身四大种性就空了。所以说色身是可以改变的，但是无法用外力帮助，必须自己内心见道，一念之间了知四大种性的空相，如此叫作入不二法门。

妙意菩萨——眼与色 妙观察

"妙意菩萨曰：眼色为二。若知眼性于色，不贪不恚不痴，是名寂灭。如是耳声、鼻香、舌味、身触、意法为二。若知意性于法，不贪不恚不痴，是名寂灭。安住其中，是为入不二法门。"这位菩萨是讲修持的境界。前面已经有位菩萨讲意识境界，现在又来一位，讲悟道以后的境界，第六意识转成了妙观察智。

凡夫不能成道，是因为意识被妄念思想遮蔽、困住了。那么，诸佛菩萨悟道了，还有意识吗？照样有的。有位学唯识的师父问六祖，这八识转成四智证得三身，要如何转？这个一转太难了！凡夫顺着转，所以轮回，能反着转，就成佛。六祖告诉他，"但有名言无实性"，转其名，而不转其实。名相转了，东西的作用不同了，但还是这个东西。等于一把刀，医生用了可以救人，凡夫拿了可以杀人，它的分别在于意识。所以悟道以后的菩萨还有没有意识？有的。可是，悟道以后的菩萨是否还有困扰凡夫的贪、瞋、痴？贪、瞋、痴是凡夫意根上的三业，我们看妙意菩萨怎么说。

妙意菩萨在这里，先教我们从眼睛上了，刚才我们讲过看镜子的比喻。假如眼睛看一切色相，能见色不是色，不起贪欲，不起恚念（恚是怒气由内发到外在，怨天尤人都是恚念），不起迷恋，这样就是寂灭。密宗有很多用眼境界的修持方法，当下进入不贪、不瞋、不痴的境界。不是密宗快，而是他能够利用有为法来修。但是究竟成就不成就，还是靠自己，不是靠方法。

你也可以拿一尊佛像放在眼前观，看久了绝对就看不到前面的色相，一片空了。我们前面有讲过三祖的《信心铭》上面一句："眼若不寐，诸梦自除。心若不异，万法一如。"利用眼观色，也是一种法门。有同学问我，他瞪起眼睛来就一片空灵，可以这样修吗？我说，为什么不可以？但是你瞪起眼睛来可不要看，如果用看的，很快眼睛就会瞎了。虽然张开眼，但是没有在看，没有用到眼的机能，就没有关系。否则你会用眼过度伤了眼，那我可不负责的，话先讲明，你要开眼闭眼是自己的方便。

妙意菩萨教我们用眼来观色的法门，马上达到离贪瞋痴的境界，不需要跳出世间，当下就是寂灭道场。接着是耳、鼻、舌、身、意五根的修法也一样。耳朵对于声音，鼻子对于嗅觉，舌头对于味觉，身体对于触觉，意识对于思想，这都是相对的。但是如果同样运用眼观色的修法，你这五根也都可以得到解脱。

他的结论是："若知意性于法，不贪不恚不痴，是名寂灭。"因为归纳起来，贪、瞋、痴都是心理行为，是意识发出来的。那么眼、耳、鼻、舌身前五识有没有贪、瞋、痴呢？有的。但是从唯识来讲，前五识的贪、瞋、痴是助伴作用，像是帮凶，而主犯是意识。例如眼睛也有恚，意识恨某人，眼睛就发出来瞪着他，跟着意识做帮凶。如果意识喜欢某人，眼睛就会笑眯眯的，帮着意识做。借用法律的话来讲，从犯帮凶的罪较轻，主犯的罪较重。所以若是意识对外境不起贪、瞋、痴，那么前面的五根就自然对境心不起，自然就寂灭。

讲错了，对境心不起还是另外一念，应该说：对境心数起，而自然寂灭。这个道理就是入不二法门。这个故事出自《六祖坛经》。在广东韶关的曹溪（因为曹操的后人辗转迁徙到此地定居，因此叫曹溪），风水很好，后来六祖在这里说法，他说法的庙子后世叫做南华寺。当时禅宗就有了南北二系，并不能算派别，只是风气稍稍不同。在北方当然是六祖的师兄神秀这一系。我们可不要看不起神秀，他的影响比六祖大。当时的文化中心在北方，有很多有修持的大师都在北方。不过神秀走的是渐修的路子，也是禅宗的正统。不要认为神秀不是正统的禅宗，那就完全错了。唐代的大文人如李白、杜甫，后世的白居易，这一班名人的禅，都是受神秀这一支的影响。南方的禅影响中国，要到唐末五代才开始。

当时神秀那一系有一位卧轮禅师，他打坐时常有魔鬼来磨他、诱惑他，他都置之不理，还作了一首偈：

卧轮有伎俩　能断百思想
对境心不起　菩提日日长

这是真工夫啊！你不要轻视他。很多学禅的人就依这个偈子修行，后来传到了广东。卧轮禅师的辈分自然比六祖低，有人拿了这偈子去问六祖，六祖就说了另一个偈子：

> 慧能没伎俩 不断百思想
> 对境心数起 菩提作么长

"菩提作么长"这句话妙得很，是问语，你说菩提怎么长？一边也是答案，菩提无长也无灭，哪里能长？卧轮禅师的偈子是学禅的根本，根本做到了，有了卧轮禅师的境界，你再来谈六祖的境界。后世学禅的拿了六祖的鸡毛当令箭，那是六祖揩屁股的草纸，你不要拿来当帽子戴！他可以拿帽子来揩屁股，你不能，你还是要从卧轮的方法做起。

无尽意菩萨——六度回向一切智

"无尽意菩萨曰：布施回向一切智为二。布施性即是回向一切智性。如是持戒、忍辱、精进、禅定、智慧，回向一切智为二。智慧性即是回向一切智性，于其中入一相者，是为入不二法门。"无尽是无量无边，在凡夫，意是第六意识，成佛了也用意，不过意识这么一转，转凡夫的妄念为菩提。根据唯识，意在凡夫是分别心，转识成智之后，第六意识就转成妙观察智。无尽意菩萨报告的内容是六度，就是大乘修行的六个次序：布施、持戒、忍辱、精进、禅定、般若。梵文叫六波罗蜜。波罗蜜的原意就是由这里到那里，人如何超脱人世的苦海，到达清凉自在的那一边。中文翻译是翻义，就用了一个字：度。佛教常说要度人，如何叫度？就是使人能够解脱，能够大彻大悟才叫度，不是说叫人信就算度了。

根据教理，六度的前五度，布施、持戒、忍辱、精进、禅定，是修福德资粮；般若是修智慧资粮。福德和智慧圆满了，就可以成佛。这是从修行次第（就是层次）而说的，是渐修。

《维摩诘经》上所讲的六度，不是讲渐修的次序，是讲顿悟的。顿悟什么呢？一乘道。没有差别的。换句话说，六度所有的修持，乃至小乘大乘所有的修持，就是为了一件事，为了得一切智而成佛。不过要注意，一切智是教理的名称，或者称为根本智，是见到本性，也是禅宗所说的开悟，明心见性。

无尽意菩萨怎么讲六度呢？他先用第一条举例，修布施就是为了回向一切智。普通把布施和回向一切智分成两边，事实上，布施这个行为的自性就是回向一切智。《维摩诘经》这里所讲的，是对形而上道第一义而讲，不是第二义的境界。

教理上讲布施有外布施、内布施、无畏布施三种，我们在前面都介绍过了。布施的时候要"三轮体空"，施者、受者、施事都空了，做了就放下。这就是学佛人的正修行，不是只有打坐才算修行，你下座穿鞋子时，让一步路给人家先走都是布施。中国文化也讲"施恩不望报"，给人家好处不希望人家回报。但是反过来是要"受惠不忘德"，哪怕受了人家一点点帮助，永远不要忘记。所以佛教传入中国，很快就被接受，因为它同我们本位文化完全一样。

清朝的蒲松龄写了一部《聊斋志异》，借鬼来骂人，他自比司马迁，《聊斋志异》也被称作中国的鬼史。文字非常好，是我们小时候必看的，又怕又爱读。这小说的第一篇写的是阴间的考城隍，城隍好比是阴间的县长级长官，文中讲到有位读书人在夜里梦见被鬼擒去阴间的考场，主考官是关公，关公出了个题目，"一人二心，有心无心"。这位考生的答案可以代表了中国文的精神，就是"有心为善，虽善不赏。无心为恶，虽恶不罚"。所以中国人做好事叫积阴德，做了不说的叫阴德。无犯意而做错了事，可能良心上过不去，但是不用处罚。关公看了这读书人所答的卷子，就派他做城隍。读书人说这县长做不得，因为他还有妈妈在世要养，死不得。关公就调卷看看他的妈妈还有几年的阳寿，让读书人先回去尽孝，等妈妈的阳寿尽了再回来。

中国古人不轻易写书写文章，今日很多的文章、戏剧、新闻，写的是社会坏的一面，对小孩子有很坏的影响，这种文字对社会的影响比杀人还厉害。其实写的人未必有心教人学坏，也有写正面的，但是接受的人不看正面。古人对人类这种心理非常了解，所以下笔非常严谨。《聊斋志异》第一篇写考城隍，就是要教人为善。蒲松龄把书写完了之后，送给一位当时的名士王渔洋过目，王渔洋当场出一万两银子，要蒲松龄卖给他，也就是想买著作权。蒲松龄不干，王渔洋只好帮他题了一首诗："姑妄言之姑听之，豆棚瓜架雨如丝。料应厌作人间语，爱听秋坟鬼唱时。"你看这首诗很美，实际上是骂人，人比鬼可怕可恶多了，听听讲鬼话还比听人话好。

布施的道理，就是为善不求人知，这是学佛的人应该有的心理。最近有两位出家的同学要远行，来跟我辞行，我为他们准备了一点钱，装在信封中，写上供养二字。他们虽然是我的学生辈，可是这里就要抛开老师的立场，尊敬三宝。布施同供养意义有何不同？都是出钱，可是心理是两样的。供养是下面对上面恭敬供献，让上面滋养之用，同样的行为，却是两种不同的心理。假如出钱帮助穷苦的人，可不可以认为自己在供养？可以的，也是应该的。供养一切穷苦的人，就等于供养一切佛。

布施就是舍，是学佛的第一步，因此学佛的人要万缘放下，名利一切都放下。常有人说责任放不下，你真学佛，连责任也要放下。像我的责任也很重，就算我这一秒钟死了，世人还是活下去的。所以要放下！放下就是布施。有人说打坐时思想放不下，你布施嘛！把思想给狗吃了，就放下了。假使我死在路旁，这个肉体给狗吃了也蛮好，跟狗结个缘嘛。一辈子鸡鸭鱼肉吃了那么多，死了这个肉体给蚂蚁吃、给狗吃，一样也是布施。如果发不起布施的心，也就不用想有什么成就。像时下很多年轻人，帮人家一个忙都不肯，我要班上同学告诉缺席的同学下一堂课带些什么书来，结果连这一句话都不肯传，就是不肯布施。

除了财布施法布施之外，还有无畏布施。给人精神支持就是一种无畏布施，例如有人遭受到很大的挫折，我对他说，没有问题的，我看了你的相，马上就一切顺利了。其实我是信口说说，但是他很可能因为听了这番话而得到鼓舞，这只是无畏布施的一种方便，其实布施方法是很多的。

但是，布施究竟是为了什么？为了回向一切智。这又是什么个讲法呢？我们放下一切、舍掉一切，是为了成佛。一念放不下，所以不能得道。你打坐在那里搞气脉，任脉通了没有，督脉通了没有……为什么？气脉通了身体会好吗？这就是放不下身见，这一念放不下，怎么能够得一切智？四大皆空，身见先要放下。所以布施是为了回向一切智，得了一切智，就成佛了。

怎么样是回向呢？这个问题严重了，连好几位老前辈都问过我关于回向的意义。他们的学问都很好，不是不认得这两个字。古人为什么翻译成回向？意义是非常深刻的。你若是懂了轮回，就会懂回向。宇宙万物是旋转的，起点也是终点，因中有果，果中有因。回向也是这个道理。布施出去，我就没有了，其实正是你的有。你觉得什么都牺牲了，正是你的成就。不过你如果因此存着要回收的心理去布施，那就糟糕了，反而不会回向的。如果你无心布施，它自然就回向。例如有人问我，要怎么念经回向给

604

父母，这很简单，你只要起这一念就回向了，这就是心念的力量，不用再念出来这是为了谁为了谁的。

学佛第一步要心念空灵，无所希求，只有施出去，只有帮忙人家的，不用希求拿什么，自然就回向了。

我们学佛是求自己成佛，布施是一切放下，它的本质就是回向一切智。普通人不了解，把布施当作一段，回向当作一段，当做两个相对的。现在《维摩诘经》告诉我们第一义谛，不要修别的法门，只修布施。你说我没钱，就内布施嘛，内心一切皆空，没有钱不能布施的这个念头也要空掉。一切放下，放下的念头也放下，自然成就一切智。所以说："布施性即是回向一切智性。"

中国有句老话："为善最乐"，这是真的，不是一句口号，也不是纯粹劝人的话。你可以就这个行为体会一下，我自己的体验是如此，你真做了一件善事，帮了人家解决了一件大事，那真舒服。这个道理是什么？善行是喜的，恶行是忧的。喜的东西是阳性的，忧愁的东西是阴性的。真做了好事，不只是精神上会感到非常愉快，身体都会舒服的。就有那么大的功效。所以我常说学佛的人还不如学童子军，童子军的教育要日行一善，善行不论大小。可是学佛的人恐怕十天都做不到一善，尽管满口佛话，人家碰他一下就气死了。

同样地，持戒、忍辱、精进、禅定、智慧都是回向一切智。因为布施、持戒、忍辱、精进、禅定都要智慧去做。我常说做好事非常难，是要有智慧去做的。没有智慧，你觉得自己是在做好事，其实会增加别人的烦恼。所以六度万行以智慧为主，学佛法是智慧之学，不是迷信。所以"智慧性即是回向一切智性"，智慧是指普通的聪明，一切智是悟道的智慧。

清楚了这个道理，你就晓得世间的行为就是修出世间法，修出世间法要能够入世。我今天还在说一位出家的同学，他光晓得出家修道，如果不懂世法的话，这道是白修了，不能起而行。只能空，空而不能起有之用。释迦牟尼成了佛也还是要出来教化众生，他什么事都懂，例如他也懂放牛，乃至也懂裁衣服。他是得一切智的，就是世法要通啊，这样就叫作入不二法门。

总结无尽意菩萨的报告，在六度万行中，我们真修持做到了任何一点，都能够悟道，不需要再找别的法门。譬如内布施有一条，万缘放下。万缘慢慢放下多麻烦，一念放下就行了，打坐时连求静的这个心都放掉，内布施掉就行了，可以成就一切智。问题是讲得容易，你真能放下到什么程度很难。有人说，放下就昏沉，那你要把昏沉也放下！嘿，这就是问题了，你怎么把昏沉也放下？老实讲，昏沉是习气。例如佛也说过，人为什么要睡眠？有两种原因：一种是生理疲劳，所以进入昏沉需要睡眠；一种是心疲劳，用脑子用思想多了，心理上疲劳了，也想睡眠。这个睡眠是一个境界，就是个习气，能把这个习气检查出来，睡眠昏沉也放下，那是真放下了。放下了自然回向得一切智，这就是不二法门。

深慧菩萨——三解脱门

"深慧菩萨曰：是空，是无相，是无作为二。空即无相，无相即无作。若空无相无作，则无心意识。于一解脱门，即是三解脱门者，是为入不二法门。"现在是第二十一位菩萨，名号是深慧菩萨，由上一位无尽意到这一位深深智慧的深慧菩萨。《维摩诘经》一共有三十二位菩萨报告修行的不二法门，这好像是《楞严经》上有二十五位菩萨报告修行的圆通法门。上一次提醒过你们，诸位有留心算过吗？

上一位菩萨讲的是六度，这一位菩萨报告的是大乘的三解脱门。

三解脱门就是空、无相、无作。无作在有的经典上也翻成无愿。看到无愿有人就觉得奇怪了，学佛不是都要念《普贤行愿品》吗？学佛不是都要发愿吗？无愿其实就是无作，作而不作。我们能抓住这三解脱门，一切佛法的道理就都知道了，学佛就是随时把握三解脱门。

讲到空，例如《心经》说"诸法空相"，《金刚经》说"一切有为法，如梦幻泡影，如露亦如电，应作如是观"。学佛想要进到空，有多难啊！密宗的，尤其是黄教一派，要得中观正见才算见道得根本智。什么是中观？不空也非有，即空即有。得中观正见的前提，要先见空性，先见到空的一面，也可以说是见性空。了解了性空，自性本来空，学佛的第一步就迈开了，不是理论上了解，是要身心都进去。现在讲话都懂，这是理论，没有用的。你纵然能把佛经倒背如流，佛学好得不得了，生死来到时一点用都没有。不要讲生死，就算感冒来了你也挡不住，你空空看，喷嚏照打，肚子饿了你去空空看，还是饿得受不了。真得到空性的人，却是绝对没有问题的。所以什么叫悟道？什么叫证道？是身心整个投进去。就像这杯茶，白开水冲泡茶叶就有味道，你只讲空话，讲得再香再浓，白开水仍然是白开水。

这个性空是要证得的，证得了性空还不算佛法完全成就了，只是起步而已。性空了还要知道缘起，真空要起妙有的作用，那佛法就又进一步了。但是这还不算成功，要空非空，有非有，即空即有，非空非有，才真能算了解般若性空缘起，缘起性空，这个道理就是中观正见。

这个空是不是究竟呢？绝对究竟。最后得中观正见，连中也不中了，彻底的空，所以讲是性宗般若毕竟空。这个空的境界要如何求得？在座的同学打起坐来拼命想求空，求不到的道理在哪里？就因为你在忙着求空，真是空忙。要知道，是空来空你，不是你去空它。你懂了这个道理，很自然就空了。你现在在听讲，空不空？不空啊，这是有啊。但是你听到、感受到的，没有一点可以停留住的，它早跑掉了，当你一听到就已经没有了。所以是它来空你，不是你去空它。

结果我们学佛的都走了反路，都在求空，岂不是背道而驰？它本空啊！你了解了本空不是就很解脱吗？用不着怕有个有的。你想把我们的思想、感觉停留住，那是停留不住的。不过有一样你感觉到好像停留住了，就是当你痛苦时，你硬是空不掉。其实还是空得掉的，那个感觉痛苦的就是受阴，就是业力的根本。业在哪里？就是被痛苦烦恼束缚，被这个力量捆住了，解脱不了，就是业。这是一个感受的作用，你打坐觉得静了，但是你里头还有一个静的境界，就是受阴，你就解脱不了。等你觉得空了，就又着相了，有个空相，这空相也要空掉。你说空了觉得清净，可是既然还有个清净，又不空了。

空，是彻底的无相。既然无相就当然无作无愿，我也不希望有个空来，它自然空的。你造出来个空的境界、光明境界，那就是有作。有作在修持的程序上就是有修有证，无作是无修无证。所以得了道的人跳起来是道，坐下来还是道，这肉身完了，可是法身是不生不死的。

我们修持能达到空、无相、无作，则心意识自然空了，自然就解脱了，自然就入道了。学佛不论大小乘，不论任何宗派法门，归纳起来，最后都是求解脱。什么解脱呢？不是工夫，不是信仰，是智慧的解脱。所以学佛的成就是大智慧的成就，不是工夫，不是境界，不是迷信，不是信仰，而是智慧的解脱。但是同时也包括了工夫，也包括了境界，也包括了正信。

心意识是很难解脱的。心意识不是一个东西吗？为什么要分三层？佛经上常这么分，尤其是禅宗语录，在宋朝以后的大师们，常常提到要离心意识参话头。当年我跟显明法师二位去皈依虚云老和尚学禅（这里不应该说二位，应该说我们两个人，自称二位就大模大样了。顺便把中国礼数告诉你们年轻人），虚老一开示就叫我们离心意识参，我参了一分钟就不参了，因为离心意识我还参个鬼！那我已经成功了嘛！这句话到此为止，你们参参看，参我那句鬼话。

现在不讲禅宗，讲教理。意，大家都知道，以六根来讲，佛学把我们生命分成六个工具：眼、耳、鼻、舌、身、意。相对外在的六尘：色、声、香、味、触、法。另一种分类，是分成五蕴：色受想行识。你把五蕴研究通了，也可以悟道了。唯识宗主张万法唯识，把物理世界和我们的精神的生命合起来，分成八个识，这又是一个系统。这八个识当中，主要的中心在意，第六意识，第六意识的根本，整个的叫作八识，就是唯心，所以叫做八识心王，心是主体。心起的作用就是意。把心意识三个层次勉强作个分类比方，心像大海；意像大海中起的波浪，一个一个思想不停；识像波涛面上的浪花。

空、无相、无作与心、意、识之间的关系，要怎么样配合呢？这个无作是指什么无作？无作配心、无相配意、空配识。因此深慧菩萨告诉我们："于一解脱门：即是三解脱门者，是为入不二法门。"空、无相、无作，随便由哪一个法门证入，一门深入，就彻底成功了。再归纳起来讲一句话，妄想就是般若。我的老师袁老师给我讲过一句大名言，了不起的。他告诉我般若与妄想有什么差别，他说："执妄想是空，妄想即是般若。执般若是有，般若即是妄想。"说得非常彻底。

寂根菩萨——佛与法众

"寂根菩萨曰：佛法众为二。佛即是法，法即是众。是三宝皆无为相，与虚空等。一切法亦尔。能随此行者，是为入不二法门。"这一位寂根菩萨，是第二十二位菩萨，寂灭清静当然是空了。"根"，本院的出家同学，剃了头，穿了这一身衣服，分不清男的女的，只有什么不同？身根不同，就是男身女身生殖器官不同，因此有男女的差别。

佛法僧在《维摩诘经》翻成佛法众，众就是僧。佛法僧是佛教的三宝。早晚念诵，皈依佛、皈依法、皈依僧伽。伽要读如"茄子"的茄，不要读成"嘎"。僧伽是僧团的意思。皈依僧是要皈依僧团，不是单一位僧，因为要随众而学，所以在这里是翻成佛法众。僧伽是圣众，入圣人之位，是成佛得道的预备队，是后补佛。所以要对出家人恭敬，我对出家人是非常恭敬的，你不要看我常骂出家的学生，那是以另外一个立场骂他们。

学佛要恭敬三宝。有人对我说，他看出家人好像与在家人没什么不同，言下有不尊敬之意。我说，当然没有不同，都是一个鼻子两个眼睛，可是人家剃了头就值得恭敬。告诉你，真的释迦牟尼佛今天来了，你看惯了也同我们差不多。真的肉身菩萨来了，你一定不知道，等他死了你才明白，慢慢去哭吧。拿破仑也说，他在两个人心目中当不了英雄，一个是他的贴身侍从，一个是他的太太。这是真的，英雄也有常人的一面。我们懂了这个道理，常人也是佛。所以不只是恭敬僧人，你能够把一切众生、每一个人都看成佛一样，你就绝对成功了。有如此的精神去学佛，憍慢心没有了，没有不成功的。

普通观念把佛法僧分开，觉得他们是出世的，我们是入世的。佛就是法，佛就在法中；法就是众，法就是僧；佛法僧三宝是一宝。我们出家同学是僧宝，手中这本《维摩诘经》就是法宝。

所以寂根菩萨告诉我们："是三宝皆无为相，与虚空等。一切法亦尔。"无为就是要放下，三宝就是一宝。真正佛法僧三宝在你那儿，在每个人心中。每人心中能万缘放下，一念皆空，你那儿就是三宝，与虚空相等。不止三宝，一切出世法、入世法，也都是一样。能够依这个理去修正自己的心理和行为，就是不二法门。即使是在家的同学，你能够一念之间证得空性，你已经入于僧伽圣众，也算是出家人了，所以庙上供奉的伽蓝圣众，有出家的也有在家的。譬如中国佛教供奉的伽蓝神之中，有关公，也有韦驮，都是武将，是在家的。韦驮菩萨到中国唐代才开始有记载，这在前面说过了。有个说法是我们这一劫是贤圣劫，据说会有千佛出世，所以没有那么悲哀。韦驮菩萨的愿力，就是为前九百九十九尊佛护法，而自己成为第一千尊出世的佛，就是楼至佛。

心无碍菩萨——了生死问题

"心无碍菩萨曰：身、身灭为二。身即是身灭，所以者何？见身实相者，不起见身及见灭身。身与灭身，无二无分别，于其中不惊不惧者，是为入不二法门。"心无碍菩萨所报告的不二法门，就是我们所讲的了生死。世人最恐惧的就是生死。死了怎么办？死了就没有我了。有没有我是另外一个问题，但是认为死了就没有我了，就是认为这个身体是我，在佛法上这是恶见，不是善见。身体不是我，是这一生借用的工具，是四大假合而成。一般人分生死，是以身体失去功用就叫作死亡。一般人的恐惧和悲哀就是怕死亡到来，我这个身体没有了，我到哪里去？

学佛的人不应该有这样的看法，生命是永恒的，非断非常。一般人认为的生死，在佛学叫分段生死，所以凡夫的六道轮回是分段的，不论活多久，仅是整个生命中的一段。得了阿罗汉果的人，可以预知生死，乃至可以决定要活几百年几千年，因此认为自己没有生死，其实还是在生死中，在佛学上讲是变易生死。能离开分段生死，去掉变易生死，回到自己生命根本道体上，这样就是不生不灭，勉强可以叫作了生死。

我们这个生命，不生不灭的根本，有一个名称，悟了道的人证得了这个叫法身。法身本来寂灭清净，不是我们修出来的。修它也寂灭清净，不修它也寂灭清净，所谓本性如然。譬如我们都市中盖了许多高楼，并不妨碍这虚空，以后如果都市回复到荒凉，这虚空还是一样。法身有如虚空，不生不灭。为什么我们不能知道自己在法身中，仅仅知道这个肉身？因为我们的习气，认小为大，抓住个小的当成是生命的根本。禅宗说明心见性，见的是这个心，不是思想的心。这个道理讲得最清楚的是《楞严经》，佛告诉阿难，我们的生命是尽虚空、遍法界、无所不在的，可是凡夫众生颠倒知见，不认这个生命，却只认身体。像是不认大海，反而只认大海上的一个小水泡当做是自身。《圆觉经》上也说，众生妄认四大为自身相（把这个四大假合的肉身认为是自己），妄认六尘缘影为自心相（以为自己的思想是心，其实思想只是身体第二重、第三重的反映）。

心无碍菩萨说，普通人把肉身看得很牢，等到肉身坏了，以为是两件事。庄子也讲过一个比喻，骊戎有位小姐长得很美，这个国家被灭，她被献给晋献公，当时的她怕得哭哭啼啼。在古代，一旦进了宫中，就只有靠祖上积德，哪一天被皇上看中能选为妃子，否则可能一辈子老死宫中，连家都回不去。后来这位小姐果然被选为妃子，享受恩宠了，想想当时怕的心态，觉得很好笑。庄子就说，世人都怕死，可是如果死后比生前还好，就会觉得自己临死时怕得很没有道理。

其实，生死不只是身体坏了才经历到，我们凡夫天天都经历生死，每晚睡觉，就是一次生死。再进一步讲，我们身上的细胞，因为新陈代谢作用随时都在生灭，因此这个身体也不断在变化，本身随时在生死中。所以生死没有什么可怕，就像换个房子住，修道成功了，就像是发财的人换新房子，对旧的房子毫不眷恋。那个没发财、被人赶出来的，对自己那个旧房子，不知道有多舍不得！

真正了解我们的生命不是这个肉身，也就是悟道、见法身、见空性、见自性、见实相。若是没有悟道，那你所有学佛的功德都是在学加行，要见道以后才能修道。实相是什么相貌呢？本来清净，是无相，是空相。所以说清净是法身，圆满是报身。我们凡夫现有的身体是业报身，是善业来的，这一生福报好；是恶业来的，福报就不好。成佛得道了就是得圆满报身，三十二相八十种好，一切功德圆满。见到空性清净法身，才好起修圆满报身。圆满报身成就了，千百万亿化身当然就有了。

明心见性见到自身实相了，就"不起见身"，不会把肉体看得很牢，身见没有了。以小乘来讲，有两种障碍使我们不能成道，就是见惑和思惑。思惑是我们带来的业报，就是贪、瞋、痴、慢、疑。见惑是观念的错误，就是身见、边见、邪见、见取见、戒禁取见。我们大家打坐念佛，搞了半天，实际上都是邪见。又想求通气脉，想自己健康长寿，身见也愈来愈重。《金刚经》告诉我们要无寿者相，把这些观念拿掉才能见道。

也有人问我，为什么有的出家的同学吃素修行，身体却愈来愈多病。好像佛法就是人寿保险，应该保证不生病似的，这是观念错误。其实人生以病苦为师，要遭遇痛苦和身体多病，才容易有道行。又健康又快活又功名富贵，一切都得意的话，是不会想修道的。因为有病所以不敢乱来，然后又当然有点私心，想把身体修好一点，就是这样才种进了善根。所以丛林规矩里，修行人不求无病，病还是善知识呢！

所以要"不起见身"，还要"及见灭身"，不要看到肉体坏了就觉得生命死了，这好比只是工具坏了，换个工具就是。什么理由呢？"身与灭身，无二无分别"，这句话更严重了！我们学佛许多年了，几时见到过清净法身？清净法身在哪里？要把此身空掉了，把受阴想阴都空掉，好像连这个肉体都没有了，当然法身就清净了。所以法身就在你现在的肉身上。禅宗的云门祖师说："中有一宝，秘在形山。"这宝贝就在你肉体上。临济祖师也说："赤肉团上有一无位真人，常从汝等面门出入。"无位真人就是生命本来，就在我们眼、耳、鼻、舌、身面前跑进跑出，只是我们不知道。所以法身就在你这个肉体上找，你能把这个找清楚，也就对了。古德还有一首偈子：

> 五蕴山头一段空　同门出入不相逢
> 无量劫来赁屋住　到头不识主人翁

我们这色受想行识五蕴之上有一段空，这空就是法身，就在我们身体上，你怎么样去求证？为什么有人用观的或者用闻的就悟道了，而我们不行？法身就在你身上，能把这个找到了，才是悟道。

进一步说，你也不要看不起这个肉体，肉体就是法身。所以永嘉禅师在《证道歌》里也说，"幻化空身即法身"。因此根据大乘菩萨戒，自杀是犯了重戒，等于杀了佛、菩萨、罗汉。你的肉体就是佛的肉体，算不准你明天悟道成佛，而出佛身血是入无间地狱的罪。残害自己身体，任意糟蹋自己，浪费自己生命，都是犯菩萨戒的。前面曾提过，儒家文化的《孝经》也说："身体发肤，受之父母，不敢毁伤，孝之始也。"古代儒家反对佛教，其实不是反对佛法，是反对出家人，父母都不养，剃了头发出家，认为是不孝。这个观念就是要保重身体，因为身体是父母亲生育养育而来，他们希望我们能健康，你把身体毁伤了，就是不孝。又说"君子不立于危墙之下"，也是这个道理。身体虽然要保重，但是儒家的道理是"死有轻如鸿毛，有重于泰山"，看情况，该牺牲时，也义无反顾。所以，中国文化关于生死之间，是有很多道理的。

懂了身与灭身不二的道理，肉身与法身一样，生与死一样，"于其中不惊不惧"，就是入不二法门。

上善菩萨——身口意三业

"上善菩萨曰：身口意业为二，是三业皆无作相。身无作相，即口无作相。口无作相，即意无作相。是三业无作相，即一切法无作相。能如是随无作慧者，是为入不二法门。"能够心无碍，自然能够有善行。这位是上善菩萨，最高的善，他来说明身口意三业的不二法门。我们每人每天身口意都在造业，我们来到这世界都是光屁股来的，什么都没带，活了一辈子，要吃要喝，要揩油要骗，骗不到就凶人家。所以这世界，没有哪一个众生不是偷盗人家来生存的。强盗暗抢，皇帝明抢；小偷暗偷，做生意明偷。所以不要说自己没有造业，哪一个没有造过业？身体、嘴巴、意识都在造业，自己检查看看。像我，不要说是在弘法利世了，我为了要吃饭，只好靠卖嘴巴赚钱，比歌星还不如，也造了很多口业。你们将来也不要自以为在讲经弘法，都是活见鬼，有这观念就是造意业。自己尽量向好处做，少一点过错就了不起了，不要自命不凡。所以在我看来，诸上善人和大菩萨都和我一样，是吃开口饭的，开口饭就是卖唱的。

什么时候身口意才在造善业呢？万缘放下，一念不生，得定了。身不动，也不用吃，身就没有造业；口不动，连阿弥陀佛的阿字都不阿了，口就不造业了；意念动也不动，清净圆明，也不造业了，只有这个时候，才是真正身口意三业向善。常有人来对我说，老师，我没别的，只有对你诚心身口意供养。去你的身口意！我真答应就签个约去公证，你身子是我的了，没有你自主的份了。所以那都是骗人的，说这个话哄人就是造业。我当年跟老师学法，从来不讲这种妄语，我手边有现成的就一定供养。当年学密宗，不知道花了多少钱，今天传个法，送红包，明天传个法，又送，这供养才是真的，什么身口意供养！真正的大供养是法供养，万缘放下，一念不生，这个时候才叫身口意供养，供养佛菩萨三宝。

身、口、意三业，表面上与善是相对的，但是你真悟道的人，三业皆无着相。身口意自性本空的，三业本来是无作相。"身无作相，即口无作相"，白居易有首诗说："饱暖饥寒何足道，此身长短是虚空。"这个身体本来就是空的，他用几句诗就把佛学讲完了。

身体到了无作相境界，当然就不会造口业，不会说是非。身、口、意三业中，嘴巴造业的机会最多。身业只有杀、盗、淫三种，意业也只有贪、瞋、痴三种。口业有四种，妄语（譬如不想和某人打交道，他来找你，就随口说没有空，就是妄语）、恶口（骂人、挖苦人）、两舌（造是非，像是同人讲，这话只告诉你，不要告诉别人，就是两舌）、绮语（像是说些不相干、不由衷、敷衍的话，或者是说没有意义、言不及义的话，像聊天就是）。

不造口业就意无作相，这一点是很难说的。例如有人以为不说话、禁语，就可以不造口业了，可是他虽然不说话，见了别人有什么过失，那难看的脸色就摆出来了。这不仍然是在说话吗？真正禁语是要从意上去禁的。

能真正身、口、意三业清净了，就不止是戒了，比戒还进一步，是无作慧，是智慧的解脱。用上面的例子，看到人家做什么事，心中也不会动念，这才是解脱，是要有智慧才做得到的。这是大乘三法印的无作，前念已灭，后念不起，起了就丢，这样才是入不二法门。这是上善菩萨的境界，是真行善。你懂了上善，就会懂了密宗的上乐金刚和禅悦的道理。

一个人想要得到身体上的快感，是有好多方法的，按摩是一种方法，乃至有人捏香港脚也无比舒服。但真正的得至乐是为善最乐，上善成就了，它由内而外发出的快感是永远不退，昼夜都在快感中。那种快感是我们想象不到的，就是经上所说的，菩萨内触妙乐，是登地以后菩萨的境界。有上善、上乐、上喜的境界，才算是福报的成就。做点好事只能算是在培养福报，是福报的资粮。你想得到上乐境界，要问自己你福报够吗。一身都是业怎么能得到？接下来是福田菩萨，是真正福报的成就了。这个次序排列得非常严谨的。

福田菩萨——福行 罪行 不动行

"福田菩萨曰：福行、罪行、不动行为二。三行实性即是空。空则无福行、无罪行、无不动行。于此三行而不起者，是为入不二法门。"出家人的袈裟，后面有一块块的，就叫作福田衣，象征出家人是为众生种福田。现在福田菩萨为我们讲行，什么是行？就是行为、动作。做人每天不是在做福行（善事）就是做罪行（恶事），所以得善报或恶报。如果每天只睡觉，不做善也不做恶，那还是有报的，得无记报。得无记报就变猪了。因为无记业就是罪业，昏头昏脑当然有罪，不过算是消极的恶。

不动行是上善之行，已经得了道，不空而空，自然清净。孟子说自己的修养是"四十而不动心"，他从年轻做学问修道，到了四十岁才敢说不动心。孔子也说要到四十岁才"不惑"，不惑就是不动心。但是不动心不算悟道，孔子孟子到四十岁并没有悟。你问，孔子到了几岁才悟了？五十岁，他"五十而知天命"，破初关。用功十年，"六十而耳顺"，破重关。再下十年工夫修行"七十而从心所欲不逾矩"，才破三关，才成就了。孔子是很辛苦的，他是个孤儿，十二岁就要自立，养一个后娘，还养一对同父异母的兄妹，家中贫困，不能不挑这个担子。虽然这么艰苦，十五岁就志向已定，"志于学"。要到四十岁才不动心，可见不动行之难。

所以这三种行，福行是善报来的，罪行是恶报来的，不动行是修菩提果报来的。普通看起来这三行是不同的，其实这三种行为都在一念之间，因为"三行实性即是空"。要从这里见空，真见到了空，善的、恶的都沾不上了。

像刚才说，孔子孟子在四十岁时还没悟道，要进一步晓得三行的自性皆空才是悟道，"于此三行而不起者"，那才是万缘放下，一念不生，才是入不二法门。入了不二法门你福行也对，罪行也对，不动行也对，那是菩萨境界，才可以为众生种福田，这不是凡夫可以想象的。出家的同学要注意了，你要反省有什么资格穿福田衣，为一切众生种福田啊！如果披了这一件衣服而不好好修行，果报是很严重的，来世连人身都得不到。所以若有同学披了袈裟来听课，我可就不敢坐在这上面了，那是因为它所代表的精神。同样地，有同学穿了袈裟我就不能骂他了，这正应了"不看僧面看佛面"这句老话。

但是，"披上袈裟事更多"，这是真的，出家不只是为自己，更是为了度一切众生，为众生种福田。所以你的修行是为一切众生而修，成就了更要去利他，当然事就更多了。这一句话也被用来批评出家人反而攀缘更多。

菩萨是多情慈悲的，从圆满的境界看，菩萨也可以说是痴情不得解脱的。反过来说，如果是一个没有情感的人，他就没资格学大乘，修成了也是个小乘罗汉，是自私的。所以有诗曰："只说出家堪悟道，谁知成佛更多情。"

华严菩萨——由我而起

"华严菩萨曰：从我起二为二。见我实相者，不起二法。若不住二法，则无有识。无所识者，是为入不二法门。"接着福田菩萨之后，另一位更大的菩萨出来了，华严菩萨。华严的境界更大了，"一花一世界，一叶一如来"，处处都是菩萨，上面下面，最干净的地方，最脏的地方，到处有。善中有恶，恶中有善，善善恶恶，分辨不清，华严境界是尽虚空、遍法界的。《华严经》是一部大经，汪洋渊博，不读《华严经》，不知佛家之富贵。其后华严在中国佛学又成了一宗，研究唯识法相的人，非研究华严不可。《华严经》是唯识的五大经之一。

华严菩萨说，一切从"我"来，一切万缘都因为有我相而生烦恼。待我空了，人无我，法无我，自然就成佛了。有我就有人，有人就有他，这就是"从我起二"，有人我他就有一切烦恼。"二"就是相对的，相对的境界就是由我而起。见到我的实相本空，到达无我，自然就没有相对的了。

我们凡夫也有一句很好的话，"眼不见，心不烦"，虽然做不到无我，不看见就算了。很多你在外头买的食物，如果去工厂看看，包你会觉得脏。我们吃的腌菜，在我家乡是用人脚去踩出来的，你见到了一定吃不下去。另有一句话说，"水为净"，有什么脏的，用水洗一洗就干净了。中国乡下其实有很多有智慧的事，例如我小时最怕鬼，老人家就教我，如果走夜路撞鬼了，就把袍子一掀，放一泡尿，口中吼一声"呸"，就过去了。后来我去西藏，活佛传我个避鬼方法，也不过如此。

我讲个真的故事，将来要写进回忆录的。我小时家乡有个读书人，他诗词文章都很好。夏天晚上他在桥上睡，到了早上人不见了，全家人发动地方上百姓一起找。结果在离桥不远的一条小径边找到他，他的耳朵鼻子都被泥巴塞住，人已奄奄一息。他被救回来后，说只觉得睡着后身上被压住，就什么都不知道了。大家就说是被鬼抬走了。我听了这事，又怕又好奇，一定要拉个大人带我去那个地方看一看，大人吓我，如果被鬼抬走怎么办，我说我就掀衣服撒尿（众笑）。这些都是过去农村生活的事，你们今日都市中长大的人是无法想象的。

讲回华严菩萨，"若不住二法，则无有识"，到了无我的境界，就不住相对二法，就无识了，是心意识的识，无识就不动念。识空了就意空，意空了就心空，因此人空法空。这个时候，才是真做到无我，才入不二法门。

修行要能做到无我，先空我。你看这个不惯，那个人又不对，起了善恶是非之分，皆因我起，能无我，就入了不二法门，这是华严菩萨的境界。到了这个境界，才算是开始向功德圆满的路上走。所以接下来是德藏菩萨，这藏不是躲藏的藏，是宝藏的藏。

德藏菩萨——有所得与无所得

"德藏菩萨曰：有所得相为二。若无所得，则无取舍。无取舍者，是为入不二法门。"一般学佛的人都犯了这样的错误，以有所得心来求无所得法。佛法是无所得的，你用做生意的观念、求利益的观念来求法，因地就错了。因错了，你修死了也修不出来。所以我再三引白居易的诗——"空花岂得兼求果，阳焰如何更觅鱼"，你根本路线已经错了，走错路了。尤其年轻人学佛更是如此，连做个什么梦也当大事一件来对我说，听了我头就大，可是也只好听听。还有同学念咒子或者拜佛，唉哟，昨天得了一个境界，赶快来告诉我。你来讲境界时，那个境界早不晓得跑哪里去了，还要来说境界。那之愚蠢，恨不得一刀宰了他，帮他换个脑袋。这种心理，都是以有所得心、有所得相来求法，没向菩提相、空见上去求。

《心经》说"诸法空相"，一路无到底，最后，"无智亦无得，以无所得故，菩提萨埵"，无所得是菩萨境界。若无所得，就无所取也无所舍，既不要提起什么，也不需要放下什么。很多人说自己放不下，放不下你就提起来嘛！但是又要问怎么提起，不知道就放下嘛！再问怎么才放下，那就只好说，去你的！这是第三法门啊，第一是放下，第二是提起，你前两个都做不到，只有第三了。你真能去你的，就行了。坐在那边心念放不下，去你的！有位同学被我大骂一句去你的，就把这句话当了个咒子，空不了时就念，结果居然很管用！我就告诉他可不要乱传这个咒子，是有版权的，若要传，非先让学生磕三百个头不可，还要收供养（众笑）。

如果能无取也无舍，那当下就是道了。道就在这里了，既不提起，也不放下，既不求空，也不求有。为什么一定是空才对？那有呢？有也不对！那是什么呢？是什么就是什么嘛，现在就是现在嘛，那就对了，就是这个（师以指敲桌数次）！但是你要懂这个，要功德福德圆满了才能懂，这就是不二法门。

月上菩萨——暗与明平等

"月上菩萨曰：暗与明为二，无暗无明，则无有二。所以者何？如入灭受想定，无暗无明。一切法相，亦复如是。于其中平等入者，是为入不二法门。"你们在别的经典中看过月上菩萨吗？《药师经》中有位药上菩萨，同这位月上菩萨是有关联的。月上不是月亮上来，是用月亮形容，比清净光明殊胜境界更要殊胜。

月上菩萨说的这一段，对你们的修行非常重要，黑暗与光明是两个相对的现象，是不是？初学佛的人，打起坐来眼前黑洞洞的，这就是暗，就是无明。有时坐起来有点亮光就高兴死了，以为自己见道了，这是活见鬼了。静极则明生，那点亮光有啥稀奇！你打坐虽然不动，身体没有全静下来，还有呼吸、血液循环、心跳、脑波都在动，你觉得静，是第六意识宁静而已。心理虽然静下来，生理还在动，甚至动得更畅快，因为没有心理干扰生理本能的活动。这也是为什么打坐会使人健康的原因，因为心宁静下来，呼吸、血液循环、心跳、脑波就都正常活动，这动和静一摩擦，就有光明出现。这不是道，是吗？我看你是麦还差不多。不过你们年轻人城里长大的，稻子和麦子本来就不分的。

真得道的人，也非黑暗，也非光明。这里要注意了，光明也不错，但是不要认为光明境界就是道。外头流行道家、密宗，说什么放光，放光了又怎么样？那也不是道啊！

大阿罗汉真得定了，入了最高的灭尽定，是无暗也无明，不是入光明定啊！这是佛经的经文告诉你的，千万不要忘记！所以有人说他得了光明定了，你只笑笑就好了。"一切法相，亦复如是"，说究竟的，一切法从本体来讲，没有什么叫光明的，有光明的是妖怪。我当年学佛时有位学禅宗的老居士，会讲《金刚经》，我是很佩服他，他也很想要我叫他老师。他讲《金刚经》前，手这么一摆，装模作样一下，很多人就看见他的大拇指放光，有个韦驮菩萨在其中。我就是因为他来这一手，本来要拜师的，反而不拜了，替他可惜。《金刚经》讲"凡所有相，皆是虚妄"，他又是学禅宗的，怎么还来这一套？我就告辞而去。真正的佛法，一定是很平凡的，就是平平常常做一个人。

所以这里最后说："于其中平等入者，是为入不二法门。"真平等不是二边，不是相对的。如果要说有光明就有黑暗、有善就有恶，就是相对的，是非平等的，相对法门皆不是平等。平等就是中观，中观正见就是平等法门。能入平等法门，就是入不二法门。

宝印手菩萨——涅槃与世间

"宝印手菩萨曰：乐涅槃不乐世间为二。若不乐涅槃，不厌世间，则无有二。所以者何？若有缚，则有解，若本无缚，其谁求解？无缚无解，则无乐厌，是为入不二法门。"这是第二十九位菩萨，宝印等于是显教讲的法印。密宗有手印法门，手印有两种，一种是手势，十个指头结各种的姿势，这是有相的，等于是标记。或者加上神秘学的解释，用现代观念比喻，是无线电通讯的密码。另一种是心印，心印是无印的。印等于是盖图章，它的道理是表示符合无误。禅宗说以心印心，后来成为日常中文语言的心心相印。宝印手也就是大法印，以法传法，以心印心。

宝印手菩萨的报告就是大手印的法门，真正佛法没有显密之分。宝印手菩萨所传的法印，是至高的密法，不念咒，也没有观想。也不注重形式，同禅宗一样。甚至连宗教性的外衣都没有了，直截了当地直指人心。所以西藏的密宗推崇真正的佛法、真正的密宗，就是中国的达摩宗，就是禅宗。

佛法最高目标是进入涅槃，当然涅槃可分小乘和大乘两种。小乘涅槃在教理上是有余依涅槃，证得性空，但是一切习气的根根没有断，是还有剩余的，所以是不究竟的。大乘涅槃是无余依涅槃，在学理上有的再加个名称，叫作无为涅槃，为而不为。阿赖耶识一切种子，善、恶、无记，通通转成菩提种性，不留丝毫习气，是无余依的。何以能够如此呢？因为涅槃自性本来无为，本来清净。

学佛是想要求入涅槃，因为厌恶这个烦恼悲哀世界，所以想要出离。涅槃的翻译，有时用寂灭，有时用圆寂，有时用不生不灭，有时用清净圆明，等等，都没有对。尤其一般人看到圆寂就认为是死了，所以也把涅槃了解成是死的意思。平常说某某老和尚涅槃了，如此一来，把学佛法的最高目的弄成是在学死。不止是一般人如此，清朝的大才子袁枚，他一辈子非常洒脱，不过就是不碰佛经，你说他不懂吗？全懂。真懂了吗？也不是。他曾经写过："佛云：学我者死。"你查遍佛经，也找不到佛说过这样的话，袁枚也不是假造，而是沿用一般人的观念，就是把涅槃当作死。

因为涅槃的意义难准确翻译成中文，古代仅翻音为涅槃，不翻成圆寂或其他。涅槃也有极乐的意思，所以佛在临走时所讲的经为《大涅槃经》《般涅槃经》《入涅槃经》，般就是入，是梵音。佛说没有一个佛是涅槃的，都在，一切众生本来也都在涅槃中。涅槃就是常、乐、我、净的境界。涅槃是不生不死，不是寂寞凄凉，不是没有。涅槃的乐是极乐，世间一切乐是相对的，涅槃的乐是绝对的，没有烦恼也无悲。众生认为有个"我"，那只是假我，不究竟的。得了涅槃是不生不灭、不垢不净、不增不减，这是真我，假名为真我。涅槃就是一切佛的净土，因为心净了，则国土净。

这里岔进来一个问题，我在大学讲宗教哲学时，常说宗教是很妙的，只要有人的地方一定有宗教，即使没有宗教的名称，也有宗教的事实。目前世界上大的宗教算起来没有几个，例如佛教、基督教、回教等，细算的话可能不止三百个。所有宗教都有一个共通之处，就是对这个世界的看法都是悲观的，认为人生是凄惨的，是站在日落西山的观点看这个世界，所以觉得来日不多。但都鼓励人不要怕死亡，因为有个天堂招待你，使人有个信仰的寄托，这是宗教。

真正的佛法不一定是宗教，是超越宗教、哲学、科学的，但是也有宗教、哲学、科学的内涵。一般人厌恶世间，所以希求出离，而证到涅槃极乐境界，这样把世间和出世间分开为二。其实涅槃是不能分的，世间和出世间都在涅槃中，涅槃就是自性，涅槃就是本体，是常乐我净的。这个就是道，道是分不了的，世间就是出世间，出世间就是世间。

前面讲过五代张拙悟道后作的偈子，"随顺世缘无罣碍，涅槃生死等空花"。生死就像做梦一样，涅槃也是梦，涅槃与生死是平等的，都像是空中的花。你在外头为生计奔波觉得很苦，像梦一般，就想到禅堂来坐，得个清净，其实也是做梦，是清净梦。凡夫活着一生都是在做梦，佛菩萨弘法也是在做梦，两个不同的梦境。谁醒过呢？没有人昏迷过，个个都自然会醒。所以佛在《涅槃经》中说过，一切众生，不论是最好或最差，到了因

缘成熟时，都会成佛。这同《法华经》的道理一样，没有一个
众生不成佛的。

所以生死涅槃皆如作梦（以前还有人问我这个"作"字是
不是"昨"字之误，我只有笑笑，你要换成"昨"也随你），真
悟道的人不入涅槃，也不厌世间，这就是得到不二法门，佛法就
是如此。

有的同学常说要再做几年事，然后就去山林住茅棚。他把山
林和世间分成两样了，山林也是世间啊！山林修道不如世间舒
服，你们没有住过不知道。当年我一人住到庐山顶上，每天两顿
饭，为了省洗碗的麻烦，碗筷买了四打带去，水要翻过两座山去
取，因为我不会挑，挑回去也几乎泼光了，只有用两手提，每趟
要四十分钟才提两桶水。山上白云漫漫，云里面没有神仙，都是
湿气，身上衣服都是湿的，所以要吃辣椒和姜发散，其他像米、
芋头、菜、油、盐都要到山下去买。自己做饭吃，吃完了几乎累
得不想打坐了。吃过的碗都泡在水里，一洗又是半天。好不容易
天晴了，哪里能打坐，赶快去打柴，还要趁天好晒干。本以为上
山好好修行，多多打坐，结果五六个月下来，坐不到五六次，去
你的吧！把东西一丢，下山去了。你们要去住一人茅棚，受得了
吗？有一次三个朋友一同上山住茅棚，结果更糟，正应了那句老
话："一个和尚挑水吃，两个和尚抬水吃，三个和尚没水吃。"
由此你知道，谁能够跳得出世间？你就算一个人住，总还要有人
下山买包盐吧！你拜托一个人就劳累一个人，还是没有离开世
间。古人说一个人"遗世而独立"，那是非常非常难的。

这一段的重点是告诉你，真正的修行是在世间修，另外一个
重点是，涅槃就在生死中，就在烦恼中，没有另外一个东西的。
天台宗讲得道的境界有三：法身、解脱、般若。般若是大智慧，
为什么要智慧？解脱不是靠工夫的，烦恼起来要如何解脱？你能

丢下不想就解脱了，就这么简单。如何不想呢？要有智慧。所以修行要有般若才能解脱，解脱以后就自然清净，证得法身涅槃。也可以倒过来说，你法身不清净就不会解脱，不解脱就没有般若。学佛这三样，缺一不可。

宝印手菩萨告诉我们，"若有缚，则有解"，被捆住了当然想解脱，"若本无缚，其谁求解？"若没有被烦恼捆住，何必求解脱？"无缚无解，则无乐厌。"没有捆住，也没有解脱，就无所谓讨厌哪样或喜欢哪样，就证得涅槃。禅宗的四祖去见三祖求法，四祖有病，非常痛苦，病是业来的。三祖问他为什么来，四祖答，请师父教我解脱法门。三祖就问，是谁绑缚了你？四祖说无人缚我，三祖说："无缚何必求解脱？"四祖就悟了。他悟道了后，什么病都没有了，所以病痛也是自心把自己绑起来才有的。我们常在生病中，你们生病了有药可医，我呢？今天晚上讲《维摩诘经》我就非来不可，虽然我很想休息一下也不行，这病无药可医，只有吃解脱药，自求解脱。你懂这一段，就了解了六祖的偈子："佛法在世间，不离世间觉。离世觅菩提，恰如求兔角。"佛法就要在世间烦恼中修，若没有烦恼，你也不需要解脱，也不需要佛法了。

珠顶王菩萨——正道与邪道

"珠顶王菩萨曰：正道邪道为二。住正道者，则不分别是邪是正。离此二者，是为入不二法门。"这是第三十位菩萨，上面一位讲证得涅槃，这一位讲弘扬佛法。

我几十年前写《禅海蠡测》时就说，宗教都是排他性的，排斥人家，像做生意似的，只有我卖的是真货，别人都是假的。真正佛法不是这样，是包容一切的。你去看看《华严经》，那里就说佛在各个地方的名号不同，有叫祖、叫帝、叫仙，其实都是佛。所以我在书中讲，什么是外道？外道也是道，是外头那一条路，走得比较迂回，要走得几千几万年才走回来。旁门呢？旁门也是门，你说是狗门也是门，也可以钻嘛！只不过比别的门困难一点。以这样看世界才能包容。《金刚经》上也说"一切贤圣皆以无为法而有差别"，一切的教主和圣贤都是得道的，只不过他得道的程度有不同而已。教幼稚园的和教大学的，都是老师，没有幼稚园的老师教，你还上不了大学呢。

所以珠顶王菩萨告诉我们，正道邪道都是道，真正得了佛法的人，不会起分别正道或邪道。而且很多外道的人，工夫比你走正道的人还好，不论别的，他身体练得比你好，也少吃药，就把你比下去了。这是因为入门的方法不同，各有长处。心中分别人家是外道，看不起别人的话，就不是学佛之人，学佛之人是真正对一切众生平等的。即使这个人真走歪了路，要有慈悲心怜悯他，不知还要多少劫数才走得回来。能离开正邪的观念，能包容一切，才能入不二法门。中国文化也讲包容，"有容乃大"，能包容一切人，这样功德就慢慢大起来了。若是器量小，德不会大，功德也是靠心念的肚量修出来的，要记住！庙子门口摆个弥勒菩萨像，也是提醒你要学他的大肚量。

这里有同学提两个问题，第一个是问，修行要一门深入，或持咒或念佛或观想，那密宗三密瑜珈怎么说？第二个问，修净土法门，可以为了消业障先修准提法门，再回头念佛吗？

第一个问题，对，修行要一门深入没有错。这是佛法鼓励你的话，而且不止修行，读书做学问也要如此。这个道理有个比方，譬如挖井，第一天挖五尺深，挑出来二十担泥，第二天又挖了五尺，可是只挑出来十五担泥，因为深了比较难把泥挑出来。你挖到十丈深的时候，可能一天只挑一担泥上来。一口井挖到见了水，就成功了。一门深入就是要你专一挖下去，一口气挖到底。不要挖了一两天，觉得好像没有效果不见水，就放弃了，又找一个地方去挖，这样不会成功。所以鼓励我们要一门深入，这是修行的一个原则。

你现在问密宗的身、口、意三密瑜珈是怎么说？就是这样说啊！还要怎么说？你认为念咒和念佛是两门，观想和结手印不又变成三门四门了吗？这观念完全错了！可见你是学佛学的，没有真修行，这叫青蛙跳井——不通！一门深入是要你在方法上专一，不是说你念咒就不能观想，就不能打坐结手印。你念阿弥陀佛求往生西方，怕去不了，念药师佛求生东方，又怕搞不好下了地狱，所以也念地藏王菩萨，可不可以？为什么不可以！只要规定好自己功课就尽管去念嘛！这也是一门深入。规定了就要钻下去，不要念了十天，想想还是不念地藏王菩萨吧，过了两天好像上火了，觉得可能是念佛引起的，就停下来了。这样就不是一门深入。身、口、意三业相应，本身就是一个法门，你照着专心去修就是一门深入。这样说，懂了吗？

你们同学有时问，老师一下讲天台，一下讲禅宗，一下又要我们修准提法。是啊！我讲那么多方法，你准备修哪一个法？一门深入是在你啊！老师像是开百货公司，不是只卖一种馒头的馒头店！你来百货公司逛，爱馒头就买馒头，爱准提法就修准提法嘛。结果你逛了半天，什么也不爱，又批评这里东西太多，不是昏头吗？

第二个问题，谁说过修净土法门，可以为了消业障先修准提法，再回头念佛？这是你说的，我可没这么说过。谁告诉你修准提法是给你消除业障好去念阿弥陀佛？根据什么讲的？是根据《显密圆通成佛心要》，还是《准提仪轨》？所以你们常常问问题，一开口就挨我骂，说话无根，妄想以为自己是对的。你准提咒念好了以后，回向自己往生极乐世界，也是一样。准提法是个大法，怎么只给你消消罪障？还说罪障消完了才能念阿弥陀佛？你看《阿弥陀经》《无量寿经》，说你念我阿弥陀佛就可以消灭罪障，你怎么不相信呢？你读过吗？你没读过就这么说是犯口过的，犯得大了。从前有位祖师骂说："像你这样子，将来大便从嘴巴出来！"后来果然生这个病，要去祖师那儿求忏悔才好了。所以我不敢随便批评你们，这是说笑话。可是你问问题不要根据自己意思，《阿弥陀经》说，念阿弥陀佛一句，消无量业障，你为什么不信？还要准提咒来帮忙，再找南老师写个介绍信，送给阿弥陀佛，唉，都是做生意心理，不是修行心理。这两个问题引来了骂，不骂不得力，给你消消业障。好了，现在继续讲第三十一位菩萨。

乐实菩萨——真实与不真实

"乐实菩萨曰：实不实为二。实见者尚不见实，何况非实？所以者何？非肉眼所见，慧眼乃能见。而此慧眼，无见无不见，是为入不二法门。"乐实菩萨，极乐世界走到极点，证到这里。实是得道了，证果了。《维摩诘经》最后第三十二位是文殊菩萨，暂且不谈，这是第三十一位菩萨，到头了。真学佛是真现实的，一学佛就要得果，以成佛为究竟，不然学他干吗？成了道证果就叫乐实，到了实际理地。

乐实菩萨说，真实与不真实是相对的，真得了道证果的人，连果都没有，没有一个实际的道，何况假的道？真都不存在，哪里还有假呢？这才是真，假名为真。你觉得自己得了道，那就是神经病。一个学问真好的人，对人都很平和的，没有脾气，"学问深时意气平"，不像我老是骂人。其实我有时讲话很急又大声，像是说，你这还不懂啊！是恨铁不成钢，并不是真骂人。真得了道的人，怎么会还装出得道的样子？如果有一副得道样子的人，这种人你千万不要去信他，他那个道是黑漆漆的隧道，不是明亮亮的真实大道。

为什么呢？因为道非肉眼所能见，是智慧的眼才看得见。那智慧的眼在哪里？菩萨塑像常见在眉心有一只眼，你见过哪个人长这样的眼？除非是开刀来的。这一只眼真有没有？有的，是进去在间脑神经那里，智慧高了，智慧的眼就开了。京戏中诸葛亮的徒弟姜维，他的脸谱就是在脑门眉心上画了个太极图，就说明这人一脑子的聪明。佛菩萨塑像的这一只眼，代表的就是智慧之眼。这是表法，表达法的意思。见道是智慧的眼才能见，将来你们出去说法，讲到《楞严经》见道的一段，你可以引用《维摩诘经》这一段，这样说法就灵光了。

这慧眼既看不见又无所不见，有智慧的人，什么东西一看就懂，那个笨人看一百遍也不懂。记忆不是智慧，思想也不是智慧，智慧是不思而得，不勉而中，想都不要想就通了，用不着加以思想的。要考虑一下才懂，就已经是后天的聪明，不是智慧。智慧也不是直觉或灵感，灵感仍然是意识境界，所以"而此慧眼，无见无不见，是为入不二法门"。换句话说，真得道的人，无得无不得。因此你就懂了，《金刚经》中须菩提对佛说，佛啊，你许可我证得清净梵行，因为我了不可得，所以你才许可我证得清净梵行。

本品是很严重的，是这一本经的中心！已经有三十一位菩萨连续作了报告。《楞严经》上有二十五位菩萨把他们修行的心得作了报告，叫二十五圆通法门。圆通就是说一门深入，只要这个门进去了就统统到了，随便哪个门进来都一样。刚才有位同学问过一门深入，这样叫一门深入，懂了吗？本经的三十一位菩萨所报告的，也是一门深入，只要一门进来了，就入了不二法门。不二就是一，你说我要修道该不该剃头发？不二法门，剃与不剃都一样，你剃头发可以悟道，不剃也可以悟道。不悟道时，留发不悟道，不留发也不悟道。

文殊菩萨——无有文字语言

"如是诸菩萨各各说已，问文殊师利：何等是菩萨入不二法门？"现在三十一位菩萨报告完了，维摩居士转过来问带头的这位文殊菩萨，他是佛的左右手，等于是副佛，预备佛。事实上他比佛还早成佛，他所代表的是大智慧成就，在中国的道场是山西五台山，中国四大名山之一。另外三个山，是四川峨眉山普贤菩萨道场，浙江普陀山观世音菩萨道场，安徽九华山地藏王菩萨道场。维摩居士现在请文殊菩萨说说看，什么是菩萨入不二法门。

"文殊师利曰：如我意者，于一切法无言无说，无示无识，离诸问答，是为入不二法门。"文殊菩萨讲，照我的意思，真正得佛法了，就一切法都没有话可讲，一开口就都不是了。开口是第二个影子，例如我说：这一支笔很好，这句话是这一支笔好的影子，这一支笔好是讲不出来的，讲出来了只是个影子。所以"一切法无言无说"，没有办法表示，也不可知、不可说。因此结论是也不需要说，也不需要问，也不需要答。这样就是这样，好就是好，这就是不二法门。

"于是文殊师利问维摩诘：我等各自说已，仁者当说，何等是菩萨入不二法门？"文殊到底是位大菩萨，他答了之后对维摩居士说，你问了我们，我也要问你了，怎么样是菩萨入不二法门呢？

"时，维摩诘默然无言。"维摩居士不答话。想起当年我们跟着虚云老和尚，平日来向他问法的人多得很，你有缘他答，没有缘的你跪在他面前也不理，他就入定去了。不过有两位同学，每当老和尚入定，他们就摸到他身边坐下，因为他们说老和尚入定周身有股道气，坐在旁边可以得益，你看他们贪不贪心？不过老和尚一打坐入定，他的周围一圈是很温暖的。

"文殊师利叹曰：善哉！善哉！乃至无有文字语言，是真入不二法门。"事实上维摩居士答了，文殊菩萨懂了，就连连称好，没有文字语言可答，就是不二法门。你们学了这个榜样，以后人家要你去做什么事，也可以默然不动，因为入了不二法门。

"说是入不二法门品时，于此众中五千菩萨，皆入不二法门，得无生法忍。"当时在场中的五千菩萨，听到了"入不二法门品"时，都入不二法门，得无生法忍。

卷

下

香积佛品第十

　　于是舍利弗心念：日时欲至，此诸菩萨当于何食？时，维摩诘知其意而语言：佛说八解脱，仁者受行，岂杂欲食而闻法乎？若欲食者，且待须臾，当令汝得未曾有食。时，维摩诘即入三昧，以神通力，示诸大众，上方界分，过四十二恒河沙佛土，有国名众香，佛号香积，今现在。其国香气，比于十方诸佛世界人天之香，最为第一。彼土无有声闻辟支佛名，唯有清净大菩萨众，佛为说法。其界一切，皆以香作楼阁，经行香地，苑园皆香。其食香气，周流十方无量世界。时，彼佛与诸菩萨，方共坐食，有诸天子皆号香严，悉发阿耨多罗三藐三菩提心，供养彼佛及诸菩萨，此诸大众莫不目见。时，维摩诘问众菩萨：诸仁者，谁能致彼佛饭？以文殊师利威神力故，咸皆默然。维摩诘言：仁此大众，无乃可耻。文殊师利曰：如佛所言，勿轻未学。于是维摩诘不起于座，居众会前，化作菩萨，相好光明，威德殊胜，蔽于众会，而告之曰：汝往上方界分，度如四十二恒河沙佛土，有国名众香，佛号香积，与诸菩萨方共坐食。汝往到彼，如我词曰：维摩诘稽首世尊足下，致敬无量，问讯起居，少病少恼，气力安不？愿得世尊所食之余，当于娑婆世界施作佛事，令此乐小法者得弘大道，亦使如来名声普闻。时，化菩萨即于会前升于上方，举众皆见其去，到众香界，礼彼佛足，又闻其言：维摩诘稽首世尊足下，致敬无量，问讯起居，少病少恼，气力安不？愿得世尊所食之余，欲于娑婆世界施作佛事，使此乐小法者得弘大道，亦使如来名声普闻。彼诸大士见化菩萨，叹未曾有！今此上人从何所来？娑婆世界为在何许？云何名为乐小法者？即以问佛。佛告之曰：下方度如四十二恒河沙佛土，有世界名娑婆，佛号释迦牟尼，今现在于五浊恶世，为乐小法众生敷演道教。彼有菩萨名维摩诘，住不可思议解脱，为诸菩萨说法，故遣化来，称扬我名，并赞此土，令彼菩萨增益功德。彼菩萨言：其人何如，乃作是化？德力无畏，神足若斯？佛言：甚大！一切十方，皆遣化往，施作佛事，饶益众生。于是香积如来，以众香钵盛满香饭，与化菩萨。时，彼九百万菩萨俱发声言：我欲诣娑婆世界，供养释迦牟尼佛，并欲见维摩诘等诸菩萨众。佛言：可往！摄汝身香，无令彼诸众生起惑着心。又当舍汝本形，勿使彼国求菩萨者，而自鄙耻。又汝于彼，莫怀轻贱而作碍想。所以者何？十方国土，皆如虚空。又诸佛为欲化诸乐小法者，不尽现其清净土耳。时，化菩萨既受钵饭，与彼九百万菩萨俱，承佛威神及维摩诘力，于彼世界忽然不现，须臾之间，至维摩诘舍。时，维摩诘即化作九百万师子之座，严好如前，诸菩萨皆坐其上。时，化菩萨以满钵香饭与维摩诘，饭香普熏毗耶离城及三千大千世界。时，毗耶离婆罗门居士等闻是香气，身意快然，叹未曾有。于是长者主月盖，从八万四千人，来入维摩诘舍。见其室中菩萨甚多，诸师子座高广严好，皆大欢喜。礼众菩萨及大弟子，却住一面。诸地神、虚空神，及欲色界诸天，闻此香气，亦皆来入维摩诘舍。时，维摩诘语舍利弗等诸大声闻：仁者可食，如来甘露味饭，大悲所熏，无以限意食之，使不消也。有异声闻念：是饭少，而此大众人人当食。化菩萨曰：勿以声闻小德小智，称量如来无量福慧。四海有竭，此饭无尽。使一切人食，抟若须弥，乃至一劫，犹不能尽。所以者何？无尽戒、定、智慧、解脱、解脱知见功德具足者，所食之余，终不可尽。于是钵饭，悉饱众会，犹故不儩。其诸菩萨、声闻、天人，食此饭者，身安快乐，譬如一切乐庄严国诸菩萨也。又诸毛孔皆出妙香，亦如众香国土诸树之香。

尔时，维摩诘问众香菩萨：香积如来以何说法？彼菩萨曰：我土如来无文字说，但以众香令诸天人得入律行。菩萨各各坐香树下，闻斯妙香，即获一切德藏三昧。得是三昧者，菩萨所有功德皆悉具足。彼诸菩萨问维摩诘：今世尊释迦牟尼以何说法？维摩诘言：此土众生刚强难化，故佛为说刚强之语，以调伏之。言是地狱，是畜生，是饿鬼，是诸难处，是愚人生处。是身邪行，是身邪行报。是口邪行，是口邪行报。是意邪行，是意邪行报。是杀生，是杀生报。是不与取，是不与取报。是邪淫，是邪淫报。是妄语，是妄语报。是两舌，是两舌报。是恶口，是恶口报。是无义语，是无义语报。是贪嫉，是贪嫉报。是瞋恼，是瞋恼报。是邪见，是邪见报。是悭吝，是悭吝报。是毁戒，是毁戒报。是瞋恚，是瞋恚报。是懈怠，是懈怠报。是乱意，是乱意报。是愚痴，是愚痴报。是结戒，是持戒，是犯戒。是应作，是不应作。是障碍，是不障碍。是得罪，是离罪。是净，是垢。是有漏，是无漏。是邪道，是正道。是有为，是无为。是世间，是涅槃。以难化之人，心如猿猴，故以若干种法，制御其心，乃可调伏。譬如象马㺶悷不调，加诸楚毒，乃至彻骨，然后调伏。如是刚强难化众生，故以一切苦切之言，乃可入律。彼诸菩萨闻说是已，皆曰：未曾有也。如世尊释迦牟尼佛，隐其无量自在之力，乃以贫所乐法，度脱众生。斯诸菩萨，亦能劳谦，以无量大悲，生是佛土。

维摩诘言：此土菩萨，于诸众生大悲坚固，诚如所言。然其一世饶益众生，多于彼国百千劫行。所以者何？此娑婆世界有十事善法，诸余净土之所无有。何等为十？以布施摄贫穷，以净戒摄毁禁，以忍辱摄瞋恚，以精进摄懈怠，以禅定摄乱意，以智慧摄愚痴，说除难法度八难者，以大乘法度乐小乘者，以诸善根济无德者，常以四摄成就众生，是为十。彼菩萨曰：菩萨成就几法，于此世界行无疮疣，生于净土？维摩诘言：菩萨成就八法，于此世界行无疮疣，生于净土。何等为八？饶益众生而不望报。代一切众生受诸苦恼。所作功德尽以施之。等心众生谦下无碍，于诸菩萨视之如佛。所未闻经，闻之不疑。不与声闻而相违背。不嫉彼供，不高己利，而于其中调伏其心。常省己过，不讼彼短，恒以一心求诸功德。是为八法。维摩诘、文殊师利于大众中说是法时，百千天人皆发阿耨多罗三藐三菩提心，十千菩萨得无生法忍。

想吃饭的菩萨

"于是舍利弗心念：日时欲至，此诸菩萨当于何食？"我们讲的时间拖得很长，都半年多了，维摩居士那边还在上午，差不多快到中午了，经中人物都还饿着肚子。后来有个人动了念头，就挨骂了，这个人还是舍利弗。

照佛教规矩，中午是佛吃饭，早晨是天人吃饭，晚上是鬼吃饭。因为佛在世时是过着人道的生活，所以人道也在中午吃饭，这一点要注意。

过午不食是以每一个地区太阳当顶时，作为佛吃饭的时候。但这也不是死板的，梁武帝（《梁皇忏》就是志公和尚为梁皇夫人所作超度的法门）常常去庙子吃饭布施，皇帝不到，庙中的和尚不敢开动。有一天过了中午他还不到，大家心中想今天这一顿靠不住了，要饿到明天中午了。他后来终于到了，大和尚照样要大家吃，理由是皇帝是天子，上帝的儿子刚来，可见太阳正当顶，大家吃啦！所以中国的这些大和尚很通达。

至于为什么过了午时不可以吃饭，有什么理由？真要讲过午不食非常难，看你持哪一个"午"。严格讲，过午不食还有密法的，修持到了某个境界是不可以吃的，那个才是过午不食。一吃下去，你的定力会被破坏。那个"午"是活午，是不定的。等于道家修行时有活子时，这个子时是不定的。这个是大秘密，可能千多年来都没有人说破过，今天给你们透露一点点。所以这个午时就很难讲了，将来你修持工夫到了的时候，我再告诉你。

舍利弗心中想，已经要到中午，这么多的菩萨和天人要怎么吃饭？

"时，维摩诘知其意而语言：佛说八解脱，仁者受行，岂杂欲食而闻法乎？若欲食者，且待须臾，当令汝得未曾有食。"舍利弗念头才一动，维摩居士就知道了，就对舍利弗说，学佛是学解脱。八解脱以前说过了，这里不重复。这个是真的问题，你学解脱，肚子饿了你空空看！你空不了就不要学佛，那是自欺。你若工夫到了，真可以空得了，就不需要饮食，这是真的。你们学佛，道理都会讲，修持做不到。

佛说饮食有四种：段食（又叫抟食，用手、用筷、用刀叉吃食，一日三顿）、触食（感觉、交感，皮肤的触觉、呼吸都是）、思食（思想）、识食（八识有关的识）。吃饭时青菜牛肉大葱，只不过是段食中的一种，营养不过是如此。人不只是靠营养而活，修定得道的人可以很久才吃一次，也不会死。

触食比段食还要严重。你营养很好，但是没有呼吸就完了。呼吸不只是口鼻呼吸，把人从心口以下埋在土里，不用多久也会死的，因为全身都要呼吸。按中医的理论，人身上的脉不只在手腕，身上到处都有，一个人还有没有脉，最后还要靠屁股上的脉断定，就是臀部那里。如果那里都没有脉了，绝对救不回来了。这些都是触食，是交感的，现在的心电图、脑电图的测定都与这个有关。

第三种是思食，也很重要。不让你思想你会发疯的，那是最残酷的刑罚。不让你有机会想，不让你乱看，三五天就疯了，比杀你的头还厉害，所以思想自由是很重要的。

识食就难懂了，要入大阿罗汉定的人才懂，他入定可以定八万四千劫肉体不坏，不吃不屙。第八阿赖耶识转了，定在那里，智识充实，不需要饮食。

你们出去讲经，只晓得讲食有四种，但是对于这四食没有亲证。像饮食，确实可以断去的，不过你们不要自己乱修，不懂正确方法一定搞成胃出血要开刀。以前有位很有名的修道人，他练辟谷，练到胃出血，最后血液中毒，走到腿上去，那条腿就必须开刀切除，成了残废。胃是个吊住的袋子，它是会蠕动消化食物的，如果胃空空的，它还是会蠕动，结果胃的内壁互相摩擦，就磨出血了。你得了定，心跳和胃的活动都变得很慢，胃中也是充气的，不是全空，就不会磨出血。你们不要看我有时不吃不睡就跟着我学，我不吃不睡还可以写文章，还可以骂人。你学会了，我这个位置让给你，还给你磕九个头，因为我可以撒手去休息了。所以不要乱学啊！

生命存在要吃饭，《维摩诘经》现在讲到吃饭，吃饭是修行上一个很重要的问题，道家很注重"辟谷休粮"，就是避吃五谷和其他粮食。汉初的张良协助汉高祖打天下，事情成功后他就去修道，据历史上记载，他已经到了辟谷的阶段，最后吕后强迫他好好饮食，因此而死了。

很多学佛修道的人想做到不吃饭，但是多半会出毛病。所以我们对于这一段经文要特别注意。这一段经文在中国文学上也占很重要的地位，唐宋以后，经常在诗词中看到"香积厨"这个名称，把人家家庭中，尤其是庙子上的厨房称为"香积厨"。"香积"就是本经的香积佛的国土，是上方世界，十方世界各有佛国土，上方是香积佛国土。

现在我们再回头看维摩居士对舍利弗讲的一段话："佛说八解脱，仁者受行，岂杂欲食而闻法乎？若欲食者，且待须臾，当令汝得未曾有食。"学佛是学解脱，饮食也是一种束缚。教理上讲我们生命功能被五种大类盖住了、遮住了，大的五盖就是色、声、香、味、触，小的五盖是男女饮食方面的：财、色、名、食、睡。我们之所以不能成道，就是被这些遮住了。要解脱，就要解脱掉这些。我们学佛的人自己检查一下，在这一方面解脱了多少？恐怕很难，能解脱一点点的几乎连半个人都没有。大的解脱更难，就是所谓的"八解脱"，又叫作"八背舍"，解脱就是抛弃，是与世间法违背的。学佛最基本就是要得八解脱，例如第一个要解脱的是身体，能不能解脱身见。大家打坐念佛，闹了半天都在身体上闹，身见不能解脱就身心都不能解脱。

所以维摩居士就对舍利弗说，你是佛的首座弟子，学佛是为了达到八解脱，你亲身受了佛的教育修行，究竟解脱了什么？一餐饭迟了一点，还没有吃，你就已经受不了了，你掺杂有欲界的饮食观念，又何必来研究佛法？

换句我们现在的话讲，维摩居士是教训舍利弗，你修行修个半天，是修个什么东西！这话骂得很严重。孔子讲"饮食男女，人之大欲存焉"，告子讲"食色性也"，这都是欲界中人性存在的，这些不解脱是不能成道的。

不过维摩居士骂归骂，人家来了总是客人，当然要请这几万人吃饭。此时，维摩居士就说，你等一下，我让你吃到你从来没吃过的饮食。

众香国的佛与香

"时，维摩诘即入三昧，以神通力，示诸大众"，当时维摩居士就自己入定了。入定是普通话，定的境界太多了。众生一起心动念，就有八万四千烦恼，诸佛菩萨定的境界，就有八万四千三昧不同。"三昧"是梵音，"三"这个音就是中文的"正"，"三昧"就是正受。那种非常特别、非常超越的感受，就是定的境界。唐宋以后，"三昧"这一句名词就融入中国文学，指有超越的成就，有特殊的境界。有人特别会画，就说是得绘画三昧；打拳打得好，就得武功三昧。别的经典也有把"三昧"翻成"殊胜"或"胜境"。"胜"不是胜利，是超越一切，没法能比的意思。

维摩居士入定之后，就展现神通，神通都是要在定境中才发出来的。维摩居士展现了什么呢？下面有交代。

"上方界分，过四十二恒沙佛土，有国名众香，佛号香积，今现在。"一个太阳系算一个世界，我们这个地球只是其中一个星球而已。现代天文学证实，像这样的太阳系在太空中不知道有多少，可见佛说的都对，其他宗教的天体观念统统垮了。这里说，维摩居士以神通力向上方走，过四十二恒河沙佛土。而一粒沙等于一个佛的国土。一佛国土是三千大千世界。你不要说像恒河这样的大河有多少沙了，即使一条小河川，也有数不尽的沙子！所以究竟向上走了多远，即使用现代科学光年的概念，也无法说得清。如果是我们，这一餐饭就吃不到了。

在那么远的上方世界，有个佛土名叫众香，有位佛，名号叫香积，现今还在。即使到我们这个时代，这位佛还是存在的。当时讲经距现在有两三千年，在佛看来只是一弹指的事。那个世界不在欲界，也不在色界，也不是无色界。像阿弥陀佛的国土和香积佛的国土等，都是超出三界的，所以那边的境界是殊胜的，如何殊胜？看下文：

"其国香气，比于十方诸佛世界人天之香，最为第一。"香积佛国佛土的香，当然不是我们这个世界的什么檀香、香水比得上的，而且十方一切诸佛世界、神人的香味都不能比的。这个不是我们容易了解的，因为我们人都很臭，不过闻惯了不觉得，所以要斋戒沐浴之后，才敢做最恭敬的事，在东西方都如此。

"彼土无有声闻辟支佛名，唯有清净大菩萨众，佛为说法。"香积世界没有小乘的人，也没有小器的人，没有声闻众阿罗汉，只有清净的大菩萨众，香积佛亲自为他们说法。

"其界一切，皆以香作楼阁，经行香地，苑园皆香。"在这个世界，有神通变化的亭台楼阁，都是香做的，当然不是我们这个世界的建筑形式，那里打坐走路的地方，园林里面，都是香。

"其食香气，周流十方无量世界。"那个世界的人还是要吃饭的，那边食物的香气，散布到十方无量世界。我们有没有闻过？好像有些人打坐时，闻到点檀香味就觉得已经不得了了。

"时，彼佛与诸菩萨，方共坐食。"维摩居士一现神通，在他房间里的几万人，立即看到香积国的景象，见到香积佛和他的弟子们坐在那里吃饭。

"有诸天子皆号香严，悉发阿耨多罗三藐三菩提心，供养彼佛及诸菩萨，此诸大众莫不目见。"上方世界有诸天神，他们都叫作"香严"，都已经发了无上正等正觉之心，只是还没有证佛果而已。这些天人，都在恭敬供养香积佛和诸位菩萨。

我们这个世界的物质供养是衣服、饮食、卧具、汤药四种，供养长辈、众生、佛菩萨。心的供养，最上品的供养是法供养。法供养就是每一部经典最后一句："依教奉行。"依据佛所教你的，很诚恳地听话去实行。每部经典的第一句都是"如是我闻"，最后一句都是"依教奉行"。

"时，维摩诘问众菩萨：诸仁者，谁能致彼佛饭？"这真妙不可言，你看维摩居士在整人，大家在肚子饿，四大皆空，只有肚子这第五大空不了。维摩居士就现神通，让他们看到香积佛正带弟子们在吃饭，又香又好。当时恐怕很多人看了都在流口水。这还不算，维摩居士又问众菩萨，他还不问小乘的罗汉，低年级生不问。他问哪一位可以上去拿一下？这真把大家整惨了。

"以文殊师利威神力故，咸皆默然。"文殊师利菩萨是领头的，他不表示意见，其他的菩萨们，包括观世音菩萨等，都不讲话。其实这些菩萨们都做得到，是在和维摩居士唱双簧，来教训低年级的小乘罗汉们。

"维摩诘言：仁此大众，无乃可耻。"这句话骂得严重了，维摩居士就说，在座诸位太可耻了吧！

"文殊师利曰：如佛所言，勿轻未学。"这时文殊菩萨开口顶回去了，他就对维摩居士说，老哥，请注意，佛教导我们千万不要轻视任何一个人、一个众生，乃至一条虫、一头牛，都不该轻视，这是东方文化儒、释、道共通的。不要因为人家是初学者，而轻视他。这里是用未学，有的经典用末学，也是一样。你们有时写信给我，信中自称愚生，这用错了。愚是老师、长辈的谦称，我们年轻时，有的老师写信给我们，他会谦称自己为愚兄；我的娘舅写信给我，会自称愚舅；哥哥写给弟弟，也可以用愚兄；学生写信给老师，自称愚生就不可以。你是愚生的话，我这老师就该死。我讲了多少年了，你们还是有人写信用愚生，真是愚不可及，这个愚字是不能乱用的。

我了解你们自己觉得笨，所以用愚。其实用愚字是假谦虚的。你是愚生，干脆称我笨师好了。你写信给前辈，人家身份地位高，但是又同你没有什么特别的关系，也不是亲戚、长官、师长，就自称末学。还有人自称后学，这又不同，后学是一般的谦称，比末学还高一些。出家人外出参访善知识，但也不是老师，就可以自称学人某某合十，或学人某某顶礼。到了现在学人又不能用了，以前讲学人是说自己还在学习阶段，还没到果位。现在自称学人，不懂的人反而会骂你竟敢如此傲慢。所以我们老辈子的人，活到这时代真不知道干什么！

《瑜伽师地论》大乘菩萨戒，第一条就是戒自赞毁他，那是根本重戒。学大乘菩萨道的人是绝对的谦虚，不轻视任何一个人。换言之，不轻视任何一个人，也就是尊重任何人！维摩居士在这里犯了一条戒，他骂这些菩萨们太可耻了，文殊菩萨马上纠正他。从这一点可以看出来，文殊菩萨和诸大菩萨是故意把神通压住，等维摩居士表演，因为他才是这部戏的主角。

好！这一下谁去拿饭？你们想修到不吃饭的境界，问题都在这里头，怎么才做得到？最近要你们看憨山大师的年谱，他一入定就好多天不吃饭，那只是初步的，真要做到入定不需要吃饭，谈何容易！那要做到段食和触食都不需要了，到了只有思食和识食的境界。我们普通人是四种都要吃的，像所谓的精神食粮就是思食，知识分子不读书就难过，这就是第三种饭，一定要吃。你们有些人既不读经，又不研究，你三餐饭都不吃会长大吗？不想看书，光听经，只用耳朵来吃是靠不住的，你没有吃进去的！

这一段经文我们读起来好像是神话境界，其实是真实的。前面讲的八解脱中，第一个就是色身解脱，色身就是我们的肉体，由四大合拢而来。色身的解脱不是由工夫来的，还是靠智慧。借用道家的说法，是到了"身外有身"，或是得了《楞伽经》所讲的"意生身"，那么可以得到五阴解脱。色身是最难解脱的，我先把这个秘密讲穿了，然后再看这一段经文，就知道很严重了。

化身菩萨取食之旅

"于是维摩诘不起于座。"注意这句话，他不用另外一个方法，就在本位上。哪一个本位？可以说是打坐的本位，也可以说是自性的本位。

"居众会前，化作菩萨，相好光明，威德殊胜，蔽于众会。"既然别人不动手，维摩居士只好自己表演，不起于座，大家都看到，十方诸佛也看到。他没有像小说上写的放一阵烟雾，很自然地就化成另外一位菩萨，这就是他的身外之身。他化作这位菩萨，相貌好得不得了，那个庄严是讲不出来的，一站出来，所有在场的众人和大菩萨，都给盖下去了，变得黯然无光。

"而告之曰：汝往上方界分，度如四十二恒河沙佛土，有国名众香，佛号香积，与诸菩萨方共坐食。"维摩居士告诉自己化身的菩萨，命令他上去众香国找香积佛。

"汝往到彼，如我词曰：维摩诘稽首世尊足下，致敬无量，问讯起居，少病少恼，气力安不？"这是维摩居士交代化身菩萨对香积佛讲的外交辞令，像是大使到任何他国，给地主国元首送上一封国书的辞令差不多，什么政躬康泰、国运昌隆这一套。不过这里是佛与佛见面的外交辞令。"稽首"就是磕头顶礼。我们磕头拜佛时，两手掌心上翻，表示让佛的双足踏在自己手上，自己的头挨到佛的脚背。维摩居士要化身菩萨代他向香积佛磕头。

"致敬无量"，这句话你们写信给老前辈或是父母都可以用，表达无限的恭敬。"问讯起居"，问候平常生活。中国古时皇帝身旁跟着一个史官，写起居注，是中国文化特色。他把皇帝每日生活的细节都记录下来，皇帝做错了什么事，要他改记录，他可以不听皇帝的。有的史官宁可杀头也不改，因为皇帝和他都要为历史负责。所以古时的皇帝和大臣都不容易当，因为史官给你下一笔就完了。

"少病少恼，气力安不？"你看连佛都会有病有恼，其他经典记载佛与佛的问候语，还多一句"众生易度否？"这佛也不是好当的，得了天下笨才而教之，众生脾气又难以调伏，当然会有烦恼。每天这么讲，也是会生病的。所以没有病的，除非是法身和化身，这个肉身是不免病苦的，只要少病少恼，就是无上的幸福了。绝对的无病无痛苦的，我的朋友中只有两个，不过一个死掉了，一个还没生。修行能到了少病少恼，就是第一流的人。

"愿得世尊所食之余，当于娑婆世界施作佛事，令此乐小法者得弘大道，亦使如来名声普闻。"这是维摩居士教化身菩萨讲的第二段话。第一段话还蛮好听的，第二段话就开口要东西了。他让化身菩萨代表他去讨饭，这成了出家人"乞士"了。乞士是上乞法于佛，下乞食于人。普通人说出家人吃十方，维摩居士吃到天上去了，到佛前去讨饭。希望佛把吃剩下来的饭，布施给下方的娑婆世界尝尝味道。

"娑婆"读如"梭婆"，不读成"沙婆"，是翻音，意义是堪忍，能够忍。这个世界很痛苦，烦恼大得很，空气污染，思想也污染，《阿弥陀经》说这是"五浊恶世"。诸佛菩萨很佩服众生能忍受这个世界，难忍而忍下来，所以叫堪忍世界。你看大家都在忍，在骗自己，希望到三十岁会运气好一点了，到了六十岁，喔！七十五岁要转运了。

　　娑婆世界另外一个意义是缺陷世界，这个世界没有一样东西是没有缺陷的。不知你们有没有看过《浮生六记》这本言情小说，如果没有，那还懂什么文学？它里面描写夫妇之间的感情，好得那样，但是苦一辈子！男女感情好一辈子的，不是穷就是没有孩子，或者没有其他的。什么都有的，没有这回事，或者其中一个就要早死，绝对没有给你圆满的。如有夫妇俩白头到老，儿孙满堂的，这两位可能一天到晚吵架，等到老头子或是老太婆走了，没有对象吵了，剩下一位也很快走了，真应了《红楼梦》说的，"不是冤家不聚头，冤家聚头几时休"。这叫娑婆世界，有缺陷，没有缺陷就不叫娑婆了。你们有些年轻人，结婚不久就有埋怨之心，不要埋怨啦！阿弥陀佛！娑婆世界的事是难忍能忍啊！

　　维摩居士向香积佛要饭，好在娑婆世界做一点佛事。娑婆世界的人都很小器，念一句佛还要吵是"带业往生"还是"消业往生"。我出来讲了一次，就结了冤家，还写信说要我下十八层地狱。好在我早有准备，已经在十八层地狱之下盖了地下室，这个世界之可怜真无法说。维摩居士希望这边众生吃了香积佛的饭，使原本乐于小法的，能够知道大法，也可以为香积佛宣传。

　　"时，化菩萨即于会前升于上方，举众皆见其去，到众香界，礼彼佛足。"维摩居士交代化身菩萨完了，化身菩萨才动身的，坐在维摩居士房中的大众看到他走了，也见到他向佛顶礼，向佛说话。究竟这是法身还是化身，还是报身？你们参参看，这是个大话头。你们要参话头，不要去参"念佛是谁""狗子有没有佛性"，这些都是空话，你要参，就参这大话头。

　　"又闻其言：维摩诘稽首世尊足下，致敬无量，问讯起居，少病少恼，气力安不？愿得世尊所食之余，欲于娑婆世界施作佛事，使此乐小法者得弘大道，亦使如来名声普闻。"大家听到化身菩萨转述维摩居士的话，一字不少。

"彼诸大士见化菩萨，叹未曾有！今此上人从何所来？娑婆世界为在何许？云何名为乐小法者？即以问佛。"派去的化身菩萨把维摩居士的话讲完后，上方世界的这些大菩萨觉得奇怪了，不知道这个外国人从哪来的？就问佛，这位"上人"哪来的（你们尊称师父就可以用上人，上师是西藏规矩）？这个娑婆世界在什么地方？什么是小法？

香积佛介绍维摩居士

"佛告之曰：下方度如四十二恒河沙佛土，有世界名娑婆，佛号释迦牟尼，今现在于五浊恶世，为乐小法众生敷演道教。"香积佛就告诉他们，娑婆世界就在我们这个世界往下走，那边有位释迦牟尼佛，正在那个污浊的世界传真理。这里的"道教"不是指道家，唐宋以前，真理就叫作"道"。

"彼有菩萨名维摩诘，住不可思议解脱，为诸菩萨说法，故遣化来，称扬我名，并赞此土，令彼菩萨增益功德。"那边有位维摩诘菩萨，是真得到不可思议解脱的。他正在说法，所以派了自己的化身来化缘，他在下方娑婆世界宣扬我的功德和我们的国土，为那边世界的众生增加一点功德。增加什么功德呢？使他们恭敬他方世界的佛。

"彼菩萨言：其人何如，乃作是化？"香积佛带领的菩萨又问，那位维摩诘是什么样的人，为什么派化身来，做这样教化的事？化身就是身教，俗话说，言教不如身教。学佛成就了一定有化身的，搞小神通的谈都不用谈，只看能不能拿出化身来。维摩居士就用化身的事实，对众人作了个很好的教化，看到学佛的成就就是如此。

"德力无畏，神足若斯？"他的功德成就威力有如此之大，得无畏力，简直是位佛了，所以神通那么的俱足。

"佛言：甚大！一切十方，皆遣化往，施作佛事，饶益众生。"香积佛说，那维摩诘的成就大得很，他的肉体虽然住在下方世界，他的化身随时可以去十方世界，做佛事，利益众生。"饶"是加强扩大之意。

"于是香积如来，以众香钵盛满香饭，与化菩萨。"香积佛就用他香气做成的饭碗，添了一碗饭，交给了维摩居士的化身菩萨。

上方菩萨来访维摩居士

"时，彼九百万菩萨俱发声言：我欲诣娑婆世界，供养释迦牟尼佛，并欲见维摩诘等诸菩萨众。"那时，香积佛面前有九百万菩萨。注意这个数字，只有九百万，不是一千万，没有整体，为什么？要懂得这数字的理，就懂《易经》了。九是阳数的极点，是至阳纯阳之气。上方世界是至阳之气，没有一点阴，所以五阴皆空。阳气充满了，才可以不吃饭，非到这个境界不行，所以再三告诉你们，不要乱去学断食。但是上方世界的他们还是要吃饭，吃什么？香积佛的饭，这是个秘密。虽然到了不食人间烟火的境地，老实讲，另外有吃的，上方世界不是吃人间烟火做的饭，它自然会来的，而且吃了一次可以一百年不用再吃，至少吃了很满足。这都是秘密。所以这个九百万的数字不是神话，是真实的工夫、真实的境界。

当时这九百万菩萨，就要求香积佛放他们假，想跟这位化身菩萨下去娑婆世界，供养释迦牟尼佛，同时也见一见这位维摩诘菩萨。

"佛言：可往！摄汝身香，无令彼诸众生起惑着心。"香积佛批准了，但是有个条件，你们要用神通把自己身上的香味收起来。因为这个娑婆世界的众生都臭得很，吃猪肉的人身上就有猪味，吃牛羊的有牛羊腥味，你们香积佛国去的菩萨一去，会害了娑婆世界的众生，会起烦恼，会有香臭相对的分别心，而起自卑感。

"又当舍汝本形，勿使彼国求菩萨者，而自鄙耻。"第二个条件，你们要把身体变成同娑婆世界众生一样，因为你们太漂亮了，如果不变一变，他们看了你们又会起自卑感。要变成什么样呢？像四川人说的土话，"面带猪像，心头明亮"，把智慧藏起来。

"又汝于彼，莫怀轻贱而作碍想。所以者何？十方国土，皆如虚空。"第三个条件，吩咐他们不要犯戒，不要对其他人起轻慢心，只要心存一点傲慢，就是犯了菩萨大戒，是很严重的。如果有这样的念头，道业就会受障碍。什么理由？不要被任何世界、任何人的表面现象骗了，真正的佛土不是净土，也不是秽土，没有土的！真证到虚空了，才真证到佛果。什么是真正的佛土？证到了空。如果证到了空，那又何必一定往生西方、南方、北方？方方大吉，门门皆利，一切是唯心的，哪一方不好？你们还用算命看风水吗？

"又诸佛为欲化诸乐小法者，不尽现其清净土耳。"这是个附带的条件，你们到了娑婆世界，不要轻视那儿，因为释迦牟尼佛和其他诸佛，为了教化这些小器的众生，而使他们的国土呈现不干净，那是故意的。你们若是起了一点轻视的念头，就立刻回不来了。所以人不要向高处走，走惯了很严重的，一堕落下来就再也爬不上去了。人一定要永远保持本色，维摩居士"不起于座"也是完全保持本来面目，不看你特别高贵，也不看你特别低贱。《金刚经》上也说"是法平等，无有高下"，学佛的人要养成这样的心境，"心平行直"是佛法的基本起点，也是最高的成就。

"时，化菩萨既受钵饭，与彼九百万菩萨俱，承佛威神及维摩诘力，于彼世界忽然不现，须臾之间，至维摩诘舍。"当时，这位维摩居士化身的菩萨就接受了香积佛给他的这碗饭，带着香积佛国的九百万菩萨一起下来。这些人是靠着香积佛和维摩居士的威力和神通，刹那间就来到维摩居士的房间了。我们要记得，维摩居士那间方丈大的房间，当时已经坐了很多人，有人世间的菩萨三万二千人，还有更多天人，现在又加上这九百万上方世界来的大菩萨。

"时，维摩诘即化作九百万师子之座，严好如前，诸菩萨皆坐其上。"当时维摩居士以神通之力，立刻又变出九百万张师子之座（这不是狮子座，是老师上师之座）。这些增加的座位，与之前变出来的座位一样庄严，上方世界来的九百万菩萨，就坐上去了。

"时，化菩萨以满钵香饭与维摩诘，饭香普熏毗耶离城及三千大千世界。"化身的菩萨就把化缘而来的香饭交给了维摩居士的肉身。我们当时不在座，否则非抢不可，这香饭之香，不只是毗耶离城当地充满了饭香，连三千大千世界都闻得到，这个饭实在很奇怪。

"时，毗耶离婆罗门居士等闻是香气，身意快然，叹未曾有。"当时城中的婆罗门和居士等人（婆罗门是印度社会最高阶级的人，居士也是特殊身份的人，前面提过了），闻了饭香味，身体和精神都很快活，那是从来没有经历过的。

"于是长者主月盖，从八万四千人，来入维摩诘舍。"长者同居士都是年高有德的人，主月盖是人名，他又带了八万四千人，来到维摩居士的房间。

"见其室中菩萨甚多，诸师子座高广严好，皆大欢喜。礼众菩萨及大弟子，却住一面。"这八万四千人来到房间时，看到已经有这么多菩萨在场，又有这么多这么好的座位，心中无限欢喜。因为维摩居士没有请他们坐，只好买站票，向菩萨和罗汉们行礼之后，就退站到一边去了。

"诸地神、虚空神，及欲色界诸天，闻此香气，亦皆来入维摩诘舍。"饭香又引来了地神（土地公、城隍等）、虚空神（虚空中的神很多了，夜叉、罗刹等）以及欲界色界中的天人，都来到维摩居士的房间。

这一段的文字很容易懂，重点在饭，饭香引来了那么多人。维摩居士方丈之室，何以能容纳那么多人？而且从香积佛那儿化缘来的饭只有一碗，这么多人怎么吃？其实，我们世界上也只有一碗饭，世界上有这么多人吃，这个道理也要注意一下。我们世界上的土地也不多，可是有那么多人住，而且那么多人活着都是为了吃饭。中国北方道教龙门派的主要道观是北京的白云观，门口有副对子非常好："人间莫若修行好，世上无如吃饭难。"每天能打坐念佛，什么事也不用管，是最大的福气与享受。可是这碗饭哪里来？生命非要这碗饭不可。这个里面就是个大问题。

"时，维摩诘语舍利弗等诸大声闻：仁者可食，如来甘露味饭，大悲所熏，无以限意食之，使不消也。"当时场面很大，维摩居士就讲话了，他说这个饭不是普通的饭，是佛甘露法味的饭（甘露味是形容，不是说用甘露水做的），吃了可洗净烦恼，永远得到清净。

甘露不是普通的露水，中医熬药有用阴阳水的，这阴阳水有很多种，有河水同井水，也有雨水同井水合起来煎药。还有用无根水，那就是接下来的雨水。讲究茶道的，用什么水来泡茶，也是大有学问。修道的人有很多丹药要用露水来熬才有药效。汉武帝为了自己炼丹药，用了国家经费建了一个承露台，是一个很高的台，台上有个柱头，柱头上塑一个人，手中拿一个盘，用来接露水。

甘露并不是露水，真正的甘露诸佛菩萨有，我们自己也有，但是一定要禅定到了某个程度才尝到。在定中天人合一境界，肉身与天地交通，像庄子所说"与天地精神相往来"，那时就不是口水，而是有种甘甜的液体从头顶上流下到口中，源源而来。这正如朱熹的诗"为有源头活水来"。密宗所谓的灌顶，也就是用自己的甘露灌顶。到了这个境界，头顶就随时是清凉的，乃至有种快活感觉贯通全身。

所以真正的甘露是很难得的，要如何才能成就甘露灌顶呢？就要注意下一句话"大悲所熏"。不是你小器心态，只顾自己修道可以得到的，纵然你偶尔得了一点清凉境界，也是不算数的。要大慈大悲无量功德圆满了，才能到那个境界。维摩居士也提醒当时在座大家，不要拿人世间的意识、有限度的心量来吃这一碗饭，否则你吃下去也不消化。

这一段经文一看就懂，但它文字的内义，却是要配合真实的修持。我们凡夫学佛，通常都是以有限度的意识在修，为自己在求，顶多为自己成道而已，嘴中念慈悲，心中一点不慈悲。这样是无法成就菩萨大愿大行的功德。没有大乘的心量，吃了香积佛的饭也不会消化。

永远吃不完的饭食

"有异声闻念：是饭少，而此大众人人当食。"异声闻是小乘声闻中特别的一种，是异部声闻，虽然是学佛，但是见解有偏差，也可以算是外道。《大藏经》中就有部经典叫作《异部宗轮论》，佛过世以后，声闻弟子分了很多门派，对于五蕴的解释和修持的经验各有不同，因此形成了二十个宗派，彼此互不同意。这些争论，很多也保留了下来，这是佛教伟大的地方，能包容不同见解，《异部宗轮论》中也有他们独到的见解。

当时在座有异声闻的小乘人，听到维摩居士请大家用饭，心中就想，那么多人怎么分这一碗饭？你们要注意，小乘的人是不容易发大悲心的。

"化菩萨曰：勿以声闻小德小智，称量如来无量福慧。"当时这异声闻的人一动念，化身菩萨就知道了，就告诫他，你不要用声闻人的小器量、小功德智慧，来推测佛的无量福德智慧，这不是你能推测得到的。讲到这儿，我们先岔进来一个故事。

达摩祖师到了中国，还没找到传人，在嵩山面壁打坐入定。二祖神光以最至诚的心来求道，达摩祖师没理他，他就一直合掌站在雪地里等。书上没讲他站了多久，可是提到降雪都超过他的膝盖了。那有多辛苦啊！但是他毫不动摇，结果达摩祖师回头问他究竟来求什么，二祖神光就说，要请大师开示无上大法甘露法门。为什么他不说求别的，而只求甘露法门？达摩祖师回答："诸佛无上妙道，旷劫精勤，难行能行，非忍而忍。岂以小德小智，轻心慢心，欲冀真乘，徒劳勤苦。"禅宗虽然讲不立文字，可是我们当年看了这些文字，几十年都能背下来的。你只看过了有什么用？不但要背下来，还要把每一句话回到心里检查自己。

因为《维摩诘经》这里讲到"小德小智"，所以我引述了达摩祖师这句话。大家觉得自己学佛很诚心，甚至出了家受了戒。但这些都是表面文章，你没有至诚的心理和行为，都是在用禅宗祖师骂人的"偷心"来学法。偷就是偷巧，作一点小小的功德，表示一点小小的恭敬，就认为自己不得了了，就想得到大法，那是不可能的！所以达摩祖师说，无上大法是要"旷劫精勤"修来的，要从无始劫以来，发心精进勤劳修行而来。像你这样合个掌站在雪里等，能算什么？小忠小信而已！不是恭敬，是轻心，还有慢心。如果是我们，听了一定不服，格老子，我非揍你达摩祖师不可！我已经这么辛苦了，你还这样讲。

但二祖神光不同，被达摩一骂，就在此时断臂。他这个时候，没有什么可以供养的，没有什么可以表示自己的诚心，急得只有抽出戒刀，砍掉一条手臂供养了。二祖没出家之前就已经学问高超，为人讲《易经》。出家之后，在河南打坐修定好多年了，现在仍然要求菩提大道。你们能把这些祖师和密勒日巴祖师求道的过程，整理出书，相信大家读了都会掉眼泪的。达摩祖师要他那条手臂干什么？但到了这个时候，才开始接引他。

《金刚经》上说："当知是人、不于一佛二佛三四五佛而种善根，已于无量千万佛所种诸善根。"这样的人才能听到如来般若空的道理，所以就有那么难！一般人常常认为，佛经就是佛经嘛，我们修行过来的，才知道佛经的每一句话都很真实。

所以化身菩萨就骂异声闻的人，想用声闻乘的小德小智来称量无上佛道。他说：

"四海有竭，此饭无尽。使一切人食，抟若须弥，乃至一劫，犹不能尽。"你不要小看这碗饭，四大海水有干的时候，这一碗饭是永远吃不完的！就算一切人来吃，把饭抟成像须弥山那样高大，用了一劫数的时间，这碗饭都不会见底的。

前面讲过有四种饭要吃，佛境界的饭是什么饭？这一碗饭是最重要的一种食，我们的生命不是只靠吃大米青菜。不过营养愈好，愈会吃出毛病。美国报导有一种实验，一组老鼠给予过量的营养，一组老鼠给予正常定量的营养，一组老鼠经常挨饿。结果营养好的老鼠死得最快，正常营养的，活得比第一组长些，但是后来多半生癌，只有饿饭的这一组活得最长。所以出家同学守过午不食的戒，原来还可以长寿。而《百丈禅师丛林要则》，也以减食为生病时的汤药。

孔子也说过，"食气者神明而寿"，修道的人食气可以长寿，可是我再三告诫你们不要自己乱练，你真会食气（这个当然不是空气的气），就可以吃到香积佛饭，甘露味来了，就永远长寿。孔子又说，"不食者不死而神"，最高成就不需要吃了，就永远不生不死。你说这句话四书五经没有写的，要知道，孔子的话不止是在四书五经之中，这一句是出自《孔子家语》。所以称孔子是万世师表，是至圣，不是随便说说，这些道理他都懂，不过他不向这个路上走，他走的是一肩挑起仁道的路子。

"所以者何？无尽戒、定、智慧、解脱、解脱知见功德具足者，所食之余，终不可尽。"为什么这碗饭吃不尽？这里要注意，学佛大小乘修持共通的步骤：戒、定、慧、解脱、解脱知见。解脱以后所见叫作解脱知见。学佛第一步要持戒，因为持戒可使自心不散乱不昏沉，才能修定。戒律持不好，要想修定必无是处。"戒"就是庄子提到过，也是孔子对颜回说的"心斋"，从起心动念做起。斋同戒是一个东西，得了定才能真发起智慧，智慧成就了，才能解脱烦恼，烦恼解脱了，才能去除无始以来烦恼的根根，由解脱所知所见，才能了一切之源。光解脱，没有发起解脱知见还不究竟，由此可知见地的重要。

原来这碗饭是有无穷尽"戒、定、智慧、解脱、解脱知见"功德成就的佛，所吃的佛食剩下来的。佛境界所吃的饭，是能使一切生命得到滋养满足的，所以当然是无尽的。

"于是钵饭，悉饱众会，犹故不儩。其诸菩萨、声闻、天人，食此饭者，身安快乐，譬如一切乐庄严国诸菩萨也。又诸毛孔皆出妙香，亦如众香国土诸树之香。"于是大家就放心地从化身菩萨那儿接过饭来吃，所有在场的人都吃饱了，再看看那碗饭，"犹故不儩"，"不儩"就是不尽，还是跟没有分赐之前一样多。在场的诸菩萨、声闻、天人吃了这饭，本来生什么病的，都好了，那身心快乐的境界，就和所有极乐世界国土中菩萨的境界一样。同时，吃了饭的人，身上所有毛孔都发出香味，香到与众香国的树一样的香。

这碗饭是四食中哪一种食？现在可以告诉大家，是思食，正思维，戒、定、智慧、解脱、解脱知见完成无量功德所生的精神食粮。所以真正得道的人，不需要吃人间的烟火之食，我们的生命是由无比功德所形成的，我们会觉得饿想要吃东西，是我们的业力之一。这世界上最重的业力，就是饮食和男女，我们欲界的众生很可怜，就是为这两样事劳碌，不能得甘露法味。

香积佛如何说法

"尔时，维摩诘问众香菩萨：香积如来以何说法？"现在饭吃完了，维摩居士就向上方众香国来的大菩萨们提问，香积佛是怎么说法的？

"彼菩萨曰：我土如来无文字说，但以众香令诸天人得入律行。菩萨各各坐香树下，闻斯妙香，即获一切德藏三昧。得是三昧者，菩萨所有功德皆悉具足。"此地这个"土"字，照旧式读法要念成"度"，过去的佛经在这个"土"字的右上角加上一点，表示与土的读音不同。现在人不明白，仍然读土，唉，老土就老土吧！

大菩萨们说，我们那边讲佛法不用文字，也不用嘴说，也不用经本，修法就用鼻观（这个观是观想之意，要读"灌"音）。香积佛国土是用鼻观修法，闻香味就可以悟道。大菩萨在那儿是坐在树下打坐，闻到树的香味，就可以成就，得到功德成就三昧，同时也具足菩萨所有功德。

我们学佛第一步是修功德和福德，福德不具足，智慧不会发起，智慧不发起，没有办法证得菩提。大家想悟道的念头都是妄想，连一点善行都没有，何况是福德！修行就是修正自己的心理和行为，发起大慈悲、利他的心理和行为，成就功德，智慧圆满，才能开悟成佛。

上方香积佛世界的修法与我们娑婆世界不同，他们是用鼻观闻香而得成就，各个佛国土的修法都是一门深入。娑婆世界的众生因为业力重，烦恼多，一念之间有八万四千烦恼，所以佛对这个世界特别慈悲，说了八万四千方便的法门。

六根修持都可以成道的，譬如念佛是用意根来念，念出声音的是用舌根，观音法门用耳根等等。而鼻观是用闻香味来修，我们这个世界在佛前点香，不过我个人不大赞成烧香。佛经上讲香，有烧香、抹香、涂香等好多种，烧香会污染空气，同抽烟一样。我是有抽烟的坏毛病，人家问我为什么要抽烟，我说因为我想做菩萨，做菩萨的每天要忍受被烟熏，有的菩萨熏得脸都黑了。现在有的香是用香水的香做的，这也不好，打坐闻了容易动邪念（这邪念不一定是指男女之间的邪念），会引来一些不必要的魔障。真正的香，以学密宗的人来讲，只有檀香。檀香木出在热带和温带，印度很多，价格比较贵。

至于中国有没有因香味悟道的人？有的，就是宋朝诗人黄山谷，他用功参禅多年都没有悟道，有一天他问师父，希望给他一个简单扼要悟道的方法。他这也是起偷心，偷巧的心理，他的师父是黄龙晦堂禅师，在江西庐山的庙子。晦堂禅师就问他，你念过《论语》没有？这句话今天听听无所谓，在当时却是非常侮辱人的，古代小孩子六岁就要会背《论语》。黄山谷学问那么好，这样问等于是问博士学位的人有没有读过幼稚园的书，真难堪极了。黄山谷答，读过的。

晦堂禅师就说："二三子以我为隐乎？吾无隐乎尔者。"《论语》上记载，有一天孔子告诉他身旁几个学生，你们这几个年轻人，以为我还留了一手吗？我什么秘密都没有保留啊！你们怎么还不懂呢？

晦堂禅师引用这句话，就是在骂黄山谷。黄山谷听了还是茫然，但是我们晓得他这时候心里一定不好受，这样一位文豪名士被人如此骂。晦堂禅师看他不懂，就拂袖向山门外走了，黄山谷就跟在后面走，当时是秋天，桂花盛开。

讲到桂花，我的习气妄想又来了。当年我这个浙江人去了四川成都，在秋天时，我们最喜欢去成都四十里外的新都县。新都有一个湖叫桂湖，湖旁还有个禅宗大丛林叫宝光寺。到了那里是荷花千朵桂千株的景象，一路都是桂花香味，这种境界现在都成了梦中事了。

讲回到黄山谷，他跟着师父走了一段路，晦堂禅师忽然回头问他："闻木樨花香吗？"你闻到了桂花香吗？黄山谷答："闻。"晦堂禅师说："吾无隐乎尔者。"黄山谷当时就开悟了。这是有名的公案，黄山谷闻木樨而悟道。

当然上面这段公案，黄山谷只是破了初关而已，后面还有事的。我们引用来说明香积佛国闻香味而悟道的道理，是不用文字说法。我过去有一位朋友，他打坐非要点檀香不能入定，我就常笑他是众香国人，犯了戒被打下来的。

释迦佛如何说法

"彼诸菩萨问维摩诘：今世尊释迦牟尼以何说法？"众香国

的菩萨就问维摩居士，你们这个世界的教主释迦牟尼佛，是拿什么来说法呢？

"维摩诘言：此土众生刚强难化，故佛为说刚强之语，以调伏之。"维摩居士向上方世界菩萨报告了我们的丑陋面，他大概先叹一口气，唉！我们这个世界的众生个性倔强，又刚愎自用，很难办。所以佛要说些狠话，才把他们降伏下来，不狠就对付不了他们。

"言是地狱，是畜生，是饿鬼，是诸难处，是愚人生处。是身邪行，是身邪行报。是口邪行，是口邪行报。是意邪行，是意邪行报。是杀生，是杀生报。是不与取，是不与取报。是邪淫，是邪淫报。是妄语，是妄语报。是两舌，是两舌报。是恶口，是恶口报。是无义语，是无义语报。是贪嫉，是贪嫉报。是瞋恼，是瞋恼报。是邪见，是邪见报。是悭吝，是悭吝报。是毁戒，是毁戒报。是瞋恚，是瞋恚报。是懈怠，是懈怠报。是乱意，是乱意报。是愚痴，是愚痴报。是结戒，是持戒，是犯戒。是应作，是不应作。是障碍，是不障碍。是得罪，是离罪。是净，是垢。是有漏，是无漏。是邪道，是正道。是有为，是无为。是世间，是涅槃。"

所以佛说六道的报应、讲三灾八难来教化世界众生，讲哪种身体上的邪行，就会遭遇哪种身体上的果报。你要晓得有许多行为不是意识上要做，而是身体上做的，大家要体会。"身邪行"是什么邪行？例如大家坐着，几乎没有两个人的坐相是相同的。儒家讲"正襟危坐"，危就是正，什么是正坐是很难讲的。以佛法来说，可以讲只有毗卢遮那佛的七支坐法才是正坐。儒家的正坐不同，以前的椅子不像沙发，西式沙发坐久了，到老了骨头容易出毛病。中国旧式的椅子，坐上去没有办法弯腰的，非直着腰板坐不可。以前我们作小辈的，有长辈在时，只敢半个屁股坐在椅子上，腰自然直。我常告诉同学们，我三十岁以前没有跷过腿坐，就算没有人看到，我都不敢跷腿。

曾国藩是儒家人物，当时有个英国显要来访，他陪客人谈话一夜，喝茶嗑瓜子。等他离座站起来时，英国人发现瓜子壳圈出来两个脚印，表示他坐在那儿几个钟头两条腿没动过，事实上这种坐法对人体非常健康。所以我一向不坐沙发的，偶尔到外头必须坐沙发，坐了一下就很难受。坐沙发使人都变成了虾子，歪斜着身体，开始会很舒服，坐久了，精神愈来愈差。

同样地，我也劝人不要睡沙发床，睡到老来骨头也会出毛病。中国老式的床是木板，上面铺稻草。现在睡榻榻米，上面再铺垫子，睡起来当然舒服多了。

再说身邪行，身子的邪行非常多，讲起来可以写一本书。小乘很多戒律就是防止身邪行的，例如吃饭前一定洗手，又如上完大号一定用水洗，不用草纸去揩，可是到了中国就改了。现代有抽水马桶可以喷水清洗，又可以合于戒律了。这些小乘身邪行的戒律，不算重戒，是属于摄威仪戒，修正生活习惯的。中国的《礼记》也说，"礼仪三百，威仪三千"。威仪太多了，大部分的威仪，都是防止身邪行的。

身邪行是有身邪行果报，因此释迦牟尼佛就教导大家，身不可有邪行。身邪行报是什么？不健康，多病。两千多年前，佛就非常注重卫生，现在看起来没有什么了不起，但是在当时的印度，却是很切中时弊的。这些行为的教育，在小乘经典中特别多。中国人一学起佛来，就看《金刚经》这些大经，所以就少知道佛的行为教育了。

口邪行有口邪行的报。嘴巴有什么邪行？例如咬指头，有些人长大了还改不掉，真要命！这既不卫生，又容易手指变形。尤其女孩子，讲话时把手指放在嘴边，是种很难看的不好相貌。诸如此类的口邪行有很多，乃至现代人一边说话一边嚼口香糖，也算没有礼貌。又如在街上看见女性就吹口哨，也是口邪行。

什么是意邪行？是思想上的，例如创立一种什么学说理论，本意并不邪，也是想济世，但是后来走偏差了，反而为祸世间，这就是意邪行，也会有意邪行的果报。

杀生的人，会有杀生的报。

不与取就是盗，佛经上不用"盗"字，因为拿佛法来看，世界上没有哪个不是强盗。个个是强盗、小偷，都是不与取，就是没有得人家同意就拿、就用、就吃。世界上没有不侵占别人的人，儿女长大成人，还向父母亲要钱用，就是侵占父母财物的行为。但是人类认为是当然的，真是奇怪，没有哪一个应该给哪一个的。有人说人生用钱有三阶段，当人儿女时，躺着问父母要钱，不给就躺在地上哭；长大了向先生、太太、兄弟、朋友拿钱，是站着要；到老了向儿女拿钱，那是要跪着拿的。

邪淫有邪淫报，这里不像其他的经典，绝对戒淫，而是给在家人开个方便之门，是邪淫才有果报，但人们还是赞叹不邪淫是最好的品德。

妄语，是说谎话。

两舌，我们常犯的，讲话说过来说过去，有时并不想挑拨是非，偶然一不小心讲了句话，就变成两舌。恶口是骂人，像我就经常恶口。无义语，无聊不要紧的话。尤其女性们坐在一起，讲了半天言不及义。当然男性也会犯的。贪嫉是贪心妒忌。瞋恼，是怨恨恼怒别人。接下来的我们不一个一个讲了，讲下去成了讲戒律，光是这一篇，半年都讲不完。可是每一点你都要注意。又例如这个乱意，你打坐散乱也是有果报的。

"以难化之人，心如猿猴，故以若干种法，制御其心，乃可调伏。"这个世界上人的心理像猴子一样，难以教化（有这本经典之后，到了明朝吴承恩就写了《西游记》，把人心写成了孙悟空）。所以释迦牟尼佛用了种种办法，让众生把这个心制下去，才好修道。

"譬如象马𢤦悷不调，加诸楚毒，乃至彻骨，然后调伏。"比如不好的象和马，不好驾驭，要痛打它，打到皮开肉绽见到骨头，才甘心受调伏。

"如是刚强难化众生，故以一切苦切之言，乃可入律。"世界上这些倔强难以教化的众生，必须要把一切痛苦的果报遭遇告诉他，他才能慢慢走上轨道。律就是轨道、规律。

"彼诸菩萨闻说是已，皆曰：未曾有也。如世尊释迦牟尼佛，隐其无量自在之力，乃以贫所乐法，度脱众生。斯诸菩萨，亦能劳谦，以无量大悲，生是佛土。"这些上方世界来的菩萨们，听了维摩居士这一番话，都大叹从来没听过，释迦牟尼佛真是难得，他已经成佛了，有无量大的神通之力，却都用不出来，只好把自己弄得很苦，所以又出家、又苦行、又饿肚子才得道，都是做给众生看的。同时又难得有诸位大菩萨，像是弥勒、文殊、观音等，都这么劳苦谦虚（这些菩萨中，好多是早已成佛了的，为了要帮助释迦牟尼佛，所以愿意来到世间），发起无限的大悲心，才愿意生到这个世界上来。

你们诸位也是发了大悲心，才愿意生到这个世界上来，又生了一点小悲心，才愿意到这里来坐着听经。

维摩居士说如何学佛

现在开始，维摩居士要讲在我们这个世界要如何学佛。读起来很浅，大家都懂，但是做起来很难。这里的道理同东方世界的道德系统有很大的关系。

"维摩诘言：此土菩萨，于诸众生大悲坚固，诚如所言。"这里维摩居士先提出一个要点，在这个世界修行的大菩萨们，对于一切众生的大悲心，是非常坚固的，这是真的。他肯定了香积佛国菩萨对我们这个世界菩萨的赞叹。"诚如所言"这四个字后来变成了成语，就是出自《维摩诘经》。

他只用大悲，没有用大慈。慈和悲在现代的意义也是有区别的，慈是具有父性的爱，悲是母性的爱。所有的人都可以称为菩萨，是因地上的菩萨，都具备当菩萨的资格。我们有志学佛的人，自然都是菩萨，对于一切众生就要发大悲心，而且是非常坚固的大悲心，不要把发大悲心推给了菩萨。

西方文化的爱心同大悲心差不多，与儒家讲的"仁"字也差不多。老子就不用仁这个字，他对仁批评得很厉害，他用的是慈，所以慈、悲、仁、爱都是同一个道理。根据《维摩诘经》这里的观点，我们回想世界上所有的宗教，所有的哲学家，所有的教育家，第一步都是要人培养慈悲仁爱之心。

"然其一世饶益众生，多于彼国百千劫行。"但是，这个世界的菩萨舍己为人（菩萨行不管你走的是什么路线，不是一定要走宗教、社会、教育的路线）的行为，要比在其他清净国土修行的功德还要大。

"所以者何？此娑婆世界有十事善法，诸余净土之所无有。"什么理由？这个娑婆世界有十善业道，十种善法，是佛教的基本，在其他的净土是没有的。在西方极乐世界或东方药师琉璃光净土都没有，因为用不着。药师如来的十二大愿同十善业道相近，但是并不完全相同。

说其他的净土没有，这话只说了一半，下品下生是不是要修？这是一个问题，需要思考。

十种善法的修持

"何等为十？以布施摄贫穷，以净戒摄毁禁，以忍辱摄瞋恚，以精进摄懈怠，以禅定摄乱意，以智慧摄愚痴，说除难法度八难者，以大乘法度乐小乘者，以诸善根济无德者，常以四摄成就众生，是为十。"他开始讲有哪十种善业。首先是六度，然后还有四种。我们有同学正要写论文，十善业难道不是很好的题目吗？你把它们和东方文化的关系搞清楚，就已经是非常大的题目了。讲到东方与西方，有一个世界文化上非常有趣的现象，五大宗教的教主都是出自东方。耶稣一生中有好多年的行踪成谜，现代有的学者提出证据，他那些年去了印度学佛。甚至有说在西藏达赖喇嘛的宫中有本经典，其中提到有位道友回去传道，因为其他人反对，被钉死在十字架上。你说这些资料是伪造的吗？我想用不着吧！你说这讲法是真的吗？只能说事出有因。

拿第一句话来说，"以布施摄贫穷"，不止是东方在做，大家都在做的，因为上文曾说"此土菩萨，于诸众生大悲坚固"。不止是佛家在做，我们拿中国的儒家道家为例，都是这么教人的。舍己为人、恤老怜贫、博施济众的思想，不是佛法进入中国才开始的，四书五经之中都有。了解了这个，就明白何土无佛啊！

摄贫穷是摄度救济贫穷，拉他一把的意思。按我们过去的文化，没什么度不度的，这是做人本位义所当为的。换句话说，我们祖宗文化认为，人不是为自己而活，是为别人活着的。当然别人也为我而活着，这是互助的关系。根据好几本佛经所载，这种行为是在我们这个世界才有的，所以不要轻视自己。

第二句话"以净戒摄毁禁"，你也可以写一篇论文研究，从我们有文字开始，一直到了有四书五经，在这段期间，佛教还没传进中国。四书中只有《论语》是孔子思想，《大学》是孔子嫡传门人曾子所作，《中庸》是孔子的孙子子思所作，《孟子》是子思的学生所作。你查查《高僧传》，十个中有七八个是儒家出身，所以很多人都引儒家的观念讲解佛法。儒家的四书五经是教人如何做人，偏重于人道，为何如此？《左传》说过，"天道远，人道迩"，形而上道要怎么修？天究竟在哪里？孔子教我们"敬鬼神而远之"，他是承认有鬼神的，你要恭敬它，但是这个问题太深远了，不要轻易去研究它，你先把浅近的人道做好了，才进一步去探究天道。人道都做不好，就想学佛吗？很多人，包括我在内，实在做人都有问题的，可是标榜学佛，读过佛经、皈依了佛之后，脖子都硬了，把头仰着，好像我就是第一，那之堕落啊！

儒家所有的书都是在讲人道，用大乘戒律比对一下就知道，为什么我常说四书五经就是佛教的律宗，是人道的戒律，也就是居士戒。真正一个居士必须做到这些戒。譬如《论语》处处是戒条，就在教我们怎么做人，怎么做事，怎么做儿女父母。所以这个世界上的众生，都能够"以净戒摄毁禁"，尤其在东方文化中，更是如此。

西方文化在二千年前是很浅薄的，其后也引进了东方的文化，也向这个路上走，"以净戒摄毁禁"，这是自然的趋势。所以在佛法的观点看，真正的佛法不会有末法时代的，所谓末法，只是指宗教的形态，事实上，正法的真理是永远住世的。所以说"正法常住"，只不过诸大菩萨的教化方法和姿态，随时代的变化不同而已。如能这样理解，那你理解的范围就广，胸襟也大了。佛说一切法皆是佛法，这是佛法伟大之处。

第三句是"以忍辱摄瞋恚"，这就不用说了，学佛要学忍辱，同样中国的诸子百家，没有哪一本书不是教我们谦虚的。谦虚就是忍辱的表达，忍辱是原则，谦虚是行为。人能谦退才是真正的忍辱。这一切的教化，都是佛法。

第四句"以精进摄懈怠"，更不用说了，东方文化顺手拈来都是勤劳、努力，只不过是佛学的名词翻译不同罢了。

第五句"以禅定摄乱意"，这一点我们要注意，对任何宗教哲学，我们都要放开眼光，它们都是讲定的，定就是静。譬如《大学》讲修定的次序，非常清楚："知止而后有定，定而后能静，静而后能安，安而后能虑，虑而后能得。"这个修养的次序就是修禅定，不是佛法来了以后才有的。后来佛经翻禅定，这个"禅"字是翻音，你用广东、闽南语读来比较接近本音。"定"字就是取自于《大学》"知止而后有定"。禅定是共法，大小乘、佛、外道、菩萨、凡夫都有的。乃至跳舞专心一致，到了忘我境界，也就是禅定，不过那是凡夫的禅定三昧。其他宗教的祈祷也是禅定的一种方式，有其他宗教的教友对我说，他受洗时心境无比清净，全身毛孔都张开的。我就说，你真得救了！在儒家就是讲"诚"和"敬"。他跪下去的那一刹那是真得感应，不是谁给他的感应，是自己给自己的，自己本有的，就是禅定。不过这仍是凡夫禅，不是佛法与外道不共法般若所得的智慧，这是下面要说的。

所以禅定在任何宗派都有的，诸如宋儒，虽然反对佛教，可是每一家都在修禅定。所以我对宋儒是不大原谅的，他右手偷了佛，左手偷了道，然后还要骂人家不对，这算是什么儒家？气派太小了。但是这个过错可不是孔子、孟子的。宋儒主张"诚"和"敬"，我的老师当中有好几位我看了就怕，他们生活上没有马虎过的，都很严谨，脸上也没有笑容，其中有一位是秀才，又学佛又讲儒家，还是日本留学回来的。他上课还摆一本印光大师的文钞在旁边，也是吃素的。我到现在还很怀念这位林老师，他就是位儒家人物，出家人讲戒律都没有他严格。

第六句"以智慧摄愚痴"，这也不用说了。刚才说过，你要是能把十善业道同东西方文化的关系研究清楚，至少你在佛学学理的研究，已经很高明了。

第七句"说除难法度八难者"，佛学中常提到三灾八难，三灾我们前面说过了。这个"难"是艰难、困难的难。可是有时书上看到某人向某人问难，这是向人请教一个困难的问题，不是想要问倒人家的意思。八难是八种学佛的大困难，障碍我们学佛的前三难是：地狱、饿鬼、畜生。一般说在这三道中不能学佛，但是进一步说则不然，大乘道主张在这三道中还是有化身菩萨在度众生。这一点我们在此也不详说了。

另外五难是：一、盲聋喑哑。二、世智辩聪。三、佛前佛后，这些是人道学佛的障碍，下定决心学习，都可破除，所以佛经说我们这个世界苦乐参半，因此我们应当精进追求真谛。四、学佛难，北俱卢洲的人固然在物质精神上享受，但是他们永远不会得到真理智慧，所以也是灾难之一，常言也道，"富贵发心难，贫穷布施难"。五、无想天或云长寿天，耽着禅定，不得闻法，也是灾难。

本经所讲的八难，是八种突不破的困难，可是在我们这个世界上，有很多菩萨行的人，都有各种的办法教化人突破这些困难。突破的方法如果发挥起来是很多的。譬如佛教和道教都有度饿鬼、度畜生的修法。我们有位同学是搞电子的专家，他做过研究，认为电能比较强的，修道的成就也会比较快。他用各种动物的皮摩擦玻璃棒，试验哪种动物的电能最强，结论是人皮最快，只要擦几下子就产生电能。其次是狐狸皮，牛皮也不太差，所以他认为畜生道离人道也不太远，是可以得度的。

像这样去帮助众生突破八难去修道，在别的佛国是没有的。

第八句是"以大乘法度乐小乘者"。佛法本来只有一乘，譬如我们这里的显明老和尚，每星期四为各位讲《法华经》，他是正统讲经说法，我不能与他比，我这不能算讲经，只是和各位随便做基础佛法的研究。我鼓励大家好好跟他学，老法师万一涅槃了，天台宗的分科判教就没有人了。我为什么提这个？就是想起《法华经》上说佛法只有一乘道，没有分三乘五乘，但是一乘道就是无上乘，太难了。因此佛的教育方法分了声闻缘觉等，有种种不同的方便，这是其他佛国净土所没有的。譬如我们看净土三经，极乐世界只有一句阿弥陀佛，本经在后面就说，与其他佛国世界的说法完全不同，我们可以对照《华严经》的佛国世界的道理。所以我们这个世界有特殊的成就方法。

第九句，"以诸善根济无德者"，这个世界的善知识们诸大菩萨，常常以自己修行成就的法门，帮助恶根深厚的人，以各种方法来感化他们。这也是同其他佛国世界不同的。

最后，第十句，"以四摄成就众生"，这个世界诸大菩萨修四摄法（布施、爱语、利行、同事），也是其他佛国世界没有的。

维摩居士说了这十种善业道，他不是说给香积佛国的菩萨听的，这些菩萨也不是不懂，他们是和维摩居士唱双簧，其实他是说给我们这个世界众生听的，学佛就是要走这十个路线。

"彼菩萨曰：菩萨成就几法，于此世界行无疮疣，生于净土？"香积佛国的菩萨就提出一个问题，这正是带业往生或消业往生净土的问题。他问，修大乘菩萨道的，要成就几种修行的方法，使得自己活在这个世界上，品德和行为变得圆满无缺，死后往生净土？

疮是生疮，疣是长赘肉瘤。疮疣并不妨碍生命，但是会给生命带来痛苦，是个病态。人在行为上都有病态，我这个人就很不规矩，没有资格做佛教徒，所以我尤其怕宗教徒，因为很多人信了宗教以后，就拿了一把宗教的尺去度量别人。看一看这个人不是菩萨，那个人不够资格做神父，却从来不量量自己。这是犯了很大的错误，真学佛的人应该只要求自己，不要求别人。任何一个人都免不了病态的，乃至连菩萨的行，有时都有病态。

菩萨成就八法

"维摩诘言：菩萨成就八法，于此世界行无疮疣，生于净土。"维摩居士回答，要能够成就八种法门，才做得到。

"何等为八？"有哪八种呢？你看下面所说的，与我们东方文化的教育有绝对的关联。东方与佛法有密切的关系，东方是生生不已的方向，释迦牟尼佛一生说法，多少次都提到东方。《维摩诘经》这一品，讲的是上方香积佛国和吃饭的问题，我已经点出来，这里吃的饭是思食和识食的境界，不是段食和触食。这个饭是得到禅定的人才吃得到，而吃了也会有成就的。下一品会呈现另一个佛国净土，是阿閦佛的佛土，又是在东方。这个关连，好像古人和今人都没有注意，你们青年可以向这一方面努力。

"饶益众生而不望报。"佛经都是用"饶益"，不是"利益"，因为"饶"是充分地、尽量地的意思，光说利益不够。维摩居士说的这第一个修行方法，不止是佛教，在东方文化、中国文化中处处都有。所以说东方早有古佛了，这也是佛经上的话。中国文化做好事叫作积阴德，就是"为善不求人知"，若被人知道会恭维你，就会消了自己的善业和福报。下面还有另一句话，"为恶不畏人知"，希望人家知道，好纠正你。

"代一切众生受诸苦恼。"这是由戒律来的，佛经就是戒。戒律像是规范道德行为的法律，法律是由法理而来的，就是法律的哲学道理。医学要有医理，有人学医但是不出来看病，因为他学的是医理学，是医生的顾问。佛经就是戒律的法理，刚才讲的十事善法是戒，现在讲的成就八法也是戒。这些戒不用去戒坛受戒，你若接受了佛教教育，就要依此改正自己的行为。

我常提英雄与圣人的分界，现在再提一下，英雄是征服天下的，圣人是征服自己的，学佛就是学征服自己。征服天下难，征服自己更难。许多人可以做英雄，但是没有办法做圣贤，因为不能征服自己。英雄是把自己的理想、自己的烦恼建立在别人的身上；圣人是把天下人的痛苦烦恼自己挑起来。圣人就是菩萨道，就是"代一切众生受诸苦恼"。

所以我们看这些经文，就等于是念戒，看《维摩诘经》有时真看不下去，因为看了都做不到。以这一条来讲，不要说代一切众生受诸苦恼了，就算好朋友要我们分担一下困苦都做不到。

"所作功德尽以施之。"有功德自己不占有，都布施出去，也就是大家诵经时最后的回向。回向的道理前面讲过不少次了，一部老子《道德经》，就是在讲回向，例如"为无为"，又例如"外其身而后身存"，都是回向的道理。

"等心众生谦下无碍，于诸菩萨视之如佛。"看一切众生平等，尽量地谦虚，如果傲慢的话就有障碍了。要尊重任何一个人如圣贤，这跟儒家道家没有任何区别啊！

"所未闻经，闻之不疑。"深信所有听过的大乘经典，虽然有些道理从未听过，但也不怀疑。

"不与声闻而相违背。"不看不起小乘道，因为小乘是大乘的基础，大乘不过是小乘的范围扩大而已。

"不嫉彼供，不高己利，而于其中调伏其心。"出家人不妒忌别人受供养，这也包括了在家人，看到别人得意了不嫉妒。我常说"一家饱暖千家怨"，所以儒家道理是人不敢自己太富贵。过去我在家乡时，年轻人不准穿皮袍，老辈见了要骂的，年纪轻就玩这个！中年人穿皮袍，还要在外面加一层盖住。人家看你发了财，会眼红的，但你穷了也没有人会同情你的。这都是一般众生心理。我们学佛的人修行，就要改变这种心理，所以人家的好，不要嫉妒，要视之为应该；自己有什么好，要谦退，不以此为荣，要在这样的心态中修行。现代人常说，对某某事值得骄傲，这是不通的中文，是从外文翻译来的，勉强说值得自豪还差不多。中国文化中说值得自己骄傲，那是狗屎心态。

"常省己过，不讼彼短，恒以一心求诸功德。"六祖也讲过，修行人要"但观己过，莫论人非"。真学佛只有反省自己，要求自己，不去谈论别人的过错，一心一意修一切善行，完成一切功德。

"是为八法。"这就是维摩居士所说的往生净土八法，你能修成就了，必定往生。但是即使这八法成就了，你说无始以来的业消完了吗？不见得，因为这只是成就大菩萨行的基本八法而已。菩萨行不止八法，这八法成就了，也就是守了大乘的戒律，就不会有修行的病态，临终时必然能往生所发愿前往的佛国净土。

"维摩诘、文殊师利于大众中说是法时，百千天人皆发阿耨多罗三藐三菩提心，十千菩萨得无生法忍。"这是这一品的结论，文字就不用解释了。

菩萨行品第十一

　　是时，佛说法于庵罗树园，其地忽然广博严事，一切众会皆作金色。阿难白佛言：世尊，以何因缘，有此瑞应，是处忽然广博严事，一切众会，皆作金色？佛告阿难：是维摩诘文殊师利，与诸大众恭敬围绕，发意欲来，故先为此瑞应。于是维摩诘语文殊师利：可共见佛，与诸菩萨礼事供养。文殊师利言：善哉！行矣！今正是时。维摩诘即以神力，持诸大众，并师子座，置于右掌，往诣佛所。到已着地，稽首佛足，右绕七匝，一心合掌，在一面立。其诸菩萨即皆避座，稽首佛足，亦绕七匝于一面立。诸大弟子，释、梵、四天王等，亦皆避座，稽首佛足，在一面立。于是世尊如法慰问诸菩萨已，各令复坐，即皆受教。众坐已定，佛语舍利弗：汝见菩萨大士自在神力之所为乎？唯然，已见。汝意云何？世尊，我睹其为不可思议，非意所图，非度所测。

　　尔时，阿难白佛言：世尊，今所闻香，自昔未有，是为何香？佛告阿难，是彼菩萨毛孔之香。于是舍利弗语阿难言：我等毛孔亦出是香。阿难言：此所从来？曰：是长者维摩诘，从众香国取佛余饭，于舍食者，一切毛孔皆香若此。阿难问维摩诘：是香气住当久如？维摩诘言：至此饭消。曰：此饭久如当消？曰：此饭势力至于七日，然后乃消。又阿难，若声闻人，未入正位，食此饭者，得入正位，然后乃消。已入正位，食此饭者，得心解脱，然后乃消。若未发大乘意，食此饭者，至发意乃消。已发意食此饭者，得无生忍然后乃消。已得无生忍食此饭者，至一生补处然后乃消。譬如有药，名曰上味，其有服者，身诸毒灭，然后乃消。此饭如是，灭除一切诸烦恼毒，然后乃消。阿难白佛言：未曾有也，世尊！如此香饭能作佛事！佛言：如是！如是！阿难，或有佛土，以佛光明而作佛事，有以诸菩萨而作佛事，有以佛所化人而作佛事，有以菩提树而作佛事，有以佛衣服卧具而作佛事，有以饭食而作佛事，有以园林台观而作佛事，有以三十二相八十随形好而作佛事，有以佛身而作佛事，有以虚空而作佛事，众生应以此缘得入律行。有以梦、幻、影、响、镜中像、水中月、热时焰，如是等喻而作佛事，有以音声语言文字而作佛事，或有清净佛土，寂寞无言，无说无示，无识无作无为而作佛事。如是，阿难，诸佛威仪进止，诸所施为，无非佛事。阿难，有此四魔，八万四千诸烦恼门，而诸众生为之疲劳，诸佛即以此法而作佛事，是名入一切诸佛法门。菩萨入此门者，若见一切净好佛土，不以为喜，不贪不高。若见一切不净佛土，不以为忧，不碍不没。但于诸佛生清净心，欢喜恭敬，未曾有也。诸佛如来功德平等，为教化众生故，而现佛土不同。阿难，汝见诸佛国土地有若干，而虚空无若干也。如是见诸佛色身有若干耳，其无碍慧无若干也。阿难，诸佛色身、威相、种性，戒、定、智慧、解脱、解脱知见，力、无所畏、不共之法，大慈、大悲、威仪所行，及其寿命，说法教化，成就众生，净佛国土，具诸佛法，悉皆同等。是故名为三藐三佛陀，名为多陀阿伽度，名为佛陀。阿难，若我广说此三句义，汝以劫寿不能尽受。正使三千大千世界，满中众生，皆如阿难多闻第一，得念总持，此诸人等以劫之寿亦不能受。如是，阿难，诸佛阿耨多罗三藐三菩提无有限量，智慧辩才不可思议。阿难白佛言：我从今已往，不敢自谓以为多闻。佛告阿难：勿起退意。所以者何？我说汝于声闻中为最多闻，非谓菩萨。且止，阿难，其有智者不应限度诸菩萨也。一切海渊尚可测量，菩萨禅定、智慧、总持、辩才、一切功德不可量也。阿难，汝等舍置菩萨所行，是维摩诘一时所现神通之力，一切声闻辟支佛于百千劫，尽力变化所不能作。

尔时，众香世界菩萨来者，合掌白佛言：世尊，我等初见此土，生下劣想。今自悔责，舍离是心。所以者何？诸佛方便不可思议。为度众生故，随其所应现佛国异。唯然。世尊，愿赐少法，还于彼土，当念如来。佛告诸菩萨：有尽无尽解脱法门，汝等当学。何谓为尽？谓有为法。何谓无尽？谓无为法。如菩萨者，不尽有为，不住无为。何谓不尽有为？谓不离大慈，不舍大悲。深发一切智心，而不忽忘。教化众生，终不厌倦。于四摄法，常念顺行。护持正法，不惜身命。种诸善根，无有疲厌。志常安住，方便回向。求法不懈，说法无吝。勤供诸佛，故入生死而无所畏。于诸荣辱，心无忧喜。不轻未学，敬学如佛。堕烦恼者，令发正念。于远离乐，不以为贵。不着己乐，庆于彼乐。在诸禅定，如地狱想。于生死中，如园观想。见来求者，为善师想。舍诸所有，具一切智想。见毁戒人，起救护想。诸波罗蜜，为父母想。道品之法，为眷属想。发行善根，无有齐限。以诸净国严饰之事，成己佛土。行无限施，具足相好。除一切恶，净身口意。生死无数劫，意而有勇。闻佛无量德，志而不倦。以智慧剑，破烦恼贼。出阴界入，荷负众生，永使解脱。以大精进，摧伏魔军。常求无念，实相智慧。行少欲知足，而不舍世法。不坏威仪，而能随俗。起神通慧，引导众生。得念总持，所闻不忘。善别诸根，断众生疑。以乐说辩，演法无碍。净十善道，受天人福。修四无量，开梵天道。劝请说法，随喜赞善，得佛音声。身口意善，得佛威仪。深修善法，所行转胜。以大乘教，成菩萨僧。心无放逸，不失众善。行如此法，是名菩萨不尽有为。何谓菩萨不住无为？谓修学空，不以空为证。修学无相无作，不以无相无作为证。修学无起，不以无起为证。观于无常，而不厌善本。观世间苦，而不恶生死。观于无我，而诲人不倦。观于寂灭，而不永寂灭。观于远离，而身心修善。观无所归，而归趣善法。观于无生，而以生法荷负一切。观于无漏，而不断诸漏。观无所行，而以行法教化众生。观于空无，而不舍大悲。观正法位，而不随小乘。观诸法虚妄，无牢无人，无主无相，本愿未满，而不虚福德禅定智慧。修如此法，是名菩萨不住无为。又具福德故，不住无为。具智慧故，不尽有为。大慈悲故，不住无为。满本愿故，不尽有为。集法药故，不住无为。随授药故，不尽有为。知众生病故，不住无为。灭众生病故，不尽有为。诸正士菩萨以修此法，不尽有为，不住无为，是名尽无尽解脱法门，汝等当学。尔时，彼诸菩萨闻说是法，皆大欢喜，以众妙华，若干种色，若干种香，散遍三千大千世界，供养于佛，及此经法，并诸菩萨已。稽首佛足，叹未曾有，言：释迦牟尼佛，乃能于此善行方便。言已，忽然不现，还到彼国。

我们现在开始说《维摩诘经》下卷第十一品。研究佛经有一个最新的观念，每一部经有经题，例如《妙法莲华经》，每一品也有题目，把每一个题目连起来，就是全部的佛法。《维摩诘经》讲到"香积佛品"是一个高潮，全经有好几处高潮迭起，大家要搞清楚。现在是"菩萨行品"，是讲大乘菩萨道应该如何修行。全经用很多的故事，其中有用比喻、用直说、用问答来说明佛法的修持。

维摩诘领众前往礼佛

"是时，佛说法于庵罗树园，其地忽然广博严事，一切众会皆作金色。"本经讲到此处，我们要记住佛开始是在庵罗树园，因为维摩居士有病，佛要大家去看病，故事由此开始。现在佛还在庵罗树园等着，大部分的同学都去看维摩居士了。在这个时候，这个庵罗树园忽然变大起来了，有无比的庄严，一切都发出金色。

"阿难白佛言：世尊，以何因缘，有此瑞应，是处忽然广博严事，一切众会，皆作金色?"阿难觉得奇怪了，就问佛为什么这个地方有如此祥瑞的感应。

"佛告阿难：是维摩诘文殊师利，与诸大众恭敬围绕，发意欲来，故先为此瑞应。"佛说，这个"瑞应"是因为维摩居士和文殊师利菩萨领头的大众都要来这里的缘故。我们要注意这个场面，当时还包括了从香积佛国来的菩萨在内。

"于是维摩诘语文殊师利：可共见佛，与诸菩萨礼事供养。"维摩居士对文殊师利菩萨说，我们现在应该和所有在座的菩萨过去礼佛了。

"文殊师利言：善哉！行矣！今正是时。"文殊师利菩萨说，好的！我们去吧！现在正是时候。

"维摩诘即以神力，持诸大众，并师子座，置于右掌，往诣佛所。到已着地，稽首佛足，右绕七匝，一心合掌，在一面立。"当时在场那么多的菩萨和那些师子座,被维摩居士用神力,右手一端就端过去了。我们看了觉得是很稀奇的神话,有没有这回事?绝对有的。为什么后人修行达不到这样的神通力?这件事代表着什么?就是个严重的问题了。佛过世以后,古今中外的佛弟子,修行都没有到达这个境界,这是个什么问题?我们不要以为这是不可能的事,只是当作神话比方,就把它抹过去了。这个问题就与菩萨行有关,我们不作结论,希望大家去研究。

维摩居士带大家到了释迦牟尼佛面前,就对佛磕头。这里的稽首就是跪拜,我们在家人写信也用顿首,在信尾写"弟某某顿首",这与稽首是一样的意思。出家人写信给人家用合十,就是合掌,不是跪拜,同鞠躬差不多。维摩居士向佛顶礼之后,依印度最恭敬的礼貌,向右围绕佛七圈,才合掌站在一边。这里记载的与中国古代礼节一样,到人家家中去做客,到了先行礼,然后自己退一步,等主人进一步来请你。现代人都不讲这一套了。

"其诸菩萨即皆避座,稽首佛足,亦绕七匝于一面立。诸大弟子,释、梵、四天王等,亦皆避座,稽首佛足,在一面立。"所有同维摩居士一道来的菩萨、大弟子、帝释天、梵天、四天王等人,原来是在座位上被端过来的,也纷纷下座,依同样方式,向佛行礼后立在一边。

"于是世尊如法慰问诸菩萨已,各令复坐,即皆受教。"佛等大家行礼完毕,就照一定的礼法慰问大众,请大家再坐下来,听佛说教。

"众坐已定,佛语舍利弗:汝见菩萨大士自在神力之所为乎?"等大家都坐定了,佛就问舍利弗,这一次去维摩居士那儿,亲眼看见了大乘菩萨修到自在神通的功力吧?

"唯然,已见。"舍利弗答,是的,我亲自看到了。

"汝意云何?"佛又问他,你说说看,大乘菩萨何以有如此的自在神力。

"世尊，我睹其为不可思议，非意所图，非度所测。"舍利弗答，我亲自看到不可思议的神力，没有办法用世间的思想知识去研究议论。"非意所图，非度所测"，要注意这八个字，这是点题，这不是我们普通人用思想意识能贪图得到的，也不是我们的知识范围所能够推测的。

香积饭香何时消

"尔时，阿难白佛言：世尊，今所闻香，自昔未有，是为何香？"这时，阿难在旁边岔一句话，他问佛，现在闻到一种从没闻过的香味，是什么香？

"佛告阿难，是彼菩萨毛孔之香。"佛告诉他，是这些来访菩萨们身上发出来的体气。

"于是舍利弗语阿难言：我等毛孔亦出是香。"你不用把佛经看得太死板，那么的庄严，你可以想象当时的情景，舍利弗就碰一碰阿难说，喂，你闻一下，我们身上也带着这种香味呢！

"阿难言：此所从来？"阿难一闻，真奇怪，这香味从哪里来的啊？

"曰：是长者维摩诘，从众香国取佛余饭，于舍食者，一切毛孔皆香若此。"舍利弗告诉他，这是我们上午去维摩居士府上探病，吃饭时候到了，维摩居士用神通，从上方众香国讨回来一碗香积佛吃剩的饭，分给我们吃，吃了之后，我们身上毛孔就出这个香味。

"阿难问维摩诘：是香气住当久如？"阿难有没有动心求这个香味，我们不知道，但是他至少追问维摩居士，这个香味在身上能留多久？

"维摩诘言：至此饭消。"现在这个重点又来了，又是吃饭问题。维摩居士说，等这个饭被人体完全吸收了，香味就没有了。

"曰：此饭久如当消？"阿难再问，这个饭在人体中要多少时间才会完全消化？

"曰：此饭势力至于七日，然后乃消。"维摩居士答，普通人吃了这个饭就不用再吃饭了，要七天七夜才完全消化。大家会问，不知道这饭是什么米煮出来的。

"又阿难，若声闻人，未入正位，食此饭者，得入正位，然后乃消。"维摩居士接着说，如果不是凡夫，而是到了声闻境界的人（就是走小乘路线，如修头陀行的人，持戒严谨，只管自己修行，不管大乘功德的人），已经有修持但是还没有证果的人，这个饭就要到他得到正果的时候才会消化。你看这奇怪吧！学道的人，胃的火力应该大一点，消化得快才是。可是，这一餐饭吃了就可以不用再吃，等到证果了才消化。

"已入正位，食此饭者，得心解脱，然后乃消。"已经得到初果罗汉，乃至得到二果三果四果罗汉的人，吃了这个饭，要等心解脱了，这饭才消化。

这里有好几个问题。第一，修道境界愈高，这个饭愈持久。第二，已经入了正位的人，还要得到心解脱，饭才能消化。

得解脱是佛法的究竟，不得解脱何以能证果呢？要有定力，念念清净在空的境界上就证果了，但这不是解脱。例如学道的人能练精化气，练气化神，练神还虚，还虚才真正证到空。前面搞气脉只算是练精化气，练气化神还早得很。所以四禅八定在大小乘乃至外道都是非修不可的，但是不要以四禅八定为究竟。你能修到四禅八定种种不同的境界，能究人天之际，超出欲界天乃至色界天，就是证果位，但是不一定得佛法究竟。第三个问题，也有学佛的人，他的心已得解脱，但是没有证果位，这又是什么原因呢？答案是定力工夫不够，修持不圆满。

"若未发大乘意，食此饭者，至发意乃消。"中国学佛教的人都标榜是大乘菩萨道，但是发心了没有？都没有。发心很难，大乘讲发心不是你们去化缘发心修个庙子，造个塔，捐十块钱。发心是动意，发菩提心。发菩提心是心得解脱，一念之间顿悟，是发心菩萨，在教理上讲是初发意菩萨。初发意菩萨脉解心开，但还要修！言下顿悟了就不用修吗？不是的。真发心是明心见性，一定会同时发起大慈大悲心的，做人做事乃至任何一个很小的动作，处处都是舍己利人的。我们普通学佛哪里有发大慈悲心？都只是嘴里讲的口头发心而已。学佛的人要自我反省，有时比不学佛的人还要自私，与慈悲心是背道而驰。所以真正发慈悲心是不容易的，除非见到空性，否则发不起来。

我有个老朋友，学佛几十年，现在已经过世了，他就跟我说过，我怎么样都发不起心，怎么才发得起来呢？我对他说，你讲得对，也问得好，不过你不要问我，就看你自己了。

这人讲起道理来比任何人都高，做好事也比任何人多，但是他能问这个话，证明是真修行人，他并不认为做好事是发心。所以发心之难，不可言喻。不要以为自己学佛了，偶尔行点小善就是发心了，那是发馒头还差不多。

《维摩诘经》这里说，未发心的大乘菩萨，要真发心了，这个饭才消化。

"已发意食此饭者，得无生忍然后乃消。"已经发心，见到空性开悟的菩萨，到了第八不动地，得了无生法忍之后，这个饭才消化了。无生法忍是不生不灭，过去现在未来都了不可得，都切断了。

"已得无生忍食此饭者，至一生补处然后乃消。"如果是八地以上的菩萨，已到了无生法忍境界，吃了这个饭，要到了一生补处的境界，这饭才会消化。

一生补处是什么？例如弥勒菩萨，这一生过了，下一生就来当教主。弥勒菩萨现在在哪里？并不是很高，他是在欲界天的中央叫兜率天做天主，比我们还享受。我们世间的五欲享受，那儿都有，比我们这儿更好。兜率天的外院，有天人享受的五欲之乐。兜率天的内院是个大禅堂，弥勒菩萨就在内院主持禅堂，诸大菩萨有很多都往生在他那里。譬如《瑜伽师地论》的作者无著菩萨，就是每天夜里在人世间入定后，上到兜率天的内院，听弥勒菩萨说法，然后回来把所听到的写下来，汇集而成《瑜伽师地论》。所以很多人（例如近代的太虚法师、台湾汐止肉身不坏的慈航法师）都发愿，死后也不往生西方极乐世界或其他地方，而是要往生兜率天的内院，跟着弥勒菩萨下一次一起来，如此一定成道。

"譬如有药，名曰上味，其有服者，身诸毒灭，然后乃消。"维摩居士举个例子，譬如世间有一种仙药，有人吃了这一味药，身上所有的毒都消了，所有的病都好了，药力才消退。

"此饭如是，灭除一切诸烦恼毒，然后乃消。"这个饭也是如此，能够灭除一切烦恼毒，然后饭才消化了。

这个饭的功能如此之大，可惜我们吃不到。但是，我们每天吃的大米饭也能够祛病。祛什么病？祛饿病，吃了就不饿了。当然，米饭会变成人体的营养，然后它的功能就过去了，道理相同。中国的道家也说，有一种天元丹；在身体上搞练精化气、练气化神的是人元丹；靠药物提炼的是地元丹。天元丹是很难得的，是从上方世界来的。道家认为吃了天元丹可以立地成仙，等于是《维摩诘经》所讲香积佛国的饭。

在佛法中也有这个修法，是个大秘密，你去西藏蒙古求求看，都没有了。你问我晓不晓得，我晓得也不会告诉你，因为是"非意所图，非度所测"，你用凡夫的意识来企图，以凡夫的心量来测度，都没有用。因为这非小根小器、小功德人所能达到的。

什么能作佛事

"阿难白佛言：未曾有也，世尊！如此香饭能作佛事！"阿难听了维摩居士这一番话，我们可以想象，他摇着头对释迦牟尼佛说，从来没有听过这样的事，佛啊！一碗香饭居然能做佛的事业！

"佛言：如是！如是！"佛说，对了！就是这个样的！

"阿难，或有佛土，以佛光明而作佛事。"释迦牟尼佛接下来一路就为阿难讲，真正的佛法，不是呆板守住一个方法的。有的佛国世界，不像我们这里讲经、说法、念佛、打斋，而是用各种不同的方法作佛事。有用佛的各种光明作佛事，你感受这个光就开悟了。

"有以诸菩萨而作佛事，有以佛所化人而作佛事，有以菩提树而作佛事。"有些佛世界是以大菩萨们作佛事，有以佛化身出来的人而作佛事，有以菩提树作佛事。譬如释迦牟尼佛在菩提树下悟道，那树本来不叫菩提树，因为佛在树下悟道而叫作菩提树。

"有以佛衣服卧具而作佛事。"有以佛的衣服和卧具作佛事的。经典上记载，佛在世时有个弟子，怎么样修行都不上路，这弟子就想借用佛的坐垫来打坐，佛知道了就立刻拿给他用。结果这弟子上去盘腿一坐，就证果了。所以，你们谁的太太、小姐想要件什么衣服的话，你就赶快买给她，说不定一穿上就成道了。

"有以饭食而作佛事，有以园林台观而作佛事。"有人因吃了一餐饭而学佛成道了。有时人去到山上或庙子看到这个风景，就要出家想修道了。过去我有个朋友，他是做官的，非常能喝酒，登峨眉山还背着酒瓶去呢！他上山之后，天黑了不方便下山，又下起雨来，山寺中的师父就留他住下。他住在寺中，夜里万籁无声，只听见寺中小和尚念佛撞钟，他当时就把酒瓶一扔，去找住持出家了。所以这个园林台观也真能作佛事的。由此可见，佛法到处都有，到处都能使你入佛道。

"有以三十二相八十随形好而作佛事，有以佛身而作佛事，有以虚空而作佛事，众生应以此缘得入律行。"有以佛的色身相好庄严作佛事的，谁走这个路线？就是阿难。根据《楞严经》，他就是看见佛的相好庄严而想出家的，他是因为好色而出家，所以后来外出化缘，碰到个漂亮的摩登伽女就动念了。

其实我们这个世界的众生，个个好色。你要如何修到相好庄严呢？世界上这么多人，为什么没有相好庄严的呢？这个道理值得研究了，就是佛加的这一句话，"众生应以此缘得入律行"。一个人能够修到相貌庄严，色身健康，是经过多生累劫戒律清净来的，也就是道德行为的果报。

"有以梦、幻、影、响、镜中像、水中月、热时焰，如是等喻而作佛事。"有人因为做了个梦而去学佛，有人碰着了什么幻境而学佛。我有个老朋友，现在已经九十几岁了，他本来是虔诚的基督徒，后来忽然学佛了，因为他在重庆时，有天夜里走在路上碰见了鬼，拼命想叫上帝喊阿门，但是鬼还是跟着他，后来改念观世音菩萨，鬼就不见了。我就取笑他是搞比较宗教的，这就是因幻而作佛事。

有人因看到什么影子，听到什么声音等等而学佛。这里讲的几样东西是比喻，显教佛经常用的比喻共有十种，这里没有提到像水泡、芭蕉。以密教来讲，这每一样都有一种修法的。例如镜中像，你镜子里看到的像是真的还是假的？中国古礼，妇女坐月子时，房中不准摆镜子。婴儿看多了镜子容易夭折，因为他把镜中的身体当做是自己，所以他的意识就跑到镜子里去了。还有婴儿喜欢看发光的东西，他集中精神看，看久了就变成斗鸡眼。

如说镜子的像是假的，可是有种修法还是靠这么修的。不过，你要知道，修法不是佛事的究竟，只是佛事的方法。如果你认为一个法门是对的，另一个是不对的，这就错了。一切只是方便，只是助道，没有一个对的法门。什么才是对的？对的是"了不可得，本来如是"。你说这些法都不对，也错了。这认为不对的也是自己的主观意识，主观意识本来就靠不住。

佛经常说梦幻泡影、水月空花，这都是没有的东西，所以大家就把这些当做是说空，错了！这些不是说空，是说有。不过这有是很短暂的，不会永远停留，很快就过去了。所以是非空非有，即空即有。

"有以音声语言文字而作佛事。"观音法门就是用音声来修的，譬如刚才讲的朋友，在峨眉山听见钟声一响、小和尚念佛，因缘成熟就出家了，所以音声也是佛法。文殊菩萨在《楞严经》称赞观音法门："此方真教体，清净在音闻。"为什么他推崇用耳朵修法？其实用眼睛的修法也很多，但是用眼睛修不圆满。以四方来说，我们的眼睛只能看到四方的三方之一强，后面看不见；鼻子只能管呼吸，其他的不知道；只有音声是十方上下都可以听到的，尤其是这世界上人与人之间，常靠音声作言语表达，所以修观音法门比较容易。

大家别忽略了一点，文殊菩萨很谦虚，他没有推荐自己的法门。他代表智慧，也代表文字，所以他名号的中文翻译，是用了"文"这个字。释迦牟尼佛的名号，释迦是能仁的意思，牟尼是寂静，能仁寂静合起来，在中国文化就是一个字——"文"。因此很多中文的佛学经典，就称他为释迦文佛。我们知道观音法门殊胜是靠经典文字来的，是文殊菩萨推荐来的，可是大家却不研究文殊菩萨的修法。

所以有人是因为和人谈话受规劝而学佛，有人是因为佛经的文字好，由文字因缘而学佛。这里有的同学听经时把眼睛闭起来，一边打坐一边听，眼睛不看面前的佛经，这是很糟糕的。研究文字的时候，一定要看着文字，透过人家所讲的，才会确实吸收，才记得。文字是般若的一种，没有人真悟道而文字不行的。譬如六祖本来一个大字不识，可是悟道了以后他能讲经；他也不用自己去读，就让人家念给他听，他听了就能解说，就是这么高明，也就是因为文字般若到了。但是你不是六祖，我也不是六祖，所以我们还是需要认字，透过文字来作佛事。

讲到这里要提出一个重点，《维摩诘经》在佛法中是从果上说因的。已经成就的佛，像维摩居士（金粟如来的化身）来到这个世界上，同我们一样是血肉之躯，也有生老病死的现象。维摩居士以生病的因缘，引出这一部经来说法，在说法中，又有许多不可思议的境界，例如方丈室中容纳好几万人，又为每人借了一张师子座，又有天女散花，任意转男女相，甚至去上方世界向香积佛化缘吃饭，等等。都是在说佛法有成就的人，他们有如此不可思议的功德、智慧、能力，这些都是佛果上的事。现在这一品，"菩萨行品"，是讲因地，说明如何修持才能得到佛果。

什么是菩萨行？现在先告诉我们什么是佛法，我们正在讲到什么是作佛事。一讲到作佛事，大家通常就想到找出家人诵经，或者放焰口，或者作水陆道场，或者持个咒子。这些也是作佛事，是为佛法佛教而作的事。本品告诉你，真正的佛事包括了世间法和出世间法，太多了。你不要偏执一种，好像有人只抓住念阿弥陀佛，其他都是外道；或是学密宗的人，认为净土是没有智慧的，而禅宗是狂妄的；或者搞气功之类有为法的人，看不起静坐；或者静坐的人看不起搞气脉的人；等等。

佛告诉我们，一切皆是佛法，就看你的智慧从哪里透入。《维摩诘经》讲了那么多都是佛事，可是如果拿《华严经》来比，《维摩诘经》只讲了百分之一。《华严经》讲得太多太多了，乃至依《华严经》，佛有时叫做神仙、猪仔、神、上帝，都是化名，那太伟大了。

下面《维摩诘经》一转，开始讲佛土，土要读如"度"，我再一次提醒大家。什么是佛土？就是佛的境界。修净土的人发愿往生西方极乐世界阿弥陀佛的国土，阿弥陀佛的国土是什么样子呢？《阿弥陀经》告诉我们那里之好，地是金刚钻铺的，光亮而平坦，七宝行树，等等。但是你要注意，《阿弥陀经》所讲的种种好，非究竟法，而只是我们人世间认为最好最好的。佛土真正的美丽，是人世间的观念所没有办法理解的，但是佛要向我们介绍那里的好，要怎么说呢？好像有的乡下人一辈子没有见过黄金，要怎么对他说？只好讲那金子同橘子皮一样，这样他就以为知道了，他的理解金子是橘子皮。所以佛用我们世间法来介绍，讲金、银、琉璃、玛瑙等，极乐世界究竟是中国式的还是西洋式的？不知道啊！

佛土究竟是怎么形成的？那是一切佛菩萨的共业所造。我们这个世界，是我们众生共业所生。共业别业的问题这里不讲了，到别的课程再说。譬如我们说五方佛，中间是毗卢遮那佛土，南方宝生佛，北方不空佛，西方阿弥陀佛，东方药师佛。东方再过去，还有阿閦佛，多得很。关于这方面，你要看《大藏经》里的一部《千佛名经》，讲得很清楚。要了解释迦牟尼佛如何介绍阿弥陀佛佛土，就要研究《法华经》《大宝积经》《观无量寿经》《无量寿经》《阿弥陀经》。

我常对人说笑话，我说你们念阿弥陀佛那么诚心，真是好没良心啊！阿弥陀佛是释迦牟尼佛介绍给我们的，结果你每次念阿弥陀佛都不先念释迦牟尼佛，真是"新人入洞房，媒人抛过墙"。现在连释迦牟尼佛的教化都不理了，如此忘本，连做人都不够，还能成佛吗？

释迦牟尼佛一生说法四十九年，介绍了很多佛土，就这一点来讲真值得敬佩，而且佛也没有说自己了不起。大乘菩萨戒第一条就是不自赞毁他，犯了这条戒就没资格学佛了。有的人即使不自赞毁他，但是却会间接地这么做，例如被问起某某人如何，就答，他，我没有意见！好像自己很有道，不说人家坏话，但是这个态度比骂人还糟。

佛土个个不同，依每个佛的教化和成就不同，佛土的境界就不同。这个原则把握住了，经文中所提到的佛土就不用一一详细介绍了。

"或有清净佛土，寂寞无言，无说无示，无识无作无为而作佛事。"有的佛土清净，寂寞无言，万一你到了那个境界，能受得了吗？恐怕很难。我们人越到老就越想找人讲话，要找听众。乃至没人可讲了，心里面还在讲，念头不能止。学佛真的绝对清净了，你反而会害怕的，要能够享受清净，享受寂寞，才可以学佛。

我有个朋友，年纪很大了，学问很好，学佛也几十年了，他用功也很有心得，在外面名气也很大，去年他来看我，说到他到国外某某人的道场去了一趟，那边只有一个人，人家要他住下来，他不肯。我问为什么。他说自己只住了一夜，清晨起来看到主人一个人跪在房中念佛，那个场面好凄清寂寞，自己实在受不了，所以不肯住下去。我听了就说，那个人实在了不起。

修行能否做到清净佛土暂且不谈，能做到寂寞无言就不容易了。如何才能做到寂寞无言呢？苍雪大师有诗曰："不是息心除妄想，只缘无事可思量。"没有烦恼，没有事，善恶是非苦乐都没有，这才是寂寞无言。不是嘴里没有说话，而是心声都没有了。

"无说无示"没有任何表示。"无识"没有意识作用，这是第六意识之识。"无作"不作意了，是五遍行之作意。不管你修净土、禅宗、密宗，能做到这一条，就是佛境界。无为而作佛事，佛的清净法身就现前了，这也就是禅宗的开悟境界，也就是真净土，心的净土。

佛说的这一段话就是点题，今天的年轻人不懂点题，过去的人考功名作文章，看了题目，提起笔写的第一句话就是要点题，也就是能把握住题目，把题目破掉了，也叫破题。

"如是，阿难，诸佛威仪进止，诸所施为，无非佛事。"威仪就是态度，生活的行为，归纳起来有行、住、坐、卧四大威仪。有很多同学连个走路的样子也没有，或者是畏畏缩缩地，哪还有威仪？进止就是进退，中国文化的传统教育，六岁入小学就学洒扫、应对、进退，就是学做人做事。过去的建筑，一进人家客厅，哪是主位，哪是客位，分得清清楚楚。今天的家居布置不同，许多家庭连主人自己也搞不懂哪是主位，哪是客位。在今天也要搞清楚坐汽车哪个是尊位。常碰到同学帮我把门一拉就请我先上，要我钻到那最难挤进去的位子，我就说让他先进去，他死也不肯。还有同学一定要让我坐后座中间的位子，你有什么办法！讲这些不是空话，真学佛的人对威仪进止一定要了解，这都是佛事。

"施为"是做出来的行为，这里施不是布施，是表达出来的，为是行为。一切施为没有不是佛事的。大陆上有些庙子里有五百罗汉堂，那些罗汉的像塑得好，没有两个罗汉的面孔是一样的，而且每个的姿势都不同。这表示每个姿态都可以入定，入定不一定是要打坐。如果只有在一个姿态才能定，换个姿态不能定，那也就不叫定了。真的定是无处不定，所以，"诸所施为，无非佛事"。

佛法就在魔法中

"阿难，有此四魔，八万四千诸烦恼门，而诸众生为之疲劳，诸佛即以此法而作佛事，是名入一切诸佛法门。"学佛就是为了破除魔障，人生到处是魔，开眼闭眼都是魔。罗汉在中文的意义是杀烦恼贼，翻成杀贼不是太高明，所以还是用罗汉。人生有四种魔：烦恼魔、阴魔、死魔、天魔。第一个烦恼魔我们就解脱不了。可是要注意，佛学说人生是烦恼的，烦恼不是痛苦，比痛苦轻，讨厌就是烦，觉得头痛就是恼。人生随时随地有烦恼，这是个魔障。魔字在古代是用磨，就是磨炼之意，到了隋唐以后把磨字下面换成了鬼字，这下子糟了，磨变成了红眉毛绿眼睛的魔了。

烦恼魔多得很，贪瞋痴慢疑都会起烦恼，贪长寿、贪名、贪利、贪学问、贪学佛，都是贪。心里所贪的办不到，就起烦恼了。阴魔是五阴魔，色受想行识都是魔。例如你色身病痛，困扰你，是色阴魔。受阴魔是身上的感受，像打坐气脉不通啦。想，思想停不了，不能达到"寂寞无言，无说无示，无识无作无为而作佛事"，被思想困扰，妄念空不掉。行，就算你思想感觉都空了，这生命生生不已的功能、流转的力量仍然不停。识阴魔更多了，思想的最高境界，识阴都是魔，这讲起来就要讲唯识了。

死魔，人活着就是在等死，当你第一天生下来，就向着死的那一天前进，谁也免不了。

天魔是他化自在天的天魔。三界中的天界，合起来有二十八天，高的天，才不理我们地球上的众生，他化自在天是欲界中的一天。神、夜叉等都是他化自在天的天魔。有人说自己就怕有魔，你放心，有他化自在天的天魔来找你比一下法，你已经很了不起了。像我们，魔才不来磨呢！没那个资格，你烧三支香他都不来的。他还怕你呢！等于说你不会去找比你还穷的朋友，而喜欢去找比你有钱有势的人。所以说人到了高位之后，就有许多人来找他，这些人就是他的魔。这些资料在《大宝积经》中很多，你每天作工夫，什么时间碰到哪一种境界是哪一种天魔，你晓得了，只要叫他的名字，要他不要啰唆，他就不来了。

有人修道，刚进步一点就出个岔子，见解上有偏差了，走上岔路。这就是四魔的障碍，魔是不希望你成道的，你成道了，变成"寂寞无言，无说无示，无识无作无为而作佛事"，魔就没得玩了。魔不是坏东西，就是贪玩，你不和他玩，他就不高兴了。你做他的伴侣，同他滚做一堆，魔就对你很好。所以说，多情就是魔，情就解脱不了。

因为有这四魔，就在一念之间，产生八万四千烦恼。呼吸的一呼一吸是一念，这其间就有如此多的烦恼，因为大家体会不到，就说佛法在吹牛。当你真有工夫时，自然就体会到了。你试试看，当你在写文章时，虽然一个个字在写，但是你的思想早不在这个字上了，对不对？你能静下来，就知道了。再如你坐在这里听我讲话，你一字一字听进去时，思想就不知道已经转了多少弯了。所以你刚进步一点就被魔走了，般若智慧不够，还自以为自己做对了。如果能把这个烦恼清净了，才能转成佛法。

一切众生的生命劳累得不得了，是什么使你劳累呢？就是烦恼魔。以佛法看来，这个人的生命、世界的历史、社会的进步繁华，都是烦恼魔造成的。所以你不要以为魔是不好的，今天人类科学昌明，经济发达，都是烦恼魔所造的。

而佛法在哪里呢？佛法就在魔法中，佛道就在魔道中，所以转烦恼就成菩提。你求没有烦恼，那就不能作佛事。佛法的标记是莲花，天主教的标记是十字架（其实是卍字拆开来的，也是个圆圈拆开的），回教的标记是半个月亮。莲花的特性是它不长在干净的地方，那泥巴越脏，莲花长得越好。它另一个特性是花果同时，因中有果，果中有因。花一开就有莲蓬，蓬中就有莲子。学佛的人常想走清高的路线，但是清高是不能成道业的。所以菩萨要入世，进入烦恼圈子去锻炼自己，才是佛道。

中国有副很好的对联，我也屡次提到，你们年轻人要记住："能受天磨真铁汉，不招人嫉是庸才。"成功也是磨炼，失败更是磨炼。只有白痴才没有人嫉妒，你只要有点本事就会有人嫉，连佛和耶稣都遭嫉的，这两句话也是佛法的道理。

"菩萨入此门者，若见一切净好佛土，不以为喜，不贪不高。若见一切不净佛土，不以为忧，不碍不没。但于诸佛生清净心，欢喜恭敬，未曾有也。"刚才讲过《维摩诘经》是由果说因，这一品就是在讲怎么样学佛。学菩萨道的人，懂了上面所讲的道理，如果看见了一切净土，包括西方极乐世界在内，不以为喜（不像有的人只做了一个好梦，就乐得三天吃不下饭，这太小喜了），也不贪求这境界，也不自以为高得不得了，平等视之。《金刚经》就说过，"是法平等，无有高下"。

如果看到不净佛土时，也就是看到不对的人，不合佛法的事，心里不要不欢喜。尤其学佛的人，或者想做领袖的人，更要养成这种态度。你不用忧愁，不觉得是障碍，也不埋没它，平等了就不分高下。

只要对一切佛恭敬，如何恭敬？就是生清净心。例如你在庙子看了佛像，真好啊！唉，你已经不清净了，喜欢得不得了。什么是清净心？就是上面说的"寂寞无言，无说无示，无识无作无为而作佛事"，一念不生。换句话说，若你真清净了，你的本心就是佛土，不用向外求了。"但于诸佛生清净心，欢喜恭敬，未曾有也。"这句话要小心留意，你喜欢得不得了，一下子欢喜得跳起来了，我就要打电话找救护车，送你去精神病院了。一下子很灰心昏过去了，脸发白了，也要找救护车的。清净心是既无欢喜也无悲哀，平平静静，不是昏沉，这就是佛法的入门处。

所以大家想知道自己学佛到了什么程度，随时随地看自己清净心到什么程度就知道了。如果你坐也坐不住，站也站不住，心里散乱，哪有一点清净呢？散乱不是清净，昏沉也不是清净，真清净心就像八月十五的夜里，一轮明月当空照，万里无云万里天，清凉自在。这个境界是未曾有，当然没有的，你几时有过？都被染污挡住了，你到了这境界就是大乘入门了。

佛土为何不同

"诸佛如来功德平等，为教化众生故，而现佛土不同。"很多人来问我，他要学哪个法好。观世音菩萨化身，在密宗有二十一尊度母，显教有三十二应，"应以何身得度者，即现何身而为说法"。所以都是方便法门，因为众生的习气不同、业力不同之故。佛的功德是一切平等的，但是为了要教化一切众生，就不得不用不同的方法来教化。有的同学问我，为什么密宗的佛像要塑得那么恐怖？我就反问他，佛是什么样子你看过吗？你只看过显教庙子里塑的佛像，脸胖胖傻傻的，眼睛也张不开的。但是你要知道，佛是以各种姿态教化众生的，所谓不垢不净，现各种不同的佛土。

"阿难，汝见诸佛国土地有若干，而虚空无若干也。如是见诸佛色身有若干耳，其无碍慧无若干也。"各个佛都有佛土，也都是各个不同的。像西方有阿弥陀佛，东方有药师佛，又如本经所讲上方香积佛国，那个佛土的地都是香的，这个大家可能没有经历过。

我个人有个经验（当然不是佛土了），当年我上峨眉山，在山上走到一个没去过的庙子，刚走到门口，我就觉得以前来过，原来是年轻时梦中来过的。为了求证，就进去求见当家住持，问他庙旁边是否有条路入山。他说是有，不过路的入口已经封了三十年了。他反问我怎么知道的，我只有告诉他是推测，想当然尔。后来我就要求试走这条路，他同意了。结果这条路走起来平坦舒服，像踏在垫子上软软的，路上还有香味散出来。此后我就常常一个人去走这条路，走远了还把衣服脱光，晒晒太阳。

这条路多年没人迹，落下来的松枝松叶松子堆上去，所以就又软又香，假使是有动物死在路上，让树叶盖住，再被太阳一照，就会有臭味出来，甚至变成瘴气，人闻了会生病，甚至死亡的，这个情况在贵州一带特别多，所以人在那边要抽烟来克服瘴气。

佛告诉阿难，你看见一切佛的国土种种不同，例如极乐世界的环境，与我们世间和其他世界是不同的，但是虚空都是一样的。环境之不同，等于我们每人业力不同，所修行的境界也都是不同的。如果执着一定要从某一种法门进入的才是佛法，其他不是佛法，那就错了。所以有的同学我劝他学密宗，因为适合他的业力资质；有的同学则劝他学净土，我可没有定法的。有些人可以打打坐，但我不会跟他说禅宗。所以佛土各有不同，这就要了解到一切唯心造的道理，虚空自性只是一个，起用各有不同。

"阿难，诸佛色身、威相、种性，戒、定、智慧、解脱、解脱知见，力、无所畏、不共之法，大慈、大悲、威仪所行，及其寿命，说法教化，成就众生，净佛国土，具诸佛法，悉皆同等。"现在说明真正佛法是什么。所谓十方三世诸佛，十方代表空间，三世代表时间。在空间和时间中有很多佛，不止一个。有人用现在新的观念名词来讲，说佛教是多元论，也是多神论；相反地，也有其他宗教批评佛法是无神论。说佛法是无神论，是绝对地误解，而且是很严重地误解。可惜的是，有很多学佛的人附和这种讲法。说佛法是多元论或多神论的，也是误解。真正的佛法是一元论，而且元也不元。说是一元论也只是个哲学代名词。所谓多是讲起用现象，宇宙万有现象各有不同，但是万有功能就是一体。这个交代了，我们回转来看本经。

佛告诉阿难，每个佛都有他的色身。我们欲界的众生才有肉体，这个生命的存在是有血有肉的；色界的众生就不一定，不是像我们有血有肉，而只有光色；无色界的众生连光色都不是，更不是我们这个肉体样子，但是生命还是有个体的存在。这个个体是从大我中分化出来的小我身体。在佛法里，所有三界众生，不管是哪一种身体，都称为色身。

色有两层意义，第一，我们的身体是四大假合之身，属于色法的，所以叫色身；第二，色也包括光明，即使是欲界的众生，有成就的人的色身自然就有光，这是色身的光，不是电灯的光，讲修持一定要了解这个问题。

例如，禅宗讲大彻大悟成佛，成佛了吗？成了，只不过大部分成的是法身之佛，明心见到自性。法身起用成就了没有？还没有，因为色身没有转。悟了道要转这个父母所生的肉身，转成毗卢遮那佛所代表的色身，那是光明的。据说一千年来都没有色身成就的人。肉身在死后不烂，还不能算是色身成就，仍是法身成就的一个附带作用。色身成就的修行者，生时自然是有六通，要走时不用去烧他，他化作一道光就去了。借用道家两句话来讲，到了最后是"散而为气，聚而成形"，色身成就也自然能脱胎换骨。

每一个佛的色身不同，阿弥陀佛、药师佛、释迦牟尼佛，他们的色身都不同，但是成了佛都有三十二相八十种好，用四个字归纳就是相好庄严。对修行人来讲，就是考验，不要说成佛，就是到了小乘罗汉的果位，相貌都会转变的。罗汉的相貌也用四个字归纳，就是清奇古怪。清就是不俗气；奇是奇怪，不是说脸像马，眼睛像猴子那种奇怪，而是奇怪又可爱；古是古老；怪是怪相。所以有阿罗汉的成就也是脱胎换骨的，这都是实际工夫，不是空谈理论就可以的。

像我们学佛的人，修持多年下来，生理和心理没有一点改变，那个脸还是拉得很长，让人都不敢望他，更不敢亲近。这就是不对了，修持的人即使有一点点成就，也会无形地影响旁人，让人觉得他可爱可亲，自然会起亲切感，或是庄严感。这个就是功德，是工夫成就而累积起来的。儒家弟子形容孔子"望之俨然，即之也温"，看他的样子很庄严，有点令人害怕，可是一和他接近，就觉得他很温暖慈祥。所以说有道的人，色身一定转变了的。

"诸佛色身威相种性。"威不是让人怕，是威仪，就是生活的仪态；种性是个性，成了佛的人，阿赖耶识变了，种子都是慈悲，每个佛的威相都一样。

戒、定、慧、解脱、解脱知见是大小乘、显教、密宗所共同的修持步骤，我们前面介绍过了。像凡夫的戒、定、慧、解脱、解脱知见，每个人的层次不同；有人对某一种戒守得很严，天性如此；有人对某一种戒不适合；每人的定力和智慧也不同，可是成了佛的人，却不会不同的。

再下来是佛的十力、四无所畏、十八种不共法（这些佛学名词前面介绍过了，这里不再细说），佛的大慈大悲心，佛的威仪、寿命，佛的说法教化，"成就众生，净佛国土"这八个字，就是一切佛出现世间，教化众生的目的。佛出世是为众生而来，他必须取得像我们一样的肉身，讲我们的话，来教化我们。当佛出现在哪一个世界，目的就是为了把那个世界变成净土。"具诸佛法，悉皆同等"，因为本体只有一个，形相不同而已。例如这个房间装了许多不同的灯，尽管外表形相不同、光度不同，但是电源是一个。

诸佛菩萨为了成就众生净佛国土，形相有种种不同，但他所得道的成果是一样的，就是上面所说的，色身威相种性一路下来的各种成就。

你想要知道自己开悟了没有吗？可以很简单地测验一下，你色身转了没有？形相习气改变了吗？戒、定、慧、解脱、解脱知见成就了没有？佛十力四无畏都具备了吗？十八不共法知不知道？慈悲心发到什么程度？威仪到了什么境界？对自己寿命有没有把握？说法是否能辩才无碍于法自在？能否成就众生净佛国土？这都是对自己的测验。你说自己还没有成佛，那么就拿佛成就的亿万分之一，来测验自己的修行，也是个很好的尺度。这样一来，自己不会骄狂，自己也可以明白还差得远呢。

"是故名为三藐三佛陀，名为多陀阿伽度，名为佛陀。"这三个名称都是梵文的译音。成了佛的人有十种名号，例如我们经常在经文中看到"世尊"，就是称号的一种（佛的十种名号是：如来，应供，正遍知，明行足，善逝，世间解，无上士，调御丈夫，天人师，佛），本经只就十种名号中提了三个重点。

"三藐三佛陀"是正遍知，你悟了性空，智慧就自然来了，什么都知道了。像六祖原来不识字的，听人家念《金刚经》，初初有点悟道，还没大彻大悟。去见五祖时，五祖故意骂他是獦獠，就是南蛮没文化的人的意思。六祖对五祖说"弟子自心常生智慧"，他也没有去想问题，但是会自己开发。常生智慧还是普通的，到了佛成就境界，就一悟千悟，一通百通，这就是正遍知，三藐三佛陀。你修行功力进步一点，智慧就开发一点；若是越修对世间法反而越笨，脑子变成水泥做的，那就绝对错了。

"多陀阿伽度"的中文就是如来，无去也无来，不生也不死。

"佛陀"就是佛，是觉的意思。用教理的解释来讲，自觉、觉他、觉行圆满叫作佛。用普通的话来说，觉就是清醒，佛是永远清醒，没有昏沉，没有散乱。这里有位同学半年前出了车祸，其后就一直不能睡觉，但是脑子仍然很清楚，也不疲倦。他很着急。我告诉他，这有什么好急的，你再活六十年可以抵我们一百二十年。想睡觉是一种习惯，修道的人定力够了，可以不用睡觉，所谓"眼若不寐，诸梦自除。心若不异，万法一如"。这个句子我们讲过很多次了，某某同学还是写不出来，表示他都在睡觉。我们凡大不是睡到床上才睡觉，不睡觉时脑筋也都是昏的，在昏沉中。你心能不起分别，不动念，就万法一如。这是三祖《信心铭》的名言，就是悟道的境界。

成佛的人脑子是清醒的，有人打坐看到什么鬼啊怪的，因为脑子糊涂。昏沉的时候就出现境界，清醒的时候不会出现境界的。很多人把昏沉中的境界（在唯识中是叫作独影境或带质境）当作是神通，实际上他成了"糊"了，不是佛。你等几十年看他得什么果报，一定很惨的。所以佛法是平实的，就是真正的清醒。

《三国演义》写刘备三顾茅庐，第三次他碰上了诸葛亮在睡觉，就站着等诸葛亮睡醒。诸葛亮当然知道刘备来了，只是装睡来测验他的诚心。孔子有次在家，有个人叫孺悲来看他，孔子让学生对孺悲说，老师生病不见客，当孺悲走出去的时候，孔子就在屋中弹琴，故意让孺悲听到，这就是给人难堪，说病得不能见客，却明明在弹琴。诸葛亮整刘备稍好一点，诸葛亮故意翻个身，假装醒了，还念首诗"大梦谁先觉，平生我自知"。这两句话是佛法思想变过来的文学，得道成佛就是从人生的大梦醒来，醒来的人如何？如人饮水，冷暖自知。诸葛亮那首诗的下两句是："草堂春睡足，窗外日迟迟。"表示这一觉睡得舒服，优哉游哉，他哪里在睡啊，其实他清醒得很。

《维摩诘经》中这一段，佛先介绍了什么是佛事，当然敲木鱼念经也是佛事的一种，真正的佛事是刚才在本经里所讲的，然后这一句话讲什么是佛。他接下来讲什么是佛净土。

阿难不敢自谓多闻

"阿难，若我广说此三句义，汝以劫寿不能尽受。"佛告诉阿难，如果要我把怎么样才是正遍知、如来、佛的境界，详细地告诉你，要说多久呢？纵然你的寿命同这世界的劫数一样长，说一劫也说不完，不但我说不完，你也接受不了，说了你也不懂，乃至不相信。

"正使三千大千世界，满中众生，皆如阿难多闻第一，得念总持，此诸人等以劫之寿亦不能受。"进一步来说，假如一佛国土中三千大千世界里所有的众生，每个人的智慧都像你阿难一样，学问渊博，记忆力强，就算把所有众生的智慧加拢来，寿命也和这世界的劫数一样长，我也不能把佛悟道的成就境界说得完。

佛说法四十九年留下的记录，都是靠阿难的记忆，佛去世后，阿难再向五百罗汉背诵出来成为佛经，所以经文开头都说"如是我闻"，表示是阿难亲身听来的。五百罗汉的聚会就是第一次"结集"，他们不是普通的佛弟子，而是个个有成就的。第一次结集是要把佛的一生说法统一记录下来，是由佛的大弟子迦叶尊者主持，那时舍利弗、目连尊者等都已过世了。这些罗汉没有把握能记得一字不错，只有阿难记得。阿难多闻第一，得念总持，就是学问好，过耳不忘。

咒语的梵音是陀罗尼，也就是总持的意思。咒语的每个音声都包含着非常多的意义，所以是陀罗尼。譬如念一句"南无阿弥陀佛"就是念咒，南无意义是皈依，阿弥陀是无量寿光。念到这一句真能念念不忘，一心不乱，昼夜精进，七天七夜是可以得总持法门。不止是佛法的记忆力，所有世间法的记忆力，都自然而然而来，脑子自然强了，就是六祖说的"弟子自心常生智慧"。你们年轻人学禅学佛的，读书也不行，记忆也不行，还说自己是修行人。哎呀！用古文两句话——"其谁欺，欺天乎"？你欺骗了谁呢？不管你打坐也好，修什么也好，只要定力增长了，智慧自然一天一天增长的。很多老朋友常自叹记忆力变差了，但是真有修持的，年纪大也不会变差的，记忆力不好是不得其总持。

再说阿难，第一次结集时，大迦叶不准他参加，为什么？阿难虽然聪明强记，可是还没有悟道，五百罗汉可都是悟了道的。阿难在门外大哭，大迦叶就限他七天开悟才准参加。大迦叶故意要鞭策他，因为佛在世时，阿难仗着和佛是兄弟，偷懒心和依赖心重，所以没有悟道。可是这一下，阿难被逼到墙角了，羞愧不已，就拼命用功，七天限期到了他真地悟了，才准参加结集。

"如是，阿难，诸佛阿耨多罗三藐三菩提无有限量，智慧辩才不可思议。"一切悟道的人，他那大彻大悟的境界，一般人都只是用推测的心理去理解，悟道的境界无量无边，佛也没有办法告诉没有悟道的众生。成了佛，他的智慧不是用脑筋想的，用脑筋想的是凡夫的聪明，像机器榨出来一样的，是知识而不是智慧。真智慧是如《中庸》所说，"不思而得，不勉而中"，不要去思想，它自然而来的。得道的人辩才无碍，他写文章或说话是滔滔不绝的，很轻松的，如果还要去想，那就成了辩才有碍，不是空灵的。所以说佛的智慧辩才"不可思议"，那是凡夫境界不可以想象的。

"阿难白佛言：我从今已往，不敢自谓以为多闻。"阿难听了佛所说得道人的境界，就禀告佛，我从现在开始，再也不敢自认学问渊博。阿难在这个时候还没有悟道，只是佛学的常识非常渊博。佛也说过，初地的菩萨不晓得二地的事，二地菩萨不晓得三地的事。也就是说，不到那个境界就不会知道，不敢乱加猜想，就是不可思议。

"佛告阿难：勿起退意。所以者何？我说汝于声闻中，为最多闻，非谓菩萨。"佛就训诫阿难，不可以起退缩的念头！我只是说你在声闻弟子中学问最好，记忆力最强，我不是说你在菩萨中是最好的，菩萨境界不是你可以想象的。

读佛经典要把心情放轻松，有人问我花了三年读完全部《大藏经》有什么感想，我说像读《红楼梦》小说一样。一般的老前辈听了脸都变绿了，认为我侮辱了佛。其实我讲的是真话，道理何在？你要是能心心相印，自然看起来很轻松，这本《维摩诘经》有三卷，全部《大藏经》共有一万多卷，我每天坐着看二十卷，还怕看得太慢，所以昼夜不停地看。我最感谢的是这对眼睛，我老是让它们加班，到现在还时常看东西到天明。我常常摸摸它们说，对不起了，老兄，让你们辛苦了。

为什么说这番话呢？我们人在修持中常会起退悔心，想到佛法那么高深，自己哪天才做得到？算了，我没希望了！所以你把这佛经当小说当剧本，这样你就不会退悔了。你看佛告诉阿难，你可不要生退悔心！我说你是小学生当中的第一名，不是大学生啊！阿难听了这话，一定很难为情。佛又连忙说：

"且止，阿难，其有智者不应限度诸菩萨也。"你冷静一下，阿难，不要难受，世界上一切有智慧的人，要推测想象得道菩萨的境界，都是做不到的。

换句话说，你自己非修到不可，凭想象是不可能的。像很多同学从国外回来了，就大谈美国如何如何，我就说，好了，不用讲了，你在美国时，美国总统跟你吃了几次饭？你见得到他吗？人家是怎么办公的？你只是在猜测白宫里做了什么事而已，这不是笑话吗？老辈子人说，"乡下人说朝廷，越说越像"。一般人都喜欢这样，不要说美国元首了，就讲我今天做了什么事你知道吗？你要怎么样去了解美国元首是如何做决策的？这不是乡下人说朝廷吗？

所以佛对阿难说，不要去推测佛的境界，你只要老老实实修行，只问耕耘，不问收获。也就是古人说的"勿以凡情而卜圣量"。

"一切海渊尚可测量，菩萨禅定、智慧、总持、辩才、一切功德不可量也。"阿难已经不是普通人了，像我们想当阿难的学生，他收不收都还是问题的。佛再三提醒阿难，一切大海的深渊还可以测量得出来，至于菩萨的禅定境界，智慧的成就，总持的范围，辩才的深浅，乃至他一切的功德，你是没有办法去衡量的，你不到那个程度是没有办法知道的；你乱推测的话，就是谤佛，是犯了大戒的。等于一个小学生妄想推测大学教授的境界，那是没有办法做到的，那只是污蔑了人家。

"阿难，汝等舍置菩萨所行，是维摩诘一时所现神通之力，一切声闻辟支佛于百千劫，尽力变化所不能作。"佛再告诉阿难，你不要再岔话了，这些客人到了还没招呼呢，先暂时搁置大乘菩萨境界的问题。维摩居士今天所表现的神通境界，是你们一般学小乘的声闻和辟支佛，纵然用尽气力，花了百千万劫也办不到的。

佛与阿难师徒作了这一段对话，我们不要忘记，当时现场还有好多访客。

众香国菩萨问法

"尔时，众香世界菩萨来者，合掌白佛言。"那时，从众香世界来的菩萨，合掌向佛问话了。

"世尊，我等初见此土，生下劣想。今自悔责，舍离是心。所以者何？诸佛方便不可思议。为度众生故，随其所应现佛国异。"这段文字很简洁，但其中有几个转折。这些菩萨说，世尊！对不起！我们从上方世界下来，对这里的第一印象很差，看不起这里。现在觉得后悔，也责备自己为什么有看不起别人的心理，这个心理现在已经没有了。因为我们现在了解到，一切佛的教化方便手法，不是我们所能想象的，为了教化某一类不同的众生，所显现佛国的环境就会不同。

这些菩萨事实上是在行戒律，什么戒律？发露忏悔。发露是当着众人坦承错误。忏悔是不再犯同样的错误。

"唯然。"读到"唯然"要打个圈号，这是释迦牟尼佛的答话，嗯！好的！佛准许众香世界菩萨忏悔。

"世尊，愿赐少法，还于彼土，当念如来。"菩萨们又说，世尊，请您老人家也传我们一点佛法，让我们带回到上方世界，也可以念着如来的教化。这些菩萨也难得下来一次，所以提出这个请求。这个"当念如来"四个字用得好啊，我们常搞文字工作的读到这里，打两个圈都不够的，这是一语三关。如来是佛的称号之一，这里也有好像来过的意思，又是心心念念有佛，文字怎么解释都通，这才是翻译！哪里像今天的翻译文章，我看了不懂，就问问翻译的人，他居然说，让我想想看，他老兄自己都没弄懂！

好！现在佛要对外来的菩萨说法了，也就是对我们说法。《维摩诘经》一路就是维摩居士表演了那么多不可思议境界，这是神变，是修持功德具足而有的。现在佛要告诉大家怎么修持。

佛说如何修持

"佛告诸菩萨：有尽无尽解脱法门，汝等当学。"前面讲过大小乘修持的次序，由守戒得定，由定得慧，得了智慧才能解脱，解脱后生解脱所知所见。所以学佛是学解脱。如果越学越难与人相处，越多问题烦恼，那就不是学解脱，是学脱节。学佛是智慧之学，再复杂的环境也能化成祥和，心中的烦恼也能解脱。不要一学起佛来，欲望变得更大，又想求菩提，又想祛病延年，又要佛加庇功德，又要保佑你升官发财。甚至有同学问我，为什么他那么用心打坐拜佛还感冒了？我只好说，唉，大概佛法不灵吧。这解脱了吗？真是的！

佛告诉这些菩萨们，"有尽无尽解脱法门"，又到头又不到头，究竟是什么？佛说，这个解脱法门你们应该要学的。下面佛讲什么是"尽无尽"。

"何谓为尽？谓有为法。何谓无尽？谓无为法。"这是先下定义。佛法归纳成有为法和无为法。我们拜佛、念咒、参禅等八万四千法门，乃至练气功，都是有为法，有个方法在修。一切众生所求的，求神通、求悟道，只要你心中一想，就已经是有为法了。举凡世间法，宗教、哲学、科学等，都是有为法。如果你不来世间，一个人上山修道，就是无为法了吗？还不是。没有悟道之前都是有为法，"尽"就是有为法。

有为法学到了，学到了底，就证到无为法。无为法是什么？是空。佛法最高是到空，到无为法，也就是涅槃。中国大乘佛法都喜欢讲无为法，一上来就讲空，可是你空不了啊！刚才有同学来问，说他近来一上座就觉得身体没有了，很平静。我说这是念。他说自己没有动念啊。我说，你有个境界是念，有个空、有个清净还是念，都是有为法。不是真正的空。真正的空要有为到极点了就是无为，有到了极点了就是空。但是你也不要守一个空、守一个清净的境界，一守就又转到有为法了。无尽不尽，又回到尽了。你看，这佛说法之妙啊！

所以一切大阿罗汉、声闻众乃至菩萨，在没有证得菩提、没有成佛以前，所有的修持都是有为法。我常说，一切禅宗密宗，一切修持，都是加工的，都是加行法，都是助道品。《金刚经》说真正的道是"了无一法可得"，那就是佛道。

讲到有为与无为，我忽然想起明朝有位大禅师叫作柏堂法师，他有两句诗，"千丈岩前倚杖藜，有为须极到无为"。就是说必须要修到了极点，才能够空。

"如菩萨者，不尽有为，不住无为。何谓不尽有为？谓不离大慈，不舍大悲。深发一切智心，而不忽忘。教化众生，终不厌倦。于四摄法，常念顺行。"

"护持正法，不惜身命。种诸善根，无有疲厌。"出家人所承担的工作是绍隆佛种，就是把佛法的种子传承下去。而在家佛弟子的任务是护持正法，就是护法，因此庙子里习惯称在家居士作护法。护持正法的工作是很难的，像庙子里常见的韦驮菩萨，在中国是大护法神，当然也不一定只有在家人才有护法的责任，很多出家大师，一样是挑起护法的责任。只要能弘扬佛法宣扬正道的，就是护持正法。

有为法起行时为了护持正法，连自己性命也不管，碰到灾难宁可为法而死。活着的时候，随时随地都在做善事，种善根。做善事不一定得好报的，很多人只做了一点善事，就马上想得好报，那是不可能的。大的、好的报应是种在阿赖耶识的根根里，是未来的福报。

所以因果报应是个大问题，有时看到社会上有的人非常坏，但是却非常有福报，好像大部分坏人的福气都比好人好。当然很多好人实际上是笨人，越笨人越好。人聪明一点就坏，聪明同坏像是两兄弟。聪明而不坏，有本事做坏事而不做，那是善人。有的同学自认没有做坏事，可能是因为你没有本事去做。要讲"放下屠刀，立地成佛"，那你成不了佛的，因你屠刀也没拿过。我拿把屠刀给你，你可能拿着手就发抖了，那也用不着放下，都抖掉了。放下屠刀是放下杀人如麻的刀，放下这个杀人的权力和本事，才可以立地成佛。

所以一般人不能说他是好还是坏。韩信看不起同时和刘邦打下天下的一班人，对他们说："公本碌碌，因人成事。"意思是，你们这些人不提也罢，还不是靠我们打天下才有碗饭吃。一般人对自己认识不清楚，对别人也认识不清，都以为自己是好人，所以说报应靠不住。佛法的因果报应道理在哪里呢？如果一个非常坏的人却有很好的福报，这是他过去生的善根所带来善报的业没有受完，所以这一生是好的。这一生所造的恶业，要到他生来世受报。

因果不是那么现实，不等于买股票做生意，钱下去了能马上赚回来。因此，修菩萨道的人不求善报，所以他种诸善根，才无有疲厌，不会计较是否得到好报，也就不会有心理上的疲厌。

"志常安住，方便回向。求法不懈，说法无吝。"真学佛的人，他的志向常安住在方便回向。方便就是随时随地用各种方法，回向就是布施的意思，但是你施出去的还是会回到你这儿来，那是轮转的道理。学佛的人常作念经、拜佛等等的功德，都知道该回向给一切众生。心里想的回向容易，要他真拿东西出来，恐怕就难一些了。不过能这么想也不错了，就怕自己连这个想法都没有。所以要先训练自己有这个思想，思想习惯了，慢慢变成行为。

我有时取笑年轻同学，他说已经回向过了，我就说，你观想一下就回向了，自己不花一毛本钱，当然干了。但行为上能不能做出来呢？例如现在要过年了，你身上有个一万块钱，看到别人过不了年，就缺个九千八百块，你能痛快地帮助他，给了钱头也不回走掉，这恐怕就难了，所以行为是很难的，不是坐在那边用观想就可以的。

菩萨的回向呢？要注意"安住"这两个字，是心里乐意布施，安心于这个行为，做这种方便回向。

因此学菩萨道的人，求任何一种修行的方法都不会懈怠马虎的，为别人说法更是尽自己所知，知无不言，言无不尽，没有悭吝心。你看经文说"求法不懈，说法无吝"，觉得很容易，但是真要你做的时候就很难了。

譬如说我们当年求法，那真是要恳求的，又下跪又磕头又行礼的。现在没这回事了，打个电话还是写封信来就要求法，好像你应该告诉他似的。昨天还有位博士学生来这儿，说我在书中建议他如何如何。建议是部下对长官提出意见的用词，说老师向学生提出建议就不礼貌了。这个时代这样的例子多得很，但也是在求法，能做到不懈吗？

儒家有"程门立雪"的典故,这才叫不懈。而禅宗更早就有立雪求法的事迹,是二祖向达摩祖师求法的经过,二祖甚至最后把条膀子砍下来供养,这大家都很熟悉了。还有一个求法不懈例子,玄奘法师远赴印度求法,他徒步走过大西北的沙漠地带,那种艰苦真不是我们能想象的。玄奘法师决不退转,他准备死在路上的。和他一起去的还有十几个人,都死在途中了。

说法无吝也是不容易的,中国人的习惯总是要留一手,重要的地方留着,考察考察你再作决定。过去学拳、学医学等,老师悭吝都留一手,到后来什么也没有了。说法要没有悭吝心,以布施的心态去说,是很难的。

"勤供诸佛,故入生死而无所畏。"上面这些行为,都是学佛人供养诸佛的行为。我们学佛经常讲供养,以什么供养?以身行佛道来供养诸佛,奉行佛菩萨的教导。你要去哪里找诸佛菩萨?不是上西天去找,诸佛菩萨都在人世间,你认不出来,他也不会讲的。他都在生死轮回中转,但是不受生死的拘束。所以如果为了要跳出红尘而学佛就根本错了,成就了的人不怕生死,不畏惧苦难,反而更要去苦难的地方教化众生。

"于诸荣辱,心无忧喜。不轻未学,敬学如佛。"这是学佛的人,尤其当善知识的人要特别注意的,入了世间给人看得起、看不起都一样,在心中不因此而忧愁或喜悦,一味清净而已。对于没学问或者没学过佛法的人,不轻视他,而且更要对任何人都像对佛一样地尊敬。

本篇所讲的,不但是学佛人的行为,更是学佛人的戒律。这里都是戒条,不是只有律藏中才有戒条。

"堕烦恼者,令发正念。"这又是另一个观念。学佛的人对于在烦恼痛苦中的人,正好去帮助他,让他因此发起正念。

"于远离乐,不以为贵。"一般人学佛都走上小乘的路子,变成厌世，心乐寂静，想去山林中住茅棚。想象中青灯如豆，白云飘渺，那境界真美。可是真到山中住，点一盏青油灯，那照在墙上的影子看起来像鬼影；白云很美，你住在深山中，云会从窗外飘进室内，湿气重得不得了，我宁可不做白云中的神仙。一般人要逃避人世间的痛苦，都想出离世间，以远离为乐；但是大乘菩萨道偏要向红尘中去，青山绿水并不缺你。

"不着己乐，庆于彼乐。"不耽着自己的快乐幸福，而庆幸别人能得到快乐幸福。就这一条，我们怎么做得到？只有大菩萨才能真正做到，可是我们学佛的人，应该立志朝这个路上走才对。

"在诸禅定，如地狱想。"视禅定如地狱一样。好了，你们打坐腿子痛的，这下可有借口了，禅定于你真如同地狱，你何必下地狱呢？何必打坐呢？

这个道理在什么地方？菩萨道不是追求自利，打坐入定是修行第一步，可是你常常入定是犯菩萨戒的，犯了"耽着禅定"之戒；但在小乘，入禅定反而是功德。我告诉你，世界上第一幸福、第一舒服的事就是入定，当然不是你打起坐来那么痛苦的"定"，真入定是乐的，是进入大喜乐中。身心完全解脱、清明，那种禅定的快感不是凡夫可以想象的。你叫一个入定的罗汉出定去救世救人，他做不到。好像一个喝得八分醉的人，你夺下他的酒杯，叫他跟你去干活，他可是一点力气都没有的。罗汉对禅定的执着，就好像凡夫被酒迷住了一样，太舒服了。你说我痛苦极了，是的，他知道的，可是他那里可没有痛苦。

菩萨道以入世救人为主，入世并不一定是在家人才行，出家在家人都要入世的。有的居士只管自己修行清净，那就是在家的小乘道。我常骂同学还是不要学佛了，一学佛就学懒了，你们没有懂我的话，学佛必然会懒。尽管说要发心，多半是走上了小乘之路，只管自己不管别人。

"于生死中，如园观想。"菩萨道的人不想跳出生死，他在生死中犹如到园林中游玩一样。人生经验太多的人，就会觉得人生很厌烦，没有什么可留恋之处。你们可能会写得出来这种文章，但是我可以大胆地说，你们没有这种体验，有这种体验的人，自然会对这个世间"如园观想"。讲这一句话时，你要能想到文学中的名句："夫天地者，万物之逆旅。光阴者，百代之过客。而浮生若梦，为欢几何？"这样你就会懂了。园观者，是把它看成是个旅馆，人生不过是寄旅而已。能有这个观念也可以算是菩萨境界了。

你懂了佛法，再去看任何一篇文章，任何一本小说，它都是佛法。这文学句子就是哲学，就是佛法，因为几句话讲了苦、空、无我，都说完了。你们现代青年从白话文入手的，真没资格学佛，因为你的工具不对。你那个钥匙开洋锁可以，拿来开中国古代的锁就不对头了，开不了的。学文言文入手的，他看古文看白话文都行，是一把万用钥匙，什么锁都可以开。

"见来求者，为善师想。"看到别人有求于你，不管是找你借钱还是别的事，都要把他当成善知识。甚至有人对你不满意，给你很难看的脸色，也都要把他当成善知识。善知识就是中国文化讲的良师益友，儒家讲"观过知仁"，看到人家有错误的行为不要生气，要把人家当成老师，自己引以为戒，不要犯同样的错误，这就等于是一个机会教育。

"舍诸所有，具一切智想。"尽量把自己所有的布施出去，自己的智慧才发起来。聪明和智慧不同，很多学历很高学问很好的人，有聪明而没有智慧。智慧是生于空的，你要把世间的聪明、烦恼、妄想、杂念都丢完了，那个般若智慧才出得来。你有学问就有思想，有思想心中就有念头，当你还有这一念时，智慧就出不来。我们学佛人的行为，同这个智慧的道理是一样的。你能"舍诸所有"，把一切空完了，才能得大智慧。大智慧是一悟千悟，一通百通，不是有学问就能做得到的，学问只不过是累积来的。

菩萨除了外面的财物布施之外，也要内布施，把里面的妄想心念通通空掉，就是内布施。

"见毁戒人，起救护想。"看到别人的行为不对，别人犯了戒，千万不要看不起他。学佛的人看到犯戒的人，要像看到受伤的人一样，值得怜悯和救护，如果看不起他，不是犯了轻视别人的戒吗？

"诸波罗蜜，为父母想。"波罗蜜是梵音，意思是登彼岸，跳出苦海，到达清净境界。波罗蜜有很多种，普通讲有六波罗蜜：布施、持戒、忍辱、精进、禅定、般若；真正佛法是十波罗蜜，有十种（上述六种之外再加上方便、愿、力、智）。波罗蜜使我们能达到升华超越的境界，它是如此的重要，所以我们对一切波罗蜜要起恭敬心，视之如父母。现在这本经就是我们的波罗蜜，它是文字般若，因此我们应该爱护尊重这本经，犹如父母。

"道品之法，为眷属想。"我们晓得有三十七道品，广义的道品更多，例如念佛、打坐、一切修持的方法，都是有为法，也都是道品，是助道品。它们本身不是道，道是了不可得的，真得了道，就不用一切法。所以说"即一切法，离一切相"，一切法都舍掉，了不可得，空完了就是道。但是我们也不要看不起有为法，你学止观也好，密宗也好，学禅也好，都要尊重各种的道品之法，视之如自己的兄弟姊妹。接着下面是讲菩萨行，菩萨行是以出世的精神来做入世的事业。

也说菩萨行

"发行善根,无有齐限。"发是发心,发心就是立志、动机。发行是把心里所想的变成事实行为。善根是把为善的根栽在心田,就是栽在唯识所讲的第八识阿赖耶识中。因为是栽在身心的根里,连想都不用想,自然处处作善行,无往而不善,无为而不善,这是善根成就了。

菩萨道发行善根是没有齐限的。齐就是平等的,没有比较的。限是限度。菩萨发行善根是永无尽止的,不是说做到与佛齐了,就可以停下来,因为发行善根是永远无止境的。

有人只喜欢放生,放生是善根之一,可是我常劝人在都市中不要乱放生。例如你去菜场买些动物来放生,这不但不是放生,反而是杀生。有些卖动物的人晓得有人爱放生,他就拼命去抓来卖。甚至于你今天放生的,明天就又被抓回来,所以真放生是很难的,有时救了个小动物不见得是做善事,做善事是要智慧的。像有的人没钱还好,你一帮助他,他反而有本钱去作恶,所以说,没有智慧所做的善事,反而会变成坏事。

可是我是不管的,譬如好几次有人来骗钱,坐在那儿讲了两个钟头,脸上都冒汗了,因为讲假话是很吃力的。我明知是假话,还是坐着听他讲,最后问他,你究竟需要多少钱?他说要五千块钱。我当时家中只剩有四千元,就都给他了。他临出门还说过三天就给我寄回来。我说,不谈这个,你慢走。他一走,我的家人就问,为什么明明知道是骗人的还帮他?我同他们讲,唉,你想,一个人能讲两个钟头的话,两千块钱一个钟头也不贵,而且他讲得多痛苦,讲出一身汗来。本来那个钱是准备为家人过生日用的,这下不过生日,我替你做了好事。我后来还跟我儿子讲，这个人也明知我晓得他是骗人的，可是还敢来，胆子之大就值得佩服。而且他还编了一大套故事，也用了很多心思，所以我纵然是被骗也风流啊！这也是一乐也。

还有一次，在火车站有一个人拉住我，跟我问好，非常热络，我却完全不认识他。他一直扯下去，而我要赶时间，干脆问他，你需要多少钱？他一听，忙说，您老有神通啊！我是要坐火车回家乡没路费。我就把身上带的钱交给他，自己走路回去。像这种事，我碰多了，都是很好玩的。

"以诸净国严饰之事，成己佛土。"这里与你们学净土念佛往生有关，要了解这一句，就要参考其他的经典了。阿弥陀佛有四十八大愿，药师佛有十二大愿。药师佛的十二大愿代表了东方文化，都是现在的现实生活，阿弥陀佛的四十八大愿包括了未来，是超越的。佛发的愿都是很大，例如，你敢不敢发愿要办一所学校，愿其中没有一个笨学生？做得到吗？你敢发愿，愿学生中没有一个会感冒，做得到吗？要包每一个人没病，连父母亲都做不到的。可是佛却发那么大的愿，你应该好好研究佛的每一条愿。

愿不是乱发的，愿也不是为自己祈求什么，发愿是将自己的心理行为布施出去，发愿就是立志。诸佛的佛土为什么那么清净庄严、那么美好？那是由诸佛与菩萨共同的愿力而来的。好比我们社会风气的好坏，是无法依靠领袖人物一个人的好坏决定，而是要每一分子共同向这个路上努力，慢慢形成的。《楞严经》说："若能转物，则同如来。"学佛不能因为外在环境的波动而影响到自己内心，而是能以自己的心理影响外在环境。反过来说，如果是物来转心，被外在环境变化影响到心理，就是凡夫。

每个佛的发愿不同，这是佛与其他宗教不同之处，不是只有一个教主的愿力。例如药师佛的十二大愿，是有十二神将代表十二星座，一年有十二个月，一天有十二个时辰。他的愿与阿弥陀佛的四十八大愿不同。可是向东方药师佛土一直走下去，就会走到西方阿弥陀佛的佛土，所以东方琉璃光净土和西方极乐世界净土几乎是一个。想参透这个道理，就要熟读每一个佛的愿力和境界，不要马虎读过去就算了。

那你学了佛之后要做什么呢？要"成己佛土"。所谓学佛是跟着佛去学，才是学佛。不是像一般人学佛，都是心有所求，都是求佛保佑的自私心理。要注意学习每一个佛的佛土庄严美丽之处，学他的行为，将来自己成功成佛了，也是这样的境界。

当年在上海，有条行走南洋之间最大的轮船，有一次，南洋有个有钱的老华侨，他有中国老一辈的习惯，越有钱越是节省，他从香港坐船去上海，买了大统舱的票。船上的茶房势利，看不出他是有钱人，对老华侨的使唤不耐烦，就说，你要是有本事就自己开一家船公司嘛！老头子一气，到了上海，一上岸就安排成立一家船公司，还要人去找那个势利茶房去上班。这是发愿吗？不是的，这是赌气。懂吗？

大家今天听了故事，要检查自己的心理，有时以为自己在发愿，其实是在贪图。真地发愿是舍出去，不求什么回来的，学佛就是学佛能舍的心。我们照着佛的一切行为做，就是学佛，就是修行。

所以发愿要往生净土的人，我劝你一定要读净土的三部经：《无量寿经》《观无量寿经》《阿弥陀经》，那样你才会晓得极乐世界是怎么回事。如果再要研究阿弥陀佛的来源，就要看《法华经》，上面说到有位皇帝生了十六个儿子，他后来出家成了大通智胜佛，十六个儿子也跟着出家，阿弥陀佛就是其中一个儿子，释迦牟尼佛也是其中之一。为什么刚好有十六个儿子，十六是两个八，这数字就要研究了，其中有内义的，这就是密宗，你找出这些道理就可以修行了。

"行无限施，具足相好。"无限量地布施，会有具足相好庄严的果报。为什么要在佛前供花？根据佛经，来生就会长得漂亮；在佛前供香，他生来世不会有体臭；这一生多布施医药的人，来生身体就少病痛。虽然有这些说法，但是相好庄严还是多布施来的，人家有痛苦你肯帮忙，这帮忙也就是布施。

六波罗蜜当中，第一就是布施。我们再重复讲一次，布施分三种：内布施、外布施、无畏布施。内布施也叫法布施，在精神、文化上帮助别人，讲经说法、为人解答疑难，都是内布施。外布施也叫财布施，是以财物帮助别人。我们小时候一定要读的《增广昔时贤文》有这么两句话："求人须求大丈夫，济人须济急时无。"这就是财布施的道理。

佛经中讲过这样一个故事，有位菩萨是专修布施法门的，天上的天人要试探他，就化身成一个小孩，哭喊着走到这菩萨面前。菩萨当然就问他是什么事，小孩说自己的母亲一只眼瞎了，医生说可以换眼睛，不过一定要菩萨的眼睛才能用。这位菩萨一听，当场就挖了右眼给他；天人就故意说，哎呀，医生说一定要菩萨的左眼才行。菩萨略想了一下，刚才挖得太快了，早知道先问一声也不至于白挖了，不过既然修的是布施法门，还是把左眼挖下来给了他。哪晓得天人说，这一次你挖眼睛时犹豫了一下，效果就没有了，这左眼不能用了！

你看，布施多难啊！我们哪够资格自称学佛呢？至少我还舍不得把眼睛布施出去。但是我看过在社会上有许多人，他也不一定是佛教徒，他的行为却真是菩萨行，真是牺牲自我，在那一件事那一念上是无所求的。若是还要考虑一下，那就成了做生意的行为，就不是菩萨道。一无所求的布施太难了，有时见到人家有困难，当场慷慨解囊相助，回头一想，哎呀！我干吗全部给了他？有这一念，你刚才捐了一千万都不算功德了。就像那菩萨捐眼睛，考虑一下就没有用了。

第三种无畏布施更不容易。人都经常在烦恼恐惧中，例如你们中有的人马上要大学毕业了，觉得前途渺茫，就是一种恐惧。无畏布施就是消除别人的恐惧。我常讲，有时碰到极度绝望的人，都准备要自杀了，我就对他说，你等三天，三天之内一定会有解决的办法。其实我说这话一点把握都没有的，按戒律是犯了妄语戒。可是他得到精神支持，过了一天半就不想死了，我宁可犯戒，这划得来嘛。这一句谎话救了他，就是无畏布施，真的无畏布施是大政治家、大救世主的行为。

老子说"后其身而身先，外其身而身存"，你把自己抛开，先谋大家的利益。大家有利益了，那我不怕没利益的。后来范仲淹把这句话发挥成"先天下之忧而忧，后天下之乐而乐"，这也是无畏布施的精神。

六波罗蜜为什么先要我们布施呢？布施就是舍，也就是后来禅宗祖师讲的土话"放下"。我们处处舍不得，不止舍不得自己的财物、生命，乃至舍不得自己的名声。所以众生第一个根本问题是悭吝。悭吝是贪的心理行为，是人天生有的自我占有欲，占有别人来成就自己的伟大，占有别人来成就自己的财富，因为占有而自然变得悭吝，变得贪。用人世间的标准来看，如果一个人不努力把别人口袋的钱赚入自己的口袋，这个人就没有出息。所以会做生意的人都有第一流的头脑，他不靠偷不用抢，却能把你我口袋中的钱赚入他的口袋，你我还心甘情愿付给他，这本事大了。但是，这个心理就是贪，就是占有。

布施就是要对治悭吝，破除贪，破除占有，以我之所有救济他之所无。应该更正说，真正布施的精神，是连救济这个观念都没有的，这个救济观念是一种傲慢的态度，觉得自己比人高，因为可怜人家才布施，那就不是真布施，就算捐了千亿家财，还是没有布施功德的。但是有没有果报呢？当然有好的果报，然而好里面还有不好的。这种可怜人家的心理没有慈悲，慈悲是认为布施是应该的，视他如我的父母，我的子女，我最敬爱的人。而且重要的是，布施过后也不心痛，不要"慷慨布施易，从容掏钱难"。

"除一切恶，净身口意。"上面讲布施，是善，这里讲的是要除恶。我常说善与恶是很难讲的，尤其研究历史，古今中外许多伟大人物所做的事迹，事后看来是绝大的错误。可是他当时是念念要做好事，所以他个人的果报并不坏。但是，后来的人却受他所作所为的不良影响，这是个过错仍然是恶，只不过是小恶。

讲到底，佛法的基本道理只有四句话："诸恶莫作，众善奉行。自净其意，是诸佛教。"每次念到这四句话，我个人都会感到惭愧，能够做到多少，实在是没把握。"诸恶莫作"已经太难了，这还是消极地行善；"众善奉行"是积极地行善，真菩萨行一定要做到。前两句是讲外在的行为现象，第三句"自净其意"是讲内在，是根本的道。

"自净其意"不是自空其意，净不等于是空，意念做到了一切皆空还只是小乘罗汉境界，落在一边。在禅宗讲就是"担板汉"，只看到空，没看到有。如果一动念，空的清净境界没有了，那不算是真定。菩萨的戒定慧就在做人做事当中，乃至上入天堂，下入地狱，念念都在定中，不怕起心动念。因为起心动念的念头是净的、至善的，也等于《大学》所说的"止于至善"。

前三句都做到了，就什么经典也不用研究了，那就是佛法了。所以第四句说"是诸佛教"。

唐代诗人白居易，别号香山居士，所以也称他为白香山，是个学佛的人。白居易在政途上是受过几次挫折的，有一次他被贬为杭州太守。当时有功名的人都喜欢在中央做官，外放到地方做官是降级。现今西湖还有两条堤，其中一条叫白堤，就是他当太守时修的，堤上一株杨柳夹一株桃树。另外一条堤叫苏堤，是苏东坡被贬到杭州时修的，也是一株杨柳夹一株桃树。西湖之美，与他们二人当地方官时所作的建设，都有关系。

当时杭州有一位有道的和尚，他本名已经没人知道了，大家只叫他鸟窠禅师，因为他在山崖上铺了草像个鸟窠一样，人就坐在上面打坐。白居易是地方行政首长，听闻有这么一位和尚，就上山去看他。参拜了之后，白居易就求鸟窠禅师指点一条佛法修行的明路。鸟窠禅师说，很简单，就是"诸恶莫作，众善奉行"。

白居易一听不过如此，就说这道理连三岁的孩子都知道，鸟窠禅师回答说，可是八十岁的老头还做不到啊。白居易听了非常佩服，立刻向鸟窠禅师顶礼。

白居易讲的也是实话，我们从小受的教育就是如此，哪有老师教学生去做坏事的？像我常讲一个故事，多年以前，我的孩子还很小，我一天到晚忙得不得了，有天很累了，想睡一下，就交代孩子如果有客人来，就说我不在。后来有客人来了，孩子对人家说，我爸爸在睡觉，叫我说他不在家，这个客人听了就直接进房中找我了。这个不能怪孩子，因为我们教他不能说假话，就这么个例子，可以看出来善恶之间多难处理。

由此想起另一个故事。宋欧阳文忠公游嵩山，问一老和尚，古人有修行的可以做到谈笑风生，"坐脱立亡"，要走随时就走，很潇洒的，为何现在的人做不到呢？老和尚答："古人念念在定慧，临终安得乱？今人念念在散乱，临终安得定？"怎么做得到"坐脱立亡"？你们打起坐来，念念在腿痛中，怎么"坐脱立亡"？

回到原来的行一切善、除一切恶，除一切恶要做到净身、口、意三业。佛学观念认为我们凡夫的身、口、意，随时都在造恶业。

身的恶业有三种：杀、盗、淫，是身体的行为。现代人生活讲享受，一讲享受就离不开杀、盗、淫。你要吃好的，就造杀业；我们的生活用品都是靠别人的劳力来的，每个人都在盗；淫除了男女之事以外，生活过分享受奢华也是淫。

口的恶业最多，有四种：妄语、恶口、两舌、绮语。妄语是说谎话，我们几乎无时不在说谎话，日常寒暄最多，几乎是惯性说谎；恶口是骂人，不一定是骂粗野的话才是骂人，有时文人骂人是转个弯来骂，那骂得更厉害，也是恶口；两舌是挑拨是非，人与人在一起最喜欢讲是非；绮语是俏皮话，油嘴滑舌的话，不正经的话，空话都是。

意识的恶业有三种：贪、瞋、痴，是心理思想造成的。贪就是占有的欲望，我们无时不在贪欲中，连你请人顺便帮你做个什么事，也是贪小便宜；瞋是愤怒、埋怨的心理。怨天尤人也是瞋念。人没有不埋怨的，连老天爷下雨吹风都要怨，有诗曰：

作天难作四月天 蚕要温和麦要寒
行人望晴农望雨 采桑娘子望阴天

一个人任劳还容易，能任怨就很难了。历史上做大事的人都是能任劳，还更能任怨，甚至要任天下之怨而不悔。好多人物真把冤枉都带进棺材，历史对他们是很不公平的；痴就是智慧不够，道理不明。

身、口、意三业，翻过来就成十善业，是学佛的基本行为。我常说，学佛慢一点来，先学做人，人都没做好，想学大乘道成佛，没有那么简单的。

能把身、口、意三业改过来，就是除掉一切恶，不犯过错。能把人道的十善业道修好了，再修天道，然后再修声闻道，然后修缘觉道，再修菩萨道，最后成佛。这就是所谓的五乘道。黄教宗喀巴大师所著的《菩提道次第论》，就是走这个路线。他是根据印度一位祖师阿底峡尊者所著的《菩提道炬论》扩充而来，而《菩提道炬论》是由弥勒菩萨的《瑜伽师地论》演化而来。很多人学密宗，不懂这个教理，学了个咒子就回来轰隆轰隆地念，真是糊弄糊弄。中国佛法也是走这个次序，看永嘉禅师的文集，就知道他走的也是这个路子。

所以我常感叹，你们读的是什么佛学概论啊！真佛学概论是《瑜伽师地论》《大智度论》《摩诃止观》《宗镜录》《菩提道次第论》，现代人写的概论是"盖"论，是吹牛的。

佛法五乘道是五个阶梯。千万要注意！先学人道，就是十善业。再修天道，以至善配合禅定。然后才是小乘的声闻、缘觉，那禅定就更进一步了，配合解脱知见修的，最后才是修大乘菩萨道。中国佛法往往一上来就是大乘菩萨道，学得太大了，所以中国学佛的人变成专门吹大牛，连人道的基础都没有打好，这一点我们一定要认真反省。

"生死无数劫，意而有勇。"认为自己是学佛的人要注意啊！很多人的心态是只想修这一世，以后不来了。你不来是去哪里？要跳出三界外，可是哪里有第四界？佛菩萨都在三界之中转的，化身千百亿，以不同的身份和不同的姿态来教化众生。小乘罗汉以了生死为目的，以为可以了，可以不用再来，其实是不可能的！你定得再久，终究要出定的。非要回心转大乘不可，才会不畏生死，才敢入世，才真是了生死。

有人说要度众生，我会对他说，少吹牛了！连你家里几个人都度不了，还度什么众生？他说在他家里宗教自由。是啊，因为你度不了，只好自由了。我可不敢吹这个牛，有时人家说我在度众生，我就说，对不起，我是为了吃饭。做人就要老老实实，尽一份心力，能帮到多少就帮多少，如此而已，不敢说度众生。我这么多学生，哪一个被我度了？真是"本欲度众生，反被众生度"。

佛菩萨是不畏生死的，大乘菩萨要悲智双运。你光知道放下万缘，那是消极的，要积极地入世来救人，"智不住三有，悲不入涅槃"，才是菩萨道，所以菩萨也就是自寻烦恼的人，这要大勇气、大忍辱。

"闻佛无量德，志而不倦。"刚才讲过，研究净土的一定要注意阿弥陀佛发的四十八个大愿，光知道念佛是依赖的行为，好像念了佛，佛就会来救你。这也是贪便宜心理，如果我是佛才不来救你，你太没出息了。你能学到阿弥陀佛发四十八愿的愿力，那当然往生。虽然这么说，一般人又不肯去研究阿弥陀佛的发愿，又认为念阿弥陀佛是愚夫愚妇做的事，结果自己搞得一事无成。我碰到这样的人就不耐烦，你要么就老实念佛，要么就下工夫研究，能做到任何一样，都是可以成功的。

"以智慧剑，破烦恼贼。出阴界入，荷负众生，永使解脱。"大乘的菩萨行是智慧的成就，不是迷信崇拜，迷信崇拜只是培养智慧的资粮。正信与迷信有时不容易分别，迷信有广义和狭义的，对一切理不透彻的事都相信，是广义的迷信；不论是宗教的，或者入世的学问，你还不透彻理解，就相信了，就是迷信。狭义的迷信是对某一种神、某一种主宰盲目地崇拜。所谓正信，是把一切理弄透彻了，真正地觉悟了。

修行是求正信的智慧，形容这样的大智慧像是一把宝剑，能断一切烦恼，能破一切迷惑。人最大的烦恼是生死问题，生命是怎么来怎么去？究竟有无前生来世？烦恼不是痛苦，而是困扰。

大乘菩萨修行为的是"以智慧剑，破烦恼贼"，而修行的次序是"出阴界入，荷负众生，永使解脱"。

"出阴界入"这里包含了很多佛学的东西。阴是色、受、想、行、识五阴。我们重复再说一次，色包含了四大，地、水、火、风，我们肉体就是这四大组合而成。受包含了各种感受，譬如冷暖、喜怒哀乐。想是思想。行是生命的动能，譬如说我们不能任意停止血液循环，不能让地球倒着转。说得好听是动能，不好听就是业力，业是行阴的表现。而一切的根本在识阴，心意识的作用。要跳出五阴是很难的，单单解脱身体的感觉，就很困难。生起病来，发烧、咳嗽，都是受阴，你想不咳嗽，它不听你的，这股动力你停止不了。真修行人，以智慧剑破烦恼贼，就可以跳出五阴。

佛学所谓的十二入，是十二根尘。外在的因素是色、声、香、味、触、法，就是六尘，它们透过眼、耳、鼻、舌、身、意这六根进入我们身心，合起来就是十二入，十二根尘。

所谓十八界，就是上述的六根与六尘相对，生起六识，各有一界限，因此三六合起来共有十八，就叫作十八界，前面也说过。

真修行人，以智慧剑破烦恼贼，不但可以跳出五阴，还可以跳出十二入、十八界。这才是真正成就了。成就了之后，才能挑负起解救一切众生的重担，有这样的勇气和决心，才能解决他们的烦恼痛苦，正是所谓一肩挑起天下众生的烦恼。

有这样的气派，所以能"以大精进，摧伏魔军"。五阴是魔，烦恼也是魔，都是来磨你的。我们人生的遭遇，没有哪一件不是来磨炼你的。能经得起磨炼，就是大丈夫，如果被磨炼磨垮了，就完了。所以说"能受天磨真铁汉，不遭人忌是庸才"。

为什么这里用大精进而不用大勇呢？因为是永远地求进步，不满足于今天的成就，明天要更进一步。如此精进修持，直到成佛境地。

"常求无念，实相智慧。"学佛怎么样证到空？要先求无念。无念是没有烦恼，没有杂想。譬如说打坐，有几个可以做到无念？无念不是没有思想，那叫作死亡。无念是什么都知道，非常清净的境界。六祖说"无念为宗"，他解释"无者无妄想，念者念真如"，所以无念是由两个观念组成。无念是完全没有念了吗？有念，是正念常在，也就是八正道的正思维。人生不在昏沉就在散乱中，一辈子就在这两个中间转；得定是不昏沉，也不散乱。达到这个定境就是妄念清净，净念现前，也就是无念。

到了无念以后，自然可以见到空性，就有了般若智慧。这是般若实相的根本智慧，不是普通的智慧。什么是实相？实相是无相，一切相皆空，也就是《心经》所说的"诸法空相"。下面的经文，无论出家在家的佛弟子，都是要学习遵行的。

"行少欲知足，而不舍世法。""少欲知足"，这句话似乎很普通，可是很难做到。开始学佛时并不是叫你完全断欲，而是要减少欲。能绝对无欲是证果的大阿罗汉才能做到。

广义的欲包括一切，不只是孔子说的"饮食男女，人之大欲存焉"，一个人好山林清净，也是欲。喝茶是欲，抽烟是欲，喜爱文学也是欲，乃至喜欢读书也是欲。凡是贪图就是欲，修行能做到少欲就已经很难了。出家人修头陀行是最苦的修行，所以修这种法门的僧人叫做苦行僧，他穿的是粪扫衣，用捡来的布料拼凑缝起来的；常坐不卧，只打坐，不躺下来睡的；不三宿空桑，庙子都不住的。我们小时候看到过这样的僧人，戴着像雨伞一样大的草帽，背上背个韦驮菩萨的牌子，前面挂个木鱼，再背个包袱，全部家当都扛在肩上了。碰上刮风下雨，就在人家屋檐下坐一坐，他的斗蓬就是房子。"少欲知足"就是头陀行的第一条。

"少欲知足"不仅是要求出家人遵守，在家人也要做到。少欲已经难了，知足更难。中国的儒道两家也都宣扬知足，这是东方文化共同的观念。依照东方文化的人生境界，什么是幸福呢？只有知足才能常乐，才能算是幸福。在我们小的时候，这种观念是基本的教育，那时教育的目的是教孩子如何做人，现代的教育受外国的影响，目的是为生活。其实生活也就是做人，但是变得很短视现实，一味追求幸福。可是幸福不是能追来的，只有知足才能有真正的幸福，幸福的标准也不是绝对的，只有自己心理上知足，就永远在幸福中。

看见人家吃得好，我也想吃好的，不过我能吃得饱的话，不管是吃好的吃坏的，那个舒服都一样的。你穿好的，我穿坏的，是有差别。但是穿到我不感冒不冻死，目的都达到了。小时我们都读过"他人骑马我骑驴，仔细思量我不如，回头一看推车者，比上不足下有余"，这就是叫我们知足。

佛的出家、在家两众弟子一定要注意，在行为上要做到"少欲知足"。社会上一般人对学佛的人要求很严格，这是错的，因为大家都是人，大家都在修。第一步做到了"少欲知足"，然后是下面一句话："而不舍世法。"这是入世的，不离做人的本位，不管在家出家，不舍离世间一切法。我常告诉出家的同学，不懂世间法你怎么学佛？我们本师释迦牟尼佛，他世法全懂，太子出身，然后出家修出世法。有的青年一来就学佛，我看了头都大了，你连人都没有做好，还成佛？人怎么做都不知道！所以我常劝人，你先学做人再来，不是要推辞你，这是根本。如果连人都不会做就可以成佛的话，这种佛也不用学了。

当年我陪同禅宗老师去四川万县看他的老师能缘和尚，这位太老师是近代禅宗的四大老之一，与虚云和尚齐名。我想象中的得道高僧一定住在山中，环境清雅。哪晓得到了一看，太老师住在闹市当中的钟鼓楼上，外头是市场。他也没有如我想象的在打坐，而是在抽着长烟筒。我们师徒就向他磕头，太老师很客气，他赶快起身："哎，好了，好了，起来，坐，坐。"然后他问我是谁，我师父向他介绍我是他的徒孙。他说："噢，好啊，年轻人还学这个。"就起身去炭炉烧开水要泡茶。我师父忙劝他歇手，让给小辈来做吧。他执意不肯，亲自烧水泡茶端给我们，我们当然马上站起来，连说不敢不敢。他就告诉我们："我已经不是大庙的方丈了，今天你们来我这小地方就是客人，世法的礼不可废。这是'万行门中不舍一法'。"

太老师引用的禅宗的名言"实际理地不受一尘，万行门中不舍一法"，第一句是说道体真空，得了道的无言境界，这个时候万缘皆空，万念放下。第二句是说起用，起用就是有，放下就空，提起就是用嘛！成了佛也是要说法、要做人的，做人做事有万行门，其中一点马虎不得的。

所以你们学佛的人要注意，"行少欲知足，而不舍世法"，这就是戒律！

一般在家人被称为居士，其实是不够资格当居士的。居士要有年高、有德等条件。现在只要头上还留着两根头发就是居士，反正也没有关系了，爱怎么叫就怎么叫吧！不过我就不愿意当居士，我当不上，什么都不是。一般的居士们对出家人有过分的要求，好像出了家的就要离开世法。出家还要不要吃饭穿衣？当然要，既然要就还是在世法中。所以在家出家的学佛人千万注意，要"不舍世法"。如果为了想舍离世法而学佛，就已经错了。

因此也要记得我们一再引用过六祖的话："佛法在世间，不离世间觉。离世觅菩提，恰如求兔角。"

　　"不坏威仪，而能随俗。"这一句话严重了，第一个要求是针对出家众的，第二是对在家众。我们知道戒律是学佛人的行为规范，共有三部分。第一部分叫作威仪，也叫作律仪戒，就是现在学校里面属于训导方面的事，管品行的。譬如衣服要穿整齐，也是威仪，有些同学从美国读书回来，衣服穿得很随便，一问之下，他说在美国就这么穿的。我说你在美国看过什么世面？你在哈佛大学读了几年也就在那个小圈子中，美国的上流社会你有朋友吗？你去那边看看，人家还是衣冠整齐的，你就学到那些不入流的东西，然后回来说这是美国派头，你骗别人可别骗我，这就是威仪的道理。处处都是威仪，人要有人的风格和风度。有的人即使戴个眼镜也戴不好，滑到鼻子上去了，你就不能去调紧一下吗？任何小地方都要注意，尤其是出家人，更是要注意。

　　当年张献忠和李鹞子杀人如麻，他们杀到四川，见到一位有名的破山禅师。禅师见了他们，就要他们答应不再杀人。他们反将一军，如果师父肯吃肉我们就不杀人。破山一听，好！拿肉来，我吃！这就是"不坏威仪，而能随俗"的智慧表现。

　　所以这一句经文是要出家人能做到随俗，而自己不坏威仪。不能随俗就不是菩萨道；进一步说，菩萨道不但能随俗，还能够下地狱，还能够变畜生。有经典说，要修一切畜生行才能成菩萨道，这话严重了。例如你想度狗，做不到，因为你不能说狗话，不了解狗的生活。所以菩萨要化身千百亿，要化成狗身，才能够教化狗。根据华严境界，地狱中有菩萨，魔鬼中有菩萨，畜生道也有菩萨。

　　"起神通慧，引导众生。"因此，菩萨能随时起神通智慧，引导教化众生。菩萨度众生，就是让众生搭乘自己驾驶的车船，乃至让众生骑在自己背上，把众生送到快乐清净的境界。度人的定义是牺牲自我，使别人幸福。

"得念总持，所闻不忘。"总持就是梵语陀罗尼，是总纲的意思。因此咒语也叫陀罗尼。咒语是不用解释的，你只要抓住这个就什么都抓住了。大家学佛不能得总持，所以脑子容易昏沉，听了看了很快就忘，有定力就是得念总持，脑力自然就好了。阿难就是修总持法门的，所以能把佛说的法记得一字不差。

有的同学连刚才拿的这本书是从哪个架子抽出来的都记不得，现在的事都记不得，还想修行到能知前生事的宿命通？如何能知前生事？就要得念总持，才能所闻不忘，因为所有的种子都在阿赖耶识中。

这个也是戒律，也是工夫，可以拿来考验自己一天到晚修行在修个什么。记忆力也是智慧，你脑力不好，学什么都不成功。你说因为自己什么都学不成功才来学佛，佛就那么倒霉吗？佛是第一流智慧的人才学得成的，要有悟力和记忆力的。所以打坐修持先要能把脑力健全，悟性要高，不管什么学问，一接触就理解就记得。定力够的人没有总持力不增加的。若是越修持记忆力越减退，那什么也不要谈了。

"善别诸根，断众生疑。"这一句是对法师们说的，法师负责教化，要能把人家的根器搞清楚，顺着解答人家的疑惑，使他走上正路。"善别诸根"，就是知道这人的根器，前生所带到这一生的脑力、功德力到什么程度，有没有善根。如果没有善根可以让他学别的，别的也是佛法啊！一切法皆是佛法。根器拿唯识来说，就是第八阿赖耶识的种性，拿现代教育的语言来说，就是性向。看这个人的性向适合什么，就导引他走上哪条路。这个人能画的，就教他多画佛像，他佛像画多了，自己的样子也会转变。这个人爱唱歌，就教他梵唱，唱华严字母，唱好了也可以使人入定，这些都是方便。

"以乐说辩，演法无碍。"能够说法的，要能见人说人话，见鬼说鬼话，什么场合说什么话。他如果是个鬼，你就得说鬼话来度他。

"净十善道，受天人福。"修十善业道，去恶为善，把身口意的恶业转过来，这个刚才讲过了。净十善道是修行的第一步，是修五乘道最初步的人乘道，前面也说过了。

光修十善业道就是学佛吗？不是。你注意这个经文，一个字都不能放过。是要"净"十善道，光是除一切恶、行一切善还不算，要善恶两头都不住，达到心净则佛土净的净土境界，这样才能受人天福报。

其实出家人比在家人有福报，头发一剃，就可以住在山明水秀的地方，即使在都市中，至少也有明窗净几。吃的虽然没肉，但是也有素鸡，这些都是清福。我们把福气分成洪福与清福。洪福是在这个红尘滚滚世间的福气，像普通人有儿有女有钱有地位之类，其实这都是烦恼，福气福气，福愈大气也愈大。有洪福的人往往享受不到清福，有清福的出家人，往往不珍惜清福。清福是哪里来的？是修十善业道来的。

明朝有个读书人，学问很好但是不出去考功名。他每天晚上吃过饭一定烧一炷香，一路拜到门口，然后插在门口。这个叫作烧天香，供养天神。他烧了几十年的天香，终于感动了天神，有一晚，天神现身在读书人面前，问他有何所求。读书人说自己一无所求，天神一听都为之动容；再问他真的什么都不要吗？读书人想了一下说，自己真的什么都不要，只希望能够健康长寿，游遍天下名山，一辈子没有烦恼。天神听了又动容了，说此乃上界神仙之福，不可妄求。他求的这个就是清福，你要求功名富贵都可以许你，你要求这个，办不到的。

你看，什么才是福？可惜有人享清福却不知人在福中，结果消了福报，那才惨了。所以"净十善道，受天人福"是享清福。

有些学佛的人都很有福气，可是他不懂，反而向我埋怨说，自己学佛那么多年了，什么都没有。我反问他，你还能要什么啊？你已经很舒服了！怎么不明白呢？

"修四无量，开梵天道。"慈、悲、喜、舍四无量心是菩萨道的基本。怎么叫无量心？慈、悲、喜、舍心都是无限的，胸襟开阔，永远没有满足的时候。学佛先修十善业道，进一步修四无量心。修成了四无量心得什么果报呢？梵天道。上面已经说得天人福了，还有梵天道吗？修十善业道所得的果报，是欲界天的人天乘之报，有五欲之乐。修四无量心的果报，是欲界天再上一层，色界天的梵天之报。所以修四无量心的功德，比修十善业道大。

"劝请说法，随喜赞善，得佛音声。""劝请说法"在《普贤行愿品》和其他经典中都常见到，是劝请诸佛菩萨和大善知识多多说法，就是弘扬教化。对别的教化也要随喜，就是要多鼓励，要"随喜赞善"。

大家读到"劝请说法，随喜赞善"可能觉得文字很容易懂。但是为什么佛菩萨还要人家来劝他说法呢？可见说法不是容易的，教化人不是件痛快的事，而是痛苦的事。在座诸位有从事教育工作多年的，应该了解这种心情。所以诸佛菩萨有厌烦说法的心理，需要劝请，也需要鼓励。古代的戒律有这一条，百里之内有法师说法，不去"随喜赞善"是犯菩萨戒的，因为农业社会人口不稠密、文化不发达之故。现代都市交通发达，到处有善知识在说法，就不能严格遵守了，但是一有机会还是要"劝请说法，随喜赞善"。

再从反面来讲，经文这么说，可见得众生不愿意做这件事。众生的心理都希望让别人来做，自己只想占便宜，不肯出来。

其次，"随喜赞善"是我们要多多学习的，不只是对诸佛菩萨如此，对朋友也要如此。看到别人成功了、受人称赞，自己就心生嫉妒，这是凡夫常有的心态，是不对的。看到人家有好的行为，应该称赞他，多捧捧人家嘛！不要如此悭吝，连捧人家都不肯，又不花本钱，为什么不干？学佛不一定靠佛经，看到别人家不好的心理行为，自己能引以为戒，看到别人做了好事，能跟着起欢喜心，也是菩萨道。因为一般人不但不爱"随喜赞善"，反而爱批评别人，所以造的口业也特别多。

能做到上两句经文，果报至少是"得佛音声"，来生的声音悦耳。声音也是相貌，例如有的人相貌很好，但是很倒霉。为什么？因为内相不好，声音破，就破了福气，也就是前生吝于赞人。有些人相貌不好，但是声音好，因而成了有名的歌唱家或演员，有可能是前生多念佛来的，更有可能是前生多"随喜赞善"。佛的音声我们没有听过，但是经上的记载是，听了可以使人开悟，心情宁静，这是多生累世口德累积来的。

"身口意善，得佛威仪。"能起心动念，外在行为都是佛的境界，自然得到佛的庄严形象，这也都是靠功德累积而来的。

这些福报要怎么样才修得到呢？第一步，要做好人做好事，净十善道，修到欲界天人的福。进一步，修四无量心，修到色界天人的福。而不以此为满足，还要"劝请说法，随喜赞善，得佛音声；身口意善，得佛威仪"。学佛就是这样学的，不是南无南无才算学佛。

"深修善法，所行转胜。"大乘佛法就是修一切善，这不是声闻缘觉众可以做得到的。你看，佛弟子们多半是出家众，专修声闻缘觉，固然少了做恶事的机会，但是离世修行是小乘道，不是菩萨道。大乘之道是积极地修一切善，不逃避。既然修一切善法，那就不免要入世。能跳进染缸而不被污染，是多么得难！所以菩萨修大乘道，难行而行，不断地进步，善上加善。

"以大乘教，成菩萨僧。"以大乘道，劝出家的小乘弟子们，能做到"深修善法，所行转胜"的菩萨道。

"心无放逸，不失众善。"坚持自己心念，毫不放松地行一切善。

"行如此法，是名菩萨不尽有为。"这一篇讲大乘菩萨道的缘由，是上方众香国的菩萨来向释迦牟尼佛求法，佛交代他们"菩萨不尽有为，不住无为"的道理。"不尽有为"是无止尽地修有为法，不是空，做善事就是有，不是空。

"不尽有为"还是需要智慧的，不是盲目地去做，否则善事反而会成恶事。我常说，害人利己的事不要做，利人利己的事可以做，可是世人都是拼命做害人不利己的事。大家检查检查自己和社会上许多的行为，是不是害人不利己的事居多？所以菩萨道是要"悲智双运"，"智不住三有，悲不入涅槃"。

"何谓菩萨不住无为？"现在佛要交代"不住无为"的道理。无为是得了道，证得涅槃。菩萨为什么不住那个境界呢？

"谓修学空，不以空为证。修学无相无作，不以无相无作为证。修学无起，不以无起为证。"空、无相、无作（或称无愿）是大乘的三解脱。空，是一切本空，开始学佛以空为基础；无相，是不着相，不被现象欺骗；无作，是作而不作，一切行为过了就算了（无愿是没有带着什么希求之念）。

昨天有位外地来的学生，他已是有名的教授，也常常为人说法。他问我一个问题，他那边有对夫妻已经生有两个女儿，还想再生一个儿子，前些时候一定要他来找我帮忙，我就说念念观世音菩萨的白衣咒。结果第三胎又生了个女儿，嘴上还缺一块。这教授就问我为什么不灵。我告诉他，佛菩萨没有保证过"有求必应"，这句话是后人写的。何况"有求必应"还有一条，"诚则灵"，怎么样叫诚恳是很难的。一般人学佛都是以投资的观念来学佛，根本不是学佛，灵不灵还是要配合善行。至于嘴唇畸形，你要去问一问那夫妻，在怀孕前和怀孕期是否吃了不对的药物，这是很有可能的。行为要自己负责的啊！全靠佛菩萨而自己心行不配合，是绝对不会灵的。所以当菩萨也真难，这个来求愿，那个也来求愿，一不合愿就变成怨了。

因为讲到无愿才想到这一件事，所谓无愿就是儒家说的：行义所当为之事。自己良心觉得应当帮忙的就去做，做完了也不要问代价。

你们也许会问，三解脱是空、无相、无作，那不是什么都放下来了吗？不是的，这里佛经告诉你，"修学空，不以空为证。修学无相无作，不以无相无作为证"。知道空，但是绝对不入空，空了谁去救世界？大乘菩萨是要入世行善的。所以"修学无起，不以无起为证"。无起就是不动心，学佛能够不动心当然很好，但是大菩萨积极为善，处处要找善事来做，不会以无起为究竟。

超越小乘 不尽有为 不住无为

无常、苦、空、无我是佛法的基本道理，尤其是小乘佛法的基础。无常就是没有永恒的存在；世间都是苦的，没有乐的；一切本空；一切无我。可是到了大乘菩萨道，就要超越小乘的境界。

"观于无常，而不厌善本。"虽然看到一切是无常，可是对于行善去恶却不厌倦。否则会认为既然做好事也无常，那何必做呢？

"观世间苦，而不恶生死。"不畏生死之苦，以度众生为目的。

"观于无我，而诲人不倦。"虽然能观成无我，没有我也没有人，没有说法者也没有听法者，但是仍然不厌倦教化众生，没有退转的心理。"诲人不倦"的原文出自《论语》。

"观于寂灭，而不永寂灭。"虽然晓得一切法空，入于涅槃而不会永远住在涅槃中，会跳出涅槃清净而做事做人。

"观于远离，而身心修善。"虽然明白诸行无常的道理，能远离一切世间所作所为，可是身心仍然在修，在做一切善法。

"观无所归，而归趣善法。"万法归一，一归何处？归到空。虽然明白本来无所归，但还是以善法为归趣。

"观于无生，而以生法荷负一切。"虽然知道一切生生不已，本来无生，但是愿意起心动念，挑负一切利益众生的担子。

"观于无漏，而不断诸漏。"虽然已经证到无漏之果（凡夫都在漏中，向外放逸），有本事断漏，而不断。

"观无所行，而以行法教化众生。"虽然明白一切所行皆是空，但是能在空中挑起这个担子，教化众生。

"观于空无，而不舍大悲。"明知道空，而仍然发大悲心。

"观正法位，而不随小乘。"了解真正佛法只有一乘，所以不走小乘的路子。

"观诸法虚妄，无牢无人，无主无相，本愿未满，而不虚福德禅定智慧。"明知世间一切法是虚幻的，不实在的，没有人我，没有主宰，本来无相，但是在自己所发的大愿没有完成之前，不断地修六度，布施、持戒、忍辱是属于福德的菩萨道。"不虚福德禅定智慧"就是不断地精进修福德和修禅定智慧。

佛在世的时候，他有一位比丘弟子要缝衣，因为眼睛瞎了不能穿针线，就向四周求人帮忙。但是没有人帮他，因为师兄弟都在打坐。结果是佛亲自去帮他穿针，这比丘向佛致谢并表示不敢劳驾佛。佛说这是应该的，也因为是修福德。比丘听了很讶异，您老都成佛了，还需要修福德吗？佛告诉他，十方诸佛修福德的行为是永无穷尽的。然后佛回转来骂其他打坐的弟子，只顾自己修行，不肯帮人家，不修福德怎么会得定？

就算其他弟子得了定，这种定要来干吗？充其量变个植物人。福德真修圆满了，你不打坐也会得定的。可是要注意，光修福德不修禅定智慧是很危险的，他生来世福报会很大，功名地位财富样样好，但会把你吞没，你就完了。

"修如此法，是名菩萨不住无为。又具福德故，不住无为。"明知道是空，不被空所吞没，就是菩萨不住无为的道理。还有，因为菩萨道具足了福德，所以不停留在空的涅槃境界。

"具智慧故，不尽有为。"因为菩萨道具足了智慧的成就，所以仍然无止尽地修有为法，为善。你看，不住无为就是有，不尽有为也是有。真正的菩萨道是嘴里讲空，处处是有。

"大慈悲故，不住无为。满本愿故，不尽有为。"所以悲智双运。

"集法药故，不住无为。"大家都会念"法门无量誓愿学"，你学了几个法门？多学一个法门都不肯干！说人家是外道魔道，你又不会，怎么晓得他是外道魔道？你说你是学佛的，胡扯！你又不是佛。佛是外道魔道都会，所以他知道。可是你不行啊！我讲这个话不是特意鼓励你们去学外道魔道，而是说不要得少为足，只得了一点点很浅薄的知识，就自以为如何如何了。你的知识越多，越能够帮助众生，因此菩萨道忙得很，不住无为。

"随授药故，不尽有为。"任何众生有所求，要这个法门就给这个法门，将就度他，不尽有为。

"知众生病故，不住无为。灭众生病故，不尽有为。"因为知道众生有各种不同的病痛烦恼，所以菩萨自己不住无为空境，为了替众生治病，所以不尽有为。

　　什么是菩萨道？梵文是菩提萨埵，菩提就是觉悟，萨埵是有情众生。虽然证到空了，还是大慈大悲要度尽众生。所以，佛菩萨是最多情的人，最多事的人。也有把菩萨翻成正士或者开士，开明之士的意思。

　　"诸正士菩萨以修此法，不尽有为，不住无为，是名尽无尽解脱法门，汝等当学。"佛最后作个总结，这个"不尽有为，不住无为"就是尽无尽解脱法门，你们诸位菩萨应该要学的。

　　"尔时，彼诸菩萨闻说是法，皆大欢喜，以众妙华，若干种色，若干种香，散遍三千大千世界，供养于佛，及此经法，并诸菩萨已。稽首佛足，叹未曾有，言：释迦牟尼佛，乃能于此善行方便。言已，忽然不现，还到彼国。"来自众香国的菩萨们，听了佛这一段话，皆大欢喜，以各种花散遍三千大千世界来供养佛，供养佛所说的法，供养所有的菩萨。然后向佛顶礼，赞叹了一番。说完了，他们又忽然消失，回众香国去了。

见阿閦佛品第十二

　　尔时，世尊问维摩诘：汝欲见如来，为以何等观如来乎？维摩诘言：如自观身实相，观佛亦然。我观如来，前际不来，后际不去，今则不住。不观色，不观色如，不观色性。不观受想行识，不观识如，不观识性。非四大起，同于虚空。六入无积，眼耳鼻舌身心已过。不在三界，三垢已离，顺三脱门。具足三明，与无明等。不一相，不异相。不自相，不他相。非无相，非取相。不此岸，不彼岸，不中流，而化众生。观于寂灭，亦不永灭。不此不彼，不以此不以彼。不可以智知，不可以识识。无晦无明。无名无相。无强无弱。非净非秽。不在方，不离方。非有为，非无为。无示无说。不施不悭。不戒不犯。不忍不恚。不进不怠。不定不乱。不智不愚。不诚不欺。不来不去。不出不入。一切言语道断。非福田，非不福田。非应供养，非不应供养。非取非舍。非有相，非无相。同真际，等法性。不可称，不可量，过诸称量。非大非小。非见非闻。非觉非知。离众结缚。等诸智，同众生。于诸法无分别，一切无得无失。无浊无恼。无作无起。无生无灭。无畏无忧。无喜无厌。无已有，无当有，无今有。不可以一切言说分别显示。世尊，如来身为若此，作如是观。以斯观者，名为正观。若他观者，名为邪观。

　　尔时，舍利弗问维摩诘：汝于何没而来生此？维摩诘言：汝所得法有没生乎？舍利弗言：无没生也。若诸法无没生相，云何问言，汝于何没而来生此。于意云何？譬如幻师幻作男女，宁没生耶？舍利弗言：无没生也。汝岂不闻，佛说诸法如幻相乎？答曰：如是。若一切法如幻相者，云何问言，汝于何没而来生此？舍利弗，没者为虚诳法，坏败之相。生者为虚诳法，相续之相。菩萨虽没，不尽善本。虽生，不长诸恶。是时，佛告舍利弗：有国名妙喜，佛号无动，是维摩诘于彼国没，而来生此。舍利弗言：未曾有也！世尊，是人乃能舍清净土，而来乐此多怒害处。维摩诘语舍利弗：于意云何，日光出时，与冥合乎？答曰：不也。日光出时，则无众冥。维摩诘言：夫日何故行阎浮提？答曰：欲以明照，为之除冥。维摩诘言：菩萨如是，虽生不净佛土，为化众生故，不与愚暗而共合也，但灭众生烦恼暗耳。是时，大众渴仰，欲见妙喜世界无动如来及其菩萨声闻之众。佛知一切众会所念，告维摩诘言：善男子，为此众会，现妙喜国无动如来及诸菩萨声闻之众，众皆欲见。于是维摩诘心念：吾当不起于座，接妙喜国，铁围、山川溪谷、江河大海、泉源、须弥诸山，及日月、星宿、天龙、鬼神、梵天等宫，并诸菩萨、声闻之众，城邑、聚落，男女、大小，乃至无动如来，及菩提树、诸妙莲华，能于十方作佛事者。三道宝阶，从阎浮提至忉利天，以此宝阶，诸天来下，悉为礼敬无动如来，听受经法。阎浮提人亦登其阶，上升忉利，见彼诸天。妙喜世界成就如是无量功德，上至阿迦尼吒天，下至水际，以右手断取，如陶家轮，入此世界，犹持华鬘，示一切众。作是念已，入于三昧，现神通力。以其右手断取妙喜世界，置于此土。彼得神通菩萨及声闻众并余天人，俱发声言：唯然！世尊，谁取我去？愿见救护。无动佛言：非我所为，是维摩诘神力所作。其余未得神通者，不觉不知己之所往。妙喜世界虽入此土，而不增减，于是世界亦不迫隘，如本无异。

尔时，释迦牟尼佛告诸大众：汝等且观妙喜世界无动如来，其国严饰，菩萨行净，弟子清白。皆曰：唯然！已见。佛言：若菩萨欲得如是清净佛土，当学无动如来所行之道。现此妙喜国时，娑婆世界十四那由他人，发阿耨多罗三藐三菩提心，皆愿生于妙喜佛土。释迦牟尼佛即记之曰：当生彼国。时妙喜世界于此国土所应饶益，其事讫已，还复本处，举众皆见。佛告舍利弗：汝见此妙喜世界及无动佛不？唯然！已见，世尊。愿使一切众生，得清净土，如无动佛。获神通力，如维摩诘。世尊，我等快得善利，得见是人，亲近供养。其诸众生，若今现在，若佛灭后，闻此经者，亦得善利。况复闻已，信解受持，读诵解说，如法修行。若有手得是经典者，便为已得法宝之藏。若有读诵，解释其义，如说修行，则为诸佛之所护念。其有供养如是人者，当知则为供养于佛。其有书持此经卷者，当知其室，则有如来。若闻是经能随喜者，斯人则为趣一切智。若能信解此经，乃至一四句偈，为他说者，当知此人，即是受阿耨多罗三藐三菩提记。

阿閦佛在东方，不是在我们这个太阳的位置，还不晓得过几个太阳，在多远多远的地方。释迦牟尼佛介绍了西方阿弥陀佛的佛土，"阿"字是开口音，在梵文中代表了无量、无尽的意思，阿弥陀佛和阿閦佛的名号都是"阿"字头。中国流行的佛教，多半是要往生西方极乐世界的，那边有三位大老师，校长是阿弥陀佛，首席副校长是观世音菩萨，第二副校长是大势至菩萨。将来阿弥陀佛涅槃了，就由首席副校长即位，还是叫阿弥陀佛，所以念阿弥陀佛和念观世音菩萨是一样的。释迦牟尼佛介绍的东方佛土可多了，有药师佛、阿閦佛，《法华经》和其他经典还介绍了许多其他东方佛土。六祖在《坛经》就说过，你们在东方的人造了罪，就念佛想往生西方，那西方的人造了罪，念佛该生何方呢？是不是大家把机票交换交换就可以了？佛经上介绍的东方佛国，都是生气勃勃的，因为东方世界代表生发，而西方是代表归宿。这一品介绍的东方阿閦佛，有不动的含义，所以又称为无动佛或无动如来。现在我们来看怎么见阿閦佛。

什么是佛境界

"尔时，世尊问维摩诘：汝欲见如来，为以何等观如来乎？"尔时，就是当时，我们讲《维摩诘经》已经讲了大半年了，在经文中还是同一天的事。佛问维摩居士，你要见如来，要怎么样才真正见如来？注意，佛并没有说他是佛，真的佛是哪一个啊？那个释迦牟尼只是个肉身。

"维摩诘言：如自观身实相，观佛亦然。"维摩居士答，佛不用向外去找的，每个人就是佛。"如自观身实相"这句话你搞清楚了就见到佛了。我们现在身体是假相来的，人从出生，到少年、壮年、衰老，这个身体不是我，即使你成了佛，这身体也不是你。有人说他观到身体实相了，他打坐时看到自己这个肉身坐在这儿，另外一个身体站在空中，这还是幻相。要你们修白骨观、安那般那，都是修法，不是目的，修法的目的是要能够"观身实相"。所以维摩居士答复要怎么样见如来，他说"如自观身实相"，实相本空的，也就是智慧悟道，我观自己身体实相是空的，所以"观佛亦然"，我观佛的身体也一样是空的。

"我观如来，前际不来，后际不去，今则不住。"例如，今天是一九八三年三月十八日，我们有此一会，大家坐在这儿听一个老头子吹牛。五十年后这一会还有没有？你我可能都不在了。但是如果五十年后有人听到我们今天上课的录音，知道曾经有此一会，心中会有个影子，但不是真的。"前际不来"，古人没有到过现在，现在这里也没有古人；"后际不去"，你说有明天，明天是明天，同现在没有关系；"今则不住"，现在也了不可得，念念迁流不停。

《金刚经》说什么是如来，是"无所从来，亦无所去，是名如来"，来了等于没有来，去了等于没有去。顺治皇帝的出家诗说："未曾生我谁是我，生我之时我是谁？长大成人方知我，合眼朦胧又是谁？"照佛法的答法，无所从来也无所去，生而无生，来了等于没有来。维摩居士与佛面对面，他说看佛是"前际不来，后际不去，今则不住"。我们打坐观心，看自己的念头，过去就过去了，下一个还没生，刚说现在，现在就过去了。

昨天下午有位教育界的同学从外地来看我，他说很累，学佛也不得力，现在正修观心法门。我问他是怎么观的，他说前念去了我不追，后念没起我不引发。我说很好啊，他说，但是，老师你说当下即空，偏偏我当下空不了！我说，你这孩子好笨！前念跑了不追，对的，回忆过去的事是笨瓜，未来的事要想是傻瓜，当下即空你不能改一个字，说"当下即是"吗？你空个什么啊？他听了愣住了。我再说，当下即空，哼！我算不定还讲当下即有呢！你去抓那个空就是不空了嘛。当下即是，既不是空也不是有，也就是空也就是有。在人家嘴上求佛法的人是没出息，要你自己心中求。你当下即是就对了，你管他空不空啊！我们这教室，下午上课的同学走了，晚上上课的同学还没来，中间是空还是有？（同学答有）对了，这个教室还有的嘛，空空洞洞蛮舒服的，为什么要把这房子丢掉呢？值一千多万哪（众笑），但他本来空的。这样讲，你们懂了吧？观心就是这样观的，"前际不来，后际不去，今则不住"，听任自然。安心得很，那里就是。

"不观色，不观色如，不观色性。"什么是色？看得见形象的就是。你们打坐，哎哟，气动了，腿发麻了。你晓得气动了，晓得腿发麻了，你就在观色，你把身体看得太牢了。色本身就是空，所以"不观色，不观色如，不观色性"，不去观，不去求。

"不观受想行识，不观识如，不观识性。"不观色，连下来是不观受想行识，全都丢开了。这才是观佛，才是见如来。

"非四大起，同于虚空。"什么是佛？大殿上的不是佛，你梦中看见发光的也不是，不是四大起，不从身体上来。相同于虚空，但是没有说虚空就是佛，虚空是物理的现象。

"六入无积，眼耳鼻舌身心已过。"六入就是六根。大家有个错误的观念，以为静坐就是想求切断六根。有人说自己打坐很清净，就是还听见声音，你又不求成为聋子，为什么不听声音？听到了，可是同你不相干嘛！大家现在听我讲话，有哪句话留住的？你留不住的！同时外面街上也有车子声，同你不相干，不是很清净吗？"六入无积"，它本来不停留在里面，过去就过去了，不去追求。

"不在三界，三垢已离，顺三脱门。"都过去了，所以不在三界，三垢（贪、瞋、痴）都解脱了，空、无相、无愿三解脱门也都成就了。

"具足三明，与无明等。"三明（六通中的宿命、天眼、漏尽三通明）具足，可是通明与无明一样，都是一念。所以人神通与无明是一个东西。

"不一相，不异相。不自相，不他相。非无相，非取相。"

佛法讲无相，可是无相只讲了一半。《维摩诘经》给你讲彻底了，是无相也是有相，不是无相，也不是有相。不一，就是二，但又不是异。不是自己来的，也不是佛菩萨给你的。不是无相，也不要执着无相，都不可取。

"不此岸，不彼岸，不中流，而化众生。"你度到彼岸是去太平洋哪一边啊？跳出苦海是跳到哪里去？跳到乐园吗？怎么知道乐园一定比苦海好？不跳出来，苦海也是乐园。所以，"不此岸，不彼岸，不中流，而化众生"。

"观于寂灭，亦不永灭。"虽然证得涅槃，还是入世。

"不此不彼，不以此不以彼。不可以智知，不可以识识。"这四句话重要得很，是真正的佛法，你能搞懂了，下次不要来听《维摩诘经》，不用来上当了。如来是什么境界？不是这个，不是那个，不可以抓住这一面，不可以抓住那一面。不可以用智力明白，也不能用意识推测。所以《心经》上说"无智亦无得"。你有个想搞清楚的念头，就已经悟不到了。"不可以智知，不可以识识。"这两句话非常严重的！既然如此怎么办呢？只有睡大觉去了，真的哟！你有资格尽管睡，睡觉也可以开悟的。我前面提过，我家乡有位素不识字的乡下人，他就是出家之后一觉睡了三年，醒来之后，就开悟了，还能够写出很好的诗来。另外一个睡觉的故事，有位铁牛禅师，大家在打坐，他老兄却躺在禅堂上睡觉。老和尚来巡查撞见了，问他，你有道理吗？就是问你悟了吗？他作了首偈子：

> 铁牛无力懒耕田　带索和犁就雪眠
> 大地白银都盖覆　德山无处下金鞭

这条牛睡在雪地，身上都盖满了雪，看不见了，你打也打不到。意思是他证到空了。方丈一看，好，你有资格睡，继续睡吧。

"不可以智知，不可以识识。"你聪明也用不上，笨也用不上，有真本事就放下来睡睡看。我只怕你睡了九个钟头就睡不着了。临济禅师也是大彻大悟了之后睡觉；黄龙禅师也是在山上一睡就是三年，醒来叫一声就有老虎来驮他下山，要回去也有老虎来驮他。睡觉竟能睡出这样的本事！

"无晦无明。无名无相。无强无弱。非净非秽。不在方，不离方。非有为，非无为。无示无说。不施不悭。不戒不犯。不忍不恚。不进不怠。不定不乱。不智不愚。不诚不欺。不来不去。不出不入。"维摩居士这一路否定下来，我们学佛讲了半天，满嘴的佛法，到了维摩居士统统给否定了。这样不是，那样也不是，把相对的都打破了。无晦，没有黑暗。无明，没有光明。无名，所以你叫他是佛、是道、是上帝，都错了。无相，本来没有形相。不是强，不是弱。也不是清净，也不是脏。不在方位以内，可是他有东南西北上下。不是有为法，也不是无为法。没得可以开示的，无说，《金刚经》讲佛说法四十九年，却没说过一个字。没有布施，不需要布施，但也不是悭吝。不需要持戒，也不犯戒。不需要忍辱，也不起愤怒。不精进，也不懈怠。不求定，也不散乱。没有智慧，可是并不笨。没有什么叫诚实，可是也不骗人。没有来过，也没有去过。没有出去，也没有进来。

"一切言语道断。"总而言之，你怎么说都不对。像我们讲经是混饭吃的，真的佛法是没得讲的，文字言语都无法表达。你说上帝多伟大、佛多伟大，讲得出来有多伟大，这伟大也就有限了。

"非福田，非不福田。非应供养，非不应供养。非取非舍。非有相，非无相。"成了佛可以种一切众生福田，是什么田？都不是。因为什么都不是，所以可以种众生福田。佛不是你求他、供养他才理你，如果佛是这样子的，我第一个不信他。佛菩萨不是这样势利的，真正佛菩萨是你求他也度，不求他也度。所以非应供养，非不应供养。不是抓住，也不是空掉。不是有个相，也不是没有相。

"同真际，等法性。"所以成了佛叫做如来，中文翻译得非常好。你还把他当成真来了吗？是好像来了。释迦牟尼佛来过这个世界没有？来过，也没有来过。这个世界没有哪一个人来过，也没有哪一个人去过，只有现在。前不见古人，后不见来者，念天地之悠悠，独怆然而"哈哈"。你要是"独怆然而涕下"那就是笨蛋，你能哈哈就成佛，你要涕下就是凡夫。这个世界谁来过了？拿破仑、华盛顿、诸葛亮？都没有来过。

"不可称，不可量，过诸称量。"你不能称他、量他，没法比的，超过可以称量的境界。

"非大非小。非见非闻。非觉非知。"不是大，不是小。看不见，听不到。悟不到，也不是知道。

"离众结缚。"不要被一切捆住了，被捆住了就是凡夫，不能解脱。有人说，我现在什么都放下了，就是看看经，打打坐。你说他对了吗？又被一条绳子捆起来了！等于我有个朋友，他说一生除了烟酒嫖赌，别无不良嗜好。说了等于白说，被佛法捆住了，还是被捆住了。

"等诸智，同众生。"有个智慧就不叫智慧了。什么是佛？佛与众生等同。

"于诸法无分别，一切无得无失。"世间法就是佛法，如来就在这里。你怕老，怕生命没有了，有钱又怕钱没有了。这是世间法。"一切无失"告诉你来了也没有来，去了也没有去。这句话很重要。

"无浊无恼。无作无起。无生无灭。无畏无忧。无喜无厌。无已有，无当有，无今有。"没有什么五浊恶世，也没有什么烦恼。没有作，没有起，没有生灭，没有什么可怕可忧虑的，没有可喜的，没有厌离心，过去没有，未来没有，现在也没有。

"不可以一切言说分别显示。"一切言语文字都不能表达。你看维摩居士一路哗啦哗啦讲到底，当着佛的面一路否定，好像在拆佛的房子，一路拆光了。

"世尊，如来身为若此，作如是观。以斯观者，名为正观。若他观者，名为邪观。"他说，佛法就是如此，有这样的观点，才是真正的佛法；与这样的观点不同的，都是邪魔外道！这里说的如来身是法身，就是形而上学说宇宙万有的本体，本体就是如此。光明、黑暗，善恶，来去，等等，都是现象，不是那个能生现象的自性。所以这一切现象境界都不是佛。

这一段话我们是拆开来讲，以文字来讲，文学境界非常的高，后世很多名作的诗词，就是从这些境界出来的。这一品经值得细细地读，如果敲木鱼来念，就没有味道了。

我们这一品是"见阿閦佛品"，前面一路都是在讲佛境界，但是什么是佛境界？因为文字简单，反而特别难讲。希望各位不要只以我解释的为准，我只是帮助大家，提起注意而已。上文中最重要的，就是"不可以智知，不可以识识"。思想的不是，意识的也不是。到了成佛境界，智慧也没有用。

本经翻译人鸠摩罗什法师的弟子僧肇，他著作的《肇论》，有一篇就写《般若无知论》。真正的智慧到了最后，无所谓智慧不智慧，用世俗道理说，最聪明的人是最平凡的人，看起来最平凡最笨的人却有上上智。一般人觉得自己聪明的，其实是笨人。什么理由？因为他不肯平凡；真能够平凡，就是最高明的人。

不但佛经如此说，中国儒家道家，乃至西洋许多哲学家，都有差不多相同的道理。这个道理要信，是正信就入门，《华严经》也提到"信为道源功德母"。这个信不是一般宗教的信，宗教的信偏重人的情感，佛法的信是理性的。

过去禅宗的祖师们常说"百尺竿头，更进一步"，后来成为通俗的成语，用来鼓励人。但是可能大家没有仔细想过，爬到了顶尖了，更进一步不就跌死吗？这话的道理就是要踏实，就是《中庸》说的"极高明而道中庸"。最高明的人就是最平实的人，所以不要自视高明，没有什么叫作聪明有学问的，都是人类意识上的妄想，但妄想清净就很难了。

我常说世界上最伟大的哲学家，往往是乡下的老太太们。她们过的是平凡的生活，但也是我最羡慕的生活。"乡村四月闲人少，才了蚕桑又插田。"这种日子不是你们都市中长大的青年可以想象的。我记得以前常看到乡下的老太太们，在黄昏时搬条板凳坐着看天，非常悠然。如果你去问她们日子如何，她们多半会说日子过得苦啊，为什么苦呢？命嘛！命是不是靠得住不晓得，但老太太们可是承认的，认为所有的痛苦都是自己的命。

反而是知识愈高的愈不认命，即使信佛也是功利主义挂帅，一信佛就想得利益，假使得不到利益，就会埋怨宗教不灵。

为什么我讲这些？我希望你们再读一读上次讲的那一段。维摩居士讲了半天什么是佛，空的不是，有的也不是；高的不是，低的不是；总归都不对。你说我有个对的，你那个对的还是不对。那么就是都不对了？嘿，都不对还是不对。四面八方都把你堵住了，最后，原来我还是我，也不增也不减，很平实的，就接近如来境界了。说境界其实也不正确，因为又着了相，他其实是无境界又非无境界的，一切境界都是，又都不是。你要了解这一点，才可以继续读下文。

维摩居士从哪里来

"尔时，舍利弗问维摩诘：汝于何没而来生此？"这时，舍利弗问维摩居士，你是从哪一个世界隐没，而投胎到这个世界来的？"没"（读如"末"）就是灭，死去的意思。

"维摩诘言：汝所得法有没生乎？"维摩居士问舍利弗，你所学的佛法道理中，有生有灭吗？"没生"就是生灭。

"舍利弗言：无没生也。"舍利弗答，真正佛法没有所谓生或灭。各位要注意，真正佛法不在打坐参禅这些空事上面。你体会一下现在的心境，思想就叫作生灭心，有生没的。一个念头接一个念头很快的，念头过去就没有了吗？再想还是有的，所以没有"没"。真没有"没"吗？它又没有生过。每一个念头都停留不住，所以勿以有无当成真有真无。《金刚经》说"过去心不可得，未来心不可得，现在心不可得"，都是不可得的。要能在这个境界上看清楚了，这就是学佛的根本道理。

你们不论年纪，这个心用了这么久了，有损害吗？没有。现在用还是它。过去的过去了，抓不回来的；未来的还没来；现在的，刚一觉得又即刻成为过去了。所以要明白了根本什么都不能把握，心境自然平静下来了，这就是学佛的正路。作如此观者为正观，非如此观者为邪观。因此你想求个咒子，找个什么稀奇的法门，那都是在妄想，因为你求的都是生灭法。佛法是非生灭法，言语道断还有个什么咒？还有个什么法门？

"若诸法无没生相，云何问言，汝于何没而来生此。"佛法中的"法"代表着一切物、事、理，是个综合的代名词。维摩居士说，如果诸法没有生灭，为什么你要问我是从哪个世界灭了，才生到这个世界？

"于意云何？譬如幻师，幻作男女，宁没生耶？"维摩居士又说，我问你，譬如魔术师变出来的男人或女人，是有生灭的吗？我们看电影，银幕上的人物是假的吗？不是，是拍摄真人而来，相貌动作都是真的。你说是真的吗？他只是映在银幕上，放映机一关掉就没影子了。所以佛说我们的所作所为皆如昨梦。我们做了几十年的人，都像昨天的梦。昨天的梦都抓不住了，如梦如幻。

"舍利弗言：无没生也。"舍利弗答，魔术变出的人是没有生灭的。

"汝岂不闻，佛说诸法如幻相乎？"维摩居士问，你岂没有听佛说过，一切法如幻，像魔术一样的幻象吗？

"答曰：如是。"舍利弗答，是的，佛是这么说过的。

"若一切法如幻相者，云何问言，汝于何没而来生此？"维摩居士追着说，既然晓得一切法如梦如幻，那为什么你还要问我是从哪个世界灭了，才生到这个世界？

"舍利弗，没者为虚诳法，败坏之相。生者为虚诳法，相续之相。菩萨虽没，不尽善本。虽生，不长诸恶。"这一段话很重要。从物理学来讲，你把一张纸烧成灰，就没有了吗？那只是纸的形态没有了，质能是可以互变的，烧了纸产生了热、光、烟、灰烬。僧肇写过《物不迁论》，世界上这些物质没有动过，时间也没有流动过，过去、未来几千万亿年都没有的，只是现在，现在也不可得。

所以维摩居士再说，舍利弗，你认为有"没"，以为有什么事或物灭亡了，那是骗人的，只是物理败坏的现象而已。相反地，你认为有"生"，以为有什么事或物生出来了，也是骗人的，只是物理相续的现象而已。那个能使生灭生，能使生命灭的才是道，就是佛，是不属于生灭的。所以，维摩居士讲，菩萨虽然肉体败坏了，他的法身仍然在此为善。菩萨虽然肉体生出来了，也绝不作任何一点小恶。

维摩居士为什么来

"是时，佛告舍利弗：有国名妙喜，佛号无动，是维摩诘于彼国没，而来生此。"这时候，佛看见舍利弗被维摩居士教训了，就插进来告诉舍利弗，有一个世界叫作妙喜世界（就是阿閦佛国），那边教主的名号是无动（就是不动如来）。维摩居士是由那个世界灭了，而生在这个世界；也就是说，维摩居士原本是妙喜世界的大菩萨，到了我们这个世界，成为一位在家居士。别的经典也说过，维摩居士早已成佛，他的前身是金粟如来。由于发愿要利益众生，所以化身来到这个世界。

"舍利弗言：未曾有也！世尊，是人乃能舍清净土，而来乐此多怒害处。"舍利弗听了就叹道，从来不知道有这样的事，像维摩居士这样的人，能抛弃清净庄严的世界不住，而喜欢来到我们这个多怒害的世界。

前几天有学生来找我，他说自己现在把名利看得很淡，也无求于人了。我说，不见得吧，你现在正在名利之中，说看得很淡容易，等你名利都没有了，看你还淡泊不淡泊！再说，你无求于人，来找我干什么？这不是有求于我吗？要求佛法也是有所求，这都是对自己的心理观察不清楚。所以这个世界众生多怒害，怒害从哪里来？都是贪瞋痴生出来的。

"维摩诘语舍利弗：于意云何，日光出时，与冥合乎？"维摩居士再问舍利弗，我问你，日出时，日光会和黑暗结合吗？

"答曰：不也。日光出时，即无众冥。"舍利弗说，不会的，太阳出来时，一切黑暗都没有了。

"维摩诘言：夫日何故行阎浮提？"维摩居士问，太阳为什么会走到阎浮提？阎浮提就是我们这个世界，也就是南赡部洲，都是佛学上的名词，前面讨论过了。

"答曰：欲以明照，为之除冥。"舍利弗答，因为太阳要为这个世界照明，消除黑暗。

"维摩诘言：菩萨如是。虽生不净佛土，为化众生，不与愚暗而共合也，但灭众生烦恼暗耳。"维摩居士说，大乘菩萨也是这样，他为了方便教化众生，而转生到不清净的世界，但并不会被众生的愚痴黑暗所污染，他们只是为了帮助众生消除烦恼黑暗罢了。注意啊！这个灭烦恼暗就是我们学佛的目的，庙子中常见到"慧日当空"，是说随时在解脱的环境中，智慧的太阳当空，可以消除众生的烦恼黑暗。

"是时，大众渴仰，欲见妙喜世界无动如来及其菩萨声闻之众。"这时候，现场的大众都很希望能够见见妙喜世界的无动如来，以及他的弟子们。

"佛知一切众会所念，告维摩诘言：善男子，为此众会，现妙喜国无动如来及诸菩萨声闻之众，众皆欲见。"佛知道了大家的心意，就对维摩居士说，希望你可以把妙喜世界的无动如来，以及他的弟子们，展现给在场的大众见识见识。

妙喜国来的佛及一切

"于是维摩诘心念：吾当不起于座，接妙喜国，铁围、山川溪谷、江河大海、泉源、须弥诸山，及日月、星宿、天龙、鬼神、梵天等宫，并诸菩萨、声闻之众，城邑、聚落，男女、大小，乃至无动如来，及菩提树、诸妙莲华，能于十方作佛事者。三道宝阶，从阎浮提至忉利天，以此宝阶，诸天来下，悉为礼敬无动如来,听受经法。阎浮提人亦登其阶,上升忉利,见彼诸天。妙喜世界成就如是无量功德,上至阿迦尼吒天,下至水际,以右手断取,如陶家轮,入此世界,犹持华鬘,示一切众。"维摩居士当时心中想,我要不离开座位,把妙喜佛国引到这里来,让这里的众生可以由三道宝阶登上忉利天去看妙喜佛国。我要用右手一抓,把妙喜佛国从上至阿迦尼吒天,下至水际,像抓把陶土一样地截断,犹如拿朵花似的,拿到这个世界来。

这里描写的妙喜佛国世界的景象,其实和我们这个世界差不多。这妙喜佛国的情景,就是这边描写的。佛经中形容一切世界的边缘是铁围山,我们可以理解那是由矿物所构成的。妙喜世界的铁围山围绕的,有河流、海洋、高山,世界的中心是最高的须弥山,世界中有日月星宿,有天龙鬼神、梵天等等的天人和宫殿,也有菩萨和声闻众,有人世间的都市村庄,男女老幼,乃至无动如来和菩提树、妙莲花,能在一切世界作佛事的。

三道宝阶是从我们这个世界连接到忉利天的。佛经记载,释迦牟尼佛的母亲,在生下佛之后即去世,成为忉利天的天主。

阿迦尼吒天是色界天最高层的有顶天,超过有顶天就是无色界。有顶天的天主是大自在天,穿白衣有三只眼,是观自在如来的化身。

"作是念已,入于三昧,现神通力。以其右手断取妙喜世界,置于此土。"维摩居士想到这里,就入定,展现神通力量,用手一端,就把妙喜佛国端过来了。

"彼得神通菩萨及声闻众并余天人,俱发声言:唯然!世尊,谁取我去?愿见救护。"妙喜佛国中得了神通的人,立刻感觉到了,就问无动如来,谁把我们这个世界抓起来了?请救救大家啊!

"无动佛言:非我所为,是维摩诘神力所作。"无动如来告

诉他们，不要慌，不是我作的，是维摩诘在施展神通，请我们
过去。

"其余未得神通者，不觉不知己之所往。妙喜世界虽入此
土，而不增减，于是世界亦不迫隘，如本无异。"至于妙喜佛国
中没有得神通的人，仍然不感觉到有任何异样。这段故事要听清
楚，维摩居士心念一动，想发动神通，用右手把妙喜佛国端过
来。他动了这个念，就进入定境，呈现了神通力量。那个世界有
神通境界的菩萨察觉到被移动了（无动如来也只好动了），但是
没有神通境界的菩萨却浑然不知。妙喜佛国虽被端过来了，但我
们这个世界并不觉得有什么不同，妙喜佛国也没有变得比较
狭小。

"尔时，释迦牟尼佛告诸大众：汝等且观妙喜世界无动如
来，其国严饰，菩萨行净，弟子清白。"释迦牟尼佛就招呼大家
来看，这妙喜世界无动如来国土的庄严美丽，当地菩萨的心地清
净，没有染污，以及弟子们的身心清白干净，所以才有这样庄严
的净土。这个不动的境界就是《楞严经》中的偈子所说的："妙
湛总持不动尊，首楞严王世希有。销我亿劫颠倒想，不历僧祇获
法身。"

"皆曰：唯然！已见。"大家都答佛，是的，都见到了。

"佛言：若菩萨欲得如是清净佛土，当学无动如来所行之
道。"佛说，如果你们想要达到这样清净佛土的境界，应该学无
动如来之道。无动如来是行什么道？就是上面讲的"菩萨行净，
弟子清白"。

愿生妙喜佛土

"现此妙喜国时，娑婆世界十四那由他人，发阿耨多罗三藐

三菩提心，皆愿生于妙喜佛土。""那由他"是很大很大的数目单位。维摩居士表演了这一手神通，这个世界不知有多少人，都大彻大悟了，而且发愿往生东方妙喜佛土。

"释迦牟尼佛即记之曰：当生彼国。"释迦牟尼佛就为他们预言，你们发了这个心，一定可以如愿往生那个国土的。

"时妙喜世界于此国土所应饶益，其事讫已，还复本处，举众皆见。"这时，大概维摩居士把手一放，妙喜佛国就回归原位了。全部过程中，无动如来也没有向谁说法，妙喜世界和我们这个世界的众生，也没有交谈，大家只是一看这个场面就开悟了，妙喜佛国因此也功德圆满了。

禅宗里就有这么个问题，阿閦佛土一现而不再现是什么道理？这是有个故事的。有位灵云禅师，参禅三十年都没能悟道，就决定不参禅，而修行去了，就是去走戒定慧、念佛、观想等等的路子（你们恐怕不用三十年就放弃了）。他的心就放松了，没那么紧张了。在春天的有一天，他走在外面，看到桃花盛开，一下子就悟了。我们即使天天看桃花，为什么也悟不了？等于我们天天吃苹果，就是不会悟出地心引力一样。灵云祖师悟道后，就作了一首偈子：

三十年来寻剑客　几回落叶又抽枝
自从一见桃花后　直至如今更不疑

有人就拿灵云禅师悟道的事，拿来比《维摩诘经》这一段。维摩居士把阿閦佛国拿来给大家看，就一现而不再现，这个娑婆世界就有十四那由他人因而大彻大悟。这是什么道理？

后来有一位禅师答复了这个问题，他说，娑婆世界众生见阿閦佛国而悟道，同灵云禅师见桃花而悟道，是同一道理。每个人随时都有机会见到无动如来，都是一现而不再现，不过人人都把握不住。因此这位禅师作了首偈子，非常高明：

灵云一见不再见　红白枝枝不著花
巨耐钓鱼船上客　却来平地搣鱼虾

何必一定看到桃花才悟道，看到椅子看到狗屎也可以悟道。你们来禅堂打坐，都是想钓鱼，但是你们是到平地上钓，怎么钓得到？你们参参看。事实上，世上一般人求道，都是背道而驰。

"佛告舍利弗：汝见此妙喜世界及无动佛不？"佛告诉舍利弗，你看见了妙喜世界和无动佛吗？

"唯然！已见。世尊。愿使一切众生，得清净土，如无动佛。获神通力，如维摩诘。"舍利弗说，是的，见到了。我愿一切众生都能得到自己的清净土，像无动佛一样的真空境界。也愿一切众生起用的时候，能达到像维摩居士一样的神通境界。

"世尊，我等快得善利，得见是人，亲近供养。其诸众生，若今现在，若佛灭后，闻此经者，亦得善利。况复闻已，信解受持，读诵解说，如法修行？"舍利弗继续说，我们今天真是痛快，能碰上这样的好事，见到维摩居士，能够亲近供养他。其他的众生，不论是当今的，还是佛逝世之后的，读了这部经，也会得到利益。何况是读了听了这部经之后，能绝对地相信理解，将它牢牢地放在心中，为人读诵解说，真诚地去遵照修行。

"若有手得是经典者，便为已得法宝之藏。若有读诵，解释其义，如说修行，则为诸佛之所护念。其有供养如是人者，当知则为供养于佛。其有书持此经卷者，当知其室，则有如来。若闻是经能随喜者，斯人则为趣一切智。若能信解此经，乃至一四句偈，为他说者，当知此人，即是受阿耨多罗三藐三菩提记。"这里继续说明这部经珍贵之处和它的功德，文字大家都能了解。《维摩诘经》讲到这里，功德大致也圆满了。

法供养品第十三

　　尔时，释提桓因于大众中白佛言：世尊，我虽从佛及文殊师利，闻百千经，未曾闻此不可思议自在神通，决定实相经典。如我解佛所说义趣，若有众生闻此经法，信解受持读诵之者，必得是法不疑，何况如说修行？斯人则为闭众恶趣，开诸善门。常为诸佛之所护念。降伏外学，摧灭魔怨。修治菩提，安处道场，履践如来所行之迹。世尊，若有受持读诵，如说修行者，我当与诸眷属，供养给事。所在聚落城邑，山林旷野，有是经处，我亦与诸眷属，听受法故，共到其所。其未信者，当令生信，其已信者，当为作护。佛言：善哉！善哉！天帝，如汝所说，吾助尔喜。此经广说过去、未来、现在诸佛，不可思议阿耨多罗三藐三菩提。是故天帝，若善男子善女人，受持读诵供养是经者，则为供养去、来、今佛。天帝，正使三千大千世界，如来满中，譬如甘蔗竹苇，稻麻丛林，若有善男子善女人，或以一劫，或减一劫，恭敬尊重，赞叹供养，奉诸所安，至诸佛灭后，以一一全身舍利，起七宝塔，纵广一四天下，高至梵天，表刹庄严，以一切华香、璎珞、幢幡、妓乐，微妙第一，若一劫，若减一劫，而供养之。天帝，于意云何，其人植福，宁为多不？释提桓因言：甚多，世尊。彼之福德，若以百千亿劫，说不能尽。佛告天帝：当知是善男子善女人，闻是不可思议解脱经典，信解受持，读诵修行，福多于彼。所以者何？诸佛菩提，皆从此生。菩提之相，不可限量，以是因缘，福不可量。

佛告天帝：过去无量阿僧祇劫，时世有佛，号曰药王、如来、应供、正遍知、明行足、善逝、世间解、无上士、调御丈夫、天人师、佛、世尊。世界名大庄严，劫名庄严，佛寿二十小劫，其声闻僧，三十六亿那由他，菩萨僧，有十二亿。天帝，是时有转轮圣王，名曰宝盖，七宝具足，主四天下。王有千子，端正勇健，能伏怨敌。

尔时宝盖，与其眷属，供养药王如来。施诸所安，至满五劫。过五劫已，告其千子：汝等亦当如我，以深心供养于佛。于是千子受父王命，供养药王如来，复满五劫，一切施安。其王一子，名曰月盖，独坐思维：宁有供养殊过此者？以佛神力，空中有天曰：善男子，法之供养，胜诸供养。即问：何谓法之供养？天曰：汝可往问药王如来，当广为汝说法之供养。即时，月盖王子行诣药王如来。稽首佛足，却住一面，白佛言：世尊，诸供养中，法供养胜，云何名为法之供养？佛言：善男子，法供养者，诸佛所说深经，一切世间，难信难受，微妙难见，清净无染，非但分别思维之所能得。菩萨法藏所摄，陀罗尼印印之。至不退转，成就六度。善分别义，顺菩提法，众经之上。入大慈悲，离众魔事，及诸邪见，顺因缘法，无我、无人、无众生、无寿命，空、无相、无作、无起。能令众生，坐于道场，而转法轮。诸天、龙神、乾闼婆等，所共叹誉。能令众生入佛法藏，摄诸贤圣一切智慧。说众菩萨所行之道。依于诸法实相之义，明宣无常、苦、空、无我寂灭之法。能救一切毁禁众生。诸魔外道及贪着者，能使怖畏。诸佛贤圣，所共称叹。背生死苦，示涅槃乐。十方三世诸佛所说。若闻如是等经，信解受持读诵，以方便力，为诸众生分别解说，显示分明，守护法故，是名法之供养。又于诸法，如说修行，随顺十二因缘，离诸邪见，得无生忍。决定无我，无有众生，而于因缘果报，无违无诤。离诸我所。依于义，不依语，依于智，不依识，依了义经，不依不了义经，依于法，不依人。随顺法相，无所入，无所归。无明毕竟灭故，诸行亦毕竟灭。乃至生毕竟灭故，老死亦毕竟灭。作如是观，十二因缘无有尽相。不复起见，是名最上法之供养。

佛告天帝：王子月盖，从药王佛闻如是法，得柔顺忍。即解宝衣严身之具，以供养佛，白佛言：世尊，如来灭后，我当行法供养，守护正法。愿以威神，加哀建立。令我得降伏魔怨，修菩萨行。佛知其深心所念，而记之曰：汝于末后，守护法城。天帝，时王子月盖，见法清净，闻佛授记，以信出家。修习善法，精进不久，得五神通，具菩萨道。得陀罗尼，无断辩才。于佛灭后，以其所得神通、总持、辩才之力，满十小劫。药王如来所转法轮，随而分布。月盖比丘，以守护法，勤行精进，即于此身，化百万亿人，于阿耨多罗三藐三菩提立不退转，十四那由他人，深发声闻辟支佛心，无量众生，得生天上。天帝，时王宝盖，岂异人乎？今现得佛，号宝焰如来。其王千子，即贤劫中千佛是也。从迦罗鸠孙驮为始得佛，最后如来，号曰楼至。月盖比丘，则我身是。如是天帝，当知此要，以法供养，于诸供养为上为最，第一无比。是故天帝，当以法之供养，供养于佛。

现在是第十三品，"法供养品"。《维摩诘经》到这里，等于是作总结论了。法供养是很重要的一件事，大家观念中的供养，多半是出些钱，作些功德之类的。不错，这些也是供养，是培养自己的功德，但是，真正的供养是法供养，就是这一品所要讲的。

自在神通　绝对实相

"尔时，释提桓因于大众中白佛言：世尊，我虽从佛及文殊师利，闻百千经，未曾闻此不可思议自在神通，决定实相经典。""释提桓因"依中国人的观念，是玉皇大帝，是欲界切利天的天主。

文殊师利菩萨是七佛之师，他早已成佛，为了辅佐释迦牟尼佛在这个世界成佛，他化身成菩萨来护法的。护法是护持正法，使正法住世。因此庙子也称作常住，是法常住的意思，代表佛的正法常住。一般显教所塑造文殊师利菩萨的像，是一手持经典，坐骑是狮子，代表百兽之王，作狮子吼。普贤菩萨坐的是莲花高台，骑的是六牙白象，代表大愿力，负担众生。在密教，文殊师利菩萨的像，往往是一手拿经典，代表智慧，一手拿金刚宝剑，斩断一切烦恼。

玉皇大帝向佛说，我虽然从您和文殊师利菩萨那儿，听讲过无数次的佛法传授（佛传法被记录下来的，就是后来的经典），可是从没听过像这样不可思议的法门，讲自在神通。

自在神通不是修出来的，是众生本来具备的，但是要明心见性以后才发出来。换句话说，没有得到自在神通的境界，就不能算是真悟道了。一般认为，神通是能够看见肉眼看不到的东西，或者听到耳朵听不见的。但这些现象很多是精神病态，不是神通，要分辨清楚。

唐代禅宗有名的庞居士庞蕴，学问很好，一辈子不出来做官。他住在湖北重镇襄阳。襄阳在唐代是中国文化财富集中区域，《三国演义》讲刘关张诸葛亮等人，一辈子闹来闹去就在那一带，就是那么重要的地区。庞居士家中富有，中国人喜欢把富贵连起来，有钱就贵。如果只是贵，地位高，可是不富，就不算福气。过年常在门上贴"五福临门"，五福不包括贵的。贵不一定就富，庞居士全家四口，他和妻子和一儿一女，都是悟道的人，是非常特殊的家庭。

庞居士跟马祖学禅，他的修行工夫很好，什么白骨观、数息观、念佛都会，但是不能解决问题，此心不安。不知道你们诸位学了半天，心安了没有？学佛的人就算什么都会，有个还没解决的问题，就是生死问题。生从何来，死向何去。学佛学了半天，成佛是成个什么东西？我们所有怀疑的问题都在内。

庞居士最后去找马祖，就问一个问题："不与万法为侣者是什么人？"这个问题是问达摩祖师来中国传佛的心法是什么。他问佛的心要，心中心。密宗有心中心法门，有心中心咒。佛过世后，这个心法在印度传了二十八代，到达摩祖师，他也是太子出家的。他发现佛法在印度已经要衰微了，看见东方的震旦（就是中国）有大乘气象，因此渡海来中国，在广州上岸。当时是中国的南北朝，南方是梁武帝，北方是北魏（云冈石窟、嵩山少林寺都是北魏建立的）。

达摩祖师大概先在广州住了一段时间，因为后来他和梁武帝对话，他回答"不识"。在我没去广东之前，一直就把这回答理解成"不认识"，等到学会了一点广东话才回头想起，原来达摩祖师的意思是"不知道"。好，先交代了祖师西来。

回到庞居士问马祖"不与万法为侣者是什么人"。他问得非常简单，单刀直入，哪像你们学禅，连问个问题都拖泥带水。马祖怎么回答呢？"等到你一口把整条西江的水喝下去了，我才告诉你。"这就是禅，问的是什么话，答的又是什么呢？

如果是换了你们，一定要骂格老子，这马祖简直是疯子！可是庞居士一听就悟了。这是什么道理？后来有人乱加解释，说坐禅坐到气住脉停，就是一口吸尽西江水，真是不知所云。

庞居士悟道后，把全部家财用船载到江心沉掉。这又是为什么？别的地方有记载，有人问他为什么不去布施，他说人没有钱不会做坏事，把钱给人了，这人会去做坏事，就是帮人造恶业，所以宁可把财产沉到江中。还好他们一家人都悟道了，否则这还得了，太太不跟他闹才怪。

这一下，他们家徒四壁，就靠编织篮子过日子，靠自己劳力吃饭，不是过不劳而获的日子。这也是庞居士同门师兄弟百丈禅师的教训，百丈主张"一日不作，一日不食"，自己到了七八十岁还是照样耕作。有一日，庞居士叹一口气说："难！难！难！"他是讲悟道难，"十石油麻树上摊。"好像想把十担麻油摊在树上，麻油当然不会停在树上，一定流下去了，这个同一口吞下西江水一样得难。他的太太在旁听见了，就回答他："易！易！易！百草头上祖师意。"到处都是道，也不是一定要研究什么《维摩诘经》。他夫妻俩好像为了菩提在斗嘴。他女儿庞灵照听到了，就说："也不难，也不易。饥来吃饭困来睡。"佛法就只是如此，没什么难和易的。

庞居士说过，神通与妙用如运水和担柴。什么是神通啊？你眼睛可以看，耳朵可以听，茶来了能喝，这都是神通！是自在神通。除此神通，都是鬼通。你怎么长大的？你怎么会说话？你怎么会记住东西？你怎么会听懂《维摩诘经》？是什么东西让你能做到的？你找也找不到它，这就是不可思议的自在神通，每个人都是现成的，还要去哪里学？

做人平凡就是佛。一般人学佛学成了疯子，不肯平凡。佛在悟道之后感叹"一切众生皆具如来智慧德相",个个是佛,佛所有的智慧德相大家都有,为什么不能悟道?"只因妄想执着不能证得。"那你只要不妄想不执着就好了嘛,是不是很简单?你说,是啊,所以我天天在除妄想。唉,你那个除妄想的念头不又是妄想执着吗?所以你连一缸水也喝不完,更不必说一江水了。

佛十九岁出家,苦行求道十二年,肚子都饿扁了。后来明白这不是道,就出来接受人家的供养,一直跟他一同修道的几个人就离他而去,认为佛犯戒了。佛得到补充营养,才有在菩提树下一坐七天而悟道的结果。所以悟道之后就大叹:"一切众生皆具如来智慧德相,只因妄想执着不能证得。"

本来佛在悟道后就要入涅槃了,释提桓因等天人恳请他留下来教化众生。佛说"止!止!"你们不要劝了,"我法妙难思。"佛法是不可思议的,而凡夫偏喜欢在思议上搞,要怎么讲呢?后来天人再三恳求,就先为世人说小乘法,比较简单明了,最后才说大乘法。这一说就说了四十九年,到了八十一岁才走。

这就是祖师西来意啊!就在吃饭喝茶中,你们很多年轻人何苦来这里听经?我看你眼睛都张不开了,累了就睡就是佛法嘛!还在那里打坐,不敢睡。觉都不敢睡,哪有本事一口喝尽西江水?

后来庞居士要走了,他有个好朋友位居藩镇,是唐代的地方大员,等于是军阀。庞居士知道要走了,就通知这好朋友,要他来。你看,庞居士生死自在,可以预知自己什么时候走。朋友来了,庞居士告诉他两句很重要的话:"但愿空诸所有,慎勿实诸所无。"就是说,宁可把什么都放下都丢掉,不可以把没有的硬抓进来。讲完了,他把头在朋友身上一靠,就走了。其实庞居士告诉他朋友这两句话是一语双关,一方面是讲佛法,另一方面是暗示他,不要野心太大想做皇帝,他没有这么大的福报。

　　还有个说法，庞居士宣布他第二天中午要走了，到了第二天差不多是时候了，他就叫女儿出房间看看太阳当顶了没有。灵照出去看了，回来说，当顶是当顶了，不过太阳周围多了一圈。庞居士觉得奇怪，就下座自己去看，哪知道灵照竟然自己坐上去，抢先一步走了。你说庞居士没神通，他怎么可以预知死期？你说庞居士有神通，他居然还上女儿这个当！等庞居士回房间一看，女儿已经走了，他自己只好迟一步走。他儿子当时在田里工作，庞婆跑去告诉儿子，说老头子走了，儿子听了，站着拿个锄头就走了。老太太看这情景，一家四口一下子走了三口，气得"不知所终"。我推测庞婆可能一气之下，去了国清寺，因为文献上记载，当时在寒山拾得旁边常有个老婆子出现，所以我作这样的联想。他们一家人对生死都有把握，有自在神通。

　　讲回《维摩诘经》，释提桓因称这本经是"不可思议，自在神通，决定实相经典"，"决定"就是绝对，"实相"是道之体。

　　要讲禅宗就离不开这本经，《楞严经》是后来才加入的。禅是没办法教的，不是建立在言语文字上的，一用言语文字表达，就已经不是它了，不是实相了。实相无相，无相的东西要怎么讲？你说空，空也是相。所以真正佛法是不可说、不可思议的。我们现在是在不可说、不可思议中，勉强表达出来。

天帝的愿心——供养 修行

　　"如我解佛所说义趣，若有众生闻此经法，信解受持读诵之者，必得是法不疑，何况如说修行？"释提桓因继续说，照我所理解佛所说的道理和旨趣，如果有人听了这部经，能深信、理解、领受、保持、读、背诵这本经，一定真正懂了《维摩诘经》所讲的佛法。懂了不算，还要照着修行求证。

这里提到读经，小时候长辈就说读书要入藏。后来学佛了才理解到，是要读入阿赖耶识，藏识。你能入藏的话，不但一辈子不忘记，下辈子也不会忘记。苏东坡的名言"书到今生读已迟"是真话，有些古书我拿来一翻，内容就了解，也都记得住，就好像以前读过的，可是我知道自己这一生中，确实没有读过。

有些同学说记忆力不好，这多半是你读书方式不对，所以要用读诵念出声来才容易真读进去。你在这里听了《维摩诘经》，回去有读诵吗？没有读诵怎么能"得是法无疑"？很多东西要先记住，以后机缘到了，就会恍然大悟。

"斯人则为闭众恶趣，开诸善门，常为诸佛之所护念。"能读诵本经、依法修持的人，就可以避开一切恶趣（地狱、饿鬼、畜生三恶趣道），打开一切善门。我们常常不小心发了兽心，就是畜生道的行为。那一脸凶恶怨恨的样子，就是饿鬼道的行为。这样不能避开恶趣，怎么能去开善门呢？学佛只要常拿这"闭众恶趣，开诸善门"八个字提醒自己，就是学佛。能做到了，自然能"常为诸佛之所护念"。诸佛菩萨要加被你，你就先要有个基础，你本钱都没有，他怎么能加被你呢？

我看年轻人学佛，乃至学其他宗教，会很替他担心。很多年轻人后来学成了神经，因为没有从做人的基本学起，人都做不好，怎么学佛？现在也有提倡人间佛教的，佛教本来就在人间的嘛，不在天上。这么提倡好像自打嘴巴，如果要讲人间佛教，也就先从学做人做起，才算人间。

"降伏外学，摧灭魔怨。"能做到避恶开善，就可以"降伏外学，摧灭魔怨"。魔也好，鬼也好，都是怕善人的，做了善事，你的阳刚之气就大了。我有个老朋友，专去传说中闹鬼的地方，甚至还烧香请鬼现身给他看一看，可是他一辈子就没碰见过鬼。因为他的阳气太强，是常常行善之故。你行恶，阴气就重，那魔就会被你所吸引。一个不打牌的人会有人常来兜他打牌吗？这个道理是一样的，都是在找趣味相投的。

"修治菩提，安处道场，履践如来所行之迹。"菩提是觉悟，所有的地方都是道场。很多人埋怨自己没有一个好的修行环境，告诉你，我刚刚来台湾时先到基隆，做点生意，一个晚上一万两黄金没有了。我只有去租个小房间住，一家四口挤在里面，还要放一张公事桌写文章，吃饭也在上面。打坐时把桌面一清，就爬上去打坐，那就是我的道场、饭厅、办公室、书房。富贵贫贱都一样能过。有时知道明天没有米了，今天晚上到明天还有六七个钟头，先睡觉再说，不管明天的米，它自然会来的，算不定半夜一场大地震什么都下去了，急什么呢？这就是"安处道场"。如果要环境对了才学道，我们这里的环境很好，怎么也没有几个人真在学道啊？

所以修行不要挑时间和地方，不管在哪里，你心一安定，就对了，就"安处道场"，不用外求。能做到这样了，才是能跟着佛的脚印走，才是学佛。如果不能"履践如来所行之迹"，照着佛走过的路线前进，你再怎么听经也没有用。

"世尊，若有受持读诵，如说修行者，我当与诸眷属，供养给事。所在聚落城邑，山林旷野，有是经处，我亦与诸眷属，听受法故，共到其所。"这是释提桓因对着佛所发的愿，假使将来有人受持读诵这部经，照着修行的人，我会带领天兵天将，供养他，为他服务。不论是在城市、乡村、山林、旷野，只要有这部经的所在，我们都会去听法。

我们这课室中有这么多本《维摩诘经》，大家有没有看到他们呢？你小心，说不定就在你身后，所以你的心念不要乱。现在的科学已经可以把你的心念照出来，如果你动恶念或者起善心，照出来光的颜色就不同，你打起坐来，就有不同的颜色，一看就知道。

"其未信者，当令生信，其已信者，当为作护。"天帝继续说，这部经所在之处，如果有不太信的人，我们会影响他，使他起信心；对于已经起了信心的人，我们会保护他。

供养如来与修行的福德

"佛言：善哉！善哉！天帝，如汝所说，吾助尔喜。"佛听了释提桓因所发的愿，对他赞许有加，替他高兴，就是随喜功德。所以佛仍然在修功德。

"此经广说过去、未来、现在诸佛，不可思议阿耨多罗三藐三菩提。"这本经是过去、未来、现在一切诸佛想要大彻大悟的不可思议法门。

"是故天帝，若善男子善女人，受持读诵供养是经者，则为供养去、来、今佛。"刚才讲要从做人学起，要学习行善，才能够称得上是善男子善女人，人道才有基础，才够资格学佛。大家不要轻易放过佛经上的用语，善男子善女人就是要从人道做起。所以，假使将来有善男子善女人，能够受持读诵供养这部经的，就等于是供养过去、未来、现在一切诸佛。

"天帝，正使三千大千世界，如来满中，譬如甘蔗竹苇，稻麻丛林，若有善男子善女人，或以一劫，或减一劫，恭敬尊重，赞叹供养，奉诸所安，至诸佛灭后，以一一全身舍利，起七宝塔，纵广一四天下，高至梵天，表刹庄严，以一切华香、璎珞、幢幡、妓乐，微妙第一，若一劫，若减一劫，而供养之。天帝，于意云何，其人植福，宁为多不？"佛又对天帝说，假如有善男子善女人，用一劫那么长的时间，供养了满布三千大千世界数不尽的如来，乃至在如来过世之后，又为所有如来全身每一颗舍利子，都造一个如天下那么高大的宝塔，又用一劫的时间，用一切一切最上乘的东西供养舍利塔，你说，这人做的功德多不多？

这里提到许多供养的物品，包括用妓乐供养，就是又唱歌又跳舞的。现在很多女士以为去道场不好穿得花花绿绿，我说有什么不好？还要擦口红擦粉呢！诸佛菩萨的像，哪个不穿戴得珠光宝气的？庄严不是在外表，是在心。你心不干净就不庄严了，那道场也不庄严了。所以有人要点香，我说香有八种，你在室内烧香只是一种香，会污染空气，所以最好不提倡。要点香也最好能用卧香炉，直插的香不小心倒了，会引起火灾。这些都是常识。

"释提桓因言：甚多，世尊。彼之福德，若以百千亿劫，说不能尽。"释提桓因答，真有这样的人，他的福德大到说不完了。

"佛告天帝：当知是善男子善女人，闻是不可思议解脱经典，信解受持，读诵修行，福多于彼。"你们诸位的福德，比那个人还要大。因为佛说，只要听听这部经，生起信心，能读诵依照修行，福报就更大了。

"所以者何？诸佛菩提，皆从此生。菩提之相，不可限量，以是因缘，福不可量。"什么原因呢？有钱固然可以作功德得福报，但是有钱可以买智慧吗？再多也买不到的！佛法是智慧之学，真正的智慧才是大福报。你懂了这个道理，就不会说听听经哪有那么大的福了。你能听进去了，必须照着去做才会生智慧，那才是最大的福报。

要学佛需要多么大的智慧啊！要成佛非要懂得这部经的道理不可，这部经所讲大彻大悟之相是不可限量的，能懂了这部经的话，那福报是不得了的。

转轮圣王及其千子

"佛告天帝：过去无量阿僧祇劫，时世有佛，号曰药王如来、应供、正遍知、明行足、善逝、世间解、无上士、调御丈夫、天人师、佛、世尊。"我们很快地解释几个名词。"应供"，是应受供养。"正遍知"，没有什么不知道的。"明行足"，一切修行的法门具足。"善逝"，过去了就放下了，丢得开，就是孔子说的"逝者如斯夫，不舍昼夜"。"世间解"，解决一切世间困难。"无上士"，真正大丈夫，最有智慧的人。"调御丈夫"，最能训练众生的人。"天人师"，天上和人间的老师。你真懂了这十个名号代表的意义，你就懂佛法了。

这里讲的是佛的十个名号，其实佛不止十个名号，读《华严经》就知道了，佛又叫神、主、上帝、金仙等，你不要胸襟太狭隘了，佛没有说信我的才得救，他是信的要救，不信的很可怜更要救。如果学佛还分宗派，还分入世出世，那你不如去学睡觉好了。佛的这些名号，是适用于所有一切佛的，在中国，通常只用佛或如来这两个名号做代表。

"劫"是表示世界从成就到毁灭所经过的时间，依中国观念，我们这个世界从存在到毁灭有十二万亿年。今日的科学认为，地球存在至少已有四十六亿年。

依照佛教的观念，这个世界有成、住、坏、空四个阶段，合起来也称为一大劫，每一阶段分二十小劫。从人的平均寿命八万四千岁开始，每百年减一岁，到人寿十岁，又每百年增一岁，到八万四千岁，这样算一小劫。

在世界住的阶段，住劫的最后一小劫开始，战争、瘟疫、饥荒等小三灾频繁发生。然后到了世界坏的阶段，坏劫前十九小劫内，有情世间逐渐毁灭，当然人类也消失了。最后一小劫，轮次发生大三灾：火灾从地狱一直烧到初禅天，水灾从地狱淹到二禅天，风灾从地狱一直毁到三禅天，彻底毁掉这个物质世界。然后是空劫二十小劫，什么都没有。

再形成这个世界也要二十小劫，是成劫，第一小劫先形成物质世界，此后有情世界，包括人类，渐渐形成。

那么，人种究竟是怎么来的？这是个宗教问题。西方宗教认为，最初的人是上帝照他的样子所造，现在科学对这个说法是怀疑的。佛家的说法，世界到了住劫的二十劫开始，色界天的光音天天人到这个世界来玩，因为贪着这世界的"地味"，久了就飞升不回去了，所以成了我们的祖先。这还是没有解决问题，光音天天人又从哪里来的？这样一直推下去，就是哲学原人论的问题。你们写论文的同学，这里头随便一抓就有很多资料、很多题目可以写。本经所讲的无量阿僧祇劫，是个不可说不可数的久远概念。

佛告诉天帝，在过去无量阿僧祇劫的时代，有个佛名叫药王如来。

"世界名大庄严，劫名庄严，佛寿二十小劫，其声闻僧三十六亿那由他，菩萨僧有十二亿。"那时有一个世界叫作大庄严，劫数叫作庄严劫。那位佛的寿命有二十小劫，他的出家弟子中，声闻众有三十六亿那由他之多，大乘菩萨众有十二亿那由他之多。

我们这个世界在佛学中叫作娑婆世界，就是堪忍的意思，也是有缺陷不圆满的意思。正因为不圆满，所以众生会愿意学佛，如果太圆满了，就成了八难之一的灾难，众生反而容易堕落。我们这娑婆世界的劫数叫贤圣劫，有一千个佛会出世，释迦牟尼佛是第四位。所以我们不用担心世界马上会坏，因为还有很多佛要出世，慢慢等吧。

"天帝，是时有转轮圣王，名曰宝盖，七宝具足，主四天下。"转轮圣王就是不世出的贤明圣王。转轮圣王也分四等，金轮圣王、银轮圣王、铁轮圣王、铜轮圣王。金轮圣王出世的时候，世界绝对太平，几乎没有坏人。我在本经开头时，讲过一个很好的对子："愿天常生好人，愿人常做好事"，这就是写转轮圣王的时代。这个愿很大，是真正的大愿。中国历史上的明君，算是哪一等的圣王，那是历史哲学的问题。

佛经说有转轮圣王出世，必定有七宝呈现，就是七个条件：轮宝（圣王的拿在手中的金轮）、玉女宝（贤惠的皇后）、象宝、马宝（好的交通工具、高明的战争工具）、摩尼珠宝、主藏宝（能干的财务大臣）、主兵宝（有计谋的臣子、武将）。用这种标准来衡量，那么中国三千年历史中，好皇帝不多，算得上轮王的恐怕不到十个。好的皇后倒有好几个，像明朝朱元璋的马皇后就是一位，当时的人称她是马如来。提倡妇女运动的人，可以选这种例子来宣扬一下，对于家庭教育有很大的关系。

四天下是包括了四大洲的全部天下，四大洲是南赡部洲、东胜神洲、西牛贺洲、北俱卢洲。

佛告诉天帝，那个世界中有一位治世的圣王，叫作宝盖，当时有七宝呈现，他统治四天下。

"王有千子，端正勇健，能伏怨敌。"这圣王有一千个儿子，每个都很端正，又勇敢又身体强健，无人能敌。

在中国的历史上，只有周文王有一百子，当然这是《封神榜》小说这么写，不是正史。

"尔时宝盖，与其眷属，供养药王如来。"那时宝盖圣王和他的家属，供养药王如来。这又同东方有关，很少人注意这个问题，大乘佛法最后都提到东方的诸佛。

为什么轮王出世的时候，也都会有教主出世？这点佛学不提的。在中国，人类文化分成三道：君道，是统御者，如转轮圣王；师道，例如孔子、释迦牟尼佛这些教主；臣道，能够造福社会的将相。每一部佛经中写君道时代时，师道和臣道一定同样昌明；轮王衰落时，师道也会衰落。

"施诸所安，至满五劫。"药王如来和弟子的一切，都是由宝盖圣王所供养，使他们能安心修道。而且不是只供养一百年，是供养了五劫那么长的时间。

"过五劫已，告其千子：汝等亦当如我，以深心供养于佛。于是千子受父王命，供养药王如来，复满五劫，一切施安。"过了五劫，宝盖圣王吩咐他一千个儿子，我死后你们要学我，以深心，至诚恭敬供养人天师表。这一千个儿子就照着父王的命令，又供养了药王如来五劫，一切如同父王在世一般。

"其王一子，名曰月盖，独坐思维：宁有供养殊过此者？"一千个儿子当中，有一个叫作月盖，他独自思索，还有什么样更超越的方式来供养佛？

佛说法供养

"以佛神力，空中有天曰：善男子，法之供养，胜诸供养。"此时空中有天人告诉他，真正的供养是法供养，胜过任何一切的供养。用普通的话讲，就是精神的供养胜过物质的供养。当然，我这是简单地讲，法供养不能解释成是精神的供养。下面解释什么是法供养。

"即问：何谓法之供养？天曰：汝可往问药王如来，当广为汝说法之供养。"天人告诉月盖王子，去找药王如来，他会详细为你解说什么是法供养。

"即时，月盖王子行诣药王如来。稽首佛足，却住一面，白佛言：世尊，诸供养中，法供养胜，云何名为法之供养？"月盖王子就依言去向药王如来请示。"稽首佛足，却住一面"，这都是传统的礼法，表示对佛的恭敬。我年轻时候在家乡，还是要向父母亲行跪拜礼的，现在的年轻人当然没这一套规矩了。

"佛言：善男子，法供养者，诸佛所说深经，一切世间，难信难受，微妙难见，清净无染，非但分别思维之所能得。"药王如来告诉他，法供养就是智慧的成就。从教育的观点来说，老师教学生，最高兴的是学生的成就能超过老师。所以孟子说，人生三乐之一是得天下之英才而教之（另一乐是：父母在，兄弟无故）。

诸佛所传的法就是经，经是传法的记录。深经不是一般的经，像《维摩诘经》就是深经，我们看文字，觉得懂了，实际上能否真懂还是问题。药王如来说诸佛所传的深经，世间众生是难以相信、难以接受的。这话我们可能听了不服气，会说，我可是所有佛经都相信的。你有真正的相信吗？如果自己没有能修证到经典所讲的境界，还只能算是迷信，不是正信。因为没有证得，所以叫"微妙难见"。能证得了就能达到"清净无染"的境界，那不是可以用分别心来思维研究而得到的。用分别心来思维研究，只是个方便，不是真正佛法，所以我们不要把佛法当作学问来研究。

"菩萨法藏所摄，陀罗尼印印之。至不退转，成就六度。"佛所传的深经，是大乘菩萨道的法藏，是陀罗尼（藏是仓库的意思。陀罗尼是总持，最精要的意思，不只是指咒语），可以使人到达菩萨第八不退转地，成就六度法门。

"善分别义，顺菩提法，众经之上。"为什么上面刚说不可以分别，这里又说善分别？其实并不矛盾的。本经开头时就讲过，"能善分别诸法相于第一义而不动"，修证到了的人，并不是不可以用分别思想，因为他的分别思想念念皆空，不会停留，不会染污的。第一义是无义，实相之义。

所以到了这个境界的人，能"善分别义"，顺菩提正法，超越了一切经典。真学到了佛法最高处，是没有法的。

当年我们学密宗，在西宁见过一个悟了道的喇嘛，他在康藏一带很有名，大家只叫他疯喇嘛。这疯喇嘛住在一个小破庙中，外界把很多发了疯的女人送到庙子里，疯喇嘛就对着她们弹汉人的琵琶，他弹得也不是很好听，可是这些疯女人听了却好了，过不了几天就可以回家了。我们去看他，最好是带茶叶，要不然是带破烂的古董，他都很喜欢。他有一个钵，奇脏无比，洗也不洗，他就在这钵里面泡茶给人喝，我们可是跪着接这个钵来喝的。很多人嫌脏不敢喝，他就再也不会理你了。他很多举动很怪的，我们在庙中拜佛，他就跑到后面去推佛桌，还喊"哎哟，哎哟"，意思好像是说你们很行，佛都被你们拜得动了。就这样，他已经在传法了，你们能懂吗？他也是"众经之上"，一字都无。

"入大慈悲，离众魔事，及诸邪见，顺因缘法，无我、无人、无众生、无寿命，空、无相、无作、无起。"这段是大法，你不要把它当经或当佛学看，实际上它把佛法都传完了。能够懂得一字皆无的清净大法，才能入大慈悲境界，离开魔事及诸邪见，能顺缘起性空的因缘法。什么是顺因缘法？是遇事不要怨天尤人，一切都是业报，能痛痛快快地还债，就是顺因缘法的表现。所以张拙悟道后作的偈子——"随顺世缘无罣碍，涅槃生死等空花"。一切总归是八个字："物来则应，过去不留。"顺因缘法到底，就是上面说的顺菩提法，就悟了。

顺因缘法的起修就是无我、无人、无众生、无寿命，空、无相、无作、无起。

"能令众生，坐于道场，而转法轮。诸天、龙神、乾闼婆等，所共叹誉。"什么是道场？不是山林庙子，讲法供养，心地就是道场。有一首很好的偈子：

> 佛在灵山莫远求　灵山只在汝心头
> 人人有个灵山塔　好向灵山塔下修

佛家、道家和其他外道，都很看重这个偈子，它把身心双方面都讲完了，这就是道场的意义。再举个例子，道家的张紫阳也有个偈子：

> 不移一步到西天　端坐西方在目前
> 顶后有光犹是幻　云生足下未为仙

这就是讲本地风光，平常心就是道。真达到法供养的境界，就可使众生坐于道场而转法轮，不用另外找个道场的，天龙八部也都会来给你护法。

"能令众生入佛法藏，摄诸贤圣一切智慧。"可以加被众生，让他们进入佛法宝藏，得一切智慧。

"说众菩萨所行之道。"能真正解说各个菩萨的法门。

"依于诸法实相之义，明宣无常、苦、空、无我寂灭之法。"真正的法供养就是真修持，能够见到性空，依诸法实相无相的义理，弘扬无常、苦、空、无我的寂灭法门。但是我们要注意，无常、苦、空、无我，只是佛法的一半，是小乘证入涅槃之道。佛他老人家自己要涅槃时，说了另外一半：常、乐、我、净，正好是相反的。佛这个时候说的是得道的本体，即空即有、非空非有。虽然如此，大小乘都是要以无常、苦、空、无我为根基，连这个都没做到，也不用自我标榜是什么大乘。

"能救一切毁禁众生。"可以拯救一切犯戒违禁的众生了。这里讲的犯戒是指遮戒，因时因地可以有所不同的，是遮戒。性戒是不限时空的，例如人类共同认为杀生是恶的，就是性戒。如果犯了性戒，就要自度，自见自性空，罪福皆空，才能够超度。

"诸魔外道及贪着者，能使怖畏。诸佛贤圣，所共称叹。"行法供养可以使魔外道和贪着的人生怖畏心，为圣贤所称叹。

什么是魔外道？你们不要随便说人家是魔外道，魔外道也是要度的，好人要度，坏人更要度。真悟道了就懂得，没有什么叫魔外道的，心外求法叫外道。即使我们学佛的人，自己还是在心外求法，那我们也是外道。魔是心魔，大珠禅师说得好，"起心是天魔，不起心是阴魔，或起不起是烦恼魔。"诸魔外道都是自心，是自己捣鬼，哪有真魔外道？

其实经文也告诉你了，贪着者就是魔外道。一切不贪着才是究竟。你说自己学佛，已经放下了，不贪了。真的吗？你贪着清净不是贪吗？所以佛在《楞严经》中，把声闻缘觉都骂成是外道，因为贪着个空。

"背生死苦，示涅槃乐。"可以了生死，真正得涅槃。

"十方三世诸佛所说。""佛所说深经"的道理，是一切佛都这么说的，不只是我药王如来说的。真理只有一个，不这么说的，就不是佛了。

"若闻如是等经，信解受持读诵，以方便力，为诸众生分别解说，显示分明，守护法故，是名法之供养。"这里总结什么是法供养。如果听到了这样的深经，要信解受持读诵，为众生分析解说，这样的人才是护法，能如此才叫作法供养。这是第一层法供养的意义，下面讲第二层法供养。

也是法供养——修行

"又于诸法，如说修行。"依据佛的教导确实修行。下面列出佛所教导的主要法门。

"随顺十二因缘。"十二因缘是无明缘行，行缘识，识缘名色，名色缘六入，六入缘触，触缘受，受缘爱，爱缘取，取缘有，有缘生，生缘老死。十二因缘是声闻缘觉道最重要的修法，也是了生死法。一念无明起，所以入胎转生；无明不是没有光明，是没有智慧。小乘法门是要切断无明，至于无明是怎么起的就不说了。无明一起，就有行，行是动力，所以行阴最难了的。你打坐心不能静，就算做到心宁静了，身体的行阴像血液循环呼吸往来，都没办法停下来，这还是一念，没有空，尽管意识没感觉它。生命存在就是一念。

因为行就生出识，识就是心意识，就会有了别知觉。然后一连串下去，缘就是挂钩，十二因缘就像十二个连环，一个钩住一个。假使能解开其中一个环，其他十一个环就都好办了。

佛告诉我们，要了生死，就要了一念无明。能明白了，能悟了，自然会有光明出现，不过不是有相之光，是无相光，佛学上叫常寂光。佛永远都在常寂光中。我们这里不能详细讲十二因缘，否则要拖得很长了。

所谓因缘是一个前因搭住了后果。例如我们看到了一杯水，想到了汽水，想到了果汁，等等，都是由一杯水这一念来的，是连锁关系。有人常喜欢知道自己前生是什么样的，来生又变成什么样。你不用问别人，自己应该知道的。你这一生种种的遭遇是果，都是前生种的因。你来生的遭遇，就看你今生做些什么事，种什么因了。所以说，"若问前生事，今生受者是。若问来生事，今生作者是。"这就是因缘关系。

所有因缘要如何去了呢？在一念之间，五阴、六根、十二根尘、十八界等等，就是一念。一念知道了就自性本空，因缘本性也是空，因为是性空，所以能生起因缘的作用。这就是"缘起性空，性空缘起"。

宇宙万有皆是因缘所生。注意！这是说宇宙的现象，不是本体。《楞严经》说"非因缘，非自然生"，很多人就觉得不解，一切法明明是因缘，为什么说不是？问题是《楞严经》那句话讲的是本体，本体是空性。至于宇宙万有的现象，才是因缘所生。因缘纵使过了几亿万年都不会消失，不受时空阻碍，所以佛教导我们慎莫造因，因为"纵使经百劫，所作业不亡，因缘会遇时，果报还自受"，这个中间的道理是非常复杂奇妙的。

因此佛经还有四句话："人身难得，中土难生，明师难遇，佛法难闻。"共有四难，说明佛法菩提因缘成就之不易，菩提因缘不成就，修行只能算是种一点善根，等他生来世因缘成熟时再说。所以一个人的悟道，还有一个很重要的问题，佛学名称是时节因缘，就是时间。时节因缘不成熟，还是不可能，因为时间是心不相应行法。

我们人与人之间的因缘也是很奇妙的，有时与某人只有一面因缘，再想过去打个招呼就没有机会了，从此天南地北甚至天上人间，永远隔开了。所以佛法和中国文化都要人珍惜善缘。

"离诸邪见，得无生忍。"讲起邪见，其他的宗教多认为宇宙中有个主宰。在座很多人，虽然信佛，但是不大容易有正见，还是认为有个菩萨在管着的。今天下午才和一位年轻同学谈起，他去菩萨前问卦，菩萨告诉他可以交某某朋友。我说，这个话你也可以信吗？一个真学佛的人，又是个知识分子，要信自心。我就写了孔子的话给他"敬鬼神而远之"。孔子不是反对鬼神，不是要破除迷信，而是要你恭敬鬼神，但是保持距离。这东西不能玩的，玩起来，人的价值就没有了，这些就算是邪见。

唯识般若中观告诉我们，一切万法，无主宰，非自然，因缘所生。所以诸法无自性，都是因缘，谁也主宰不了谁。

邪见是我们要远离的，纵然你修行工夫好，有定力，如果见地不清，还是难有成就的。见地就是观念，有所谓五见：身见、边见、邪见、见取见、戒禁取见。纵然你贪瞋痴慢疑都平伏了，有这五见就还是外道法门，因为没有般若正知见。我在《禅海蠡测》这本书中，就评论了东西方的哲学思想，统统都是落在这五见上。

修道上的邪见太多了，稍微差一点就是邪见，换句话说，就是落入五见之中的邪见。邪就是歪，所以认为有主宰的，就是邪见。

《般若经》上有六十二见，六十二种见解，六十二种错误的思想观念，障碍了成道。实际上不管它有六十二还是一百八，就是一念之间去掉我相、人相、众生相、寿者相，不要有主观。

药王如来在这里告诉我们，真正法供养要"离诸邪见"，能离得开，就得道了，因此，"得无生忍"一念不生。所以我常引用"一念不生全体现，六根才动被云遮"。如果考试问你：菩萨如何得无生法忍？你可以用上《维摩诘经》这一段"随顺十二因缘，离诸邪见，得无生忍"来答就对了。甚至再简化一点，只要答"离诸邪见"，也是正确的。

"决定无我，无有众生，而于因缘果报，无违无诤。"证到了无生法忍就绝对无我相，无众生相，对因缘果报看得好清楚，怕得很，一点不敢偏差，不敢争论。若说空了就没有因果了，也是很大的邪见。

当年我在成都，成都文殊院的方丈给我一个帖子，请我这晚辈吃素斋。这很严重，我就赶快去请教我的老师，老师说他也收到了帖子，方丈要审问你！听说你年轻悟道了，要公审你，一共有六桌人，都是老和尚，你去吗？我说，当然要去了，充其量杀头，何况和尚是不开杀戒的。

到那一天吃饭时，都没事，方丈很客气，让我坐最高位，连我的老师都坐在下座。饭吃完了，老和尚让我讲话，这一下开始了，所有在座的都可以提问，还好我都能应付。最后老和尚问了个问题：

"证无生法忍是不是证得空性？"我答，是的。

"那空了还有没有因果？"我说当然有。

"空怎么有因果？"我说空是因，涅槃是果。

老和尚听了就坐下来，不再说话了。这才终于通过了，老和尚是慈悲的，他怕我是悟了空性就"拨无因果"，那是很严重的。可是真正的悟到空，因果却更明显了。为什么？你真空了，只要有一点东西就看得更清楚。凡夫众生因为不空，对因缘果报反而看不清楚，被染污挡住了。所以古人说，学般若的空宗菩萨如"冰棱上走，剑刃上行"，在冰冻的山棱上走，以及踏着刀锋走，都是很危险的，一有不慎，一念之间不防，就下去了。管你学的是什么菩萨境界，照样是六道轮回。

"离诸我所。"问题来了，一个人真达到无我，是什么无我？你们要把《维摩诘经》这一句参进去，好好修行，是"离诸我所"，我所属的肉体，我所属的思想妄念都空了。我常提醒大家，这个身体不是我，是我之所属的，是我有使用权，但不是我。你住的房子是你的，你有权使用，但你不是房子，你死了房子不跟着你的。所以你就算得到空，这个空也是我所。真正的无我就是离诸我所。那个能知我与非我的，动也没有动过，不需要离，天上天下唯我独尊。你能懂进去了就恭喜了。

四不依 随顺法相

"依于义，不依语。依于智，不依识。依了义经，不依不了义经。依于法，不依人。"这是有名的"四不依"，学佛的人都要知道。我们本师释迦牟尼佛，一生下来，走了七步路，然后一手指天，一手指地，说"天上天下唯我独尊"。这是什么意思？为什么正好走七步，不是六步，不是八步？你们参参看，这才是真大话头。

学佛是要完成自我，用现代哲学语言说，是要找到真正自我。真找到了，是顶天立地的，也没有什么上帝佛菩萨，三界之间只有我，其他一切皆空。你懂了这个道理，就明白为什么学佛有四不依。

"依义不依语"，是说纵使你能把佛经倒过来背，如果没有搞清楚经文的道理，也是没有用的。你要把经文的义理像吸收营养似地吸收，不死守经文的文字语言作标准。

"依智不依识"，是说不能依我们的心意识，不能用习惯的思想推理来解释佛经，而是要用般若智慧。你们将来出去讲经弘法，要像岩头禅师说的语语从胸襟中流出，盖天盖地，不然你一字不漏地讲，于众生无益。智慧不是聪明，更不是学位，生活中处处是佛法，不用言语文字表达，要靠智慧去领悟。

"依了义经，不依不了义经"，三藏十二部当中很多是不了义经，就是义理不透彻的，很多小乘的经典是如此。学习佛法就要依了义经，义理彻底，透顶透底。譬如《楞严经》的经题是《大佛顶如来密因修证了义诸菩萨万行首楞严经》，已经告诉了你是了义经。不过老实讲，依我看《楞严经》还不是尽然了义的，还挂着点尾巴。真正彻底了义就只是一张白纸，什么都没有。诸位的了义经在哪里？都在你家里，你没有出门来这里听经之前，你已经念完《维摩诘经》了，你来这里听我讲的是不了义。你懂了这个意思可以学佛了。

什么是佛？禅宗祖师答："佛是无事的闲人。"这很难，闲也不容易的，我看你们当中有几位很闲的，但是闲得很烦恼。古人诗曰："人非有品不能闲"，这个品不是人品，是说没有超越"了脱"境界的话，是闲不下来的，闲下来会痛苦的。曾子说"小人闲居为不善"，一个人闲居久了不是好事。所以有时我会劝一些年纪大的朋友不要退休，能够赖就赖，多拖一下。我看有的人做了几十年事，一退休下来就垮了，开始生病，精神不好，很快就真退休了。为什么？就是"人非有品不能闲"。

还有禅宗祖师说："佛是了事的凡夫。"所以学佛要"依了义经，不依不了义经"。你也不要执着于佛经上所有的话，一执着了，对不起，虽然不是邪见，但是成了边见，也就是宗教性的偏见。宗教的偏见最多，也最排他。但是我看每一个宗教都一样，因为基本上都是教人为善的，这总没有错吧！不必说你是那个教，我是这个教。你睡午觉，我睡晚觉。宗教的最高处是有不同，但你不要用最高来看人家，要从平等线来看。所以有的朋友对我说，想找个宗教归宿，又不知道选哪个教，我就叫他去街上逛，看见哪个教堂庙子，觉得看着舒服就进去坐坐听听。我不是哪个教的推销员，这是要看个人因缘如何，不是我不肯推荐。

第四个不依是"依法不依人"，我每次进教室你们就站起来，我只好合个掌，我实在很烦，很怕敬礼。我常骂你们，只会"老师早，老师好，老师不得了"。都是假话！其实老师样样都不了。老师好不好不要管，要依法不依人，以老师所讲的法好不好为主，不是看老师这个人好不好。如果因为是某某讲的我不能不信，那你是大迷信！有时我问同学为什么要如此如此，他说因为是老师你昨天这么讲的。这就是没有智慧，昨天某一个环境所以这么说，今天的环境不同，你怎么不晓得变呢？昨天下雨我叫你带伞，今天不下雨你为什么还要带伞呢？

学佛一定要把四不依搞清楚。像现在好多人跟着去学密宗，我就问他们到底学了什么东西，讲给我听听。一听之下，都是没有搞清楚就胡跟着学，不管你跟着再有名的喇嘛还是"麻辣"，都没用的，弄个手印就叫传法，曼达还不如馒头好。曼达是代表一切供养，曼达拉就是道场，曼达拉的手印就是说要尽自己一切所有供养。你又不懂这意思，也做不到这样的供养，只会结印，不是自欺欺人是什么！

现在回到本题，本题是法供养。你真做到四不依，才是如法修行的人，才真对得起佛菩萨，才是法供养。不是你搞什么曼达拉才是供养。学佛在心在念，心念搞不清楚都是在自欺欺人。

"随顺法相，无所入，无所归。无明毕竟灭故，诸行亦毕竟灭。乃至生毕竟灭故，老死亦毕竟灭。作如是观，十二因缘无有尽相。不复起见，是名最上法之供养。"这是大乘十二因缘，一直连到这里。能够做到四不依，才能随顺法相，是真正学佛的教导。也无所谓证入了什么境界，也无所谓归入何处，也就是不着相。人到了不着相就解脱了，就达到学佛的目的。这时候就没有无明起来，没有无明就不会有行，最后到生、老死也空了。讲到依了义经不依不了义经，大家常常读的一本了义经，连题目共二百六十八个字（加了摩诃就成二百七十个字），就是《心经》。其中所讲的"无无明，亦无无明尽，乃至无老死，亦无老死尽"，与这里讲的是一样的。

能够这样去观，就无所谓灭无明，也无所谓不灭无明。灭与不灭都是两头的不了义教。就像空，也是不了义；有，也是不了义。不了怎么得了？学佛就是求了的。药王如来说，这就是最上等的法供养。

我小的时候帮妈妈去街上打油，端着个碗，愈小心愈泼出来，结果把碗打破了。我头也不回，赶忙去家里再拿个碗出来。人家问我，打破碗怎么也不停下来？我说为什么要停下来？妈妈等着油烧菜，碗破了就破了嘛，我就算停下来，它还是个破碗啊！天下就有很多不了的人，打破了还待在那里看，还要叹气，真可惜啊！好名贵的碗啊！然后还要气得睡不着，吃亏了还要生气，那简直是笨蛋，这就是不了。

所以当初很多同学问我怎么学佛，我就叫他拿个好碗好杯子来摔，他们都上当。而且他愈生气我愈笑，你们这样子怎么学佛？这个都舍不得！现在我年纪大了，这个方法不用了。

佛说到这里，经文顿一下，然后再为天帝说下去。

王子月盖守护正法

"佛告天帝：王子月盖，从药王佛闻如是法，得柔顺忍。"月盖王子听到药王如来这个法门，还不用证到，能听懂了就得"柔顺忍"的境界。心平气和是柔顺，由心平气和进到万念皆空就是忍，万缘放下。不是表面忍住故作心平气和状的意思，那会得癌症的，会把肝弄坏了。本经在前面也讲过，这个世界上的众生懵悷不调，又倔强又坏，很难调伏，能调伏就是柔顺。

"即解宝衣严身之具，以供养佛。"月盖王子得了柔顺忍，就立即把身上穿的宝衣脱下来，供养药王如来。

释迦牟尼佛当年也接受了弟子迦叶尊者供养的一件袈裟，迦叶尊者没出家之前是当时印度的首富。这件衣服叫天衣，就是一块布披着，也不用缝的，所以后来的成语说"天衣无缝"。天衣，不是说是天上的衣服，是因为印度在唐朝叫天竺（在汉代叫作身毒），迦叶尊者供养的这件天衣是他的传家之宝。

"白佛言：世尊，如来灭后，我当行法供养，守护正法。愿以威神，加哀建立。令我得降伏魔怨，修菩萨行。"月盖王子向佛发愿，等药王如来涅槃了，我一定依佛的教导来做法供养，保护正法住世。请佛给我加被，给我力量，使我在修行过程中能降伏魔怨，修菩萨道。

这个在佛学上叫作祝愿，其他宗教叫祈祷。出家同学要注意，即使受了人家一粒沙的供养，也要合掌向人家祝愿，祝他修道早成，或是菩萨加被，万事如意。

讲到魔怨，这是修行上最难降伏的障碍。受佛法的影响，中国也有句老话"道高一尺，魔高一丈"，好像魔的力量比佛大。基督教也是如此，上帝全能，但是没有办法降伏魔鬼。佛与魔是平等的，佛的神通有多大，魔的魔力也有多大，这个道理要参透。换句话说，诸佛菩萨的智慧神通无量无边，对不对？一切众生的业力烦恼也同样的无量无边。这两个是相等的，你不要以为佛的威力大，其实众生的业力也很大。如果众生的业力不大，我们这社会哪来这么多烦恼？所以都在魔怨中。众生最大的魔，就是生死魔。魔的种类就不再重复了。魔就是业力造的，魔的力量下去了就是你菩提道成功了。

没有魔怨了，修行自然就到家了。你修行何以不到家？因为处处有魔怨障碍，你刚刚进一步，障碍就来了，大家都有这样的经验。才清净了几天，别的烦恼就来了，"道高一尺，魔高一丈"，你进步一尺，魔怨进步十尺。但是我告诉你，真修菩萨道不怕魔怨，还希望有魔怨，所谓"欲坚道力凭魔力"，这个坚就是忍辱、坚忍。你每打赢一次，你的工夫就跃进一步，如果被魔磨垮了，你就下去了。月盖王子发的愿，就是修行人应该走的路子，不怕魔怨，不怕磨难，努力向前。

"佛知其深心所念,而记之曰:汝于末后,守护法城。"药王如来明白月盖王子的心念,就为他授记。授记就是灌顶,是要入定,然后把法界的智慧光明灌输给被授记的人。药王如来作预言说,你在末法时代还要来的,会当个大护法。在末法时代保护正法是非常难的。正法时代弘法容易,修持也容易成就,看经典的记载,古人成就又多又快。现在好像都没什么人成就,就因为障碍愈来愈多。药王如来交代给月盖王子的,是一个非常艰巨的任务。

"天帝,时王子月盖,见法清净,闻佛授记,以信出家。修习善法,精进不久,得五神通,具菩萨道。得陀罗尼,无断辩才。于佛灭后,以其所得神通、总持、辩才之力,满十小劫。药王如来所转法轮,随而分布。"释迦牟尼佛继续对天帝说,当时月盖王子因为受了加被,得清净心,再听佛为他授记,因此得了正信佛法而出家了。不是一出家就成道了,出家修习一切善法,昼夜精进,不久后得了五种神通(还没有得第六通的漏尽通),修成了菩萨道,得陀罗尼总持法门,学问高,辩才无碍。在药王如来涅槃之后,以其所得神通、总持、辩才之力,维持正法经过十小劫。因此药王如来的佛法因他而能够留传世间,这是他的功劳。

这句话要注意"见法清净",真正学佛,不管你学哪一种法门,是以见地为最难。禅宗祖师选弟子,首先注重"具见",具备远大的眼光,高深的见解,理上懂了,才好修持。见地不真的话,修持就很难了,什么是见?等于去到一个地方,一见很危险就走了;或者一见很适合自己就留住。这个见地是在自己,很要紧的,不要靠老师或者靠别人。见地是智慧来的,我常常大声疾呼:学佛修道是智慧的成就,不是盲目的迷信,这个见地就是智慧之见。

　　能"见法清净"就是认清什么是佛法的正见，一念不生，自然心念清净，才有资格算是佛弟子，才会听见佛为你授记。虽然释迦牟尼佛不在世间了，你能"见法清净"，就会明白十方三世佛都还在，没有涅槃，就会晓得佛在给你授记。为什么你见不到佛？因为你不能"见法清净"。

　　"月盖比丘，以守护法，勤行精进，即于此身，化百万亿人，于阿耨多罗三藐三菩提立不退转，十四那由他人，深发声闻辟支佛心，无量众生，得生天上。"这就是月盖王子一个人的作用，所以人才之重要，像这样的人，在中国古文来讲是"不世而出"，不是每一个时代都有的，也许几千年只出一个。

　　月盖王子比丘住世，毫不懈怠地守护正法，他教化了无数的人，每一个都得到了大彻大悟，永不动摇。还有无数的人，虽然没有大彻大悟，也证了小乘罗汉果。再其次也有无数人，因而在肉身结束时能够升天。他的功德实在太大了。

　　各位从事教育的人要小心，好的教育工作者，能够有像月盖王子一样的功德；不好的，真是误人子弟啊！罪过大于抢匪。很多资质很好的年轻人，就是被教育耽误了。教育失败，对国家社会都有很严重的后果，是很令人痛心的。当然，今天的教育不行，不能只怪学校，也不能只怪老师。老师也是人家的儿女，都是家里没教好。所以现在从家长起就要再教育，他们才能教好后一代。但是有谁能来教呢？除非能找到月盖王子。

贤劫中的千佛

　　"天帝，时王宝盖，岂异人乎？今现得佛，号宝焰如来。"现在释迦牟尼佛把故事说完了，他就问天帝，你知不知道月盖王子的父亲宝盖圣王是谁？他现在在另外一个世界成佛，叫宝焰如来。我们念千佛名号中，就有他。

"其王千子，即贤劫中千佛是也。"他有一千个儿子也都成了佛，就是要在我们这个劫数（贤圣劫）中出世的一千个佛。

"从迦罗鸠孙驮为始得佛，最后如来，号曰楼至。"迦罗鸠孙驮在别的经上翻成拘留孙佛，都是译音，是这个劫数的第一尊佛。释迦牟尼佛是第四位，将来第五位是弥勒佛，千佛中最后一位成佛的是韦驮菩萨，佛号是楼至佛，因为他发愿为前面九百九十九尊佛护法。

"月盖比丘，则我身是。"那个月盖王子是谁呢？就是释迦牟尼佛。那维摩居士呢？他是第几位？其实他在古老劫数早已成佛，只是来这里凑凑热闹。

"如是天帝，当知此要，以法供养，于诸供养为上为最，第一无比。是故天帝，当以法之供养，供养于佛。"释迦牟尼佛最后告诉天帝，要知道佛法的要点，依佛的教导去修持就是法供养，而法供养是所有供养中最高的，所以你要以法供养来供养佛。

嘱累品第十四

　　于是佛告弥勒菩萨言：弥勒，我今以是无量亿阿僧祇劫所集阿耨多罗三藐三菩提法，付嘱于汝。如是辈经，于佛灭后末世之中，汝等当以神力，广宣流布于阎浮提，无令断绝。所以者何？未来世中，当有善男子善女人，及天、龙、鬼、神、乾闼婆、罗刹等，发阿耨多罗三藐三菩提心，乐于大法。若使不闻如是等经，则失善利。如此辈人，闻是等经，必多信乐，发希有心，当以顶受。随诸众生所应得利，而为广说。弥勒当知，菩萨有二相。何谓为二？一者，好于杂句文饰之事。二者，不畏深义如实能入。若好杂句文饰事者，当知是为新学菩萨。若于如是无染无着甚深经典，无有恐畏，能入其中，闻已心净，受持读诵，如说修行，当知是为久修道行。弥勒，复有二法，名新学者，不能决定于甚深法。何等为二？一者，所未闻深经，闻之惊怖生疑，不能随顺，毁谤不信，而作是言：我初不闻，从何所来。二者，若有护持解说如是深经者，不肯亲近供养恭敬，或时于中，说其过恶。有此二法，当知是为新学菩萨，为自毁伤，不能于深法中，调伏其心。弥勒，复有二法，菩萨虽信解深法，犹自毁伤，而不能得无生法忍。何等为二？一者，轻慢新学菩萨，而不教诲。二者，虽信解深法，而取相分别。是为二法。

弥勒菩萨闻说是已，白佛言：世尊，未曾有也。如佛所说，我当远离如斯之恶，奉持如来无数阿僧祇劫所集阿耨多罗三藐三菩提法。若未来世，善男子善女人，求大乘者，当令手得如是等经，与其念力，使受持读诵，为他广说。世尊，若后末世，有能受持读诵，为他说者，当知皆是弥勒神力之所建立。佛言：善哉！善哉！弥勒，如汝所说，佛助尔喜。

于是一切菩萨合掌白佛：我等亦于如来灭后，十方国土，广宣流布阿耨多罗三藐三菩提法。复当开导诸说法者，令得是经。

尔时，四天王白佛言：世尊，在在处处，城邑聚落，山林旷野，有是经卷，读诵解说者，我当率诸官属，为听法故，往诣其所，拥护其人。面百由旬，令无伺求，得其便者。

是时，佛告阿难：受持是经，广宣流布。阿难言：唯！我已受持要者。世尊，当何名斯经？佛言：阿难，是经名为维摩诘所说，亦名不可思议解脱法门，如是受持。佛说是经已，长者维摩诘、文殊师利、舍利弗、阿难等，及诸天人、阿修罗一切大众，闻佛所说，皆大欢喜，信受奉行。

现在是本经的最后一品"嘱累品"，很多经中都有这个品名。"嘱"是佛的吩咐；"累"是集中，就是把佛的吩咐累积起来，叫作"嘱累品"。本经这一品，佛吩咐弥勒菩萨，这位未来的佛。

佛对弥勒菩萨的交代

"于是佛告弥勒菩萨言：弥勒，我今以是无量亿阿僧祇劫所集阿耨多罗三藐三菩提法，付嘱于汝。如是辈经，于佛灭后末世之中，汝等当以神力，广宣流布于阎浮提，无令断绝。"佛吩咐弥勒菩萨，把过去无量劫数修持累积来的大彻大悟法门，交代给你，像这一类的经，在我去世之后的末法时代，你应该以你神通的威力，在这个世界中弘扬，不要让佛法断绝。

"所以者何？未来世中，当有善男子善女人，及天、龙、鬼、神、乾闼婆、罗刹等，发阿耨多罗三藐三菩提心，乐于大法。"学佛的人要记住佛所教诲的一句话："勿轻末学"，也有写成"勿轻未学"，就是不要轻视后辈或将来的人。孔子也说过："后生可畏，安知来者之不如今？"观念和佛法是一样的。我尽管也骂时下年轻人，不过总是劝人也不必担心，这些年轻人将来会比我们过得好。

佛在这里吩咐弥勒菩萨，将来末法时代的人，乃至牛鬼蛇神之非人类，也有发菩提心的。

"若使不闻如是等经，则失善利。"假使他们不能听闻这一类的经，就会失去应得的善利。

"如此辈人，闻是等经，必多信乐，发希有心，当以顶受。随诸众生所应得利，而为广说。"这些人和非人，听了这类的经，一定会乐于相信，会觉得是难得的经，会接受它是至高的道理。因此弥勒菩萨，你要为未来众生的利益来弘法。

两种菩萨

"弥勒当知，菩萨有二相。"注意，一切众生都是因地上的菩萨，如果修持证果了，例如观音菩萨、文殊菩萨、地藏菩萨，就是果位上的菩萨。而菩萨分二种。

"何谓为二？一者，好于杂句文饰之事。二者，不畏深义如实能入。"第一种菩萨，喜欢把佛法当学问知识来研究；第二种菩萨，不畏惧高深的义理，能把身心投进去修持。在禅宗，第一种菩萨叫作理入，用思想学问证入的；第二种菩萨叫作行入，用修持作工夫证入的。达摩祖师说，在末法时代说理者多，行证者少。也就是说，好谈禅的人多，真作工夫的人少。

"若好杂句文饰事者，当知是为新学菩萨。"有些人只喜欢研究佛学，也很喜欢听经，但是要他来修行他就不干，或是环境不许可，这些是刚发心的菩萨。

"若于如是无染无着甚深经典，无有恐畏，能入其中，闻已心净，受持读诵，如说修行。当知是为久修道行。"有些人接触到这些大乘的经典，不会害怕，听闻经典后心能清净，能受持读诵，依教导修行。这种人都是前生有修行过的。

"弥勒，复有二法，名新学者，不能决定于甚深法。"初学菩萨又分两种。

"何等为二？一者，所未闻深经，闻之惊怖生疑，不能随顺，毁谤不信，而作是言：我初不闻，从何所来。"第一种人听了佛经的高深义理会害怕，或者不能相信，甚至毁谤佛法，会说我从没听过这种道理，我不信。

事实上这种人的确有的，我当年在西康碰过一个人，他学问很好，地位很高，他常跟我说，我们什么都可以谈，只有佛法不能谈。有一天一起吃饭，他对我说，你晓得吗？世界上真正吹牛祖师就是释迦牟尼。佛经上说，"于一毫端现宝王刹坐微尘里转大法轮"，吹得多大啊！我说，你老兄说得不错。要影响一个人，不能摆你那个宗教面孔，骂他谤佛，要能布施、爱语、利行、同事才行。我便给他戴戴高帽子，他便对我这个学佛的就有好感了。逐渐地，他会背着我们去读佛经，这是他另外的朋友告诉我的。

还有一个人，是英国老牌留学生，学问第一流，过去在国民政府当过部长的。他很气他的太太，因为他写的文章常被太太说是狗屁不通。他打坐、读佛经，太太都反对，就问我怎么能影响他太太。我就告诉他，不用和太太争，但是把一些佛经故意翻开，搁在桌上太太看得到的地方。你不在，太太会去翻翻看的，一看就看进去了。他就依我说的去做，最后真把太太引进门了，这就是教育的方便手段。你们千万不要摆一副宗教面孔，死板地传教，我看到汗毛都竖起来了。

"二者，若有护持解说如是深经者，不肯亲近供养恭敬，或时于中，说其过恶。"第二种初学菩萨，对于能护法说法的人，反而不愿意亲近供养，甚至会挑人家毛病，批评人家。

"有此二法，当知是为新学菩萨，为自毁伤，不能于深法中，调伏其心。"有这两种行为，就知道他是新学菩萨，虽然在学佛，也在造业，所以不能调伏其心，永远在生死轮回中。像是烧柴火，虽有亮光，但也在冒烟，要看将来哪一种力量战胜他。

"弥勒，复有二法，菩萨虽信解深法，犹自毁伤，而不能得无生法忍。"还有两种，有的菩萨虽然深信大乘佛法，但是自己倒行逆施，因此不能得无生法忍。

"何等为二？一者，轻慢新学菩萨，而不教诲。二者，虽解深法，而取相分别。是为二法。"是哪两种？第一种是轻视后辈。所以我常劝同学要发心帮助初学的同学，可是就有人会推三阻四的，你这样就已经造了业，会有果报的。第二种人，虽然了解佛法，但是分别心重，认为一定要怎么样才对，这也是造业。

这里释迦牟尼佛对弥勒菩萨讲的，都是戒，是严重的菩萨戒啊！大家一定要注意。

弥勒菩萨的承诺

"弥勒菩萨闻说是已，白佛言：世尊，未曾有也。如佛所说，我当远离如斯之恶，奉持如来无数阿僧祇劫所集阿耨多罗三藐三菩提法。"弥勒菩萨听了释迦牟尼佛的这一番教训，立刻就懂了，即刻表示会小心遵照佛的教导，会避免这些过错，会奉持佛在过去无量劫数修持累积来的大彻大悟法门。

"若未来世，善男子善女人，求大乘者，当令手得如是等经，与其念力，使受持读诵，为他广说。"未来如果有人愿意求大法的，我会让他遇到正法，我也会加被这样的人，使他能受持读诵，并且为他人解说。

"世尊，若后末世，有能受持读诵，为他说者，当知皆是弥勒神力之所建立。"假若在未来末法时代，有人对大乘经典能受持读诵，甚至能为他人解说的，那就是弥勒菩萨神通力量之助，也是他所发的心愿。

"佛言：善哉！善哉！弥勒，如汝所说，佛助尔喜。"佛听了就称赞弥勒菩萨，好啊！如你所说的愿力，诸佛都会帮助你，为你而欢喜。

"于是一切菩萨合掌白佛：我等亦于如来灭后，十方国土，广宣流布阿耨多罗三藐三菩提法。复当开导诸说法者，令得是经。"在场的所有菩萨都合掌对佛发愿，会在未来十方的国土中弘扬正法。对于一切宣扬佛法的人，会使他们能得到这部经。

"尔时，四天王白佛言：世尊，在在处处，城邑聚落，山林旷野，有是经卷，读诵解说者，我当率诸官属，为听法故，往诣其所，拥护其人。面百由旬，令无伺求，得其便者。"接着，四大天王也向佛发愿，无论在何处，只要有人在念、在研读、在解说这一部经典，我们会带领天兵天将，前去保护，使他们在百由旬范围以内，不会受魔怨障碍。

阿难受命记录

"是时，佛告阿难：受持是经，广宣流布。"最后佛吩咐阿难，要他好好整理记住这部经，将来广为流通。

"阿难言：唯！我已受持要者。世尊，当何名斯经？"阿难回答，是的，我已经记住了，这部经应该取什么名字呢？

"佛言：阿难，是经名为维摩诘所说，亦名不可思议解脱法门，如是受持。"所以，这本经的题目是佛所定的。

"佛说是经已，长者维摩诘、文殊师利、舍利弗、阿难等，及诸天人、阿修罗一切大众，闻佛所说，皆大欢喜，信受奉行。"研究所有佛经，都是这四个字"信受奉行"，这是四个阶段，真地信了吗？不是迷信，而是透彻了解道理的正信；信了以后接受，确实遵行。大家念经读到这四个字，都很开心，因为可以休息吃饭了。所有佛经都是由"如是我闻"开始，到"信受奉行"结尾，就是要以至诚接受，再变成行为。

《维摩诘经》讲到今天，算是圆满了。

东方出版社南怀瑾作品